U0107084

台灣島史記

中

The
Chronicle
of
Taiwan
Island

典藏版

蔡正元 著

中華書局

總目錄

目　錄

台灣島史記（中冊）

第五篇

中國藩王之島

（1662年-1683年）

　　進入「台灣島成為中國藩王鄭成功封建領地的歷史」之前，必要先理解1644年明朝帝國滅亡後，長江以南各個南明政權（大明帝國南方臨時政府）的興衰史，以及「藩王」鄭成功家族崛起的過程。「藩王」指有封建領地的親王級諸侯，藩王自稱「本藩」、「本王」或「本郡」，不能自稱「朕」，異性親王又稱「郡王」，鄭成功於是有「延平郡王」的封號。「藩王國」不是擁有主權的獨立王國，但能代表主權國對外取得領土。例如，日本的薩摩藩（鹿兒島藩）於1609年代表日本取得琉球王國的宗主權，薩摩藩是日本的諸侯藩國，不是主權獨立的國家，取得琉球宗主權，等於日本是琉球的宗主國。鄭成功是南明「殘存國家」的「藩王國」，雖然不是「主權國家」（Sovereign State），但以藩王身份從荷蘭共和國手上取得台灣島全部的領土主權，即等於替大明帝國的「殘存國家」（Rump State）或「殘存政權」（Rump Regime）取得台灣島主權。許多互爭中國主權的「殘存」南明政權或其他國家組織當然是中國主權領土上眾多的國家組織之一，因此鄭成功取得台灣島，等於是中國主權（Chinese Sovereignty）取得台灣島作為領土（Territory）。在鄭成功之前，從無中國大陸的任何政權以行使主權的方式，進入台灣島，宣示統治。所以自1662年開始，台灣島從此成為中國主權領土的一部分。歷史學研討問題不能自創法律概念，「主權」指「國家」在「確定領土」之上所創設的「最高法律權力」。「國家」是擁有「領土主權」的政治組織，歷史上常會出現不只兩個以上自稱「國家」的政治組織爭奪同一個單位的「主權領土」或「領土主權」，因此產生一個「國家主權領土」內有兩個「國家組織」的現象，大清帝國和大明帝國就是此一現象。鄭成功的統治區域只是大明帝國的中央政權敗亡後，在各地方出現的殘存藩王領地，其領地仍然是大明帝國的「主權領土」，大明帝國的領土是中國的主權領土，鄭成功的藩王領地即是中國的主權領土，而「中國」是這一「主權領土」單位的專有名詞，不是「國家組織」的「國號」。

第一章
南明政權

　　南明各個政權都是大明帝國的殘存國家組織（Rump States），稱「南明」時期，自1644年至1683年共計40年，從大順皇帝李自成（1606-1645）於1644年率軍攻破北京城，崇禎皇帝朱由檢自殺，明朝帝國滅亡後，長江以南陸續產生六個以朱元璋（1328-1398）子孫的名義，號召成立的抗清政權，分別是1644年在南京即位的弘光皇帝福王朱由崧、1645年在紹興即位的魯王監國朱以海、1645年在福州即位的唐王隆武皇帝朱聿鍵、1646年在廣州即位的小唐王紹武皇帝朱聿鐭、1646年在廣東肇慶即位的桂王永曆皇帝朱由榔，以及1646年成立有著異姓親王地位的延平王鄭成功家族等六個小朝廷政權。另外，1645年杭州的潞王朱常淓、撫州的益王朱慈炲、桂林的靖江王朱亨嘉等紛紛以「監國」名義，即位為大明帝國的代理皇帝，但都未成氣候，不列入討論。

　　可惜明朝末年的朱元璋子孫幾乎都是腐敗無能的皇帝，南明政權除了永曆皇帝朱由榔和延平王鄭成功家族，其餘幾個小朝廷皇帝都不堪聞問。

一、南明諸帝

　　在1644年6月19日即位的「南明」弘光皇帝朱由崧（1607-1646），原本就是品行不端、惡名惡聲的親王，貪婪好色，當上南明皇帝更加為所欲為。朱由崧無視清軍勢如破竹南下征討，沉迷酒色，縱情享樂，朝政交由馬士英（1591-1646）、阮大鋮（1587-1646）把持，以籌措兵餉、建立宮殿為由，大肆搜刮民財，貪腐賣官。弘光政權是一個腐敗不堪、喪盡民心的政權，此時江南人民抗清是滿漢民族矛盾的反射，和擁明反清扯不上關係。豫親王多鐸（1614-1649）率領清軍很快攻陷揚州城，兵部尚書史可法（1602-1645）兵敗被殺，史稱「揚州十日屠殺事件」。

1645年6月8日南京城破，朱由崧被解往北京宣武門外處斬，朱由崧只當了一年的皇帝。朱由崧一死，杭州的潞王朱常淓（1608-1646）、撫州的益王朱慈炲（?-1646）、福州的唐王朱聿鍵、紹興的魯王朱以海、桂林的靖江王朱亨嘉（1583-1646）等紛紛以「監國」名義，即位為大明帝國的代理皇帝。

魯王朱以海（1618-1662）1645年在浙江紹興即位「監國」，不到一年，朱以海政權即在清軍攻擊下，土崩瓦解，朱以海逃亡海上，「舟楫為朝殿」，最後投奔鄭成功，1653年自罷監國封號，改隸永曆皇帝桂王朱由榔，1662年病逝金門。

唐王朱聿鍵（1602-1646）1645年在福州即位隆武皇帝，政權勢力曾廣及福建、廣東、廣西、湖南、湖北、雲南、貴州、江西、安徽等地。但隆武帝不懂善用民心，過度依賴海盜出身的鄭芝龍。由於朱聿鍵內心缺乏安全感，喜歡玩弄小手段，讓臣下互鬥。1646年，清軍攻入福建，鄭芝龍倒戈投降清軍，朱聿鍵逃亡福建汀州，被投降清軍的李成棟破城所殺，朱聿鍵也只當了一年的皇帝。

隆武皇帝朱聿鍵其實也是個昏君，朱聿鍵與魯王監國朱以海，是叔姪關係，又是浙江、福建相鄰的抗清政權。地盤接近，理應團結一致，共同禦敵。無奈兩人勾心鬥角，互爭權位，讓清軍有各個擊破的機會。當清軍進攻紹興，魯王朱以海派都督陳謙當使者到福州請求援兵，呈遞朱以海的求援書信上稱朱聿鍵為「皇伯叔」，未稱「陛下」。朱聿鍵竟然怒殺陳謙，任憑鄭芝龍求情，勸說情勢險惡，急需武將，不宜殺害陳謙。未料朱聿鍵一邊和鄭芝龍虛與委蛇，另一邊卻下令斬殺陳謙，讓鄭芝龍心生不滿，徹底看清朱聿鍵的真面目。

1646年11月另外一個南明小唐王紹武帝朱聿𤩹（1605-1647）在廣州番禺即位。桂王朱由榔（1624-1662）則在10月10日即位為「監國」，11月18日在廣東肇慶即位為永曆皇帝。兩人互爭帝位，竟然爆發武力衝突，永曆皇帝兵敗。但是紹武皇帝朱聿𤩹在廣州即位不久，1647年竟然疏於防備，在投降清軍的李成棟派兵假扮援軍，混入廣

州，只在城門口高喊韃子來了，城門守兵竟然一哄而散，李成棟順利活捉朱聿𨮁，紹武帝在囚禁時絕食而死。

桂王朱由榔於1646年與紹武帝朱聿𨮁爆發軍事衝突，兵敗逃走，直到朱聿𨮁失事，才重返廣東。永曆帝個性懦弱，優柔寡斷。朝政內有宦官專權，黨爭不斷，外有叛服不定的軍閥割據。朱由榔只得四處逃亡，躲避清軍追擊，最後在緬甸被俘，遭吳三桂（1608-1678）絞死。朱由榔當了15年的悲劇性流亡皇帝。

二、忠孝伯國姓爺

鄭成功（1624-1662）於1645年被隆武帝朱聿鍵封為「忠孝伯」，賜「國姓」與皇家同姓，原名鄭森，改名朱成功，儀同駙馬，並任命為「招討大將軍」。鄭成功因此取得等同異姓親王（藩王）的政治地位，鄭成功所以常自稱「本藩」或「國姓爺」。

1646年起，22歲的鄭成功領軍與清軍周旋於江西、福建等地，其父鄭芝龍卻在這期間投降清朝，鄭成功不願附從，只得帶兵避走金門，收編鄭芝龍舊部，招兵買馬，在小金門以「忠孝伯招討大將軍國姓爺」之名，成立抗清政權，誓師反清。如果沒有這個正式冊封的忠孝伯、國姓爺，鄭成功在抗清陣營充其量只是鄭芝龍兒子所召集的民間武力，就不會有可資號召群眾的藩王地位，更說不上是反清復明的政權。

1648年鄭成功改隸永曆帝朱由榔，1654年永曆帝冊封鄭成功為「延平王」，國姓爺正式成為異姓親王，故稱郡王，合稱延平郡王，名正言順成為大明帝國的藩王，即封建諸侯王，但朱由榔與鄭成功兩人終生未曾晤面。1662年朱由榔被吳三桂絞殺，南明的政治勢力只剩鄭成功的延平王政權，傳承至鄭克塽（1670-1707）在1683年投降康熙皇帝（1654-1722）時滅亡，大明帝國的各地臨時政府、諸侯政府或地

方政府至此全部落幕。鄭成功能延續南明政治勢力，是賜他國姓的朱聿鍵料想不到的發展。鄭成功感念朱聿鍵的恩寵，終生自稱「大明招討大將軍國姓爺」，包括在簽署荷蘭人的投降條約時落款也是如此。鄭成功終生都以大明帝國的藩王自居，從未稱王稱帝。

三、十七世紀氣候危機

十七世紀氣候危機（The General Climate Cisis of the Seventeenth Century）始於1600年2月19日秘魯的「于埃納普蒂納火山」（Huaynaputina）爆發，火山噴出物遮蔽太陽熱能，1601年冬天幾乎是600年來最冷的冬天，直接造成秘魯、俄羅斯、日本、瑞士、瑞典各地嚴重飢荒。中國則於1627年開始受到影響，1644年達於頂點。明代崇禎皇帝朱由檢即位於1627年，自殺於1644年，實屬無比的巧合。1627年至1630年間，印度西北部的古吉拉特邦（Gujarat）輪番遭遇旱災和洪水，逾100萬人喪生。1634年起日本連續出現糧食歉收，1637年九州爆發天草四郎的「島原之亂」，1642年「寬永大饑荒」和異常的嚴寒，導致50萬人喪命。1627年起，中國關中地區大旱，陝西饑民遊竄成流寇，動搖大明帝國的統治根基。1640年至1650年氣候危機造成三分之一的世界人口死亡。

1641年後，大自然的力量把氣候危機推向高點，徹底改變歷史。1641年1月4日菲律賓民答那峨（Mindanao）派克火山（Mount Parker 或 Melibengoy）爆發，連同1638年至1644年間，環太平洋火山帶（Ring of Fire）發生12場火山爆發，噴出千百萬噸硫磺灰，遮蔽大氣層。適巧又逢1640年後太陽黑子數目減少至最低低點，太陽的熱輻射降到史上最低水平，時間長達70年（1645-1715），稱「蒙德極小期」（Maunder Minimum）。美洲西海岸出現異常溫暖海流，聖嬰現象（El Nino）出現的次數加倍。聖嬰現象會使東太平洋地區產生暴雨及洪

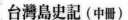

水，西太平洋地區則乾旱連連。

火山爆發、太陽黑子、聖嬰現象這三個因素造成全球平均氣溫下降2度，各地氣候異常失調，該冷的地方熱到乾旱，該熱的地區冷到凍斃所有農牧產物。十七世紀是地球從十四世紀至十九世紀間，最寒冷的一個世紀。

全球極少國家在這場氣候危機裡毫髮無損，中國的嚴重乾旱，導致糧食歉收。大明帝國又加重稅賦，縮減政府救災支出，引發暴亂。中國北部糧食短缺的滿洲人南下征戰。北美洲和西部非洲也遍地饑荒，導致野蠻殘酷的戰爭。世界各地包括東歐、中國、東南亞、菲律賓、台灣島、日本、朝鮮都災害不斷，時而洪水，時而旱災，時而蝗災，外加各種傳染病橫行，民不聊生。農業歉收，引起的饑荒更是世界性的問題。但是十七世紀前半葉未受重創的西歐，反而促成荷蘭黃金時代的興起。

1648年西歐遭遇百年未有的糧食歉收，麵包價格飆升，義大利西西里島、瑞典斯德哥爾摩等地，暴動頻仍。阿爾卑斯山的冰川吞食大地，使耕地、農莊、村莊紛紛消失。饑荒使俄羅斯爆發「鹽稅暴動」和法國爆發「投石黨」（La Fronde）叛亂。英格蘭國王則與議會爆發內戰（English Civil War, 1642-1651），克倫威爾（Oliver Cromwell, 1599-1658）趁勢崛起。舊有政治秩序經不起氣候危機的考驗，紛紛解體。

面對如此嚴峻的局面，饑荒在中國引發流民暴動，進而組織成流寇團夥，產生李自成和張獻忠政權。中國明代政府卻充斥著無能的皇帝和黨派傾軋的官僚。1644年李自成率領農民和流民軍隊攻陷北京城，大明帝國滅亡，末代大明皇帝朱由檢自殺。中國東北滿族建立的少數民族政權以優越的騎兵、傑出的政治領導，迅速奪取中國主權，建立大清帝國。

這個緣起於氣候危機的主權爭奪戰，改變台灣島的命運，也改變明朝帝國、鄭芝龍和鄭成功父子的命運。台灣島的「十七世紀氣候危

機」則在1650年代特別嚴重。台灣島上的原住民無法對抗氣候危機，在災難時大量死亡，造成人口銳減。中國人為逃避饑荒和戰亂，大舉移民台灣島，使台灣島成為中國人之島。這些人口移動現象幾乎都是氣候危機引起的。

四、移民台灣島

1646年也是中國江南社會經濟秩序大亂的時期，南明各個皇帝互相傾軋，抗清部隊紀律鬆散，劫掠百姓，互相征戰，再加上清軍野蠻屠殺，福建社會秩序崩潰，向東南亞及台灣島進行海外移民的人數大增。

荷蘭人殖民統治下的台灣島相對平靜，當時荷蘭殖民當局採行鼓勵中國人移民台灣島的政策，而且提供武力保護中國移民免於原住民的殺戮，台灣島於是湧入大量中國難民，成為移民的避難所，中國移民從1640年的4,995人，增加至1647年的13,500人以上。

五、李成棟與李定國

大明帝國亡於李自成（1606-1645）、張獻忠（1606-1647）之手，但南明政權卻仰仗李自成、張獻忠的大將延續壽命，李成棟（?-1649）、李定國（1620-1662）兩位就是代表性的人物。

李成棟生年不詳，在南明歷史上是很特殊的人物，行事反覆，忠奸難辨。李成棟可能是山西人或寧夏人，原本是李自成政權的軍官，轉投降明朝政權，擔任相當於軍長的總兵。1645年投降清朝政權，隨豫親王多鐸攻陷江蘇揚州，又獨自指揮攻陷上海嘉定，往復三次，史稱「嘉定三屠」。

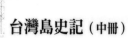

　　1646年李成棟進攻福建，率兵圍攻泉州城，鄭成功的母親田川松子（1601-1647）受辱自殺，鄭成功終生因此痛恨李成棟。同年，李成棟攻陷福建汀州，殺害隆武帝朱聿鍵。1647年李成棟攻入廣東廣州，俘虜紹武帝朱聿鐭。李成棟自恃立大功於清朝政權，卻僅獲任提督，即軍團司令，未被清朝政權委任總督，或獲封王位，心生不滿，於1648年反清投明，歸附永曆帝朱由榔，1649年李成棟在江西贛州市信豐縣兵敗出逃時，渡江溺死。

　　李定國生於1620年，是張獻忠的義子，1646年張獻忠死後，投明抗清。1648年平定雲南回亂，1650年被永曆帝朱由榔封為西寧王。1652年北伐攻克貴州、湖南、廣西，清政權的定南王孔有德（?-1652）甚至因此兵敗自焚。李定國再度揮軍北上攻克湖南，殺死清政權的敬謹親王尼堪（1610-1652）。

　　1654年李定國與鄭成功約定，聯合進攻廣州，再共同北伐江西、安徽、江蘇。當時鄭成功卻正與清政權秘密和談，對李定國計畫的聯合攻勢，虛與委蛇，最後李定國兵敗廣州。1656年永曆帝朱由榔封李定國為晉王。1658年吳三桂攻入雲南，1659年李定國護送朱由榔撤出雲南昆明。朱由榔逃入緬甸，李定國折返雲南西雙版納。1662年吳三桂絞殺朱由榔，李定國聞訊悲憤而死，年42歲。

第二章
海盜與海商

《明史·雞籠傳》記載：1635年給事中何楷（1594-1645）提出「靖海之策」，稱：「自袁進、李忠、楊祿、楊策、鄭芝龍、李魁奇、鍾斌、劉香相繼爲亂，海上歲無寧息。今欲靖寇氛，非墟其窟不可。其窟維何？台灣是也。」何楷接著說：「台灣在澎湖島外，距漳、泉止兩日旅程，地廣而腴。初，貧民時至其地，規魚鹽之利，後見兵威不及，往往聚而爲盜。」可見台灣島在十六、十七世紀早已是中國海盜的巢穴。而根據清朝吳偉業的《綏寇紀略補遺·漳泉海寇》中提及：「漳、泉海寇，起自袁進」，可以印證袁進、李忠稱霸台灣島應在鄭芝龍之前，起初爲了謀取魚鹽之利，而後趁勢而起，「相繼爲亂」成爲海盜頭目。

一、北港海盜

十七世紀袁進、李忠在明朝紀錄上，是最早聚集在台灣島的海盜，以「北港」爲基地，至少8年以上，擁有40餘隻海盜船，不時劫掠福建、廣東沿海商船和村莊，兩人後來在1619年被沈有容招降。曹學佺（1574-1646）的《石倉全集·湘西紀行·海防》曾有記載：「萬曆四十七年（1619）秋，海寇袁進、李忠赴轅門投降。初，進等飄飆海上已久，囊有餘貲，既迫於廣兵之追捕，又苦於閩寨之緝防，計無複之。乃令家屬袁少昆等詣南路副將紀元憲、水標參將沈有容軍前乞降。王中丞宣諭散黨歸農，方待以不死。袁寇即解散餘黨四十餘船，被擄六百餘人，帶領頭目陳經等一十七名，願同報效立功。」

浙江烏程人（湖州市）的沈演（?-1638）於1619年至1620年任福建右布政使的著作《止止堂集》裡的〈論閩事〉一文內也提及：「袁俊貴歸降，又復東行，盜勢解散，今歲尤躑躅，尋自離披，似可小憩。而挾倭貲販北港者，實繁有徒。」袁進（袁俊貴）投降沈有容後，「北港」仍爲中國人與日本人的貿易集散地。

「北港」只是台灣島西海岸台南以北各港口的泛稱，荷蘭人諾德洛斯（Jacob Ijsbrandtsz Noordeloos）在1625年所繪台灣島全圖，甚至稱整個台灣島叫「北港」Packan。當時稱「北港」不是現今的嘉義布袋港，也不是雲林北港。雲林北港到了清代還稱作「笨港北街」，嘉義布袋港當時稱「魍港」。

繼袁進、李忠之後，林錦吾（一曰林辛老）亦據台灣島的「北港」為海盜基地。沈演在〈答海澄〉一文提及：「海上賊勢雖劇，倏聚倏散，勢難持久，猶易撲滅。而大患乃在林錦吾北港之互市，引倭入近地，奸民日往如鶩，安能無生得失。」中國海盜結合日本倭寇，以劫掠商船和沿海居民為業，對中國海上及沿岸的安全威脅很大，但對台灣島的歷史發展意義不大。

1621年有日本商人遭海盜劫掠，不敢空手返日，乾脆下海為盜，亦以北港為基地。但1622年後，以北港為基地的各股海盜似乎統一在顏思齊的旗下。《海澄縣志》記載：「自天啓壬戌以後，紅夷與海寇顏思齊交訌。」

後期海盜如李旦、顏思齊、鄭芝龍，逐漸轉型為「武裝海商」，減少海盜業務，轉型成「海上黑幫」，收「過路費」，擴張海上貿易、運輸、保鏢業務，甚至推動移民，形成「海商集團」，宛如獨霸台灣海峽，由黑道組成的「國際貿易商社」，對台灣島的人口、產業、貿易、政治、社會結構等的歷史進程起了重大作用。

二、李旦

李旦（？-1625）是泉州人，又名李習，在馬尼拉經商時取名Andrea Dittis，曾被西班牙人派為華僑頭人或頭家，號稱「中國甲必丹」（Captain China）。據傳是倭寇首領王直的養子，但王直死於1559年，這個說法存疑。1600年李旦在馬尼拉已是富商級的中國僑領，1603年

躲過排華暴動，1607年李旦遭西班牙人抄家逮捕，沒收財產，於是逃離菲律賓，轉赴日本長崎建立商貿地盤。

　　1613年時李旦已在中國福建、菲律賓馬尼拉、日本長崎之間，建立三角貿易的管道，於1615年取得日本德川幕府的朱印狀，到福建、澎湖、東南亞、台灣島從事轉口貿易，並在台灣島的嘉義布袋建立貿易據點，但並非殖民據點。嘉義布袋港古稱「魍港」（Wanckan）。李旦和結拜兄弟歐華宇很快竄升爲大海商。1618年英國在日本的平戶商館館長寇克斯（Richard Cocks）即委託李旦派船到台灣島，運鹿皮回日本。1614年至1625年間，李旦所屬船艦派到南洋有23艘，其中曾7次抵達台灣島。荷蘭傭兵隊長利邦（Elie Ripon）上尉記載：「支那船長（Captain China）……在海上擁有五十多艘船……他在一艘中國式大船上載滿各式商品，和福爾摩沙島上的人交易，最常見的是鹿皮和鹿脯，帶到日本去出售。……他是個有信用的人，於是成了我們和中國往來的第一座橋樑和中間人，而他從雙方得到豐厚的回報和禮物。」（利邦，p.132）

　　駐日本的英國商館館長寇克斯（Richard Cocks, 1566-1624）的《英國商館館長日記》在1618年記載：「最近兩三年，中國人開始與某一個被他們稱爲高砂Tacca Sanga，而在我們海圖上稱作福爾摩沙的中國近海島嶼進行貿易。當地僅容小船經由澎湖群島進入，而且只與中國人進行交易。該島距離中國大陸約三十里格（一里格等於三海浬，一海里等於1.852公里，因此大約是167公里），以至於每次季風來臨時，中國人利用小船從事二到三次的航行。李旦（Andrea Dittis）與他的結拜弟弟歐華宇（Captain Whowe，甲必丹「華」），無疑是在當地進行私自貿易中最大的冒險投機者。」但日本學者岩生成一認爲「歐華宇」就是李旦最大的弟弟「李華宇」，「歐華宇」是「歐」與「華」閩南語音節重複音譯所致的失誤。

　　李旦對日本人、荷蘭人、西班牙人、葡萄牙人來說是貿易商、金主、代理商，對中國人來說是貿易商和走私商人，對在南海、台灣海

峽、東海航行的商船來說，李旦就是海上黑道及海盜。1617年李旦已
領有德川幕府的「御朱印狀」，派兩艘「朱印船」至台灣島，購買生
絲和鹿皮運回日本。李旦的船艦航行於廈門、台灣島、越南河內、菲
律賓馬尼拉、日本長崎及平戶，儼然是國際大商社。1619年李旦顯然
已是日本財力雄厚的中國商人，因此1624年荷蘭人敢與李旦簽訂合約
購買1.5萬斤中國生絲。

　　李旦於1624年8月應兪咨皋和許心素的請求，調停中國與荷蘭人在
澎湖群島對峙的爭議。李旦於9月至11月至廈門停留。11月赴台灣島大
員港，1625年7月1日向大員長官宋克請領通航許可證以便返回日本，7
月3日離開大員，7月17日抵達長崎平戶島。

　　1625年李旦返回日本前，向荷蘭人借貸4,000里爾（Real）的資
金，每里爾約值0.25英鎊，證明李旦的貿易與融資生意做得很大。
1625年4月至7月間，鄭芝龍奪佔李旦一艘載滿白銀和貨物的船舶，以
此財力掌控李旦和顏思齊在台灣島的人馬，成爲海商武裝集團的首
腦，再從福建招兵買馬，找來許多親族子弟，組織鄭氏標誌的海商勢
力。至於這艘船載運的白銀和貨物是鄭芝龍借李旦的船搶掠來的，還
是本來就是李旦放在船上的，仍不清楚。

　　1625年8月12日李旦病死，去世前即已交付鄭芝龍經營台灣島魍港
的貿易據點，交付許心素（Simsou）負責廈門貿易據點。許心素的另
外一個身份是廈門明朝軍隊的「把總」，也是總兵兪咨皋的心腹。鄭
芝龍後來與許心素水火不容，1628年攻入廈門殺了許心素，逼使兪咨
皋棄城逃走。廈門從此取代海澄，作爲福建對外的通商口岸，也成爲
鄭芝龍和鄭成功父子的海商王國根據地，鄭成功還將廈門改名爲「思
明」，表示對明朝帝國的思念。

　　李旦死後，他在台灣島及海上的勢力被鄭芝龍掌控，在福建的產
業被許心素（?-1628）佔有，在日本只留下一堆債務。許心素是泉州
同安人，說服李旦出面調停中荷的澎湖對峙爭議，成爲荷蘭人在福建
的代理人，荷蘭人常預付訂金給許心素在廈門採購生絲。許心素以2

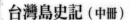
萬兩銀賄賂俞咨皋，被任命為最基層軍官的「水師把總」，表面是軍人，實質上藉著俞咨皋的掩護，企圖壟斷兩岸貿易。

李旦的兒子李國助（Augustin）雖曾參與台灣島及海外事業，卻無足夠財力，只能糾合一些舊屬和日本人，從事半商半盜的工作。1630年3月29日李國助向荷蘭商館買一條中國式帆船，10月30日李國助搭船自長崎往大員，卻遭荷蘭人驅逐。更糟的是，因為長崎官員的反對，李國助無法取得德川幕府的朱印狀。

1630年12月李國助的船舶在台灣島北部遭遇颱風，船桅折斷，登陸雞籠，又遭西班牙人拘押兩個半月才釋放。1631年4月15日李國助抵達大員，被荷蘭人盤問西班牙人在雞籠的狀況。1632年4月李國助投靠劉香，在福建沿海打劫。1633年9月14日李國助寫信給大員長官普特曼斯說：鄭芝龍原是荷蘭人的通譯，卻背著他父親李旦向中國商人收取保護費，企圖吞沒「所有之財物，但未得逞」，而淪為盜賊。李國助並表示要協助普特曼斯消滅鄭芝龍。

1635年10月13日日本德川幕府禁絕天主教，李國助的大兒子是虔誠的天主教徒，遭到處決。1639年10月20日李國助的二兒子未獲德川幕府許可，擅自出海，違反《鎖國禁令》，也遭到處決。李旦身後的子孫境遇，可說非常悲慘。

三、顏思齊

顏思齊（1586-1625）是福建漳州海澄人，1586年出生，據傳是李旦的助手，鄭芝龍則是顏思齊的結拜弟兄。顏思齊在日本成為「甲螺」即海盜頭目，洋名Peter，號稱「中國彼得」（Pedro Chino），是亦盜亦商的海商集團首腦。1617年顏思齊在竹萋港外，即新竹的海港，曾與明朝軍隊爆發海戰獲勝。

1621年顏思齊帶領中國移民團，武裝殖民台灣島，在北港（笨

港，Poonkan）至魍港（Wanckan）間，亦即北港溪和八掌溪之間，建立10個殖民村寨，號稱「十寨」，顏思齊因此成為中國人移民開發台灣島的始祖。「十寨」包括：嘉義布袋的魍港、布袋的大坵田、鹿草的鹿仔草、朴子的龜佛山、朴子的南勢竹、朴子的龜仔港、朴子的棟梆庄、台南鹽水的大奎壁、鹽水的洪水港、後壁的下茄冬，大致環繞著魍港內海，並擴展到八掌溪和山疊溪（北港溪）之間的地域。（黃阿有著〈清代嘉義地區的田園主與陂圳的關係〉）

1722年黃叔璥（1682-1758）任巡台御史，撰寫《台海使槎錄》引用《蓉洲文藁》說：「思齊剽掠海上，倚為巢窟；台灣有中國民自思齊始。思齊死，紅夷乘其敝而取之；茸草為田，民知樹藝。」

顏思齊當時帶領一股海盜，包括陳衷紀、楊六、劉香、鄭芝龍等進占台灣島，台灣島不再只是海盜基地，而被擴展為走私貿易基地，甚至是移民基地。顏思齊率眾開闢田園，構築草寮木寨，結交原住民頭目，自中國大陸輸運人口入台，輸財招募海盜船隊，將之改組為亦盜亦商的雛形「武裝海商」。

1625年10月23日顏思齊赴嘉義諸羅山打獵，染病去世，葬於諸羅山，其海商事業及北港的地盤由鄭芝龍接手。鄭芝龍在1625年一年內，同時接手李旦、顏思齊的事業，接收魍港和北港的地盤，奠定鄭芝龍、鄭成功、鄭經父子孫三代的海洋事業。顏思齊去世時，鄭芝龍雖被推為繼任首領，但顏思齊集團的實權掌握在陳衷紀（?-1628）手上，1628年鄭芝龍投降明朝政府，陳衷紀反對且計畫反叛，被鄭芝龍所殺。

有日本學者懷疑顏思齊可能只是李旦的化名，因為兩人同年去世，事蹟又有太多相似點，但官方史書確有「顏樞泉」其人，「樞泉」也的確是「顏思齊」的字，舉如1635年盧化鼇（1578-1646）著《太史李公居鄉頌德碑記》提及：「自天啓壬戌以後，紅夷與海寇顏思齊交訌。」「天啓」是中國明熹宗的年號，「壬戌」是六十甲子紀年法的天干「壬」及地支「戌」，「天啓壬戌」就是1622年。以及汪

楫（1626-1689）的《崇禎長篇》記載：「初，海寇鄭芝龍先從海賊顏
樞泉；樞泉死，遂有其眾。」也證實顏思齊確有其人其事，且由鄭芝
龍繼承其地盤。清代中國道光年間《福建通志》記載：「天啟四年，
海寇顏思齊等入台灣。思齊海澄人，為勢家所凌，毆其僕致斃，慮罪
逃入日本，久之積蓄頗饒。」都清楚說明顏思齊的行跡。天啟四年是
1624年，但顏思齊應是1621年入台。

　　另外荷蘭東印度公司的資料顯示，李旦曾在1624年10月寫信給荷
蘭大員長官宋克，也同時寫信給顏思齊（Pedro China），要顏思齊款
待荷蘭人。這說明李旦和顏思齊是不同人，而且顏思齊也協助李旦處
理台灣島的事務。宋克去世於1625年9月，顏思齊去世於同年10月。宋
克的繼任者韋特（Gerard Frederikszoon de With）曾向巴達維亞總督報
告說，顏思齊是「惡名昭彰的海盜」，但卻與荷蘭東印度公司有生意
往來。這些文獻足資證明顏思齊確有其人，因此縱然顏思齊的傳奇有
許多令人不解之處，本書選擇採用中國史書的說法。

四、鄭芝龍

（一）天生的海盜

　　鄭和（1371-1433）在30年內七次下西洋，一個世紀之後，明代中
國的海軍基本上卻已形同廢物。明代中國是歷史上第一個發行紙幣的
帝國，也是第一個嚐到惡性通貨膨脹苦果的帝國，沒有價值的紙幣養
不活昂貴的海軍。民間武裝的海上貿易團夥，順理成章填補了權力空
間。這些團夥先以走私進出口貨物，劃分海上地盤，建置武裝船艦，
搶奪未經許可侵入地盤的其他船隊，運送中國人赴海外營生，亦商亦
盜，這是鄭芝龍武裝海商集團產生的背景。

　　這些中國武裝海商和早期的葡萄牙船隊並無太大不同，但中國海

商卻沒有成為專業的殖民公司，如英國和荷蘭的東印度公司。中國海商缺乏殖民戰略，因此原本中國唾手可得的東南亞，反而成為歐洲殖民者侵略中國的前進基地。台灣島則是唯一的例外。然而對台灣島命運的影響，鄭和不如鄭芝龍。

鄭芝龍（1604-1661），原名鄭一官，1604年4月16日出生於中國福建省泉州府南安縣石井鄉水頭村，位於楊子山下，與安海古鎮有一座安平橋相通，安海鎮是南安縣的縣城。安平橋是宋代富商黃護於1138年用花崗岩石材所建，因此石井鄉又稱「安平」。鄭成功佔領台灣島大員港，將之改名「安平港」。1625年21歲的鄭一官改名為鄭芝龍，但也有記載說鄭芝龍出生於1581年、1592年或1595年，生年說法不一，但以1604年較可靠。鄭芝龍都以鄭一官的名字出現在荷蘭人等歐洲的史料上，他一生當過明代中國政府、南明流亡政府、清代中國政府的官員，他是半黑半白，亦商亦盜的海上幫派頭目。

鄭芝龍的父親鄭士表，母親徐氏生芝龍、芝虎、芝麟、芝鳳。芝鳳即鄭鴻逵。徐氏去世後，鄭士表續絃黃氏，生芝豹。鄭芝龍的繼母家族黃氏，原本就是頗有影響力的海商家族，1621年鄭芝龍17歲赴澳門投靠舅舅黃程（繼母黃氏的兄長），習得葡萄牙語，受洗成天主教徒，取教名Nicholas Jaspar。鄭芝龍在澳門時間不長，娶祖籍漳州平和縣的孤女陳氏為妻，生有一女，後來嫁給歐洲人羅德格里茲（Antonio Rodriquez）。

黃程只是普通生意人，無法提供鄭芝龍太多機會，鄭芝龍於是轉赴馬尼拉尋求機運，住在中國人販夫走卒聚集的澗內Parian，卻遭遇排華事件。鄭芝龍不知何故被西班牙人逮捕，判處死刑，卻在華商求情下釋放。眼看馬尼拉待不下去，1622年鄭芝龍逃離馬尼拉，南下印尼三佛齊（巨港）、爪哇的萬丹，也無發展機會。

1623年鄭芝龍替人押貨赴日本長崎平戶島，就留居日本，賣草鞋、做裁縫維生。後來結識李旦，鄭芝龍長相俊秀，與李旦有雙性戀的親密關係，獲得李旦提拔。明末張遴白的《難遊錄》記載：「李

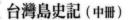

旦者，閩之巨商也，往來日本與夷狄，遂棄妻子娶於夷。芝龍少年姣好，以龍陽事之。」即指鄭芝龍長相英俊，深得李旦寵信，兩人有雙性戀關係。李旦先收鄭芝龍爲義子，並將財務和事業交付鄭芝龍管理。再加上同爲天主教友，又通曉荷蘭語、西班牙語和葡萄牙語，又曾習得日本武士的「圓明流雙刀法」，鄭芝龍很快成爲中國海商集團首領李旦的親信，往來泉州、平戶，並結識顏思齊。鄭芝龍以李旦的資金廣招幹部，如鄭興、鄭彩、鄭明、楊耿、陳暉等人，培養鄭芝龍自己的勢力。李旦安排鄭芝龍結識荷蘭商館館長史必克茲（Jacques Specz, 1585-1652），史必克茲後來成爲巴達維亞總督，對鄭芝龍的事業頗有助益。

1623年鄭芝龍赴日本之前娶妻陳氏，赴日本不久，又娶田川松子爲妻。田川松子的生父「田川七左衛門」早逝，其母改嫁中國福建泉州移民的鑄劍師翁翊皇，田川松子成爲翁翊皇的繼女，亦稱「翁松子」。田川松子生於1602年，1646年去世，年僅44歲，也有記載指鄭芝龍在1618年娶田川松子。

1624年8月27日田川松子在日本長崎平戶島川內浦的千里濱生下鄭成功，取名「鄭福松」。平戶島位於長崎海岸邊的島嶼，專供外來商人居留之用。鄭成功對南明政權及台灣島的歷史性影響比鄭芝龍還大。鄭芝龍後再娶妻顏氏。

荷蘭人請李旦介紹一名翻譯，李旦推薦鄭芝龍。鄭芝龍就從擔任荷蘭翻譯員起，展開波瀾壯闊的一生。1624年1月20日鄭芝龍搭荷蘭船好望號The Good Hope自平戶抵達澎湖，當荷蘭東印度公司的翻譯員，協助李旦調停中國與荷蘭人在澎湖的軍事對峙。

1624年2月20日雷耶生（Cornelis Reijersz）向巴達維亞報告說：「來自日本的一位通事，雖然給與優厚待遇，但目前對我們沒有什麼用處。」因爲中荷戰艦對峙時，把經常到澎湖和荷蘭人交易的中國商人嚇跑，鄭芝龍要當中國商人與荷蘭人的翻譯，的確無事可做。後來荷蘭人與中國政府達成協議，荷蘭人率軍赴台灣島的大員建立貿易

據點。鄭芝龍隨之前往台灣島當翻譯，李旦就把台灣島貿易據點「魍港」交給鄭芝龍經營。

　　1609年至1621年西班牙與荷蘭簽訂的12年停戰協議屆滿，荷蘭人又開始四處劫掠西葡兩國商船及與西葡做生意的其他商船。當時荷蘭人基於政治上的需要，也四處鼓勵中國海盜「私掠」攻擊西班牙和葡萄牙的商船。荷蘭人也鼓勵一般的中國船隻參與劫掠，海商、海盜、愛國戰士此時已分不清楚。這種劫掠稱作「私掠」（Privateering），是交戰雙方經政府授權，可以搶劫敵方財產以謀私利的行為。授權文件稱「劫掠許可狀」（Letter of Marque and Reprisal）。「私掠」其實是「合法海盜」，舉如荷蘭的執政奧倫治親王（Prince of Orange），即威廉一世（William I），授權荷蘭民間船隻「私掠」西班牙商船，視同戰爭行為，不受法律懲罰，對西班牙打擊很大。由於鄭芝龍和荷蘭人交往熱絡，熱蘭遮城的代理長官韋特（Gerrit F. de Widt）借一艘船給鄭芝龍，派鄭芝龍率20或30艘中式帆船，去「私掠」截擊西班牙商船，鄭芝龍因此發了橫財。「劫掠許可狀」制度直到1648年的威斯特發利亞條約才廢除。

　　鄭芝龍每次從荷蘭人處借得船舶，以「私掠」之名，劫掠台灣海峽過往的西葡商船，荷蘭人可分得半數劫掠所得。鄭芝龍首次「私掠」，就分給荷蘭人960枚銀幣，相當於15萬美元。第二次「私掠」，分給荷蘭人2萬兩中國銀元，相當於500萬美元。鄭芝龍是天生的海盜頭子，到1627年手下已聚集有400艘戎克船（中式帆船）和上萬名海盜徒眾，四處「私掠」。就荷蘭法律而言，鄭芝龍成為領有「劫掠許可狀」的海盜，可以合法搶劫西班牙和葡萄牙商船，以及和西葡兩國貿易的中國、日本和世界各國的商船。

　　鄭芝龍並與顏思齊聯繫，投入顏思齊盟下。川口長孺（1772-1835）的《台灣鄭氏紀事》記載：「芝龍之台灣，與弟芝虎共入振泉黨曰：『請為我許一發艦而劫略，獲之多寡，得以蔔我命。』振泉許之，眾亦相佐。俄而劫得暹羅好貨四舡，芝龍分每艘半與九酋；……於

是芝龍富甲十寨矣。」顏思齊的十寨，每個寨都有各自的寨主，顏思齊是其中一寨的寨主，並為十寨的首領。「九酋」是指其他九寨的寨主。

1624年底，鄭芝龍率兩艘李旦的船舶，一艘顏思齊的船舶，參加荷蘭人的私掠船隊（Privateering），赴馬尼拉外海，截擊西班牙船隊，直到1625年3月20日才返回大員，鄭芝龍獲益匪淺。1625年1月27日荷蘭船艦維多莉亞號（Victoria）在航海日誌記載：「中國翻譯一官被派往北方去截擊與俘獲一些船隻。」4月份鄭芝龍離開荷蘭人，赴魍港和笨港參加顏思齊的武裝船團。1625年5月22日荷蘭船艦澤蘭武器號（Het Wapen Van Seelant）的船長寫信給大員長官宋克，說：「4月27日，星期日，頭目一官身後跟隨七、八位以大刀、小刀和銃器的武裝中國人突然來到我們船上，他向我們致意問候。」顯示鄭芝龍在短短時間內已成海盜領導人物，遠非吳下阿蒙。

1625年8月李旦病世，鄭芝龍與李旦的長子李國助（Augustin）爭奪領導權獲勝，掌控李旦的海商集團，由鄭一官改名鄭芝龍，並與這些幹部拜把兄弟結成黨羽，以「鄭」為姓，以「芝」為輩，改名為鄭芝虎、鄭芝豹、鄭芝鶴等，計十八人，史稱「十八芝」集團。10月顏思齊去世，鄭芝龍順勢接掌台灣島十寨，鄭芝龍善於交互運用人際關係、金錢、武力，從此以台灣島為基地，拓展貿易，劫掠商船，迅速建立了橫跨台灣島、日本、中國大陸、南洋的海上霸權，成為名震台灣海峽的海盜及海商集團的頭子。

鄭芝龍的發跡過程讓進佔台灣島的荷蘭人十分訝異，1625年4月原是個無聲無息離開台灣島的翻譯員，1626年福建爆發嚴重旱災，鄭芝龍招募很多災民入夥，1627年已是擁有約400條帆船，約6至7萬名部下的海盜頭子，橫行中國沿海，進犯漳浦、金門，佔領廈門，幾乎燒毀沿海船隻，上岸搶劫，成為名震天下的大海盜。接著，鄭芝龍攻入廣東靖海，佔領廣東南澳島做基地。1626年至1628年間，鄭芝龍以台灣島魍港為根據地，頻頻劫掠福建、廣東。1627年福建巡撫朱一馮

（1572-1646）下令俞咨皋和許心素進剿鄭芝龍。許心素請荷蘭大員助戰，大員長官韋特於1627年10月派艦隊進駐漳州灣，但要求中國准許中國商人自由與大員、巴達維亞通商。韋特的艦隊企圖突擊鄭芝龍，反被打敗。1628年1月6日《東印度事務報告》記載：「海盜頭目一官（Icquan）曾在大員為公司翻譯，後來悄無聲息地離開那裡，在海上行盜，短時間內即有眾人響應，其聲勢浩大（程紹剛，p.78）」

　　1628年李旦在廈門的助手許心素再度結合福建總兵俞咨皋、荷蘭大員新上任長官納茲，欲圍剿鄭芝龍。1628年1月鄭芝龍率兵從南澳北上，高舉「劫富濟貧」的口號，吸引旱災難民入夥。巴達維亞總督柯恩說，鄭芝龍手下有400艘船，人員6、7萬人。雙方在南澳海面爆發海戰，許心素與納茲戰敗，鄭芝龍追擊至浯嶼，攻入廈門，殺死許心素，逼得俞咨皋爬出城牆，倉皇而逃。鄭芝龍為報復荷蘭人，劫持荷蘭商船西卡佩爾號（West Cappel），擄獲2.6萬里爾的白銀。控制福建沿海後，鄭芝龍不計前嫌，反過來與納茲和解，納茲親赴漳州月港海面與鄭芝龍見面。納茲以為自此可以自由貿易，便與中國的走私商人大做生意。鄭芝龍壟斷中國貨物的生意大受影響，因此派人驅逐私商，沒收貨物，引起納茲強烈不滿，兩人發生激烈爭論，鄭芝龍命令納茲離開漳州月港海面，否則將火攻納茲船隊，納茲因此懷恨在心。

　　1628年8月21日納茲率9艘船艦到廈門，邀鄭芝龍赴旗艦特克塞爾號作客，卻學起1628年6月29日濱田彌兵衛劫持納茲的手法，扣押鄭芝龍，逼鄭芝龍簽訂14萬斤生絲、50萬斤砂糖、10萬斤甜薑、1,000匹綢緞的三年期供貨合約，且要求鄭芝龍不得阻擾中國私商赴大員交易。

（二）盜商官的高手

　　鄭芝龍集海盜、海商、海軍將領於一身，可說是中國史上唯一的盜商官高手。1627年「後金國」皇太極圍攻錦州，崇禎皇帝朱由檢繼位，派袁崇煥督師薊遼。1628年流寇潮在陝西爆發，明代中國政府內憂外患。鄭芝龍善於利用形勢，1628年1月擊敗許心素和俞咨皋，8月

接受福建巡撫熊文燦招安，擔任明朝政府的海軍軍官，官銜「海防游擊」，順手接管原大明海軍將領俞咨皋控制的廈門海外貿易網，放棄海盜活動，改變模式成為海上黑道和保鑣，向台灣海峽航行船隻收取保護費，同時投資商業活動，展開對日本和東南亞的國際貿易活動成為大海商。鄭芝龍並隨即以掃蕩替洋人走私的海盜為名，陸續消滅海盜同業李魁奇、鍾斌、劉香，制衡荷蘭、西班牙、葡萄牙的武裝船隊，私自課徵中國船隻的關稅，儼然是中國最強的海軍霸王。但「海防游擊」只是中階武官，相當於旅長，位階在提督（軍團司令）、總兵（軍長）、副將（副軍長）、參將（師長）之下，游擊（旅長）又在都司（營長）、守備（團長）、千總（連長）、把總（排長）、標長（班長）之上。

荷蘭大員長官納茲面對1626年西班牙佔領雞籠的壓力及1628年6月29日濱田彌兵衛事件的煩惱，決定與鄭芝龍改善關係，鄭芝龍也覺得沒必要繼續與荷蘭人敵對。鄭芝龍手腕靈活，1628年8月接受熊文燦招撫後14天，立即無條件釋放南澳海戰俘虜的14名荷蘭人。納茲要求再釋放其他42名俘虜，歸還荷蘭船西卡佩爾號及所載白銀，鄭芝龍全數答應。10月納茲以「東印度議會議員暨統率福爾摩沙和熱蘭遮城的長官」的身份與鄭芝龍簽訂為期3年的《貿易協定》。

鄭芝龍雖歸順大明政府，當起中階武官，但底下的頭目對官位及官位可得分封的土地，未必有興趣。這些頭目對金錢的興趣高於官位，自然會叛離鄭芝龍，繼續下海從事海盜工作，李魁奇就是其中之一。1628年11月鄭芝龍的手下李魁奇趁鄭芝龍赴福州參見熊文燦時叛離，帶走7艘滿載貨物的船艦航去大員，2艘去巴達維亞。這是鄭芝龍一生的第一個重大危機。1629年3月李魁奇已是擁有400艘船的海盜集團，回頭攻擊鄭芝龍。鄭芝龍吃了敗仗，李魁奇佔領漳州灣，封鎖廈門港。李魁奇玩起政治手段，主動要求熊文燦招撫。熊文燦借力使力，要求李魁奇、鄭芝龍兩人「共捍疆土」，並劃分勢力範圍，廈門歸李魁奇，泉州歸鄭芝龍。但李魁奇卻是泉州惠安人，鄭芝龍表面被

迫接受。

李魁奇的叛變使鄭芝龍無法履行與納茲簽訂的3年期貿易合約。廈門控制在李魁奇手中，鄭芝龍更難以依約供應貨物給納茲，也無力償還納茲預付的訂金。鄭芝龍盼望納茲施以援手，趕走李魁奇。納茲非但未趕走控制廈門的李魁奇，還派出2艘船舶與李魁奇的3艘船舶共組船隊，在台灣海峽搶劫西班牙人往來馬尼拉和淡水、雞籠的船隻。西班牙人已於1626年5月佔領雞籠。

1629年6月普特曼斯接替納茲出任大員長官，鄭芝龍和李魁奇都積極爭取普特曼斯的支持。普特曼斯急於打開中國貿易大門，發現李魁奇仍持續從事海盜業務，影響台灣海峽的兩岸貿易甚巨，而鄭芝龍以收海上保護費為主，並未從事不分青紅皂白胡亂搶劫的海盜業務。

1629年7月5日李魁奇的船隊劫掠后浦，殺害許氏家族300餘人，受害者數百餘戶。同年12月3日普特曼斯離開大員，到澎湖、漳州灣觀察形勢。12月20日普特曼斯與李魁奇見面，並與鄭芝龍取得聯絡。12月26日普特曼斯決定，如果李魁奇不讓廈門與大員的貿易恢復正常，將攻擊李魁奇，收復廈門，扶持鄭芝龍。12月30日普特曼斯返回廈門前，獲知李魁奇的部下鍾斌因缺餉和分贓不均問題，私率30艘船艦叛離李魁奇，佔領金門島，與李魁奇分庭抗禮。李魁奇希望普特曼斯幫忙消滅鍾斌。

熊文燦此時也發覺李魁奇表面接受招撫，仍繼續當海盜，危害航海安全，決定放棄招撫，準備派出50艘船艦消滅李魁奇。鄭芝龍趁機聯絡普特曼斯，說服荷蘭人聯合打擊李魁奇立功，以取得中國自由通商權。1630年1月26日鍾斌率40艘船艦投奔鄭芝龍，兩人重修舊好，準備聯手攻擊李魁奇。1月30日普特曼斯親赴泉州安海與鄭芝龍會面，兩人達成聯合進攻李魁奇的計畫。但其實普特曼斯也在玩弄兩手策略，一面要李魁奇履行開放廈門貿易的承諾，一面發現鄭芝龍居於贏面，又與鄭芝龍聯合進攻李魁奇。

1630年2月9日鄭芝龍派鍾斌與普特曼斯進攻廈門，在戰鬥中普特

曼斯還網開一面讓25艘李魁奇的船隊逃往浯嶼，但李魁奇後來被活捉。2月11日鄭芝龍親赴荷艦與普特曼斯會面，2月13日兩人繼續在廈門談判，普特曼斯要求鄭芝龍承諾允許中國商人在海峽兩岸的漳州灣與大員自由通商，並禁止中國人與西班牙人通商。鄭芝龍只答應前者，聲稱後者的權限屬於福建巡撫。鄭芝龍則要求普特曼斯出售槍砲、船艦，兩人達成共識，簽訂所謂《自由貿易和平協定》。3月下旬李魁奇在廈門被處死，3月份整整一個月普特曼斯以剿滅李魁奇的大功臣身份在福建接受官員款待和民眾夾道歡迎，直到月底才返回大員。

1630年4月中旬，鍾斌與其弟鍾琚發現跟隨鄭芝龍，只得官位卻無橫財可發，再度下海爲盜，進犯廈門，搶奪船隻，且攻入廈門市區搶劫。6月4日鍾斌搶劫荷蘭商船多伯奇號（Domburch），乘員全被殺害。 8月21日鍾斌離開廈門，劫掠福建、浙江沿海。 9月1日鄭芝龍奪回廈門，鍾斌南遁。然而福建官員卻認爲鍾斌重操海盜舊業，是與鄭芝龍的私人矛盾引起的，要鄭芝龍將廈門讓給鍾斌，鄭芝龍心生怨懟，未予理會。

在明朝政府方面，兵將爭功諉過，鄭芝龍在明朝政府中的官位低，又未主動邀功，但他消滅李魁奇，制衡荷蘭軍艦，打破荷蘭殖民軍隊在海上的絕對優勢，功勞無出其右。明政府非但未加表揚，竟仍以海盜視之，要與鍾斌分配地盤，引起鄭芝龍不滿，一直想出兵攻伐明朝政府軍。鄭芝龍逮住一次機會，截住暹羅國獻給明朝皇帝的進貢船，成功得手。

1630年11月13日鄭芝龍進攻鍾琚，鍾琚大敗被殺。1631年3月17日鄭芝龍在南澳海面大敗鍾斌，鍾斌跳水溺斃。鄭芝龍從1624年至1631年短短7年間，消滅對手，亦官亦盜亦商，周旋在中國人與荷蘭人之間，趁機建立海上霸業，成爲海洋巨霸，無人能挑戰。但鄭芝龍卻始終未能兌現給荷蘭人與中國自由貿易的權利。

1633年7月12日，普特曼斯率艦隊偷襲停泊於廈門港口的鄭芝龍船艦，搶走50門鐵砲，劫掠沿岸村莊，封鎖海岸，企圖迫使鄭芝龍同意

自由通商，並同意在廈門的鼓浪嶼設立貿易基地，派代表進駐福州。普特曼斯同時也當起海盜，搶劫馬尼拉商船，獲得價值64,017個銀幣的貨物，相當於今1,300萬美元。但後來普特曼斯的艦隊卻遭遇颱風，損失不貲，只好退入金門島的料羅灣內。這給予鄭芝龍報復的極佳機會，普特曼斯想不到鄭芝龍竟是以大型船艦當犧牲打的火攻船攻入荷蘭艦隊防線。

1630年代的大海盜劉香（Janglauw）與鄭芝龍原本都是李旦的手下，李旦死後，劉香扶持李旦的兒子李國助，與鄭芝龍衝突不斷。劉香也與普特曼斯聯手攻打鄭芝龍，1633年10月卻反被鄭芝龍挫敗於金門料羅灣，史稱「料羅灣海戰」。荷蘭艦隊9艘船只有5艘從火海逃出，3艘沉沒，1艘失去動力。

1635年鄭芝龍派鄭芝虎擊潰劉香，鄭芝虎與劉香皆陣亡。鄭芝龍自此壟斷台灣島、中國大陸、日本之間的貿易，荷蘭人、日本人都得與鄭芝龍妥協來往。鄭芝龍控制台灣海峽的通行權，每艘來往船隻都要繳交「買路權」，向鄭芝龍購買「通航令旗」，否則會被鄭芝龍的巡弋船艦劫持。一般遠洋船隻須支付3,000兩白銀給鄭芝龍，每年收入達1,000萬兩，相當於當時荷蘭東印度公司整年的收入。鄭芝龍手腕靈活，在料羅灣海戰後，繼續供貨給普特曼斯；加上對日本、東南亞的貿易收入，鄭芝龍年獲利達3千萬兩銀。

1633年至1640年間，荷蘭人自中國購買生絲，運至台灣島，再轉運至日本，大發利市。轉運生絲使台灣島成為中日貿易的中繼站，但荷蘭人轉口貿易擴張太快，資金周轉短缺。購買生絲要預付中國商人大筆訂金，販賣生絲給日本商人的收款期又拉得太長，先付後收，產生巨大資金缺口，限制住貿易量的成長。鄭芝龍見有機可趁，自1640年起將中國絲織品運往日本直接銷售，搶走荷蘭人的生意，這個情況直到1646年鄭芝龍投降清政府，被押至北京軟禁為止。

1633年鄭芝龍升任明朝政府的「福建都督」，即軍區司令。福建發生旱災，鄭芝龍招募福建饑民至台灣島開墾，並提供耕牛及種子。

鄭芝龍替荷蘭人從中國招募饑民去台灣島開墾，這些農民的角色是台灣島的「外勞」，鄭芝龍擔任的角色是人力仲介及客輪運輸業者。

鄭芝龍也將李旦身後的台灣島魍港貿易據點，及顏思齊遺留的台灣島移民村寨的管轄權，賣給荷蘭人，鞏固荷蘭人統一治理台灣島的基業。鄭成功後來聲稱進攻台灣島，驅逐荷蘭人的理由，就是要討回其父親鄭芝龍「暫借」給荷蘭人的「領地」。1940年鄭芝龍升任明朝政府的「福建總兵」。

鄭芝龍很有生意天份，經商養軍隊，以軍隊占地盤，擴大地盤獨佔商業利潤。鄭芝龍建立的貿易組織相當嚴密，後來構成鄭成功的「武商」基礎。鄭芝龍創立的貿易團隊，是中國當時最大的國際貿易商社，也是中國當時最強的半官半商的海軍艦隊，鼎盛時期有20萬名員工，3,000艘船艦，堪稱東亞海上第一強權。

日本於1637年在九州「島原」爆發天主教徒暴亂的「一揆事件」，日本德川幕府遂禁止天主教，驅逐葡萄牙人，行鎖國政策，但對中國及荷蘭商人例外，鄭芝龍藉機壟斷日本對外貿易，大發「日本鎖國財」，1639年鄭氏船隊進出日本的船次，比荷蘭船隊多出11倍。鄭芝龍成為東亞海上最大貿易商社，運用的手法包括：（1）、阻礙中國商船赴台灣島的大員港進行貿易；（2）、直接從福建運貨去日本；（3）、與荷蘭大員長官特羅德尼斯簽訂對日貿易的互惠協定代理荷蘭人貿易；（4）、代理葡萄牙人從澳門運貨去日本，再轉運日本貨物給馬尼拉的西班牙人。

鄭芝龍趁日本鎖國，一面供貨給荷蘭人轉運去日本，一面自行銷貨去日本，另一面澳門因葡萄牙人喪失日本生意，經濟陷入蕭條，鄭芝龍便提供資金把澳門的中國商家和師傅遷到泉州安海，繁榮安海的工商業，以安海作為貿易總部，再把這些中國商家的貨物運到台灣島給荷蘭人，轉運世界各地。1641年鄭芝龍光從福建晉江安海出口到日本長崎的生絲即128.5萬公斤、黃生絲7,780公斤，布匹14萬匹。這樣一來，日本鎖國的最大獲利者就是鄭芝龍，再來才是荷蘭人。

（三）投機的政客

1644年崇禎皇帝朱由檢自殺，明朝帝國滅亡，福王朱由崧在南京建立弘光政權，史稱「南明」。弘光皇帝封鄭芝龍「安南伯」，鄭芝龍的政治地位從大明崇禎皇帝的「都督」晉升為南明弘光皇帝的「安南伯」。

同年鄭芝龍派遣族人鄭彩與族弟鄭聯分據金門、廈門二島。1645年弘光帝被清軍逮捕殺害，鄭芝龍在福建擁立唐王朱聿鍵為隆武皇帝，建立隆武政權。朱聿鍵封鄭芝龍為「平虜侯」，鄭芝龍的政治地位再度晉升。但1646年鄭芝龍背棄隆武帝，暗通洪承疇，表態降清，盡撤福建水陸關隘的守軍，投降清軍，清軍輕鬆越過仙霞嶺，攻入福建。鄭芝龍卻被清政府征南大將軍博洛（1613-1652）挾持赴北京，大清順治皇帝（1638-1661）封鄭芝龍為「同安侯」，事實上是軟禁。

鄭芝龍降清，清軍很快攻克福州，1646年8月隆武帝朱聿鍵逃至福建汀州被殺。清軍隨即攻打泉州南安，鄭成功的母親田川松子當時居住南安，清軍攻陷南安時受辱自殺。母親受辱自殺，對鄭成功是很大的刺激，鄭成功剖其母屍體清洗後埋葬，這個仇恨成為鄭成功一生抗清反清的最大動力。

1655年鄭芝龍已在北京當了10年的「同安侯」，多次招降鄭成功未成，遭清朝政府藉故逮捕入獄。1661年11月24日清政府以鄭芝龍私通鄭成功的罪名，處死鄭芝龍，及鄭世忠、鄭世恩、鄭世蔭、鄭世默、鄭芝豹等11人。鄭芝龍一輩子翻雲覆雨，背主賣友，自以為了得的政治投機功夫，最後落到身首異處的下場，甚為可悲。

鄭芝龍自1635年剿滅劉香，至1646年投降清政府這11年間，是鄭芝龍人生光輝燦爛的時期。但1946年沒談妥投降條件，沒有清朝皇帝的招撫詔書，即貿然赴福州迎接博洛，反遭挾持赴北京，甚至被關押在東北，至1661年被殺，可說是悲慘的15年。鄭芝龍聰明一世，糊塗一時，一步失錯，全盤皆輸。

第三章
鄭成功

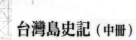
　　鄭成功生於1624年，這年荷蘭人進佔台灣島；去世於1662年，那年荷蘭人離開台灣島。鄭成功一生最大功業是進佔台灣島，驅逐荷蘭殖民政權，建立中國人在台灣島的第一個政權，讓中國人更容易移民至台灣島，使台灣島成爲中國人之島，也成爲中國的領土，鄭成功因此成爲中國的民族英雄。

一、從日本回中國

　　鄭成功出生在日本長崎平戶島，1630年6歲時回中國讀書，1638年14歲時中秀才，1642年18歲時迎娶董夫人，同年生長子鄭經。1644年20歲負笈南京太學，拜錢謙益（1582-1664）爲師。1645年鄭芝龍在福建福州擁立唐王朱聿鍵即位隆武皇帝，朱聿鍵賜姓鄭成功朱姓，成爲明朝朱姓皇室的異性親戚，封忠孝伯，贈尚方寶劍，掛招討大將軍印。鄭成功因此被稱爲「國姓爺」（Koxinga），全銜是「大明忠孝伯招討大將軍國姓爺」，時年21歲。

　　1645年鄭成功母親田川松子自日本抵達中國，鄭成功的弟弟田川次郎左衛門因過繼給母舅，則留在日本長崎。1646年清軍統帥博洛派韓固山、李成棟進攻福建，兩人率兵圍攻泉州城，負責守備的鄭芝豹棄城逃逸，田川松子逃亡不及，受辱自殺。這是鄭成功終生之痛，李成棟後來1648年棄清投明，成爲永曆皇帝朱由榔的大將，鄭成功1648年雖也改隸永曆，卻始終拒絕與李成棟合作。

二、舉兵抗清

　　1646年鄭成功昭告天地，誓復母仇，率軍出海，起兵抗清，鄭成功時年22歲。鄭成功與鄭芝龍分道揚鑣，只帶1千兩黃金和陳輝、張

進等90多名部下，乘兩艘帆船入海，控制小金門。當時大金門由鄭鴻逵控制，鄭彩、鄭聯控制廈門，朱壽控制銅山，陳霸控制南澳，鄭成功只好登上鼓浪嶼，以「忠孝伯招討大將軍國姓爺」名義，誓言反清復明，並赴廣東南澳募兵300多人。鄭成功僅憑單薄兵力，率軍攻打海澄、泉州、同安，都吃了敗仗，只好轉戰潮州，攻打幾座村寨，擬佔領潮州時，遭遇清軍南下，只好撤軍。其中歐汀寨的頭目陳君諤率眾於海上搶劫鄭成功的運糧船舶，擾亂鄭成功的部署，「鷗汀自恃其土城險固，聚眾剽掠，海上商船多被擒截，抽腸剖腹，慘酷非常」（夏琳著《閩海紀要》卷上），歐汀寨本質上就是強盜巢穴，鄭成功四次進剿都失敗，其中一次還被陳君諤暗算，擊傷腿部。1657年鄭成功第五次發兵圍剿才破寨，屠殺一萬多人，史稱「丁酉歐汀事件」。

1647年4月鄭成功攻入海澄（漳州月港，龍海市），進攻漳平、龍巖。7月鄭成功與叔父鄭鴻逵進攻泉州，清軍提督趙國祚兵敗。海澄的清將甘輝、南安的清將施琅轉變立場，投靠鄭成功，成為鄭成功兩大得力助手。1648年3月鄭成功率林習山、甘輝攻打福建同安，清將祁光秋與清朝知縣張效齡棄守後，鄭成功轉攻泉州。鄭成功的號召力此時水漲船高，已成福建最大政治勢力。

1648年鄭成功改隸永曆皇帝朱由榔，寧靖王朱術桂被派到鄭成功旁邊，代表明朝法統為鄭成功凝聚反清力量。朱術桂後追隨鄭成功遷居台灣島，在台南墾田10甲。1683年鄭克塽降清時，朱術桂自殺殉國，其5名妻妾亦隨之自殺，合葬於台南，稱「五妃廟」，朱術桂堪稱大明皇室最後一位烈士。1649年鄭成功進攻漳浦，攻下雲霄，進抵詔安，屯兵分水關，與抗清部隊張名振合作，南攻潮州，佔領廣東。11月鄭成功攻入南陽，進佔許隆，攻克達濠、青林、霞美、新墟等據點。

鄭成功起兵後，靠鄭芝龍在海內外建立的人脈，在杭州設「山五商」，即「金、木、水、火、土」五家貿易商號，赴各地收購絲綢、瓷器、珍玩、特產，運至廈門。另在廈門設「海五商」，即「仁、

義、禮、智、信」五家海運商號，每家商號擁有12艘商船，運貨至東北亞、台灣島、東南亞，航行領域遍及南海、台灣海峽、東海、黃海、日本海上，搶走荷蘭人的生意，造成鄭荷之間時起摩擦，雙方關係緊張。

1650年鄭成功進攻潮陽，潮陽知縣常翼風投降。銅山、南澳，閩安都來降服。鄭成功再轉攻金門、廈門。由於廈門和金門才是鄭芝龍的財力來源，卻控制在鄭聯、鄭彩手上。當時金門由鄭彩統治，卻專橫淹死大學士熊汝霖及義興伯鄭遵謙。鄭聯統治廈門島，專事遊宴，民不堪命。

鄭成功與施琅、鄭豹密商，自廣東潮陽回師，8月中秋鄭成功用計灌醉鄭聯，並予以綁架殺害，順利取得廈門的控制權，收編鄭聯部隊4萬餘人。鄭彩在金門聞風逃遁，其部將楊朝棟、王勝、楊權、蔡新率水師歸順鄭成功。鄭成功在一天之內，相當於取得一支海軍艦隊。於是鄭成功遂以金廈兩島為根據地，軍力達4萬人，戰艦百餘艘。然而當時廈門基地尚未完全鞏固，鄭成功卻不顧兵將反對，急著進軍廣東，將廈門託付給堂叔鄭芝莞。沒想到鄭成功出師不利，船隊遭颱風侵襲，廈門又遭清軍偷襲，以致鄭軍嚴重缺糧。

1650年1月時，清軍平南王尚可喜、靖南王耿仲明包圍廣州，永曆皇帝朱由榔下令鄭成功出兵救援。但直到清軍10月攻城，11月攻陷，鄭成功都未出兵。鄭成功雖已於1648年改隸永曆皇帝，但此時的鄭成功和朱由榔的關係，顯然不夠密切。1651年3月鄭成功才從虎門出兵廣東，卻無功而還。1651年5月清軍攻入廈門，輜重、財務、穀糧被清軍劫掠一空，鄭成功損失不貲，守城的鄭芝莞「席捲珍寶，棄城下船」，被鄭成功斬首示眾。

1651年4月台灣島的荷蘭人發覺鄭成功從金門島派人到魍港向中國漁民徵收捕魚稅，荷蘭人逮補鄭成功的稅務官，才發現鄭芝龍自1643年起即如此徵稅。鄭成功聲稱鄭芝龍的徵稅權利是以500兩銀錠買來的，他有權繼承這份徵稅權利，如果荷蘭人不釋放他的稅務官，他將

禁止所有中國商船運貨至大員，荷蘭人只好照辦。

　　1652年1月魯王朱以海投靠鄭成功，同年台灣島爆發以鄭成功即將攻佔台灣島爲號召的郭懷一事件。1652年鄭成功擬殺施琅（1621-1696），施琅逃亡，鄭成功怒殺施琅父親及弟弟。施琅投奔清軍，種下30年後毀滅延平王國的仇恨。另因爲施琅脫逃時獲得蘇茂的協助，再加上清軍攻打廣東揭陽，蘇茂失守，鄭成功新仇舊恨藉詞怒斬蘇茂，蘇茂的副將黃梧一同受責。鄭成功沒收黃梧的財產，貶去守備福建海澄。蘇茂與黃梧交情莫逆，黃梧從此痛恨鄭成功。適巧海澄副將是蘇茂的堂弟蘇明，於是黃梧與蘇明合作，開城投降清軍。

　　黃梧銜恨復仇，向清政府建議「平海五策」：遷海徙民、挖掘鄭氏祖墳、查封鄭成功山海五商的金脈、沒收鄭氏家族田產財務、打造游擊小艇騷擾廈門的鄭軍艦艇。黃梧的五策刀刀見血，鄭成功的實力受到重大損傷。

　　1652年清政府派遣鄭芝龍差使周繼武，持鄭芝龍家書至廈門見鄭成功招降，鄭成功拒絕。當時鄭軍攻佔海澄、長泰，圍困漳州達半年，戰局有利於鄭成功。漳州位於海澄附近，城牆厚實不易攻破，鄭成功放棄攻城戰法，改以圍城逼降。但城內清軍堅守6個月，拒不投降，據說餓死73萬人，達人口七成，但這個餓死人數過於誇大。最後清軍騎兵援軍抵達，鄭成功大敗，暴露鄭軍陸戰能力太弱的缺點。清軍接著進攻海澄，中了鄭軍的地雷陣而敗退，海澄一役也打響鄭成功的全國性反清聲望。但陸戰損失慘重，鄭成功退而求其次，以廈門、金門爲基地，率3,000艘船艦，強化海上力量。1652年巴達維亞總督雷尼爾茲（Carel Reyniersz）寫信給大員長官費爾保說：「國姓爺被清軍擊敗，勢將退出廈門，極可能往台灣島避難。」1653年費爾保接到鄭成功來信說：「與清軍作戰，耗費甚鉅，需要派船赴巴達維亞、日本、大員貿易。」

　　1653年3月魯王朱以海放棄代理皇帝「監國」稱號，追隨鄭成功。5月清政府擬勸降鄭成功，派兩廣總督碩色（1687-1759），由黃

徵明、周繼武陪同至廈門，賜海澄公，授漳州府勸降，鄭成功再度拒絕。11月清政府又勸降鄭成功，擬賜海澄公，授泉、漳、惠、潮等四府，並許鄭成功維持軍隊，談判仍歸失敗。

1653年巴達維亞總督馬茲克（Joan Maetsuycker, 1606-1678）從大清帝國皇帝順治獲得8年1次的朝貢貿易許可，想繞過鄭成功的「海五商」，直接與中國貿易。1654年馬茲克派兩艘商船至廣州交易，卻在澳門海面搶劫鄭成功的商船。鄭成功非常憤怒，強烈抗議，荷蘭人只歸還部分貨物，鄭荷雙方結下樑子。

不久鄭成功的商船在馬尼拉遭西班牙人搶劫，船員被殺，貨物被搶光。鄭成功下令封鎖西班牙人與中國通商，還要求台灣島的荷蘭長官西撒爾（Cornelis Caesar, 1610-1657）扣留任何前往馬尼拉的商船，也禁止中國人赴馬尼拉貿易。西撒爾表示荷蘭與西班牙人的八十年戰爭（1568-1648，Tachtigjarige Oorlog 或 Eighty Year's War）已經結束，雙方已於1648年簽訂《威斯特伐利亞和約》（Peace of Westphalia），荷蘭人不能扣留或攻擊任何來往馬尼拉的商船。

鄭成功見荷蘭人不配合，恩怨加深，不再經由荷蘭人的轉口貿易，立即派24艘商船赴東南亞直接貿易，搶奪荷蘭人的生意。馬茲克下令東南亞各港口攔截鄭成功的商船，沒收大量的胡椒等香料。1655年鄭成功採取報復行動，禁止任何船隻載運貨物至台灣島，違者處死。這道《海禁令》逼使中國商船拋售貨物，物價慘跌，荷蘭人損失不貲，台灣島對外貿易大幅衰退。

荷蘭大員長官揆一（Frederick Coyett, 1615-1687）不得已派何斌赴廈門與鄭成功洽談。何斌提議的條件讓鄭成功滿意，1657年8月鄭成功解除《海禁令》，台灣島的對外貿易才又恢復榮景。

但是何斌提議的條件，包括經由何斌在台灣島替鄭成功向來往海峽兩岸的中國商船徵收1%的貿易稅曝光，揆一非常憤怒，下令羈押何斌，撤除職務，沒收財產。何斌認為荷蘭人恩將仇報，秘密派人測量鹿耳門水道，繪製台灣島海岸地形圖。1660年何斌逃亡廈門，勸說鄭

成功揮軍攻佔台灣島，驅逐荷蘭人。荷蘭人未能妥善處理與鄭成功的關係，粗魯對待何斌這些有功人士，種下大錯，自食惡果，最後失去了經營38年的台灣島。

三、受封延平王

1654年清政府擬與鄭成功進行和平談判，派葉成格、阿山，由鄭成功弟弟鄭世忠、鄭世蔭陪同，並攜帶鄭芝龍勸降信函到廈門交給鄭成功，清政府擬封鄭成功爲海澄公，勸降鄭成功未成。

1654年4月鄭成功派人送信給台灣島的荷蘭長官西撒爾（Cornelis Caesar），表示問候，同時託荷蘭信差及翻譯官何斌，要求荷蘭人派一位醫師去幫鄭成功治病，是左手長腫瘤，病因不詳。荷蘭長官和評議會決定派拜耳醫師（Christiaen Beyer）。5月23日拜耳抵達中國，但鄭成功戒心甚重，派中醫監視拜耳配藥，儘管那位中醫不懂西藥。拜耳寫信回台灣島說，鄭成功不敢服用他的藥，治癒可能性不大。

拜耳親眼看見鄭成功天天生活在巨大恐懼中，因爲他看到許多人常因一些微小事情，被鄭成功用各種殘酷方法處死，甚至連鄭成功自己的親人和姬妾也不例外。拜耳說，鄭成功將這些人，每6、7個人一組，手腳釘在一起，棄之不顧，活活餓死。拜耳三個月後徒勞而歸。

1654年10月19日鄭成功再次進兵廣東，事先聯絡晉王李定國，並準備十個月份軍糧。11月1日 鄭成功進軍漳州，漳州守將劉國軒投降鄭成功，劉國軒就此成爲延平王國的要角。

1654年鄭成功派人向永曆皇帝朱由榔報告和清軍戰鬥經過，永曆帝封鄭成功爲「延平王」，續任「招討大將軍」。從此鄭成功被稱「延平郡王」，依明朝封建體制「郡王」指異姓親王，同姓宗室親王僅有單字封號，如「福王」、「唐王」等，鄭成功的「延平」是兩字封號，指的就是異姓親王。鄭成功終生以延平王爲最高職銜，政治位

階始終在皇帝之下的「藩王」及「郡王」。因此1662年鄭成功攻克熱蘭遮城與荷蘭人簽訂《鄭荷條約》時的落款頭銜，就是「大明招討大將軍國姓爺」，而非獨立王國的首領頭銜。1648年永曆帝曾封鄭成功爲「威遠侯」，1649年再封爲「延平公」，1653年加封「漳國公」，1654年晉級爲「延平王」，但鄭成功始終奉行隆武皇帝朱聿鍵賜封的「招討大將軍」銜。

對鄭成功而言，隆武皇帝朱聿鍵賜封的「招討大將軍」的法理位階和正當性高於永曆皇帝朱由榔賜封的「延平王」，故其終生以「招討大將軍」自詡，連與荷蘭人簽約，只用「招討大將軍」，不用「延平王」。鄭經和鄭克塽也襲用「招討大將軍世子」的名義，以取得統治的正當性。

鄭成功爲籌集軍費，派人赴越南、柬埔寨、馬來西亞、印尼經商貿易，巴達維亞總督馬茲克（Joan Maetsuycker, 1606-1678）認爲鄭成功的舉動影響荷蘭東印度公司的利益，1655年下令不准鄭成功的船舶自行赴東南亞麻六甲等各地貿易，必須只能集中到巴達維亞交易，再由荷蘭人轉賣到其他各地，否則將予以劫掠。荷蘭人甚至直接扣押鄭成功的兩隻商船，沒收貨物。

馬茲克的行動激怒了鄭成功，1656年鄭成功寫信給何斌，轉告大員長官西撒爾，因爲鄭成功的商船到巴達維亞貿易被刁難，並被禁止赴麻六甲等地貿易。鄭成功要求荷蘭人改善，否則將採取報復措施，禁止所有中國商船與荷蘭人、西班牙人交易。鄭成功針對台灣島的荷蘭人，發佈《海禁令》，不准中國商船赴台灣島貿易，封鎖台灣海峽，捕捉荷蘭商船，報復巴達維亞的杯葛和敵意。

1655年清政府派簡親王濟度（1633-1660）統兵11萬進攻福建廈門，擬逼迫鄭成功受撫，鄭軍則積極備戰應付。6月鄭成功退出漳州，繼續佔據銅山、海澄、廈門、古雷、游澳，與清軍對抗。鄭成功在廈門設立「藩王府」，改名廈門爲「思明州」，號召明朝流亡官員來歸。清政府則下令「片船不得入海」，反而使鄭成功的走私貿易更加

生意興隆。

鄭成功設立的秘密商行「山五商」在北京、蘇州、杭州收購絲綢、瓷器、珍玩，運到廈門，由「海五商」運送去日本、東南亞銷售。1647年至1662年抵達日本長崎的中國商船有8成是鄭成功掌控的商船。

鄭成功還承接鄭芝龍的「海上關稅」，凡航經台灣海峽的船舶都得繳納「過境稅」，西洋船每艘3,000兩銀，東洋大船2,100兩銀，小船500兩銀。鄭成功壟斷台灣海峽的航運，也導致荷蘭人生意一蹶不振。台灣島的經濟狀況在最後兩位長官西撒爾、揆一時，陷入嚴重不景氣，都是鄭成功和清政府先後的《海禁令》和「海上關稅」所造成的。1655年巴達維亞總督馬茲克向阿姆斯特丹報告說：「國姓爺的壟斷，使大員貿易一蹶不振。」

鄭成功越發自信，也越發驕傲，甚至剛愎自用，殘酷對待部將，埋下禍因。他的北伐南京失敗，與其好大喜功，動輒殺害部屬將領，導致戰將叛離密切相關。1656年鄭成功的部將黃梧叛變，投降清軍，獻海澄給清軍，且建議「平海五策」，戰局轉而不利鄭成功。黃梧在「平海五策」說：「每與僞國姓做耳目，慣伺內地虛實，如王師入泉，固山出師，屢行密報下海，並命五商之子鑽營生員、舉人爲護身之符，以便陰通內地消息。」「五商」就是鄭成功的「山五商」和「海五商」，黃梧建議清政府斬斷鄭成功的「五商」金脈。

1656年清軍統帥簡親王濟度調集船艦進攻廈門鄭軍，雙方在泉州圍頭外海大戰，清軍慘敗。

1656年6月27日鄭成功針對荷蘭人再度實施〈海禁令〉，並對住在台灣島的中國移民發佈禁令，非經鄭成功同意，禁止與馬尼拉貿易，禁止台灣島與中國大陸貿易，犯禁者處死刑，沒收貨物，擬切斷荷蘭人的經濟命脈。

1656年清政府威脅鄭芝龍，派人找鄭成功勸降，鄭芝龍表示跪求鄭成功接受和議，鄭成功不爲所動。

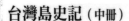

　　1657年6月16日清政府爲打擊鄭成功，也發布「海禁」，命令浙江、福建、廣東、江南、山東、天津等沿海各省市嚴格執行，禁止人民出海，對鄭成功打擊不小。

　　鄭成功1656年的《海禁令》重挫荷蘭人在台灣島的財政與經濟，貿易和海運活動近乎崩解。台灣島的蔗糖和稻米運不出去，進口物資價格飆漲，失去控制。1657年7月荷蘭大員長官揆一面對台灣島遭鄭成功封鎖的經濟難題，不得不向鄭成功妥協，派翻譯官何斌到廈門與鄭成功協商。何斌向鄭成功承諾，荷蘭人要向鄭成功「納貢通商」。雙方在廈門簽訂協議，揆一承諾每年送5,000兩餉銀、箭矢10萬支、硫磺1,000擔給鄭成功，要鄭成功停止《海禁令》，開放兩岸通商。但揆一是否同意履行，史料並不清楚。這些「貢品」最後由何斌私下在台灣島向駛往中國的商船徵收「關稅」支應。

　　1657年8月鄭成功在清政府和荷蘭人間採平衡策略，遂開放海禁，台灣島的經濟市況又重新活絡起來。揆一也默許鄭成功在大員派人向中國商船收取關稅，這對鄭成功是個方便措施，因爲中國商船從不同港口來往大員港，在大員港收稅比較方便。但鄭成功委由何斌收取關稅，此事傳開後，揆一拿何斌治罪，懲罰雖不嚴重，但揆一與何斌已有嫌隙。後來更造成揆一對何斌忠誠度的懷疑，造成何斌逃亡，投靠且說服鄭成功進攻台灣島，則是揆一始料未及的後續發展。

四、北伐南京

　　1658年5月鄭成功第一次北伐，率軍15萬人，5千艘船艇，聯合張煌言、張名振北伐，從廈門搭船攜妻帶妾北上，卻在錢塘江口的羊山島海域，遭遇風暴。鄭成功不理會部屬返航的建議，艦隊被暴風吹散，損失數十艘船隻，數千人失蹤，包括鄭成功的六名侍妾和三個兒子，最後返航浙江溫州，第一次北伐草草結束，宣告失敗。

　　1659年鄭成功第二次北伐，再率軍17萬，船艦5,000艘，從溫州出航，北上長江口，經舟山群島，抵達崇明島。此時另一股反清勢力的領袖張煌言建議鄭成功紮營崇明島，控制長江口。鄭成功不聽，率軍深入長江，7月8日抵達吳淞口，攻打靠長江北岸、揚州南岸的瓜洲島。清軍在瓜洲用鐵鍊封鎖長江河道，並在岸邊設置砲台，不讓船艦出入。鄭軍雖然最後剪斷鐵鍊，卻損失慘重。深入長江的數百艘船艦只剩17艘。鄭軍接著順利攻下鎮江，此時的鄭成功卻以為清軍已搖搖欲墜，進駐鎮江後，大搞浮華不實的閱兵遊行，鄭軍日夜吃喝玩樂，以為得天下易如囊中取物。

　　張煌言和甘輝力勸鄭成功，盡速進攻南京。鄭成功卻認為不必急，等清軍援軍抵達，再進行殲滅戰，可取得決定性的勝利。更糟糕的是，鄭成功整天花費心力以奢侈宴飲，接待各方來訪賓客，把攻佔南京的部署拋諸腦後。

　　於是清政府得以不斷派人運送物資，接濟南京城內的駐軍。南京城外，鄭軍的先遣部隊也跟著鎮江的鄭軍一樣，粗心大意，吃喝玩樂。這時有位鄭軍軍官犯錯，害怕鄭成功殘酷的懲罰，叛逃投降清軍，把鄭軍部署的鬆散情況，全部告知清軍。清軍趁機從南京城內外突擊鄭軍，結果鄭軍毫無準備，立即潰散。

　　隔日兩軍在南京城南的將軍山（一說是幕府山）列陣對峙，將軍山（及對面的牛首山）是1130年南宋岳飛大敗金兀朮的古戰場，鄭軍未對地形事先探勘，遭清軍崇明島總兵梁化鳳派兵前後夾擊而慘敗，數十名大將陣亡，連甘輝都被俘虜斬首。意料之外的是，在此關鍵時刻，聽聞戰事失利，鄭成功竟然率先登艦離去，也未在鎮江防禦，鄭軍士氣頓時瓦解，遭清軍追擊而潰逃。最後鄭成功垂頭喪氣回航廈門，僅剩船艦「千百艘」。這次北伐行動暴露鄭成功的人格弱點，以及軍事才能不足以統御大局的缺點。

　　鄭成功北伐南京失敗，只能盡力保有金廈二島，「反清復明」的夢想破滅，注定無緣問鼎中原。自1650年計殺鄭聯，控制金　，至此

10年努力毀於一旦，兵員損失七成，軍備損失不計其數。鄭成功只剩下兩條路可走：一是投降清政府，二是佔領台灣島，因為中國歷史沒有偏安閩南成功的案例。事實上，這兩條路鄭成功都放在心上，一邊考慮與清政府接觸談判，一邊準備攻佔台灣島。而自1646年起，荷蘭大員當局就擔心當時只控制小金門的鄭成功會進軍台灣島，1651年起荷蘭人也一直風聞鄭成功攻台的謠言，才會有1652年的郭懷一事件。

1660年清軍反攻廈門，6月17日清將達素（?- 1669）率20萬大軍，會同李率泰、蘇利、許龍、吳六奇、黃梧、施琅等部隊，大舉進攻廈門。鄭成功藉風向、海潮，率巨艦衝向清軍軍艦，清軍大敗，施琅與達素駕船逃走，清軍死千餘人。

1661年8月當鄭成功正在台灣島上與荷蘭人纏鬥時，清政府下達〈遷界令〉，浙江、福建靠海居民，全部遷離海岸，內移30里。使鄭成功無法接觸大陸人民，封殺鄭成功的經濟命脈，一時間沿海村落全部淨空，形成鄭成功封鎖荷蘭人，清政府封鎖鄭成功的局勢。

廈門則到1663年11月都還在鄭經的控制下。7月耿繼茂率軍進駐福建，9月福建總督李率泰奏請將同安、海澄的沿海居民內遷，實施「遷界」，對鄭經實施經濟封鎖。

五、佔領台灣島

（一）何斌力勸進攻台灣島

1659年2月荷蘭殖民當局的翻譯官何斌私下在台灣島，替鄭成功徵收中國商船的進出口關稅的事情曝光，荷蘭人懷疑何斌的忠誠度。因為大員長官揆一雖然默許鄭成功派人在台灣島收取中國商船的關稅，但沒想到是擔任大員翻譯官的何斌替鄭成功收稅。揆一下令囚禁何斌，撤除一切職務並罰款，導致何斌周轉不靈，幾近破產。原本替鄭

成功徵稅，只是默契，一旦公開化，又是何斌主其事，涉及雙重忠誠的問題。荷蘭人顧及面子，公事公辦處罰何斌。何斌認爲荷蘭人恩將仇報，1660年3月何斌派助手郭平假扮漁夫，暗測鹿耳門水道的水深、水路和潮汐，製成海潮圖，並繪製鹿耳門溝至普羅民遮城（赤崁）的港路水道及台灣島地形圖。何斌逃出大員，抵達廈門，將地圖和水路圖獻給鄭成功，並解說原住民與荷蘭人的關係。

何斌是泉州南安人，算是鄭成功的同鄉，早年曾向鄭成功的掌櫃鄭泰借錢赴越南做生意。1645年來台擔任荷蘭人的通事、翻譯官兼聯絡官，1648年其父何金定去世，何斌接手父業，從事日本及東南亞貿易，也在赤崁開墾土地，種植水稻，也向荷蘭人承包贌稅。

何斌勸說鄭成功攻打台灣島，作爲根據地。何斌誇大了台灣島的資源說：「台灣沃野千里，地可稱霸，人雄其國。耕種足食，雞籠淡水，硝磺可用。肆通外海，置船興販，十年生聚，足與清抗衡。」又說：「土番受紅毛之苦，若天威一指，唾手可得。」其實此時台灣島已開發的田地尙無法供養數萬軍隊。但何斌勸說鄭成功攻台的消息走漏，台灣島上的中國移民開始拋售資產，送家眷回中國，台灣島經濟活動突然下滑。荷蘭人大爲緊張，立即查封鄭成功在台灣島的商館。

（二）台灣島人心惶惶

1660年3月6日下午大員長官揆一從中國移民頭人（甲必丹）處得知，鄭成功計畫3月底進攻台灣島。尤其荷蘭人發現鄭成功1659年兵敗南京後，許多潰兵逃亡來台，可能是攻台的內應。而且1659年11月鄭成功從台灣島購買大批物資運回廈門，12月鄭成功的200多艘商船都奉命返回廈門，更坐實鄭成功即將攻台的傳言。揆一判斷縱使鄭成功不準備進攻台灣島，最起碼可能來台掠奪糧食，於是3月10日立即向巴達維亞總督馬茲克申請增兵1千名。

揆一告知各地的荷蘭政務員開始武裝原住民，荷蘭人爲防止鄭成功從台灣島中部登陸，北從大甲溪，南至笨港溪沿岸，所有荷蘭人

和原住民都要就地全副武裝。笨港溪以南的壯丁集中到台南蕭壠社訓練，若鄭成功從魍港登陸，就從蕭壠社出發迎擊。屏東一帶的原住民壯丁集中到麻里麻崙社（下淡水社），防衛打狗港（Tancoya），阻止鄭成功從打狗（高雄）登陸。普羅民遮市街和大員市街的中國移民頭人和糧食全部集中到熱蘭遮城，並嚴密監視所有中國移民，逮捕有暗挺鄭成功疑慮的中國移民，且施以酷刑。揆一又下令取消原訂3月23日及26日召開的「地方會議」，燒毀全部尚未收割的稻田。

1660年6月17日清軍統帥安南將軍達素（?-1669）率800艘船艦進攻廈門，鄭成功率400艘船艦迎擊，清軍竟然大敗。鄭成功把4,000名俘虜打成殘廢，送回清軍陣營。7月鄭成功召集部將商議攻台，但部將反應冷淡，鄭成功攻台的企圖只好暫時作罷。

在荷蘭人方面，揆一積極準備迎戰鄭成功，卻未見鄭成功有何動作。巴達維亞始終認為清政府才是鄭成功的敵人，而且鄭成功尚需要荷蘭人的支持，對鄭成功進攻台灣島的說法半信半疑。1660年7月中國移民之間有關鄭成功訂於9月17日攻台的傳聞甚囂塵上，揆一急著要巴達維亞出兵，荷蘭東印度公司畢竟是貿易商社，對派兵的成本斤斤計較，經過激烈的討論，馬茲克於7月17日派范德連（Joan van der Laen）率12艘船艦，1,453名士兵來台支援。馬茲克指示，如果鄭成功沒有攻台，要范德連率兵轉去攻打澳門。

范德連率軍於9月19日抵達台灣島，鄭成功卻毫無動靜，但自1660年8月後就沒有任何中國商船抵達台灣島，這兩個現象互相矛盾。范德連堅持鄭成功攻台的傳聞是無稽之談，引發與揆一激烈爭論，兩人相持不下。范德連已有250名士兵病倒，急著要率軍離開大員，轉攻澳門。為解決爭論，揆一召開會議，普羅民遮城首長貓難實叮（Jacobus Valentijn）建議范德連延到1661年2月再進攻澳門。防衛指揮官拔鬼仔上尉（Thomas Pedel，佩德爾）則建議派人親赴廈門查探鄭成功的態度，揆一和評議會於是派迪拉茲少尉（Adricaen Dillarts）前往廈門，查探鄭成功攻台的意圖。

迪拉茲受到鄭成功殷勤款待，鄭成功表示他正在準備反攻清軍，調集物資、商船，戰事過後他期待與荷蘭人發展更密切的貿易關係，並要迪拉茲帶信給揆一，希望雙方訂立新的《貿易協定》，待反清戰事的準備工作告一段落，鄭成功將恢復中國與台灣島之間的貿易和船運。迪拉茲回報說鄭成功專心對抗大清帝國，無心也無力進攻台灣島。

根據迪拉茲的回報，范德連氣憤難當，認為揆一情報錯誤，浪費公帑，1661年2月10日與揆一大吵一架，留下600名士兵給揆一，2月27日自行率領艦隊離開台灣島，還向馬茲克指控揆一欺凌中國移民，編造鄭成功攻台情報，浪費軍備預算。巴達維亞因此決定撤換揆一，派柯連克（Harmen Klenck van Odessen）接任大員長官。1661年2月5日清帝國皇帝順治去世，8歲的康熙即位，清鄭對峙無形間緩和下來，鄭成功判斷清軍此時不至於進攻廈門，於是下定決心進攻台灣島，下達大修船艦、「聽令出征」的指示，此時大多數鄭軍將領仍不贊成攻台，表態支持者只有陳永華和楊朝棟。

（三）揮師進軍台灣島

鄭成功於4月9日調派大軍進駐金門料羅灣，4月14日揆一發現中國移民都已逃離大員市街區，4月22日中午鄭成功率300多艘船艦離開金門料羅灣，4月23日下午抵達澎湖集結更多船艦，做最後的戰鬥準備。4月29日晚上鄭成功傳令進攻台灣島，當時風暴不小，鄭成功仍然堅持攻台計畫。

4月30日凌晨風暴竟然平息，鄭成功率軍3.5萬人、船艦900艘，下令進攻台灣島，早晨六時半，鄭成功的艦隊出現在熱蘭遮城外海。《熱蘭遮城日誌》於1661年4月30日記載：「星期六，早晨六點半，那時，是平靜無風而有霧的天氣，我們看見，在西北方，距離北邊泊船處約半哩（mijl）處，有不尋常的眾多中國戎克船，向鹿耳門下來，顯然，是從中國來的國姓爺的軍隊。」「我們下令，所有住在（大員）

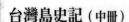

市鎮的中國人，都必須留在他們的房屋裡，將那些最重要的中國人，帶來拘禁在上層城堡裡，並將所有中國人的舢舨全都沒收下來。」

　　熱蘭遮城上的砲兵擬發砲轟擊鄭軍，但鄭軍船隊並未經由熱蘭遮城所在的「一鯤鯓」沙洲與「北線尾」沙洲南岸之間的「大員水道」（南水道）進入台江內海；反而於九時半抵達「北線尾」沙洲北岸與北方「隙仔線」（加老灣）沙洲南岸之間的「鹿耳門水道」，士兵改搭30、40艘舢舨船，分別通過鹿耳門水道，進入台江內海，順利避開熱蘭遮城的城上砲火。40、50艘大型船艦則利用中午漲潮時機，由何斌領航，通過鹿耳門水道，進入台江內海，在新港溪（德慶溪‧鹽水溪）南邊的禾寮港Smeer Dorp（油村、Olikan、Olijlankaan、Oylankan、Orakan，台南永康洲仔尾）登陸，荷蘭籍的土地測量師梅氏（Philip Daniel Meij van Meijensteen）則說鄭軍在禾寮港與普羅民遮城之間的柴頭港（Zantecang）登陸，柴頭港位於台南市開元寺附近。傍晚時分鄭軍部隊同時在北線尾和禾寮港紮營，數千名中國移民趕來迎接，鄭軍整理好隊伍，隨即沿著海岸線，走陸路南下，進攻普羅民遮城。

（四）普羅民遮城投降

　　4月30日鄭軍同時圍攻普羅民遮城和熱蘭遮城。中國移民熱烈迎接鄭成功，城外鄉間地區很快被中國人控制。普羅民遮城附近的原住民也熱烈歡迎鄭成功到來，楊英的《從征實錄》記載：「各近社土番頭目，俱來迎附，如新善、開感等里，藩令厚宴，並賜正副土官袍帽靴帶。繇（由）是南北路土社聞風歸附者接踵而至，各照例宴賜之。土社悉平懷服。」又說：「藩駕（鄭成功）親臨蚊港，相度地勢，並觀四社土民向背何如。駕過，土民男婦壺漿迎者塞道。藩慰勞之，賜之酒食，甚是喜慰。」荷蘭人此時才發現原住民袖手旁觀，已拒絕接受抵抗鄭軍的命令。普羅民遮城是荷蘭人在1652年郭懷一事件後才興建，僅適用於防範中國移民暴動，城牆不如熱蘭遮城堅固，砲火設備

也較為薄弱，派有「地方官」（Landdrost，首長）守備管理。

　　5月1日早上鄭成功寫信給揆一和普羅民遮城首長（Landdrost）「貓難實叮」（Jacobus Valentyn）勸降，鄭成功說台灣島是他父親鄭芝龍借給荷蘭人的土地，現在他要討回去，如果荷蘭人投降，他保證他們安全離去。鄭成功在信上宣稱：「然台灣者，中國之土地也，久為貴國所據，今余既來索，則地當歸我。」荷蘭人接到的鄭成功信件，《熱蘭遮城日誌》於1661年5月1日記載這封信翻譯如下：「大明招討大將軍國姓寄這封信給長官揆一閣下。澎湖群島距離漳州諸島不遠，因此隸屬漳州；同樣，台灣因靠近澎湖群島，所以台灣也應在中國政府統治之下；因而，也應明白，這兩個濱海之地的居民都是中國人，他們是自古就已據有此地，並在此地耕種的人。以前，當荷蘭人的船來謀求貿易通商時，荷蘭人在這些地方連一小塊土地也沒有；那時家父一官出於友誼，指這塊土地給他們，但只是借用而已。……寫於永曆政府的第十五年第三個月的第二十九日（1661年4月27日），蓋有國姓爺的印章」這封信是鄭成功在澎湖時就已寫好，5月1日才送給揆一。鄭成功送信給揆一的同時，也頒布告示給普羅民遮城首長貓難實叮說：「現在，我要來取用我的土地，這塊土地是家父借給荷蘭公司的，對此有誰可以反對？」鄭芝龍把土地借給荷蘭東印度公司的說法，儘管是鄭成功說的，但不是事實。

　　同時5月1日清晨，鄭軍很快與荷軍在北線尾沙洲爆發接觸戰，北線尾沙洲上荷蘭人原先建造「海堡」守衛，卻在1656年被颱風摧毀，荷蘭人並未重建，無法以大砲威脅鄭軍。此時荷蘭軍隊指揮官拔鬼仔率240名荷兵，從南側登上北線尾沙洲，與陳澤（1618-1674）率領的鄭軍展開激戰。拔鬼仔兵敗被殺，荷兵陣亡180人，史稱「北線尾之戰」。鄭荷雙方將陣亡兵士就地掩埋於現今四草湖大眾廟的位置上。同時間揆一下令Hector、Graavelande、De Vink、Maria四艘戰艦攻擊鄭軍船艦，荷艦大敗，Hector爆炸沉沒，Graavelande和De Vink脫離戰場，Maria則奇蹟式於5月5日逃離台灣島，逆風（西南季風）航行51

「北線尾之戰」發生於台南四草大眾廟後方草地，荷蘭陣亡軍人遺骸埋於白色塚墓之內

天，趕到巴達維亞報告鄭成功已進攻台灣島。荷蘭海軍當時號稱世界頂尖的艦隊，這次海上會戰卻創下大敗的紀錄。

　　當時貓難實叮被鄭成功包圍，5月3日早上雙方在赤崁見面談判，但不歡而散，沒有結果。鄭成功寄信給揆一，《熱蘭遮城日誌》於1661年5月3日記載這封信翻譯如下：「大明招討大將軍國姓寄這封信給長官揆一閣下。我來此地，不是要來用不公正的態度奪取甚麼，只是要來收回屬於家父，因而現在屬於我的這塊土地；這塊土地只是給公司借用的，從未給過公司所有權。這件事，現在無論如何都必須被承認。……寫於永曆政府十五年第四個月的第五日（蓋有國姓爺的印章）」

　　5月4日貓難實叮赴赤崁（Saccan或Sacam）會見鄭成功，簽訂《赤崁協定》，獻城投降。同日韓布魯克牧師（Antonius Hambroek, 1607-1661）帶著妻小從蕭壠社奔赴熱蘭遮城途中被俘。5月5日普羅民遮城開城投降鄭軍，貓難實叮也獲得鄭成功的禮遇。普羅民遮城旁邊有條

普羅民遮市街，大部分居民是中國移民都支持鄭軍，少部分荷蘭居民都已逃亡或被俘。另方面，揆一5月4日棄守大員市街，集中荷軍防守熱蘭遮城。5月5日鄭軍佔領大員市街，揆一決心死守熱蘭遮城，當時城內有一般士兵870人，砲兵35人，成年男性63人，婦女兒童218人，奴隸及其子女547人，共1,733人。5月12日北部地區的荷蘭人及奴隸140人至赤崁投降。

　　赤崁附近的原住民相當歡迎鄭成功大軍，村社頭目連袂赴赤崁參見鄭成功表示歸順，受到隆重款待，並受贈中國式的官帽、官服、官靴，從此奠定鄭成功在台灣島的統治權威。當日《梅氏日記》（Daghregister van Philip Meij）記載新港、蕭壠、麻豆、哆囉嘓、目加溜灣各村社16位長老身穿有各色絲線和黃金刺繡的藍色官袍，腰繫滾金邊的藍色絲帶，列成兩行，站立在國姓爺帳幕外面。

　　5月11日鄭成功巡視附近的原住民村社，受到熱烈歡迎。5月29日鄭成功將赤崁改名為「東都明京」，取「東方都、明京城」之意，並設「承天府」，衙門設於赤崁樓（普羅民遮城），派「承天府尹」治理赤崁。「東都明京」又意指「中國東方明朝京城」，意即「明朝中國東部政府的京都」。派楊朝棟（楊戎政）為承天府尹，莊文烈為天興縣令，祝敬為萬年縣令。普羅民遮市街改稱「赤崁鎮」，一鯤鯓的大員市街改稱「安平鎮」，現稱「安平老街」。但是「東都」容易聯想到台灣島的舊名「東番」。目前也不確定鄭成功所謂「東都」的領地是僅指台灣島，或者也包括澎湖群島、金門、廈門等地。鄭經的「東寧」則明顯是僅指台灣島及澎湖群島。

　　5月29日鄭成功下令保護原住民的土地利益，6月14日更下令鄭軍屯墾不得侵害原住民的利益。但台南地區以外原住民的狀況就大不相同，台中大肚地區、嘉義諸羅山地區、屏東瑯嶠地區的原住民與鄭軍爆發衝突，鄭軍在毫無防備的情形下倉促應戰，遭原住民突襲，死傷慘重。

（五）包圍熱蘭遮城

鄭成功圍攻熱蘭遮城時，兵分三路。第一路軍，從普羅民遮城向西出港，進入台江內海，於1661年5月5日攻佔熱蘭遮城東側的大員鎮（大員市街）。荷蘭人雖試圖將大員鎮的物資運入熱蘭遮城，但大部分物資還是被鄭軍奪取。

第二路軍，從普羅民遮城沿著海岸線，走陸路南下，到二層行溪（二仁溪）口，跨越「窄峽」，是沙丘帶與河岸之間的淺灘，退潮時可徒步涉水而過，進入七鯤鯓沙洲。再轉向北走，行經六、五、四、三、二等「鯤鯓」沙洲上的林投叢（荷蘭人都說成「鳳梨園」），直抵「一鯤鯓」沙洲，鄭軍在沙洲上部署兵力威脅熱蘭遮城西側及其西邊的烏特勒支堡。「一鯤鯓」就是熱蘭遮城和烏特勒支堡的所在地。所以荷蘭人常把「一鯤鯓」稱作「大員」或「台灣」。

第三路軍，鄭軍從鹿耳門水道登上北線尾沙洲，與熱蘭遮城隔著「大員水道」對峙，企圖封鎖大員水道。

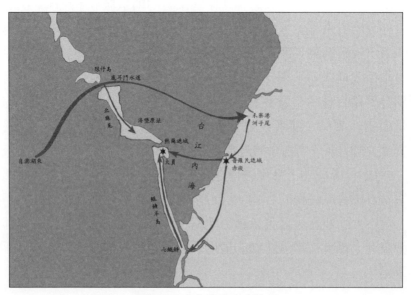

鄭成功進攻熱蘭遮城路線圖

熱蘭遮城是相當堅固的歐洲式城堡，在各個重要角落築有「稜堡」。「稜堡」上的大砲可以涵蓋所有死角，使攻城部隊不易接近。鄭軍包圍熱蘭遮城，共發動四次砲戰攻城，才在9個月後逼揆一開城投降。原先鄭成功以為攻下熱蘭遮城輕而易舉，然而僅有1千多名士兵的熱蘭遮城抵擋數萬名鄭軍，長達9個月，逼使鄭軍陷入糧荒，不得不分兵四處屯田，但墾殖績效不彰，陷入飢餓狀態。鄭軍雖勝，卻也元氣大傷，死亡近9千人，飢餓、疾病、營養不良使鄭軍幾乎癱瘓。荷蘭人也損失1千人左右。

大員水道是東西向的水道，西連台灣海峽，東接台江內海，位於北線尾沙洲和一鯤鯓沙洲之間。建築於一鯤鯓沙洲上的熱蘭遮城，沿著大員水道南岸興建，也呈東西向的建築，靠水岸的城堡部分稱「下城」（四角附城），緊挨著「下城」南側蓋的城堡稱「上城」（上層城堡）。在一鯤鯓的西北角海岸邊，荷蘭人建有三個正方形相連接的木柵圍籬作為防禦工事，稱為「木柵」，用來保護大員水道的進出口岸。

熱蘭遮城蓋在大員水道的中間段，另外在水道東段，靠台江內海岸邊的一鯤鯓上，荷蘭人興建「大員市街」（Stad Zeelandia）或稱「大員鎮」、「大員街」、「熱蘭遮鎮」、「台灣鎮」、「安平鎮」，即現今的「安平老街」，供荷蘭富商、中國商人居住或營業的市集。熱蘭遮城與大員市街之間，有很寬闊的廣場。鄭成功發動的第一次砲戰，就是在廣場東邊的大員市街設置砲陣，發砲攻擊熱蘭遮城。

（六）鄭軍砲戰失利

鄭成功發動攻城第一次砲戰是5月25日。5月24日鄭成功先派俘虜牧師韓布魯克進城勸降。5月25日鄭成功從韓布魯克接到揆一的拒降信，立即下令自「大員鎮」發動砲戰。沒想到荷蘭兵從城上發砲，又憑藉文藝復興時代發展出來的稜堡，可形成無死角的交叉火網，從熱

蘭遮城居高臨下發砲回擊鄭軍的砲擊力道更強。大員鎮上的鄭軍砲兵缺乏掩體保護，且鄭軍使用不會爆炸的鐵球彈和傳統刀劍，荷軍使用會爆裂的榴彈、長步槍、手槍，荷軍武器和軍事技術超越鄭軍很多。

雖然荷軍守城士兵只有870人，攻城鄭軍有2.5萬人，雙方戰至5月26日黎明，鄭軍大敗，300人當場死亡，700人傷重不治，總兵林福也傷重死亡，可說是傷亡慘重。荷軍只有4人死亡，11人受傷。鄭成功只好後退至荷蘭砲兵攻擊範圍之外，形成圍而不攻的局面，展開「包圍戰略」。鄭成功這時才了解熱蘭遮城的防禦工事，不同於中國式的城牆。5月27日鄭成功派船艦回廈門載運糧食，同時派軍隊和軍眷分赴各地屯墾。6月2日午夜鄭軍放火焚燒停泊於台江內海的荷艦，此後雙方就少有衝突。直到7月13日早上荷軍突發砲攻擊，鄭軍反擊，到中午也不了了之。

（七）缺糧危機

包圍戰略帶給鄭成功缺糧的壓力，當時台灣島不是稻米收穫季節，台灣島的水田面積很小，稻米產量也不夠鄭軍長期食用。待開墾的土地雖如何斌所說：「沃野千里，地可稱霸，人雄其國，耕種足食」，問題是土地需要開墾才能「稱霸」，人要耕種才會有「足食」。何斌說耕地有611平方公里，鄭成功找人實際測量卻只有34平方公里。鄭成功卻無時間可開墾，亦無人力可耕種，不得已只好留下一部份人員約1千名士兵圍城，大部分的軍隊拉去開墾耕種。但開墾荒地，變成稻田，需要很長時間，解決缺糧危機，緩不濟急。為了控制糧食，鄭成功對待士兵有時近乎殘酷，《梅氏日記》1661年5月25日記載，有7位士兵去尋找台灣島上的親屬，其中一人找到在赤崁種田的兄弟，8人高興相聚，殺一頭小牛慶賀，享用數日，卻遭告發「破壞生產工具」，全被綁到赤崁街道中央斬首。

缺糧是鄭軍攻台成敗的罩門，再加上台灣海峽海象不佳，鄭軍從廈門運糧至台灣島，緩不濟急。負責軍需的鄭泰又消極抵制鄭成功佔

領台灣島的計畫，遲滯米糧運台。鄭成功遷怒何斌情報不實，因為何斌宣稱台灣島五穀豐饒，足供大軍糧需，鄭成功下令貶謫何斌，軟禁於二層行溪邊南畔（Omtrent Het Nauw，台南、高雄交界的二仁溪）的小草寮悔過，終生不見，並禁止任何人探望，違者處斬。《熱蘭遮城日記》記載1661年9月3日何斌閉戶不出20日，10月18日何斌隱居於赤崁的稻草屋，1662年1月28日後，何斌隱居在「第二漁場」的帳篷內，鄭成功不再會晤何斌。第二漁場位於二鯤鯓至三鯤鯓沙洲島之間。

　　何斌向鄭成功吹噓荷蘭人不堪一擊，征台行動只需幾日即可平定，且台灣島米量充足，但事後發展，完全不是這麼一回事。何斌的處境直到荷蘭人開城投降，鄭成功命令何斌協助清點荷蘭人的庫存貨物，才有所改善，但鄭成功仍拒絕與何斌再見面。6月鄭成功下令鄭軍分赴各地屯墾，但大多績效不佳，常遭原住民突擊，又只能種番薯，鄭軍實際上處於挨餓狀態。鄭成功不得已撕毀不擾民的《令諭》，四處徵糧，軍民關係轉趨惡化。

（八）原住民的對立

　　鄭成功很快攻陷普羅民遮城，熱蘭遮城卻久攻不下。這時離稻穀收穫期尚遠，當時台灣島的稻米產區只限於赤崁地區，不足以供應鄭軍所需，開墾新田地，也無法一蹴可及，且廈門來的運糧船又因天氣不佳受阻，自5月起鄭軍即苦於糧食短缺。鄭成功派軍分赴下淡水社（Vavoralang，屏東萬丹）、諸羅山社（Tirosen，嘉義）、大甲西社（Taikasei）、大肚社（Dorida）各地徵糧或屯墾，使原本認為原住民支持鄭成功的局面有了很大的轉變。徵糧的鄭軍頻遭原住民突襲，鄭軍兵敗，死傷慘重。各處高山族（生番）亦趁機出草獵首，中國移民人心惶惶。

　　鄭成功正在圍攻熱蘭遮城時，楊英撰寫的《先王實錄》或稱《從征實錄》記載：「援勦後鎮、後衝鎮官兵激變大肚土番叛，衝殺左先鋒鎮營，楊祖與戰，被傷敗回，至省病，死之。圍援勦後鎮張志營，

右虎衛、英兵鎮、智武鎮敗回，差兵都事李胤監制各鎮，不准攪擾土社，吊後衝鎮等移札南社。」

據傳所謂「激變大肚土番叛」是指鄭軍部隊與大肚社原住民爆發衝突，大肚社頭目「阿德狗讓」擊敗鄭軍部隊，這是鄭成功首度與原住民衝突的案件。但是《熱蘭遮城日誌》記載的情節說：1661年6月3日鄭成功派赴台中屯墾的部隊，誤信大肚社原住民，其假意接待鄭軍屯田，又事先通知被鄭軍俘虜的荷蘭人做內應，深夜發動突襲，鄭軍大敗，死亡1,500人。《熱蘭遮城日誌》1661年9月23日記載：「去北部的官員Sotslinhongh【左先鋒鎮楊祖】的部隊，幾乎全軍都被當地居民殺死了，……」。10月22日記載：「那些居民先是跟中國人親切來往，後來中國人到田野時，那些居民就拿起武器攻擊他們了。」

鄭成功派赴諸羅山屯墾的鄭軍，也誤信原住民，遭殺害800人。《熱蘭遮城日誌》1661年9月12日記載：「（鄭軍）在諸羅山附近那一千人，有八百人被當地居民殺死，因此派另外一隊士兵去Tackais（彰化二林）為那些人報復，卻被當地居民包圍並切斷歸路，沒有人知道他們的結局將會怎樣。」

鄭成功派赴屏東瑯嶠屯墾的部隊遭到原住民大舉屠殺。《熱蘭遮城日誌》1662年1月9日記載：「有兩個瑯嶠的長老被中國人殺死，瑯嶠的人乃屠殺一批中國人大舉報復。……南邊的村社因此幾乎沒有中國人。」

《梅氏日記》1661年7月記載：「在Middagh（大肚部落）的大酋長（den Grooten Vorst van Middagh）一帶北邊村社的原住民，無法再忍受那些自己上門做客的中國人的粗暴無理，他們幾個村社互相結合起來，趁夜間中國人休息時候突襲，殺死一千四、五百人。在南邊，也有七、八百人被瑯嶠的人殺死。」

大肚社、諸羅山社、瑯嶠社的原住民先動手襲殺鄭成功的軍隊，但鄭成功還來不及報復就去世。鄭成功與大肚社這個恩怨直到鄭經於1664年派黃安、陳瑞征伐大肚社，殺「阿德狗讓」或「阿德高壯」

（Atekkaujong）。1670年鄭經派劉國軒征伐沙轆社，與「大肚社」同屬拍瀑拉族的「沙轆社」幾乎遭到滅族。滅掉沙轆社，瓦解「大肚王國」，鄭軍才報一箭之仇。但鄭軍與諸羅山社、瑯嶠社原住民的恩怨後來如何處理，並無記載。

（九）荷蘭援軍

揆一的接任人柯連克於6月22日從巴達維亞出發，7月25日抵達台灣島屏東外海的小琉球時，卻發現鄭成功已在4月30日登陸台灣島，5月5日包圍熱蘭遮城。柯連克不敢上岸，派人先把巴達維亞給揆一的信及他自己給鄭成功的信送去熱蘭遮城，藉故拖到7月30日才抵達熱蘭遮城外海。揆一派船迎接，柯連克托詞無法航入台江內海，8月1日藉故航向日本，溜之大吉，丟下沮喪的揆一。

鄭成功攻台軍隊有2、3萬人，有數千人死於飢餓，有數千人病倒，只剩幾百人留守「東都明京」，1千人包圍熱蘭遮城，其餘派去各地屯田。不過鄭成功照樣精力旺盛，1662年去世後，侍妾替他生下3個遺腹兒子，這也可以否證鄭成功患有梅毒的說法。如果荷蘭人派來援軍，突襲「東都明京」，鄭成功無法迅速召回屯兵作戰，處境將相當危險，這個危險的狀況差點出現。

荷蘭巴達維亞總督馬茲克6月24日得知鄭成功進佔台灣島，立即調派艦隊及士兵，7月5日派卡烏（Jacob Caeuw）率9艘軍艦，兵士725名，準備8個月糧食，急赴台灣島救援被圍困的熱蘭遮城。8月清政府發布「劃界遷民」的《遷界令》，「片板不許下水，粒米不許越疆」，沿海30里內，禁止居民居住，不得與台灣島通商，擬以經濟制裁困住鄭成功。然而「劃界遷民」的《遷界令》反而使沿海居民生活困苦，也讓鄭成功更容易招募中國移民赴台開墾。

8月12日卡烏率領的援軍抵達大員港外，情勢轉而不利鄭成功，熱蘭遮城內的士氣也為之大振。沒料到天公不作美，8月13日至16日風浪大作，逼使卡烏撤往澎湖，到9月9日才駛回大員，卡烏進入熱蘭遮

城，受到熱烈歡迎。鄭成功卻已利用時間，從外地調集屯墾士兵回到赤崁，重整軍備。否則卡烏如果在8月立即反攻，當時圍困熱蘭遮城的鄭軍兵力薄弱，還真不是荷軍的對手，台灣島的歷史將因而改寫。

9月10日揆一下令砲轟佔領大員市街的鄭軍，9月16日荷軍主動出擊，展開台江內海的海戰，卻因揆一自以為較熟悉台江內海，爭著強奪卡烏指揮權，派出5艘戰船攻擊大員鎮上的鄭軍，無奈台江內海淤積嚴重，不適合大型船艦作戰；最後還因揆一指揮不當，荷船隊形失誤，違逆水流，遭鄭軍擊沉兩艘，荷軍兵敗收場。但鄭軍亦犧牲不小，鄭成功遷怒斬殺荷蘭俘虜。

9月下旬鄭成功發動第二次砲戰，鄭軍改攻擊熱蘭遮城西側高地上的烏特勒支堡，但荷蘭人很快在烏特勒支堡周圍建立起防禦工事，鄭軍攻擊失利。荷蘭人建造烏特勒支堡，控制經大員水道進出台灣海峽的船艦，烏特勒支堡南側就是二鯤鯓直到七鯤鯓的沙洲帶，沙洲帶上遍佈林投叢，荷蘭人稱為「鳳梨樹」。烏特勒支堡也可以阻擋敵軍從二鯤鯓攻擊熱蘭遮城。

10月上旬鄭軍在北線尾沙洲建築砲戰堡壘，發動第三次砲戰，擬封鎖大員水道，荷蘭人也立即在大員水道南岸興建一座反制的防禦工事，鄭軍的封鎖力道因此減弱。同月楊朝棟調查稻田面積，發現全台灣島不足4,000甲，很多稻田也早已被雨水沖毀，無法種植。

10月21日荷蘭人從日本長崎運來糧食，補給熱蘭遮城。10月中旬後鄭荷只有零星衝突，大部分時間都各自備戰。

11月8日卡烏率艦前往福建，聯絡清政府閩浙總督李率泰，希望聯手進攻廈門，達到圍魏救趙的效果，清軍卻無法立即動員，計畫無疾而終。

11月24日鄭芝龍遭「家人」尹大器檢舉與鄭成功有私下通信，清政府當權的蘇克薩哈（?-1667）以鄭芝龍私通鄭成功，陰謀不軌的罪名，處死鄭芝龍、鄭世忠、鄭世恩、鄭世蔭、鄭世默、鄭芝豹等11人。

12月3日卡烏與揆一爆發衝突，藉口再度聯絡清政府共同對付鄭成功，率船出海後，繞道澎湖，就負氣直接返回巴達維亞。12月10日卡烏離去的消息傳抵大員，荷軍士氣跌落谷底。

（十）拉迪斯登場

鄭荷雙方僵持到12月16日，荷軍日耳曼雇傭兵中士拉迪斯（Hans Jurgen, 'Jurriaen' Radis, 'Radij' van Stockaert）中士受不了飢餓，逃亡投降鄭軍。拉迪斯提供軍情，建議先攻下熱蘭遮城西南側的烏特勒支堡，即可居高臨下砲轟熱蘭遮城，首先轟毀「荷蘭底亞」（Hollandia）稜堡，就可以進入熱蘭遮城的四角附城，再進入地下室，在「阿姆斯特丹」稜堡下埋地雷，便可以炸毀整座城堡。拉迪斯並提供攻下烏特勒支堡的作戰方法，指導鄭軍在烏特勒支堡南邊的二鯤鯓，用竹子編製的「堡籃」（Schanskorf，又稱「土簣」）內裝滿砂土充作擋砲牆，堡籃長寬各80公分，高170公分，每五個至七個堡籃堆

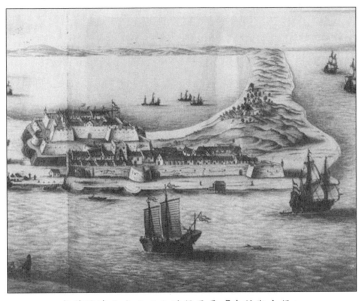

熱蘭遮城右方山丘上的堡壘是「烏特勒支堡」

置一起，疊兩層爲一個堡，以上百個堡堆砌歐式新月形砲陣要塞，架設10門大砲。鄭軍另在大員鎮架設18門大砲，在北線尾架設2門大砲，共計30門大砲，分別從北面的北線尾、東面的大員鎮、南面的二鯤鯓，三面轟擊烏特勒支堡。

鄭成功原本要派兵討伐大肚社原住民，獲得拉迪斯的情報，立即於1662年1月25日凌晨發動第四次砲戰攻城，下令砲轟烏特勒支堡，擊出2,500發砲彈，幾乎把烏特勒支堡夷爲平地。荷軍被迫撤退，留置炸彈，鄭軍攻入碉堡查看時爆炸，被炸死50多名士兵，但碉堡也全毀。鄭軍接著在烏特勒支堡原址上架設砲陣，對準熱蘭遮城。

此時熱蘭遮城內部完全暴露在鄭軍砲陣威脅下，毫無反擊之力，鄭軍不必直接攻城，荷蘭人就可被完全毀滅，荷蘭人的抵抗意志徹底瓦解，選擇方案只剩死亡與投降。1662年1月27日下午二時揆一決定與鄭成功重啓談判，1月28日派出商務員Paulus de Vick和中尉Barent Harmansen去向鄭成功表達投降意向，1月30日下午四時再派Harthouwer和前面兩人作爲全權代表去談判投降條件，鄭成功當時自

荷蘭人在這棵大樹下簽約投降鄭成功

稱「中國官員國姓」。2月1日雙方在大員市街簽約，荷蘭人正式投降。簽約地點在今台南市安平區安北路121巷15弄與中興街18巷交叉口的大樹下。鄭成功以「大明招討大將軍國姓爺」的身份，與荷蘭東印度公司大員長官揆一簽訂《鄭荷條約》。條約是由兩份承諾書組成，揆一以「荷蘭政府的熱蘭遮城長官」的名義開立條件出具承諾書放棄熱蘭遮城，移交給鄭成功的「新政府」。鄭成功是以「大明招討大將軍國姓爺」的身份出具承諾書按一定條件收取熱蘭遮城，該城代表統治台灣島的主權，這兩份承諾書構成台灣島主權移交的法律效果。

2月17日荷蘭人結束38年台灣島的殖民統治，揆一率8艘船艦離開台灣島，撤回到印尼的巴達維亞。台灣島首度成為中國人的領土，也延續延平王政權21年的壽命。拉迪斯堪稱鄭成功征台第一功臣，也是台灣島成為中國人之島的第一功臣。

（十一）韓布魯克

韓布魯克（Antonius Hambroek, 1607-1661）生於鹿特丹，就讀萊登大學的國立學院（Staten-Collegie）。1632年受封爲牧師，在德夫特市（Delft）的Schipliuden擔任牧師。1647年11月11日受鹿特丹中會派遣，1648年4月20日抵達台灣島，1648年至1661年間，在麻豆傳道13年。1661年他和兒子及同行的荷蘭人前往諸羅山，遭遇鄭成功的軍隊，他的兒子與同行者被殺，他的妻子和另外三個孩子也落入鄭軍手中。他的另外兩個女兒賀連娜（Helena）、賀妮佳（Henica）當時隨丈夫住在熱蘭遮城內。韓布魯克奉鄭成功指示，於1661年5月24日進入熱蘭遮城勸降，韓布魯克帶著揆一的拒降信回到鄭營。5月25日鄭成功發動砲戰，攻擊熱蘭遮城，但鄭軍大敗。7月21日鄭成功懷疑韓布魯克煽動俘虜和原住民造反，下令處死。

113年後，荷蘭人諾姆茲（Joannes Nomsz, 1738-1803）於1775年所編寫的劇本，把韓布魯克英雄化，說韓布魯克5月24日在熱蘭遮城內，不僅沒有爲了保全妻女及自己的性命勸降，反而力勸揆一等人堅持

抵抗，不可獻城投降。劇本還描述韓布魯克對士兵發表演說，激勵士氣，振奮人心。他的女兒還拉著韓布魯克不要回到鄭營，免遭不測，但他堅決赴死，以保護被鄭軍留置的妻女。最後因勸降不成，立遭處決。劇本在阿姆斯特丹公演後，韓布魯克成為荷蘭人的民族英雄，並成為許多畫作描繪的主題。可惜都不是事實，鄭成功並沒有因勸降失敗就處決韓布魯克，直至7月21日，才因懷疑韓布魯克煽動原住民和荷蘭俘虜造反，而下令處決。至於說鄭成功娶韓布魯克的幼女為妾的傳說，更是荷蘭人的過度幻想。與韓布魯克同時進入熱蘭遮城勸降的荷蘭人還有貓難實叮的秘書叫歐希瓦耶（Ossewayer, Osseweijer），並未被鄭成功同時處決。最早於1662年荷蘭雇傭兵瑞士籍的海卜托（Albrecht Herport, 1641-1730）所撰《爪哇、福爾摩沙、東印度及錫蘭旅行記（Reise nach Java, Formosa, Vorder-Indien und Ceylon, 1659-1668）》記載韓布魯克事蹟裡，並沒有那些戲劇化的情節。

六、荷蘭的棄城條約

《鄭荷條約》是台灣島史上繼1635年《麻豆條約》後，改變台灣島領土主權的第二份國際法文件。這份條約是由荷蘭人提出的〈棄城承諾書〉及鄭成功提出的〈收城承諾書〉所構成的。雙方以熱蘭遮城的放棄及收受作為移交台灣島主權的意思表示，1635年麻豆社原住民與荷蘭人簽訂《麻豆條約》則是以檳榔樹苗插在村社泥土雙手奉給荷蘭人表示主權轉讓。因此荷蘭人的這份棄城承諾書是用「荷蘭政府的該城堡的長官菲特烈揆一」的名義簽署，而不是「荷蘭東印度公司的該城堡的長官菲特烈揆一」的名義。這傳達的意義是台灣島的領土主權是由「荷蘭政府」移交給鄭成功以「大明招討大將軍國姓」為名義的「新政府」。

荷蘭方面開立條件提出的〈棄城承諾書〉，共18個條文，《熱蘭

遮城日誌》1662年2月1日記載全文如下：

由一方為自1661年5月1日到1662年2月1日圍攻福爾摩沙的熱蘭遮城堡的大明招討大將軍國姓（Teijbingh Tsiautoo Teijtsiungcoen Chohsin，閩南語翻譯）殿下，與另一方代表荷蘭政府的該城堡的長官菲特烈揆一（Frederick Coyett）及其議員們所訂立的條約，其條款如下：

1. 雙方造成的所有敵意均予遺忘了。

2. 熱蘭遮城堡，及其外面的工事、大砲、其他武器、糧食、商品、現錢，和其他屬於尊貴公司的所有物品，都將移交給國姓爺閣下。

3. 米、麵包、葡萄酒、燒酒、肉、肥肉、油、醋、繩索、帆布、瀝青、柏油、錨、火藥、砲彈、火繩，以及因所有的被包圍者與船隻從此地要航往巴達維亞所需的其他物品，上述長官與議員們都可從上面所提仍屬公司的這些貨物中，毫無阻攔地裝進停泊在這沿海的荷蘭聯合公司的船隻裡。

4. 屬於在福爾摩沙的這城堡的，以及在這戰爭中被送去其他地方的荷蘭政府的特殊人員的所有的動產，經國姓爺閣下授權的人檢驗之後，都得以毫無短缺地裝進上述船隻裡。

5. 除了上述物品以外，這眾議會裡的二十八個人，每人還可攜帶現錢兩百個「兩盾半Rijcxdaelders」【即每人可攜帶約五百荷盾】，以及另外二十個已婚的非軍人，這些戶主是有點名望的人，得以合計攜帶一千個「兩盾半Rijcxdaelders」【即平均每人可攜帶約一百二十五荷盾】。

6. 軍人可攜帶他們所有的物品與現錢，但須經檢查，並按照我們的習俗，全副武裝，持飛揚的旗幟，點燃著火繩，子彈上膛，並打鼓撤出【城堡】，去搭船。

7. 在福爾摩沙此地的中國人，有誰因贌租或其他原因而對尊貴

的公司還有欠債的，須從公司的帳簿【將那些人的資料】摘錄出來交給國姓爺閣下。

8. 這政府的所有的文件和帳簿，現在都得以一起帶往巴達維亞去。

9. 這尊貴的公司所有職員、自由民、婦女、孩童、奴隸、女奴，在這戰爭中落在國姓爺的領域裡的，其仍在福爾摩沙的，上述閣下須於自今天起八至十天內將他們送來交給上述船隻；而被送去中國的，也要盡快送來交給上述船隻；同樣，那些還在福爾摩沙而不在他的領域內的其他的人，也要盡快使他們得以自由通行，以便來搭公司的船隻。

10. 上述國姓爺閣下現在須將被他奪去的那四艘大船的小船，及其原有的配備，交還我們。

荷蘭的棄城條約

11. 也須安排足夠尊貴的公司將他們的人員和物品運送去他們的
　　 船隻所需的船隻給我們。

12. 農作物，牛和其他牲畜，以及公司人員在此地的期間所需的
　　 其他食物，他殿下的部屬須以合理的價格，從今天起每日充
　　 分供應給上述尊貴公司的人員。

13. 在尊貴公司的人員還留在此地的陸地上，即還沒去上船以
　　 前，國姓爺閣下的士兵或他其他的部屬，除了要為尊貴的公
　　 司來工作的人以外，以目前那些堡藍，即他殿下的工事為界
　　 線，任何人都不得越界來靠近這城堡或外面的工事。

14. 這城堡，在尊貴公司的人員撤離以前，將只掛白旗，不掛其
　　 他的旗幟。

15. 倉庫的管理員，於其他人員和物品都上船裝船以後，將留在
　　 這城堡裡二至三天，然後才與人質一起被帶去上船。

16. 國姓爺閣下那邊，將派官員，即：將領Ongkim和政務參謀
　　 Punlauw Jamosie當人質，（於這條約由雙方各按本國的方式簽
　　 名蓋章並宣誓之後立刻），來搭停泊在這泊船處的一艘尊貴
　　 公司的船；相對地，這政府的副首長Joan Oetgens van Waveren
　　 閣下，與這議會的議員Davidt Harthouwer先生，將為尊貴的公
　　 司被派去這市鎮上國姓爺閣下那裡；他們都要分別留在上述
　　 的地方，直到一切都按照這條約的內容誠實履行完畢。

17. 被俘囚禁在這城堡裡或在這泊船處的尊貴公司的船隻裏的國
　　 姓爺閣下的人員，將跟被囚禁在國姓爺閣下的領域的我方人
　　 員交換並被釋放。

18. 如有誤會，以及不很重要卻有需要而在這本條約裡被遺忘的
　　 事情，將毫無爭執地予以改正，雙方都要盡力協調到雙方都
　　 樂意接受。

以上條列的條約，在眾議會裡，由下列人員決議並簽名。

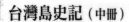

下面寫著：在大員的熱蘭遮城堡裡，1662年2月1日。

簽名：Frederick Coijett, J. O. van Waveren, J. Casenbroot, Tomas van Yperen, David Harthouwer, Harman van Outhoorn, Daniel Six, Paulus D. de Vick, Harmen Nuys, Berent Harmensz, Roeloff van de Roer, Gerrit Gerritsz, Livinus Bor, Carel Louwisz, J. van Amstel, Pieter Bordes, D. Coenen, Dominicus van Vorsten, J. de Meere, Denijs de Fleur, P. Franssen, Claes van Detten, Joan de Ridder, Joan Askamp, Adam Henrich, Pieter Staal, Christiaen Lipach, Mattijs Benedictus, C. Hans Wolff.

七、鄭成功的收城條約

鄭成功交給荷蘭人的條約文件是〈收城承諾書〉，重點在於承諾某些條件收取荷蘭人交付的熱蘭遮城，該城的移交代表著轉移統治台灣島的主權。《熱蘭遮城日誌》1662年2月1日記載全文如下：

距今九個月前，我國姓爺率領大軍來到福爾摩沙，終於在長官Coyett和他的議會的提議與提案下，我以如下的方式提出這條約的條款：

1. 我理解，以前對雙方構成的所有問題，都已經消失，也不再去想那些事情了。
2. 照所說的，這城堡、所有大的和小的砲、彈藥、現金，和所有的商品，都須毫無例外地交給我。
3. 准許攜帶要搭船航行所需的數量的米、燒酒、醋、油、肉和肥肉、麵包、繩索、帆布、瀝青和柏油、火藥、砲彈和火繩。
4. 所有的私人，他們的財物和家庭用品，經過檢查，就都可帶去裝船。

5. 允許那二十八個人各帶兩百「兩盾半Rijcxdaelders」荷蘭銀幣現錢，也允許其他那二十個比較低階的人合計攜帶一千「兩盾半Rijcxdaelders」荷蘭銀幣現錢。

6. 允許士兵不受干擾地攜帶他們的行李去上船，並且允許他們全副武裝，點燃火繩，子彈上膛，張開旗幟，並打鼓等。

7. 你們可以從所有公司的簿記和文件中，將有關貸出的債務、租和商品等【的資料摘錄】交出來。

8. 所有的荷蘭人，包括男人、女人、孩童，以及那些黑人，都將於八至十天內送去搭船；同樣，還在中國的那個地方官【Valentijn】和其他的人，也會無例外地交還給你們。而且，如果有人躲在此地或其他地方而尚未出現的，我也不會傷害他們。

9. 那五艘被我方奪來的小艇，即Chaloupjens，將歸還你們。

10. 各種船隻都准許用來運送荷蘭人去上船。

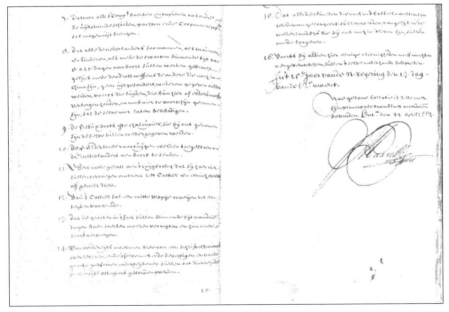

鄭成功的收城條約

11. 也將命令軍人，不許去那城堡附近為難你們或做出暴力的行為。

12. 為要作為和平的標記，將從這城堡掛起一面白旗。

13. 城堡裡大部份的人，必須於三天內處理他們的事務，並去上船。

14. 我們雙方都必須為此交出一份書面的條約，並以宣誓確認這條約，並由重要的人員簽名，為這目的，雙方都要派出人質。

15. 如果在這城堡裏還有中國人，要把他們全部釋放；同樣，在我方這邊還活著的荷蘭人，也要釋放。

16. 此外，如果有何細節被遺忘了，以後還要來討論。

下面寫著：羊廄，新政府的第十五年第十二月的第十三日

鄭成功的抬頭官銜仍然使用「國姓爺」，落款卻用「新政府」。又使用永曆的紀年，卻沒有使用永曆的年號。南明永曆皇帝朱由榔是在1662年6月1日被吳三桂絞殺，1661年5月1日及3日鄭成功寫給揆一的

荷蘭人投降簽約圖

勸降信，落款皆使用永曆的年號和紀年，但1662年2月1日的《鄭荷條約》，鄭成功卻未使用「永曆」的年號，這點差異殊堪玩味。書寫地點在羊廄，位於二鯤鯓的林投叢內。

八、中國人政權

　　1662年起鄭成功的「延平王國」成爲台灣島史上第一個中國人政權，又因延平王國在法理上是明代中國的諸侯王國，法制上是「藩王國」，不是擁有主權的獨立王國，台灣島自此成爲中國的一部份。鄭成功攻克熱蘭遮城，改稱「安平鎮」，後世稱「安平古堡」，作爲延平王的在台行館。「延平藩王國」當時的「領地」包括台灣島及部分中國大陸東南沿海，亦即1662年2月1日起台灣島屬於中國的主權領土。有些台獨人士看到中國有些古文獻提及「台灣自古不屬中國」，這些文獻講的「自古」就是1662年之前，而不是1662年之後。這些台獨份子沒想到的史實是：他們的祖先絕大多數都是1662年之後因爲台灣島隸屬中國主權領土之後，受中國軍隊保護才能移民台灣島，台灣島在「自古不屬中國」的時期跟他們及他們的祖先毫無關係。這個「自古不屬中國」變成「自古屬於中國」的轉折點是鄭成功創造的，這也是鄭成功成爲中國民族英雄而不只是「大明英雄」或「漢族英雄」的原因。

　　此時延平王的首府仍在廈門（思明州），統治轄區涵蓋台灣島、澎湖群島、金門、廈門及福建、浙江沿海的勢力範圍。鄭成功在赤崁設地方政府機關，稱「承天府」，行政系統爲一府二縣，即承天府、天興縣、萬年縣，算是很簡單的行政系統。天興縣衙位於承天府衙北邊的台南佳里，萬年縣衙位於承天府衙南邊台南仁德。

　　這時的鄭成功卻犯下北伐南京後另一個戰略上的大錯，就是1662年4月他派義大利神父李科羅（Victorio Ricci, 1621-1685）赴菲律賓招

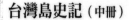

降，要西班牙的第24任馬尼拉總督曼立克（Sabiniano Manrique de Lara, ?-1677）「俯首來朝納貢」，否則將興兵討伐。

有了荷蘭人的前車之鑑，曼立克認為居留菲律賓的中國人，可能效法台灣島上的中國人，配合鄭成功進攻菲律賓而做內應，立即召集西班牙士兵和土著民兵，有騎兵100人，步兵8千人，驅逐中國移民，造成1.5萬名中國人恐慌逃亡。1662年6月6日西班牙軍隊率菲律賓土著屠殺1,500多名中國人，上萬名中國人被驅趕入海死亡。鄭成功發現失策，一封信竟讓中國人慘遭橫禍，深為懊惱氣憤，計畫進攻馬尼拉。鄭軍內部卻因「鄭經亂倫事件」隔海分裂，鄭成功動彈不得，不久即去世。鄭經接任延平王後，為防範清、荷聯手攻台，再派遣李科羅前往馬尼拉修補關係。

九、鄭成功猝死

1662年4月26日南明政權的永曆皇帝朱由榔在緬甸被緬甸王「莽白」逮捕（1619-1672），史稱「咒水之難」，1662年6月1日遭吳三桂絞殺，南明政權滅亡。1662年6月16日鄭成功病倒，6月23日發狂去世，被江日昇的《台灣外紀》描述為「五月朔日，成功偶感風寒。但日強起登將臺，持千里鏡，望澎湖有舟來否。」，而且「初八日，又登臺觀望。回書室冠帶，請太祖祖訓出。禮畢，坐胡床，命左右進酒。折閱一峽，輒飲一杯。至第三峽，嘆曰：『吾有何面目見先帝於地下也』！以兩手抓其面而逝」，被解釋成「吾有何面目見先帝於地下也」。鄭成功和朱由榔的關係有多親密，實在看不出來，畢竟兩人從未謀面。永曆皇帝任用曾率兵攻入福建，縱兵強姦並殺害鄭成功生母的清兵降將李成棟，鄭成功心中芥蒂甚深，不可能對永曆帝有什麼感情可言。「太祖祖訓」是指朱元璋，「先帝」應該就是朱元璋，不是永曆皇帝。但去世的症狀和病毒感染的病發狀態相似，前七日已風

寒，即已發高燒。面對鄭芝龍被清政府處決、鄭經「亂倫」事件、馬尼拉中國移民因為他的失誤遭集體屠殺，鄭成功所承受的壓力非同小可，原本躁鬱症狀明顯的鄭成功，且左手長腫瘤一直無法治癒，又因保有童年時期的日本飲食習慣，喜歡生食，是以免疫力下降，遭受病毒或細菌感染，激烈發作死亡最為可能。其中以罹患登革熱死亡最為近似，台南原本即登革熱病媒蚊流行地區，重症登革熱會引發激烈頭痛，尤其是眼窩後部頭痛，當時又無止痛藥，導致患者難忍疼痛擊頭或抓臉，併發血液循環衰竭，鼻腔爆血，心臟休克，從罹病至死亡約4至7天，若再飲酒將加速惡化，這些病狀與鄭成功死前症狀完全相符。當時鄭軍將士感染登革熱有相同症狀者，不只鄭成功一人。有謂鄭成功死於梅毒（morbum）（程紹剛，p.421），但鄭成功死前，有兩妾生下兩子，梅毒之說無法成立，而且morbum的拉丁文意義是「疾病」，不是「梅毒」（syphilis），顯然是翻譯錯誤。有謂鄭成功死於精神病自殘，但是跟隨鄭成功長達四個月的荷蘭土地規劃師所撰《梅氏日記》，清楚的記載當時鄭成功身體硬朗，精神健碩，既無梅毒病徵，也無精神病徵，跟荷蘭人投降前，有躁鬱症現象的記載判若兩人，躁鬱症距離自殘程度的精神病，還是有很大的距離。何況自殘也不會只有自殘顏面，自殘顏面也不會立即休克致死，連左右侍衛都搶救不及，精神病引發自殘致死之說無法成立。

鄭成功去世時，距離荷蘭人被逐離台灣島僅4個月，他遺恨無法討伐大肚社原住民和菲律賓的西班牙人，更無法反清復明。但鄭成功已開啟台灣島的延平王國時代。鄭成功畢生功業若非佔領台灣島，使台灣島成為中國領土，建立台灣島上第一個中國人政權，使中國人可以輕易大舉移民台灣島，鄭成功將只是一個降清海盜的兒子，一個割據敗亡的明朝遺臣，而不是中國人的民族英雄。

荷蘭人武力鎮壓原住民，使中國移民可以安全地進入台灣島；另一方面也以武力鎮壓中國移民，使台灣島維持荷蘭領土的地位，不被中國移民推翻。但鄭成功的武力逐退荷蘭人，使台灣島成為中國人的

領土。對台灣島的原住民而言，荷蘭人是殖民政權、鄭成功是移民政權，都是外來政權，但這兩個外來政權都帶來大批的中國移民，荷蘭人並未從歐洲移民人口至台灣島。鄭成功雖未報復鎮壓原住民，鄭經當權後卻不客氣地大肆報復。

鄭成功家族統治台灣島僅21年，部份時期其統治地區涵蓋浙江、福建、廣東、澎湖及台灣島，領地橫跨兩岸，不只限於台灣島。就延平王政權而言，當時的廈門才是軍費來源的軍政首府，台灣島則是新征服的領地。直到鄭經出兵參與吳三桂的三藩之亂，鄭經兵敗，喪失大陸轄地，敗退台灣島及澎湖群島後，台南的承天府才成為延平王國唯一的首府。1683年康熙皇帝擊敗鄭成功的孫子鄭克塽後，反而賦聯讚揚鄭成功：「四鎮多異心，兩島屯師，敢向東南爭半壁；諸王無寸土，一隅抗志，方知海外有孤忠。」

觀乎鄭成功一生功業，除了接管台灣島外，稱不上成功。鄭成功爭奪中國主權時，一再暴露缺乏作為全國性統帥的眼光和戰略，遠不如清政府的多爾袞，但鄭成功擔當局部的軍事諸侯的才幹，則綽綽有餘。鄭成功過度迷信國姓爺的號召力和個人的魅力，統御屬下恩威失節，動輒對屬下處以嚴刑峻罰，導致叛變橫生，士氣不振。最嚴重的案例，莫過於施琅和黃梧，當屬下因鄭成功剛愎自用，心中生恨，只把鄭成功看成嗜殺的海盜兒子，鄭成功「成功」的機會，就越發渺茫。

鄭成功脾氣暴躁易怒，他的好友義大利神父李科羅（Victorio Ricci, 1621-1685）記載，鄭成功膚色白皙，相貌俊美，擅於刀劍，說話咄咄逼人，易怒嗜殺。不是以威嚇或責罵的方式表達憤怒，而是常發出令人膽寒的假笑。投降鄭成功的荷蘭土地測量師梅氏（Philip Meij）說鄭成功皮膚略白，面貌端正，眼睛又大又黑，嘴巴常常張開，牙齒間隔很大，鬍子不多，但長及胸部，說話時雙手雙腳會舞動。

據說鄭成功處死官兵超過5萬人，許多人只犯輕微過錯，就被處

斬。這個數字不包括沙場上陣亡的官兵。鄭成功手下將領蔡飛被清軍擊敗，鄭成功立予斬首示眾。蘇茂做了錯誤的決定，導致500名士兵陣亡，也立遭處斬。黃梧因細故，也受到杖擊降職的懲罰，貶去防守海澄。海澄在廈門河道口的上游，是重要的港口和稅收基地。防守海澄的副手正好是蘇茂的堂弟蘇明，二人聯手獻城，投降清軍。黃梧還告知清軍，鄭成功取得軍費的機密，及貿易賺錢的商業網路。黃梧建議「遷界徙民」的《遷界令》，所有沿海居民移居至離岸十公里遠的內地，斷絕鄭成功的金脈和兵源。黃梧更建議挖掘鄭氏祖墳，可見黃梧對鄭成功恨之入骨的程度。鄭成功馭下嚴苛，輕賞重罰，是失敗的重要原因。

　　連後來征台有功的楊朝棟也在1662年2月被控分發米糧不公，用「小斗」發放月糧給士兵，涉嫌「剋扣」，亦遭處斬，連全家都遭鄭成功誅殺。楊朝棟的處境猶如施琅遭遇的翻版，一人有錯，全家連坐誅殺，連幼兒都不放過，就是暴君的行徑。此後鄭軍幹將叛離，「人心惶惶，諸將解體」，大批鄭軍逃亡，投降清軍，鄭成功雖因驅逐荷蘭人，佔領台灣島而有功於中國，但他自己的政權顯然難以維繫。

第四章
鄭經（1662年-1681年）

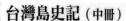

　　鄭成功在台灣島的延平王政權，其實是鄭經（1642-1681）的政權。鄭家三代統治台灣島21年，鄭經就佔了18年，鄭克塽佔了3年，鄭成功只有4個月。

　　鄭經出生於1642年，是鄭成功的長子。鄭成功於揮師台灣島前，福建廈門則即由19歲的兒子鄭經留守，此時正是鄭成功東征台灣島，準備從荷蘭人手中奪取台灣島的關鍵時刻。

　　鄭經頗好詩詞，留有詩作：「王氣中原盡，衣冠海外留。雄圖終未已，日夕整戈矛。」「西郭樓臺近水濱，青山白雲相與鄰。試問閣中誰隱者，昔日先朝一漢臣。」「胡虜腥塵遍九州，忠臣義士懷悲愁。既無博浪子房擊，須效中流祖逖舟。故國山河盡變色，舊京宮闕化成丘。復仇雪恥知何日，不斬樓蘭誓不休！」

一、鄭經「亂倫」事件

　　1662年2月1日，鄭成功攻克熱蘭遮城後不久，從鄭經襁的岳祖父唐顯悅處得知，鄭經和幼弟的乳母陳昭娘外遇產有一子，即鄭克臧。鄭成功認定，鄭經和陳昭娘觸犯「亂倫」罪，下令處死鄭經、鄭經的生母董妃、陳昭娘、鄭克臧，但駐廈鄭軍抬出鄭成功的堂兄鄭泰，以家事由長兄決定為由，只殺陳昭娘，其餘抗命不從。鄭成功這一舉動，實在令人駭異。鄭經和陳昭娘外遇，竟然扣上奇怪的「亂倫」罪名，而且罪須處死，還要處死鄭經的生母。鄭成功此時的精神狀況十分可疑，行為也令人匪夷所思。鄭軍將領和鄭經的堂伯鄭泰抗命，拒不殺鄭經，造成鄭成功政權在福建廈門和台灣島兩邊人馬嚴重對峙，鄭成功與鄭經父子隔著台灣海峽，各自擁兵對抗，實是人倫大悲劇。

二、沈光文漂流到台灣島

　　鄭經時期最著名的學者沈光文（1612-1688）是浙江寧波人，原是北京的國子監太學生，1644年李自成攻入北京，沈光文南下參加南明魯王朱以海政權，擔任太常博士。1646年隨朱以海到廈門，1651年轉赴金門，沈光文在金門住了十年，1652年沈光文著有《台灣輿圖考》。1662年鄭成功去世，鄭經與鄭襲爭奪延平王位，金門的鄭軍官兵失望者紛紛投奔清政府。閩浙總督李率泰招降沈光文，沈光文不就，1662年攜眷從金門搭船去泉州，不料遇颱風，船隻被吹至台灣島。鄭經順利繼位後，沈光文撰有詩文〈台灣賦〉，譏諷鄭經「鄭錦僭王，附會者言多謟媚，逢迎者事盡更張」。鄭經大怒，沈光文為避禍，剃髮出家，隱居「羅漢門」，即今高雄內門。

　　鄭克塽降清後，施琅治台，對沈光文亦甚為禮遇。沈光文著有《福台新詠》詩集，1685年組織「東吟詩社」，是台灣島史上第一個文學團體，他被譽為「海東文獻初祖」。海東即台灣島，沈光文可能也是中國詩賦文獻，把「大員」改寫成「台灣」的第一人。沈光文於1667年創作〈台灣賦〉可能是最早使用「台灣」一詞的詩賦文獻。沈光文去世於1688年，享年76歲，葬於目加溜灣社，即台南善化。遺作〈台灣賦〉也是台灣島最早的中國古典文學名作，描述台灣島的地理、人文、氣候、歷史，最後段落批判鄭經，辭重言屬，堪稱言官責賢，藉賦諷刺的作品。但是沈光文的〈台灣賦〉對1652年郭懷一事件竟然沒有提及隻字片語，實屬不可思議。

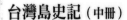

三、東寧藩王

　　1662年4月26日永曆帝朱由榔在緬甸被捕，押送到雲南昆明，被吳三桂絞殺，年僅40，比鄭成功早逝2個月，兩人享年歲數相當。到了1664年，明朝已無皇帝及流亡政府，鄭經仍謹守藩王的身份，未登基稱王稱帝，1664年5月改東都爲「東寧」，僅口頭自稱東寧王，但仍以延平王爲官方頭銜。鄭經給與清大臣明珠的信函自稱「建國東寧」，「建國」卻仍是「藩王國」不是「主權國」。外國人也稱他爲The King of Formosa（或King of Tywan），也以「陛下」（Your Majesty）尊稱（甘爲霖，2009, p.261-262）。但鄭經始終以「延平王」爲官方封號，其繼承人僅稱「世子」，未稱「王子」或「太子」，仍屬中國的「藩國之王」的身份，非法理上的獨立主權國。「東寧」仍意旨中國東部邊區政府之意，鄭經發行貨幣仍稱「永曆通寶」，而非「東寧通寶」。自鄭成功、鄭經、到鄭克塽所使用的「王璽」，都是「招討大將軍」印。日本幕府將軍也常被歐洲人稱爲「日本王」，但卻不是擁

鄭氏延平王國的「王璽」

有主權的「王」。其實不管是「東都」或「東寧」的名稱，都是以中國本土為中心點，往東邊方向觀測所得的印象，跟十七世紀中國人稱呼台灣島為「東番」都是異曲同工的概念。不過鄭經的「東寧」所轄領地，可能跟鄭成功的「東都」有所不同。「東寧」僅指台灣島和澎湖群島，「東都」則不確定。

　　1662年6月23日鄭成功統治台灣島不到半年即去世，其弟鄭襲以鄭經「亂倫」為由，自立為「東都郡主」。鄭襲沒有皇帝敕封為「郡王」，只能自封名不正言不順的「郡主」。鄭經則依大明帝國的封建法規在廈門宣佈繼任世襲的延平郡王，同時派周全斌（?-1670）、陳永華、馮錫範東征台灣島，討伐鄭襲。鄭襲兵敗，支持者被鄭經斬首，鄭襲被囚禁於廈門，1663年脫逃投降清朝政府。

　　1662年7月清朝政府的靖南王耿繼茂曾向駐軍廈門的鄭經提議和談不果，10月鄭經回師台灣島，爭奪延平王位。1662年鄭泰在「鄭經亂倫事件」時，袒護鄭經。1663年在鄭經與鄭襲爭奪王位時，保持中立。鄭經懷疑鄭泰不忠，囚禁鄭泰，鄭泰氣憤自殺。鄭泰的弟弟鄭鳴駿、鄭泰的兒子鄭纘緒率官員數百人、8,000名士兵、200多艘船艦，投降清軍將領耿繼茂，原本支持鄭經的部將周全斌、黃廷也因此於金廈失守後，氣憤降清。事後鄭經則與鄭鳴駿爭奪鄭泰在日本的30萬兩存銀。鄭經的聰慧不如其父，但鹵莽卻有過之而無不及。

四、退守台灣島

　　荷蘭人被逐出台灣島後，於1662年至1664年間，巴達維亞總督馬茲克（Joan Maetzuiker）三度派艦隊伺機報復。1662年6月23日鄭成功去世，馬茲克認為機會來臨。8月第一次派艦以「支援大清國」名義，要求與中國自由貿易作為條件，協助「征剿鄭逆」。荷蘭艦隊司令波特（Balthasar Bort, 1626-1684）並未獲得清政府同意自由貿易，即率12

艘船艦裝載139門大砲和1,284名士兵自行進攻鄭經的廈門和金門根據地，擬迫使鄭經撤退去台灣島，但波特交戰失利。波特在中國文獻上被稱爲「出海王」。

1663年10月第二次派艦，荷蘭人與清政府結盟，聯合靖南王耿繼茂進攻鄭經，波特率16艘船艦裝載396門鐵砲、44門銅砲和2,600名士兵，與清政府陸軍提督馬得功與鄭鳴駿、水師提督施琅與黃梧，聯合渡海進攻金門、廈門。鄭軍11月19日失守廈門、金門，周全斌投降清軍，鄭經撤退至銅山（福建漳州的東山半島）和澎湖。戰局對鄭經越發不利，1664年4月1日鄭經全員退至澎湖及台灣島，從此鄭清對峙，演變成海峽兩岸的對立。清政府屬行《遷界令》，勒令沿海居民遷入界內，開挖「界溝」，築「界牆」，遇河川築界柵。每5里設砲台，沿海五省的海岸宛若海上萬里長城，不讓中國百姓有任何資助或接觸鄭經的機會，對台灣島進行嚴密的經濟封鎖，但也搞得中國沿海百姓苦不堪言，民不聊生。但是從1662年至1664年的3年之內，鄭軍官兵有4分之一渡海降清，包括官員3,985人，軍隊（食糧兵）40,962人，後備部隊（歸農官弁兵民）64,330人，眷屬僕役63,000餘人，船艦900多艘。後來福建總督姚啓聖（1623-1683）在漳州設「修來館」招降，3年間又有10萬人以上的鄭營人馬，從台灣島返回中國降清。

第三次派艦是1664年6月6日荷蘭人再度由波特率兵進軍台灣島，但不是攻擊大員港的鄭軍總部，而是於8月27日佔領雞籠，並任命上尉畢德（Herman de Bitter）爲雞籠司令官，重修西班牙人的聖薩爾瓦多城，改稱「北荷蘭城」，率士兵200人駐守。12月波特與施琅率聯軍從金門出兵，擬進攻澎湖，因爲海象惡劣，中途放棄。

鄭經於是在1665年初派黃安率兵進駐淡水屯田，兩軍對峙，賭誰氣長。但是荷軍也面臨西班牙人同樣的問題，雞籠沒有腹地，沒有糧食生產基地，沒有中國人和日本人的會船點貿易，也沒有殖民統治原住民的徵稅機制，事事靠巴達維亞補給，又要擔憂運補船遭大員、澎湖和淡水的鄭軍截擊，孤立生存實屬不易。荷蘭人只好向清政府求

援，先是1665年4月清荷聯軍進攻澎湖，但遭遇颱風，施琅率領的清軍只好撤退。1666年鄭經派黃安率軍3,000人進攻雞籠的「北荷蘭城」，還是形成僵持。1667年荷蘭人發現雞籠無法像大員有開展殖民貿易的機會，同時清鄭對立，荷蘭人更無法在中國大陸、台灣島、日本之間架起三角貿易網。荷蘭人終於認清佔領雞籠毫無價值，於1668年7月6日派艦撤軍。1668年10月18日荷蘭人自行拆毀城堡，撤離基隆，也永久退出台灣島。

　　鄭經敗退澎湖及台灣島後，從此固守台灣島及澎湖群島，努力建立台灣島和福建、日本及印尼荷蘭東印度公司之間的貿易網路。

五、中國化的台灣島

　　1664年至1674年，這10年間台灣海峽處於停戰狀態。鄭經的行政首長陳永華在台灣島大力推行儒家傳統教育，進行「中國化」的紮根工作。陳永華早已在各地設基礎教育的學堂，1664年設最高學府「太學」，設計出「學、考、用」三合一的新型科舉制度，改革傳統科舉一張試卷定終生的弊端。基礎學堂的儒生要先參加天興州、萬年州的考試，錄取後再參加承天府的考試，再錄取後參加太學院的考試，通過後入太學就讀，畢業後派任文官。

　　1666年台南寧南坊興建的孔廟落成，這是台灣島第一座孔廟，陳永華更積極鼓勵建設具有中國傳統忠孝節義意涵的廟宇，如關帝廟、岳飛廟等，而不是中國閩南人傳統的通俗信仰，如媽祖廟、保生大帝廟等。鄭經也極為禮遇文人，如沈光文、王忠孝、辜朝薦、李茂春、沈佺期、張士㮊、張灝、張瀛、郭貞一、許吉、黃驤陛、黃事忠、諸葛倬等人。即使沈光文撰寫〈台灣賦〉批判鄭經，也未被處刑。這些人大多是進士出身，陸續移居台灣島，從事文教事業，台灣島瞬時成為中國文化的新世界。鄭經、陳永華的文化影響，甚至延伸到1683年

延平王國滅亡後，例如陳永華兒子陳夢球於1684年赴北京考中進士，1687年蘇峨、1690年邑星燦、1693年王璋等，皆赴福建考中舉人。

1664年鄭經專心改革，積極建立行政系統，採用中國官制，設官分治，除台南的承天府外，改天興縣為天興州，改萬年縣為萬年州。另設澎湖安撫司、南路安撫司、北路安撫司，行屯兵屯田。南北路安撫司的概念近似荷蘭殖民政府的「南部、北部地方會議」。東寧政權置一府、兩州、三司。命陳永華為「總制」，掌理國政，設吏、兵、戶、禮、刑、工六部。陳永華制定治國目標：十年成長，十年教養，十年成聚。新首都承天府，分東安、西定、寧南、鎮北等四坊，坊置「簽首」。十戶為「牌」，設「牌首」。十牌為「甲」，置「甲長」，十甲為「保」，設「保長」。這是台灣島保甲制度的濫觴。延平王國始終維持諸侯的藩王體制，未設「宰相」或「太子」。

1665年4月15日施琅率軍進攻台灣島，遇上颱風，攻台失敗。陳永華獻策，建議鄭經賄賂清朝將領，進行台灣島和福建之間的走私貿易，並大量自福建私運婦女入台，彌補台灣島中國移民的男女人口失衡差距。鄭經、陳永華的勵精圖治，1667年台灣島的生活水平已追上中國大陸。台灣島現在部分台獨傾向的歷史學者刻意「忽略」鄭經自中國大陸大量移民婦女入台的歷史，還在瞎掰「台灣人是中國人和原住民混血的人種」或「有唐山公，無唐山嬤」的說法。

六、計畫征服菲律賓

1670年初鄭經致函鄰近國家要求通商，但排除荷蘭殖民地與中國大陸，很快得到英國商館的回應。1670年6月23日英國商船班丹粉紅號（Bantam Pink）和珍珠單桅帆號（Pearl Sloop）駛抵安平港。自從荷蘭人離開後，這是首度有歐洲人來台灣島通商，英國人嘗試借用台灣島作為與中國貿易的跳板。與鄭經聯繫的英國人並非英國政府的官

員，而是英國東印度公司的商務經理。鄭經建設台灣島，此時已取得初步成效，1671年中國福建漳泉移民大舉湧入台灣島。1671年鄭經透過印尼萬丹「甲必丹」的中國人凱祖（Caytsoe）向荷蘭人表達和解的意願，但荷蘭人要求鄭經先釋放俘虜，並道歉賠償再說，最後和解一事不了了之。此時，延平王國的國力持續增強，1672年1月鄭經的部將顏望忠、楊祥建議征服菲律賓群島，但遭馮錫範反對。與鄭家友好的義大利神父李科羅（Victorio Ricci, 1621-1685）也建議鄭經與西班牙人和睦相處。

　　這段期間延平王政府和日本德川幕府形成貿易夥伴關係，允許日本人長居基隆港，雙方貿易額快速成長。同時，1670年6月英國首度有商船抵達台灣島後，延平王政府於1672年10月正式和英國東印度公司簽訂《通商條約》，只課英國人3%關稅，並因此獲得火砲兵器的供應，更借助英國東印度公司訓練鄭軍砲兵。英國在安平港設立商館，郁永河形容說：「凡中國各貨，海外（英國）皆資仰鄭式，於是海洋之利，惟鄭式操之，財團益饒。」可是英國商館的生意始終賠錢。1675年趁三藩之亂，英國派飛鷹號（Flying Eagle）滿載武器來台，鄭經准許英國人同時在廈門、台灣島兩地設立商館，直到1681年。1683年鄭克塽降清，1686年英國才關閉台灣島商館，除了走私鴉片外，英國人的對台貿易一事無成。

七、反攻大陸失敗

　　1673年中國清朝政局初呈動盪，11月吳三桂（1608-1678）誅殺雲南巡撫朱國治，起兵反清，揭開三藩之亂，攻佔雲南、四川、貴州各省。1674年3月耿精忠（1644-1682）起兵反清，殺福州知府王之義，拘禁浙江巡撫范承謨（1624-1676），下令剪辮，自封「總統兵馬上將軍」，勢力遍及福建、廣東、江西、浙江、安徽各省。1674年鄭經則

配合三藩，派兵參與吳三桂的三藩之亂，進軍中國大陸，鄭清關係惡化。當時除了鄭經外，出兵反清的還有廣東尚之信（1636-1680）、廣西孫延齡（?-1677）、陝西王輔臣（?-1681）、察哈爾布爾尼（1654-1675）。

　　1674年鄭經率軍抵達廈門，展開6年的反清戰爭，卻先佔據耿精忠的地盤，雙方交惡。1675年1月鄭經佔有漳州、泉州、潮州，耿精忠派張文韜談判，約以莆田楓亭為界議和，雙方修好。5月鄭經派劉國軒迎戰尚可喜（1604-1676），大獲全勝。6月鄭經派龔淳、黃熊官赴日本，取回鄭泰存銀，戰費增加。1675年鄭經命下屬稱「臣」上奏，不再用「卑職」，試圖強化王權，爭雄中國大陸。鄭經此舉令人費解，三藩諸侯對清政府早已如鯁在喉，鄭經出兵卻是先把矛頭對準耿精忠和尚可喜這兩位藩王，實際上卻幫了清政府。

　　1675年鄭經先後遷徙降清的泉州洪承疇（1593-1665）、漳州黃芳度家族的眷口至雞籠、淡水。1678年攻破海澄後，將清軍副都統孟安等眷口及騎兵2,000餘人，「載過台灣，分配屯田」。

　　1676年鄭經派吳淑襲擊耿精忠佔有的汀州，奪取耿精忠的領地，鄭經勢力在福建達到高峰，但這是很嚴重的戰略錯誤，造成反清勢力內鬨，清政府坐收漁人之利，鄭經勢力反而由盛而衰。1676年9月19日耿精忠外有清軍攻擊，內遭鄭經奪地，清政府康親王傑書（1646-1697）適時招降，耿精忠薙髮投降。傑書與耿精忠合攻鄭經，鄭經敗退廈門。11月鄭經又在烏龍江（閩江下游）之役慘敗。1677年1月清軍攻佔興化、泉州、漳州，鄭經在福建的勢力範圍全部喪失。1676年被尚之信軟禁的尚可喜去世，1677年尚之信與吳三桂反目，投降清軍。1678年鄭軍劉國軒雖大敗清軍，圍困海澄，清軍提督段應舉、總兵藍馬陣亡，清軍死亡3萬人，但鄭經的頹勢已無法挽回。

　　1678年福建總督姚啟聖（1623-1683）奏請康熙皇帝「用荷蘭為先鋒，攻克兩島（金門和廈門），然合攻台灣，還荷蘭」，當時清政府只想消滅參與「三藩之亂」重新佔領福建的鄭經政權，對於是否統

治當時人煙稀少的台灣島並無打算。康熙皇帝批示「依議」，於1679年派人赴巴達維亞談判，荷蘭人趁機獅子大開口，要求高額軍費補助，並要求與中國直接通商，沒有興趣「光復台灣」，清荷合作攻台的提議無疾而終。1679年12月27日《巴達維亞日誌》記載，荷蘭人隆重接待康熙的特使「劉老爺」（Liou-Louja，福建省建寧府暫代知府劉仔），但荷蘭人以當年清荷聯軍，清軍失約，且荷軍無多餘經費為由，拒絕出兵。對於「收復台灣島」，荷蘭人也無興趣。就荷蘭人而言，台灣島早已失去國際貿易的價值，因為中國的生絲已被南亞更低廉的生絲打敗，台灣島作為中國生絲轉運中心的價值不復以往。清政府統一中國後，浙江寧波、江蘇南京已取代福建泉州、漳州的國際貿易港功能，福建對岸的台灣島已無作為轉運中心的意義。

八、鄭清不斷談判

鄭經統治台灣島及澎湖群島18年，曾有幾度和大清政府進行談判。1667年康熙和吳三桂的矛盾激化，清政府改採招撫鄭經的和談策略，5月清政府派孔元章到台灣島會見鄭經，提議停戰和談。鄭經要求不薙髮，比照朝鮮王國，當大清的藩屬國王，清政府拒絕。

1668年施琅上書請求進攻台灣島，康熙皇帝尚無意征服鄭經，遂調施琅回北京任閒差，施琅此後甚為潦倒。1669年福建沿海居民要求停止海禁，但黃梧、施琅堅持「堅壁清野」，反對開禁。1669年6月康熙皇帝再度派納蘭明珠（1635-1708）、蔡毓榮持詔書承諾「封藩王、世守台灣島」為條件，招撫鄭經，但鄭經堅持「不薙髮」，談判再度失敗。

1677年鄭清三度談判，清政府要求鄭經率軍撤離大陸，答應延平王國為藩屬國，鄭經當時尚處於戰鬥勝方，反要求清政府割地，最後談判不成。1678年康熙帝派姚啓聖為福建總督。1678年10月鄭清雙方

戰況形成僵局，姚啓聖擬與鄭經和談，派張雄赴廈門談判。清政府要求鄭經退守台灣島，答應延平王國不必稱臣納貢，不必薙髮易服，待遇比照朝鮮王國，鄭經仍拒絕，談判失敗。於是姚啓聖厲行《禁海遷界令》，沿海地區變成千里荒地。1679年姚啓聖在福建漳州設「修來館」，凡鄭經部下投降，保證官職，聽便參加清軍或退役。1679年4月6日鄭經立世子鄭克壓爲「監國」，代理國王之意。1679年吳三桂稱帝後，不久病死，吳三桂的孫子吳世璠（1663-1681）繼位，三藩已成困獸之鬥，同時經過多年征戰，鄭經的財力已感透支，軍隊補給備感困難。1680年2月清將萬正色（1637-1691）、姚啓聖進攻廈門，鄭經大敗。

　　1680年2月26日鄭經敗走後，3月12日返抵台灣島。清朝貝勒爺賴塔（賚塔，?-1684）來信招撫鄭經，條件不必薙髮，免著旗服，可稱臣入貢，但非必要。賴塔說：「台灣本非中國版圖，足下父子自闢荊榛......若能保境安民，則從此不必登岸，不必薙髮，不必易衣冠，稱臣入貢可也，不稱臣不入貢亦可也。」

九、鄭經兵敗

　　1679年8月鄭軍施明良、施世澤與姚啓聖秘密往來，計畫綁架鄭經，被劉國軒偵破。1680年2月初，清將萬正色進攻金門、廈門，姚啓聖進攻海澄，鄭經大敗，放棄廈門。其他三藩的戰場情勢已徹底翻轉，鄭經又在福建戰場失利，2月26日鄭經黯然撤軍，3月12日退守台灣島，6年的反攻大陸全告失敗。鄭成功帶到台灣島的官兵和眷屬約3萬人，鄭經退守台灣島的官兵和眷屬約7,000人，其中軍人約4,000人，父子兩人約率3.7萬人移住台灣島。台灣島卻因鄭經反攻大陸失敗，延平王國的財政瀕臨解體，島內經濟陷入嚴重衰退。鄭經3月解除陳永華的兵權及相權，7月陳永華去世。鄭經的海軍實力大幅衰退，害怕清政

府突襲雞籠，派人炸毀荷蘭人重建的「北荷蘭城」。

　　鄭經敗走台灣島後，清政府仍然意圖招撫鄭經，但鄭經堅持要取得海澄作爲貿易據點，姚啓聖反對，談判仍失敗。鄭經高估自己的談判籌碼，低估清政府的統一實力，延平王國注定滅亡。

　　1681年3月16日鄭經去世，年僅39歲。鄭經一生最大的錯誤，就是放棄征服菲律賓的計劃，改參與三藩之亂。依當時台菲情勢及鄭經的軍力，逐退西班牙人並非難事，征服菲律賓亦不困難。鄭經若順利佔領菲律賓，除了可拯救遭西班牙人虐殺的中國移民，更可擴大中國人在東南亞的勢力，爾後鄭經在歷史上的地位一定大不相同。鄭經卻率軍參與中國內戰的三藩之亂，耗盡台灣島原本不夠豐厚的財力，更使鄭軍戰力每況愈下，埋下1683年兵敗澎湖的下場。

　　不過鄭經把台灣島中國化則立下不可抹滅的功勞，引進科舉制度、推展儒家孔教倫理、設立大學、征服及教化原住民，自中國大陸大舉移民入台，在其統治的18年間，台灣島成了名副其實的「中國藩王之島」，台灣島也從此成爲中國人之島。

第五章
鄭經的統治模式

一、經濟及社會狀況

　　荷蘭人結束台灣島殖民統治時，末代長官揆一稱當時台灣島的中國移民近10萬人，可能還有很多中國移民不在荷蘭當局課徵人口稅的統計範圍內。1661年鄭成功來台的官兵軍眷有3萬多人，鄭經1664年及1680年兩度自中國大陸敗退時，分別有近萬人入台。清政府實施海禁，沿海居民困頓潦倒，鄭經招來福建、廣東等地流民數萬人。鄭經曾逮捕降清的洪承疇的親族，流放在基隆、淡水一帶，也曾擄掠福建沿海婦女來台，充實台灣島的女性人口。1683年延平王國滅亡時，台灣島上的中國移民人口，估計約有25萬人，遠遠超過平埔族和高山族，中國人成爲台灣島的多數民族。

　　中國移民人口陡增，開墾的田園也迅速擴大，侵佔原住民土地的情況也愈趨嚴重。到1683年已開拓的稻田有7,534甲，甘蔗園有10,900甲，共18,434甲。每甲等於2.396英畝，也等於96.992公畝。1公畝等於0.15市畝。每甲約11,736平方公尺，亦即等於0.96992公頃，或等於2934坪。另有一說，延平王國時期耕地面積達30,054甲，比荷蘭殖民時期增加17,800甲。中國移民人口達12萬人，比荷蘭殖民時期增加40%。由於可開墾的土地還很多，延平王國時期王族、官員、地主、農民、佃農的階級矛盾並不顯著，庶民生活水平與大陸內地相較亦不遜色。但爲支應鄭清對立、兩岸緊張情勢、鄭經反攻大陸的軍費開銷，苛捐雜稅成爲台灣島民的沉重負擔。在鄭經治理下，稻田面積迅速增加，農業重心由甘蔗轉而偏重稻米，以確保軍糧充足。開墾面積受限於人口不足，尚未全面墾殖。但北起基隆，南達恆春，墾田星棋羅布，爲清代中國時期的大移民時代奠立了基礎。手工業階段的製糖、製鹽、造船、冶鐵，在鄭經時代也有長足進步。

　　官田和私田基本上是沒收荷蘭人的王田和地主田而來，都靠雇用

佃農耕作，私田的田賦高達官田的5倍。當時台灣島的田賦，每畝稻田課徵4斗米，大陸內地只課2斗米。佃農是契作勞工，要繳人頭稅。中國移民的人頭稅每人每月徵銀5分稱「毛丁」。原住民的人頭稅可用鹿皮抵繳，一張鹿皮抵銀2錢4分，稱為「番餉」，比大陸內地的人丁稅貴5倍。台灣島民原本期待延平王來台，可以減輕荷蘭人的高壓重稅。最後不但希望落空，甚至稅負更加沉重。期望延平王可以免去積欠荷蘭人債務的中國移民，當荷蘭人依據《鄭荷條約》的規定，將帳冊交付鄭成功時，卻成為後來鄭經討債的依據，結果是埋下中國移民與延平王國的矛盾心結，間接造成延平王國的覆滅。

稻米收成要繳10%的「什一稅」，「官田」大多是水田，租給佃農耕作，佃農收成時，每甲要繳18石，這個稅率幾乎和繳給延平王室的地租一樣多。文武官員的「私田」大多是旱田，收成每甲要繳3.6石。軍隊士兵開墾的「營盤田」，鄭經只在開墾後的第一個6年課稅，其餘就完全免稅。根據不同的統計資料，鄭經時代官田有9,783甲，繳稅84,920石。私田有20,272甲，繳稅41,403石。兩者合計30,055甲，是荷蘭殖民時期的2.5倍。1665年軍屯制度建立完成，1671年雖有稻米豐收的紀錄，但還是常要派船到菲律賓、泰國買米。由於擴張稻米生產，使蔗田面積縮小，糖產量及出口量下降，「米糖相剋」再度發生。延平王國需要維持龐大軍隊，應付中國大陸崛起的大清帝國，只能採取重稅政策，但重稅也是後來延平王國崩潰的原因之一。

其他鹽稅、房屋稅、船舶稅、牛車稅、漁貨稅，連和尚道士法會也要課稅，英國東印度公司台灣商館1679年報告指出：「台灣島情況不穩定，抵抗清軍不易，清政府常施恫嚇，台灣政府的財富漸被消耗，向百姓橫徵暴斂，還不足以供應軍隊。台灣島不僅受敵人威脅，軍隊亦恐缺餉而叛變。」1681年鄭克塽（1670-1707）繼位後，兩岸風雲緊急，財政每況愈下，準備連農舍都要課稅，結果農民寧可拆毀農舍，拒繳稅捐者達3成。海峽兩岸的對峙消耗戰可說是延平王國財政崩潰的主因。

二、壓榨原住民

　　鄭成功佔領台灣島時，軍隊紀律嚴明，經過原住民村社，秋毫不犯。但鄭軍圍攻熱蘭遮城，久攻不下，自身陷入缺糧危機。1661年5月20日鄭成功不得不向原住民「借糧」，使雙方關係變得很緊張，但鄭成功仍嚴明軍紀，禁止「借糧」士兵趁機偷竊。5月26日鄭成功命令不須參與熱蘭遮城圍城戰的部隊，赴台灣島各地耕種屯田，以求解決長期的糧食問題。楊英的《從征實錄》記載，1661年6月14日鄭成功以「本藩」名義，發布《令諭八條款》。准許文武百官圈地，但不准「紛爭及混圈土民及百姓現耕田地」。這道《令諭》既鼓勵官員開墾，增加糧食供應，也設定「現耕田地」的土地所有權屬於「土民」和「百姓」。「土民」指原住民，「百姓」指中國移民。鄭成功且派人教導尚未使用耕牛犁田的原住民，學會犁耕技術，提高生產力。當時原住民因應鄭軍屯田，為避免摩擦而發生遷徙，例如原在高雄阿蓮、茄萣、路竹的「大傑顛社」（Taburian、Cattia或Cattea），向東遷往更靠山區的高雄旗山、內門，改稱「北大傑嶺社」。「茄萣」即「紅樹林」（Mangrove），又稱海茄苳、水筆仔。有趣的是，屏東佳冬也有一個「茄藤社」，也叫Cattia，尚不清楚兩者僅是同名，或者還有其他關係。這兩個村社都是西拉雅族的馬卡道人。

　　鄭成功去世後，鄭經繼任延平王，為擴大開墾，供養軍隊和移民，一改鄭成功對待原住民的態度，除放任中國移民侵佔原住民土地，仗著軍隊優勢武力殺害原住民，驅趕平地原住民進入丘陵地帶。為增強統治已順服的原住民，採行諸多「理蕃」措施，將許多原住民小村社部落編定為「大村社」，大村社置酋長，選小村社頭目擔任，約整併成46個大村社。原住民也要繳人口稅「番餉」，識字者每年繳1石米，壯年者繳1石7斗米，少壯者繳1石3斗米，原住民婦女也要繳1石

米。鄭經繼承荷蘭人的贌社制度，發包給「贌商」（Pacht）代行課徵原住民的稅捐。原住民遭這些中國移民贌商霸凌的事件，屢見不鮮。贌商即承包商之意，又稱「社商」，「贌」是從荷蘭文Pacht翻譯的中國語詞。但是鄭經以固定稅額取代競標，清政府後來也採納此制度。

「贌社」制度使中國裔的「社商」成為台灣島統治者和原住民的中介者，「社商」並不住在村社，也少在村社走動，凡事都委由通曉平埔族語言的「通事」辦理。通事是翻譯，也管餉食、差役，獲得龐大影響力，取代「社商」地位，連村社頭目也受通事差遣。不良「社商」與「通事」常互相勾結，借勢藉端欺壓平埔族，要求提供額外的賦稅、徭役、性服務。荷蘭殖民和鄭經時期數起平埔族暴動，就是起源於此類壓榨。

據傳大肚社平埔族原住民遭贌商張志、黃明欺凌剝削，大肚部落酋長「阿德高壯」或「阿德狗讓」（Atekkaujong）不滿，武力反抗。鄭經於1664年派黃安、陳瑞征伐大肚社，「阿德高壯」中圈套被殺，大肚部落死傷慘重。1670年10月鄭經派劉國軒征伐不服統治的彰化「沙轆社」原住民，此社原有數百人口，全遭滅門屠殺，僅剩6人藏匿海邊。

1665年林圯率領部隊開闢雲林斗六的墾殖基地，築木柵為寨，驅趕鄒族原住民，擴展至日月潭附近的水沙連，1668年鄒族原住民反攻，林圯不敵戰死，中國移民為紀念林圯，將當地取名「林圯埔」，即今南投竹山鎮。 1671年鄭經派劉國軒驅趕雲林的原住民移入深山。

1682年鄭克塽擬加強基隆戰備，防止清軍入侵。因海象惡劣，運糧船無法從台南開航去基隆，軍糧只好經由陸路運送。當時台灣島東西向溪流密佈，亦無通暢的縱貫道路，南北陸路交通十分困難。鄭克塽命令原住民做苦力，從台南搬運軍餉至基隆。此項徭役辛苦非凡，影響原住民捕獵、收穫季節的收成，甚為嚴重。且徭役又分配不公，幾乎全落在鄰近運送路線的村社原住民身上。原住民與官員時起摩擦，憤而反抗，殺中國翻譯，搶奪糧餉，苗栗後龍、新竹等地原住民

紛起響應。鄭克塽派陳絳率兵攻擊，原住民遁入山區，繼續抗爭，中國移民則立柵防守，鄭克塽政權可說四面楚歌。

三、對外貿易

1646年鄭芝龍降清並被博洛挾持到北京，鄭成功繼承鄭芝龍的海商力量，陸續掌控福建對日本、東南亞的貿易。佔領台灣島前，1647年至1662年航抵日本的中國商船大多是鄭成功的船隊，佔日本80%的對外貿易額。1650年停靠長崎的70艘商船，鄭成功就有59艘，可見雄厚的貿易實力支撐著鄭成功的軍事力量。

鄭成功延續鄭芝龍的貿易模式，經營國際大商社。在杭州設立「山五商」收購中國貨品運送到日本及南洋等各地販售。另外尚有「海五商」的「東洋船隊」運貨來往日本、中國，「西洋船隊」運貨來往中國與東南亞。鄭成功因此累積貿易利潤，支撐抗清軍費。但隨著清軍實力擴大，杭州、廈門日益不穩。鄭成功的部將黃梧叛變後，除向清政府提議《遷界令》外，還提議清查鄭成功的貿易網。這些「山五商」、「海五商」的貿易模式越來越困難實行，軍費軍糧日益窘促，鄭成功最後走上攻佔台灣島的道路，是形勢的必然。

佔領台灣島後，鄭成功去世，鄭經繼位，更要仰仗國際貿易收入，支撐延平王政權。清朝政府實施海禁及「遷界」，鄭經失去中國腹地，除靠行賄走私與中國大陸貿易外，開放國際貿易顯然是當務之急。1670年6月英國商船班丹粉紅號（Bantam Pink）與珍珠單桅帆號（Pearl Sloop）駛抵安平港。這是荷蘭人被驅離後，首次有歐洲商船航抵台灣島，船長克里斯（Ellis Crisp）向鄭經遞交英國東印度公司班丹長官的書信，強調受鄭經邀請而來，說明英國人與荷蘭人不同，要設台灣島商館，調查可貿易的商品，並訂定通商協議。1672年鄭經與英國東印度公司簽訂協議約款13條，允許台灣島與廈門間，海運、行動

與通商自由，保留三分之一蔗糖、鹿皮給英國人優先承購，只課3%的關稅。1675年鄭經反攻大陸，又增訂補充條款10條，規定英國人必須運售毛瑟槍給鄭經，並免除關稅及其他稅捐3年。但英國人與鄭經之間的生意，無甚起色，對台灣島經濟狀況和鄭氏政權的財力，都幫助不大。

　　1674年鄭經反攻大陸，英國藉機擴張對台貿易，特別建造一艘200噸級的福爾摩沙號（Formosa Frigate）商船。鄭經進佔廈門，英國人也隨後設廈門商館，還增造140噸台灣號（Tywan Frigate）商船。1675年鄭清戰爭激烈，英國貨船飛鷹號（Flying Eagle）從班丹島載火藥抵台，還特請來火砲教練訓練鄭軍，鄭經特許英國各殖民地皆可與台灣島通商。清朝政府實施海禁，經濟封鎖台灣島，延平王國確實受到衝擊，但也逼得台灣島大幅度開放貿易，尋求更多日本、菲律賓、越南、泰國的商機。幸好鄭家的海上實力相當強大，再加上有效的賄賂清政府官員，初期清政府的經濟封鎖成效有限。但隨著清朝海軍的壯大，台灣島的綜合實力也開始衰退，經濟封鎖的壓力也就日益顯現，台灣島在蔗糖、稻米、鹿皮、生絲的貿易都不能跟荷蘭殖民時代相比。相對的，經濟封鎖也使閩南地區的榮景轉入衰退，福建總督范承謨（1624-1676）說：「閩人活計，非耕則漁，自遷界以來，民田廢棄二萬余頃，沿海之廬舍化為斥鹵，老弱婦子輾轉溝壑，逃之四方者不計其數，所余孑遺，無業可安，無生可求，顛沛流離，至此已極。」但這對清政權的存活固然影響不大，可是鄭氏政權的財力卻日漸不支。又過度依賴租稅充作軍餉，沿襲荷蘭人的人頭稅、房屋稅，卻連破舊房舍、農舍都要課稅，導致「民不堪命，自毀其屋，十去有三」。產業課稅有製麵牛磨稅、製糖蔗車稅、製鹽、烏魚旗稅，貿易稅有船稅、港稅與漁獲稅，對僧侶、道士及媒婆也徵稅，連豬牙、鐵、酒、炭、油都課稅，課稅越多，經濟活動越窒息，稅收反而越少，終至財政崩潰，爆發惡性通貨膨脹。

　　鄭清對峙使台灣島在荷蘭人手上建立的轉運港功能失效，鄭氏政

權的軍備和軍糧的需求，急迫地擴大稻米用地，縮小蔗田面積，減少蔗糖出口，縱使出口蔗糖，也是用於換回軍火物資，民間生計日益艱困，最後抗清意志低迷，奔走逃離台灣島者日眾，鄭氏政權的命運不可避免地走向敗亡。

四、屯田制度

鄭成功1661年5月攻佔普羅民遮城（Provintia）即赤崁樓，改普羅民遮城為承天府，號稱「東都明京」，諭告：「東都明京，開國立家，可為萬世不拔基業」，「開國」是「開延平王國」，下設一府二縣，但這個規模很小的「國」始終自稱是大明帝國的藩王國。1662年2月荷蘭人據守熱蘭遮城投降後，熱蘭遮城改稱安平鎮，作為鄭王室的行館，現稱「安平古堡」。置一府即承天府，負責治理普羅民遮城及鄰近市街，普羅民遮城改稱「赤崁樓」。二縣即天興縣、萬年縣。天興縣區從嘉義到基隆，萬年縣區從高雄鳳山到屏東恆春，後又增設澎湖安撫司。楊朝棟被派任承天府尹，莊文烈任天興知縣，祝敬任萬年知縣。

熱蘭遮城尚未投降時，鄭軍已有缺糧危機。何斌雖誇言台灣島「糧米不竭」，但實不足以支應鄭軍補給。1661年6月鄭成功僅以部分軍隊包圍熱蘭遮城，其餘軍隊分派各地屯墾稻田和蔗田。開墾人力不足是鄭軍很大的困擾，因此引渡中國大陸的罪犯赴基隆、恆春開墾抵罪。來台受命開墾的鄭軍只有三分之一有妻室，為安定其生活，鄭經派人從中國沿海拐帶女人來台，出售或贈與開墾士兵，使台灣島的家戶數「逐日增加」。

鄭成功進一步實施兵農合一，下令軍眷來台，既增加生產力，也防止將士降清，同時招納福建因戰亂流亡的民眾來台，增加開墾勞動力。於是產生三種農田：官田、私田、營盤田。官田是延平王政府

沒收荷蘭人的王田，改稱爲「官田」。私田是鄭氏王族及文武官員圈地，招募佃農耕作的權貴田地，這些官員所圈的土地也有部分是荷蘭人的王田，稱「文武官田」。1683年時官田約有9,738甲，文武官田約有20,272甲（李文良，詹素娟編，2001，p.32）。官田分布在「台灣縣」（台南）有7,102甲，在「鳳山縣」（高雄屏東）有1,892甲，在諸羅縣（嘉義以北）有788甲。文武官田分佈在台灣縣有4,599甲，鳳山縣有7,315甲，諸羅縣有8,356甲。營盤田則是軍隊屯墾開拓的農田。原住民的「番田」和中國移民的「租田」不在此限，特別受到鄭成功《令諭》的保障，不受官員圈地和鄭軍屯墾的衝擊。不過在鄭經時期，這份保障逐漸趨於薄弱。鄭氏政權結束後，官田和私田（文武官田）大多被清政府攻台的將官以私人名義所圈佔，變成「民田」，反而營盤田被移交給清政府作爲新的「官田」。著名的文武官田有寧靖王朱術桂開墾「竹滬」（高雄路竹），「援剿中鎮」蔡文開墾的「長治里」（屏東長治），「左虎衛」林鳳開墾的「林鳳營」（台南六甲）。

　　鄭經更積極推動屯墾，寓兵於農，在軍隊和地主合作下，台灣島西部平原很快有陂、圳、潭等水利建設，「陂」即「埤」，例如知名的月眉池、輔政埤、大陂、新園陂、中衝崎陂、竹橋陂、無源潭、公爺陂、王有潭、甘棠潭、大湖陂、三鎮陂、中衝陂、北領旗陂、左營陂、赤山陂、烏樹陂、三爺陂、仁武陂等皆是。到1666年陳永華向鄭經呈報：「開闢業已就緒，屯墾略有成法，當速建聖廟，立學校。」1667年陳永華運用財政盈餘派船赴各地購料，運回台灣島建造新式船舶，再用船舶裝載白糖、鹿皮，運往日本。同時製造銅砲、倭刀、盔甲，通商至泰國、越南、日本，台灣島在短短幾年內，經濟快速發展，生活水平超越福建。

　　1661年鄭成功派軍隊開墾台中大肚，即營盤口莊。6月大肚社原住民協助荷蘭人，趁機攻擊鄭軍，鄭軍大敗。1665年鄭經派林圯開墾「斗六門社」，即雲林斗六、竹山、林內。1666年鄭經再派軍

隊開墾彰化（半線社，Pangsoa），1668年林圮的墾殖部隊與沙連社
（Soalian）原住民衝突不斷，1668年林圮於南投竹山戰死，該地因此
稱「林圮埔」。鄭成功和鄭經父子兩代獎勵中國移民的開墾事蹟，比
荷蘭殖民時期擴大很多，除了軍隊屯田外，民間開墾事蹟例如1664年
楊巷摘、陳子政開墾嘉義「大糠榔西堡」的六腳佃庄，1666年陳元、
陳水池開墾林內庄、潭仔墘庄，1665年徐遠開墾大糠榔庄，1668年林
寬老、李達開墾同樣的林內庄、潭仔墘庄，1671年侯成、劉傳開墾下
雙溪庄，1674年林虎、陳天楫開墾後崩山庄，1677年魏善英、侯堪民
開墾大塗師庄，1679年黃雄、陳巨郎開墾蒜頭庄，1681年蘇澤恩、姚
承開墾蘇厝寮庄，1681年陳意境、陳能意開墾灣內庄，1681年侯定、
侯住開墾溪墘厝庄，1683年蔡振隆、陳隆開墾更寮庄，嘉義地區在鄭
經時代幾乎開墾完畢。其他地區則有1675年洪承疇的家屬洪士昌、洪
士恩、楊明琅被鄭經逮補流放到淡水和基隆開墾，鄭氏族人鄭長開墾
大直、劍潭。雲林「大糠榔東堡」有1673年向媽窮開墾後潭庄，陳水
源開墾茄苳腳庄。1676年林一開墾崙仔頂庄。還有陳石龍開墾「打貓
東頂堡」的崁頭頂庄，陳亨構開墾「大糠榔東下堡」的後潭庄，何替
仔開墾太子宮堡、鐵線橋堡（曹永和，p.279）。鄭經接續荷蘭人開墾
台灣島的工作，對台灣島的經濟結構的提升與轉型有不小的貢獻。

第六章
鄭克塽（1681年-1683年）

鄭克塽（1670-1707）是鄭經的次子，馮錫範的女婿。在歷史上留下「鄭克塽降表」，宣告了大明延平藩王國滅亡，台灣海峽兩岸統一，台灣島成爲大清帝國的領土。

一、東寧政變

鄭經在1681年去世不到3天，1681年3月19日延平王政權的爭奪戰立即爆發，其世子鄭克𡒉被誣指爲陳昭娘的丈夫李氏所生，非鄭經的骨肉，在鄭成功夫人董妃支持下，鄭克𡒉遭馮錫範、劉國軒絞死，改立年僅12歲的鄭克塽繼位爲延平王，台灣島政局陷入混亂，史稱「東寧之亂」。鄭克𡒉被絞死的地點就是鄭成功妻子董太妃居住的「北園」，即今台南開元寺。鄭克𡒉是陳永華的女婿，鄭克塽是馮錫範的女婿，這場政變看似鄭克塽和馮錫範的勝利，但陳永華長期經營的實

東寧政變發生地「北園」，今爲台南開元寺

力，使同情鄭克壓的人對延平王政權失去信心，東寧政變因此敲響延平政權的喪鐘。

二、末世暴政

　　1681年傳聞清軍將攻擊基隆，鄭克塽先命令拆毀城寨，以免爲清軍利用。後又認爲應建造更堅固的城堡，以鞏固防務，強迫原住民做苦工。但基隆並無屯田可供應糧食，必須從台南運糧至基隆補給駐軍。1682年3月逆風阻止運糧船北航入基隆港，鄭克塽改強迫原住民，沿著縱貫道的陸路挑糧運送。當時的縱貫道只是蜿蜒的小路徑，尤其是彰化以北，並無大道與橋樑，更屢遭溪流阻斷，甚至沖毀。5月原住民不堪官員毆打，在新竹群起反抗，殺通事、官員，搶糧餉，竄入深山，暴亂四起。1682年福建總督姚啓聖宣布對鄭軍大赦，鄭軍開始動搖叛離。1682年底台南發生大火，糧倉遭焚，糧食供應更加短缺。鄭克塽政權已經是風雨飄搖，岌岌可危；同時間清政府的對台政策也發生姚啓聖與施琅不合的矛盾，施琅主戰，姚啓聖主和，和談條件甚至允許鄭克塽比照朝鮮，稱臣不薙髮，但最後施琅佔上風。1683年7月8日施琅率軍2萬多人，戰船600多艘，進攻澎湖，7月10日大敗劉國軒。鄭軍死傷600多人，被俘4,000多人，施琅以同心骨肉爲由，療傷鄭軍官兵，釋放被俘鄭軍回台，送陣亡鄭軍回台或回鄉安葬，鄭軍敵我意識和戰鬥意志完全瓦解。

三、鄭克塽投降

　　澎湖敗戰後，劉國軒力主投降清朝政府，鄭克塽只當了2年的延平王，於1683年9月17日及10月5日分別兩次向康熙皇帝具表投降。第一

次具表稱臣投降說「顏行何敢再逆，革心以表後誠」，換言之，只說不敢再造反，施琅不滿意。鄭克塽遂再度第二次具表稱臣上奏，「為舉國內附，仰冀聖恩事」，聲明「謹籍土地人民，待命境上。數千里之封疆，悉歸土宇。百餘萬之戶口，並屬版圖。」同時具表馮錫範、劉國軒一併投降。最後鄭克塽薙髮投降，納土稱臣，延平王國滅亡，大明帝國的各式殘餘政權徹底消失。

鄭成功祖孫三代都謹守「招討大將軍延平王」的封號，「招討大將軍」是福州的南明隆武帝朱聿鍵賜封，「延平王」是廣東的南明永曆帝朱由榔賜封，所以「延平王國」始終謹守中國諸侯藩王地方政府的格局，史稱「郡王國」或「延平郡王」並無失實，問題只是臣服於哪個皇帝，或哪個中央政府。鄭克塽投降後臣服清朝皇帝，棄延平王位，結束延平王國，改受封「漢軍公」，隸屬大清帝國漢八旗的正黃旗。中國藩王鄭氏三代統治台灣島21年，鄭克塽兵敗投降被送往北京，1707年僅37歲卒於北京。寫下「我那達達的馬蹄，是個美麗的錯誤」這首知名新詩的現代詩人鄭愁予（1933- ）即是鄭克塽的後代。

南明寧靖王朱術桂於1648年被永曆皇帝朱由榔指派赴鄭成功處，代表明朝法統協助鄭成功凝聚反清力量。1663年朱術桂隨同鄭經從金廈撤退到台灣島，1683年施琅攻佔台灣島，鄭克塽投降，朱術桂自殺。朱術桂的府邸後來成為「台南大天后宮」。朱術桂的五位妻妾懸樑自盡，後世蓋「五妃廟」紀念。

台灣島歷史上領土主權移轉的文件計有五份。鄭克塽這份投降奏文是台灣島歷史上第三份領土主權移轉的文件。第一份是1635年荷蘭東印度公司與麻豆社原住民簽訂的《麻豆條約》；第二份是1662年荷蘭大員長官揆一的〈棄城承諾書〉和鄭成功的〈收城承諾書〉所構成的《鄭荷條約》；第三份是1683年鄭克塽的〈投降奏文〉；第四份是1895年清朝光緒皇帝與日本明治天皇簽定的《馬關條約》；第五份是1943年的《開羅宣言》、1945年《波茨坦公告》及日本昭和天皇的《投降詔書》，日本人則稱為《終戰詔書》等文獻所構成的國際法文

件。

　　1683年延平王國滅亡時，台灣島的中國移民人口約20萬人，清政
府命令鄭克塽部屬及軍隊移駐山東、山西、河南屯田墾荒，台灣島人
口因此銳減。但台灣島已開發稻田有7,534甲、甘蔗園10,900甲，合計
18,434甲，實際面積更大，後來都變成施琅及其部屬掠奪的標的物。

四、鄭克塽降表全文

（一）鄭克塽第一份降表

1683年9月17日 康熙22年7月27日

「延平王佩招討大將軍印臣鄭克塽謹奏：
伏以論域中有常尊，歷代紹百王為得統。觀天意有攸屬，興朝宅
九土以受符。誠五德之推移，為萬彙所瞻仰者也。伏念先世自矢
愚忠，追懷前代之恩，未沾盛朝之澤。是以臣祖成功，篳路以闢
東土；臣父經，鞿鞟而雜文身。寧敢負固重險，自擬夜郎；抑亦
保全遺黎，孤棲海角而已。迨至先人弛擔，稚子承祧，常思畏天
之恩，莫求縮地之術。茲蓋伏遇皇帝陛下，高覆厚載、仁育義
懷。底定中邦，如旭日升而普照；掃擴六宇，雖浮雲翳而乍消。
苟修文德，以來遠人；寧事勝心，而焚海國。乃者舳艫西下，自
揣履蹈之獲愆；念此氣血東來，無非霜露之所墜。顏行何敢再
逆，革心以表後誠。昔也威未見德，無怪鳥骸於虞機；今者誤已
知迷，敢後麟遊於仁圃。伏願視天地萬物為一體，合象胥寄棘為
大同。遠柔而邇寧，形民固無心於醉飽，貳討而服舍，依魚自適
性於淵泓。夫且問黃耇之海波，豈特誓丹誠以皦日為已哉。臣無
任瞻天仰聖，激切屏營之至！謹奉表稱進以聞。」

（二）鄭克塽第二份降表

1683年10月5日 康熙22年8月15日

「招討大將軍延平王臣鄭克塽謹奏：

為舉國內附，仰冀聖恩事。竊惟臣生自海邦，稚憨無識。謬繼創垂之緒，有乖傾向之誠。邇者，樓船西來，旌旗東指。簞壺緩迎於周旅，干羽煩舞於虞階。自省重愆，誠為莫贖。然思皇靈之赫濯，信知天命有攸歸。逆者亡，順者昌，迺覆載待物之廣大；貳而討，服而舍，諒聖王與人之甚寬。用遵往時之成命，爰邀此日之殊恩。冀守宗祧以勿失，永作屏翰於東方。業有修表具奏外，及接提督臣施琅來書，以復居故土，不敢主張。臣思既傾心而向化，何難納土以輸誠。茲特繕具本章，并延平王印一顆、冊一副及武平侯臣劉國軒印一顆、忠誠伯臣馮錫範印一顆，敬遣副使劉國昌、馮錫韓齎赴軍前，繳奏版籍。謹籍土地人民，待命境上；數千里之封疆，悉歸土宇；百餘萬之戶口，並屬版圖。遵海而南，永息波濤之警；普天之下，均沾雨露之濡。實聖德之漸被無方，斯遐區之襁負恐後。獨念臣全家骨肉，強半孺呱。本係南人，不諳北土。合無乞就近閩地方，撥賜田莊、廬屋，俾免流移之苦，且獲養贍之資。則蒙高厚之生成，當誓丹青以啣結。至於明室宗親，格外優待。通邦士庶，軫念綏柔。文武諸官，加恩遷擢。前附將領，一體垂仁。夙昔仇怨，盡與蠲除。籍沒產業，俱行賜復。尤期廣推寬大之仁，明布維新之令，使夫群情允愜，共鼓舞於春風。萬彙熙恬，同泳游於化日。斯又微臣無厭之請，徼望朝廷不次之恩者也。為此，激切具本奏聞，伏候敕旨。」

五、陳永華、馮錫範、劉國軒

　　陳永華（1634-1680）、馮錫範（?-1683）、劉國軒（1629-1693）三人是鄭氏政權的重要支柱。

　　陳永華1634生，福建泉州人。1656年任鄭成功的「諮議參軍」及長子鄭經的教師。1662年鄭成功去世，陳永華擁立鄭經繼位，率兵從廈門進軍台灣島爭奪延平王位。1664年鄭經兵敗，退往台灣島，將政務全委由陳永華處理。1674年鄭經趁三藩之亂反攻大陸時，任陳永華爲「總制」，負責鞏固後方。1680年6月鄭經敗退台灣島，馮錫範、劉國軒排擠陳永華，陳永華辭「總制」，7月去世。陳永華被民間傳說爲「天地會」的創始人，對台灣島的經濟、教育、治安有頗多貢獻。

　　馮錫範生年不詳，福建漳州人。馮錫範隨鄭成功轉戰閩南各地多年，後被鄭經任命爲親衛軍頭子，很受信任。鄭經去世時，馮錫範發動政變殺鄭克臧，擁立鄭克塽。1683年鄭克塽降清，馮錫範被清政府續封爲「忠誠伯」，隸屬漢軍正白旗。

　　劉國軒1629年生，原爲清軍「把總」。「把總」和「知縣」的位階都是正七品。1654年劉國軒改變立場，投入鄭成功陣營，轉戰各地，立下不少戰功。1675年劉國軒率數千兵員擊敗尚之信率領的清軍數萬人，威名大振。1680年隨鄭經率軍退回台灣島，1683年澎湖海戰，被施琅擊敗。劉國軒說服鄭克塽降清，清政府派劉國軒爲天津「總兵」。「總兵」與「巡撫」都是正二品，劉國軒於1693年去世。

六、施琅的恩怨情仇

　　施琅（1621-1696）福建泉州人，是康熙皇帝統一台灣島的軍隊總

司令。就中國統一台灣島而言，施琅是最具關鍵的歷史人物。

施琅一生多變，在南明政權和大清政權之間，反覆投靠，先投鄭、後降清、再投鄭、再降清，最後滅鄭，統一台灣島。投鄭是投入鄭芝龍麾下，再投鄭是投入鄭成功麾下。

施琅的叔父施福很早就是鄭芝龍手下的重要幹部，施琅經施福推薦在鄭芝龍部隊服務，這是施琅「投鄭」時期。在這之前，鄭芝龍已於1628年朱由檢剛當上崇禎皇帝的第二年，接受明朝政府招撫，由海商及海盜的角色變成海軍將領，任「海防游擊」。施琅在崇禎末年，追隨鄭芝龍已累積戰功升任至游擊將軍。明朝的軍階是總兵、副將、參將、游擊將軍、佐擊將軍、坐營、號頭、中軍、千總、把總。施琅可說晉升相當快速。

1644年李自成攻破北京，崇禎皇帝朱由檢自殺，那一年中國出現四個國家級的政權組織，大清政權的順治皇帝，大順政權的李自成皇帝，大西政權的張獻忠皇帝，及南明政權的弘光皇帝朱由崧。施琅隨著鄭芝龍投向南明政權，被晉封為副總兵。

1646年鄭芝龍投降大清政權，鄭芝龍手下分成兩派，一派是反對降清的鄭成功、鄭鴻逵、鄭彩、鄭聯等人，另一派是贊成降清的施福、施琅等人。施琅隨著鄭芝龍降清，編入清軍，轉戰廣東，和南明軍隊作戰。

1649年施琅卻陷入南明軍隊包圍之中，最後因鄭成功率兵接應，施琅及施福得以突圍，離開廣東回到福建，此時施琅重新「再投鄭」加入鄭成功軍隊。其實在南明與大清兩個政權激烈鬥爭的時代，很多軍事將領都是「不清不明」或「時清時明」，立場變動很大。尤其南明政權名號下的軍事將領，個個都是事實上的軍閥，常為爭奪地盤互打內戰，反清復明陣線上，反而作戰不力。鄭成功則高舉反清復明旗號，於1646年率兵出海佔領金門島，以大明招討大將軍國姓爺名義號召鄭芝龍舊部歸附，但部隊作戰能力很差，幾乎屢戰屢敗。1649年有豐富作戰指揮能力的施琅歸附鄭成功，大大增強鄭軍的作戰力量，也

大幅擴增鄭成功的地盤。

　　施琅對鄭成功最大的貢獻是設計襲殺佔有廈門的鄭聯，吞併鄭聯、鄭彩的部隊。鄭聯、鄭彩是廈門人，和鄭成功同姓同宗但不同族。鄭成功從此領有廈門為根據地，逐步建立兼有海陸武力的國姓爺政權。

　　施琅具有卓越的軍事才能，但不易與上司和同事相處，1651年施琅與另一鄭軍軍官曾德衝突，曾德躲入鄭成功府內，施琅不顧一切衝入鄭府抓走曾德，並予以殺害。鄭成功大怒下令拘捕施琅，施琅的舊部蘇茂不惜生命危險放走施琅。鄭成功盛怒之下，處死施琅的父親施大宣及弟弟施顯，並派刺客追殺施琅，施琅走投無路，再度降清。施琅後來替大清政權訓練出第一支海軍部隊，這支海軍在32年後滅亡鄭成功孫子鄭克塽的政權。鄭成功怒殺施琅父親，可能是鄭成功一輩子最大的失誤。對內摧毀軍心，對外製造死敵。

　　施琅再降清後，被清朝政府任命為副將、總兵，並於11年後，1662年被拔擢為福建水師提督，領有官兵1萬多人。清政府有三大水師，即福建水師、廣東水師、江南水師。提督相當於海軍司令。隔年，1663年施琅率兵一舉攻下鄭經控制下的廈門及金門。

　　鄭經的部將杜輝、翁求多、黃廷臣、周全斌等人，在施琅的心戰策略下，率官兵10萬餘人降清，鄭經從此失去大陸據點，將政經中心從廈門改移至台灣島的大員港。鄭成功於1662年以台灣島相對於廈門的地理位置命名為「東都」，鄭經於1663年敗退廈門，1664年敗走台灣島，將「東都」更名為「東寧」。東都、東寧都是政權名稱，不是地理名稱。

　　康熙皇帝於1664年任命施琅為靖海將軍，統領征台軍隊，1665年進攻澎湖群島遭遇颱風失敗，加上1667年康熙皇帝與吳三桂的矛盾日益激化，清朝政府調整策略，對鄭經由武力征服改為談判招撫。到了1673年至1681年間爆發三藩之亂，吳三桂、尚之信、耿精忠三位藩王反叛清朝政府，鄭經於1674年也從台灣島發兵15萬人參戰，攻佔廈

門。但是耿精忠和鄭經始終不和，甚至武裝內鬨不斷。1676年耿精忠投降清政府，1680年鄭經敗退台灣島，此時鄭經的實力已大受損傷。1681年3月鄭經去世，鄭克塽繼任延平王，7月康熙皇帝任命施琅爲征台總司令。1683年施琅率水師2萬多人進攻澎湖，擊敗鄭軍，鄭克塽獻表投降，施琅於8月踏上台灣島，一報鄭成功殺父之仇，完成統一台灣島的任務。

施琅攻下台灣島後，密謀將台灣島對外貿易的特權交付英國及荷蘭商人，引誘英荷商人棄廣東就福建，並力促實施海禁，利用台灣島與福建的運輸線，用開放的台灣島壟斷中國對外貿易。由於福建及兩廣總督的反對，康熙皇帝也不贊成，施琅的壟斷企圖才破滅。康熙皇帝認爲施琅統一台灣島功勞很大，願意讓他終生享受榮華富貴，但視其爲「驕縱武夫，度量偏淺」，必須多所約制，遂採用李光地（1642-1718）的意見，採納施琅的建議，派往台灣島的軍隊三年輪調一次，即所謂「班兵」制度，且施琅必須留居北京，避免施琅擁兵自重，形成吳三桂割據的局面。

施琅及其部將先後治台近37年，藉機在台灣島奪取大筆土地，只想壟斷，不擅管理，理應是國際貿易門戶的台灣島卻治安惡化，變亂不斷，施琅的私心是很關鍵的因素。

七、姚啓聖

姚啓聖（1623年-1683年）浙江會稽人，吳三桂叛清時，姚啓聖出資組織民兵投效康親王傑書（1646-1697），被派爲浙江諸暨知縣、浙江溫州和處州道台的僉事（紀律督察），後升任福建布政使，1678年任福建總督，1679年設立「修來館」專責招降鄭經的官兵。姚啓聖負責與鄭經談判，屬於清政府的和平談判派，與施琅的武力統一派發生衝突。最後施琅征服鄭克塽，獲得侯爵封位，姚啓聖一無所得，鬱抑以逝。

第七章
東寧政權與鄭清議和

一、不變的中國藩王

　　1662年鄭成功以明代政府藩王的身分率軍進佔台南，擊敗荷蘭殖民政權，在台灣島建立政權，並以明政府藩王的身分統治澎湖、台灣島、金廈，此時台灣島才有法理上的證據，確定納入中國領土，且名義上成爲曾擁有中國主權的大明帝國世襲藩王的邊區政府。1664年鄭經兵敗金門和廈門，退守台灣島和澎湖群島，形成海峽兩岸對峙。鄭成功及鄭經取名爲「東都政府」或「東寧政府」的政權，正好確定鄭氏的台灣島政權是中國的東部邊疆政府，名義上是高度自治的地方政府，不是中央政府。「東寧王國」始終是獨立政權的「藩王國」，不是獨立的主權國家。正確的說法，應該是「澎湖和台灣島自1662年起才有政治和法律上的連結」以及「台灣島自1662年起才是中國的主權領土」。

　　有人爭議過，鄭經統治台灣島是「分封的藩王領地」或是「獨立的東寧王國領土」。若說是「分封的藩王領地」，永曆帝朱由榔冊封鄭成功爲延平王時，鄭成功尙未東征台灣島，台灣島顯然不是延平王的封地。若說是「獨立的東寧王國領土」，鄭經1674年卻仍以延平王身份號召反清復明，揮師渡海，參與三藩之亂，回到中國大陸打了6年的反清戰爭。

　　其實問題的關鍵在於：第一，鄭成功是以「忠孝伯」名義招兵買馬武裝起義，先佔領福建沿海及台灣海峽，後被永曆帝冊封延平王，延平王的領地隨軍力所致，不是永曆帝的恩賜，也沒有固定範圍，且鄭成功終生未稱帝，因爲即便以「海盜兒子」的身份要稱帝，也很難號召「反清復明」或「自立爲王」。

　　第二，「國家」和「政權」都是政治組織，常被混淆。國家是擁有專屬領土主權的政治組織，政權則不確定有專屬的領土主權。鄭

成功的勢力範圍不論在福建金廈或台灣島，都只是「政權」，不是國家。鄭成功稱在台灣島「建國東都」時，統治轄區尚包括福建沿海及澎湖，只是不確定「東都」是否包括廈門、金門、澎湖群島。這個「國」沒有法律上專屬或確定的領土，法理上是隸屬於大明帝國的「延平藩王國」，不是自外於中國主權的獨立國家。鄭氏父子始終使用「招討大將軍」的印信，掛「永曆」年號，鑄造錢幣仍稱「永曆通寶」，法理上也不是獨立於中國之外的國家。鄭成功在台灣島發布著名的《令諭八條款》，用語也是自稱「本藩」，即藩王之意。

　　第三，鄭經改稱「建國東寧」時，已喪失中國大陸的領地，永曆帝也已死亡，明朝帝國的國內外法律權力已完全被清朝取代，清帝國反而有權決定鄭經政權的法律性質。「東寧」的轄區與「東都」的轄區是否相同，也是個疑問。鄭經自稱或被稱「東寧國王」，這個「國王」是不是「獨立王國的國王」？答案仍是否定的。鄭經仍只是「分裂的獨立政權」，法律地位是大明帝國的殘餘政權。因為完全繼承明帝國法權的清帝國不承認「東寧王國」有獨立王國的地位，1665年即派兵擬征服鄭經，遇颱風而停戰，接著和談統一，雙方你來我往，清政府始終未鬆口。1667年鄭經回函給清政府官員孔元彰說：「東寧遠在海外，非居版圖之中。」意思是台灣島的主權在東寧政權統治下，不是清帝國的版圖。

　　1669年鄭經覆信給清靖南王耿繼茂說：「東寧偏隅，遠在海外，與版圖渺不相涉。」1669年鄭經回函給閩浙總督李率泰說：「全師而退，遠絕大海。建國東寧，別立乾坤。」意思是「東寧」是新建立的藩王國，跟清帝國不相隸屬，但仍不否認是明帝國的殘餘政權，所以「全師而退」。且1674年鄭經趁「三藩之亂」又搞「反攻大陸」。同年鄭經覆信給清宰相納蘭明珠「倘貴朝果以愛民為心，不穀不難降心相從，遵事大之禮。至通好之後，巡邏兵哨自當弔回。」「事大之禮」就是鄭經希望清帝國接受「東寧」成為如同朝鮮的「藩屬國」，而非只是「藩王領地」，但和議未成。

第四、鄭經於1663年武力政變，自稱襲得延平王位，自封「仁德將軍」，1674年至1680年仍以「延平王」及「招討大將軍」的名義反攻大陸，1678年鄭經軍事尚佔優勢時，清將領賴塔遞信給鄭經稱，如果鄭經肯退守台灣，則「本朝何惜海外一彈丸之地」，鄭經可永據台灣，「從此不必登岸，不必薙髮，不必易衣冠。稱臣納貢可也，不稱臣，不納貢亦可也。以台灣爲箕子之朝鮮，爲徐福之日本」，但鄭經拒絕，表示鄭經要爭奪中國政權，不做自外於中國的獨立「東寧國王」。賴塔也肯定鄭成功、鄭經兩父子，使台灣島成爲中國領土的功績：「台灣本非中國版籍，足下父子自闢荊棘。」1681年鄭經去世，終生未宣佈台灣島爲獨立的王國。正確解讀「東寧王國」的法律性質始終是「延平王國」的別名，只是「中國以藩王爲名的分裂政權」。至於西方有文獻稱鄭經爲「東寧國王」，只是便稱，西文的King不必然是有最高主權的獨立王國的國王。如同很多西方文獻稱日本的幕府將軍是「國王」或「皇帝」，但就日本的「憲法秩序」而言，卻只是「軍閥總理」而已。

二、鄭清十六次議和

鄭成功父子孫三代與清朝政府間，幾乎是打打談談，談談打打。清政府利用剿滅手段對付主要敵人，利用招撫手段解決次要敵人。在清政府眼中，鄭氏父子的實力始終只是小股軍閥而已。剿滅李成棟時，招撫鄭成功。剿滅吳三桂時，招撫鄭經。清軍海上武力荏弱時，招撫鄭經。清海軍實力壯大時，剿滅鄭克塽。清政府適時運用招撫策略，鄭成功和鄭經也從未拒絕議和，但最後都以條件不合破局。鄭清議和，可說是若斷若續，往來文書有20餘件。清政府挾降、待降、誘降、迫降，鄭成功與鄭經則有撫必談，談而不就，不即不離。但最後決定的因素在於雙方海軍實力的對比，鄭軍自認爲海軍實力強，議

和斷無可能。澎湖海戰，鄭軍大敗，立即投降，卻連議和的空間都喪失。

　　總計鄭清16次議和，前6次（1-6）是清政府與鄭成功的議和，後9次（7-15）是清政府與鄭經的議和，最後1次是與鄭克塽議和，議和時爾虞我詐的成分居多。到1683年延平王國兵敗投降，鄭氏家族已無條件議和。

鄭清16次議和一覽表			
次數	時期		鄭清議和情形
1	鄭成功時期	1652年	清政府派遣鄭芝龍差使周繼武，持鄭芝龍家書至廈門見鄭成功招降，鄭成功拒絕。當時鄭軍攻佔海澄、長泰，圍困漳州達半年，戰局有利於鄭成功。
2		1653年5月	清政府派碩色，由黃徵明、周繼武陪同至廈門，賜海澄公，授漳州府勸降，鄭成功再度拒絕。
3		1653年11月	清政府賜海澄公，授泉、漳、惠、潮等四府，並許鄭成功維持軍隊，談判仍失敗。
4		1654年	清政府派葉成格、阿山，由鄭世忠陪同勸降。
5		1655年	清政府派軍進攻廈門，擬逼迫鄭成功受撫，鄭軍則積極備戰應付。
6		1656年	清政府威脅鄭芝龍派人找鄭成功，鄭芝龍表示跪求鄭成功接受和議。
7	鄭經時期	1662年	靖南王耿繼茂向鄭經提出議和，鄭經則予以敷衍。
8		1663年10月	鄭經囚殺鄭泰，鄭鳴駿、鄭纘緒降清，耿繼茂、李率泰派人招撫，鄭經要求比照朝鮮，不削髮，議和破裂。
9		1667年5月	清政府派孔元章到台灣島見鄭經，提議休兵議和，恢復通商。但須稱臣納貢，鄭經說「台灣遠在海外，非中國版圖，且先王在日，亦只差薙髮二字，依朝鮮則可，先王之志不可墜。」議和不成。
10		1669年6月	清政府派明珠、蔡毓榮交代耿繼茂、祖澤沛、慕天顏、李佺，派人持詔書赴台灣島，許諾鄭經「藩封、世守台灣」。鄭經仍堅持「不削髮」，議和失敗。
11		1675年10月	平南王尚可喜提出議和，要鄭經攻打反清的耿繼茂，事成奏請福建省賜封鄭經。但耿修好，議和未成。
12		1677年4月	鄭經痛失漳、泉二府，仍掌潮州、惠州及沿海諸島，清軍卻無船可攻，康親王傑書派朱麟、臧慶祚至廈門招撫，鄭經拒絕。

鄭清16次議和一覽表			
次數	時期		鄭清議和情形
13	鄭經時期	1677年7月	蔡寅假託朱三太子為號召，在同安、長泰、南靖起兵抗清，清軍無力進攻鄭經，康親王傑書以休兵養民為辭，許鄭經比照朝鮮，可不薙髮，不投降，僅稱臣納貢，再次議和。但鄭經要求統管沿海諸島，並有泉、漳、潮、惠府的徵糧權，議和不成。
14		1678年10月	福建總督姚啓聖、將領賴塔派張雄赴廈門招撫，議和仍不成。
15		1679年5月	清政府派蘇珵議和，鄭經派傅為霖談判。鄭經要求比照朝鮮，並以海澄為廈門門戶，議和不成。
16	鄭克塽時期	1682年	鄭經已去世，姚啓聖、萬正色提出議和，派黃朝用渡台招撫，允許鄭克塽比照朝鮮，稱臣納貢，不削髮。馮錫範、劉國軒拒絕，議和不成。

第六篇

清代中國之島

（1683年-1895年）

第一章
康熙（1683年-1722年）

　　康熙皇帝生於1654年，姓名「愛新覺羅・玄燁」，1661年7歲時繼位皇帝，鰲拜輔政，同年鄭成功進攻台灣島，清政府下達《遷界令》，禁止大陸居民與鄭成功往來。1662年荷蘭人投降鄭成功，同年鄭成功去世。1663年清政府攻克廈門、金門，鄭經退兵台灣島。1667年康熙皇帝13歲親政，1669年康熙15歲擒鰲拜，1671年鄭經佔領福建沿海島嶼，1673年康熙19歲爆發吳三桂等三藩之亂，1681年鄭經去世，1683年鄭克塽投降，康熙29歲統一台灣島。康熙博通滿文、蒙文、漢文，堪稱學問根底很厚的皇帝。康熙開放中國人大批移民台灣島，堪稱開創台灣島的「大移民時代」或「大開墾時代」，台灣島的中國移民人口突然暴增。1721年台灣島爆發朱一貴事件，1722年底康熙68歲去世。

　　1700年康熙時期，中國的人均GDP估計約600美元，中國GDP佔全世界GDP 22.3%。1820年嘉慶時期，中國人均GDP估計仍是600美元，但中國GDP佔全世界GDP升至32.9%。1870年同治時期，中國人均GDP掉到530美元，中國GDP佔全世界GDP更跌至17.2%。1913年中華民國初期，中國人均GDP 552美元，但中國GDP佔全世界GDP只剩8.9%。

一、國家與政權

　　大清帝國是中國少數民族首領努爾哈赤（Nurhaci, 1559-1626）只用一代人的時間，就創立出來的帝國式的政權。努爾哈赤於1583年只是「盔甲十三副、部眾數十人」的「遊團」Band時，即在攻擊圖倫城的戰役獲勝，成為「部落」Tribe式政權。1588年就統一「建州女眞」成為「酋邦」（Chiefdom）。女眞族（Jurchen）覺羅（Gioro）氏的努爾哈赤開始由「遊團」到「部落」，再發展成藩王式的「酋邦」，只花了5年時間。但「建州女眞」仍然只是臣屬大明帝國的藩王式地方政權，法理上是可以自行世襲首領的地方政權。努爾哈赤政權對建

州的滿族有統治權，但無領土主權，因爲領土主權仍屬於大明皇帝。努爾哈赤於1616年叛離大明帝國，獨立建國「金」（Aisin，愛新），史稱「後金國」，以區別宋代的「金國」，大明帝國則視「後金國」爲叛亂組織。努爾哈赤的「後金國」正式從「酋邦」發展成「王國」（Kingdom），只花28年的時間。1635年皇太極將民族名稱由「諸申」（肅愼、女眞）改以佛教文殊菩薩（Manjusri）之名，將女眞族更名爲滿洲族（Manju）。皇太極說：「我國原有滿州、哈達、烏喇、輝發等名。向者無知之人，往往稱爲諸申。夫諸申之號乃席北超摩爾根之裔，實與我國無涉。我國建號滿洲，統緒綿遠，相傳奕世。自今以後，一切人等，止稱我滿洲原名，不得仍前妄稱，」

　　與努爾哈赤與皇太極父子建立國家級政權的時期相較，鄭芝龍與鄭成功父子建立海商武裝集團的時期稍晚約10年，仍可視爲相同時期。但是努爾哈赤父子以建立國家級政權爲策略目標，招兵買馬，攏絡文臣武將，獲得空前成功。相反的，鄭成功四代人卻局限於建立海商武裝政權，領導格局狹隘，常爲細故殺害重臣，部屬武將不時叛離鄭家父子，最終歸於敗亡。

　　依據美國文化人類學家艾蒙賽維斯（Elman Rogers Service, 1915-1996）的政治人類學理論，努爾哈赤用33年的時間，從部落到酋邦，再發展成王國，正式成爲「國家」，是一件很不容易的功業。任何政治組織發展成國家，都是一件重大歷史事件。因此有必要針對「國家」的意義做一釐析說明，進而解讀台灣島史上的政治現象，以免產生誤讀與誤解。

　　任何一種對人民或對土地有控制力的政治組織，都可以廣泛地稱作「政權」（Political Regime）。部落、部落聯盟、佔領軍、游擊隊、封建諸侯、軍閥、宗教教區、酋邦、藩王國、王國、共和國、帝國都是一種政權。「國家」則專指一種擁有領土主權的政治組織，國家有權建立主權政府（國家級的政府組織），統治所轄專屬領土及居住於領土上的人民。因此「國家」是因主權領土而存在的政治組織。「國

家」所擁有的領土主權，儘管可能有邊界爭議或其他領土爭端，但一定擁有某些無可爭議的專屬領土，這是對國家無可置疑的界定。若非如此，只能是一個政權或政治實體，不是一個國家。因此，不論就憲法秩序或國際法秩序，在法理上「國家」的領土專屬特性是具有主權排他性、領土分割性、主權繼承性、政權朝代性、組織演化性的政治組織。

國家是有「主權排他性」的政治組織，意指在同一塊領土上不容第二個國家組織存在。地球上的土地是有限的資源，被國家型政治組織宣布作為領土的土地，代表這個國家組織在這塊土地上行使領土主權，擁有「主權排他性」的最高統治權力。主權必須附著在土地上，沒有領土的主權就不能稱為主權，沒有主權的領土也不能稱為領土。主權作為一種特殊的法律權利，必須經由宣示或行動展示的意思表示公開表達，主權的展示或宣示也必須獲得鄰近國家的承認，否則同一塊土地可能產生兩個以上的國家組織或政權同時宣告擁有該土地的領土主權，就發生領土爭議甚或主權爭端。

大明帝國與後金國互爭中國東北的領土主權，這種「主權排他性」的衝突當然你死我活。在滿洲的土地上有你無我，除非大明帝國承認後金國在滿洲地區的國家地位，後金國也承認大明帝國在其餘地區的國家地位。如果大明帝國與後金國相互承認，大明帝國即承認後金國可從大明帝國分割而獨立，這就是國家有「領土分割性」的特質，但是後金國的領土分割並未獲得大明帝國承認。相對地，歷史上別有案例，宋帝國和遼帝國就是分割領土，各自獨立。

國家也有「主權繼承性」的特質，國家組織（國家級的政府組織）之間會有領土主權繼承現象，例如清帝國陸續消滅大明帝國、南明政權、延平王國，完整地繼承大明帝國原有的領土及主權，甚至包括更遠以前元朝帝國的國際權利和義務。儘管繼承者和被繼承者的領土範圍不完全相同，但法理權威和國際權利義務的繼承關係，被內部人民和外部國家接受，這種繼承關係即告成立。尤其在繼承的領土上

已不存在其他主權競逐者的統治權威，這種主權繼承關係對該領土即告生效。

　　國家也有「政權朝代性」的特性。當一個國家組織繼承另一個國家組織，在無其他國家持異議的情形下，後繼者有權宣稱擁有被繼承者的全部權力，後繼者更有權重新定位被繼承者。例如「中國」一詞在國際法上代表特定領土的主權人格，大清帝國於1912年後就可被稱爲「清代中國」，大清帝國就成爲「中國」的一個「朝代」，這習慣法概念詮釋出國家組織因繼承關係產生的「政權朝代性」。換言之，大清帝國也可以把大明帝國及以前的被繼承者，通通定位爲一個「朝代」（Dynasty），表示被繼承者的權威已消滅，其主權地位已被充分繼承。有些歷史學者對「國家」作爲一種特殊政治組織的五種法理特性矇然不知，宣稱大清帝國不是中國的說法，是極其無知的論述。

　　國家也具有「組織演化性」。從政治發展階段觀察，「滿族」從最早的「女眞族」是遊牧「遊團」（Band）的「野女眞」組織，經過一段長時間，發展成定居式的女眞「部落」（Tribe）組織，再出現1588年努爾哈赤統一建州女眞的「酋邦」（Chiefdom）組織，後來於1616年形成「王國」（Kingdom）組織，最後到1644年建立「帝國」（Empire）組織。這個女眞族政治組織從酋邦到王國，再到建立以少數民族爲貴族的帝國，速度快的驚人，這就是國家的「組織演化性」。當然有許多國家的「組織演化性」不是進化性的，而是發生「主權消損」（Sovereignty Depletion）現象，是屬於退化性的組織演化，主權的強度不但未增強，反而不斷減弱。大明帝國退化成南明政權，組織已成非「帝國」或非「王國」，甚至連「酋邦」都不像的流亡政權，這就接近「部落」或「遊團」的政權組織。

　　國家的「組織演化性」包括遊團、部落、酋邦、王國、帝國各個階段都是政權的各種形式，但王國和帝國已具備「國家」的條件，其他則無。中國古代的「諸侯」或「藩王」都是「酋邦」階段的政權組織。鄭成功起事抗清時，以「大明忠孝伯招討大將軍國姓爺」爲號

召，具備「大明帝國諸侯」身份，但只是「遊團」（Band）政權，沒有領地，四處移動擴大勢力範圍，發展成海上「部落」式政權，後來佔領廈門取得固定領地，則算進化到「酋邦」式政權，最後受封延平王，並佔領金門、廈門、澎湖群島、台灣島，成爲「王國」。但鄭成功的「王國」是把法理基礎建立在「大明國姓爺」的身份上，延平王國約略只是位於從酋邦發展到王國的半成品，較爲貼切地稱呼是「延平藩王國」。康熙的清帝國則是已達統一階段的帝國。康熙爲使清帝國能完整繼承大明帝國的主權權利，以武力消滅延平王國自然是清帝國的核心利益。

二、延平王國的善後事宜

1683年清代中國政府在澎湖擊敗延平王軍隊，鄭克塽投降，台灣島和澎湖群島才在歷史上首次和中國在政治上形成完全的統一局面。康熙皇帝開啓清帝國統治台灣島212年的歷史，康熙統治台灣島的首要工作，當然是處理延平王國投降官兵的善後事宜。

鄭克塽被封爲「漢軍公」，事實上是幽居在北京，有銜無薪。10年後，1693年鄭克塽弟弟鄭克舉才被派爲「佐領」，即八旗軍的牛祿額眞。鄭克塽死後，鄭家子孫從歷史舞台消失。馮錫範、劉國軒投降後被封爲伯爵或總兵，也是有銜無薪，留置北京，投閒置散。其餘官兵計有武官1,600人、文官400人、士兵40,000餘人，遣派至山東、山西、河南墾荒。1686年山東布政使黃元驤也是福建人，看到這些投降官兵生活太苦，未經核准，蓋房舍收容，立遭撤職。

1685年清代中國與俄羅斯爆發「雅克薩戰役」，清政府曾從這些鄭家降兵中選派500名精兵，參加中俄雅克薩戰役，這些降兵擅長水中戰鬥，打敗沙皇軍隊，就是史上有名的「台灣藤牌兵」。雅克薩戰役中，清軍戰鬥部隊只有2,000人，鄭家降兵就佔4分之1。清軍大敗俄

軍，俄軍在雅克薩城開城投降，撤軍回尼布楚。雅克薩位於黑龍江與額木爾河交界口的東岸。中俄雙方隨後在1689年8月簽訂《尼布楚條約》，不再有邊界糾紛。直到1858年俄軍將領穆拉維約夫威脅中國黑龍江將軍奕山，奕山糊塗簽訂《瑷琿條約》爲止，中俄邊界穩定了169年。1690年清政府又再選派台灣藤牌兵100名，參與平定噶爾丹，可見鄭家降兵的戰力不小。「台灣藤牌兵」的訓練方式可從台灣島的「宋江陣」看出端倪，藤牌兵和宋江陣都擅於使用藤製的盾牌，因而得名。

清政府爲消除台灣島上中國移民對鄭家的懷念，將鄭成功及鄭經父子的墳墓遷移至福建省南安縣康站鄉，鄭克臧的墳墓卻離奇消失。延平王國官員的墳墓，如馬信、洪旭、王忠孝等人的墳墓消失得渺無蹤影。陳永華墳墓僅剩墓碑，卻無遺骨。與崇拜鄭成功、鄭經有關的廟宇，都遭摧毀。但台灣島懷念鄭氏父子的中國移民仍以「二王廟」、「開山王廟」、「代天巡狩王爺廟」等名義偷偷祭祀鄭氏父子。

鄭成功命名的「承天府」被清政府改爲「台灣府」，原天興縣、萬年縣改爲「諸羅縣」、「鳳山縣」。把原含有政治意義的地名，改爲民間通用地名。雖然清政府費心消除鄭氏父子的影響力，也未移民滿族人口來台，以減低滿漢民族矛盾，卻仍很快地就發生假藉反清復明爲名的抗清事件，如1684年蔡機功擬率2千人武裝抗清失敗的事件，就是一例。

康熙皇帝大量遣送大部分延平王國的軍政人員回中國大陸，當然也有少數繼續居留台灣島，例如鄭成功的堂哥鄭長並未返回泉州，反而落腳台北南港後山埤，鄭成功的畫像就是由鄭長傳給後人，1898年日本殖民時代才敢公諸於世。延平王時代的台灣島戶口數有21,320戶。1684年清政府統計繳稅資料，台灣島戶口卻只有12,727戶，繳稅丁口只有16,274丁。推算人口數從延平王末期的111,362人至116,665人，減至康熙初期的66,817人，台灣島人口突然流失4成。一時之間，

台灣島變成地廣人稀、滿目蕭條的荒野。直到與延平王政權無關的中國移民大批遷徙台灣島，台灣島人口又大幅增加。到了1811年，戶口增至246,695戶，人口數增至1,944,737人。到甲午戰爭前的1893年，戶口數達507,505戶，人口數達2,545,731人。

三、台灣島棄留爭論

清政府花了20年時間征服台灣島的延平王國，其主要目的在於摧毀敵對政權。這個政權具有延續大明帝國的政治意義，更有「鄭成功北伐」及「鄭經反攻」的軍事歷史。清政府作為繼承中國主權的政府，自不可能容忍延平政權的存在。但是消滅及處置延平王國後，從鄭克塽降表中取得了台灣島主權，但要不要自行統治台灣島反成問題。

清政府的皇室基本上是陸地政權，對海洋及島嶼的統治認識不深，何況當時台灣島的環境條件只是中國的邊疆，因此1683年8月15日康熙皇帝將台灣島的「棄留」問題，交議政王及大臣商議，會議未做成決定，於是產生「棄台論」的說法和爭議。施琅見清政府舉旗不定，約見一位遭鄭成功扣留多年的荷蘭俘虜Alexander van Gravenbrock，請他傳信到巴達維亞，詢問荷蘭人是否有意願買回台灣島。荷蘭人認為台灣島已無國際貿易價值，興趣缺缺，遲未回覆，但清政府已作成自行統治台灣島的決定。

對清政府來說，發兵征服台灣島的初心，是為滅亡打著大明旗號的延平王政權，未考慮領土擴張及於台灣島。康熙政府的決策官員初步擬將台灣島20多萬的中國移民全部遷回大陸，等於把台灣島還給原住民。因為清政府已經花費鉅資征服延平王國，無意花費大量資源投入治理台灣島，何況康熙皇帝當時的軍政重心應該是征服1682年已要求與康熙平起平坐的噶爾丹汗國。特別值得注意的是：當時的「棄台

論」只棄台灣島，不棄澎湖群島。

鄭克塽具表投降後，清政府百官聯名上奏，請康熙皇帝自封更尊貴的帝王封號。康熙皇帝謙抑地說：「海賊乃疥癬之疾，台灣僅彈丸之地，得之無所加，不得無所損。若稱尊號，頒赦詔，即入於衿張粉飾矣，不必行。」康熙皇帝這番話常被誤用為不收台灣島入版圖的證據，其實是誤解。當時清政府群臣意見分歧，「棄台派」官員以財政原因和治理成本想「棄台」，「留台派」官員以國防安全戰略因素希望「留台」，康熙皇帝則從未表態。在兩派官員爭執期間，領軍攻台的武官藉機奪取台灣島的田產，尤其是延平王國的官田、文武官田（私田）和營盤田，除「番田」和「民田」外，這些延平王室、文武官員、軍隊屯墾田產都成了施琅及麾下部將鯨吞蠶食的財產。

清政府內部主張「棄台論」的宰相李光地認為，任由荷蘭人重佔台灣島亦無不可。征台總司令施琅則主張「留台論」，認為中國人如果撤走，原住民沒有能力建立台灣島的政權，最後台灣島會再度落入荷蘭人之手，將威脅澎湖群島及中國大陸沿海地區的安全。台灣島的資源可以自給自足，不會拖累大陸經濟。裁汰即將退役的漢族兵員，每三年輪調台灣島，既不增加軍費，也不致令漢族兵員久駐割據。台灣島留在中國人手裡，對於鞏固海峽安全具有重大作用。

施琅這則著名的《恭陳台灣棄留疏》，從「國家安全」的角度切入，最後說動康熙皇帝和宰相李光地，不惜血本，將台灣島納入福建省，成為「台灣府」。從此台灣島成為福建省的一部分，福建省籍的人民在中國傳統戶籍制度下，比其他省籍的人民更容易移居台灣島，最後使台灣島成為福建人之島。康熙皇帝指示：「若徙其人民，又恐致失所，棄而不守，尤為不可。」這一康熙「留台」決策，使台灣島成為中國移民墾殖的新天地，紓解福建、廣東的人口壓力，也成為中國大陸戰爭難民和災荒飢民的庇護所，開啓台灣島的大移民和大開墾時代。

施琅建議：「且海氛既靖，內地溢設之官兵，盡可陸續汰減，

以之分防臺灣、澎湖兩處。」平定台灣島後，福建的官兵變成「溢設之官兵」可以裁汰，但裁汰的方式是「分防臺灣、澎湖」。施琅又說：「通共計兵一萬名，足以固守。又無添兵增餉之費。其防守總兵、副、參、遊等官，定以三年或二年轉陞內地，無致久任，永為成例。」駐守台灣島要「兵一萬名」，在有清一代算是各地駐軍人數最多的部隊。施琅說是：「此誠天以未闢之方輿，資皇上東南之保障，永絕邊海之禍患」。

施琅說中了康熙的心事，一則「無添兵增餉之費」，二則「定以三年或二年轉陞內地」。這是班兵制度的起源，不增加財政支出，又不讓福建官兵久任。福建官兵都是閩南人，也大都是施琅的部下，施琅本是鄭芝龍的部下，跟隨鄭芝龍降清，四處替清軍征戰，又轉投鄭成功，與鄭成功決裂後，降清滅鄭。施琅擔心康熙疑慮他會成為據台山頭，變成另一個吳三桂，提出班兵制度，又表現出貪財無野心的態度，讓康熙放心。

施琅認為：「然當此地方初闢，該地正賦、雜餉，殊宜蠲豁。見在一萬之兵食，權行全給。三年後開徵，可以佐需。抑亦寓兵於農，亦能濟用，可以減省，無庸盡資內地之轉輸也。」班兵前三年要花費康熙的庫銀，三年後開徵賦餉，就無須「盡資內地之轉輸」。但是施琅的承諾從未實現，清代中國時期台灣島的財政完全仰仗福建省政府和清廷的挹注，台灣島建省之後仍然如此。甚至清朝皇帝頒給駐台班兵的「隆恩銀」也作為獎勵民間開鑿埤圳的貸款或投資經費來源，所以台灣島出現許多「隆恩圳」。

1684年5月27日康熙皇帝決定納台灣島為中國領土，設「分巡台廈兵備道」，隸屬福建省的派出機關，兼管廈門、金門島、澎湖群島及台灣島。這是「警備行政專區」的意思，轄區涵蓋範圍和鄭成功的延平王國的管轄範圍相似，「道員」或「道台」是專職監理台灣島的最高文職地方官員，「道」的層級在「省」和「府」之間，但不是正式的行政區域。福建省下設台灣府，府轄三縣：諸羅縣、台灣縣、鳳山

縣。新港溪（鹽水溪）以北為諸羅縣，新港溪至二仁溪（清水溪、二層行溪）之間為台灣縣，二仁溪以南為鳳山縣。鳳山縣的縣府位於高雄左營，轄區涵蓋高雄、屏東。台灣島的實際統治權力則落入控制台灣海峽及兩岸各港口的福建水師提督手中，施琅及其後繼者把持水師提督職務達37年之久，施琅儼然是清政府的「台灣王」。

　　1684年諸羅縣的首任知縣季麟光發現官田、文武官田、營盤田都被攻台武官據為己有，這些田產又成為不交稅賦的「隱田」，稅賦因而不足。季麟光於是引進清政府鼓勵開墾的法令，讓墾成的土地「永准為業」。季麟光的做法形成「知縣」有權核發墾照，墾民據照取得田地所有權。這個制度強烈吸引福建的資金和勞動力蜂擁入台移民開墾，爭取土地所有權，快速將台灣島的荒野，轉化為中國人的村落，也充實了縣府的稅收。

　　1723年雍正時期，因應台灣島人口的增加，「台廈道」更名「台灣道」。1727年「台灣道」不再管廈門，並從廈門移「道署」於台南。1875年光緒時期，「台灣道」下設「台北府」及「台灣府」，「台北府」下轄宜蘭縣、淡水縣、新竹縣、基隆廳，「台灣府」下轄彰化縣、嘉義縣、台灣縣、鳳山縣、恆春縣、卑南廳、澎湖廳、埔里社廳。1887年台灣建「省」廢「道」，下轄「台北府」、「台灣府」、「台南府」及「台東州」。「台灣府」治設於台中，下轄台灣縣、彰化縣、苗栗縣、雲林縣、埔里社廳；新設「台南府」下轄嘉義縣、安平縣、鳳山縣、恆春縣、澎湖廳。雲林縣原本預定將縣治設於南投竹山的雲林坪，後來1893年濁水溪氾濫，縣治遷往斗六。1909年竹山及雲林坪後來劃歸南投縣，雲林縣之名保留下來，但雲林坪反而荒廢。

　　有趣的是，213年後的1896年4月1日，在1895年已取得台灣島主權的日本帝國的國會，也出現「是否要將台灣以一億日圓賣給法國」的爭論，稱為「台灣賣卻論」，主張台灣島治理不易，將拖累日本財政，應賣斷給法國，其思考模式和康熙時的「棄台論」相同。1897年

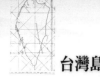
日本殖民政府台灣總督乃木希典疲於應付抗日民兵，也主張將台灣島殖民地出售給經營殖民地比較有經驗的英國，因此被日本媒體譏諷「乃木出賣台灣」。

四、中國史上第一篇「海權論」

施琅的《恭陳台灣棄留疏》可說是中國史上第一篇〈海權論〉的論述文章。施琅說「台灣地方，北連吳會，南接粵嶠……乃江、浙、閩、粵四省之左護」，意思說台灣島是江蘇、浙江、福建、廣東四個省份左邊的屏障，是半個中國海疆的安全戰略不可缺少的堡壘。施琅說：「肥饒之區，險阻之域……資皇上東南之保障，永絕邊海之禍患，豈人力所能致？」結論是：「一爲紅毛所有……此乃種禍後來，沿海諸省，斷難晏然無慮。」「台灣一地，雖屬多島，實關四省之要害。」「棄之必釀成大禍，留之誠永固邊圉。」施琅的論述是，台灣島若不掌握在中國手上，必定成爲海盜或外國政權對中國的安全威脅，證之荷蘭人、鄭經、日本人的歷史事例，也的確如此。

五、施琅的治台角色

康熙在1723年去世，從1683年至1721年，共38年間，滿族權貴和八旗軍隊未派至台灣島，進行實際統治，實際統治台灣島的權力就落入福建水師提督之手，畢竟當時的台灣島仍是較爲荒蕪的邊疆。施琅、張旺、吳英、施世驃先後出任福建水師提督，除張旺不是攻台將領，且僅任職2年外，其他都是施琅的班底。施琅及施世驃父子兩人共任職25年。陸軍提督由萬正色、吳英、藍理擔任，都是施琅轄下的攻台將領。這些攻台將領利用權勢侵占延平王國文武官員留下來的田產

土地，瞬間成為富甲一方的大地主。施琅趕走延平王的人馬，造成田產大舉荒廢，施琅只好急招福建農民入台，卻激起中國人移居台灣島開墾田園的熱潮。

清朝政府以「跑馬三日為其業地」獎勵施琅消滅延平王國的功勞，施琅本人也以「勳業地」為名佔有田產達7,500餘甲，範圍廣及55個村莊，稱為「施公田」，施琅因此成為台灣島的「大租戶」。佃農向施琅繳「施侯大租」，施琅還設立十個「施公租館」，專門管理收租事宜。台灣島、福建省的行政系統還幫「施公租館」處理運送租佃米穀及銀兩至北京繳付給施琅的事宜，可見清朝皇帝對施琅的禮遇及縱容，也證明施琅帶領的海軍力量對清朝政府穩定統治台灣島及東南海域的重要性。

1683年台灣島已開拓的稻田有7,534甲，甘蔗園有10,900甲，共18,434甲，包括其他種類的田地，田地總面積數在1683年鄭克塽末期有3.7萬甲，施琅就佔20.3%。除施琅外，其部將吳英也分得「勳業地」3,800甲，佔10.3%。荷蘭人的王田、鄭經的官田幾乎被施琅佔光了。1821年後，施琅的子孫賣掉4,500甲土地，到1895年剩下3,000甲土地，大都在台南將軍鄉，後被日本殖民政府沒收，轉分給日本殖民政府退職官員。

康熙對施琅的縱容，當然會引發不滿情緒。距離1683年10月5日鄭克塽投降剛滿一年，1684年10月19日即有延平王舊屬蔡機功不滿施琅等官員占有鄭克塽時期的公有地，於高雄岡山招集2,000餘人，準備起事抗清。知縣吳英、總兵楊文魁率清軍及平埔族民兵2,000餘人圍攻岡山，蔡機功兵敗被殺，史稱「蔡機功事件」，這是台灣島在中國清代的第一件武裝暴動，而且跟施琅有關。

另方面，清朝政府康雍乾三位皇帝時期，是中國移民入居台灣島最波瀾壯闊的時代。清朝政府駐台軍隊，就是施琅建議的「班兵制度」。1686年康熙皇帝下令「台灣駐防兵丁，三年之中陸續更換」，加上可自中國大陸調動而來的特種部隊，由滿漢兩族兵員組成的中國

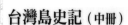

軍隊至少發揮三大作用：（1）、鎮壓原住民變亂，保護中國移民；
（2）、鎮壓中國移民的變亂，穩定島內秩序；（3）、鎮壓支持明朝
或延平王的勢力，穩定清朝政府在台灣島的統治權威。清朝皇帝的中
國政權、中國軍隊、中國移民，構成台灣島成為清代中國之島的政治
基礎。施琅在這個歷史過程中扮演了關鍵角色。

　　對清朝政府而言，支持明朝或延平王的勢力始終是個隱疾，1696
年嘉義諸羅山的墾首吳球竟然聽信朱佑龍自稱是朱元璋後裔，即招
兵買馬起事，推動「反清復明」。但消息走漏，吳球尚未起事即被處
決，朱佑龍逃入深山失蹤，史稱「吳球事件」。1701年台南白河墾首
劉卻聚眾起事，攻擊台南後壁、下營，但幫眾宛如土匪，四處劫掠，
很快被清朝政府軍剿滅，劉卻逃亡雲林北港，1703年再度起事，終於
被殺，史稱「劉卻事件」。從蔡機功、吳球、劉卻在短短7年內，都能
糾眾起事，可見鎮壓這類「民變」，對清朝政府順利治理台灣島有相
當程度的挑戰。因此鎮壓「反清復明」所需的軍事力量，始終是清朝
政府初期治理台灣島的主力，施琅的重要性就越發凸顯。

　　康熙皇帝同時也看出施琅反對開放福建及廣東對外直接貿易，是
想循著鄭成功以台灣島做為對日本貿易的轉運站的模式，企圖藉著獨
佔台灣島與中國大陸的貿易，進而壟斷對日貿易。康熙於1683年統一
台灣後，立即取消東南沿海的《遷界徙民令》，居民紛紛遷回沿海復
業。1684年5月27日設置台灣府作為福建省的一部分。5月29日先下令
開放浙江500石以下的船舶可以出海漁撈及貿易，更直接駁斥前一年11
月6日施琅反對開放的奏摺。施琅建議只開放特權商人及官方可以對外
貿易。康熙又下令在福建、廣東設立海關，全面開放。1684年航抵日
本長崎的中國商船只有24艘，1685年立刻增加為85艘，逼得日本幕府
採定額限制中國商船入港。

六、台灣道

　　1683年10月5日延平王國投降大清帝國，台灣島及澎湖群島於1684年5月27日被康熙皇帝下令作為福建省轄下的「台灣府」。另把廈門、澎湖、台灣島劃為同一個軍事警備區，稱「兵備道」，全稱是「福建分巡台灣廈門兵備道」，是由原來的「福建巡海道」改制而成，辦公處所位於廈門。「道」其實不是行政區域，而是「省」的派出單位。福建省轄下就有台灣廈門道、福寧道、延建邵道、興泉永道、汀漳龍道。「福建分巡」是福建省派出機關的意思。

　　「兵備道」的主管稱「道員」，「台灣廈門兵備道員」半年在廈門辦公，半年在台南辦公。「兵備道」轄有戰船4艘，兵員360名。康熙任命瀋陽人周昌為台灣廈門兵備道首任「道員」。「道員」位階高於「知府」，低於「巡撫」。「兵備道」除負責軍事警備外，也兼管科舉考試、內政經濟，是軍政合一「正四品」的文官職務，在福建省巡撫之下，是治理台灣島最高職階的官員。

　　「兵備道」設立時的首要任務是處理台灣海峽的海盜問題，可從廈門及台灣島兩邊扼守防衛。由於「兵備道」橫渡台灣海峽較其他官員方便，常兼許多職務，例如帶「按察使銜」兼辦司法，帶「布政使銜」兼管財政租稅，帶「學政使銜」兼理科舉、教育。

　　台灣廈門兵備道員共有17位，首任是周昌。第2任王效宗崇信佛法，把東寧政變發生地「北園別館」改建為開元寺，後因貪污去職。第3任高拱乾重修《台灣府志》，第4任常光裕被譽為「常青天」。第8任陳璸是能吏，康熙譽為：「陳璸居官甚優，操守極清。朕亦見有清官，如伊者朕實未見。既從古清官，亦未見有如伊者。」第10任王珍是貪官，引爆朱一貴事件，被處斬。第11任梁文煊隱匿朱一貴起事，還率先攜眷逃往澎湖，被處斬。第17任吳昌祚擒殺骨宗事件的邵族領

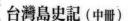

導人骨宗、拔思弄與水裡萬等人。

1727年廈門、台灣島的道銜分立，設立「福建分巡台灣道」於台南，但刪減「兵備」職權。仍由吳昌祚續任「福建分巡台灣道員」，共有25位道員。第6任倪象愷引發大甲西社事件，第9任尹士俍是能吏，著有《台灣志略》是台灣島的重要史料。第10任劉良璧處理分類械鬥著有功績。第15任方邦基是能吏。第18任德文是貪官，曾收受《紅樓夢》作者曹雪芹父親的賄款，被革職，曹家財產也被沒收。第19任楊景素推動平埔族漢化改姓。第21任余文儀鎮壓黃教事件。第23任奇寵格和陳璸並列台灣島兩大廉能官吏。

1767年又賦予「兵備權」，升格為「福建分巡台灣兵備道」，即清軍的台灣島警備司令，有兵員8,000多名。共有19任的「福建分巡台灣兵備道員」，有4位曾擔任過「福建分巡台灣道員」。第9任蔣元樞廉能有政績，被立祠紀念，該祠後來被改為台南開基三官廟。第12任蘇泰處理漳泉械鬥不力，被革職。第13任穆和蘭也因處理漳泉械鬥不力，被革職。第16任孫景燧於林爽文事件鎮守彰化而陣亡，第18任楊廷理是能吏。

1791年「福建分巡台灣兵備道」再被賦予「司法監察權」，升格為「按察使銜分巡台灣兵備道」，「按察使」是司法監察官，等於按察使兼兵備道，共有55位，有6位回任一次或二次。第13任糵奇瑜、第28任鄧傳安、第31任劉鴻翔、第33任熊一本、第37任仝卜年、第39任徐宗幹政績卓著。第35任姚瑩著有《台北道里記》。第42任孔昭慈是孔子第71代孫，戴潮春事件時鎮守彰化，兵敗於孔廟自殺。第43任洪毓琛鎮壓戴潮春事件，積勞成疾去世。第45任丁曰健斬殺戴潮春，鎮壓手段殘酷。第46任吳大廷發生羅發號事件，第52任夏獻綸發生牡丹社事件。第55任劉璈興建台北城，與劉銘傳不合，被貶謫至黑龍江而去世。這55位「按察使銜分巡台灣兵備道員」大多是廉能官員。

1885年台灣島脫離福建省，單獨建省，「台灣府」升格為「福建台灣省」，簡稱「台灣省」。「按察使銜分巡台灣兵備道」成為「福

建台灣省」巡撫的部下，民事行政權又被新設的「福建台灣布政使」
所取代，兵備道的職權名存實亡。台灣巡撫共有4位，劉銘傳、沈應
奎、邵友濂、唐景崧。

　　台灣道之外，另設軍事部隊的司令部稱「鎮台」，設「總兵」負
責防衛台灣島，下轄五個軍防區：台南府城、安平港、南路、北路、
澎湖。台灣總兵所轄兵員人數是清代中國各地總兵最多的，作爲邊疆
地區的移民社會，外有海盜問題，內有移民的分類械鬥，再加上與原
住民的衝突，福建省府都必須投入巨額財政資金，維持台灣島的龐大
駐軍，以穩定台灣島的社會及政治秩序。這可否定許多學者認爲清政
府「消極治理」台灣島的說法。

　　清代中國地方文官的位階，依序是：總督、巡撫、道員、知府、
同知、通判、知縣。總督是從一品或正二品，巡撫是正二品或從二
品，布政使是從二品，按察使是正三品，道員是正四品，知府是從四
品，同知是正五品，知州是從五品，通判是正六品，知縣是正七品。

鎮守福建台灣總兵官印

所以治理台灣島的官員位階依序如下：閩浙總督、福建巡撫、台灣道員、台灣知府、淡水同知、台東直隸知州、澎湖廳通判、鳳山知縣。「同知」即「同知府」，是個副職。

　　清代中國的武官位階是：提督是從一品、總兵是正二品、副將是從二品、參將是正三品、游擊是從三品、佐領是正四品、宣撫使是從四品、守備是正五品、千總是從五品或正六品、把總是正七品。台灣鎮總兵所轄兵員，高達一萬名兵力，是全中國各鎮統率兵員最多的總兵，受福建陸路提督或水路提督指揮，也受閩浙總督和福建巡撫的節制，也受台灣道員的制約。清代中國時期共派有115位台灣總兵，第一位台灣總兵是楊文魁。其他著名的總兵有歐陽凱、藍廷珍、陳倫　、王郡、呂瑞麟、何勉、馬大用、陳林每、甘國寶、柴大紀、武隆阿、陳化成、劉廷斌、達洪阿、劉明燈、張其光、章高元、吳光亮。陳林每是台灣台南人，又名「陳酉」，聲譽卓著，去世後被視爲「鎮海大元帥」，入祀爲台南四草大眾廟的主神。

七、台灣府

　　1684年清政府在福建省下設「台灣府」，任命瀋陽人蔣毓英爲首任知府。「府治」在台南，「知府」是常駐台灣島的最高地方行政官。「台灣府」下轄「台灣縣」、「諸羅縣」、「鳳山縣」，即「一府三縣」。縣的轄下設立「堡」，如「大加蚋堡」、「基隆堡」。隨著中國移民入台墾殖的人口數不斷增加，1723年「台灣縣」分出「彰化縣」，成爲「一府四縣」。「鳳山縣」指高雄、屏東地區，縣衙設在左營，現在的「鳳山」當時稱「下埤頭」。1685年台灣府首任知府蔣毓英編纂《台灣府志》，這是史上第一份台灣島的官方史料。

　　鳳山縣的縣治衙門設在左營，始自延平藩王國時代。延平王政權是海上起家的武裝集團，其政治重心都佈置在港口或海岸邊，如廈

門、金門、台南安平、赤崁、萬丹港。延平王國時期，萬丹港是台南安平之外，唯一有海防設施的據點，稱「興隆里」，就是高雄左營，萬丹港即今左營軍港。清政府沿襲延平王的舊制，把鳳山縣治設在左營，左營因此築有城牆，管治高雄、屏東地區。下淡水溪（高屏溪）地區的平埔族村社，才被稱「鳳山八社」。但是後來萬丹港淤積日益嚴重，港口功能不彰。左營又僻處海濱，市集功能衰退。代之興起的下埤頭，位於台南府城向南通往下淡水地區及屏東平原的必經要道上，介於北邊「阿猴林」山區和南邊「鳳山丘陵」之間，自然形成市集。清政府雖定左營為鳳山縣治，但縣官卻常駐下埤頭，處理公務，尤其處理民商糾紛時比較方便。林爽文事件後，清政府乾脆將鳳山縣治從左營遷往下埤頭，左營城牆也跟著荒蕪，下埤頭後來直接改稱「鳳山」。

1727年，增設「澎湖廳」，變成「一府四縣一廳」。1731年從「台灣縣」分出「淡水廳」，即「一府四縣二廳」。1787年林爽文事件後，將「諸羅縣」改名「嘉義縣」。1812年從「台灣縣」再分出「噶瑪蘭廳」，成為「一府四縣三廳」。

1875年福建省轄下的「台灣府」切割成兩個府，即「台北府」和「台灣府」。「台北府」下轄「宜蘭縣」、「淡水縣」、「新竹縣」、「基隆廳」。「台灣府」下轄「台灣縣」、「嘉義縣」、「鳳山縣」、「彰化縣」、「恆春縣」、「澎湖廳」、「卑南廳」、「埔裏社廳」，行政格局成為「二府八縣四廳」。

1885年台灣省成立，改設「三府十一縣一直隸州」。有「台北府」、「台灣府」、「台南府」。「台北府」仍下轄「宜蘭縣」、「淡水縣」、「新竹縣」、「基隆廳」。「台灣府」下轄「台灣縣」、「彰化縣」、「苗栗縣」、「雲林縣」、「埔裏社廳」。「台南府」下轄「嘉義縣」、「鳳山縣」、「恆春縣」、「安平縣」、「澎湖廳」。「直隸州」則是「台東直隸州」。從「台灣府」的沿革可以發現，「台灣府」管轄範圍從全台灣島，最後縮為中部地區。府

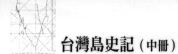

治也從台南轉至台中，「台灣省」、「台灣府」、「台灣縣」則同時存在。地方行政單位不斷增加，反映中國移民大舉入台，台灣島人口日趨稠密，荒野普遍變爲田園，亟需更多地方行政單位發揮治理功能的事實。

從府縣廳的數目不斷增加，表示行政人力必須隨人口增加而增加，清政府治理台灣島所需投入的資源也越來越多，台灣島在中國的地位逐漸從「移民邊疆」升級爲「國土要地」。1684年延平王國的相關官兵眷屬遣送回中國大陸後，台灣島的中國移民不足七萬人，至1811年已增加達194萬人。在這127年間中國移民人口增加28倍，每年增加1.5萬人。有學者說清朝有《渡台禁令》，顯然與人口增長事實不符。有人說清官貪污，縱容民間私運人口來台，平均每個月增加一千人，即使扣除生死人口，也是一個很大的移民搭船運輸量。如果是指清政府連個《渡台禁令》都形同廢紙，顯然與康熙時代的政府治理能力不符。實情是根本沒有《渡台禁令》，那是有些後人受日本人影響，爲了貶損清政府治理台灣島的政績，故意編造的學術謊言。

八、中國人的「大移民時代」

鄭經末期及鄭克塽時期，台灣島處於經濟衰退和通貨膨脹的窘境。到了康熙時代，並未快速復原。原本具有生產力的延平王國屯墾軍隊被遣送回中國大陸，勞動力及人口突然減少，農業生產跟著萎縮。鄭家父子空虛的財政，清朝政府又未立即補足，投資短缺造成墾殖工作嚴重停滯。

1684年清朝政府解除台灣海峽的海禁，允許大陸沿海商船、漁船到台灣島貿易捕魚，啓動中國移民大舉入台的浪潮。但1685年沈光文的長子沈紹宏呈請開墾嘉義鹿草荒地時說：「……緣北路鹿野荒埔，原係鄭時左武驤將軍舊荒營地一所，甚爲廣闊。茲無人請耕，伏祈天

台批准。」這是現存最早的一份「墾照」式的「稟文」，證實原有的營盤田已成荒埔。到了1688年台灣島開往日本長崎的商船記載：「尚有二船要來長崎，但因人口減少，種蔗無人，糖產大減，貨量減少，無貨可運。糖與鹿皮不及以前的十分之一。」顯見1683年至1688年，台灣島仍處於「戰後」復甦的蒼涼階段。

康熙統治台灣島後，取消台灣海峽的海禁，中國商品可直接運往日本、東南亞，不再需要以台灣島爲轉運中心。台灣島當時人口密度不足，無足可吸引海外訂單的特色產品可輸出，海外貿易功能急遽衰退。但台灣島的未墾荒地不少，吸引中國大陸沿海省份無土農民大舉移居台灣島，創造台灣海峽兩岸貿易和航海運輸的新功能。從此，台灣島成爲中國移民之島，發揮疏解中國大陸人口壓力的效果。鄭克塽時期，台灣島人口估計有15至20萬的中國移民。鄭克塽投降大清帝國後，延平藩王的官兵眷屬和支持者大舉遣返中國大陸，台灣島的中國移民人口降至10萬人以下，有些估計只剩6萬人。到1764年，清代中國統一台灣島80年後，中國移民人口達67萬人。這個人口增加數字證實都是從中國大陸移入的人口，否則單憑原有人口的生育速度，不可能有6至10倍的成長。

同時期，日本的白銀產量逐漸耗盡，無法出口白銀換生絲，轉而鎖國，台灣島與日本的貿易因此衰竭。歐洲所需中國生絲、茶葉，又不產於台灣島，不再需要與台灣島來往。南洋生產的米、糖，與台灣島品質類似，且更具價格競爭力，台灣島的米、糖只能出口去中國大陸，再換回中國大陸的手工業品和日用貨品。台灣海峽兩岸自然而然形成區域分工的貿易關係，商船航行於台灣島港口與中國大陸各港口，從東北到廣東，對渡航線非常頻繁。

兩岸自然形成的貿易關係，促成台灣島貿易「行郊」的產生。「行郊」類似貿易商的同業公會，同類的貿易商聚集成「行郊」，互助提供融資，互通商業訊息，且能有效率地安排船期和貨艙。最早台南有「三郊」：北郊、南郊、港郊。「北郊」出口蔗糖，進口浙江、

江蘇的絲綢、中藥。「南郊」出口糖及漁產品，進口福建的菸草、雜貨、磚瓦。「港郊」出口農產加工品，進口福建農產原料。這種貿易商模式隨著局勢發展，複製到雲林北港、彰化鹿港、淡水、台北艋舺，成爲台灣島的商業特色，也促成港口新市鎮的興起。

康熙政府有鑑於疏解福建人口壓力的必要，在消除明朝勢力在台灣島復甦的疑慮後，採行措施積極鼓勵人民組織民間「墾殖團」，大舉移民台灣島墾殖。這些墾殖團的首領名爲「墾首」，既是移民團的出資者，也是墾殖後的大地主，稱爲「大租戶」，再分租給墾殖團的「股東」，即「小租戶」。這些田地再招徠「佃農」耕作，稱爲「耕作人」。這種「墾首」、「小租戶」、「佃農」的三級連結制度，調動中國移民開墾台灣島的積極性。

這種墾首的「大租權」和小租戶的「小租權」後來在同一塊土地上，產生重疊的雙重所有權制度，發生「一田兩主」的法律問題，也產生了大地主的現象。因爲大租權的買賣轉讓不需經過小租戶同意，小租權的買賣轉讓也不需大租戶許可。「墾首」挾鉅資申請開發許可證照「墾照」，提供開發過程所需資本及完成後的繳稅保證金。但「墾首」並不親自開墾，而是招徠「小租戶」出資開墾荒地，建造水利渠道及灌溉系統。由「小租戶」取得「永佃權」，「永佃權」就成了「小租權」。「小租戶」繳交固定的實物租金給「墾首」，每年每甲地約6到8石，平均約爲每位農民的十分之一的稻獲量，每石約103.6公升。「墾首」並負責繳納田賦給政府，這套制度後來亦適用於中國移民向平埔族村社租地開墾，繳納所謂「番大租」。清政府支持平埔族以村社爲中心，向外延伸的領地，皆屬可以收取「番大租」的土地。藉由這個制度，清政府可以保護平埔族的利益，也順利處理平埔族和中國移民的爭端。

台灣島的開發由台南向南北兩個方向發展，當時台灣島瘴癘、霍亂、瘧疾盛行；洪水、土石流危害不斷；原住民「出草」殺害中國移民；這些問題在當時的條件下，都難以根治。清軍武力鎮壓原住

民「出草」，但「墾首」申請開發許可，提供開發資金，開鑿埤圳，仍常須自行組織民兵武力；「小租戶」購買農具、種子、耕牛；「佃農」實際出勞力耕作；共同創造了台灣島的大開墾時代。台灣島土地除原住民經荷蘭人認證的所有權外，後由大清帝國核發土地證件，處理土地權利問題。清政府在原住民土地權利的保護工作，著力甚多。墾民必須向原住民繳納「番大租」，取得耕作權；或經清政府許可開墾，開墾成功後，繳納稅捐即可由「墾首」取得土地所有權。

康熙統治台灣島39年間（1683年至1722年），台灣島的生活水平大幅提升。中國移民提升生活水平的客觀條件是建立在佔有原住民狩獵土地和擴大兩岸貿易的基礎上，而佔有原住民土地仰仗的是武裝屯墾集團和清軍的武力，擴大兩岸貿易則奠基在中國大陸流入台灣島的商業資本。當時《台灣府志》有如下的記載：「人無貴賤，必華美其衣冠，色取極艷者，靴襪恥以布，履用錦，稍敝即棄之，下而肩輿隸卒，褲皆紗帛。」

九、台灣島急速開拓

史上記載的康熙時期，中國人攜帶資金、技術、人力大舉移民台灣島，爭取墾照，開闢田地，興建水利，銷售農產，防範海盜，阻止獵首，轟轟烈烈地開拓新天地，宛如史詩般的情節，比起美洲開拓史不遑多讓。尤其中國福建和廣東常是男女老少舉村移民台灣島，形成許多福建和廣東複製版的同姓村落和同鄉聚落。其中具代表性的事例是1709年農曆7月21日台灣府鳳山縣兼諸羅縣知縣宋文清發給「陳賴章」的〈上淡水社大佳臘地方大墾單〉：「為墾給單示，以便墾荒裕課事。據陳賴章稟稱：竊照台灣荒地，現奉憲行勸墾章。查上淡水大佳臘地方，有荒埔一所。……據此，合給單示付墾。為此，示仰給墾戶陳賴章即便招佃前往上淡水大佳臘地方，照四至內開荒墾耕，報

課陞科，不許社棍、閑雜人等騷擾混爭。」這些台灣島的開拓史實很多，比較重要的有：

年代	開拓史實
1684年	「墾首」林日壽開墾嘉義「台斗坑」（嘉義市社內里）。 「墾首」施文標開墾屏東崁頂、潮州、萬巒、竹田，其後續移民大批開墾阿猴（屏東市）、九塊厝（九如）、鹽埔、里港、內溏、火燒莊（長治）、新園、東港、南洲、林邊、佳冬、新埤、枋寮、枋山、車城、恆春。
1685年	「墾首」沈光文的長子沈紹宏開墾雲林褒忠、嘉義鹿草。 「墾首」黃放開墾嘉義六腳。 「墾首」薛珍允開墾嘉義大林（大莆林）、民雄（打貓社）。 「墾首」陳瑜開墾台北鶯歌。
1686年	廣東客家移民組織墾殖團首度大舉入墾屏東地區，證明移民台灣島的熱潮，已不限於福建的閩南人，也證明清朝政府並無對廣東客家人移民台灣島採行禁止或限制政策。 客家移民由林、陳、鍾等七姓「墾首」帶領下，先開墾濫濫莊（屏東萬丹四維村），接著萬巒頭溝水、二溝水、三溝水、四溝水、五溝水等十三莊，新埤、佳冬、竹田、內溏、麟洛、長治、里港、車城、滿州。 最後組成「客家六堆」的民兵武力，包括前堆（麟洛、長治）、後堆（內埔）、中堆（竹田）、左堆（新埤、佳冬）、右堆（高樹、美濃、杉林、六龜、旗山）、先鋒堆（萬巒）。
1689年	「墾首」林格、廖乞開墾南投林圯埔（竹山）。
1690年	「墾首」沈紹宏開墾雲林斗南。 「墾首」吳、陳、劉合作開墾雲林斗南、古坑。 雲林原名「雲林坪」，位於南投竹山，最早的縣衙地點，但後來棄置，改搬去斗六。
1691年	「墾首」李恆升開墾雲林水林海埔寮。
1692年	「墾首」施秉開墾台南至高雄3千多甲地，1701年轉赴彰化開墾。 施秉1709去世後，家業由兒子施世榜接手，開墾半線社（彰化）5千多甲土地。 1709年施世榜開鑿「八堡圳」。
1693年	陳文、林侃的商船飄流至台東海岸，是首位抵達台灣島花東地區的中國移民。 陳文等人留居花東數年，略通番語，熟悉港道，開啟墾殖東部的契機。

年代	開拓史實
1696年	大雞籠「通事」賴科奉令招撫花蓮「崇爻八社」Tsongau，從西部，晝伏夜行，越過中央山脈，到達台灣島東部。
	「崇爻」、「奇萊」都是花蓮的舊名，花蓮原有九個原住民村社，「水輦社」（水璉）因瘟疫滅亡，剩餘八社是「荳椰椰」（Sakizaya 撒奇萊雅）、「斗難」（荳蘭）、「竹腳宣」（七腳川、知卡宣、花蓮吉安）、「薄薄」、「芝武蘭」（秀姑蘭、秀姑巒）、「機密」（奇美）、「貓丹」（馬太鞍）、「丹郎」（太巴塱）。
1698年	「墾首」邱永鎬集資購買阿猴社（屏東）頭目的土地，從廣東帶來妻子及邱、張、羅、黃、廖等五姓族人，開墾700多甲土地。
	1705年邱永鎬開鑿「隘寮圳」，又稱「邱永鎬圳」。這是廣東客家人開墾台灣島並未受到禁止或限制的證據。
	郁永河抵台採購硫磺，將見聞寫成《裨海紀遊》，增加中國大陸百姓對台灣島風土人情的了解，更提昇了中國移民入台開墾的吸引力。
1703年	「墾首」鄭維謙開墾台北盆地，並未申請墾照，墾民很少，最終失敗。
1708年	「墾首」詹陞拓墾嘉義梅山、民雄。
	朱姓「墾首」開墾嘉義竹崎（麻產莊）。
1709年	福建泉州人的「墾首」陳逢春、賴永和、陳天章等人合夥「陳賴章」號，移民「大佳臘社荒埔」Touckunan墾殖，即台北艋舺。先向原住民承租土地，開墾範圍在淡水河兩岸，東至大浪泵溝（基隆河）流域，西至興直山（觀音山）下，北至干豆門（關渡），南至秀朗社（台北永和、中和）。到1735年已形成大佳臘的中國移民村落。
	陳天章等人還請准了「淡水港南荒埔」及「蔴少翁社東勢荒埔」（Kimassauw, 台北士林），幾乎掌握整個台北盆地的開墾權。
	「墾首」施世榜設立「施長齡」號，開墾南投，開鑿「八堡圳」。
	「墾首」戴岐伯設立「戴天樞」號，開墾台北士林東部，西部是古台北湖。「士林」本名是「八芝連林」，後改名「八芝蘭」。
1710年	台灣廈門道道員陳璸率軍追捕海盜，抵達淡水，1711年派兵駐守淡水、竹塹、南崁，中國移民開墾北台灣更加安全。
	1718年正式設清軍淡水營。
	台灣副將張國設立的墾號「張鎮莊」。
	1719年張國的墾民與原住民（生番）衝突，遭獵首9人，閩浙總督覺羅滿保下令廢莊，遣散墾民，廢除「陞科」。
	所謂「陞科」是指「當土地核准開墾，有收成可立案繳稅，並取得清政府核定土地權利的資格」。

年代	開拓史實
1711年	王世傑原是延平王的士兵，流亡至竹塹地區的「暗街仔」（新竹市東前街），當「墾首」開墾土地，達數百甲，聚集中國移民把墾地擴至海濱，達幾千甲。 到了雍正年間，墾殖團合股建造新竹「隆恩圳」於1718年完成，把竹塹地區近2000餘甲荒地改善為水田。 「墾首」張徽揚開墾苗栗竹南。
1713年	「墾首」賴科、王謨、鄭珍、朱崑侯合夥「陳和議」號，開墾台北北投、海山莊（樹林、三峽、鶯歌）、霄裡社（桃園八德大湳里）、桃園蘆竹坑仔口，並在北投關渡興建媽祖廟。 賴科家族也成為北投大家族。
1714年	「墾首」林克明攜妻小渡海來台開墾，在雲林斗六、林內開墾1000多甲田地，至今斗六湖山巖還供奉林克明的牌位。
1715年	「墾首」鄭萃徘開墾雲林林內、南投水沙連（集集、水里、魚池）。
1716年	平埔族原住民「岸裡大社」的頭目（土官）「阿穆」當「墾首」，開墾台中貓霧捒社（Babusaga）附近土地。 「阿穆」的女婿張達京是中國移民，設立「張振萬」號，招攬廣東客家人開墾台中地區，並開鑿貓霧捒圳。
1718年	「墾首」王世傑開鑿水圳，可灌溉400甲地，稱「四百甲圳」。 其後代負債，無力清償，將「四百甲圳」抵押給清軍，改稱「隆恩圳」。
1719年	「墾首」鄭乞食、林彩開墾南投竹山。 「墾首」蔡麟來台跟隨林克明，轉而跟隨鄭萃徘，後自立門戶開墾雲林林內九芎林。
1720年	「墾首」翁應瑞來台開墾，先當林克明、鄭萃徘、蔡麟的小租戶，後自立為「墾首」，開墾嘉義葉仔林。

十、耕地與人口

　　教士雷孝思（Jean Baptiste Regis, 1663-1738）、馮秉正（Moyriac de Mailla, 1669-1748）、德瑪諾（Romanus Hinderer, 1668-1744）等三人於1714年4月18日到達台灣島測繪33日，5月20日完成《皇輿全覽圖》的台灣島部份，清朝政府對台灣島的地理狀況有更清楚的掌握，但該台灣島地圖只有北部和西半部。

　　1717年《諸羅縣志》記載：「阿里山離縣治十里許，山廣深峻，番剽悍，諸山、哆咯嘓諸番皆畏之，遇輒引避，崇爻社餉附阿里山。然地最遠，蛤仔難以南，越有猴猴社，云一二日至。其地生番多，漢人不敢入。各社於夏秋之時划蟒甲，載土產如鹿脯、通草、水藤之類，順流一近社旁，互市漢人。」可見康熙年間，中國移民經由墾殖，已掌控平原地區，並可與高山族原住民直接交易，從事商販或蕃產買賣。康熙末年，也有軍官鄭維嵩追捕朱一貴餘黨，到達台東卑南，引發中國移民進入台東的記載。

　　康熙時代中國移民的開墾風潮，已相當興盛，台灣島西部平原和丘陵幾乎是遍地中國移民，所謂清朝禁絕移民台灣島的說法，顯然與事實不符。到了1710年康熙統治台灣島第27年時，台灣島的農田已達60,220甲，比鄭克塽時期的36,898甲多1.6倍。1735年雍正時期農田達106,046甲，是鄭克塽時期的2.87倍。但到1744年乾隆年間，農田只有106,368甲，成長減緩。1895年清朝政府結束統治台灣島時，開墾完成的田地已達45萬甲以上，比1683年鄭克塽末期的3.7萬甲，多出11倍。從田地面積增加的幅度可以確證清代中國時期，中國人大批移民台灣島的幅度，是台灣島史上最盛大的移民時代。

　　「甲」是台灣島習慣的土地面積量度單位，每甲等於0.9699公頃，或約2934坪，荷蘭時代稱爲Morgen，但Morgen原意是Morning（早晨），指一個農夫在一個早上用一頭耕牛可以耕作完成的農地面積，荷蘭、德國、美國都曾用Morgen作爲面積單位，各地的Morgen大小卻不一樣。中國移民的面積單位「甲」一語源出於荷蘭人的面積用語Kop或Akker，但荷蘭人的Kop只有0.55坪，Akker（閩南語「阿甲」）則是「田園」之意。荷蘭人殖民台灣島時，用Kop量度稻穀或甘蔗收穫時的實物租稅。耕作多大面積的田地，其中多少Kop面積的產量要全部用於繳納租稅。中國移民就習慣性地轉用於描述全部的耕地面積，以約每五千Kop面積沿用爲一個大的Kop，稱「阿甲」（Akker），作爲整個田地面積的丈量單位，用閩南語音譯爲「甲」。

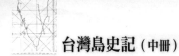

亦即約每五千個「Kop」面積就是一「甲」（Akker），約2,750坪。因
爲一甲的面積接近荷蘭人使用的單位面積一「摩根」（Morgan），荷
蘭人爲與中國移民溝通，就直接沿用這個用語習慣，並制訂「甲」的
面積大小等於一「摩根」，每一甲約等於5,335Kop，也等於2,934坪，
「坪」是日本殖民時代引進台灣島的面積單位。中國移民到了清代中
國時期，又把每「五甲」定爲一個「張犁」，作爲土地開墾面積的計
算單位。目前台灣島還留有半張犁、三張犁、六張犁等的地名，就是
源自新闢開墾土地的申請及出租時的面積用語。

　　與可耕農地面積同步成長的中國移民人口也相對成長，1662年荷
蘭人結束殖民統治時，台灣島上的中國移民人口有25,000戶，約10萬
人。1683年鄭克塽結束統治時，中國移民人口有4萬多戶，約20萬人。
1795年乾隆年間則成長至約130萬人，1811年嘉慶時代則有241,217
戶，約2百萬人。到1893年光緒年間，已達507,505戶，約 2,545,731
人，比鄭克塽時的20萬人多12倍。但原住民人口裡，平埔族仍只有4萬
多人，比荷蘭殖民統治開始時的6萬人口少，比統治結束時的3萬餘人
多。高山族只有11萬人，與荷蘭殖民時期相較，增加不多。此時台灣
島雖受清朝滿族皇帝統治，但已成中國人大舉移民之島，這一點受康
熙政府鼓勵移民台灣島的政策影響很大，台灣島在清代中國時期的確
是「中國人大移民時代」。許多人認爲清政府沒有積極治理台灣島，
從移民人口數字、耕地面積，和投入的官兵人數，這些批評清政府的
說法並不正確。

十一、清政府移民台灣島政策

　　有人說清政府統一台灣島後，康熙1683年頒布《台灣編查流寓
六部處分則例》及《渡台三禁令》等限制移民政策。又說這份《台灣
編查流寓六部處分則例》嚴格規定台灣島居民，無妻室產業者，應先

返原籍地，交付管束；有妻室產業者，願留台灣島續居者，報知原籍地，經台廈兵備道稽查，報總督、巡撫存查；犯罪者不論有無家眷產業，押回原籍地治罪，禁止再越渡台灣島。但這像是清政府管理台灣島「羅漢腳」、「流民浪人」的政策，不是禁止移民台灣島的法令，反而是積極整飭台灣治安的證據。但這個「則例」是引用自伊能嘉矩的說法，清代法令卻查無此事。在許多台灣史著作裡，子虛烏有的《台灣編查流寓六部處分則例》和《渡台三禁令》被當作清政府「防台治台」或「消極治台」的「證據」。這些毫無根據的「史學傳說」式的「渡台三限制」，無非想捏造虛假資料，用以證實清政府阻止漢族移居台灣島，不讓台灣島充分開發。漢族卻不顧禁令，積極偷渡，逃出中國大陸，開闢台灣島，這構成中國與台灣島「政治斷鍊」的證據。然而這些「史學傳說」的假證據，反而全是某些台灣史學者無視史實，捏造史料，自甘墮落的證物。

「流寓」指流落他鄉居住的人、無戶籍的外地人口或居住在異地省縣的人口，近似「流動人口」。「隔省流寓」指搬遷到不同省份的戶口。清代初期，台灣島隸屬福建省的台灣府，福建省民移居台灣不算「流寓」，廣東省人居留台灣島，就是「隔省流寓」，比較不易在台灣島申請戶籍，登記土地，取得墾照。管理「流寓」跟「良民」本來就是不同的範疇，但仍然不是限制移民台灣島的政策。

這個《台灣編查流寓六部處分則例》的說法出現在1925年伊能嘉矩去世後，在1928年出版的日文版《台灣文化志》第十一篇〈交通沿革〉第二章〈台灣渡航之弛張〉。伊能嘉矩說：「對既住之民施以嚴厲之監視，同時禁止有妨礙治安之虞、獨身無業之遊民滯留，為使其還原籍，命強制渡海，且對於新欲渡來者加以一定之限制，發布台灣編查流寓之例曰：台灣流寓之民，凡無妻室者、無產業者，應逐回過水，交原籍管束。其有妻室、產業，情願在台居住者，該府、縣即移知原籍，申報台廈兵備道稽察，仍報明督、撫存案。」

伊能嘉矩又說：「而同時附帶之有關渡台之限制定三禁如左：

一、欲渡航赴台者，先給原籍地方之照單，經分巡台廈兵備道之稽查，依台灣海防同知之審驗許之，潛渡者處以嚴罰。二、渡航台灣者，不准攜伴家眷，既渡航者不得招致之。三、粵地屢為海盜淵藪，以其積習未脫，禁其民之渡台。」

伊能嘉矩的說法在40年後，被1964年莊金德的《清初嚴禁沿海人民偷渡來台始末》引用，1972年莊金德增修《台灣省通志·人民志·人口篇》時，接著援用。1977年台灣省文獻會的《台灣史》、1982年陳碧笙的《台灣地方史》、1997年葛劍雄、曹樹基的《中國移民史》等書，面對伊能嘉矩的說法，未充分思索考證，直接以訛傳訛，實在不妥。而據此做出的相關推論當然也因查證不足，顯得毫無意義。

遍查當時清政府的《清實錄》、《欽定大清會典事例》、《欽定吏部處分則例》、施琅撰寫的《靖海紀事》，卻都查無《台灣編查流寓六部處分則例》等法條，也無「渡台三禁令」的記載。在《欽定吏部處分則例》的卷20〈戶口〉項下才有〈台灣編查流寓〉，但也跟「禁止入台」無關，有人還煞有其事說是出自「卷20戶口篇」。反而〈台灣流寓之民〉的規定最早出現在1730年雍正皇帝的批文，講的是「流寓」問題，不是移民問題，也沒有「處分」的規定。1712年康熙皇帝曾批：「如有良民情願入台籍居住者，令台灣府、縣查明，出具印文，移付內地府、縣知照，該縣申報該道稽查，仍令抱報明該督、撫存案。」但這跟「流寓」無關，反而是可以移民入台的證據，而且要在台灣島登入戶籍的條件也很寬鬆。康熙所謂的「良民」原則上要求跟鄭成功無關係的人，康熙治台初期已把鄭成功家族有關的人馬全部解編遣返中國大陸，此措施使台灣島的中國漢族人口遽減，只剩三成。

清政府治台68年後，1751年乾隆皇帝批示：「凡台灣流寓之人，如有過犯罪止杖苔以下」，也是「流寓」的犯罪問題，跟移居入台的事宜無關。1800年嘉慶皇帝批准：「台灣流寓有妻室產業良民情願入台籍居住者」，是放寬「流寓」入籍台灣島的規定，也跟限制移民

無關。但都查無1683年康熙皇帝所頒佈《台灣編查流寓六部處分則例》，何況1683年的康熙研究「台灣棄留」都未定案，是不可能頒布這種《處分則例》。因此可以確定伊能嘉矩的說法不是引自正式文獻，而是摘錄自不甚嚴謹的隨性筆記，例如輾轉摘自1722年即已擔任巡視台灣監察御史的黃叔璥所撰《台海使槎錄》卷四〈朱逆附略〉裡引自1728年才擔任巡視台灣監察御史的夏之芳的《理台末議》的片段，或摘自藍鼎元（1680-1733）的《鹿洲初集》的文字，夏之芳的《理台末議》則從未刊行。《台海使槎錄》的出版時間應該晚於1728年。

　　伊能嘉矩1991年中譯本提到清政府「發佈台灣編查流寓之例」，沒說是1683年，也沒說是康熙皇帝頒布的，更沒說有《則例》這種法令，而只是泛指「仍然持續爲治台之方針，對既住之民施以嚴厲之監視，同時禁止有妨礙治安之虞、獨身無業之遊民滯留，爲使其還原籍，命強制渡海，且對於新欲渡來者加以一定之限制，發佈台灣編查流寓之例。」這是改善台灣島治安的法令的「之例」，並非不准移民的限制政策的「則例」。當時台灣島是福建省轄下的台灣府，福建人移居台灣島，是省內移居，不算是「外省流寓」，所以福建省籍的人口移居台灣島，不是問題，且相對容易。其他省籍人口，只要辦妥入台手續，也不是「流寓」。至於偷渡來台的「羅漢腳」當然是「流寓」，但「羅漢腳」只要沒有作奸犯科，也不會被遣送回中國大陸。

　　《大清會典》是有《台灣編查流寓事例》，內容是把清政府歷代台灣島治安法令案例編纂整合，也跟移民入台的限制無關，伊能嘉矩解讀爲《台灣編查流寓之例》，莊金德等再轉譯成《台灣編查流寓六部處分則例》，進而下結論說這是清政府禁止人民到台灣島的證據，說法草率，悖離事實。再者，1684年康熙解除中國大陸沿海及台灣島的海禁，又准設一府三縣，置「巡道」官，完全沒有理由禁止中國移民入台。這更證明清政府禁止移民台灣島的說法與歷史事實不符，而且是喧染附和日本人，意圖貶抑清政府治台政績的手法。

　　伊能嘉矩說清政府附帶實施的《渡海三禁令》也大有問題，第一條只說渡台要有「照單」（許可證），第二條說不得攜眷，第三條則說不准廣東客家人渡台。如果真有這三道禁令，也只有「禁止粵民渡台」，沒有禁止福建民眾渡台，而且禁令的真實性有疑義，因為1699年後屏東就出現大量廣東客家籍移民，形成客籍村莊聚落。1721年杜君英、朱一貴事件發生時，客家移民人口眾多，屏東客家民兵已成重要勢力。要硬說康熙時期，清政府禁止廣東客籍人士移民台灣島，是完全悖離事實的說法。1728年擔任巡台御史的夏之芳著有《理台末議》，書中說：「終將軍施琅之世，嚴禁粵中惠、潮之民，不許渡台。蓋惡惠、潮之地素為海盜淵藪，而積習未忘也。琅歿，漸弛其禁，惠、潮之民乃得越渡。」夏之芳認為1696年施琅去世後，廣東客家人才能移民台灣島，這個說法以1721年杜君英起兵的狀況，短短25年客家人在屏東、高雄、台南、嘉義、雲林分佈既廣且人口眾多，實在說不通，何況沒有任何文件能證實夏之芳的說法，而且施琅要禁止廣東客家人渡台豈可沒有皇帝的許可。

　　伊能嘉矩在《台灣文化志》第十四篇〈拓殖沿革〉第一章〈限制拓殖之時期〉說：「康熙二十五、六年間開始，廣東嘉應州之鎮平、平遠、興寧、長樂等縣民，渡海來台灣，企劃於府治附近從事拓殖時，發覺已歸閩人占有而無餘土，僅得於東門外墾殖菜園，正求活路時，於下淡水溪東岸流域發見未拓草地，乃相率移往，協力從事開墾，田園漸次擴大，而生齒亦日繁。本籍民聞之，接踵移來者倍增。」換言之，1686年及1687年已有廣東客家人在台南東門外種菜，並轉赴高屏溪東岸開墾，剛好否定清政府有「禁止粵民渡台」的法令。

　　1684年（康熙23年），《清聖祖實錄》卷115五月癸未條記載：康熙告誡台灣總兵官楊文魁說：「台灣遠在海隅，新經底定。……爾蒞任，務期撫輯有方。……總在兵民兩便，使海外晏安，以稱朕意。至於海洋為利藪，海舶商販必多，爾須嚴飭，不得因以為利，致生事

端，有負委託。」卷116十月丁巳條記載，康熙令：「台灣、澎湖設立官兵駐劄。……先定海禁處分之例，應盡行停止。若有違禁，將硝黃軍器等物私載在船出洋貿易者，仍照律處分。」這些都證明康熙不但沒有限制渡台，還解除海禁。

有些學者說《渡海三禁令》是康熙依施琅建議頒布的，但遍查康熙時期，並無《渡海三禁令》的文件，也未見施琅有相關奏章。有人說出處是施琅1685年3月13日《海疆底定疏》。但施琅說：「我皇上深念海宇既靖，生靈塗炭多年，故大開四省海禁，特設關差定稅，聽商民貿捕。」又說：江浙閩粵「四省開海，船隻出入無禁。」也就是說人民出海毫無限制，剛好證明1684年不存在禁止人民赴台的政策。施琅主張：「更以台灣、澎湖新闢，遠隔汪洋，設有藏機叵測，生心突犯，雖有鎮營官兵汛守，間或阻截往來，聲息難通，為患抑又不可言矣！至時必有以禁止貿捕之議復行。」施琅也只是提議「禁止貿捕」，並非限制渡台，何況未被康熙採行。

1702年（康熙41年）台灣縣知縣陳璸（1656-1718）《條陳台灣縣事宜》第一條：「台灣縣為台郡附郭首邑，開復以來，戶口之蕃衍，商旅之輻輳，財貨之流通，與夫人文之日新月盛，居然海外一都會也。」可見沒有渡海限制。第十二條：「宜逐遊手之徒，以靖地方也。大抵有益於地方之人不可不招之使來，有害於地方之人不可不逐之使去。士農工賈，各專一業，此有益於地方之人也。游手好閒，不事生產，此有害於地方之人也。臺灣自開復以來，由內地遷徙而居於此，為士、為農、為工賈者，雲集影附，無待議招矣。其間有急當議逐者，奸宄之徒，潛蹤匿影於其中，每每不乏也。逐之法有二，有已至而逐之法，有未至而逐之法。已至而逐，不過於清保甲內，查有本保本甲鄰佑人等不肯互相保結者，即系匪類，當即逐押過水，不得容留片刻，以致潛匿別保別社。其未至而逐，則在憲牌申飭廈門、金門、銅山把口各官，於商船載客渡海，不得因有貨物，便輕填上報單，須把口官逐名驗有本地方官照票或關部照牌，方許渡載。至臺灣

把口官悉照原報單內逐名驗明，方許登岸，仍著本人帶照單、照牌赴臺灣所屬該縣印官驗明記簿，以便安插查考。日後有非爲作夕，即查照原簿逐回本籍收管。如此不但本人有所顧忌而不敢輕爲非法，並一切逃僕、逃廝與內地無籍奸棍，假客渡海之計，亦無處躲閃矣。又某商船載多至數十人，某商船載少亦十數人。其人僉報作客生理，查其隨帶貨物，每不出數兩至十餘兩不等。天下有僅值十數兩貨物，肯冒風波之險渡海作客者乎？其爲有托而逃可知也。再查商船載客，利其每人有二、三兩腳費耳。更有一種匪類，欲潛入臺地，並無貨物，只多出腳銀至五六兩、六七兩不等，商船便爲包載。甚至原經被逐過水之人，改名易姓，竄附商船復來，而商船利其金多，概爲包頂本船水手名字，致把口官無從稽查。久已習成錮弊，牢不可破。計惟申飭把口官嚴爲稽察，密爲偵探，有前項包頂情弊，察出一人，則將商實重典，船沒入官。如把口官書役扶同作弊，隱容匪類，於本地方內發覺之日，許地方官跟究出原初渡海商船，從重究處。蓋亡命之徒，嘯聚一處，未有不爲患者。」可見照票或照牌等管理制度係針對「遊手之徒」的治安管理，並非某些人士扭曲的「渡台限制」。

有人說1718年（康熙57年）曾禁止渡台，經查《清聖祖實錄》卷277二月甲申條記載，並無此事。當時康熙皇帝議覆福建浙江總督覺羅滿保（1673-1725）說：「海洋大弊，全在船隻之混淆。米糧之接濟，商販行私偷越，奸民貪利竊留。海洋出入，商漁雜遝。應將客商責之保家，商船水手責之船戶貨主。漁船水手責之澳甲同儔。各取保結，限定人數，出入盤查，並嚴禁漁船，不許裝載貨物，接渡人口。至於台灣、廈門、各省本省往來之船，雖新例各用兵船護送，其貪時之迅速者，俱從各處直走外洋，不由廈門出入。應飭行本省，並咨明各省，凡往台灣之船，必令到廈門盤驗，一體護送，由澎而台。其從台灣回者，亦令盤驗護送，由澎到廈。凡往來台灣之人，必令地方官給照，方許渡載。單身遊民無照者，不許偷渡。如有犯者，官兵民人分別嚴加治罪，船隻入官。如有哨船私載者，將該管官一體參奏處分。

應如所請，從之。」這段實錄清楚證明：一、沒有渡台限制；二、為禁止一體兩面的走私和偷渡，依證照渡載往返；三、嚴禁無照單身遊民偷渡，有照單身遊民仍可入台；四、客商船隻由兵船護送，應是防制海盜之用；五、往來台灣的船隻航線，以廈門、澎湖、台灣為唯一途徑。

至於清政府禁止偷渡，舉世皆然。禁止攜眷赴台，是零碎形成，也是零碎開放的。藍鼎元1732年《粵中風聞台灣事論》說，廣東客籍移民在台「種地傭工」不下數十萬人，皆無妻女家眷在台，年終賣穀換錢，回廣東養家。顯然不是無家眷，是家眷不在台。廣東客籍男性移民在1732年已累計「數十萬人」，也剛好證明「禁止粵民渡台」的禁令不存在。福建閩籍的漳泉移民估計更有數倍之多，更不會有《渡台禁令》。1722年「鳳山縣」首次出現大規模的閩客械鬥，再度證實閩南籍移民和客家籍移民的人數已達可以進行大規模分類械鬥的程度。這種人口數字，可輕易推翻清代有禁止移民台灣島的說法。再從1686年施世榜闢建「八堡圳」的工程人力，1709年「陳賴章」墾號的台北墾殖團的規模，1711年客家人張達京（1690-1773）已率客籍移民在台中開墾，1716年台中平原幾全被中國閩客移民開墾完畢，1721年朱一貴事件的交戰雙方的戰爭兵力，都無法支持清政府有禁止中國移民入台的論點。

1760年乾隆皇帝曾准許台灣島民接家眷渡台，准許良民攜眷赴台，但僅施行一年，且是家眷問題，不是移民入台問題。1788年林爽文事件後，乾隆皇帝徹底開放中國移民，可無限制攜眷渡台，台灣島本省人的祖先大多數是趁這波開放政策後攜眷移民台灣島。1874年牡丹社事件，經福建巡撫沈葆楨建議，才獲准廢止渡台所有限制性的法令，也不必再有「流寓」身份的爭論。

施琅《海疆底定疏》也僅提及要嚴格管制「飄洋貿易」，消弭「海外藏奸」，也無1685年《渡海三禁令》的內容。換言之，所謂《渡海三禁令》並非限制移民的政策，只是許可移民的條件，這些條

件也是歷代零星地形成，又零星地解除，面對公然走私偷渡，發達的民間船運，許可條件的實施效果也實屬有限。再說施琅自己在台灣島當大地主，大舉招徠福建移民墾殖，坐收佃租，更難禁渡。硬把《渡海三禁令》歸諸施琅，尚無實據。伊能嘉矩《台灣文化志》是附帶說歷代清政府限制中國移民入台有三種《禁令》的存在，並未指明出處。清代政府在朱一貴事件後才有禁止部分官員攜眷，禁止偷渡，管理海貿，管理入台，但無禁止移民台灣島的政策。而觀察清代中國移民在台灣島增加的速度，以及准許「墾首」招募小租戶、佃農的數量，顯見這些僅餘的「許可條件」根本相當寬鬆。從這些證據可以確認，清代中國對中國移民進入台灣島是採許可制，而非禁絕制。若真有《渡台三禁令》，而滿島「非法移民」，更不能強作解釋為清代治理鬆弛，大部分台灣島的歷史書在這一點都犯下錯誤。從上述推論可以確定的說既沒有《台灣編查流寓六部處分則例》，也沒有《渡台三禁令》。

十二、翻來覆去的移民眷屬政策

對清代中國來說，治理台灣島存在著四大問題：

第一，台灣島畢竟是清代中國的邊疆，具有邊疆的動亂因子。中國大陸的冒險家、難民、羅漢腳、邊緣人、犯罪份子都會企圖進入台灣島尋求新機會，這些龍蛇雜處的移民難保不會是漢族發動「反清復明」的新成員。

第二，台灣島待開墾的原野，是中國農民夢想快速擁有土地的新天地，強烈吸引偷渡入台的人潮。從荷蘭人殖民台灣島時期，就很難杜絕，何況航海技術更發達的康熙後期。問題是中國移民勢必侵奪本為原住民獵鹿場的土地，爆發所謂「漢番衝突」，甚至更大的動亂，清政府動用軍隊渡海鎮壓，勢必耗掉大清帝國更多財政資源。

　　第三，中國移民來自福建、廣東，本就是分類械鬥頻仍的原鄉，在中國大陸有較成熟的政治社會機制，可控制分類械鬥，都還顯得困難重重。在台灣島缺乏根深柢固的政治社會控制機制，分類械鬥更加不可收拾，甚至引發更大動亂，墊高清政府的治理成本。

　　第四，台灣島附近海域，海盜匪寇仍不時流竄，影響台灣島上中國移民及中國東南沿海居民的生命財產，海盜和不良移民常系出同源，竄入不易追捕的台灣島，海陸治安幾乎是一體兩面的挑戰。清代中國要消耗更多財力，治理一個新移民社會的台灣島，著實不易。

　　清政府統治台灣島初期，嘗試採用許可制的移民入台政策，許可制卻堵不住偷渡人潮，反而給予官吏貪汙的機會，更管不住中國移民侵奪平埔族土地的紛擾。另一方面，由於中國大陸人口增長，土地分配份額縮小，遇有災難，飢民餓殍連野，台灣島土地可以養活福建、廣東饑民，又逼得清政府必須放寬移民政策。清政府只好不斷翻來覆去，時鬆時緊地變更移民台灣島的政策，最後全面放寬，使台灣島變成中國福建、廣東移民的新家園。

　　就以移民是否可以「攜眷入台」為例，就有1684年至1732年是禁止期，1732年至1740年是開放期，1740年至1746年是禁止期，1746年至1748年是開放期，1748年至1760年是禁止期，1760年至1761年是開放期，1761年至1788年是禁止期，1788年後全面開放。清政府原認為控制來台移民的眷屬，就可以規範移民的行為，然實屬不近情理。同時清政府以為限制台南與廈門的對航港口，就可以抑制移民入台，更是不易執行。

　　但即便是禁止期也禁不了攜眷偷渡，台灣島的海岸特性和偷渡船的技術進步，再加上官員的貪污、大墾戶的人力需求，構成台灣島龐大的偷渡人口的輸送鏈。攜眷入台的限制政策是很好的檢驗標準，能攜眷入台的中國移民顯示有著長期定居台灣島的打算，有家眷的移民更能穩定移民社會，卻更會擴張墾地，擠壓平埔族和高山族原住民的生活空間，引發不同型態的族群衝突。在這個矛盾點，清政府常陷入

兩難。1704年清政府乾脆介入開墾事宜，命令中國移民與平埔族私定的租地開墾契約，都必須經官方核准，確保平埔族的地權。清政府還祭出「禁婚政策」，禁止中國移民「娶番婦」。「番婦」在平埔族原住民社會，因「母系社會」及「女耕男獵文化」而擁有土地繼承權，「娶番婦，奪番產」常是中國移民的算計，清政府不得不「全面禁絕」。另外對於某些大墾戶，像藍廷珍家族堂而皇之私運偷渡人口，清政府官員也只能視而不見。

從清代台灣島的人口成長情形更可以判斷，這段期間的移民政策根本沒有限制。1683年康熙遣返延平藩王國的軍政人員，台灣島人口陡降，1689年蔣毓英編的《台灣府志》記載台灣島中國移民人口有男性16,274人，女性13,955人，合計30,229人。這證實清代台灣島初期中國移民人口只有3萬人，有唐山公，也有唐山嬤，男女比例1:0.86，在移民社會這不算性別失衡。到了1737年，台灣島中國移民人口已達454,872人，這個人口數字在48年間增加15倍，算術平均每年成長29.27%。這種人口成長的速度不可能是只有3萬多人的平埔族漢化，或平埔族女性嫁給中國移民生育子女所產生。到了1782年，中國移民人口更增加至912,920人，在93年間增加29.2倍，算術平均每年人口成長率達31.39%。這種程度的人口成長率除了大舉移民之外，已無其他自然繁殖的可能，也證明清代台灣島不可能有所謂的《渡台禁令》。到了1811年，中國移民人口達1,944,373人，等於從1689年起算，122年間中國移民增加64.32倍，算術平均每年增長51.9%。1782年至1811年，這29年間人口增加2.13倍，算術平均每年增長3.89%。此後因為台灣島農地開墾已逐漸飽和，人力需求減弱，中國移民入台的動力也減少，1893年中國移民人口只有2,545,731人。從1811年至1893年這82年間，只增加30.9%，算術平均每年0.377%。1896年日本殖民政府統計台灣島中國移民人口男女性別比例1:0.84，就移民社會而言也不算失衡。

十三、1694年康熙大地震

　　1694年4月24日台北新店或金山斷層發生芮氏規模7.0級大地震，台北盆地多處土地瞬間液化，地層陷落，使淡水河的河水淹入盆地，產生深度4公尺、面積30平方公里的「台北大湖」，又稱「康熙大湖」。湖水淹沒社子島、關渡、士林、北投、三重、蘆洲、五股。以三重、蘆洲為湖中心，淹沒時間長達100多年，原住民村社如毛少翁社等被迫遷居，直到嘉慶年間因潮汐沖積、沈澱物堆疊、雨量減少、人為拓墾，產生淤塞，形成沙洲、河道，「康熙大湖」才慢慢消失。

　　歷史上台北盆地成為大湖泊的最早記錄是1萬年前，冰河時代的冰盛期結束，間冰期來臨，氣溫上升，海平面上漲，台灣海峽被黑潮淹沒，海峽陸橋消失，海水從淡水河口灌入形成鹹水湖。5,000年前海水因為鹹水湖淤積，退出台北盆地。4,000年前海水再度灌入台北盆地，形成附近山上瀉下來的淡水與台灣海峽灌進來的鹹水相互交錯的湖泊，貝殼類繁多，新石器時代中期的圓山人因此得以享有貝殼類美食，留下食後遺棄的貝殼垃圾堆，形成「貝塚」，又稱為「圓山貝塚期的台北湖」。

十四、1699年吞霄社事件

　　吞霄社（苗栗通霄）遭通事兼「社商」黃申霸凌剝削，無止境攤派徭役，且勒令原住民外出捕鹿須先繳納錢米，土官卓介卓霧亞生（Toketobu Aseng）於1699年領導暴動，殺死黃申。清政府命令吞霄社投降，被拒絕，遂派軍隊和新港社、蕭壟社、麻豆社、目加溜灣社等台南四大村社原住民的兵力，北上進攻，雙方死傷慘重。清政府致贈

大量糖、煙、銀、布給岸裡社（台中神岡）頭目阿穆，發動社眾穿越林澗，突襲吞霄社，大敗吞霄社，逮捕卓介卓霧亞生處決。與吞霄社聯繫一同舉事的內北投社土官「冰冷」殺通事金賢，亦遭水師把總誘殺。經過吞霄社事件，清政府檢討「社商」制度，並逐步廢除，另方面鼓勵平埔族直接納稅，且選派平埔族人出任通事。但到1738年才有霄裡社（桃園龍潭）的蕭那英（知母六）出任第一位平埔族通事。事件過後，吞霄社迅速衰敗，1722年閩浙總督覺羅滿保發現吞霄社人口僅剩百餘人。

十五、四大古圳

開墾田地最重要的投資就是水利工程。清政府時代台灣島最大的水利工程有八項：康熙時期在中部和南部開鑿的「八堡圳」、「隆恩圳」、「道將圳」、「隘寮圳」，合稱「四大古圳」，以及後來乾隆時期在北部郭錫瑠開鑿的「瑠公圳」、林秀俊開鑿的「大安圳」、張士箱開鑿的「後村圳」，道光時期曹謹在南部開鑿的「曹公圳」，其他中小型灌溉水圳更多，這些清代水圳網是台灣島從荒野變田園，再發展出鄉鎮市集最重要的原因。

「八堡圳」是施世榜開鑿的，施世榜（1671-1743）生於鄭經時代，去世於乾隆時代。施世榜與其父施啓秉（1640-1709）於1693年攜鉅資移居來台，於台南及鳳山一帶置產，經營蔗糖及稻米事業，在高屏溪沿岸擁有田園3,000甲。1701年擔任墾首，招募中國移民赴彰化開墾，成為彰化鹿港地區的大地主，兼營糖業、魚蝦養殖業，其事業以「施長齡」為商號。施世榜發現濁水溪落差過大，雨季氾濫成災，旱季無水灌溉。1709年開始自鼻仔頭，即彰化二水，設圳頭取水，挖掘渠道，建造水圳，引濁水溪灌溉農田，來解決旱季灌溉問題。此後10年間陸續築成大埤圳，灌溉彰化約1萬2千餘甲田地，流經八個開墾

「堡」界，稱爲「八堡圳」，其中有5,000甲土地屬於施世榜所有。
「八堡圳」於1719年完工，堪稱是台灣島史上第一條大型水利工程。
剛開鑿圳道時相當艱難，有位未留名字的「林先生」設計壩籠，以籐
竹編成圓錐形籐籠，內塞溪石，列置河道。雨季時壩籠可保護圳道，
旱季時可引水入圳，相當成功。「林先生」不示眞名，又拒受報酬，
施世榜特在二水建「林先生廟」以茲紀念。

當時墾殖團習慣設「堡」防衛原住民的突襲，並以「堡」作爲地
權界線及縣轄行政區域。八堡圳流經的八個堡分別是：（1）、東螺
東堡：二水、永靖、田中、田尾。（2）、東螺西堡：埤頭、溪洲、
北斗。（3）、武東堡：社頭、田中、員林。（4）、武西堡：員林、
溪湖、田尾。（5）、燕霧上堡：花壇、秀水。（6）、燕霧下堡：大
村、員林。（7）、線東堡：彰化市、和美。（8）、馬芝上堡：鹿
港、福興、秀水、埔鹽。

統計彰化地區共有13個堡。「八堡圳」又名「施厝圳」或「濁水
圳」。有稱八堡圳與台南的通垳圳（應該是嘉義道將圳）、新竹的隆
恩圳，並稱台灣三大古埤圳。清朝時期，八堡圳的產權屬於施世榜家
族的「施長齡」商號。1897年被日本殖民政府強制徵收，改爲公有，
用水利會的模式，併入「台中州公共埤圳連合會」，由辜顯榮擔任圳
長。

新竹「隆恩圳」是王世傑（1661-1753）於開墾新竹（竹塹）時所
建，自頭前溪的上游九芎林溪引水，開鑿圳道，1715年動工，1725年
完工，灌溉面積400甲，又稱「四百甲圳」。興建資金借自大清皇帝撥
給台灣守軍的獎勵金「隆恩銀」，後以圳權和圳道旁田地償還，故又
稱「隆恩圳」及「隆恩田」，日本殖民時期遭日本人沒收爲「公共埤
圳」。

所謂台南「通垳圳」卻遍查文獻，包括連橫和伊能嘉矩的資料，
都無相關記載，該圳明顯是嘉義「道將圳」或「道垳圳」的誤植。

相傳1687年施琅在嘉義水上引八掌溪水灌漑嘉義地區462甲農地

的埤圳，稱爲「將軍圳」，原稱「柳仔林圳」。但1687年時施琅人不在台灣，施侯租田也不在柳仔林（嘉義水上），此圳應與施琅無關，因此開鑿者不詳。1695年嘉義東石墾戶游立夫、陳日新等人在嘉義東石、太保引九芎林面溪的水，開鑿「道埩圳」。約同一時期，嘉義太保墾戶詹利亥開鑿「埤麻腳陂」。1715年諸羅縣知縣周鍾瑄向「隆恩銀」（清政府撥給台灣守軍的儲備款項）貸款擴張上述水路，灌溉2,938甲農地，長67.6公里，稱爲「諸羅大陂」或「柴頭港陂」，陂圳水路經過的土地撥部分給台灣守軍抵償「隆恩銀」貸款的本息，這些土地稱「隆恩田」，轉租給農民耕作，由守軍將領收取的田租稱「隆恩租」，被認爲是「將軍圳」之名在同治時期產生的原因。1716年周鍾瑄把「將軍圳」擴建爲長30.7公里的水圳，把「埤麻腳陂」擴建爲長7.8公里的埤圳。

周鍾瑄任內廣建糧倉埤圳，政績卓越，官至（南京）江寧知府，去世後入祀嘉義城隍廟，被視爲「道台」級官員，生前所擴建埤圳「道埩圳」，被改稱爲「道爺圳」，後來同樣爲周鍾瑄所擴建的「將軍圳」和「道爺圳」合稱「道將圳」，且合併「埤麻腳陂」和「加走埤」，灌溉面積3,056甲，沿圳有的農田稱爲「隆恩田」，繳回隆恩銀的貸款本息稱爲「隆恩租」。周鍾瑄所擴建的將軍圳包括本圳、湖子內圳、鴿溪寮圳，道爺圳包括本圳、後庄仔圳、南圳、柴頭港圳、塗溝圳。

論康熙時期對台灣水利工程貢獻最大的人，當數周鍾瑄，所建水利灌溉面積佔當時耕地45.71%（盧胡斌著《台灣先賢先烈專輯 周鍾瑄傳》統計）。周鍾瑄（1671-1763）是貴州貴陽人，祖籍江西盧陵，1696年中舉人，1712年任福建邵武知縣，1714年任台灣府諸羅知縣，1722年任台灣府台灣縣知縣，政績斐然，爲民稱頌，是有清一代聞名的台灣賢能官員，卻在諸羅知縣任內因修造縣城木柵時，處罰犯姦的吳姓貢生出資建造數十丈木柵，於1724年遭巡台監察御史禪濟布彈劾，罪名「加徵耗穀」，1729年遭福建總督史貽直（1682-1763）以貪

贓罪判處絞刑，但雍正皇帝明察予以赦免，並升官至江蘇江寧府（南京）知府。

周鍾瑄在台灣任職期間，積極向富商地主募款，幫台灣農民開闢陂、圳，計達38條以上的水利工程，灌溉農田遍及台中的馬龍潭陂到台南的烏山頭陂，擴大水田面積，使台灣島「水田化」提高土地生產力，啓動台灣島第一次農業革命。周鍾瑄1714年開闢的「烏山頭陂」，二百年後被八田與一擴建爲「烏山頭水庫」，周鍾瑄動員農民開挖的圳溝，不計其數，二百年後被八田與一擴張爲「嘉南大圳」。不同的是，八田與一蓋水庫和水圳的經費，是動用日本警察強徵台灣農民的稻穀而來的，日本政府任何一毛錢都沒出。周鍾瑄興建陂圳的經費是靠著募款，以及爭取廈門的補助款而來的，清政府沒有從台灣拿走任何錢，還撥款補助。八田與一供水灌溉後，用低於市價三分之一強徵農民稻米，運回日本供日本人享用。周鍾瑄供水灌溉後，農民增產的稻米全部留在台灣農民手上，吸引更多福建人和廣東人來台開墾，成爲台灣本省人的祖先。

但台灣最早「陂」是荷蘭殖民時期1624年，台南縣仁和里墾戶王有建造的「王有陂」，台南縣墾戶王十嫂所建的「十嫂陂」，台南縣仁德文賢里墾戶王參若所建的「參若陂」。最早的「圳」是康熙時期1705年，屏東長治和麟洛墾戶邱永鎬所建的「隘寮圳」。「陂」音「皮」，築堤截流貯水成潭，稱爲「陂」。「圳」音「鎮」或「俊」，引水灌溉入田的溝渠，稱爲「圳」。1684年施琅在高雄鳳山引「尙書林山」的雨水建造「將軍陂」，常有人將嘉義的「將軍圳」誤以爲高雄的「將軍陂」。

邱永鎬（1668-1742）是客家開圳第一人，福建潮州鎮平人（現改隸廣東梅州蕉嶺），1697年當兵隨軍來台便落腳台南。退伍後擔任台南「三郊行」會計，被派赴屏東開發業務，發現屏東地區荒涼的土地相當肥沃，決定籌資開墾。1699年「三郊行」盧愧如、林歧鳳、李咸林三大股東提供資金，買下屏東西拉雅族分支的馬卡道族阿猴社的土

地。邱永鎬返鄉招募邱、胡、廖、黃、李、羅等姓家族來台開墾，邱永鎬的妻子黃氏、兒子邱仁山、邱義山亦舉家來台。邱永鎬開墾團先在「香櫞樹下」（香櫞腳庄，香楊村）建立據點，再沿高屏溪北上開墾成「火燒庄」（長興庄，長治鄉），1705年開挖「火燒圳」，又稱「邱永鎬圳」，後改名「隘寮圳」。1710年邱永鎬再引隘寮溪水從內埔水門村（大坑關）開挖圳溝至竹葉庄，稱「竹葉圳」，今稱「舊德協圳」。其子邱智山、孫邱俊萬繼續開挖「大湖圳」、「火燒圳」，共灌溉700甲土地，但習慣上還是通稱「隘寮圳」。其族弟邱永月續開挖內埔（新東勢庄）的永月圳，今稱「新東勢圳」。邱仁山、邱智山皆於疏濬水圳時遭排灣族「出草」殺害。

十六、稻米、蔗糖、樟腦

稻米、蔗糖、樟腦是清代台灣島的三大經濟作物。

從荷蘭殖民統治時代起，稻米就是台灣島的主要經濟作物，除了台灣島自給自足外，尚可出口至中國、日本。這個國際貿易鏈，常使得台灣島的米價亦隨中國、日本的米價漲跌起伏。尤其每逢中國、日本作物歉收，或爆發戰亂，台灣島的米價亦因此暴漲。到了延平王國時代，鄭家軍的軍需米量和軍屯成效，也主宰著台灣島米價的走向。清政府時期，台灣島在法律上及實際上都是福建經濟圈的一部分，台灣島米價無法與福建米價脫鉤。福建人大量移入台灣島從事墾殖工作，台灣島稻米產量節節升高，出口稻米也成了台灣島重要出口產業。可是為了控制台灣島米價，清政府也幾度實施貿易管制措施，控制台灣島稻米的出口數量。1722年台灣巡視御史黃叔璥（1682-1758）為穩定台灣島米價，管制台灣島出口稻米，且嚴格取締稻米走私出口。1726年閩浙總督高其倬（1676-1738）為緩解福建米價，上疏要求解禁台灣島的稻米出口。在清政府時代，尤其雍正、乾隆、嘉慶年

間，每年都從台灣島徵收稻米供軍隊使用，市場供給量減少，台灣島的稻米價格始終維持高檔價位。

蔗糖是荷蘭人大力推動的產業，也是延平王的主要貿易商品。荷蘭人招募中國移民來台開墾蔗田，是台灣島糖業出口的起步。這些蔗糖從荷蘭殖民時期至清政府時期，都是以中國大陸、日本、東南亞、甚至歐美為出口對象，可說相當國際化。在雍正年間形成許多專業的蔗糖貿易商社，像台南市專營出口至中國北部地區的糖商，就稱為「北郊」。這些糖商不只是中國人，更多是很有實力的英國商人、美國商人、澳大利亞商人。1856年台灣島的蔗糖出口21.3百萬磅，1870年以後增長至79.5百萬磅，1880年更達巔峰141.5百萬磅。後來開始衰退，1884年減至128.6百萬磅，1890年只有96.2百萬磅，1893年降到最低點67.9百萬磅，1894年又回復到97.8百萬磅。清政府統治台灣島最後一年，1895年出口維持在94.2百萬磅。

荷蘭殖民統治時期，大員長官西撒爾（Cornelis Caesar, 1610-1657）在1653年至1656年間，於台北淡水附近森林，發現樟樹林。但在1640年就有鄭芝龍將台灣島的樟樹和樟腦賣到日本的記載，但不確定鄭芝龍的樟樹和樟腦是轉運自中國大陸，或是產自台灣島。直到清朝政府統治台灣島時，樟腦才成為台灣島的重要出口產業。1725年雍正時期，清朝政府將台灣島的樟腦產業國有化。1743年乾隆時期，清朝政府准許樟樹砍伐業者組織私人武力「腦丁」，進入中央山脈的原住民保留區「番界」，殺害高山族原住民，擴大砍伐樟樹，使樟腦產量快速增長。1810年嘉慶時期，清朝政府將原本劃為原住民保留區「番界」的噶瑪蘭，改制為一般行政區。當時清政府官員稱之為「收入版圖」，因為官員把1683年清政府從鄭克塽轉移台灣島的領土主權的「納入版圖」，和1810年把原住民保留區改制為一般行政區，都用「版圖」一詞混淆在一起。噶瑪蘭山區盛產樟樹，原住民的山區資源在改制後幾乎全被中國移民侵佔或廉價收購，民間非法「私煎」樟腦日益盛行。

1821年道光皇帝即位時，英國人走私鴉片到中國，同時賺走大量的白銀，已成中國國力衰退的重要原因。台灣島並無白銀，英國人用走私的鴉片交換民間「私煎」的樟腦，使台灣島上中國移民吸食鴉片的風氣越發氾濫，也使「私煎」樟腦的產業快速發展。1840年中英鴉片戰爭爆發，1842年中英簽訂《南京條約》，英國人更加肆無忌憚將鴉片運來台灣島交換樟腦。1851年至1864年間，中國爆發太平天國事件，清政府統治力衰退，直到1866年「分巡台廈兵備道」吳大廷（1824-1877）才下令禁止民間私下賣樟腦給外國商人。1868年適巧鳳山縣民眾拆毀基督教堂，爆發「鳳山教案」，英國人假借保護傳教士及基督徒為由，派遣艦隊攻擊台南安平港，停戰談判主題卻是英國人要求清政府撤銷台灣島的樟腦官營政策，因此被譏為「樟腦戰爭」Camphor War。但到1886年光緒時期，台灣巡撫劉銘傳又把樟腦業收歸公營。台灣島的樟腦出口量1856年只有1.3百萬磅，1870年突然達2.2百萬磅，1880年又回到1.6百萬磅，1890年減縮到1.1百萬磅，1893年卻暴漲至5.3百萬磅，1894年再增加至6.8百萬磅。1895年清朝政府結束統治時，台灣島樟腦出口量達6.9百萬磅，高居世界第一，且佔世界總產量的70％。台中大地主霧峰林家就曾因經營樟腦業累積財富，並擁有強大的私人武力。英國用鴉片從台灣島換取樟腦，英國領事館紀錄顯示：1891年鴉片輸入台灣島463,860英鎊，1892年378,450英鎊，1893年419,839英鎊，1894年365,813英鎊（甘為霖，2009, p.309）。

十七、兩岸貿易圈

　　清代中國時期，中國大陸直接對日貿易，不需再假台灣島轉運，台灣島的轉運貿易功能開始衰落，導致福建海商的沒落，及促成江浙商人的興起。台灣島只得另闢蹊徑，開展以海峽兩岸移民墾植為主的運輸貿易。自明代中國禁止通航日本，江浙的絲製品無法直接出口，

只好運至福建，由冒險干犯禁令的福建海商運至台灣島，由荷蘭人再轉運至日本。康熙皇帝持開放政策，江浙絲製品直接運銷日本，福建和台灣島的貿易功能隨即式微，畢竟當時的福建和台灣島並不生產可供外銷的高附加價值貨品。浙江、江蘇直接從南京、寧波運貨至日本長崎，或從廣州運貨至東南亞，台灣島落在國際貿易幹線之外，也無白銀可向外購入大量國際貨物，轉運貿易已無利可圖。

延平王的官兵、眷屬被遣返大陸，台灣島的經濟產量瞬間大跌。後來，福建、廣東人口大舉移民台灣島，補充延平王官兵的勞動力缺口，開墾荒地聚成村落，吸引更多移民入台，這些中國移民的墾荒故事，媲美美國西部拓荒更加動人。台灣島原本人煙稀少，處處荒野，清政府陸續推動各種獎勵開墾的措施，很快地阡陌相連，面貌翻新。除了高山族的山林地外，清代的開墾相當成功，台灣島幾無荒野。水利灌溉亦大有進展，水圳溝渠交織，旱田水田交錯。台灣島的生活水平很快趕上中國的發達省份。由於開墾移民的需求，須從中國大陸運輸人員、物資及生活用品。鄭荷時代的國際貿易，雖榮景不再，但由兩岸貿易取而代之。台灣島自此成爲中國內地經濟圈的一環，直到《天津條約》開放台灣島港口，允許外國商人進入台灣島，從事樟腦、茶葉、蔗糖外銷，以及進口鴉片後，台灣島才又重回國際貿易圈。

十八、1721年朱一貴事件

朱一貴（1689-1722）是福建漳州長泰人，本名朱祖。1714年單身移民台灣島時已25歲，先在台灣廈門兵備道擔任軍營衛兵，後遭辭退，改至屏東縣佳冬鄉大同村，古稱林仔邊溪南岸的「大武丁庄」，養鴨爲業。朱一貴生性豪爽，好結交朋友，很快在古稱「下淡水溪」，即高屏溪附近的中國移民社會成爲「小角頭」。

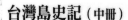

　　1720年台灣島發生大地震，又爆發傳染病，人心惶惶，謠言四起，社會動盪不安。此時台灣島的救災治理陷入失序狀態，台灣府的知府王珍自兼鳳山縣的縣令，本身虧空公款，又將鳳山縣務交由其子處理。王珍的兒子利用非法職權，巧立名目，橫徵暴斂，意圖填補虧空，任意拘捕農民，引爆民怨。

　　1721年3月10日有廣東潮州海陽縣籍的客家移民杜君英（1667-1721），因案遭通緝，遂藉民怨，聚眾50多人，舉「清天奪國」旗號，籌劃武裝暴動。杜君英生於1667年，比朱一貴大22歲，1707年40歲時渡海來台拓墾，租地耕種。1720年53歲時遭誣告盜砍山林，逃入檳榔林。1721年4月19日朱一貴也在高雄內門拜把52個兄弟，分頭聚眾1千多人，準備舉旗暴動，反抗王珍。內門古稱「羅漢門」。朱一貴冒稱是朱元璋的後裔，號稱「朱大元帥」，以反清復明號召群眾，起兵爭奪台灣島主權。4月21日朱一貴與杜君英兩股暴動部隊結盟。

　　4月23日台灣鎮周應龍率4百名軍隊和新港、目加溜灣、蕭壟、麻豆等社平埔族原住民進擊朱一貴部隊，朱一貴部隊兵敗退入山區。不料周應龍傳令原住民，每殺一人賞銀三兩，造成原住民濫殺無辜，反引起中國移民恐慌，大舉歸順朱一貴，使朱一貴部隊暴增至兩萬餘人。4月27日杜君英渡過高屏溪，與朱一貴會合，兩面夾攻，大敗周應龍於赤山，即高雄鳳山丘陵。周應龍敗退台南府城。朱一貴率部北上進攻台南，杜君英則攻取鳳山縣城，轉戰台南。5月1日朱、杜兩軍會合攻入台南府城，清軍把總楊泰刺殺總兵歐陽凱，投降朱一貴。王珍搭船逃亡澎湖。

　　朱一貴謊稱是朱元璋後裔，被擁戴為「中興義王」，國號「大明」，年號「永和」，在今台南大天后宮登基，史稱「鴨母王」。杜君英自持戰功最大，原本欲擁立其子杜會三為王。杜會三具備軍事才能，表現最突出。不料杜君英只獲得「國公」的官位，心生不滿，與朱一貴爭執。朱一貴以杜君英不服軍紀為由，密謀殺害杜君英，雙方爆發衝突，杜君英兵敗，率殘部敗走貓兒干，即今雲林崙背，後逃回

高雄內門投降清軍，卻與其子杜會三同遭遞送北京處斬。

在朱、杜相爭之際，高屏溪南岸的客家移民支持杜君英，在李直三、侯觀德領導下，組織六個自衛區，稱為「左堆（佳冬、新埤）、右堆（美濃、高樹）、前堆（麟洛、長治）、後堆（內埔）、中堆（竹田）、先鋒堆（萬巒）」，史稱「六堆」，聚眾萬餘人，反對朱一貴。6月18日朱一貴部隊搶渡高屏溪，先打敗六堆先鋒部隊，進攻萬丹。6月19日六堆聯軍在萬丹集結完成，反過來大敗朱一貴。朱、杜分裂，朱一貴注定敗亡，同時開啓台灣島閩客分裂械鬥的歷史。

閩浙總督覺羅滿保，派藍廷珍、施世驃率軍於6月17日進入安平港，6月23日擊敗朱一貴，攻陷台南府城。朱一貴向北敗走，最後只剩千餘人退至溝尾莊，今嘉義太保，被當地角頭楊旭、楊雄、王仁和等人計擒，綁送給清軍，解送北京。1722年2月22日朱一貴被凌遲處死，年僅33歲，朱一貴事件前後僅兩個月就落幕。

朱一貴事件結束後，台灣島遭到劇烈颱風侵襲，使朱一貴事件蒙上神秘的謠言及傳說，即1721年8月13日台灣島爆發康熙治台後最大風災和水災，藍鼎元的《平台紀略》記載：「怪風暴雨，屋瓦齊飛。風雨中流火條條，竟夜燭天。海水驟漲，所泊臺港大小船，擊碎殆盡，或飄而上之平陸。拔大樹，傾牆垣，萬姓哀號，無容身地。」估計全台死傷千人以上。

朱一貴事件明顯起因於吏治腐敗，官逼民反，清朝政府事後檢討，遂置「巡台御史」以增強治理，並加強開發山區，增設縣治。朱一貴本是地方角頭，軍事技能不如杜君英，屢戰屢敗，又乏政治才能，不善籠絡杜君英一系，反而造成移民社會閩粵、福客之爭，其起事必敗之局已定。但是朱一貴25歲移民台灣島，養鴨為業，僅7年，32歲就能聚眾暴動，33歲被處死，可見當時移民社會人心躁動，治安問題相當嚴重，暴動的經社條件，一觸即發。後人對朱一貴進行神話式的操作或解釋，皆是以訛傳訛，穿鑿附會。有人離題的詮釋為民族革命，或本土對外來的鬥爭，更是變相的黃袍加身，這些歷史詮釋跡近

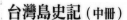
無聊。整體而言，中國邊疆地區官員素質差，人民水平低，社會容易躁動，暴動也容易平息，歷代皆如此。

　　朱一貴起兵暴動時，正值康熙皇帝統治的最後一年，中國處於康雍乾盛事的頂點，文治武功臻於上乘。1683年康熙征服台灣島鄭克塽政權，1716年已編撰完成《康熙字典》，1719年頒布《皇輿全覽圖》。1721年的朱一貴暴動，對清代中國而言，只是台灣島新到移民反抗不良邊疆縣官的暴動，無關大局，比諸1708年北京破獲王士元謊稱朱三太子的謀反案，震盪能量更少。康熙統治台灣島時，從1683年至1721年，中國至少發生十起自稱「朱三太子」之類的謀反案，謊稱朱元璋後裔想稱王稱帝，朱一貴不過是案例之一。

十九、官員攜眷

　　清政府對外派官員赴各地就任，准許攜眷赴任。總督、巡撫可攜眷50名，總兵、副將、道員、知府可攜眷30名，同知、通判、知州、知縣、參將、游擊、都司可攜眷20名。但朱一貴事件後，外派至台灣島的官員全部禁止攜眷。原因是朱一貴起兵進攻台南府城時，文武官員競相攜眷逃回福建，無人籌兵抵抗。「在府治之文武官員多為顧念家眷之私情所驅，當時臨難守義者甚少。」「競相攜家眷避難於台江，幾無固守之志。」道員梁文煊、知府王珍倉皇搭乘商船、漁艇，逃出鹿耳門水道。1734年雍正皇帝才依閩浙總督郝玉麟的意見，外派台灣島的官員年滿40歲，膝下無子者得攜眷赴台。1824年道光皇帝則全部開放，官員赴台履任，攜眷沒有限制。

廿、祭祀圈與宗親團體

　　清代中國移民進入台灣島原本是散漫的社會結構，經由供奉同一
尊神明，在一定的地域範圍內建構信仰活動和信徒組織，這個地域範
圍就稱之爲「祭祀圈」（Territorial Cult）。祭祀圈起源於中國古代的
「社祭」，盛行於福建閩南。台灣島的祭祀圈的形成與移民入墾的路
線、聚集居住的地域、共同的祖籍有著密切的關係。祭祀圈會定期擲
茭選出「爐主」和「頭家」，主辦祭祀活動和神明遶境巡行，圈內居
民有義務分攤祭祀費用及修建廟宇的經費。台灣島形成祭祀圈的神明
有土地公、媽祖、保生大帝、開漳聖王、廣澤尊王、五府千歲、代天
巡狩王爺、三山國王等。祭祀圈的神明特徵反映中國移民初入台灣島
面對水土不服、疫癘盛行、風洪地震災害、蠻荒飢荒、原住民出草獵
首等的恐懼，亟需信仰撫慰和組織社團力量的願望。

　　清代中國移民入台常以宗族集團集體移民，形成兩種宗親團體。
第一種是以「同姓唐山祖」爲基礎，舉凡同姓不同血緣都可形成宗親
團體，供奉遠古同姓的唐山祖宗，建立宗祠堂廟。這類的宗親團體在
招集移民入台，聚集勞力和資本開墾土地，守望相助，合力攻防，發
揮強大功能。第二種是以「同血緣開台祖」爲核心，以派下子孫集結
成「祭祀公業」的宗親團體。這是第一代中國移民開墾成功的地主，
留下大批土地，大部分配給子孫，小部分作爲共同財產，由子孫選任
管理人，收取地租，作爲祭祀開台祖先的經費，有剩餘按宗族系譜發
放，台北林秀俊的祭祀公業就是一例。

　　祭祀圈和宗親團體常是台灣島分類械鬥的基本組織和動員力量，
所以既是台灣島清代中國移民社會從散漫中逐步凝聚的基石，也是形
成不同競爭團體相互鬥爭的社會分裂界線。

廿一、台灣島的媽祖信仰

台灣民間宗教信仰最普及的有：海神（媽祖）、佛神（觀世音）、武神（關聖帝君）、醫神（保生大帝）、義勇神（義民爺）。但是媽祖和保生大帝是祖先崇拜產生的通俗信仰，不算宗教，跟道教、佛教都無關。媽祖、保生大帝的信仰普及中國沿海後，道教和佛教都主動靠攏，將兩人銓釋成道教或佛教的神祇。

媽祖本人姓「林」名「默」，稱林默娘，於公元960年農曆3月23日，誕生在福建莆田湄洲嶼，即宋太祖趙匡胤建隆元年。其父「林惟願」擔任福建莆田的海防警察（都巡檢），其母「王氏」育有一男六女，「林默娘」是么女，長兄名叫「林洪毅」。「林默娘」8歲啟蒙讀塾，即過目能誦，通曉詩文，鄉里視為神童。16歲時顯神異，能通靈，預知未來，善觀海象。潛泳救難，又通醫理，治病驅邪，懂玄卦之道，有祈雨退洪之術。且發願終身不嫁，救苦救難，士紳鄉民視為通天神女。28歲時，父兄出海遇難，林默娘緊急搭救。兄獲救生還，父卻葬身大海。林默娘潛海三日尋得父親遺體，孝行動天。公元987年，即宋太宗趙匡義雍熙四年，農曆9月9日，林默娘思父甚哀，端坐湄洲島海崖逝世，世人視為羽化成神，享年28歲。同年鄉民在湄洲島建立史上第一座媽祖廟，叫「通賢靈女廟」奉祀，俗尊林默娘為「媽祖」或「媽祖婆」。

自此隨著泉州漁民、船工、貿易商、軍人、移民等，向外傳布媽祖信仰。媽祖先成為中國沿海重要民間信仰，再經歷代皇帝賜封號，不斷提升層級，由「夫人」、「靈妃」、「天妃」、「天后」，到「天上聖母」。這個歷史過程，見證「林默娘」成為中國歷代信仰的偉大海神，奉祀廟宇北至天津，南至廣東。史冊記載，1122年宋徽宗宣和四年，給事中路允迪出使高麗，媽祖顯靈庇祐，奏請賜廟額「順

濟」，在湄洲島建廟。1405年鄭和下西洋，媽祖隨船保佑，信仰亦傳奉南洋各地。這些媽祖的信仰事蹟都正式進入官方記載，。

　　1621年泉州海商集團領袖顏思齊率中國移民入墾台灣島，在雲林北港至嘉義布袋之間，設立10個屯墾村落（十寨）。這些台灣島最早的中國移民，大多是泉州人，也都是媽祖信徒，媽祖信仰以香火形式，隨之傳入台灣島。1647年台灣島的鹿港已是和中國大陸貿易往來頻仍的港口，商船人員即在「船仔頭」興建媽祖廟。1683年施琅自福建湄洲媽祖廟奉請神像隨軍來台，改建媽祖廟爲「鹿港天后宮」。

　　1683年施琅在南明寧靖王朱術桂的府邸接受鄭克塽投降，事後改爲媽祖廟，稱「台南大天后宮」。1694年佛教臨濟宗樹璧和尙自福建湄洲媽祖廟帶一尊媽祖神像至雲林北港奉祀，1700年建廟，即是「北港朝天宮」，這也是台灣島唯一以佛教儀式祭拜媽祖的媽祖廟。1730年福建莆田湄洲人林永興移民台中大甲，帶媽祖神像來台奉祀，1732年建廟，1787年改名「大甲鎮瀾宮」。

廿二、台灣島的保生大帝信仰

　　「保生大帝」本名「吳夲」（音「滔」），字華基，別號雲衷，979年農曆3月15日，即宋太宗趙匡義太平興國四年，生於福建省同安縣明盛鄉積善里白礁村，今屬漳州市龍海縣角美鎮白礁村。吳夲，父名吳通，母爲黃氏，貧病早逝。吳夲初習捕蛇、探藥，後學針灸、湯藥，移居廈門市海滄區青礁村岐山東鳴嶺，煉丹修道，探究藥理，懸壺濟世。另在泉州市花橋村施藥義診，鄉民視爲神農降臨，華陀再世。白礁村和青礁村兩地分屬不同縣轄，相距2,280公尺。吳夲行醫治病，遍及漳州、泉州、廈門。

　　吳夲於1036年，即宋仁宗趙禎景祐三年，農曆5月2日，登山採藥，不愼失足落崖逝世，享年58歲。鄉民感念恩德，私諡爲「醫靈眞

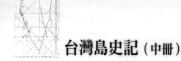

人」，同年並於青礁村龍湫坑畔，吳夲生前煉丹修道處所，建立「龍湫庵」奉祀，為廟祀之始，俗稱「大道公」、「吳眞人」，或「花橋公」。後來吳夲神蹟顯靈，民間傳說，流佈廣披。1151年，南宋第一位皇帝，宋高宗趙構紹興二十一年，吏部尙書顏師魯奏准杭州朝廷，於廈門青礁村「龍湫庵」原址建廟，並於吳夲出生地同安白礁村，同時建廟奉祀。1166年，南宋第二位皇帝，南宋孝宗趙昚乾道二年，賜名「慈濟」，因此廈門青礁村的廟名，即稱爲「青礁慈濟宮」。同安白礁村的廟名，即稱爲「白礁慈濟宮」。

台北市大龍峒保安宮，祭祀保生大帝始於1742年，移居大龍峒的中國移民因瘴癘流行，特由「白礁慈濟宮」，乞靈分火來台灣，希望醫神「保生大帝」吳夲能壓制瘴癘。當時只是簡單的木造小庵，卻迅速成爲漢移民的信仰中心。該庵經過兩次小幅度整修，至十八世紀末，仍爲一小型木造廟宇。1804年大龍峒商人集資擴建，將木造小廟擴建成三殿三進，左右各五開間的大廟宇。經過多年施工後，於1830年完工。這座大廟正式被命名爲保安宮，廟名意涵「保佑同安」，該廟也俗稱「大道公廟」，或「大龍峒宮」。

媽祖與大道公都是閩南人，但媽祖比大道公年長19歲，媽祖又比大道公早逝49年，媽祖28歲逝世時，大道公只有8歲，可以肯定兩人互不認識。民間傳說兩人是戀人，純屬虛構。

2010年民進黨的蘇貞昌宣布參選台北市長的地點，選在台北市的保安宮，郝龍斌隨後宣布競選連任的造勢大會也在保安宮，但保安宮奉祀的「保生大帝」，其實是位懸壺濟世的中醫師，跟政治沒什麼瓜葛。

廿三、台灣島的觀世音信仰

1654年延平藩王國在廈門時期，也是荷蘭殖民統治台灣島時期，

中國的泉州三邑移民來台（三邑指泉州府晉江、惠安、南安三縣）即自晉江龍山寺分靈觀世音到鹿港河道邊結庵奉祀，1786年遷址建廟，即是「鹿港龍山寺」。

　　清代中國移民進入台北艋舺地區，環境險惡，瘟疫頻傳。泉州三邑移民，自晉江龍山寺的觀世音分靈至艋舺，1738年興建艋舺龍山寺，成為台灣島觀世音信仰中心，但這卻是以道教儀式供奉佛教觀世音的廟宇。

廿四、客家義民爺信仰

　　客家義民爺信仰源自1721年朱一貴事件，閩南籍朱一貴起兵反抗清政府，初始與客家籍杜君英合作反清。攻下台南府城後，雙方爭奪王位。由於閩南籍兵眾佔大多數，但客籍部隊戰功彪炳，杜君英的兒子杜會三的軍事才華更是出眾，但最後朱一貴勝出，就任「中興義王」。朱一貴藉口杜君英放縱部下淫掠婦女，追殺杜君英，雙方在赤崁樓爆發戰鬥。杜君英兵敗，連夜逃離台南府城，奔向雲林虎尾壠Favorlang（虎尾）和貓兒干Badsikan（崙背），然後逃回羅漢門（高雄內門）投降清軍，遭遞解至北京處斬。朱一貴隨後卻把矛頭指向杜君英出身的屏東客籍村莊，派兵攻打客家人。朱一貴事件原本是滿漢之爭的反清鬥爭，轉變成閩客之爭，政權爭奪戰淪為閩客分裂械鬥。屏東客籍村莊聚集內埔媽祖廟商議，整合各村莊，成立六個防衛區，史稱「六堆」。由李直三、侯觀德領導客家民兵1萬2千人，大敗朱一貴的閩南籍部隊。清政府閩浙總督覺羅滿保（1673-1725）上奏康熙皇帝，稱客家民兵為「義民」。陣亡的客家民兵被供奉在屏東六堆忠義祠，位於屏東縣竹田鄉西勢村。

　　1786年林爽文事件發生，林爽文自稱「盟主大元帥」，支持群眾高達90多萬人。但林爽文是福建漳州人，其漳州人的部隊卻藉機攻擊

泉州人的村莊，引發漳泉分裂，泉州人憤而轉向支持清政府，泉州人又是台灣島上的大多數，這注定林爽文的敗亡。林爽文率眾進攻泉州人爲主的竹塹城（新竹），六張犁莊的客家民兵在林先坤率領下，配合清政府軍隊，組織客泉聯軍，抗擊林爽文，救援竹塹城。此役民兵戰死200多人，多數是客家人，也有少數泉州人和原住民。林先坤將陣亡民兵合葬在新竹縣新埔枋寮的「義民總塚」，乾隆皇帝親筆頒旨「褒忠」，林先坤並在塚旁建廟供人崇祀，即「褒忠義民廟」，陣亡義民由此神格化，被尊稱「義民爺」。

1862年戴潮春事件，續有客家民兵協助清朝政府軍鎮壓戴潮春，陣亡100多人，合葬在「義民總塚」旁邊的「義民祔塚」，更普及義民爺的信仰。目前經由分靈或分香在台灣島各地設立的客家義民廟計有40間，且發展出每年中元節後第五天爲「義民節」的節慶活動。台灣島的閩南人也有義民廟和義民爺，如雲林北港的義民廟，與客家義民廟無關，但未形成閩南人普遍的信仰。

廿五、土牛溝

鄭成功取得台灣島主權後，派兵屯田。鄭經強奪原住民的傳統領地，中國移民和原住民屢爆衝突。連橫的《台灣通史》〈撫墾志〉記載：「十九年(1664年)，諮議參軍陳永華請申屯田之制，以拓番地，從之。於是南至琅嶠，北及雞籠，皆有漢人足跡，番不能抗，漸竄入山，乃築土牛以界之。」鄭經劃出界線，界定中國移民和平埔族原住民的土地使用範圍，雙方不得越界開墾，並立「土牛」爲界。挖溝取土，築土堆宛如牛背，稱「土牛」，所挖土溝，稱「土牛溝」。「土牛」上常砌紅磚爲記，設點派兵防守。原住民的土地使用範圍，常稱「土牛番界」。但延平王時期，土牛溝數量不多，且僅限於台灣島南部，用於區隔平埔族和中國移民屯墾區，故常被忽略。

　　清代中國統一台灣島後，大量中國移民入台開墾，仗著清兵武力及人口優勢，已不再是侵墾平埔族土地，而是侵擾高山族原住民土地，屢屢糾紛不斷。1721年朱一貴事件後，閩浙總督覺羅滿保（1673-1725）下令全台灣島修築土牛溝，這種南北走向的土牛溝，約位於山腳西側10里處。土牛溝有多重功能，一來防範中國裔盜匪逃入深山，二來防止高山族出草獵首，三來遏止中國移民越界私墾。這個政策被稱爲「封禁隔離」。以土牛溝爲界，西側是界內，界內是平埔族和中國移民的生活空間。東側是界外，界外是高山族的生活地界。換言之，1722年前（康熙61年），清政府延續延平王政權的做法，區隔高山族的領地和中國移民的墾殖區域，已劃出界址，設立界碑和土牛溝。

　　土牛溝旁的土堆長2丈、高8尺、底寬1丈、頂寬6尺，稱「土牛」。土牛的泥土來自就旁挖溝，溝長15丈、溝寬1丈2、溝深6尺，稱「土牛溝」。「土牛」和「土牛溝」只選在適當地點推土挖溝，供作標示，並非整條土牛紅線上，從北到南都有修建。目前這些土牛都已崩毀，土牛溝大都改作排水溝或灌溉渠道，甚至充作養殖魚池，或填平做爲道路、建地、田園。

　　1722年福建巡撫楊景泰下令在「土牛番界」立碑，禁止「番人出、漢人進」，並在土牛溝的基礎上，掘溝築牆，設立「隘寮」式的警哨，派「隘丁」看守。中國移民甚或地方官府常提供「殺番賞」，獎勵「隘丁」殺害跨界原住民。

　　1725年清政府宣佈：「福建台灣各番鹿場閒曠之地方，可以耕種者，曉諭地方官，聽個番社與人民耕種。」這個政策等於鼓勵中國移民把「鹿場」變爲「田地」，更積極爭奪原本屬於原住民狩獵場的土地。「人民」指中國移民，「番社」指平埔族村社，不是高山族村社。

　　1750年（乾隆15年）清政府在台灣島西部地圖上，沿著中央山脈西側，劃出一條南北向的紅線爲界，稱「土牛紅線」。紅線以西是中

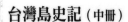

國移民和平埔族的生活領域，紅線以東是高山族的生活空間。清政府同時沿著紅線，在54處適當地點立石爲碑，禁止高山族跨越紅線外出，也禁止中國移民和平埔族越界入山。土牛紅線南起屏東枋寮的下苦溪（率芒溪、士文溪），北至台中烏牛欄社（豐原）。紅線上挖溝推土，以明界線。

清代中國移民大舉入墾「土牛紅線」以西的土地，這些土地大都是平埔族的獵場或採集空間。儘管清政府承認平埔族村社的集體土地權利，採取很多措施保護平埔族的土地權利，但面對中國移民的金錢誘惑和詐欺手法，平埔族土地還是逐漸落入中國移民手中。清政府於1738年至1746年三度頒令禁止中國移民購買或抵押平埔族土地，效果卻很有限。1750年後，清政府只好把「土牛紅線」以東的土地，撥給平埔族墾獵維生，又造成中國移民和平埔族侵墾高山族的土地，引發高山族嫉恨，頻頻出草，以求維護獵場。然後1760年（乾隆25年）清政府在「土牛紅線」以東，高山族的領地以西之間，再劃出一條「番界線」，以藍色線標示，稱「番界藍線」。「番界線」以西，「土牛紅線」以東的土地，只准平埔族利用，禁絕中國移民進入。番界藍線南起南投林圯埔（竹山），北至台北峰仔峙（汐止），在台中烏牛欄以北發揮土牛紅線的功能。

沿著「番界線」設立屯丁駐點，稱「隘寮」，由平埔族派人防守，防止高山族下山獵首，殺害墾獵的平埔族人。可是這塊保留給平埔族的「番界」土地，也常因平埔族不擅耕作，轉租給中國移民，最終爲中國移民所控制。「番界線」不如「土牛溝」清楚，中國移民常與平埔族達成默契，逐步把「番界線」往東移動，增大土地開墾面積，縮小高山族的地界。這又逼使高山族下山獵首報復，於是中國移民與平埔族聯合進剿，反擊高山族。聯合作戰的合作模式，使中國移民與平埔族互動密切，又加速平埔族的漢化進度。

1784年（乾隆49年）因爲發生「林淡案」，乾隆嚴辦官員，下令清查番界藍線的界外侵墾地。清政府重新劃定界外墾地，在部分土

牛紅線或藍線以東再劃出新界址，以紫線標示，稱「土牛紫線」，或「番界紫線」。在紫線與藍線之間的土地，實施「隘墾區」制度，容許中國移民在藍線以東的「番界」內，開墾土地增養「隘丁」，鎮壓高山族原住民，使中國移民名正言順侵佔高山族原住民的土地。1886年劉銘傳設立官辦「隘勇」，土牛線被稱為「隘勇線」。「隘勇線」也從土溝進化到柵欄、石牆、深溝的形式。「隘勇」或「隘丁」合法擁有武器，也常成為民兵武力的來源。

「林淡案」其實是一件很小型的分類械鬥，發生於桃園龍潭。1760年（乾隆33年）淡水廳同知段玠招募桃園龍潭的中國移民40名擔任「番界藍線」的隘勇，並准許這些隘勇在藍線外開墾田地充做薪資待遇。隘勇墾地附近有平埔族霄裡社土地，隘勇張昂也向霄裡社頭目知母六（蕭那英，1736-1767擔任霄裡社通事）租地一併開墾。1778年（乾隆43年）知母六的兒子鳳生又將該土地轉租給林淡，張昂拒絕交出墾地，雙方告進淡水廳，同知李俊民判定張昂交還墾地給鳳生，另撥荒埔給張昂開墾。1783年7月林淡率眾逼迫張昂還地，雙方爆發械鬥，隘寮遭焚毀，張昂遭林淡殺害焚屍，閩浙總督富勒渾（?-1796）下令嚴辦林淡案，並清查藍線界外地，於是在藍線西側產生紫線劃界。隘勇制度後來經常變質，被中國移民利用來作為侵佔高山族保留區（番界）土地的藉口，既不必通過複雜程序申請墾照，開墾後也不必登記土地繳納賦稅（陳志豪，p.49）。

1896年日本殖民政府也制定《禁止進入番地密令》、《出入番地取締規則》，接收清朝的「隘勇線」制度。日本警察更直接頒發「殺番賞」獎勵「隘勇」，甚至有「隘勇」滋生「吃番肉進補以免除番害」的迷信，販售「番肉」、「番膏」滋補，竟成一時的秘方，也使高山族原住民相信日本人和中國移民是「食人族」。「番膏」一事亦見諸胡適的父親胡傳（1841-1895）在台灣島任官時所著《台灣日記與稟啓》記載：「民殺番，即屠而賣其肉，每肉一兩值錢二十文，買者爭先恐後，頃刻而盡；煎熬其骨為膏，謂之『番膏』，價極貴。官

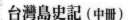

示禁，而民亦不從也。」馬偕記載：「生蕃如果是在內陸被殺，通常他的心臟會被拿去吃，身體的肉也被割成一條一條的，骨頭就被煮成膠，保存起來做為治瘧疾的特效藥。」（馬偕，p.266）1905年日本殖民政府更於「隘勇線」架設電網，許多高山族原住民誤觸電網而慘死。

廿六、原住民與中國移民

　　台灣島的高山族原住民並不是被中國移民趕上高山地區的，而是荷蘭人來台之前，就已在山地生活。西部的平埔族有被驅趕進入丘陵地區，但也沒有被驅趕至內山地區，大部分平埔族反而在西部平原扮演重要角色。平埔族捕鹿所剝製的鹿皮，出口至日本，一直都是荷蘭殖民時期的重大經濟項目與獲利來源。

　　清代中國政府的皇帝本身就是中國的少數民族，處理平埔族的權益，和處理中國東北、西南的邊疆民族的做法類似。只要平埔族不涉及「叛亂」，清政府在平衡中國移民和平埔族的權益時，會偏向保護平埔族的利益。尤其借重平埔族的武力，鎮壓暴動的中國移民，更是統治台灣島的重要關鍵。清政府因應不斷增加的中國墾民，採取多種保護平埔族利益的措施，從「禁墾番地」、「禁娶番婦」，到同意「代輸社餉」，最後建立「番大租」制度，設立「番屯」，進而允許「割地換水」，無不處處用心。

　　中國移民奪佔平埔族的土地，常見的手法有：

1. 放高利貸給平埔族，利率常高達30%，利用平埔族較無利率觀念，最後無力償還借貸，任由中國移民強佔土地。

2. 利用平埔族不擅水田稻耕，於租佃時故意拉高水利灌溉的成本，稱「墾底」，壓低租金或租佃率，取得永佃權，奪佔土

地。

3. 平埔族各村社領地的界線不清楚時，向甲村社租佃土地，卻故意侵入隔鄰乙村社的土地，形成強佔土地。

4. 利用平埔族婦女的土地繼承權，娶平埔族女子為妻妾，爭奪土地繼承權。清政府雖禁止中國移民娶平埔族婦女，但遇有懷孕生子，由子女出面繼承土地，清政府亦莫可奈何。

5. 利用平埔族迷信心理，中國移民故意在土地上盜葬，逼平埔族典讓土地。

6. 以優勢武裝墾佃，驅逐弱勢平埔族，甚至設計鬥毆，謀殺平埔族。

1722年清政府積極劃定原住民耕地，明令保留，不得買賣。1727年明定原住民大型村社配發土地500甲，中型村社配發土地400甲，小型村社配發土地300甲。1738年下令禁止中國移民與原住民通婚。1766年設置南北路「理番同知」衙門，南路在台南，轄22社；北路在鹿港，轄72社。「理番同知」負責取締違法欺凌原住民的中國移民，檢視中國移民與原住民的土地交易合約，阻止中國移民購買原住民土地，確保原住民土地沒有減少，懲罰擅入高山族保留區「番界」的官民，提拔原住民出任「土官」或「通事」，設立「番學」教育原住民兒童，防範高山族「出草」。

1724年和1725年雍正皇帝兩度下令，准許平埔族村社將獵鹿場出租給中國移民開墾。乾隆時期，清政府撥放給平埔族的「番屯」土地，用來獎勵平埔族協助鎮壓林爽文有功，並期待平埔族可以增強清政府的軍事力量，防禦高山族出草獵首。「番屯」土地可以由子孫繼承，也可以放墾給中國移民，收取「番大租」。隨著野鹿的捕獲量加大，到清代中國治理台灣島時，原本野鹿奔騰的原野獵鹿場，已是荒野一片。只要平埔族宣稱這些獵鹿場是傳統領地，清政府都支持該土地是平埔族可以向中國移民收取「番大租」的土地。

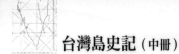

　　清政府了解習於狩獵的平埔族，受限於「女耕男獵」的文化，不善於耕作，用「番大租」模式可以確保平埔族的忠誠。維護平埔族的土地權益，也維護清政府治理台灣島的平衡穩定。「番大租」通常是村社集體共有，非個人私有。從這些地籍資料顯示，平埔族並未因中國移民擴墾而遭驅趕至高山上，反而留在原址收取「番大租」。到了乾隆後期迅速「涵化Aculturation」成為中國式的地主，平埔族的食物、衣著、語言、家庭模式逐漸習得中國移民的文化，通稱為「漢化」。但是「番大租」制度不利日本財團獵取土地，當日本殖民台灣島時，下令廢除「番大租」制度，原住民的土地權利遭剝奪，土地也遭日本人吞沒。

廿七、原住民的負擔

　　清代中國時期，原住民被課徵的賦稅有「社餉」和「徭役」。「社餉」常以租地給中國移民收取「番大租」時，由中國移民代繳，再從「番大租」中扣除，所以原住民要直接負擔的是「徭役」。「徭役」包括「運送勞役」和「營造勞役」。「運送勞役」有遞送公文、協助渡河、駕駛牛車、搬運貨物、載送官兵等。「營造勞役」包括修築官署、穀倉、公館、道路等，「營造勞役」動輒數月，又急需大量人員，原住民還要自備工具、乾糧到指定地點報到。

　　「徭役」對原住民有很多困擾，隨時徵調，沒有固定時間、工時，干擾農事節氣或狩獵季節，且勞逸不均。在南北縱貫道路沿線附近的平埔族村社，徭役負擔相對重很多，離縱貫道路較遠的村社負擔較輕。因此，1731年台灣府在彰化以北大興土木，就激起大甲西社事件。

　　1710年海盜鄭盡心以淡水、基隆為基地，在浙江、福建、台灣海峽一帶肆虐，影響台海來往船運的安全，清政府派遣陸軍「半線營」

從彰化北上基隆，派遣海軍「鹿港汛」從鹿港北上淡水。「汛」原指河流定期的漲水，清代中國的兵制，凡千總、把總所統率的綠營兵稱為「汛」。「鹿港汛」指綠營兵進駐鹿港的營部。這些軍隊的駐防移動，都仰賴原住民搬運輜重、糧草、武器，甚至運送官兵。1711年台灣府有120名官兵正式移防北部，1719年設立北路淡水營，開闢彰化至台北的道路、運送公文、協助官兵渡河涉溪無數，接著興建驛站、官署、營站、倉庫，都構成原住民吃重的負擔。

但有些案例，原住民可獲得有償勞役。康熙年間，彰化社頭的大武郡社鄰近大武郡山，可供應清政府製造兵船的木材。每逢兵船修造時期，找原住民砍伐大武郡山的木材，用牛車運下山，再沿縱貫道路運至台南安平的造船廠。沿途靠各地原住民村社接力搬運，每年至少1,200車次，每次運費3.5元，總運費4,200元。台灣府只出100元，其他運費由沿途的中國移民分攤，形成原住民出力，中國移民出錢的分攤制度。運送木材常需強渡濁水溪、曾文溪，從大武郡到台南安平要走8天才能抵達。遇有運送大型船體的龍骨用木頭，尚須50頭牛拉動，耗時15天才能抵達台南。後來大武郡林場廢棄後，改從南投竹山、台中潭子採木，利用濁水溪、大肚溪的水流，漂送木材至海口，再用拖船拉至台南安平，縱貫道路上運送木材的景象才消失。當時1銀兩等於1.39元，每石稻穀0.8元。1819年台灣府歲入18.8萬石稻穀及銀兩1.4萬兩，等於只有17萬元。

廿八、原住民的擺渡權

大清帝國皇帝出身中國少數民族，對少數民族暴動的處罰，比荷蘭人、中國漢族政權的延平王寬厚很多，在保護原住民土地權益上著墨甚多，包括設立番大租制度，禁止中國移民娶原住民婦女為妻妾，還把河川渡口的經營權特許給平埔族，只准平埔族村社經營渡口的擺

渡生意。1720年代起，較大規模的渡口，如灣裡溪（曾文溪）、茅港溪、鐵線橋溪（今已消失）、急水溪、八掌溪、牛稠溪（朴子溪），除了急水溪的渡口交給附近一所佛教寺廟經營外，其餘全交由平埔族村社經營。灣裡溪的南渡口交給灣裡社（Baccloulangh，目加溜灣社，台南安定區），北渡口交給麻豆社（Mattauw），茅港溪的渡口交給蕭壠社（Soulangh），鐵線橋渡口交給打貓社（Dovoha，嘉義民雄），石龜溪的渡口交給他里霧社（Dalivo，雲林斗南）。

中國移民爲了爭奪這些渡口的擺渡權，常藉機放高利貸給原住民，再以渡口擺渡權作抵押，久而久之，渡口擺渡權陸續落入中國移民的「流氓角頭」手上。對平埔族而言，現代本省人的祖先才是可惡的外來剝削者。彰化以北的渡口擺渡權，清政府是否特許平埔族村社經營，尚無資料佐證。渡口擺渡權落入中國移民之手，十八世紀後，清政府開始對渡口經營者課徵賦稅，抬高擺渡費用，反而不利縱貫道路的通行。

第二章
雍正（1722年-1735年）

雍正皇帝1678年生，姓名「愛新覺羅 胤禛」，爲康熙皇帝第四子，1722年底繼位皇帝。1725年雍正皇帝處死年羹堯，1735年去世。台灣島在雍正時代相對平靜無事，除了1721年原住民暴動或起事的「骨宗事件」和1732年「大甲西社事件」外，中國移民只有小規模的「吳福生民變事件」。

一、骨宗事件

「骨宗」是南投水沙連社邵族原住民首領的名字。因清政府嚴禁出草殺人，及課徵賦稅過重的問題，「骨宗」於康熙晚年的1721年趁朱一貴事件方興未艾時，暴動反清，率領阿里山與水沙連各原住民村社殺害通事。1725年至1726年間統計，共出草11次，殺死62人，宰殺耕牛160隻，焚燒房舍81戶，出草範圍廣及台中南屯和雲林斗六。1726年9月「骨宗」被清軍剿滅，搜出出草頭顱85顆，骨宗和兒子「麻思弄」、「水里萬」被斬，史稱「骨宗事件」，水沙連社原住民勢力就此衰弱。清軍設立「水沙連堡」，以武力禁絕邵族出草殺人，割取頭顱的習俗。中國移民在清軍武力保護下，蜂擁入居南投。歸降的水沙連24社的原住民，在清政府運作下，反成爲中國移民的保鑣，即「隘勇線」的「隘丁」，抵禦其他高山族原住民，取締高山族出草獵首，成爲中國移民開墾南投的屏障。有人說清政府治台消極不作爲，骨宗事件的後續政策的推行是最佳否證。

二、分類械鬥

康熙、雍正時期中國移民大舉入台，常因同鄉宗族互相援引，結夥入台開墾，形成同籍聚居的村莊。由於不同祖籍地緣的村莊，語言

腔調容易區別，遇有爭地搶水，每每發生不同村莊按祖籍地緣分類結盟，互相攻伐械鬥，累積宿怨。甚至在都市市集，亦各依祖籍神祇，建立不同廟宇，組織地緣派系，爭奪地盤、碼頭或生意，呼朋引伴，械鬥攻擊。荷蘭人和延平王時期，中國移民尚稱人丁單薄，且皆官方安排的渡海移民，資源由官方分配，不易結夥互鬥。清代中國時期，中國移民大都是自發性的民間移民，資源靠自己張羅，土地靠自己爭取，結夥械鬥掌控地盤，成爲生存競爭的選項。清代中國的分類械鬥，造成台灣島庶民文化特有的崇拜流氓、稱強黑道的氣息，至今尚存。

　　台灣島各類中國移民之間不斷發生「分類械鬥」，最嚴重的是「漳泉械鬥」，再來是「閩客械鬥」。但相較廣東省的「土客械鬥」，台灣島的「閩客械鬥」並不特別嚴重。械鬥原因主要是水源、土地、生意地盤糾紛，甚至小小的個人家族恩怨，動則爆發數十人，甚至成百上千人的集體械鬥。自1722年開始有記錄，較大型的「鳳山縣」閩客械鬥，1751年漳泉械鬥發生在「台灣縣」，接著彰化、嘉義、台北、宜蘭、台中陸續發生械鬥，到1883年後才停息，前後長達160年。

　　清朝皇帝非常痛恨民衆分裂械鬥，但駐台官員囿於人情事故，常困於「鄉情」，屢屢以勸誡爲主，終於惹惱乾隆。1750年台中豐原客家籍墾首張達京（1960-1773）被控介入閩客械鬥，操縱高山族出草，兼併巴宰族土地，逼迫巴宰族遷徙至南投埔里或苗栗三義，清政府念其鎮壓大甲西社事件有功，僅革職遣送回廣東潮州，終生不得返台。1759年雲林大林的漳州籍墾首楊逞招募武裝佃丁，欺壓泉州鄰農，使用武力兼併田地，介入漳泉械鬥，立遭清兵圍剿，全家遭抄殺殆盡，楊逞被解送福州處死。1782年（乾隆47年）彰化爆發分類械鬥，乾隆下令就地正法200多人，福建巡撫雅德、台灣道員穆和蘭、台灣鎮總兵金蟾桂未親自到場，僅派知府、副將處理，立遭乾隆嚴加議處。台灣知府蘇泰未迅即逮捕人犯，探「勸諭和息」，乾隆批示「罔顧大體，

姑息養奸，參革治罪」。其他一干知縣、武官全被革職查辦。乾隆把分類械鬥無法消弭歸咎於「文武各官平日廢弛玩縱，以致釀成事端，又不立即擒賊」，乾隆要求道鎮府縣官員親自處理，肇事首犯就地正法，「俾奸民知所儆畏」。1783年（乾隆48年）乾隆再度下令「台灣民俗健悍，易於聚眾滋事，自上年大加懲創之後，朕以為其風可以稍戢；乃現在此案（林淡案）人犯又有如許之多，可見該郡孤懸海外，距省遙遠，政務廢弛已久，非竭力整頓，難以綏輯。」（林玉茹等，p.16）1807年漳州籍的嘉義墾首翁裕（翁雲寬）介入漳泉械鬥，被控「縱佃殺人」，遭台灣鎮總兵鎮壓，翁裕家產全部抄沒，翁裕本人被迫自殺，更是一例。開發雲林嘉義的五大漳州籍墾首鄭萃徘、林克明、楊逞、翁應瑞、蔡麟，就有楊逞和翁應瑞（翁裕之父）兩家因分類械鬥遭抄家。有些台灣史學者受日本人影響，不查史籍記載，指謫分類械鬥是清政府刻意「分而治之」的手法引起的，可說都是無的放矢的論述。

各地區的械鬥也各有不同特質，有人說南部地區因施琅拒斥客籍移民，直到1696年施琅去世，客籍人士才大舉移民入台。但1684年已有粵籍客家移民在高屏溪南側組成客籍村莊，可否定前述說法。台灣島南部地區因此較多閩客械鬥，較少漳泉械鬥。中部地區則以漳泉械鬥為主，少有閩客械鬥。北部地區在新竹以南，泉客械鬥較多。新竹以北至桃園地區，則以漳客械鬥較頻繁。台北盆地所發生的幾乎全是漳泉械鬥，甚至是泉州籍內部械鬥，如1853年的「頂下郊拚」。

泉州的泉安（晉江）、惠安、南安人，合稱「三邑」，組織「頂郊」商團，專與泉州、福州貿易。泉州同安、廈門人組織「下郊」商團，專與廈門、漳州交易。「頂郊」與「下郊」爆發激烈械鬥。械鬥雙方都是泉州人，為了艋舺碼頭的利益分配，以及霞海城隍廟與龍山寺諸神合祀問題，爆發爭鬥。三邑人先發攻擊同安人，焚毀同安人的聚落（老松國小），同安人敗退，逃往大稻埕重建商機和霞海城隍廟。《天津條約》開港後，三邑人排斥洋行，同安人歡迎洋行，結果

洋行造就大稻埕和迪化街近90年的輝煌歲月。三邑人的艋舺則相對衰退落後。

　　1926年日本殖民政府對中國移民的祖籍作出詳細調查，其比例如下：泉州44.81%、漳州35.17%、汀州1.13%、龍岩0.43%、永春0.55%、興化0.25%、廣東（包括潮州、嘉應州、惠州）15.63%、其他1.30%。換言之，閩南籍佔79.98%，閩西籍佔2.36%，粵客籍佔15.63%，這個比例直到1945年都沒有顯著的變動。

　　「械鬥」可說是移民社會人口密集達到一定程度的普遍現象，也是當時中國各邊疆地區的共同現象，台灣島並不特殊。只是清代中國時期，新移民人口不斷增加，社會控制機制無法有效建立，使台灣島的大小械鬥現象，長期持續不斷。1858年中國與英、法、美簽訂《天津條約》，1862年台灣島開港，淡水、基隆、台南、高雄成為國際貿易港口，產業興盛，經濟起飛，失業率大降，羅漢腳消失，分類械鬥也隨之消聲匿跡，這個現象證實台灣島的分類械鬥是經濟結構引起的社會問題，跟清政府的積極或消極治台無關，而且在經濟結構因《天津條約》而改變後，原有的社會問題也隨之消失。

三、開鑿埤圳

　　靠著清軍武力的保護，中國移民無懼於原住民的攻擊，積極擴大農田水利設施。1715年王世傑（1661-1721）在新竹開鑿水圳灌溉114甲農地，1725年擴增至400甲，被稱為「四百甲圳」或「新社埤圳」，興建經費貸款自「隆恩銀」，後來無力償還，將埤圳及鄰近土地抵債，成為公有埤圳。王世傑於1721年巡視水圳時遭原住民出草斬首，入殮時用金屬鑄頭，歸葬金門，稱金頭殼墓。「隆恩銀」是清朝皇帝頒給駐台班兵的退休撫卹基金，常作為台灣島各項建設的資金來源。因此「四百甲圳」改稱「隆恩圳」，其上游的攔河堰壩就稱為「隆恩

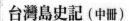

堰」，現在還是新竹科學園區的供水設施。新竹隆恩圳與嘉義道將圳、彰化八堡圳並稱台灣島三大古圳。除了新竹之外，苗栗、南投、嘉義都有隆恩圳。

清政府大力建設的埤圳都發揮了很大生產效益，1723年雍正時期，楊志甲引貓羅溪水，建造「福馬圳」及「深圳」，灌溉彰化地區1千餘甲農田。同年張達京（張振萬號）也在台中豐原的葫蘆墩，建造水利設施「貓霧捒圳」，灌溉1千餘甲農田，台中及彰化地區於是成為台灣島的米倉。台北的景美溪古名「霧裡薛溪」（因巴賽族的霧裡薛社得名），1724年引水自景美溪，建造「霧裡薛圳」，灌溉台北市西南部農田，是台北盆地最早的水圳。「霧裡薛圳」原先由墾戶自行挖掘，半途資金短缺，由周姓人士合股出資兩萬銀元，再由「陳元利號」提供儲水埤地，並與「周和軒號」參與建造埤岸和水門，1736年乾隆時期才全部完工，灌溉589甲田地。「霧裡薛圳」又名「內湖陂」或「周七股圳」。1915年日本殖民政府將「霧裡薛圳」併入瑠公圳。

四、台南府三郊

台灣島的海外貿易，在雍正時期成長快速，各地港口促成專業貿易商社的出現。1725年，台南安平港附近出現「台南府三郊」的貿易商公會，「郊」是閩南語稱呼「商會」的專門用語，每個「郊」的會員商號少則10數家，多則上百家，大體上是按進出口貨物品項及船運出口地區分別組成，畢竟當時船運成本相當昂貴，「郊」可以發揮降低運輸成本的好處。擁有帆船往來台灣海峽兩岸從事進出口貿易的商行被稱為「船頭行」，基於相同港口和分擔船運成本，以幾個「船頭行」為首組成的商團，因此取名「行郊」（王惠君，p.46）。1725年，經營福建福州以北貿易的商號20餘家，以蘇萬利商號為首成立「北郊」。1732年，30餘家商號經營福州以南的貿易，以金永順為代表，

成立「南郊」。1740年，糖商50餘家，以李勝興號爲首，成立「糖郊」。北郊、南郊、糖郊合稱「台南府三郊」。「郊」的組織出現，有效安排運輸船舶，調度船艙，規劃船期，整理貨品貨源，控管價格，增強米糖外銷，促使產量大增。

但其他貿易港的開港時間則慢很多，都是到了乾隆晚期才開港。彰化鹿港於1784年開港，台北八里坌於1792年開港，台北艋舺於1794年開港，所謂「一府二鹿三艋舺」就是描述這些貿易港口，造就台灣島在清政府時代成爲貿易島的榮景。從開港的運量變化也可看出兩岸貿易的增長和改變的狀況。

1717年已有商船從鹿港載運農產品至泉州，1757年乾隆取消所有海關，只留廣州，泉州商人於是遷移至鹿港繼續營運。1784年乾隆特許鹿港與泉州蚶江口港直接通航，於是出現鹿港「泉郊」，再形成「鹿港八郊」，包括泉郊金長順、廈郊金振順、布郊金振萬、糖郊金永興、靆郊金長興、油郊金洪福、染郊金合順、南郊金進益。1824年天津糧荒，鹿港運稻米至天津，又產生「北郊」。

台灣島的都市形成，以商港「郊」聚市集爲主。北部地區最早的市集在八里坌，1788年開放八里坌與福建福州的五虎門港對口貿易。淡水河運發達後，貨物溯河而上，運到新莊卸貨，新莊取代八里坌成爲市集。後來新莊附近河道淤積，新店溪和大漢溪匯流處的艋舺又取代新莊。著名的「艋舺三郊」，如泉郊金晉順、北郊金萬順、廈郊金同順都經營得很成功，1840年時艋舺已成爲台灣島北部最大市集。

「糖郊」跟作物產地有聯繫，台灣的甘蔗產區有兩塊，一是「台灣府產區」，從雲林北港到台南安平。一是「打狗產區」，從高雄茄萣到屏東恆春。清代台灣島生產蔗糖出口中國大陸，以浙江、江蘇爲主要市場，與四川糖競爭。蔗糖出口港形成許多貿易商會的「糖郊」，如台南三郊之一的「糖郊李勝興」、笨港的「糖郊南北行」、鹿港八郊之一的「糖郊金永興」、鹽水港的「糖郊」、新竹的「塹郊」、艋舺三郊的「泉郊金晉順」、「北郊金萬利」、「廈郊金同

順」等。製糖工場稱「糖廍」，有蔗農經營的「牛掛廍」，有糖業銷售商人合股經營的「公家廍」，有糖郊財主投資設立的「頭家廍」。

到十九世紀，蔗糖貿易開始有洋行介入，貿易方向由兩岸貿易轉向國際貿易，如美國羅畢納洋行（Robinet）、澳洲墨爾本糖屋（Melbourne Sugar House）。後來很多替洋行做代理商的中國人也學會國際貿易，做起蔗糖國際貿易，這些代理商稱為「買辦」，如陳福謙的順和行控制出口至日本的蔗糖生意。蔗糖貿易使台灣島的糖廍工人的工資，高出福建工人的3倍。

五、簡岳慘案

中國移民入台也不是沒有悲劇，1729年廣東客家人簡岳率族人至台北公館、景美、木柵一帶開墾，遭原住民攻擊，全族不分男女老幼，全部慘遭屠殺，無一活口，「簡岳慘案」是雍正時期中國移民最大的慘案。「簡岳慘案」發生前，雖有中國移民陸續前來台北地區墾拓，但為數甚微，當時台灣島北部還很荒涼，尤其淡水河沿岸常有傳染病肆虐，連清政府官員都懼於前往。福建巡撫陳璸（1656-1718）於1715年視察台北，是第一位來到台北盆地的清政府高級官員。

陳璸是清政府治理台灣島的能臣廉吏，廣東海康人，1694年中進士，1699年任福建古田知縣，1702年任台灣縣知縣，1703年調任刑部主事，1710年出任福建分巡台灣廈門道道員，治績卓著。曾追捕海盜，抵達淡水。1711年派兵駐守淡水、竹塹、南崁。1714年升任湖南巡撫，1715年調任福建巡撫，1718年去世。康熙讚賞說：「陳璸居官甚優，操守極清。」

六、大甲西社事件

　　相較於1710年以前，清政府未在彰化以北派駐官兵，不需課徵原住民「徭役」負擔。1710年以後，彰化以北到苗栗通霄之間，官兵往來開始頻繁，官府動輒要求原住民協助渡河、搬運物品、遞送公文、提供牛車運送官兵巡邏。十八世紀初期，台灣島的縱貫道路只有台南到彰化，北部地區勢須興建道路，走海岸線向北延伸。開闢往台灣島北部的沿海道路，要渡過大肚溪、大甲溪、相尾溪（大安溪）。沿海各原住民村社的「徭役」因而暴增，包括大肚社、沙轆社、牛罵社、大甲西社、大甲東社、雙寮社、南日社、宛裡社、吞霄社等，都要負擔很重的「徭役」。離開縱貫道路線的近山村社如「岸裡大社」卻不必提供這些「徭役」，近海村社日久自然心生怨懟，孳生反清的心態，甚至反對中國移民村落或「外來政權」的抗爭情結。各原住民村社反清與擁清的界線剛好可以「徭役」負擔的輕重，做一清楚的區隔。

　　1731年12月24日，台灣鎮官兵12人由牛罵社人駕車巡邏至大甲西社（Taikasei，台中大甲番仔寮），突遭道卡斯族（Taokas）的大甲西社人，因不滿清政府分派「徭役」太重，聚眾攻擊，有兵員2人受傷。官兵逃往沙轆社，大甲西社人也跟著衝到沙轆社，放火燒毀沙轆社附近的「台灣府淡水廳撫民同知衙門」，殺傷清兵。剛接任不久的台灣鎮總兵呂瑞麟才巡經大甲西社，剛抵達南崁社，得知大甲西社起事，急調駐紮竹塹社附近的官兵南下鎮壓，並急告台南府城派兵北上。

　　台南府城派出西拉雅族四大社戰士隨軍北上，但府城不只擔心大甲西社起事，更擔心縱貫道路斷絕，因為時值冬季，東北季風強勁，海運北上困難。台中以北的軍需糧餉勢必短缺，遇有海盜登陸突襲，淡水、基隆將被攻陷。因此非強力鎮壓，堵住縱貫道路旁的大甲西社

不可。鎮壓行動長達4個月，大甲西社已準備談判投降。

　　沒料到預定投降前10天，有5名協助清軍運糧的大肚社人，遭台灣道員倪象愷（1684-1745）的劉姓表親殺害，還用屍體冒充大甲西社的「叛亂匪番」邀功。事跡敗露，這位劉姓表親遭移送彰化縣衙論罪，彰化知縣張弘章卻無罪開釋。1732年5月25日（農曆5月2日）消息傳出，原本支持清政府的平埔族十分憤怒，強烈反彈，湧向彰化縣城抗議，演變爲台中一帶幾乎所有「番社」圍攻彰化縣城的暴動，包括大甲東社（台中外埔）、南大肚社（Chamachat或Dorida Mato）、沙轆社（Salach，台中沙鹿）、牛罵頭社（Gomach，台中清水）、樸子籬社（Alboan Paualay，台中東勢、石岡）、吞霄社（苗栗通霄）、阿里史社（Rarusai或Lalisai或Alboan Balis，台中潭子），共有2千多名原住民參與，範圍橫跨大安溪到大肚溪，史稱「大甲西社事件」。後來蓬山社（台中大甲）、貓羅社（彰化芬園）、貓盂社（彰化苑裡）、水裡社（Bodoer，台中龍井）、阿束社（Asoeck，彰化茄苳、和美）、柴坑仔社（Barariengh，柴仔坑社，彰化市香田里、國聖里）也響應暴動。20天內彰化以北全部失守，縱貫道路自彰化到通霄的陸路交通全部斷絕。

　　1732年7月6日，清政府調集6千多名官兵，派福建陸路提督王郡率大軍登陸鹿港，立即揮兵攻佔大肚溪南岸的阿束社，控制渡口。8月21日大肚溪水消退，立刻強渡大肚溪，攻佔北岸的南大肚社，放火焚燬南大肚社。8月29日南大肚社、阿束社投降。8月31日柴坑仔社、中大肚社（Dorida Babat）、北大肚社（Dorida Amicien）、水裡社投降。9月9日攻佔沙轆社、牛罵頭社。9月18日強渡大甲溪，攻佔大甲西社、雙寮社（台中大甲建興里）、貓盂社、宛裡社、房裡社、吞宵社。王郡擊破各個暴動的村社，從7月至11月共俘虜原住民1千多人，陣前斬殺41人，傷重死亡21人，捕獲斬首18人，處決大甲西社頭目林武力等13名村社頭人。事後王郡寬待參與起事的原住民，除了戰役傷亡的原住民及斬殺帶頭的首腦外，幾乎不清算、不處決、不滅族。1886年湖南總兵李惟義(?-1901)來台平定罩蘭社（Tarien，苗栗卓蘭）、武榮

社（Buyung，台中和平桃山部落）、蘇魯社（Sulo，苗栗大湖）之間的戰亂，任命林武力的後人世襲擔任「大甲屯兵營」的「幫帶」（副連長）。值得一提的是，林武力的後人林鴻貴在1895年日本征台戰役中，力守大甲，奮戰日本軍隊而陣亡。

　　大甲西社事件平息後，清政府在彰化縣城東門外的山頂上，建造一座八角亭，亭頂繪有八卦圖，稱「鎮番亭」，從此這座山被稱為「八卦山」。但是清政府戰後並未檢討徭役過重的問題，台灣府官兵從台南府城向南至屏東瑯嶠，都是雇用中國移民當挑夫扛運。向北至彰化的官兵卻徵調原住民當無薪的苦力，尤其1712年後，大甲以北增設七個軍事駐點，最北至八里坌社。1718年又增設淡水營、雞籠營，官兵所需挑夫人力更多。大甲以北的中國移民又非常稀少，官兵有錢也顧不到挑夫，又貪圖便宜，強徵原住民牛車。官兵又採班兵制度，三年輪調一次，幾乎每個月都有班兵屆期要南下府城，準備離台，或北上駐防。縱貫道路沿線的平埔族村社的徭役之重可見一斑。這個問題直到1752年才解決，一方面中國移民的村落在彰化以北漸漸增多，雇用挑夫、轎夫、渡口擺渡船夫益加容易，移防巡邏逐漸不是問題。另方面，中國移民商人增多，民間交通需求增加，民間運輸勞力供應產業的規模也擴大，清政府官兵不再依賴原住民的徭役，引發大甲西社事件的原因才消失。

　　由於巴則海族（Pazehhe）的「岸裡大社」（Lahodoboo、Pahodobool、Pahadopuru或Tarovagan，斗尾龍岸社，台中神岡）的原住民在潘敦仔領導下，始終堅定支持清政府，協助清政府鎮壓「大甲西社事件」的暴動有功，獲得賦稅減免及貿易特權，快速壯大，進而併吞道卡斯族的貓盂社、大甲西社和拍瀑拉族的大肚社、牛罵頭社、沙轆社的土地，成為台灣島中部最大的原住民部落。同時貓盂社被改名為「興隆社」、大甲西社被改名為「德化社」，沙轆社被改名為「遷善社」，牛罵頭社被改名為「感恩社」。

　　「岸裡」（Paha或Paho）是巴則海族語，用來稱呼台中「大坑

山」爲「岸裡山」，「大社」是部落的單位。「岸裡大社」部落涵蓋
九個村社：麻薯舊社（后里，墩仔腳，內埔）、翁仔社、葫蘆墩社
（Paradan，豐原）、岸東社（Rahodo, Puru，岸裡大社的總社）、岸
西社、岸南社、麻裡蘭社（豐原社皮）、崎仔社（岐仔，神岡下溪
洲）、西勢尾社，分布在台中神岡、豐原、后里（舊稱「內埔」）等
地。部落轄區東至大坑山東側的東勢，西至大肚山，南至潭子，北
至大甲溪北。「岸裡大社」的頭目尙可管轄台中潭子的阿里史社、
烏牛欄社，以及台中東勢、新社、石崗地區的樸仔籬社（噶哈巫族
（Kaxabu））。康熙年間，「岸裡大社」的領地已遍及台中、苗栗，
人口達428戶，有3,368人。

　　1699年、1715年，「岸裡大社」頭目阿穆（Avok，阿莫）協助清
政府鎮壓呑霄社（苗栗通霄）的反抗，阿穆因功受封「總土官」。阿
穆的兒子叫「阿籃」，孫子就是台灣史上的重要角色「潘敦仔」（敦
仔阿打歪）。1721年朱一貴事件期間，潘敦仔協助清軍防守大肚溪，
受封「六品軍功職」。潘敦仔曾參與1726年鎮壓水沙連社的骨宗事
件、1731年鎮壓大甲西社事件及吳福生事件、1737年鎮壓後龍社和
嘉志閣社暴動、1742年鎮壓南北投社王文興起事。1758年，乾隆改
變「通事」任用辦法，盡量任用平埔族取代中國移民當「通事」，賜
「潘」姓給敦仔，派潘敦仔爲「岸裡社總通事」，並把世襲「土官」
改制爲非世襲的「土目」，再派潘敦仔爲「土目」。岸裡大社也留有
羅馬拼音的文書，稱「岸裡文書」，不讓「新港文書」專美於前。潘
敦仔的兒子潘士萬、潘士興兄弟鬩牆，骨肉相殘，潘家很快就沒落。

　　清政府治台初期並無明確的原住民治理政策，由於大甲西社事
件改採「順撫逆剿」政策，並爲降低中國移民與原住民的衝突，禁止
中國移民越界進入原住民部落，禁娶原住民女子爲妻，禁止收買原住
民土地，形成「原住民保留區」或「原住民隔離區」的政策架構。乾
隆皇帝時於1768年在彰化設「北路理番同知」的專職官員執行政策，
1788年這個官府遷往鹿港。

七、吳福生事件

大甲西社事件發生時，駐紮鳳山的台灣鎮總兵呂瑞麟率軍赴大甲平變，朱一貴的餘眾吳福生打著「大明得勝」的號召，聚眾數十人攻佔高雄岡山，並進攻高雄鳳山縣城，遭遇福建陸路提督王郡帶兵突擊，再加上千餘名「六堆」客家民兵支持清政府軍，吳福生兵敗被殺，史稱「吳福生事件」。

八、中國移民大開墾

中國移民的開墾過程篳路藍縷，中間也有失敗者，更有因爭奪土地利益發生械鬥者。到了雍正年間，台中、彰化地區的平原幾乎全被開墾成田地。其他地區也由新墾號積極開墾。中國移民的開拓力量可見一斑，列表參照於下：

年代	開墾事蹟
1723年	「墾首」鄧旋其購買王謨、朱崑侯的「陳和議」股份，成為海山莊大地主，繼續開墾台北大溪、三峽，並與胡詔合夥開鑿水圳。
	胡詔買下賴科的「陳和議」股份，鄧旋其和胡詔成為海山莊兩大地主，但最後兩人也都開墾失敗，賠光資金。
	不知名的「墾首」開墾基隆崁頂。
	彰化楊志甲引貓羅溪水建造「福馬圳」及「深圳」，灌溉彰化地區1千餘甲農田。
	台中豐原的張振萬也在葫蘆墩建造水利設施「貓霧捒圳」，灌溉1千餘甲農田，台中及彰化地區於是成為台灣島的米倉。

年 代	開墾事蹟
1724年	「懇首」閩南籍的嚴王璋開墾台中梧棲南簡，與後到開墾的「墾首」客家籍張達京衝突，時生閩客械鬥。 福建水師提督藍廷珍當「墾首」，設立「藍張興莊」墾號，支付「番大租」給貓霧揀社，開墾台中地區，原開墾區域是1710年台灣副將張國設立的墾號「張鎮莊」，1719年張國的墾民與原住民（生番）衝突，遭獵首9人，閩浙總督覺羅滿保下令廢莊。 藍廷珍是畬族，不是漢族。藍廷珍家族帶頭越過土牛溝，違法霸墾原住民土地，又違法包庇中國移民偷渡，替藍張興莊開墾。
1725年	「墾首」徐立鵬開墾竹塹紅毛巷、新莊仔（新竹竹北）。 不知名的「墾首」開墾南投草屯、名間、中寮。 「墾首」薛啓隆於1721年當兵來台，1725年離兵務農，開墾雲林斗六，1737年北上開墾桃園。
1726年	「岸裡大社」頭目潘敦仔割讓村社土地給其姑丈張達京等中國移民，換取張達京投資開鑿水圳，史稱「割地換水」。
1727年	「墾首」楊道弘開墾「興直埔」，東到大嵙崁溪（大漢溪）、西到興直山（觀音山）、南到龜崙嶺（海山）、北到沼澤地（三重、蘆洲）。當地原本有原住民的「武　灣社」。
1728年	「墾首」郭天光開墾桃園南崁、大園、台北林口。其子郭龍文繼續開墾桃園觀音、桃園中壢。
1729年	「墾首」張祖胎開墾南投竹山。 廣東客家人簡岳率族人至台北公館、景美、木柵一帶開墾，遭巴賽族平埔族原住民滅族，史稱「簡岳慘案」。
1730年	彰化平埔族東螺社（Dobale Bayen、Taopari）曾招募中國移民當「小租戶」，東螺社收「番大租」的墾地99.5甲，每甲要繳2.4石粟的土地稅，後來東螺社將「番大租」的土地收租權利以110兩賣給一位「舉人」。每石約等於103.6公升，或2.94蒲式耳。 「墾首」郭宗嘏設立「施茂」號，開墾台北新莊、八里、淡水。 「墾首」王玉成開墾雲林西螺。 不知名「墾首」開墾雲林林內九芎林莊。 「墾首」吳大有開墾雲林元長後湖村。
1734年	「墾首」林秀俊（1699-1770）從中國大陸攜帶資金來台，在大甲西社承租原住民土地，投資開挖大甲圳。 1737年林秀俊設立「林天成」號，開墾台北新莊。 1744年林秀俊又設「林成祖」號，開墾台北板橋、貓裡社（苗栗市），修築貓裡莊圳、大安陂圳。 1751年林秀俊被控侵佔大甲西社原住民土地，遭到羈押兩年。
1735年	「墾首」林豐山開墾高雄美濃（瀰濃莊）。

九、城牆

　　康熙時期台灣島的經濟條件和人口密集度尚無法形成可以建造城牆的都市，所以台灣島各個城鎮除了諸羅縣外都未建造城牆。1687年《福建通志台灣府》507頁記載：「地皆浮沙，震動不常，城易傾頹，而孤懸海外，唯仗中國威靈統攝之，不恃城也，遂止築。」

　　1704年諸羅縣的縣治從台南佳里遷至諸羅（嘉義），爲了防止鄒族原住民突襲，知縣宋永清以竹木爲柵，建造城牆，周長2.2公里，東西南北各設一座城門。1721年朱一貴事件後，1723年知縣孫魯倡改建爲泥土城牆，城外挖溝做護城河。1787年林爽文事件後，泥土城牆用三合土（石灰、黏土、細砂）包覆。1878年知縣單瑞龍改以磚石砌造城牆，外形如桃子又稱「桃城」。1906年嘉義大地震這些城牆幾乎全毀。

　　台南在1721年朱一貴事件後認眞思考建造城牆的必要性。1722年周鍾瑄出任台灣縣知縣，轄區涵蓋台南的南半部和高雄的北半部，北起新港溪（鹽水溪），南至二層行溪（二仁溪），縣治在台南府城。1723年周鍾瑄以竹木爲柵，在台南府城的北、東、南邊以柵圍城，1725年完工形成早期的台南城牆，當時西邊靠海未設柵牆。1788年台灣府知府楊廷修把竹木柵改建爲土牆，東西南北四邊全圍，1791年完工，並設大小東西南北門，共8座城門，形成「台南府城」的格局。城牆周長8公里，城內面積4平方公里。1835年府城西側外，再以土堆築造外城牆，保護大小西門外的商業市集，免於盜匪劫掠，並在外城牆設立拱乾門、兌悅門、奠坤門。1836年在東南角的大東門外種植莿竹，圈圍爲外城牆，設立永康門、東郭門、仁和門。

　　康熙時期鳳山縣縣治設於高雄左營（興隆庄），1722年知縣劉光泗以泥土建造城牆，設有四座城門，1734年再於城牆外種植莿竹。

1825年知府方傳穟集資改造爲三合土及咾咕石的城牆，周長4公里，稱「鳳山舊城」。1788年鳳山縣治曾遷至埤頭街（今鳳山區），建造城牆、護城河及6座城門，稱「鳳山新城」。

黃叔璥在《台海使槎錄》第18頁說1722年有諭令：「台灣斷不可建城，去年朱一貴無險可憑，故大兵入鹿耳門，登岸奮擊，彼即竄逃。設嬰城自固，豈能剋期奏捷？」黃叔璥這段記載有問題，因爲1722年劉光泗已經在建造鳳山城，且當年康熙已重病臥床，於年底去世。

1725年《大清世宗憲皇帝實錄》第三冊卷一二八記載，雍正批准台南以木柵建城時說：「此建築木柵一事，籌畫甚屬允妥，甚爲可嘉。」1733年雍正又說：「土疏沙淤，工費浩繁，城工非易。」簡單的說，清代皇帝節約財政，不用磚石建築城牆，找個擔心造反勢力據城爲由掩飾。到了1787年乾隆時，清代財政相較寬裕，正式批准可以磚石建城。《清高宗實錄選輯》第326頁記載，1787年乾隆說：「惟時以地處海外，無城雖難於防守，然失之易，復之亦易，是以未經建立以節繁費。但該處久成郡縣，與內地無異……朕意與其失之復取既煩我兵力，又駭衆聽聞，何如有城可守而勿失，更爲有備無虞乎。況方今國帑充盈，該處郡城廳縣不過五處，即建立城垣，動用不過百萬，何昔不爲。」1788年乾隆下旨說：「朕意台灣郡城爲根本之地，自應改建磚石城垣」，一語道破清代皇帝的思考，台灣島在十七世紀末至十八世紀初，仍然是低度開發、人口稀疏的島嶼，不必花費巨資修建磚石城牆。用竹木建造城牆，有人據城造反也損失不大，同時較易攻克。到了十八世紀末，台灣島的人口密集度和經濟活動已有花費巨資興建磚石城牆的需要，何況國庫相對寬裕，也有能力負擔。總之，建造城牆與否是治理成本和建造經費的考慮，跟「防台而治台」無關，中國移民雖以漢族爲主，憑當時台灣島漢族人口那一點力量，清軍不到一年就彌平朱一貴、林爽文，台灣島漢族實在沒有條件造反，清政府根本不必「防台」或「防漢」。

　　乾隆雖下令台灣島建造磚石城牆，但率軍來台鎮壓林爽文的清軍統帥福康安（1754-1796）考慮「查該處土性浮鬆，若用磚石成砌，必須下釘樁木再立根腳，未免過費，況石料產自內山，距城窵遠，拉運維艱，舟行又溪河淺狹均不能運載。至磚塊一項，原無難設窯燒造，但以沙土燒磚，究屬易屬酥壞，且柴價昂貴，殊費經營。」因此，台灣島的城牆以泥土城牆為主。

　　1733年新竹作為淡水廳的廳治，種植莿竹為柵作為城牆，並設四座城門。1806年以泥土改建城牆，設有大小東西南北門共8座，周長4.4公里。1827年在泥土城牆之內再以磚石建造較小範圍的城牆，作為內城，城牆周長僅2,752公尺，高度4.8公尺，1902年被日本殖民政府拆除。

　　1734年彰化縣知縣秦士望以莿竹為柵做城牆，東西南北側各設一座城門。1797年知縣胡應魁將城門改建為城樓。1811年以磚石改建城牆及城樓，周長2,960公尺，高度約5.76公尺，1920年被日本殖民政府拆除。

　　1812年清政府設置噶瑪蘭廳，「廳」在清朝時指民族混居或戰略要地的編制，廳長稱為「通判」，全稱是「管理民番海防糧捕通判」或「台灣府撫民理番海防糧捕通判」。台灣知府楊廷理著手建城，先挖溝取土，夯土為壘，壘上種植九芎樹環繞城牆，宜蘭因此又稱「九芎城」。1812年首任通判翟淦密植莿竹作城牆，在護城河上建吊橋。1819年通判高大鏞建造城樓，1830年通判薩廉擴大護城河，1868年通判丁承禧修造震平門、兌安門、離順門、坎興門等四個城門，取「平安順興」之意，另外還建小東門稱「迎春門」。宜蘭城的中心點是媽祖廟「昭應宮」，宜蘭人感念楊廷理、翟淦、陳蒸（第二任通判）三位官員，將他們入祀昭應宮，稱「開蘭名宦三大老」。1875年噶瑪蘭改稱宜蘭。

　　牡丹社事件後，恆春城牆建於1875年，1879年完工，周長2.6公里，設有四座城門，城牆外挖有護城河。

　　1878年台灣鎮總兵吳光亮在南投埔裏社建造「埔裏社廳城」，以泥土爲城牆，種植莿竹，挖掘護城河。城牆周長1.65公里，高5.28公尺，寬3.3公尺，稱「大埔城」。

　　台北城建造時間最晚，1879年台北府知府陳聚星籌款建城，1882年動工興建，1884年完工，城牆周長4.6公里，城內面積僅1.6平方公里，設置東西南北門及小南門共5座城樓。城牆高5公尺，寬4公尺，1904年日本殖民政府拆除大部分城牆，只保留少數城樓。

　　其他尚有1889年興建未完成的台灣省城（台中東大墩），或草率建城遭廢棄的1890年苗栗縣城（貓裏社）、1886年雲林舊城（竹山）、1893年雲林新城（斗六）。

　　有人說清政府爲「防台而治台」，所以禁止台灣島建造城牆，以免台灣居民據地造反。這個說法不符歷史事實：第一，康熙統治前期台灣島各個市集的確沒有建造城牆，但不是爲防止台灣島民造反，而是財政條件不足，當時台灣島民的人口和經濟條件也無造反的能力。第二，康熙統治後期諸羅縣已建造竹木城牆，證明沒有「防台而治台」而不建造城牆的情事。第三，雍正後不顧財政條件，開始進行較多城牆建造工程，如果爲「防台而治台」，應該在朱一貴事件後更加禁止興建城牆才對。第四，如果怕造反民眾佔據城內，清軍不易攻陷，但清軍守城時，造反民眾也不易攻陷，所以「防台而治台」不建城牆的說法自相矛盾。台灣史學許多論述爲了貶抑清朝治理政績，幾乎已到無釐頭甚至不學無術的地步。

第三章
乾隆（1735年-1796年）

　　乾隆皇帝生於1711年，姓名「愛新覺羅　弘曆」，1735年繼位皇帝。乾隆博通滿文、漢文、蒙文和藏文。1738年台灣島的泉州移民在台北艋舺興建龍山寺，1751年乾隆首次南巡，1775年劉松、劉之協創立白蓮教，1782年完成「四庫全書」，1787年台灣島爆發林爽文事件。1795白蓮教起事，暴動遍及湖南、湖北、河南、四川，到1804年才結束。1796年乾隆皇帝退位，1799年去世。

　　在延平王時期，台灣島北部的雞籠、淡水、金包里、唭哩岸、芝蘭堡等據點，以及淡水河沿岸各地區，早已有中國移民的墾殖基地。到清政府時期，中國移民的開拓成就更達高峰，農田擴大，村落增多。乾隆時期中國移民更急速開拓台灣島，北部平原地區的人口密度和田園面積都大幅增加，後更大舉擴展到濁水溪以北的山丘地帶。開墾農田最重要的投資是水利灌溉工程，乾隆時期北部地區最大的水利工程就是「瑠公圳」、「大坪林圳」和「大安陂圳」。從1735年乾隆繼位，到1787年林爽文事件，這52年間的乾隆時代，中國移民的人口也超過100萬人，可說是中國移民建設台灣島的黃金時代。

一、郭錫瑠的「瑠公圳」

　　郭錫瑠1706年生於福建漳州，幼年隨父自福建移民台灣島，先落居彰化，郭家利用八堡圳開墾彰化雲林地區的油車、鎮平、埔心等田莊。1736年，郭錫瑠率族人遷居台北大加蚋堡（Touckunan）興雅莊，即今台北市信義區興雅里。1739年，郭錫瑠變賣家產創立「金順興號」商行，在新店溪上游青潭附近的大坪林開鑿水圳，打算引水數10公里至台北松山、信義一帶，灌溉開墾的田地。但是水源附近屬於泰雅族原住民的獵場，開鑿水圳過程屢遭攻擊，進展緩慢，郭錫瑠束手無策達14年。直到1753年郭錫瑠與大坪林莊墾首蕭妙興等人簽約，由蕭妙興等人另行合股組成「金合興號」，組織民兵防衛原住民，僱用

石匠鑿穿大坪林引水隧道，接手建造上游的引水工程，1760年終於鑿通石碇的引水路。

從1739年起至1760年完工，歷時21年完工，當時稱爲「青潭大圳」或「上埤大圳」。由蕭妙興的「金合興號」與郭錫瑠的「金順興號」共用水源。蕭妙興的「金合興號」修築渠道、給水路，灌溉新店大坪林地區，稱爲「大坪林圳」。郭錫瑠的「金順興號」則另修渠道，通過新店地區，建築「木梘」導水跨越景美溪，1765年全部竣工，灌溉面積2,825甲，後人爲紀念郭錫瑠通稱「瑠公圳」。同年8月卻因颱風侵襲，洪水氾濫，「瑠公圳」的圳道、暗渠等全遭沖毀。郭錫瑠無力修復而抑鬱成疾，同年11月病逝，年59歲，葬於「舊里族」，即錫口山北邊的下塔悠，今台北松山塔悠路附近。

乾隆時期除了瑠公圳外，尙有1749年福建漳浦人林秀俊創立的「林成祖」商號投資5萬兩銀，在台北擺接堡（板橋）建造「大安圳」。1752年，福建泉州人吳洛開墾台中霧峰的阿罩霧、斗六、南投等地，從南投引烏溪水灌溉70餘村莊的農田。1766年，張必榮引淡水河灌溉台北新莊，建造「後村圳」。另有吳際盛同時開拓台北海山堡，建造「福安圳」，爲中國移民的墾殖功業再添一筆。這些來自中國大陸的技術、資金、勞力是台灣島水利工程能成功建造的原因，也是台灣島荒野變良田的最大功臣。

後村圳引大漢溪（大料崁溪）的溪水，灌溉樹林、新莊、三重的農田。主圳道原本是「張厝圳」，由來自雲林的開墾家族張士箱於1745年開鑿，1766年完工，灌溉面積 3,000甲，又稱「永安大陂」或「永安圳」。張厝圳開鑿期間曾因大漢溪改道，遭洪水阻撓而停工。五股的加里珍庄墾首劉和林趁勢於1759年利用大漢溪改道，開鑿「劉厝圳」，1763年完工，灌溉面積1,300甲，又稱「萬安大陂」或「萬安圳」，是新莊第一個灌溉水圳。但張厝圳和劉厝圳因此有引水的矛盾，又有重疊的灌溉利益，始終紛爭不斷。日本殖民政府利用張劉兩家的爭執，將張厝圳和劉厝圳合併，再加上泰山的「草埤」，組成

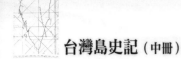

「後村圳」。後村圳得名於「後村莊」，位於新北市樹林區彭厝里。
合併後的灌溉面積為3,554甲。

二、林秀俊的「大安陂圳」

　　林秀俊生於1699年，1771年去世，福建漳州人，1719年渡海來
台。1723年台灣府設淡水廳管轄彰化以北地區，林秀俊任理番通事並
兼任台中大甲西社、苗栗後瓏社的通事。1734年起向大甲西社（德化
社）承租大安溪沿岸塭寮、水柳、溪洲、松仔腳、牛埔的土地，招佃
開墾，並成功地開鑿「大甲圳」，年收租穀達一萬石而致富。1735年
擺接社爆發傳染疫情，1736年林秀俊施藥治療，並娶番社頭目之女潘
氏為妾。1737年林秀俊設立「林天成」墾號，與陳鳴琳、鄭維謙、陳
夢蘭、朱焜侯、陳化伯等人合作開墾台北大加蚋（大安區、中正區、
萬華區）、八芝連林（士林區）、滬尾（新北淡水區）、八里坌（新
北八里區）、興直莊（新北五股區、泰山區、新莊區）等地。1744年
自設「林成祖」商號，開墾擺接堡十七庄（新北板橋區、中和區、永
和區、土城區），並組織武裝民兵，設置隘寮，防衛原住民突襲，東
至秀朗溪，西至擺接溪，南至擺突突（擺接社），北至武勝溪。

　　1736年林秀俊投資5萬銀兩，在「擺接堡」開鑿「大安陂圳」，
全長9,800公尺，供中國移民灌溉農田。「大安陂圳」自土城取大漢
溪水，沿圳溝流至四汴頭，分四條水路，1755年完工，灌溉板橋等地
的農田1,800甲。「擺接堡」是清代的縣轄行政區，涵蓋現今新北市
的板橋、中和、永和的全部，加上土城的大部分、新莊的南端、台北
市萬華的南部。「擺接堡」西南是「海山堡」、西北是「興直堡」、
東北是「大加蚋堡」、東南是「文山堡」。大安圳繁榮了「擺街十七
庄」，姚瑩在《台北道里記》稱頌為「北部第一勝景」。大安圳與瑠
公圳、後村圳並稱「台北三大圳」。

1751年林秀俊遭閩浙總督喀爾吉善（?- 1757）指控觸犯乾隆皇帝「禁娶番婦」的詔令，娶平埔族擺接社「番婦」潘氏爲妾，涉嫌「娶番婦，奪番產」，取得大批田地，並侵佔大甲西社的土地，「充北路通事數十年，田園、房屋到處散布……勾結民番，盤剝致富。」以及擁有民兵，疑似購置石材築城，意圖造反，遭到羈押，獲福建漳浦同鄉時任刑部侍郎蔡新（1707-1799）援救，於1753年罰款免罪釋放。

林秀俊是清代中國移民的水利開拓先鋒，除大安陂圳外，林秀俊規劃開鑿新店到中和的永豐圳和暗坑圳（安坑圳）、苗栗後龍的貓裡莊圳、台北內湖的十四分埤圳（大湖公園）都很成功。一生開墾區域遍及大甲、後瓏、板橋、新莊、內湖，成爲「墾首」或「大租戶」，帶動台灣島農業發展，墾殖功績卓著。日本殖民時期任台北內湖庄協議會民選議員的林清火（1891-1988）、國民黨第十四任秘書長的林豐正（1940-）、第四屆台北市議員的林鴻基（1937-）和國民黨智庫委員的林定芃（1961-）皆是林秀俊的後代子孫。目前台北內湖林秀俊墓園，被列爲古蹟。

三、埤圳建設

清代埤圳建設除了前述瑠公圳、大安陂圳和後村圳外，還有很多各種模式的埤圳，構成台灣島農地開發的基礎建設。這些埤圳大都是移民自行開墾，但也大都獲得清政府的獎勵、捐助和貸款，包括捐銀、捐穀、撥倉借粟、撥借庫銀。依集資模式分類，埤圳建設的模式可分八類。

（一）獨資開鑿：

1. 墾首獨資開鑿者有1709年彰化的「八堡圳」已如前述。1732年台中神岡、豐原的「張振萬圳」。1745年南投曾烈甲、簡晶、

曾賜等人開鑿「成源圳」。1761年台北的武灣庄劉和林、劉承纘父子開鑿的「萬安陂」，從擺接堡的古寧庄開始，經海山堡的潭底庄，到興直堡的頭前庄，再延伸至加里珍庄，最後到洲仔尾，灌溉260甲。1883年王德興在雲林他里霧堡（斗南）溫厝角庄開鑿的「溫厝南埤」。

2. 佃農獨資開鑿者有1769年管英華（管華麟）在台中揀東堡翁仔社蓋「翁仔社圳」。

3. 水利業者獨資開鑿者有水利業者邱文琳1775年在彰化田尾順興庄開鑿的「七十二份圳」。1811年吳惠山在宜蘭四圍堡開鑿「金同春圳」，灌溉270甲。1817年柯濟川在宜蘭東勢紅水溝順安庄開鑿「柯濟川圳」。1820年劉諧老在宜蘭頭圍堡開鑿「抵美簡圳」。1821年吳佔在宜蘭四圍堡三十九結庄開鑿「三十九結圳」。1822年宜蘭四圍堡的「金和安圳」由楊石頭家族的先人開鑿，灌溉220甲。1890年黃溫和在宜蘭員山堡大礁溪庄開鑿「金源和圳」，灌溉90甲。

（二）合資開鑿：

1. 墾首合資者有1753年台北拳山堡大坪林五庄墾首蕭妙興、朱舉、曾鎮、王綸、簡書、陳朝誇、吳德昌、江遊龍、林棟材合組墾號「金順興」，改為「金合興」作為開鑿「大坪林圳」的合資圳商號，灌溉面積460甲，每年每甲收圳租3石。嘉義打貓北堡墾首許傳言、陳阿晉合資開鑿「柳樹腳庄大埤」，灌溉面積305甲。

2. 資地合夥者有1765年台北拳山堡（深坑）墾首陳元利出圳地，周和軒出資，合作開鑿「霧裡薛圳」（內湖陂、七股圳、景美溪圳），灌溉589甲，每年每甲圳租收「佛番銀」（佛頭銀、西班牙銀幣、西班牙里爾）一兩二錢，約當二石粟米。台北海山堡墾首張必榮提供土地，張沛世提供資金一萬八千五百兩，

開鑿「永安陂」，灌溉600甲。1765年武□灣社通事瑪□出資，墾首張廣惠出水源地，開鑿「海山大圳」。1838年宜蘭蘇澳墾首謝玉榮出地，小租戶集資集力開鑿「馬塞庄圳」，每年每甲圳租二石。

3. 水利業者合資者有1869年新竹「鄭恆記」商號股東鄭渭賓、鄭冰如合資開鑿萃豐庄圳。1888年南投埔里社通判吳本杰要求陳水泉、羅義興合資組織「合興號」開鑿「南烘坑口新圳」。1807年宜蘭員山堡「圳戶」張閣、吳日、林文彪、劉光疵、張元官等人合資開鑿金大成圳，灌溉一千甲。1807年宜蘭員山堡「圳戶」簡勇、游日、陳奠邦、吳順、張坎、劉朝、鄭喜、林妙、簡茂生、郭媽援、邱岩、沈開成等人合資開鑿「泰山口圳」，灌溉537甲。1808年宜蘭民壯圍堡陳奠邦又集資開鑿「金泰安陂」，1812年遭洪水沖毀，1813年改由李裕、藍文、鄭喜、張坎、林妙、林治、林族、李愷、簡書友、簡振成等人集資修復，改稱「金結安圳」，灌溉380甲。1811年宜蘭民壯圍堡吳光裔（吳沙之子）、吳裱、廖禮參、蕭流、陳體、張石成、林三易、吳瑞田集資開鑿「金新安圳」，灌溉130甲。1811年宜蘭東勢簡懷苑、陳奠邦、賴陽、王臘合資開鑿「東勢埤圳」。1812年宜蘭員山堡大湖庄古振玉、張興、徐番、林致、江日高合資開鑿「金大安埤圳」，灌溉172甲。1812年宜蘭東勢邱德賢、吳國珍合資開鑿「邱吳成圳」。1814年陳奠邦、邱德賢合資開鑿「萬長春圳」。1816年宜蘭四圍堡藍登峰、林昭順、吳肇基合資開鑿「金慶安圳」，灌溉220甲。1818年宜蘭四圍堡吳惠山、周士房、周天喜接續出資開鑿「金源春圳」，灌溉250甲。1834年及1847年宜蘭四圍堡匏靴崙庄由金長源商號的林兩協找小租戶陳由、吳港合資開鑿「匏靴崙圳」，又稱「金長源圳」，灌溉30甲。

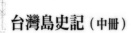

（三）業佃合築：

由大租戶（墾首、業主）和小租戶（永佃人）合資或出地共同開鑿埤圳，例如1740年墾首郭錫瑠開鑿台北「瑠公圳」失敗，1752年與蕭妙興合作，1760年資金不足與小租戶合資繼續開鑿，1765年才完工。1795年台北擺接堡暗坑庄的墾首林登選（林秀俊之孫）和小租戶林運、林瑛、王鑾振、蘇西、王桃、沈都、吳發、范廷輝、范元生、王國助、廖再，以業三佃七的比例出資開鑿「暗坑圳」。1830年雲林海豐堡科科庄的「橫圳」也是如此。

（四）庄眾集資：

由全庄所有墾首和小租戶依田地面積分攤水圳開鑿成本，例如1832年雲林西螺堡林國清、林和恰提議開鑿的「鹿場圳」，灌溉50甲。1889年開鑿完成的嘉義的「林仔埤」，1723年台南吳明、翁保、林文等人開鑿的「北勢埤」，1837年開鑿高雄的「曹公圳舊圳」，1842年開鑿的「曹公圳新圳」，1841年開鑿的「港東中里新圳」，1857年港西上里塔樓庄的「南陂埤」。

（五）小租戶合建：

由小租戶合資興建的埤圳，只有兩條，全在宜蘭地區，有四圍堡十六結庄的「李寶興圳」、八寶庄的「元帥爺圳」。

（六）官民合建：

由地方政府開鑿大圳溝，大小租戶負責開鑿分水小圳，有1890年屏東恆春知縣高晉翰發動開鑿的「網紗圳」和「蔴仔圳」。

（七）割地換水：

由中國移民出資開鑿水圳，平埔族原住民轉讓土地抵償工程經

費。例如1741年薛啓隆和知母六（蕭那英）合作開鑿「霄裡大圳」。1765年通事瑪珯、番大租戶君納、張廣惠、張源仁開鑿的「海山大圳」。1816年海山堡三角湧陳謂川、屯丁天生等50人合作開鑿的「十三添圳」，灌溉57甲。1773年永豐庄番大租戶蕭文華、鳳生、武朗與楊業省、邱自遠、張自回、徐永創、廖遜光、鍾京瑚、葉道盛等人合作開鑿「大灣埤圳」。1808年新竹新埔番大租戶衛福星與范唐貴合作開鑿「霄裡溪埤圳」。1732年台中岸裡社番大租戶阿穆、潘敦仔與張達京、陳周文、秦廷鑑、廖朝恐、江又金、姚德心等人合作開鑿「樸仔籬口大埤圳」，又稱「上埤」或「貓霧捒圳」、「葫蘆墩圳」。1733年潘敦仔與張達京合作開鑿「岸裡社西南勢下埤」。1763年番大租戶潘敦仔與薛文珩合作開鑿「蔴薯舊社圳」。1786年曾安榮與岸裡社、樸仔籬社、屋鰲十三社合作開鑿「東勢角圳」。1812年宜蘭東勢長慶源商號開鑿的「歪歪社圳」。

（八）平埔族自建：

有1735年開鑿的淡水「圭柔社舊水圳」、1748年知母六（蕭那英）開鑿「靈潭陂」、1769年武勝灣的「北勢社番仔埤」、1778年樸仔籬社的「小米餉田舊圳」、1782年葫蘆墩庄的「大埤頭鴛鴦汴水圳」、1797年「蔴薯園舊水圳」、屏東恆春的「四重溪方和庄圳」、宜蘭四圍堡的「辛永安圳」、員山堡三鬮二庄的「番仔圳」。

四、簡經事件

中國移民簡經於1729年與平埔族（熟番）北投社（南投草屯）訂約開墾內凹莊的土地，約定實物租金（番大租）每年500石稻穀，並代為繳納「社餉」207.5兩銀。每石約103.6公升。「社餉」是原住民村社繳給清政府的稅金。1735年簡經強佔北投社另一塊地，事後答應額外

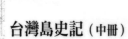

再支付實物租金每年90石。1737年清政府減免「社餉」，簡經卻拒絕將減免的「社餉」，轉付給北投社。到1747年簡經共積欠北投社6千石「番大租」和1千兩「社餉」。南投社和北投社的通事「三甲」出面控告簡經，要求簡經歸還欠款。三甲的父親是中國移民葉順，養父是北投社通事葛買奕，母親是平埔族。1747年台灣知府判決，簡經應還稻穀2千石，歸還田地40甲，但不必還「社餉」。簡經只還稻穀1千石，其餘置之不理，還找北投社巴臘巫議恐嚇三甲。三甲心生不滿，買通福骨社、哆囉嘓社、眉加臘社、貓裡眉社的高山族原住民（生番），組織70人突擊隊，襲擊內凹莊，擬殺簡經。簡經居住內凹莊中心點，高山族攻擊時無法進入內凹莊中心點，卻殺害內凹莊入口處的賴姓、潘姓兩家22人。三甲又叫高山族轉攻擊柳樹湳汛的清兵，獵首清兵7人，目的是佈置成「生番出草」。「汛」是關卡、軍營或軍事檢查站。1752年案情經清政府派通事林秀俊、張達京調查後水落石出，三甲於1754年被處決，簡經被流放「三千里」，財產沒收。

簡經事件凸顯開墾土地的中國移民小租戶、收番大租的平埔族、通事、高山族之間的複雜利益糾葛。處理這些糾葛的清政府文武官員屢屢推責謊報，判決的公允性和可執行力，既不被原住民信賴，更不被中國移民認真看待。而高山族以武力替平埔族出氣，卻逾越限度。平埔族介於中國移民和高山族之間，一面可以替清政府保護中國移民，遏止高山族出草獵首，另一面也可以引高山族報復中國移民。至於通事的角色更是複雜，原作為清政府與原住民的橋樑，但往往也成為引起衝突的起源。這段期間，台灣島做為移民的邊疆社會裡，經由此案暴露出野蠻與混亂的特徵。

五、工業革命

1750年英國開始工業革命，影響遍及全世界，從此人類進入工業

時代。但是1750年中國最重要的事卻是乾隆皇帝耗費480萬銀兩修建北京頤和園。

　　工業革命起源於英國的工廠制度和蒸汽動力的興起。1712年鈕科門（Thomas Newcomen, 1664-1729）發明礦區和油田使用的蒸汽引擎，1750年英國開始使用鈕科門的蒸氣引擎取代水力，推動煉鐵的鼓風機，使煉鐵廠發揮大量增產的效果，被認爲是工業革命的開始。1769年瓦特（James von Breda Watt, 1736-1819）改良鈕科門的蒸汽引擎取得專利。1775年後車床、鏜床、鑽床等工具機誕生。1776年瓦特製造出改良的鈕科門蒸汽引擎，廣泛運用到各種機器上，使機器廣泛代替人工，手工行業被取代，同時新的化學製程、鋼鐵製程、蒸汽動力廣泛運用。1733年約翰凱（John Kay, 1704-1780）發明紡織飛梭，1749年才把專利賣出去給法國人。1750年焦炭取代木炭，用於燒融銅、鉛、鐵金屬。1760年後英國紡織業進行工業革命，就業數量、生產金額、資本投資都大幅度增加，出現資本主義經濟體。英國的棉布變得比印度棉布便宜，英國的紡紗廠和織布廠成爲第一大產業，在世界各地收購棉花，刺激美國大量種植棉花，也刺激美國大舉進口黑奴，埋下美國南北戰爭的種子。英國挾著工業革命的成果，成爲「世界工廠」，國力大增，一躍成爲日不落強國。

六、黃教事件

　　黃教是泉州同安人，移民來台定居台南大目降（台南新化），以慣竊爲職業，經鄉民許弼告發，被判入獄。出獄後殺傷許弼，結夥搶劫商家。1768年，黃教以高雄岡山作大本營，搶劫鳳山縣（高雄、屏東）、諸羅縣（嘉義、雲林）。台灣鎮總兵王巍輕忽，致黃教坐大，劫掠軍火，攻擊駐軍。黃教以「替閩人復仇」爲號召，襲擊客家莊。名曰襲擊，實爲搶劫。清政府派福建水師提督吳必達來台緝捕黃教，

1769年3月捕殺黃教。黃教事件同時反映羅漢腳問題、清兵紀律和維穩能力問題、台灣島治安問題、閩客械鬥問題。乾隆皇帝憤怒地說：「賊匪僅二、三百人，而前後所調官兵多至十倍，何難併力剋期剿捕！」事後乾隆處決王巍，革職吳必達。

七、美國獨立

美國是20世紀對台灣島有重大影響的國家，美國獨立是十八世紀的重大國際事件，常被台獨勢力引為台灣島獨立的論述依據。目前的局勢，台灣島雖說在法理上是中國的主權領土，但統治當局實際上卻是美國勢力範圍下的扈從政權（Bandwagoning Regime），隸屬於美國的保護範圍。因此理解台灣島的歷史發展，有必要回顧美國獨立建國事件的前因後果。

1754年至1763年間，大英帝國和法蘭西王國在北美爆發「英法北美戰爭」，又稱「法印戰爭」（French and Indian War），因為印第安人和法國結盟攻打英國人，最終英國獲勝，控制北美東半部。1763年後，大英帝國因此在北美洲掌控大批領土，印地安人也從此大難臨頭。「英法北美戰爭」又稱「七年戰爭」Seven Years' War因為戰爭集中於1756年至1763年，戰爭範圍也擴及印度、歐洲、非洲、南美洲和菲律賓，參戰國家不限於英國和法國，也包括他們各自結盟的國家。結果是法國失去北美洲和印度許多殖民地，英國成為日不落的海洋帝國，但英國的國債也從7,400萬英鎊劇增至13,300萬英鎊。

英王喬治三世（George III, 1738-1820）為了彌補戰爭經費的虧空、國債還本付息和支應北美暴增的治理費用，推行許多政策，想從殖民地的屬民剝削更多財源。例如用《航海條例》（The Navigation Acts）規定英國殖民地產品只准運到英國本土或殖民地販賣，其他國家產品必須先運至英國本土才能轉運至英國殖民地，英國殖民地不得

生產英國生產的外銷主力產品。英國本土採用這套方法抽稅和壟斷，凡是不符這些規定就是漏稅。為了嚴格執行1651年制訂的《航海條例》，1760年英王還發布《協捕令》（Writ of Assistance），引發侵害殖民地人民人身自由的指控。

1764年，英國首相喬治格倫威爾（George Grenville, 1772-1770）發布《食糖法》（Sugar Act），對糖蜜加稅，以及《貨幣法》（Currency Act），限制發行紙鈔，兩種緊縮政策使殖民地經濟陷入困境，殖民地人民開始要求組織殖民地議會的權利，審查財稅和金融政策，主張英國民主政治的憲法原則「沒有代表權就不能課稅」（no taxation without representation）適用於北美洲殖民地。

1765年，格倫威爾又發布《印花稅法》（Stamp Act），對印刷品、法律文件課稅，支應北美駐軍費用，北美殖民地因此爆發抗議怒潮，但事實上印花稅所能課徵的稅額不多，而且將近一半的稅額還是落在西印度群島的英國殖民地，可是課稅項目繁瑣，不得人心，格倫威爾因此下台。英國議會事後雖取消課徵，但與殖民地各個奴隸莊園地主所控制的殖民地議會（Town Meeting、Colonial Assemblies）之間的信賴關係卻傷害巨大。1767年，英國國會通過財政大臣查爾斯湯申（Charles Townshend, 1725-1767）提出的五項對殖民地的進口物品加稅法案，統稱《湯申法案》（Townshend Acts），造成殖民地茶葉、紙張、油漆、玻璃價格大漲，尤其英國東印度公司壟斷茶葉進口，更令殖民地憤怒。

1773年波士頓居民抗議英國東印度公司載運價值一萬英鎊的342箱茶葉的貨輪達特茅斯號（Dartmouth）進港，關鍵是這批茶葉有英國政府補貼，導致茶葉價格偏低，影響波士頓富有的茶葉走私商人的利益。這批茶葉走私商人原先預期課徵關稅使茶葉價格上漲，囤積居奇，圖謀暴利，卻因這批廉價茶葉，令價格跌到最低點，損失不貲。12月16日茶葉走私商人聚眾喬裝印第安人趁夜登船，將茶葉全部丟棄入海，史稱「波士頓茶黨事件」（Boston Tea Party），至今美國右

派人士的政治組織還經常自稱「茶黨」（Tea Party）。因此問題不是經濟或課稅使殖民地人民陷入困境，而是殖民地的大地主們生活富裕，要求平等權利和地位完全比照英國本土，要求未經殖民地議會同意，英國國會不得對殖民地課稅。但是英國國會在上議院貴族地主操控下，仍視殖民地新貴爲二等公民，激起殖民地廣泛憤怒。《獨立宣言》控訴英國國王使殖民地「民不聊生」的內容是誇大不實的指控，引起獨立運動的實情是如亞當斯（Samuel Adams, 1722-1803）所主張的「無代表權就不能課稅」（no taxation without representation），英國國會無殖民地代表卻對殖民地課稅是違憲的舉動（Parliament could not constitutionally tax the colonists.）。英國國會蠻橫的主張英國國會的代表性已涵蓋全體英國人民，無關人民是否能參與選舉，其他殖民地也無代表席次，英國許多地區的農民和小民也不具選舉權。

英國國會通過《強制法案》下令關閉波士頓港，撤銷麻塞諸塞州政府的自治權，派英軍進駐波士頓，當時波士頓居民只有1.6萬人，英軍就派駐4,000名士兵。1774年9月5日麻州號召各個殖民地州在賓夕法尼亞州費城召開「大陸會議」（Continental Congress），通過三項法案：《殖民者權利宣言》宣示殖民者的基本權利，《大陸協定》宣示罷買英國進口貨物，《向英王請願書》宣示效忠英王但要求撤銷《強制法案》。

1774年10月波士頓富商漢考克（John Hancock, 1737-1793）在波士頓郊外的康闊德（Concord）成立「麻州省議會」（Massachusetts Provincial Congress），組織武裝民兵對抗被英軍控制的麻州政府。1775年2月9日英國國會宣布麻州叛亂，派兵緝拿漢考克，4月19日英軍前往康闊德途經列星頓（Lexington），與民兵爆發衝突，民兵8人死亡，英軍1人死亡，就此揭開美國獨立革命或反英叛亂的序幕。

1775年5月10日大陸會議召開第二次會議，決議將殖民地民兵改組爲「大陸軍」，推選華盛頓（George Washington, 1732-1799）爲大陸軍總司令，通過《武裝起義宣言》（Causes and Necessity of Taking

Up Arms），接管各州政府。6月後大陸軍與英軍陸續在紐約提康德羅加堡（Fort Ticonderoga）、蒙特羅、魁北克市、麻州邦克山（Bunker Hill）爆發戰爭。

1776年1月湯瑪斯潘恩（Thomas Paine, 1737-1809）出版50頁的小冊子《常識》（Common Sense），指控英國皇室「煽動」印地安人「殺害」歐洲移民，徹底改變殖民地的輿論，全面倒向支持美國獨立建國。7月2日大陸會議宣布美洲13個殖民地脫離英國獨立，7月4日通過《獨立宣言》（Declaration of Independence）。所以美國的《獨立宣言》雖有華麗的道德說辭，但本質上是不滿英國對殖民地課徵重稅，限制殖民地與世界各地自由貿易，以及不滿英國皇室「偏袒」印地安人，保護印地安人的土地權利，妨礙歐洲移民爭奪北美洲土地的野心。華盛頓下令攻擊易洛魁族（Iroquois）印第安人時說：「立即的目標要完全搗毀他們的居住地，逮捕每一個年齡和性別。必須毀壞他們地上現有的作物且阻止他們耕種更多。」（The immediate objects are the total destruction and devastation of their settlements, and the capture of as many prisoners of every age and sex as possible. It will be essential to ruin their crops now in the ground and prevent their planting more.）1776年美國《獨立宣言》宣稱印地安人是「無情的印第安野人」（merciless Indian savages），因此屠殺印地安人或驅趕印地安人進入「保留區」（reservations）以便騰出土地給白人是「合乎憲法」（constitutional）的。

美國獨立後，聯邦政府剝奪印地安人的民族主權和土地所有權，只給予土地使用權，而且可以隨意迫遷和沒收土地，重新分配給白人。印第安人被迫遷到保留區的事件，造成三分之二印地安人死亡。1500年美國有200萬的印地安原住民，白人移民對印地安人展開多次大屠殺，到了1700年剩下75萬人，再到1820年只剩32.5萬人。美國獨立是白人移民的「生命、自由和幸福」，卻是印地安原住民的「死亡、奴役和悲哀」。

　　1781年9月28日英軍在維吉尼亞州約克鎮（Yorktown）被包圍，10月19日投降，英軍已無陸上戰鬥力。美國獨立軍隊獲得法國、西班牙、荷蘭、印度邁索爾王國（Mysore）的協助，動員美軍45,000人，死亡27,150人；法軍和西班牙軍63,000人，死亡12,000人。英國軍隊獲得保皇黨民兵、德國傭兵、印地安人的協助，動員英軍226,500人，死亡43,600人；德國傭兵3萬人，死亡7,800人。這場美國的獨立戰爭也是英國的統一戰爭，從1775年4月19日打到1782年11月30日，英國戰敗，雙方簽訂《巴黎和約》，1783年9月3日美國正式宣布獨立。

　　美國獨立戰爭與其說是美國殖民地居民為脫離英國獨立而發起的戰爭，不如說是法國、西班牙、荷蘭為報復英國，削弱英國國力，支持美國獨立而發動的復仇戰爭。法軍和西班牙軍動員兵力多於美軍，海軍艦艇損失數高於美軍，即可為證。因此如果說美國獨立戰爭根本就是法國人幫忙打的，也不為過。尤其法國海軍打敗英國艦隊，封鎖英軍補給港口切薩皮克灣（Chesapeake Bay），困住英國陸軍，更是華盛頓勝利的關鍵。沒有法國參戰，美國根本獨立不了，美國人自吹自擂打獨立戰爭有多麼光輝偉大，當時其實只是一隻幸運的紙老虎。同時英國本土非貴族地主的政治勢力在英國國會也公開反對派兵鎮壓殖民地的白人獨立勢力，認為這是同文同種的同胞內戰，不應持續下去，尤其戰爭也影響了他們的貿易利益。與美國獨立領導人關係良好的英軍總司令威廉豪（William Howe, 1729-1814）因此態度模糊，在長島會戰英軍明明可以打殲滅戰，一舉消滅華盛頓的軍隊，威廉豪卻故意放華盛頓一馬，下令停止追擊，事後還找盡理由搪塞宣告戰敗的原因。換言之，英國派兵鎮壓印第安人和黑奴有舉國共識，鎮壓白人搞獨立卻造成意見分裂，這是美國能獨立的第二個原因：英軍總司令不想打這場戰爭。

　　法國與英國在北美殖民地的恩怨，肇因於自1689年的威廉王戰爭、1702年的安妮女王戰爭、1744年的喬治王戰爭、1754年的法印戰爭，都是英國獲勝或佔優勢。法國在美國獨立戰爭，終於打敗英軍扳

回一城。當時，法國、西班牙、荷蘭的海軍在大西洋、地中海、加勒比海、印度洋、英吉利海峽、北海給英國海軍帶來極大的壓力，影響英軍在美國獨立戰爭中的戰力。

但是法國參與美國獨立戰爭，使國庫空虛的財務危機更加惡化。貴族、教會、自治城市擁有大批土地，卻不必繳稅，所有稅賦負擔全落在農民和小市民身上。1787年至1788年農業歉收，食物短缺，小麥價格飆漲，城市居民幾乎買不起麵包。王室要對貴族及教會課徵賦稅，卻被這些封建勢力強力抵制。王室只得對農民及小市民增加課稅，終於引爆了1789年法國大革命。那位大力資助2億4千萬美元並派一支艦隊、一支陸軍部隊支援美國獨立的法國國王路易十六（Louis XVI, 1754-1793），於1793年被送上斷頭台，美國總統華盛頓卻悶聲不語。美國人的現實主義國際政策自開國就是如此。

荷蘭支持美國獨立，下場卻換來亡國的命運。英國為報復荷蘭，於1780年挑起史上第四次英荷戰爭，1784年荷蘭戰敗，荷蘭的財政經濟幾乎破產，兩大金脈荷蘭東印度公司和西印度公司更瀕臨倒閉。1795年法國趁機入侵荷蘭，荷蘭共和國滅亡，美國也是袖手旁觀。

美國獨立前是「英屬北美殖民地」，1700年人口只有25萬人，白人有22.3萬人佔88.9%，黑人有2.7萬人佔11.1%；1720年人口有46.6萬人，白人有39.7萬人佔85.2%，黑人有6.9萬人佔14.8%；1770年人口達215萬人，白人有169萬人佔78.6%，黑人有46萬人佔21.4%。美國獨立後，1790年人口393萬人中，白人裡以盎格魯薩克遜人（英格蘭人）佔60.1%最多，德意志人8.6%次之，其他蘇格蘭人8.1%、愛爾蘭人3.6%、荷蘭人3.1%、法國人2.3%、西班牙人0.8%、葡萄牙人0.7%、其他6.8%。有些州如賓夕法尼亞州的居民不到三分之一是盎格魯薩克遜人。這種人口結構，讓鼓吹美國獨立的潘恩撰寫《常識》一書時，有客觀的事實依據，潘恩說英國不是美國的母國，歐洲才是美國的母國，因為美國人來自歐洲，而不是只來自英國。英國是小島，美國是大陸，小島不可以統治大陸。但是潘恩的論述反而構成台獨論述的弱

點和反面教材。

1783年美國正式獨立時國家還很弱小，人口只有280萬人，領土範圍只有東部大西洋沿岸很小的十三個州，南北邊界仍為英國和西班牙兩個帝國勢力的殖民地。直到1800年，美國人口只有530萬人，北美大部分土地仍然實質由印第安部落控制，西邊在密西西比河和阿帕拉契山脈間的廣闊地區控制在印地安人手上。美國開始屠殺印地安人，掠奪印地安部落的土地。美國獨立時印地安人口超過250萬人，人數與美國白人相當，但到1890年被屠殺殆盡，只剩24.8萬人。1803年美國向法國購買今天的美國中部路易斯安那地區，1812年入侵加拿大失敗，1818年從英國割讓取得北部紅河谷，1819年又從西班牙手裡買下佛羅里達州。1820年美國人口超過960萬人，1830年達1,286萬人。1845年美國合併德克薩斯州，1846年美國發動美墨戰爭，從墨西哥手上強奪今天美國西南部，1846年從英國割讓取得奧瑞岡，1848年從墨西哥割讓取得加利福尼亞地區，1850年美國人口達2,300萬人。1853年美國再從墨西哥低價強購邊界土地（蓋茲登購地案，Gadsden Purchase），1861年美國爆發南北戰爭，人口已達3,200萬人。1867年美國自俄羅斯購得阿拉斯加州，1893年併吞夏威夷。1898年發動美西戰爭，美國從西班牙手上取得波多黎各、關島、菲律賓。在短短的115年內，美國人口增加達7,620萬人，並急遽地擴張領土，成為西半球最大的帝國。希特勒很羨慕美國這段擴張領土的史實，說道：「美國人開疆拓土的偉業將由我們再次發揚。」

八、1784年鹿港開港

早期台灣島與中國大陸的貿易只以台南安平港為「正港」，但隨著台灣島墾殖面積擴大，安平港已不堪負荷兩岸貿易的客貨運輸，造成走私猖獗，只好允許鹿港開港。鹿港在1717年就有商船載運農產品

往來泉州。1757年乾隆皇帝取消所有海關，只留廣州海關。泉州商人於是遷居鹿港營運。1784年鹿港開放作爲兩岸貿易港，鹿港與泉州蚶江口對接通航，紓解安平港的壓力，也造就鹿港繁榮。鹿港與蚶江口對航刺激泉州人又一波大舉移民台灣島的熱潮，移民台灣島普遍以家族爲單位，父子同赴、兄弟相率、夫妻同往、舉家遷徙蔚爲風潮。泉州安溪黃姓族譜調查，這段期間移民台灣島以父子同赴者29例，兄弟相率者17例，夫妻同往者44例，舉家遷徙者30例。移民的職業以農民爲主，兼有商人、官吏、士兵、城市平民、醫生、店員、手工業者、僧侶、知識份子等。泉州自宋朝以來就是文風鼎盛、商貿繁榮的都市，因此造就鹿港郊商林立，出現「鹿港八郊」，如泉郊金長順、廈郊金振順、布郊金振萬、糖郊金永興、𥴊郊金長興、油郊金洪福、染郊金石順、南郊金進益。泉郊金長順是八郊之首，金長順是商號公會的名稱，都是以對泉州貿易的商號爲會員，約百餘家，且以進口石材、木材、藥材、絲布、白布爲主。會員以林日茂行爲最大商號，其餘有萬合號、林盛隆、泉合利、黃金源、蔡永茂、蘇源順、施長發、施謙利、許謙和、蔡隆興、歐陽泉盛、施益源等商號。泉郊會館抽取商船貨額百分之一的銀元作公費。1824年天津糧荒，鹿港郊商運送稻米去天津，又增設北郊。鹿港因此列名「一府二鹿三艋舺」。1788年清政府再開放台北八里坌作爲鹿港的輔助港口，但1851年颱風過後，濁水溪大氾濫，鹿港的港灣遭泥沙埋填過半，商船無法直接靠岸，鹿港榮景持續不到70年。1862年按《天津條約》開港，鹿港不在其中，從此完全沒落。

九、1787年 林爽文事件

　　林爽文生於1756年，福建漳州人。1773年林爽文17歲時，隨同其父林勤移民來台，定居台中大里，當時屬彰化大里杙莊，以趕車爲

業，是第一代來台的中國移民。

1784年，林爽文28歲時加入天地會，成爲彰化天地會首腦，1786年與林泮自組天地會組織。天地會是一種秘密結社的洪門組織，流派複雜，互不統屬，有稱源自抗清的史可法或鄭成功，基本上是漢族的兄弟會，以滿漢區隔作爲保持漢族民族主義的識別社團，這正適合缺乏家族奧援的基層移民社會，可以提供相互支持的社會人脈，天地會因此流行於閩粵、東南亞及海外華僑社會。

1787年1月16日台灣知府孫景燧（?-1787）取締天地會時，逮捕林爽文的叔伯，林爽文聚眾劫獄，起兵造反，攻入大墩（今台中公園），殺文武官員。1月18日揮兵攻陷彰化縣城，殺孫景燧、理番同知長庚、攝縣事劉亨基、都司王宗武、署典史馮啓宗、知縣俞峻、游擊耿世文及文武官員數十人。

林爽文佔領彰化縣衙，在台中大里設立「元帥府」，自稱「盟主大元帥」，創建洪門革命政權，爭奪台灣島主權。1月20日北部天地會王作率眾響應，攻占淡水，淡水廳同知程峻自殺。王作南下攻陷新竹，殺竹塹巡檢張芝馨。林爽文封攻佔竹塹（新竹）的王作爲征北大元帥，王勳爲平海大將軍，劉懷清爲知縣，劉士賢爲北路海防同知。

高雄鳳山天地會首領莊大田糾集漳州移民，莊錫舍糾集泉州移民，起兵響應，集結楠梓，攻佔鳳山縣衙。清軍南路營參將瑚圖里率300名士兵防守北門，瑚圖里卻不戰而逃。莊大田的民兵攻入鳳山城門，殺知縣湯大紳、典史史謙等文武官員，林爽文分封高雄莊大田爲元帥。

林爽文南下進攻嘉義，殺嘉義知縣董啓埏，連破斗六、南投、貓霧捒等城鎮，席捲彰化、諸羅地區，直逼台南府城。但清軍將領柴大紀堅守嘉義未陷，清軍海防同知楊廷理，急修城柵，並遣員渡海告急。

接任孫景燧的滿族官員永福招募客家移民防守台南府，1712年朱一貴事件後，福建閩南移民和廣東客家移民已無互信，客籍移民傾全

力支持清政府。此時全島除嘉義、台南外，各大城鎮連鹿港都由林爽文部隊佔領。

1787年2月屏東客籍移民的「六堆」防衛組織，推舉曾中立領導，率兵進攻屏東高屏溪西岸天地會的部隊，雙方在屏東篤嘉莊展開會戰，天地會潰敗，閩南村莊受波及遭焚毀，史稱「篤嘉莊戰役」。莊大田糾集福建移民反攻客籍村莊，林爽文事件從官民之爭，突變爲閩客之爭。清政府以客制閩，以泉制漳，相當成功，林爽文失敗，自不出意料。

桃竹苗客籍移民組織鄉勇民兵，抵禦林爽文部隊，新竹客籍移民在陳紫雲領導下，配合清軍將領壽同春，收復新竹，斬殺王作，轉戰竹苗地區，進而與泉州籍民兵、平埔族民兵協同作戰。收復鹿港時，戰死200多人，其中客籍爲多，泉州籍、平埔族皆有，合葬於新埔褒忠亭義民廟。乾隆皇帝頒匾嘉獎台灣島移民，客籍頒「褒忠」，泉州籍頒「旌義」，漳州籍頒「思義」，原住民頒「效順」。這是「褒忠」一詞的由來。新埔褒忠亭義民廟自此成爲台灣島客籍移民的義民爺信仰中心。

1787年4月初閩浙總督常青（?-1793）急調水陸兵赴泉州集結，水師提督黃仕簡（1722-1789）率兵2千名進入鹿耳門溝，陸路提督任承恩率兵2千名登陸鹿港，海壇鎮總兵郝壯猷、副將徐鼎士全都派至台灣島，圍攻林爽文。

常青共派兵4,000人征台，解圍嘉義，奪回鳳山。4月23日莊大田反攻，雙方拉鋸對峙。常青再調集1萬7千多名清軍抵台，在台南兩軍僵持多日。此時鹿港泉州籍移民林湊因漳泉械鬥舊怨，趁機率眾襲擊彰化縣城，屠殺漳州籍移民，焚毀房舍。林爽文率軍反攻彰化，漳州移民不得已大舉投入林爽文陣營，漳州人首腦陳泮卻展開報復，屠殺泉州籍移民，盡數焚毀其房舍，林爽文事件就此淪爲大規模的漳泉械鬥。天地會內部的漳泉關係也隨之惡化，南部天地會泉州籍首腦莊錫舍在台南投降清軍，反攻漳州籍的莊大田，莊大田兵敗被斬首。

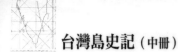

　　1787年10月29日陝甘總督福康安（1754-1796）、參贊大臣海蘭察（?-1793）率特種部隊「侍衛巴圖魯」120餘人、湖南兵2千人、貴州兵2千人、廣西兵3千人、四川兵2千人，共9千兵員，登陸鹿港。再招募民兵6千人，11月4日與林爽文部隊3萬人會戰於彰化八卦山，林爽文大敗，撤退入南投水沙連，紮營於南投鹿谷小半天，後轉走苗栗，於苗栗崎頂被平埔族友人高振生擒，1788年送北京凌遲處死，年32歲。林爽文起事不到一年，即告失敗。

　　林爽文事件起因清政府取締天地會，這有滿漢民族鬥爭，發揚漢族民族主義的政治意義，但囿於林爽文漳州移民意識過於強烈，整起事件迅速演變成漢族與平埔族之爭，再墮落為閩客之爭，最後惡化成漳泉械鬥。其中有清政府運作因素，有移民社會既有的族群分裂背景，更有林爽文集團內部問題自行造成的分裂。

　　林爽文以天地會為基礎，無法脫離分類械鬥的恩怨，毫無政治或社會革新意義。而林爽文1787年起兵時，正值中國乾隆皇帝統治末期，和珅專權，吏治敗壞。前有1784年甘肅回民田五起兵造反，後有

清軍進攻林爽文在台中大里的總部圖

1788年阮文惠起兵爭奪越南王位，再後有1796年白蓮教在四川起兵造反。這警示乾隆政權由盛而衰，對邊疆地區的統治能量已開始動搖。

同期間域外世界，世界歷史卻有天翻地覆的變化，1762年法國盧梭發表《民約論》，啟迪民主新思潮，同年英國瓦特發明蒸汽機，帶動礦業與煉鐵工業，促使蒸汽火車、輪船、紡織機問世，掀開人類史上的工業革命。1776年爆發美國獨立革命，同年英國亞當史密斯發表《國富論》，鼓吹市場資本主義，1783年英國承認美國獨立，1787年《美國憲法》誕生。中國在乾隆統治下，雖仍處盛世，但卻與世界變革的浪潮疏離，甚至毫無瓜葛。中國尚能稱道者，大概僅有1782年《四庫全書》問世，但談不上新知識。

相對於世界局勢變化，林爽文事件卻不脫朱一貴模式，邊疆新移民與官吏衝突，託詞漢滿衝突，假稱反清復明，起兵造反，企圖稱王稱帝，卻自陷族群矛盾。在強大中央政權的軍事壓力下，迅速敗北。唯一改變的，只是清代政府的吏治檢討而已。

其中很特殊的現象是清代三起大型民變的首腦朱一貴、林爽文、戴潮春都是漳州籍移民，最後也都淪為漳州人的暴動，與泉州移民、客籍移民、原住民形成激烈對立，除了暴動反應社會整合裂痕外，實在不具備有人吹捧的「革命」「抗清」、「獨立」、「起義」、「本土」、「民族」、「英雄」、「台灣主體」等政治意義。尤其支持「反清復明」者，為吹捧林爽文的政治正確，常把清朝官吏的風紀，描述得惡行惡狀，即或屬實，但明、清兩朝相較，明朝官吏貪腐尤甚，「反清復明」就顯得格外諷刺。尤其漳泉客移民都是台灣島的外來移民，在台灣島除了原住民外，這些中國漢族移民實無高舉漢族民族主義的正當性。

此外，原住民並不支持林爽文，台中岸裡大社與清政府合作，捉拿林爽文就是鐵證。林爽文事件結束後，清政府體會「熟番」原住民制衡漢族移民的妙用。1790年重畫「番界」，實施「番屯」，借用「熟番」原住民維持治安，「以番制番」，制止「生番」原住民出草

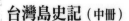

殺人。「以番制漢」，防制漢族移民暴動。岸裡大社於1732年就曾協助清政府平定大甲西社事件，是清政府穩定台灣島的重要力量。

總體而言，林爽文事件對台灣島的經濟及社會衝擊過鉅，台中、彰化稻米產地的農田，因戰亂荒廢，生產短缺，米價暴漲，價格高達雍正時期的4倍。流離失所的農民被迫成爲遊民、難民、羅漢腳，這又成社會變亂的根由。台北板橋林平侯經營米、鹽生意，囤積大量稻米，因林爽文事件米價暴漲，瞬間累積龐大財富，再投資購買桃園大溪土地5千多甲，成爲全台最大地主，也成爲台灣島清代五大家族的首富。

十、「番屯」

林爽文事件中，平埔族出力協助清政府鎮壓林爽文的民兵，功勳卓著。鎮壓軍總司令福康安提議放墾土地給平埔族，獎勵鎮壓林爽文的功勞。最後於1794年設置12個屯墾區（番屯），共有可耕墾地5,691甲，供93處平埔族村社，挑出4,000名「屯丁」開墾。西拉雅族分得4個屯墾區，道卡斯族分得2個屯墾區，巴宰族、巴賽族各分得1個屯墾區，洪雅族和巴布薩族、鄒族、邵族合分3個屯墾區，拍瀑拉族和巴宰族合分1個屯墾區。

這些屯墾區的位置，有的沿著土牛溝的邊界，有的原屬高山族（生番）的地界。福康安的用意是借重「屯丁」補強原有「隘丁」的功用，隘丁看守高山族的地界，過度分散。在林爽文事件裡，證實隘丁的功能有局限性，既不能防止林爽文的民兵進入高山族的地界，也無法阻止高山族趁機越界獵首。而「屯丁」在中國移民分類械鬥，或緝捕中國移民罪犯時，可以做爲清兵的後備部隊，迅速動員，遏止械鬥，逮捕罪犯。在「屯丁」之上，每幾個屯墾區設一位「屯弁」負責領導管理。「弁」（音「變」）是初級軍官之意。

當時也有高山族參與鎮壓林爽文，卻未獲得屯墾土地，例如屏東的「傀儡社」、「屋鰲社」、「獅仔社」。這些屯墾區土地，有的「屯丁」開墾成功，有的招募中國移民當佃農，代為開墾，由佃農繳納「番大租」給「屯丁」或村社。屯墾區離「屯丁」的村社有些距離，「屯丁」分屬不同的平埔族，逐漸以閩南語或客語作為共同語言，又從中國移民處學習水田集約耕作法和水圳開鑿法，變成最快速「漢化」的平埔族。當時的「漢化」是「涵化」（Acculturation）於漢族的文化，學習漢族的生活方式和語言，但不是「同化」（Assimilation）。「同化」是指平埔族拋棄自己的族群認同，主觀上改變認同，改認同自己是「漢族」。

十一、1792年陳周全事件

陳周全（?-1795）的祖籍是福建泉州同安，是出生於台灣島的第一代移民，居住台灣縣，也是天地會成員。1792年回福建同安糾集會眾起事，兵敗回台。同年與居住鳳山縣的陳光愛密議反清，召集天地會眾超過數百人，攻打鳳山縣衙失敗，陳光愛被殺，陳周全逃亡彰化，於3月在「荷苞嶼」（彰化溪湖荷婆嶼）再度起事又兵敗，陳周全逃往「湖仔內庄」（雲林莉桐）。彰化本是天地會的根據地，林爽文死後，餘眾仍散佈彰化各地。

1795年2月福建糧價暴漲，台灣島爆發搶糧暴動，陳周全與漳州人黃朝、潮州人陳容出面召集天地會餘眾，分成漳州、泉州、潮州三個幫眾，各1千人，以陳周全為首領，洪棟為軍師，起事反清。陳周全率眾攻陷鹿港，清軍水師游擊曾紹龍、同知朱慧昌陣亡。陳周全乘勝進擊，攻破彰化城。清軍調集部隊駐紮彰化八卦山，陳周全率軍猛攻，清軍北路副將張無咎、署理知縣朱瀾、游擊陳大恩、典史費增運、千總郭雲秀、吳建龍皆陣亡。

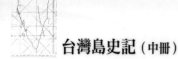

　　台灣府知府沈颺召集貢生吳升東、廩生楊應選等人，召募民兵2千餘人反攻陳周全部隊，大肚、鹿港等地民兵亦紛起攻擊陳周全。台灣兵備道道員楊廷理（1747-1813）率兵攻下彰化、鹿港，陳周全轉戰彰化二林的「犁頭店」（今台中南屯）時，遭武生林國泰伏擊於田中央庄，即溪湖鎮田中里，陳周全脫逃至雲林西螺的埔心庄，被當地長老陳祈逮捕。陳周全、黃朝、陳容、洪棟、王快、楊兆等先後被捕處決。

　　「陳周全事件」與「林爽文事件」只隔4年，可見台灣島的經濟社會狀況在乾隆晚年時的混亂程度。值得注意的區別是，雖同為天地會眾起事，林爽文是漳州人，起事會眾大都是漳州人，泉州人則組織民兵支持清朝政府軍。陳周全是泉州人，起事會眾亦大都是泉州人，漳州人則組織民兵支持清朝政府軍。中國移民的墾殖團常因爭奪地盤、土地、水源起衝突，墾殖團又常以家族、地域為籌組單位，因此常又演變為地域之爭，爆發地域械鬥，史稱「分類械鬥」，如泉州晉江與泉州同安之爭、漳州與泉州之爭、閩南與客家之爭。乾隆時期台灣島的漳泉之爭根深蒂固，連天地會的組織都無法化解。

十二、王得祿

　　王得祿，1770年生，嘉義太保人。其曾祖父王奇生，原籍江西南城，任福建水師千總，來台平定朱一貴事件，而歿於高雄鳳山。其祖父王舜慕遷居嘉義太保，其父王必敬，王得祿為次子。1787年王得祿17歲，林爽文率民兵攻擊嘉義，王得祿率5百人突圍赴台南府城求援，並參與多次戰鬥，被任命為「把總」，再晉升為「千總」。1806年5月海盜蔡牽進攻台南安平港，王得祿將之擊敗，晉升為「總兵」。1807年王得祿擊敗海盜朱濆，晉升為「提督」。1809年剿滅蔡牽。1822年王得祿右眼失明，過著半退休生活。1832年台灣島發生張丙事件，王

得祿招募民兵對抗，被封爲「太子太保」（從一品，榮譽職，有銜無職，類似國策顧問）。1841年中英鴉片戰爭，王得祿奉命駐守澎湖，1842年病逝澎湖。王得祿的居住地「溝尾」，就此改名「太保」，以資紀念。王得祿是清代中國官位最高的台灣島民。王得祿的省籍用現在台灣島的用語叫「外省第三代」。

十三、乾隆的墾民統治

　　1742年乾隆皇帝下令廣東、江西、福建三省的總督、巡撫細心處理分類械鬥的歪風，1748年乾隆再下令要福建推行「族正制」，以遏止分裂械鬥的風氣。「族正制」是「聚族而居，丁口眾多者，擇族中有品望者一人，立爲族正」，當時的福建省包括台灣島。但是乾隆時期，中國移民的開墾工作更加擴大，中國移民陸續進入台灣島，移民互相之間的衝突也更加激烈，中國移民與原住民的矛盾也益加複雜。中國移民內部矛盾，更難加以控制，「分裂械鬥」在所難免，但乾隆時期無疑是很成功的開墾時代。略述重要開墾事蹟列表如下：

年代	開墾事蹟
1736年	「墾首」潘復和、王德珪合夥「潘王春」號，開墾竹塹澹仔莊（新竹竹北）。
1737年	「墾首」薛啓隆開墾桃園（虎茅莊）蘆竹、中壢、八德、龜山，並種植桃樹，稱「桃仔園」，是桃園地名的由來。 「墾首」謝昌仁開墾貓裡社（苗栗）。 「墾首」張盛仁開墾崁頂（苗栗頭屋）。 「墾首」姜朝鳳自廣東惠州來台，在新竹新豐墾殖，後遷至新竹芎林墾耕。 1783年姜秀鑾出生，好武結伴，成為北埔武裝墾戶，設立「金廣福號」與閩南人林德修合作開墾。 1842年姜秀鑾率武裝墾民，參與鴉片戰爭，防守基隆。

年代	開墾事蹟
1738年	「墾首」藍雲錦開墾屏東里港700多甲土地，藍雲錦是藍鼎元的兒子，藍鼎元曾任廣州知府。朱一貴事件時，藍鼎元隨同堂兄藍廷珍率兵來台鎮壓朱一貴。 藍雲錦的後代藍文藻1825年建造鳳山縣城，即今左營舊城。 「知母六」任霄裡社（桃園八德）的原住民通事，將頭目職務交給兒子「鳳生」和「阿生」。 「知母六」開墾霄裡社的土地，1741年並與薛啟隆合夥開鑿霄裡大圳，1748年自行開鑿桃園龍潭（十股寮）的靈潭陂，並自動漢化更名「蕭那英」。
1739年	「墾首」林耳順開墾中港社後莊（苗栗頭份）。 「墾首」謝永江開墾「社寮岡」（苗栗上苗里）。 「墾首」張清九開墾嘉志閣社（苗栗嘉盛里）。 「墾首」林道公開墾泉州埤（苗栗公館玉泉村）。 「墾首」藍之貴開墾三座厝（銅鑼竹森村）。 「墾首」郭錫瑠設立「金順興」號，開鑿「瑠公圳」。
1740年	「墾首」程志成開墾南投國姓龜仔頭、鹿谷。數年後被原住民殺害，墾民撤離，墾地荒廢。 40年後才由「墾首」王伯祿接續開墾。
1741年	「墾首」薛啟隆與平埔族霄裡社頭目知母六（蕭那英）合作開鑿霄裡大圳。
1743年	「墾首」胡詔設立「胡同隆」號，開墾台北三峽、桃園大溪。 「墾首」葛買是原住民頭目，委託吳連淌在南投草屯（北投社）開鑿「險圳」，可灌溉1500多甲地。 後墾民李創（1703-1780）購買「險圳」股份，其子李寢（1731-1817）開鑿「小險圳」。
1748年	「墾首」胡焯猷、林作哲、胡習隆三人合夥「胡林隆」號，開墾台北「興直埔」，後改名「興直莊」（新莊），並開墾貴子坑（台北林口）。 1763年胡焯猷捐宅及80甲田地，設立「明志書院」。當時新莊稱「南港」，「大浪泵」（大龍峒）稱「北港」，是兩個河運港口。 1748年霄裡社頭目知母六開鑿「靈潭陂」，桃園龍潭因之得名。
1749年	「墾首」林秀俊創立的「林成祖」商號，開墾屏東枋寮，且投資五萬兩銀，在台北擺接堡建造「大安圳」。
1750年	「墾首」李月老開墾屏東琉球嶼（小琉球）。

年 代	開墾事蹟
1751年	台中岸裡社「通事」兼「墾首」張達京越界墾地，強佔平埔族土地，甚至串通高山族下山「出草」，殺害平埔族，焚燒房屋。清政府將張達京撤職，拘回中國大陸，沒收全部財產，以弭平原住民的怨氣。 張達京為客家人的墾首，從此大甲溪以南，客家移民式微，閩南移民大肆擴張，客家移民轉墾台中東勢。 「墾首」池良生開墾南投草屯（北投社）。 「墾首」羅碧玉自廣東率客家墾民來台，開墾新竹關西的鳳山溪南岸，古稱「上南片」。後世子孫於1918年設「羅屋書院」，1937年設「台灣紅茶會社」。 「墾首」范姜殿高開墾桃園楊梅、觀音、新屋，設立「姜勝本」墾號，並建有「范姜公廳」。
1752年	「墾首」林先坤開墾竹塹六張犁（新竹竹北），並開鑿六張犁圳（東興陂圳）。 林先坤是台灣島客家義民爺信仰的啓動者。林爽文事件後，林先坤將抗擊林爽文而死亡的客家民兵合葬於新竹新埔枋寮的「義民總塚」，並建「褒忠義民廟」供奉。 「墾首」吳洛開墾台中霧峰的阿罩霧、斗六、南投等地，從南投引烏溪水灌溉70餘村莊的農田。
1753年	「墾首」薛浦開墾雲林古坑、林內，拓墾範圍甚至北達桃園，擁有田地2000多甲。薛浦是1685年來台開墾的薛珍允的兒子。薛浦開鑿數條圳溝，把旱田變水田。 薛珍允是開墾嘉義大林（大莆林）、民雄（打貓）的墾首。 「墾首」蕭妙興設立「金合興」號，開鑿「大坪林圳」，與郭錫瑠的「瑠公圳」合流。
1754年	「墾首」翁裕接手父親翁應瑞在嘉義的開墾事業，拓展到雲林、彰化、高雄等地，擁地1000多甲，兼營磚瓦廠，在雲林古坑建築豪宅，成為彰雲嘉地區漳州人的領袖。 1807年爆發漳泉械門，翁裕率漳州人介入，殺害官兵，翁裕被處死，全家發配新疆，財產充公。
1755年	「墾首」謝雅仁開鑿苗栗龜山大陂圳。
1756年	「墾首」林虎開墾南投竹山鯉魚頭。許廷瑄開墾南投鹿谷小半天。

年代	開墾事蹟
1763年	「墾首」胡焯猷、郭宗嘏在在台北泰山設立「明志書院」，是台灣島歷史上第一所發揮正式教育功能的民辦書院，史稱「北台首學」。 200年後，1963年台塑集團董事長王永慶在台北泰山效法胡焯猷、郭宗嘏，捐款設立「明志工業專科學校」，即今「明志科技大學」。 郭宗嘏1776年去世，畢生捐出190多甲地，只留30甲給子孫。 胡焯猷去世後，子孫繼承家業，經營不善，產業轉讓給張士箱家族。
1764年	「墾首」劉和林開鑿「萬安陂大圳」（劉厝圳），灌溉1,300甲土地。
1765年	「墾首」林耳順開鑿苗栗「隆恩圳」，灌溉苗栗頭份、竹南。
1766年	「墾首」陳石生開鑿枋寮圳（新竹新埔）。 「墾首」張必榮引淡水河灌溉台北新莊，建造「後村圳」。 「墾首」吳際盛開拓台北「海山堡」，建造「福安圳」。
1768年	「墾首」林漢生開墾宜蘭，但不久被原住民殺害，開墾失敗。
1771年	「墾首」陳立富開墾泥陂子（苗栗公館仁安村）。 「墾首」彭開耀開墾竹塹六甲山（新竹新埔），其子設立「金惠成」號，開墾新竹竹東。 「墾首」邱、黃、劉、許四姓合作開墾南投集集（林尾）。
1772年	「墾首」林泉興設立「林合成」號，開墾竹塹金山面（新竹市金山里）。 「墾首」林先坤是林泉興的父親。
1773年	「墾首」張士箱設立「張廣福」號，其後人張源仁在新莊開鑿「永安陂大圳」（張厝圳），灌溉3,000甲田地。 新莊成為重要產米區，新莊靠河港口可直航至廈門，出口稻米，進口菸草、茶葉及建材。後來大嵙崁溪（大漢溪）泥沙淤積，新莊失去港口功能，商業機能被艋舺取代。 「張廣福」號是張士箱（1673-1731）家族設立的許多墾號之一，張士箱1702年來台，先開墾高雄鳳山，後遷徙至雲林開墾，再轉至台北新莊。
1776年	「墾首」林元旻從宜蘭頭城烏石港入墾礁溪的「淇武蘭」，後稱「淇武蘭堡」，或「四圍堡」。 林元旻被認為最早開墾宜蘭的中國移民。
1783年	「墾首」楊東興設立「楊怡德」號，開墾南投集集，並開鑿「集集大圳」。

年代	開墾事蹟
1786年	「墾首」楊逞（楊文麟）、養子楊光勳、兒子楊媽世因家產紛爭，互組黑道幫會，相互對抗，卻都是「天地會」的附隨組織。 天地會眾張烈被捕，楊光勳劫囚，打死官兵，父子三人被處死，財產充公，史稱「楊光勳事件」。 楊逞、薛浦、林克明、鄭萃徘、蔡麟、翁裕等六人儘管命運順逆不同，還是被後世尊為「雲林六公」。
1790年	「墾首」林甲寅開墾阿罩霧（台中霧峰），奠定霧峰林家的地位。
1793年	「墾首」謝福章開墾新竹竹北。 「墾首」陳智仁設立「連際盛」號，開墾新竹「上南片莊」，遭泰雅族馬武督社人Mautu攻擊而敗退。 後由竹塹社Pocaal頭目衛阿貴接手，招徠客家佃民開墾。衛阿貴的後代衛壽宗，與戴南仁、黃露柏、陳福成合夥「新合和」號，繼續開墾，因地形類似「鹹菜甕」，故以此為名。日本殖民時期，「鹹菜」與日語「關西」音似，改名關西。
1794年	「墾首」張天球、陳佛照開墾南投中寮，並向駐軍借貸「隆恩銀」，開鑿南投「隆恩圳」。 「隆恩銀」是清朝皇帝賜給清代邊疆駐軍的福利補貼，清軍將領常拿來放貸或購地，獲取利息、地租，做為官兵的福利津貼。

十四、羅漢腳與偷渡客

　　羅漢腳大多是偷渡來台的流動人口，稱「流寓」，出現於康熙時期中國移民大舉入台的「大移民時代」。1680年代後，福建、廣東的人口壓力很大，剩餘勞動人口很多。台灣島未開墾土地提供偷渡的吸引力，清政府的關口管理寬鬆，台灣島海岸線綿長，各種民間渡口太多。民間船隻橫渡台灣海峽的技術相當成熟，走私偷渡盛行，羅漢腳蜂擁入台，各省籍都有，但以閩南人居多。由於清政府的移民渡台政策時鬆時緊，使偷渡來台者，以尋求冒險翻身的年輕單身男子為主，造成台灣島人口性別比例失衡，且有平均年齡過低的現象。

　　這些偷渡來台的無家無業男子，為求遮風避雨，常暫時寄居廟

宇，隨意攤地舖睡於羅漢佛塑像腳下，且穿著形象酷似羅漢，遂被稱「羅漢腳」。清政府大多認爲羅漢腳是游手好閒、不事生產的「匪徒」，台灣島治理困難與羅漢腳有密切關聯。一般文獻對羅漢腳也採負面評價，著眼於羅漢腳的處境，例如單身、無業、游蕩、犯罪、鬧市、暴動等。《噶瑪蘭廳志》記載：「台灣一種無宅無妻子，不士不農，不工不賣，不負載道路，俗指謂羅漢腳。嫖賭摸竊，械鬥樹旗，靡所不爲。曷言乎羅漢腳也？謂其單身遊食四方，隨處結黨；且衫褲不全，赤腳終生也。」

1760年代以前，與羅漢腳相關的問題雖已見記載，但事態尚不嚴重，因當時中國移民的人口數仍在台灣島社會經濟可吸納的範圍內。文獻上「羅漢腳」一詞最早出現於1767年台灣府知府鄒應元所立「示禁碑」。1770年代後，台灣島的中國移民人口數已達到高峰，雖漸有和緩的趨勢，但羅漢腳的問題卻逐漸浮現，包括暴動民變、分類械鬥、侵墾「番界」等問題。

1820年代清代中國統治台灣島已超過130年，中國移民在台灣島的第二、三代已居人口主流，男女性別比例也趨於平衡，羅漢腳不再是移民偷渡入台或性別失衡的問題，反而與台灣島內部社會經濟結構有較大的關聯。島內新入台移民的人口數量，仍超過經濟體系所能提供的就業數量，是羅漢腳孳生的主因。於是羅漢腳常無視法令規定，但求糊口維生。加上清政府封山劃界政策廢弛，羅漢腳可輕易越界私墾。私墾山地與原住民時生爭端。參與分類械鬥，爭奪地盤，掀起族群動亂。清軍的班兵制度腐化，羅漢腳冒名頂替，破壞社會秩序。羅漢腳更是地下會黨的天然成員，在暴動事件中發揮動員力量。

羅漢腳卻是台灣島土地開墾的勞力資源，是土牛溝屯隘制度的隘丁兵源，也是清政府執行封山劃界的實施工具，但也使羅漢腳有機會跨越「番界」私墾，頻頻衝擊原住民的生存空間。1858年《天津條約》簽訂後，淡水、基隆、台南、高雄成爲國際港口，台灣島產業興盛，經濟起飛，失業率大降，羅漢腳才逐漸消失。

　　在康熙時期，中國移民開墾台灣島荒地已初具規模，大小墾戶申請移民來台開墾，也相對容易。到1756年，台灣島人口已達660,147人，農地灌溉設施漸漸跟不上勞動力增加的速度，台灣島的糧食供給日趨緊張。原本可輸出至福建、廣東的米糧數量增加不易，時常引起這兩省官員的擔憂。於是移民入台的照單申請逐漸嚴格，造成偷渡入台的風氣日盛。從1747年至1792年，這46年間查獲的偷渡人數有4,496人，其中福建省籍者有4,177人，廣東省籍者只有319人。平均每年只有97.7人，每個月約8.1人。這是查獲的偷渡客人數，反推回去用各種模式計算未被查獲的偷渡客人數，相較於台灣島人口總數和可以合法入台的人口相較，仍然遠遠居於少數。有些台灣史學者誇大偷渡客的人數，誇張地描述偷渡客的悲歌，以為這就是移民入台的全貌，都是錯誤的說法。（莊吉發，頁157-224）

第四章
嘉慶（1796年-1820年）

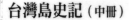

　　嘉慶皇帝1760年生，姓名「愛新覺羅 永琰」。1796年繼位皇帝時，白蓮教起事。1799年嘉慶處死和珅。1804年消滅白蓮教。1805年海盜蔡牽自稱「鎮海王」，攻入台灣島鳳山縣。1809年剿滅海盜蔡牽。1820年嘉慶皇帝去世。台灣島流傳民間故事「嘉慶君遊台灣」是純屬虛構的趣味故事，嘉慶從來沒有到過台灣島，歷代大清帝國皇帝也從來沒有來過台灣島。嘉慶時期的中國人口達四億人，是當時世界上人口最多的國家。

一、1796年吳沙墾拓宜蘭

　　宜蘭在古文獻上有不同的寫法，例如「蛤仔難」、「蛤仔蘭」、「甲子難」、「甲子蘭」、「噶瑪蘭」（Kavalan）、「卡瑪蘭」（Camalan）。宜蘭是平埔族原住民噶瑪蘭族的部落聚居地，噶瑪蘭（Kavalan）意思是「平地人」。宜蘭位於台灣島東北部，境內蘭陽平原三面環山，東臨太平洋，蘭陽溪居中分界南北，良田沃野，水源豐沛。最早企圖墾殖宜蘭平原的中國移民是福建漳州人林漢生，他在1768年率領佃農壯丁抵達宜蘭墾殖，但旋即遭噶瑪蘭族屠殺。

　　吳沙1731年生於福建漳浦，1773年42歲時渡海來台，先居淡水，再遷居基隆，1773年底落腳三貂社，做生意向宜蘭的噶瑪蘭人購買鳥獸、木材等山產。吳沙再將草藥、布匹、鹽、糖、刀等賣給噶瑪蘭人，物物交易。吳沙做生意很講公道信用，深得噶瑪蘭人的信任。吳沙佈局很深，娶噶瑪蘭婦女爲妾，精熟宜蘭的風土人情，又很努力照顧噶瑪蘭村社，甚至取得村社「頭目」的地位。

　　1786年吳沙組訓民兵，被封爲「武信郎」，屬於從六品的武職，後改稱「武略騎尉」。1787年56歲的吳沙見時機成熟，召集淡水的中國移民，籌劃以貢寮或稱「三貂社」（Santiago，西班牙語）、Kiwannoan（巴賽語）爲墾殖宜蘭的前進基地，三貂社與宜蘭只有一山

之隔。先在貢寮試行開墾，興建房宅村莊、道路橋樑，做為前進宜蘭的準備。淡水同知徐夢麟授予吳沙宜蘭墾拓權，漳州籍富翁貢生柯有成、士林何繪、新莊趙隆盛（趙孟江）等資助吳沙設立「吳春郁」墾號。追隨吳沙的墾殖者，發給米糧、斧頭，吸引移民上千人，福建漳州人佔90%。1787年台灣島正在鬧林爽文事件，吳沙卻積極籌劃墾殖宜蘭，不介入同為漳州人的林爽文事件，可說眼光深遠。

　　吳沙的墾殖團其實是武裝民兵型的屯墾集團，以漳州人為主，泉州人和客家人較少。經過9年準備，65歲的吳沙於1796年10月16日（農曆9月16日）率漳泉粵三籍移民1000餘人，民兵200餘人，翻譯23人入墾宜蘭，從基隆出發，乘船進佔烏石港（宜蘭頭城），登陸後築土圍，稱「頭圍」（頭城烏石港、和平老街）。噶瑪蘭族發現吳沙武裝入侵，展開襲擊。吳沙率千餘人應戰，吳沙弟弟吳立戰死。噶瑪蘭族輪番猛攻，吳沙被迫退回三貂社。1797年噶瑪蘭部落傳染天花，死亡遍野，吳沙主動醫治，雙方關係重修舊好。吳沙採友善策略，在原住民同意下，尋地開墾，避免摩擦。又採取公社式集體開拓，開墾時十數人為一結，數十結為一圍，嚴禁中國移民私墾，更不准侵佔原住民土地。結果一年內，由北向南，墾地幾十里，產生「二圍」（頭城二城里）、「湯圍」（礁溪德陽村，因溫泉而得名）、「三圍」（礁溪三民村）、「四圍」（礁溪吳沙村、四城村、淇武蘭）的墾殖基地。1798年1月14日（嘉慶三年農曆12月9日）吳沙67歲病逝，侄兒吳化才華卓越，深得民心，繼任墾殖團首領，稱為「總頭人」。

　　吳化首先鞏固「頭圍」，穩住「二圍」、「湯圍」、「三圍」、「四圍」，由北而南，擴大至「五圍」（宜蘭市、蛤仔難）、「員山」、「柴圍」（礁溪白鵝村）、「大湖圍」（員山湖東村、逸仙村），蘭陽溪以北（稱「西勢」）已完全開發。1802年吳化的部屬漳泉粵共九股武裝民兵，號稱「九旗首」圍攻新仔羅罕社，屠殺滅亡該社的噶瑪蘭族，建立「五圍」，即今宜蘭市，並分配東側外圍靠海岸的土地給民兵，號稱「民壯圍」（今壯圍鄉）。「九旗首」分別是漳

州人吳表、楊牛、林巘、簡東來、林膽、陳一理、陳孟蘭，泉州人劉鐘、廣東客家人李先，共率眾1,816人進攻新仔羅罕社。1810年台灣知府楊廷理兼任噶瑪蘭廳第一任通判時，爲保護噶瑪蘭族的土地權益，才特別在噶瑪蘭族的村社外圍或某些地塊設置「加留餘埔」或「加留沙埔」，作爲「原住民保留地」，不准中國移民開墾。

1804年台中阿里史社頭目潘賢文也率平埔族進入五圍地區屯墾，吳化此時除苦於潘賢文率領的阿里史社原住民的突襲外，亦困擾於漳泉客移民的「分類械鬥」，但吳化都能化險爲夷，宜蘭墾殖事業可說相當成功。「總頭人」吳化領導幾位「頭人」，分管「圍結」，宜蘭有「大結」（宜蘭市菱白里）、「二結」（礁溪二結村、宜蘭市梅洲里和北津里）、「三結」（五結鄉三興村）、「四結」（礁溪吳沙村、玉光村、光武村，或五結鄉四結村）、「五結」（五結鄉五結村）等地名，就是當年「頭人」帶領「圍結」集體開墾的地點。吳化同時建造大山口圳、金結安圳、金新安圳、三圍圳、四圍圳等水利設施，都相當順利成功。

1802年爲開墾蘭陽溪以南的東勢地區，陳奠邦（？- 1824）率同的九名頭人吳表、楊牛、**林碩**、簡東來、林膽、陳一理、陳孟蘭、劉鐘（泉州籍）、李先（廣東籍），號稱「九旗首」，率1,816人渡越蘭陽溪，入侵噶瑪蘭族聚居的五圍（宜蘭市）。1805年吳化、吳光裔、柯有成、何繪、陳奠邦、賴岳組成「西勢董事」，做爲開墾集團的領導機關。由於組織嚴密，資源分配得當，宜蘭是台灣島上中國移民分類械鬥最少的地區。1806年海盜蔡牽、朱濆（廣東潮州人）佔據蘇澳，計畫奪取蘭陽溪南側作爲根據地，此時宜蘭的中國移民已超過5萬人，能自組民兵部隊。1807年台灣知府楊廷理親赴宜蘭處理海盜事宜，官民合作擊敗蔡牽和朱濆。朱濆於1809年被金門鎮總兵擊斃（陳政三，p.84）。

1808年閩浙總督方維甸（1759-1815）抵台，巡視台北艋舺，吳化製作宜蘭中國移民的「住民戶口清冊」計4萬3千人，祖籍漳州者4萬2

千5百人，泉州籍者250人，廣東籍者140人，請噶瑪蘭族頭目包阿里和中國移民何繪攜至台北艋舺呈給方維甸，呈請清政府把宜蘭編入「版圖」。方維甸於是「奏請噶瑪蘭收入版圖」。清政府於1810年核准設「噶瑪蘭廳」，從此「蛤仔難」正式命名爲「噶瑪蘭」。噶瑪蘭廳辦公室設在「五圍」，即宜蘭市。1815年吳化和吳沙長子吳光裔遭殺害，原因不詳。經過65年，1875年光緒時期，噶瑪蘭廳才改名「宜蘭廳」，同時「雞籠」亦改名爲「基隆」。噶瑪蘭廳管轄七個堡：第一堡包括頭圍、抵美簡庄，第二堡包括四圍、淇武蘭庄，第三堡包括五圍、本城，第四堡包括民壯圍、鎮平庄，第五堡包括羅東，第六堡包括鹿埔、順安庄，第七堡包括馬賽、南興庄。

　　這個歷史事件顯示清朝時代對「版圖」一語，有兩種用法：第一種是「主權版圖」，台灣島的領土主權於1662年已由荷蘭共和國轉移至延平王國，鄭克塽於1683年投降時聲明：「謹籍土地人民，待命境上，數千里之封疆悉歸土宇，百餘萬之戶口並屬版圖。」再把台灣島的領土主權轉移大清帝國，因此宜蘭早已自1683年就是清帝國的領土，吳沙墾拓宜蘭才需事先向淡水同知徐夢麟申請許可。

　　第二種是「行政版圖」，從荷蘭時代開始，歷代政權爲便於統治原住民和中國移民，特別將「原住民保留區」或「隔離區」定位爲「番界」，原住民不准隨意離開「番界」，中國移民也不准隨意進入「番界」，「番界」也不入「行政版圖」，不設行政機關。但隨著中國移民墾殖範圍擴大，「番界」逐漸縮小。原本不設政府機關的「番界」已變成「中國移民區」，必須變更爲「普通行政區」。但當「番界」變更爲「普通行政區」，就必須編列預算，設立行政機關，派軍警維護治安，常被稱爲「收入版圖」。其實是「收入行政版圖」，並非「納入主權版圖」之意。目前有些學者也像清朝官員分不清這兩種「版圖」用語的差異，糊塗地認定1810年前宜蘭不是「中國清朝的領土」。其實吳化申請「收入版圖」，是把「原住民保留區」改爲「普通行政區」的意思，不能用來釋明吳化之前，宜蘭不是中國領

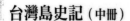

土。1645年後的宜蘭地區已是荷蘭的主權領土，並非無主之地（Terra Nullius），這份領土主權輾轉經過鄭成功、康熙，到1810年時毫無疑義是中國主權領土的一部分，當時也從無任何國家（State）或酋邦（Chiefdom）對台灣島的全部領土主權屬於中國一事提出過外交抗議，就像今日的釣魚台是否屬於日本領土主權的一部分，中國主權者不斷提出抗議。

直到1874年同治皇帝時期，吳沙的福建漳浦後輩陳輝煌率眾開墾蘭陽溪南面地區，整個蘭陽平原已盡成良田，也全歸中國移民的天下，噶瑪蘭族反成宜蘭的少數民族。宜蘭西南山區的「叭哩沙埔」（Pressinowan, 三星鄉月眉村），墾殖相對困難，到1886年光緒時期，清政府「撫墾局」接手規劃，由漳州人陳生出資墾殖，才順利開拓。

二、蔡牽攻台

蔡牽生於1761年，福建同安人或福寧府三沙人（福建寧德市霞浦縣台山列島三沙鎮）。父母早逝，彈棉補網爲生，1794年入海爲盜，1797年即擁有百艘船艦和2萬餘部眾，號稱「大出海」。蔡牽劫船越貨，強收「出洋稅」，橫行浙江、福建、廣東沿海。1798年，蔡牽劫掠台灣島沿海地區，閩浙總督魁倫（1752-1800）追擊無效，台灣島許多富商都得向蔡牽繳納「保護費」。十九世紀初期，兩岸貿易因蔡牽的海盜活動受到沉重打擊，台灣島的景氣下挫，海運船隻減少，蔡牽進而闖入港口，上岸行搶，台南、鹿港、艋舺屢遭劫掠，清政府投入大筆軍費，在台灣島北部部署兵力。

1802年，海盜蔡牽率船隊襲擊廈門。1804年，攻擊台南鹿耳門港，擊敗發兵前來的溫州水師。1805年，蔡牽自稱建立「光明王國」卻在浙江定海被提督李長庚（1752-1807）擊敗。1806年，蔡牽率兵進攻鳳山，包圍台南城。1807年，李長庚和福建提督張見陞在廣東黑水

攻擊蔡牽，李長庚卻被蔡牽狙殺。1809年，李長庚的部將王得祿、邱良功在浙江台州外海（一江山和大陳島），圍擊蔡牽，蔡牽兵敗，開砲自殺，全家及部眾250多人全部死亡。

三、潘賢文的悲劇

潘賢文本名「大乳汗毛格」（Toanihanmoke），台中潭子阿里史社平埔族人。1731年大甲西社事件後，阿里史社的社務由岸裡社監管。1758年岸裡社總通事張達京因案被革職，阿里史社自設副通事，自主辦理社務。1804年阿里史社「土目」潘賢文爭取岸裡大社總通事一職失敗，與掌握總通事職位的阿穆家族時生衝突。客家籍監生鍾興雅勸潘賢文赴宜蘭開墾，於是潘賢文率領近千名平埔族人越過中央山脈，從大甲溪進入台中東勢、苗栗卓蘭（Takulan）交界，經苗栗大湖、獅潭、三灣一帶，渡過中港溪，越過斗換坪至竹東丘陵，到達金門厝溪上游溪灘。經過新竹關西、新埔，從桃園台地丘陵，轉入大料崁溪，進入宜蘭礁溪、員山，最後來到宜蘭五圍，輾轉流徙於蘭陽溪兩岸，與漳泉閩南人、清政府官兵、中日海盜周旋，被稱為「流番」。由於潘賢文的遷徙過程所及，宜蘭蘇澳、三星都有阿里史社的地名。

潘賢文的移民集團約佔當時宜蘭人口46,140丁口的2.1%，人不多但勢眾。這群移民因擔任隘丁持有眾多火槍，防守高山族素有戰鬥經驗，又有翻山越嶺的強健體魄，時與漳州人爭地，甚為蘭陽平原的漳州墾民所忌憚。

最後因為缺糧嚴重，吳沙的侄子吳化捐助米糧，但要求潘賢文分散至各地墾殖，所謂「助之粟而散其眾」的策略。平埔族被漳州人設計，賣掉武器，換取農具或糧食，逐漸喪失戰鬥能力。1806年，宜蘭爆發分裂械鬥，泉州人、客家人與平埔族聯合進攻人口多數的漳州

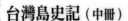

人，漳州人獲勝，蘭陽溪以北土地除溪州外，悉歸漳州人所有。平埔族喪失溪北墾地，只好移往羅東、蘇澳。1807年，與蔡牽合夥的海盜朱濆遭王得祿擊敗，逃至台灣島東北海岸，載運農具登陸蘇澳，與潘賢文共同開墾。1809年，潘賢文遭漳州人灌醉，送交清政府官員，以械鬥殺人罪名處死。不久漳州人突襲羅東，平埔族四散，轉墾叭哩沙（Pressinowan，三星鄉拱照村），或流亡山區。叭哩沙是「竹林」之意。

台中地區阿里史社（Balis）、岸裡社（Tarovagan, Taranongan, 斗尾龍岸社）、樸仔籬社（Paualay）、烏牛欄社（Auran）是平埔族巴則海族的四大社，潘賢文是阿里史社的頭目，與岸裡社頭目潘明慈、潘士興家族爭奪「通事」或「土目」失敗而出走，因此被清政府稱為「流番」。跟潘賢文一同遷徙的平埔族分別來自阿里史社、岸裡社、樸仔籬社、烏牛欄社、阿束社、馬賽社、大甲社、吞霄社、北投社、東螺社等社，但以阿里史社為主。台灣島的「土目」指清政府派任的原住民土著官員。「土目」原名為「土官」，擔任清政府與原住民村社的溝通管道，權限包括指派勞役與收租納稅。

岸裡社頭目潘敦仔家族是顯赫的平埔族，其祖父潘阿穆1699年協助清政府鎮壓吞霄社，1715年被冊封為岸裡社總土官，諸羅縣知縣周鍾瑄將大甲溪以南的數萬甲土地撥交給潘阿穆開墾。第三代土官潘敦仔於1721年協助清政府鎮壓朱一貴，1731年鎮壓大甲西社，1737年鎮壓後　社、嘉志閣社，1770年被清政府批准設立「大由仁墾號」。1787年第四代土官潘明慈、潘士興協助清政府鎮壓林爽文。由於岸裡社位於神岡、豐原之間，地理位置易守難攻，具備戰略重要性。且岸裡社因為物資貧乏，社民窮困，時與其他村社為敵，歸順清政府可取得奧援。且岸裡社人驍勇善戰，清政府可重用為後備軍力。岸裡社這些優勢不是阿里史社能望其項背的，潘賢文1804年爭權失敗而出走，是意料中的事。

四、1814年郭百年事件

　　骨宗事件於1721年發生後，南投水沙連社已開始衰微，中國移民侵入墾殖南投原住民的傳統領地，常以偽造文書等種種詐欺手法，侵佔原住民土地，南投埔里大片土地因此落入中國移民手裡。經過93年，原住民的境遇並未改善。1814年中國移民以「墾首」郭百年為首，「隘丁首腦」黃林旺、「墾民」陳大用、「台南府門丁」黃里仁等人共謀，再度以偽造文書的手法，從彰化知縣騙取墾照，召集武裝佃農進入南投，在「社仔社」（水里鄉車埕、明潭、新興等村）濫墾300多甲地，在「水里社」（Kankwan, 魚池鄉水社村、日月潭）濫墾400多甲地，在「沉鹿社」（魚池鄉新城、中明等村）濫墾500多甲地，共詐騙水沙連24社的土地達1,500甲。水沙連（Sazum）原住民人口稀少，面對郭百年集團暴力，敢怒不敢言。

　　郭百年食髓知味，冒充官員，率武裝佃農進入布農族的埔里社（哈裏難社、蛤美蘭社）濫墾，埔里盆地以眉溪為界，北邊是泰雅族的地盤，南邊是布農族的地盤。郭百年趁埔里社原住民壯丁上山打獵的時機，屠殺全社老幼婦孺近千人，慘絕人寰，並劫掠數千頭馴牛和野牛、數百石粟穀，還挖掘原住民墳墓一百多座，從墳墓取出刀槍，讓殘存的壯丁無武器反抗，同時以布袋囊土堆疊十多座土堡，不准原住民回鄉，這些殘存的布農?族原住民被迫遷徙外地，依附泰雅族的「眉社」，史稱「郭百年事件」。

　　1816年台灣鎮總兵滿族人武隆阿（?-1831）巡視彰化，獲悉事件內情，拘捕郭百年等人處決，驅逐上萬名中國移民，發還土地給原住民，並在埔里社南北二路山口立碑，宣布封山，禁止中國移民跨入「番界」。但是幕後提供郭百年、陳大用開墾資金的大墾首張天球卻未遭懲處。郭百年事件是中國移民欺凌迫害原住民的各種事件中，

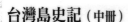

最惡劣的案例之一。在康雍乾時期，中國移民仰仗清兵軍力，組織武裝流氓集團，霸凌殺害原住民的案例層出不窮。這些中國移民是現代「本省人」的祖先，也是人類歷史上最卑劣的惡棍之一。若非武隆阿是滿族人，屬中國的少數民族，能以少數民族的心境，體會布農族的悲淒，否則這則悲劇和冤屈，在當時由漢族主政的彰化縣衙袒護下，郭百年是不會受到懲處，布農族和邵族遭侵佔的土地也不會歸還。

埔里社布農族受創嚴重，從此一蹶不振。埔里社人又怕鄰近的泰雅族乘虛而入，也怕中國移民再次入侵，只好引進台中、彰化地區平埔族原住民，入居南投，重組埔里社會，組織史稱「打里摺」（Taritsi）的自衛團體，抵禦中國移民的侵犯。「打里摺」是平埔族見面打招呼的用語，意指「好朋友」或「關心你」。當時埔里社號召進入埔里盆地的平埔族原住民，族群有道卡斯、拍瀑拉、巴則海、巴布薩、洪安雅等族，村社則包括北投社（南投草屯）、南投社（南投市）、阿里史社（台中潭子）、雙寮社（台中大甲）、日北社（苗栗苑裡）等30多社，區域包括苗栗、台中、南投、彰化、雲林、嘉義，時間從1823年至1853年，長達30年。這是歷史上規模最大的原住民遷徙行動。

平埔族原住民移居埔里，受害的原有居民布農族反遭平埔族霸凌，平埔族從中國移民學到欺騙和劫掠手法，用在布農族身上，導致布農族只好再往深山遷移。

五、1816年「無夏之年」事件

1815年4月5日至4月15日印尼森巴瓦島（Sumbawa）的坦博拉火山（Mount Tambora）爆發，在八級的火山爆發量表指數高達第七級，噴出火山灰的體量達150立方公里。火山微粒形成巨大雲層，遮蔽陽光造成1816年全球氣候極端寒冷。台灣島從1816年6月開始到1817年春都

籠罩在寒冷的氣溫下，農作物欠收，史稱「無夏之年」（Year without a summer）。當時台灣道按察使糜奇瑜（1762-1827）和汪楠（1755-1820）賢明能幹，治理得宜，台灣島未發生重大災難。但很多地區就沒這麼幸運，歐洲剛於1815年結束拿破崙戰爭，1816年的「無夏之年」導致糧食短缺，寒冷與饑餓造成20萬人死亡。

詩人拜倫（George Gordon Byron, 1788-1824）根據這個事件寫下詩作《黑暗》（Darkness），小說家瑪麗雪萊（Mary Wollstonecraft Shelley, 1797-1851）創作《科學怪人》（Frankenstein/ The Modern Prometheus），波里道利（John William Polidori, 1795-1821）創作出《吸血鬼》（The Vampyre）小說。

中國則爆發「嘉慶雲南大饑荒事件」，安徽和江西發生「六月雪」事件，黑龍江在八月出現農田霜凍現象，清朝國力開始衰弱。1820年繼位的道光皇帝面臨滿目瘡痍的經濟蕭條，四處民變，史稱「道光蕭條」。1700年時中國GDP和整個歐洲差不多，但從1700年至1820年中國經濟快速發展，GDP年增率是歐洲的四倍。1820年至1970年中國經濟佔世界比重和人均GDP都不斷下滑。印度恆河流域季風延遲，農業生產崩潰，饑荒帶來霍亂蔓延整個歐洲，甚至莫斯科也陷入霍亂恐慌。美國也剛結束1812年至1815年的英美戰爭（War of 1812），接著「無夏之年」爆發饑荒，美國白人大舉移民西部，搶奪印地安人的土地和資源，反而擴張國力。

六、嘉慶時期的開墾事蹟

1796年「墾首」吳沙為開墾宜蘭，向淡水廳申請墾照，設立「吳春郁」墾號，建立「頭圍」。1798年吳沙去世，由侄子吳化接續開墾。1802年吳化將「墾首制」改為「結首制」。「墾首制」是墾號合夥人出資，與開墾佃民是僱傭關係，開墾成功後的土地所有權歸「墾

首」，地權集中，易產生大地主的「大租戶」。其他「小租戶」沒有
「所有權」，但有「永佃權」。「結首制」是集體合作社模式，大結
首與小結首是夥伴關係，依貢獻分配土地，都有「所有權」，地權分
散，不易產生大地主。宜蘭因此少見大地主。吳沙開墾宜蘭前，仍需
向清政府的福建省台灣道淡水廳申請墾照，這足以證明清代中國主權
在台灣島任何地區都實質存在。混淆「行政版圖」和「主權版圖」是
某些人易犯的錯誤。下列記述嘉慶時期開墾事蹟於後：

年代	開墾事蹟
1796年	不知名者開墾雲林四湖。 吳沙採用「結首制」開墾宜蘭。
1798年	「墾首」錢甫崙佳是平埔族竹塹社頭目，開墾新竹新埔。 吳沙去世，侄子吳化接手開墾宜蘭。
1804年	「墾首」潘賢文是平埔族阿里史社頭目，率領彰化巴布薩族、巴則海族的村社，包括岸裏社、阿里史社、北投社、大甲社、吞宵社，共1,000多人翻越中央山脈，抵達宜蘭五圍開墾。
1806年	平埔族「墾首」潘賢文介入漳泉械鬥，支持泉州人，失敗被迫逃亡，去開墾羅東，設立新的阿里史社。潘賢文來自台中的「阿里史社」（台中潭子）。
1809年	「墾首」潘賢文與阿里史社民再遭漳州籍墾民追殺，逃往「叭哩沙喃」（宜蘭三星月眉村），就地開墾。 不知名客家人「墾首」開墾宜蘭冬山。
1810年	「墾首」曾開勝開墾台東外海的火燒島（Sanasay），後改名綠島。
1811年	「墾首」林評開墾南投水里牛轀轆。
1812年	「墾首」何士蘭與周姓、沈姓合夥開設「何周沈」號，開墾麻里折口社（Malysyakkaw，錫口、台北松山）。
1814年	「墾首」郭百年、黃林旺濫殺南投埔里社原住民，史稱「郭百年事件」或「埔里社事件」。台灣總兵滿族人「武隆阿」拘捕郭百年等人處死，驅逐中國移民，將土地歸還原住民。
1815年	「墾首」漳州籍林平侯設立「陳集成」號，開墾桃園大溪，購地5,000甲。林平侯原經營米鹽生意，1787年林爽文事件，物價暴漲，林平侯囤積米鹽成巨富，後挾鉅資遷居桃園大溪。林平侯將家產分為「飲、水、本、思、源」五家行號，給五個子嗣。1832年林國華的「本」和林國芳的「源」合併成「林本源」號，1857年遷居板橋，「板橋林家」因此傳世。

第五章
道光（1820年-1850年）

　　道光皇帝1792年生，姓名「愛新覺羅 綿寧」，1820年繼位皇帝。1829年道光下令廣東查禁鴉片，1832年台南白河爆發張丙事件，1839年林則徐查禁鴉片。1840年中英爆發鴉片戰爭，被認為是中國近代史的開端，也是中國進入被各個強國踐踏的歷史。1842年中英簽定《南京條約》，中國割讓香港島給英國。1845年英國取得上海「英租界」，1849年法國取得上海「法租界」，1850年道光皇帝去世。中國的領土陸續被割讓或租借，以及劃入近似被保護國的勢力範圍。

一、曾文溪改道

　　1823年曾文溪改道，曾文溪在荷蘭殖民時期稱「蕭壠溪」（River Soulang）或「砂河」（Zant River），清代初期上游稱「灣裡溪」，中游稱「加拔溪」，下游稱「漚汪溪」，南流進入台江內海，洪水挾帶泥沙，淤塞航道。台南府城三郊商會的貿易，受到嚴重影響。三郊商會為保持航道暢通，集資開鑿「五條港」運河，通往安平及四草湖。這五條港運河分別是安海港、南河港、南勢港、佛頭港、新港墘港。當時鹿耳門已成廢河道，而大員港又只能容納小船出入，大船只好停靠加老灣的「國賽港」（Koksikong, 國姓港）。1862年三郊商會再度集資開鑿另一條運河，從四草湖經北線尾、鹿耳門，順著北線尾到七股曾文溪的出海口附近的國賽港，由於該河道利用竹筏運輸貨物，往來於大員港與五條港，故稱「竹排仔港」。但這都抵擋不住各港口淤積的壓力，台南的貿易功能逐漸衰退，府城光芒也日益消退。到了1895年，台南三郊對外貿易的港口已被其他港口取代，變得無足輕重，也無龐大經費可疏浚淤沙。1930年連海關也隨港道裁撤，最後成為嘉南大圳的排水道。

二、黃斗奶事件

黃斗奶本名黃祈英，是客家人，於1797年即已進入賽夏族村社居住，仿效賽夏族生活習性，並取賽夏族名字「斗阿乃」，以取信賽夏族。客家人稱「黃斗乃」或「黃斗奶」。黃斗奶懂賽夏族語言，從事賽夏族對外交易買賣工作，被稱「番割」，閩南語「爲番人割貨」之意，「割貨」就是「採購」。

1826年彰化東螺堡睦宜莊（今田尾鄉睦宜村）的客家人李通盜取閩南人黃文潤的豬隻，雙方激烈爭執，引發閩南人與客家人械鬥不息。客家人不敵，逃入苗栗南庄。黃斗奶替客家人打抱不平，率領賽夏族下山，攻擊中港溪下游的閩南村莊，血洗竹南中港街。當時剛好閩浙總督孫爾準（1772-1832）率兵進駐竹塹城，處理閩客械鬥，於是派兵進攻賽夏族村社，擒殺黃斗奶等21人。孫爾準認爲「不翦番割，亂末已」，賽夏族介入閩客械鬥，遭到清政府嚴厲處置。孫爾準事後在賽夏族出入的隘口，設立「屯丁」看守，請平埔族人當屯丁，並提供「番屯」土地，讓屯丁擁有田地作爲獎勵。苗栗竹南與後龍之間的中港溪的出海口曾是重要港口，因此竹南古稱「中港」，因港口位於鹿港及淡水港的中間，原住民村社也因此被稱爲「中港仔社」。竹南也曾被稱爲「三角店街」。

三、張丙事件

張丙是台南白河人，祖籍漳州南靖，經營漁業，也是地方流氓角頭。1832年台灣島南部久旱，稻米欠收，嘉義知縣邵用之禁止稻米外流。米商陳任癸偷運稻米，委託吳贊護運，卻被吳贊的族人吳房夥同

詹通劫走。因詹通與張丙素有淵源，吳贊向邵用之告發張丙劫掠稻米，邵用之斬吳房，張丙逃亡。10月嘉義北崙閩籍頭人陳辦與台南白河雙溪口的客籍頭人張阿凜發生矛盾嫌隙，張丙替陳辦出頭，率閩籍群眾與張阿凜的客籍群眾爆發雙溪口的「閩客分類械鬥」。

台灣總兵劉廷斌（?-1833）派兵鎮壓，張丙藉口清政府官員偏袒客家人，夥同陳辦、詹通於1832年11月自稱「開國大元帥」，率眾攻佔邵用之的嘉義縣衙，邵用之遭張丙分屍殺死。張丙再聚兵萬人進攻台南鹽水，在八掌溪畔圍堵清兵，清兵戰敗全遭殺戮，台灣府知府呂志恆、清軍把總朱國珍、副將周承恩於此役陣亡。全台震動，鳳山許成、彰化黃城也聚眾響應。12月福建提督馬濟勝（1764-1836）揮軍渡台，與台灣總兵劉廷斌合力鎮壓張丙。雙方大戰於鐵線橋Terramisson（台南新營鐵線里），張丙大敗，率殘部逃亡，不久被捕，押送北京處死。

四、1837年曹謹的「曹公圳」

曹謹(1787-1849)是河南人，於1837年任鳳山縣知縣時，費時近5年，在幕僚福建金門人林樹梅(1808-1851)建議下，在高雄大樹附近，引高屏溪的溪水灌溉高雄平原（古稱鳳山平原）的小竹上里、小竹下里、大竹里、鳳山上里、鳳山下里等五個里，合稱「五里圳」。「五里圳」後來分割出來兩條獨立的「鳳山圳」和「五鳳陂」（九曲塘），共44條水路，灌溉5個村莊，計2,708甲農田，史稱「曹公圳」或「曹公舊圳」。1842年曹謹命令「歲貢生」興隆里人鄭蘭和「副貢生」赤山里人鄭宣治從「曹公舊圳」引水至鳥松腳，擴建公爺陂（赤山大陂、草陂），最終注水入蓮池潭和內惟埤，再分灌各圳，稱「曹公新圳」或「五里新圳」，共46條水路，灌溉另外5個村莊，達1,500餘甲農田。「歲貢生」是明清時代績優的秀才被選入國子監就讀者，

「副貢生」則是「副榜」額外錄取可入國子監學習的秀才。曹謹改造水利設施，築堤設閘門，平時攔水，旱時放水，使稻作一年兩穫。 赤山大陂和草陂還形成「大埤」和「小埤」兩個儲水埤塘。「大埤」後世改稱「大貝湖」或「澄清湖」，小埤於1980年代填平興建長庚醫院和棒球場。1841年完工時，曹公圳的灌溉績效陡增，甘蔗種植面積擴大，後來隨著高雄開港，蔗糖外銷更暢旺，曹公圳可說是清政府治台相當出色的水利工程。鳳山鄉民集資興建「曹公祠」以茲紀念。曹謹於1841年調任淡水同知，遇中英鴉片戰爭，練鄉勇行保甲，清內匪備外侮，政績斐然。又捐俸創辦「艋舺文甲書院」，振興台北學風。1842年平息多場漳泉分類械鬥，但因鴉片戰爭時曾因轄下士兵虐殺英軍俘虜，英國咎責，清政府遂革職曹謹，數年後才獲復職，但不久因病辭職後去世。1900年日本殖民台灣島，總督兒玉源太郎得知「曹公祠」被日軍佔用做爲軍醫院，特撥款修復改建。除曹公舊圳與曹公新圳之外，後世還擴建鳳山圳、大寮圳、林園圳，與曹公舊圳、新圳構成五個水圳的灌溉系統。

　　道光年間除了曹公圳外，1846年台南新化（大目降）墾戶歐陽安在虎頭山麓開鑿「虎頭埤」，1863年漳州轉運使周懋琦撥款擴建成「虎頭埤水庫」，爲台灣第一座水庫。周懋琦（1836-1896）是安徽績溪人，1862年來台幫辦軍務（台灣守軍參謀長）， 1872年任台灣兵備道及台灣知府，1876年調任福建福寧知府，1879年再任台灣知府，1880年任福建船政提調（福建船政大臣的第二把手）。

五、1841年鴉片戰爭英艦進犯台灣島

　　1840年中英鴉片戰爭，英艦攻陷浙江定海，封鎖長江口，侵擾天津外海。1841年英軍攻陷廣州、廈門。1842年英軍再陷吳淞口、鎮江，兵臨南京，清政府被迫與英國簽訂《南京條約》。1843年雙方簽

訂《虎門條約》，又稱《中英五口通商章程》，作爲《南京條約》的附約。虎門位於廣東東莞，林則徐（1785-1850）焚燒走私鴉片的地方。

1620年中國已出現吸食鴉片的記載，1624年荷蘭東印度公司從印尼運鴉片到台灣島，並轉出口去中國、日本。1729年雍正皇帝明令禁止吸食，1773年英國東印度公司壟斷印度的鴉片栽種，轉給怡和洋行等，運至中國銷售。1796年嘉慶皇帝下令取締進口，但績效不彰，走私盛行。1821年道光皇帝時，每年鴉片走私進口4千箱，1823年下令禁止鴉片，仍未奏效。1824年英國洋行將鴉片運到台灣島，換取樟腦，於是台灣島開始流行吸食鴉片，也刺激樟腦產業大舉擴張。至1838年，中國每年走私進口鴉片增至4萬箱，中國原本出超的貿易，因鴉片走私進口，白銀每年外流達3千萬兩，逆差嚴重，導致中國通貨緊縮，購買力下降，產業蕭條，經濟衰退。自1830年代起，作爲英國殖民地的印度每年出口收入超過40%是來自鴉片外銷，英國在這筆巨大的利潤面前，拋棄所有基督教精神道德的反思能力。相較於1833年英國以基督教道德爲由宣布禁止奴隸制度，並視同國際法原則，派出英國海軍追緝大西洋上的販奴船隻，並設立國際法庭審判各國販奴商人。同一時期，英國人認爲販毒不違背基督教道德，販奴卻根據同樣的教義被禁止，眞正的關鍵是販奴利潤是西班牙和葡萄牙的大宗生意，但毒化中國人的鴉片則是英國的獨佔利潤。

1839年道光皇帝派林則徐赴廣州禁絕鴉片走私，6月3日燒毀怡和、寶順、旗昌等洋行的鴉片共計20,283箱。10月1日英國內閣決議派兵報復中國禁售鴉片。11月2日英國派義律（Charles Elliot, 1801-1875）率艦封鎖廣東東莞的虎門穿鼻港，中英爆發「穿鼻之戰」。1840年1月16日，英國女王維多利亞（1819-1901）宣稱中國禁絕鴉片「影響英國臣民利益與王室尊嚴」，維多利亞女王露出人類史上最猙獰邪惡的面孔，4月7日英國國會通過戰爭案，6月英艦封鎖廣東珠江口。

　　販賣鴉片主力的英國東印度公司是女王伊麗莎白一世（Elizabeth I, 1533-1603）於1600年批准設立的，特許給予殖民貿易特權外，還可兼營海盜搶劫、走私鴉片、販賣奴隸等勾當。對這些罪惡事業，英國王室興趣盎然。1564年伊莉莎白一世（1533-1603）將王室擁有的一艘700噸海船，交給著名的奴隸販子約翰霍金斯（John Hawkins, 1532-1595），該船取名「耶穌號」，折合4千英鎊的股份。1565年該船滿載而歸，霍金斯自非洲抓捕黑奴，賣給美洲的西班牙人，換取蔗糖、珠寶、獸皮、生薑，獲得豐厚暴利。英國史上打敗西班牙無敵艦隊的海盜德雷克（Francis Drake, 1540-1596）就是霍金斯的表弟。

　　鴉片戰爭前，清政府規劃廈門和台灣島為同一個軍事警戒區，由閩浙總督鄧廷楨（1776-1846）負責，命令台灣鎮總兵達洪阿（?-1854）、台灣道員姚瑩（1785-1853）、台灣知府熊一本（1778-1853）、提督王得祿（1770-1842）共同防衛，於台灣島各港口嚴密設防。6月18日英艦兵臨台南鹿耳門，姚瑩急令封港，調水師出海驅逐，英艦見防守嚴密，即行撤走。7月英艦砲轟廈門，進攻舟山島，攻破定海。8月進佔大沽口外。1841年8月13日，英艦納布達號HMS Nerbudda再至基隆，16日砲轟基隆二沙灣砲台。中國守軍還擊，擊斷英艦桅杆，英艦撤出，卻觸礁沉沒。中國守軍乘小船出海，格殺英軍，擄獲大砲十餘門，擊殺英軍32人，俘虜133人，這是鴉片戰爭英軍首度吃敗仗。10月27日英軍再派艦駛進基隆港，開砲轟擊守軍砲台，擬強行登陸。守軍開砲還擊，英艦退至港外，砲擊港灣，遂即撤走。英艦兩次進攻台灣島，均遭擊退。

　　台灣島對英國而言，有硫磺、樟腦、樟樹、檜木、煤礦可開墾，地理位置又適合英國東印度公司走私鴉片，趁鴉片戰爭的機會進佔台灣島是戰略的一部分，只是被中國守軍擊退。

　　1842年2月，英艦Ann號再犯彰化鹿港和台中大安港（台中與苗栗之間的大安溪出海口），於土地公港（苗栗苑裡）中計擱淺，中國守軍**擊**斃英軍多名，俘虜57人，擄獲大砲軍火，獲第三度勝利。但大陸

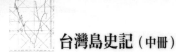

沿海主戰場，英軍攻下廈門、定海、寧波、上海、鎮江，直逼南京，中國守軍大敗。8月29日清政府被迫和英國在英艦Cornwallis號上簽訂《南京條約》，割讓香港給英國，從此成為英國人「合法」走私鴉片進入中國的門戶，另外開放廣東、福州、廈門、寧波、上海五個港口通商。《南京條約》第八條要求釋放英軍俘虜，但台灣島的英軍俘虜僅剩9人存活。1843年2月清政府在英國壓力下，下令以虐俘罪將達洪阿、姚瑩兩人革職治罪。1843年10月8日，中英再簽《虎門條約》，使英國單方面享有領事裁判權和最惠國待遇，作為《南京條約》的附約。1842年《南京條約》的五口通商對中國影響很大，但真正對台灣島起重大影響的是16年後，1858年《天津條約》的台灣島開港。

《南京條約》割讓的香港島原本只是運輸「香木」的小港，島上人口結構與台灣島相似，居住客家人和閩南人，反而沒有說廣東話的廣東人。英國接手殖民香港後，大舉招來居住澳門和廣州的商人和基督徒，取代客家人和閩南人，成為香港島的主流人口。但是香港成為英國殖民地不是什麼值得令人誇耀的發展，反而是英國人用來作為惡名昭彰的「鴉片轉運中心」，及輸出中國苦力勞工至美國和東南亞的「奴隸出口港」。香港島直到1851年1月11日太平天國廣西起事，引發中國東南半壁大動亂後，廣州富商逃難香港，香港的人口才有顯著的成長。1854年香港人口只有54,000人，1860年增至110,000人。

六、1848年彰化大地震

1848年12月3日彰化發生大地震，芮氏規模7.0，1,030人死亡，房屋全倒22,664戶。災情最嚴重地區在彰化、鹿港。

七、道光時期的開墾事蹟

年代	開墾事蹟
1821年	「墾首」吳全率眾開墾台東卑南，其後中國移民陸續北上，進入奇萊山秀姑巒溪上游的玉里，或南邊海岸的新港，台東地區逐漸成為中國移民的新天地。
1822年	「墾首」新竹原住民竹塹社頭目衛福星設立「新合和」號，開墾新竹關西。
1823年	台灣島西部平埔族因郭百年事件的善後事宜，開始遷移至南投埔里。
1828年	「墾首」吳全率2,800多人，開墾花蓮壽豐，不久吳全病死，墾地荒廢。
1834年	「墾首」姜秀鑾、林德修、周邦正合夥「金廣福」號，開墾新竹寶山、北埔、峨眉、南莊、三灣。「金廣福」號後來砍伐樟樹，製造樟腦。
1835年	「墾首」屏東西拉雅原住民「上、下淡水社」的頭目施阿魯（Syaru）開墾屏東恆春（龍鑾）、車城、滿洲。
1836年	「墾首」杜四孟是台南、高雄的西拉雅族馬卡道人大武壟社的頭目，率眾300多人，遷徙至恆春、巴塱衛（大武）、寶桑（台東市）、璞石閣（花蓮玉里）開墾，設立「大莊聚落」。
1840年	宜蘭加禮宛六社的噶瑪蘭人，走陸路從打那美（蘇澳）出發，經大南澳到奇萊（花蓮），或走海路從加禮宛港啟航，至鯉浪港（花蓮港）上岸。海陸與陸路在花蓮新城北埔村會合，就地開墾，成立新的「加禮宛社」。
1850年	屏東東港漁民陳必先開墾台東外海的火燒島（綠島）。 泉州人鄭勤先入墾南投。

第六章
咸豐（1850年-1861年）

咸豐皇帝1831年生，姓名「愛新覺羅 奕詝」，1850年繼承皇位。當年太平天國洪秀全（1814-1864）在廣西桂平金田村起事，捻軍在河南、蘇北起事。1853年曾國藩（1811-1872）建立「湘軍」，太平天國定都南京，天地會在福建、廣東起事，小刀會攻佔上海。同年，日本發生培里黑船事件。1854年美日簽訂《神奈川條約》，日本結束鎖國。1857年第一次英法聯軍攻陷廣州，1858年清政府與英、法、美、俄簽訂《天津條約》。相較於歐美的歷史進程，1859年英國的達爾文（Charles Robert Darwin, 1809-1882）發表「物種原始論」，提出「生物進化論」，中國卻還處在愚昧中掙扎。1860年第二次英法聯軍，火燒圓明園，咸豐皇帝逃離北京，避難熱河承德，清政府與英法簽訂《北京條約》。1861年咸豐皇帝去世，其妻慈禧太后（1835-1908）發動辛酉政變，成功奪權。

一、太平天國

1843年6月洪秀全在廣東花縣抄襲基督教義創設「拜上帝會」，1850年洪秀全指示信徒集合在廣西桂平縣金田村組織民兵部隊，1851年3月23日宣布登基，自稱「太平王」，後改稱「天王」，民兵稱「太平軍」。1852年太平軍攻進湖南，發布〈救一切天生天養中國人民論〉，吸引5萬多名湖南人參軍，這是首度出現「中國人民」用語的政治文件。1853年1月17日攻克湖北武昌，3月19日攻佔南京，定都稱「天京」，國號「太平天國」。1864年6月1日清軍圍困南京，洪秀全病逝，其長子洪天貴（1849-1864）繼位，7月19日清軍攻陷南京，屠城殺害20萬人，太平天國滅亡。

1853年太平天國軍隊攻入福建閩南地區，1853年4月台南李石聲援太平天國，號召「興漢滅滿」，聚眾攻擊善化的灣裡街，殺死台灣縣知縣高鴻飛。高雄鳳山縣衙警衛林恭聚眾殺死鳳山縣知縣王廷幹，

自立爲縣令。李石與林恭兩人最後兵敗，同被處斬。高鴻飛是江蘇高郵人，1841年中進士。王廷幹是山東安丘人，1840年中進士。

1862年戴潮春（?-1864）效法太平天國，在彰化登基，自稱「東王」。1905年孫文（1866-1925）在東京成立「中國革命同盟會」，發表宣言對太平天國頗有惋惜和推崇。但是太平天國引爆的戰亂死亡人口達3千萬人，可能是史上死亡人數最多的戰爭。

太平天國起事期間，其他群眾暴動事件也如同星火燎原，蔓延整個中國。小刀會攻佔上海和台北，金錢會攻佔浙江、福建交界，三合會攻佔廈門，紅巾會攻擊廣州。穆斯林的杜文秀在雲南發動礦工暴動，建立獨立政權達15年，清政府鎮壓杜文秀，雙方死傷30萬人。廣東土客（廣府人與客家人）分類械鬥死傷人數累積達50萬人，陝西回民暴動，貴州苗民暴動，淮河地區捻軍暴動，長江沿岸人口稠密的城鎮鄉里，三分之二人口死亡或失蹤，變得杳無人跡。台灣島上的戴潮春事件相對規模小很多。

二、1854年培里的「台灣島佔領案」

1852年3月培里（Matthew Calbraith Perry, 1794-1858）就任美國東印度分艦隊（East India Squadron）司令官，美國總統菲爾莫爾（Millard Fillmore, 1800-1874）授予要求「日本開國」的命令，從維吉尼亞的諾福克（Norfolk）港出航，經由南非開普敦（Cape Town）、新加坡、香港，經過台灣島東海岸、琉球、小笠原群島（Bonin Islands），於1853年7月8日抵達日本橫須賀的浦賀港，登陸與戶田氏榮進（浦賀港的「奉行」（長官））會談，遞交美國國書，要求日本放棄鎖國，開放貿易。培里強調1845年和1849年美國已兩度遣使赴日要求通商，都被日本拒絕。培里要脅日本，如果日本再度拒絕通商，隔年將率領更大的艦隊抵達日本。日本採緩兵之計，希望隔年再回

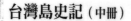

應。培里測量浦賀港灣後，因糧食不足，率艦隊轉赴琉球、台灣島尋求補給。1854年2月13日，培里再度率艦隊抵達東京灣，於3月31日強迫日本德川幕府簽訂《日美和親條約》，即《神奈川條約》，歸途並與琉球締結《琉美修好條約》，史稱「黑船事件」。《神奈川條約》被日本人視為不平等條約，隨後德川幕府依樣陸續與英、俄、法、荷簽訂類似條約。

「黑船事件」常被稱為「日本開國」，引發「尊王攘夷」和「公武合一」兩派鬥爭。吉田松陰（1830-1859）等人積極鼓吹「尊王攘夷」，要求全面改革日本政治體制，德川幕府卻堅持維持舊體制。1858年時「尊王攘夷」轉為推翻德川幕府的「倒幕運動」。德川幕府的主政者井伊直弼（1815-1860）發動「安政大獄」，處死吉田松陰等人。1863年，吉田松陰的弟子高杉晉作（1839-1867）主持長州藩的政務，組訓新式軍隊，籌備武力推翻德川幕府。「黑船事件」可說是瓦解德川幕府，啟動明治維新的炸彈引信，既改變日本的歷史軌道，也改變中國與台灣島的命運。值得注意的是，在日本的藩閥體制下，即使德川幕府拒絕開放改革，地方藩閥卻積極推動新政，累積實力，以支持日本天皇為由，推翻德川幕府，建立法西斯國家，這是大清帝國內部體制做不到的結構改革。

培里率艦隊進出日本時，為尋找煤炭補給站，1854年7月11日曾派遣「馬其頓號」（Mecedonian）艦長亞伯特（Joel Abbot）（藍柏，p.79）在台灣島基隆港停泊約10日，派李約翰（Jones Lee）登陸勘查基隆煤礦，測量基隆港的海灣。培里返國後，向美國政府提議佔領台灣島，報告稱中國治權不及台灣島全部，「番人」佔有東部及大部分山地。美國若佔領基隆，中國人應不會反對，而佔領台灣島對美國的東亞貿易會有重大幫助。培里力陳台灣島可作美國遠東貿易的中繼站、捕鯨基地及供應船隻飲用水和煤炭的補給站。台灣島有如控制墨西哥灣的古巴，美國應該佔領。但美國聯邦政府正面臨南北戰爭（1861-1865）的風暴前夕，對培里的提議並無興趣，這件「台灣島佔領案」

最後無疾而終。據傳培里曾直接與原住民交涉，擬付錢購買原住民保留區「番界」，但卻與原住民爆發衝突，鎩羽而歸。當時的美國總統皮爾斯（Franklin Pierce, 1804-1869）不同意任何軍事干涉和佔領台灣島的計畫，且撤換贊同的外交官員（藍柏，p.91）。

事實上台灣島東部並非培里所說「只有番人佔領」，1852年就有鳳山的中國移民鄭尚移居台東卑南，從事蕃產交易，並教導原住民耕田，隨後移居到台東的中國移民也日漸增多。原居住在宜蘭的黃阿鳳，1851年也招集中國移民仿照吳沙模式，墾殖奇萊山區（花蓮），但黃阿鳳不幸病故，墾殖失敗。在培里這些外國人眼中，認定中國的未開發地區或少數民族保留區未設官署或駐軍，就可以視同「無主之地」，且得隨意據為己有，完全無視國際法的規範。當時美國本土也到處有未開發土地或印地安人部落區，但美國政府都視為主權領土，不許外人介入。

三、1857年英法聯軍

道光皇帝晚年時期，中國人與外國人的衝突日增。1847年12月，廣東發生6名英國人被中國人殺害，1856年2月法國天主教士查德蘭（Augustin Chapdelaine, 1814-1856）在廣西被殺害，史稱「西林教案」，查德蘭於2000年被教宗若望保祿二世封聖，稱「聖馬賴」（中文名「馬賴」）。1856年10月8日中國水師部隊拘捕中國船東非法登記為英國香港船籍的「亞羅號」中國水手，該中國水手事實上是海盜及走私犯者。英國廣州領事巴夏禮（Harry Smith Parkes, 1828-1885）藉機捏造中國部隊降下「亞羅號」上的英國國旗，涉及污辱英國國格，煽動英法兩國民憤激烈。英法政府藉詞於1857年9月組織聯軍進犯中國，1858年1月5日佔領廣州，俘虜兩廣總督葉名琛（1809-1859）。1858年5月20日攻陷塘沽，5月26日進佔天津，史稱「第二次鴉片戰爭」。

1858年6月26日、27日，清政府被迫與英國、法國簽訂《天津條約》。

英法聯軍攻打中國，美俄並未參戰，但清政府也給予美俄和英法相同待遇。《天津條約》明列台灣島的淡水港可作爲法國來華的通商口岸，英、俄、美也享相同權益。雞籠、淡水、安平、打狗等列爲《天津條約》的台灣島四大通商港口。歐美各國如英、美、法、德等國隨後均在台灣島開設領事館，洋行、教會、商人、傳教士等也陸續入駐台灣島。《天津條約》可說擴大了台灣島的國際貿易局面。

1859年1月24日英國特使擬入京就《天津條約》換文，遭大沽砲台砲轟。英法兩國了解咸豐皇帝不擬批准《天津條約》，隔年調派遠征軍，英軍一萬名、法軍七千名於1860年8月21日攻陷天津，9月6日咸豐下令對英法宣戰，清軍在通州八里橋決戰失敗，英法聯軍10月13日攻進北京，咸豐皇帝逃往承德，英法聯軍10月18日以懲戒咸豐皇帝違約爲名，大肆劫掠並焚毀圓明園。10月20日俄羅斯出面調停，10月24日中國和英法兩國達成協議，《天津條約》立即生效，清政府被迫與英國、法國簽訂《北京條約》，作爲《天津條約》的補充，割讓九龍半島給英國，外加協議鴉片合法化。台灣島的鴉片貿易於是從非法走私，變成合法進口。

四、《天津條約》

1857年英法聯軍攻陷天津，1858年迫使清政府簽訂《天津條約》，原本主要目的是逼迫中國將鴉片進口合法化，但以開放通商港口當藉口，卻有意想不到的經濟後果。清政府按《天津條約》規定，開放淡水、台南安平港做國際通商港口，實際開港時間是1862年7月18日。1862年福建福州海關稅務司「梅理登」（Baron de Meritens）建議李鴻章，增設「雞籠」和「打狗」作爲「子口」，增加稅收，否則兩港靠近淡水、台南安平，不易防堵走私。清政府於是默認法國擴大

解釋條約，認定基隆港是淡水港的「子港」，高雄港是台南港的「子港」，英國也比照適用。另外淡水也被擴大解釋成整個淡水河流域所有港口，包括艋舺、大稻埕。1864年台南安平海關建造完成，正式開港。在此之前100多年裡，清帝國統治下的台灣島僅扮演著台灣海峽「對渡口岸」的角色，多數的貿易都局限在東亞沿海地帶的生意，較為封閉。因為這一次重啓港口通商，使台灣島的國際貿易有了新的面貌，台灣島的社會與經濟也隨之出現了劇烈變化，台北市更一躍成為國際通商城市。可以肯定的說，沒有《天津條約》就沒有台北市。

　　自荷蘭殖民統治以來，海外貿易都是台灣島經濟收入的重要來源，台灣島做為荷蘭東印度公司的轉運貿易港，從印尼、中國、日本之間的轉口貿易，獲得龐大利益。延平王國以台灣島做為中國走私貿易基地，從日本、菲律賓、東南亞取得通行台灣海峽的壟斷利益。但隨著清鄭對峙後期，清政府取得軍事優勢，延平王國的壟斷利益不再，經濟開始衰敗。

1858年《天津條約》簽約圖

　　清代中國統一台灣島後，中國與南洋、日本的航運與貿易不再需要以台灣島做爲轉運或走私中心，台灣島的國際貿易萎縮，轉型爲以中國移民開墾土地爲核心的島內經濟，台灣島的航運及對外貿易也以配合中國移民需要爲主。從中國大陸進口日用品、機具、人口，從台灣島出口稻米、蔗糖到中國大陸的兩岸貿易成爲常態。但中國移民在清代中國武力保護下，從1683年鄭克塽降清至1862年開港，179年間的移民開墾工作，卻使島內的人口、稻米、甘蔗、茶葉、樟腦產量獲得飛躍式成長。《天津條約》的開港要求，更使這些產品的國際貿易網大幅擴張，也使島內進口鴉片的數量大增，台灣島民200多萬人口因吸食鴉片而中毒上癮的比例上升達25%。

（一）開港

　　若以《天津條約》「開港通商」爲分水嶺，台灣島在開港前的貿易對象以中國大陸爲主，輸出稻米、鹿皮、蔗糖，對中國大陸而言，台灣島的稻米產出是台灣島對中國最重要的價值之一。《天津條約》則刺激茶業、蔗糖、樟腦的生產和出口，意外地改變台灣島的社會經濟架構。新的仕紳土豪崛起，較晚移民到台灣島的漳州人和廣東客家人，原先只能在丘陵山區墾殖，卻因山區種植茶葉、製造樟腦而致富，與較早來台墾殖而掌握蔗糖、稻米的泉州人可以平分秋色，閩客、漳泉之間的財富差距日漸縮小。

　　《天津條約》開港後，外商紛紛來台設立貿易商行，稱爲「洋行」。1867年英商德記洋行（Tait）、英商和記洋行（Boyd）率先在台南安平成立，1869年英商怡記洋行（Elles）、美商唻記洋行（Wright）跟著設立。1872年德記洋行在台北大稻埕設立分行，1876年德商東興洋行（Julius Mannich）、1886年瑞興洋行也在台南安平設立。瑞興洋行是中國人沈鴻傑（1837-1906，又稱沈德墨）與德國人合資開設，後來德國人退夥返回德國，沈鴻傑獨資經營得相當成功。沈鴻傑的女兒沈璈是《台灣通史》作者連橫的夫人，連戰的祖母。怡記

洋行在1883年結束營業，職員另行創立同名的怡記洋行，但英文名稱改爲Bain & Co.。英國人陶德（John Dodd）於1867年在淡水設立寶順洋行（Dodd）開展茶葉生意，陶德原本任職於香港甸德洋行（或稱顚地洋行Dent，1867年倒閉），該行在中國內地改稱「寶順洋行」。陶德沿用此名在台灣與李春生合作經營茶葉生意，兩家「寶順洋行」沒有直接關係，時常被混淆。德記、怡記兩洋行直到1911年才在日本殖民政府的壓力下關閉。

英法等國任意擴大「淡水」的範圍，認定淡水河沿岸都是《天津條約》所訂的淡水範圍，領事館、洋行及洋人住宅得設於淡水沿岸的艋舺、大稻埕。英國商人自香港來台灣島，比其他國家的商人方便，很快就和台灣島的仕紳土豪結合，壟斷茶葉、樟腦在島內的採購，及對島外的貿易。再加上硫磺、木材、煤炭的生意，使台北成爲台灣島的經濟重心，超越以稻米、蔗糖爲重心的台南。英國商人仗著強勢國力，對台輸入鴉片、紡織品，再賺一手。鴉片佔台灣島進口總值的一半，英國人等於用鴉片換取茶葉、砂糖、樟腦。因此，英國等於是這波開放港口的最大贏家：開設最大規模的洋行，賣最多貨品到台灣島，還設領事館，又控制了台南安平港及台北淡水港、基隆港的海關稅務。

與英國人合作做貿易生意的中國移民，超越「農地墾首」和「租佃地主」的財富，一躍而爲台灣島的新貴階級。像「大稻埕」的李春生就是與英國人合作的茶商，成爲台北當時的巨富和商業領袖。高雄（打狗）苓仔寮的陳中和則經營糖業起家。「洋行」促進台灣島國際貿易型態的現代化，取代台灣島傳統的「行郊」組織。台灣島對外貿易也在兩岸貿易之外，開闢國際貿易的新空間，並引進燃燒煤炭的蒸汽動力船，取代操作帆筏的風動力運輸船。「洋行」共有31家，集中在台北「大稻埕」最多。1868年至1895年台灣島對外貿易總額平均每年成長近8%，這些「洋行」功不可沒。但是同期台灣島的主要進口的商品，鴉片就佔57%，其他是紡織品和雜貨。出口則是茶葉佔

53.49%、蔗糖佔36.22%、樟腦佔3.93%、煤炭佔1.58%。台灣島出口茶葉的所得，全拿去買鴉片吸食，而不是投資發展工商業，這注定台灣島走入停滯的發展軌道。

（二）茶葉

台灣島地形、土壤、氣候適合茶葉生長，台灣島茶葉始自福建人柯朝於1810年自福建引進武夷山紅茶，到台北文山地區種植茶葉。1855年南投鹿谷秀才林鳳池（1819-1866）赴福建應試中舉，1858年帶回36株武夷山軟枝青心烏龍種茶苗，有12株交給鹿谷凍頂山茶農林三顯種植，生產出舉世聞名的「凍頂烏龍茶」（Oolong-Tea）。1866年英國商人陶德（John Dodd, 1838-1907）從福建安溪引進另一種「烏龍茶」，在桃園、新竹、苗栗栽種，再送往福州精製，運到澳門銷售，大受海外市場歡迎，茶葉才成為台灣島的主要國際貿易貨品。1868年杜德在台北艋舺設精製茶葉廠，茶葉沿著淡水河，從淡水港直接運往美國紐約，打開北美市場。1869年台灣茶首次不經過廈門，21萬3千1百斤烏龍茶由淡水直銷美國紐約，台灣茶（Formosa Tea）名氣傳遍世界，福建茶商及外商陸續到台北開設洋行。1881年福建人吳福元引進「包種茶」在台北、桃園、新竹廣泛種植，集中在台北大稻埕精製，也從淡水出口，淡水於是成為舉世聞名的茶葉出口港，也取代台南安平、高雄打狗成為全台最大貿易港。1867年後，艋舺興起排外風潮，排斥陶德在艋舺租屋設立茶廠，寶順洋行和茶廠移至「大稻埕」，史稱「寶順租屋事件」。從此德記洋行也改到大稻埕設分行，「艋舺」的貿易地位逐漸為大稻埕所取代。

1868年後清代台灣島的茶葉是島內經濟的支柱，但1895年日本殖民統治後，日本人不喜歡台灣茶葉，茶葉產銷量開始遲滯。1920年後，印度、印尼等地的紅茶興起，台灣茶葉的外銷市場被侵奪，日本殖民政府又不重視，台灣茶葉因種植在淡水河上游，不利水土保持，泥沙沖到下游，淤積淡水港，日本殖民政府又刻意忽視，淡水港航運

和台灣島外銷茶葉就在日本殖民時期同步衰落。

（三）蔗糖與樟腦

　　蔗糖產業在荷蘭殖民台灣島時期，即已奠定根基。產區分佈在台南、高雄一帶，使台南安平港、高雄打狗港成爲蔗糖出口港。1870年以前，90%以上的產量出口至中國大陸，1870年以後因開港因素發酵，出口至中國大陸跌至60%，出口至日本、澳洲、香港、美國、加拿大等地相對增加。

　　1725年閩浙總督覺羅滿保在台灣島砍伐樟樹，打造軍船，同時實施樟腦專營專賣，籌集造船經費。後來允許民間承包，做爲「台灣兵備道」的財政來源。1838年英國商人已在基隆港走私鴉片，換取走私樟腦。1855年美國人羅賓納（W. M. Robinet）取得專賣權，包攬樟腦出口。1866年英國領事館向台灣兵備道吳大廷（1824-1877）要求廢止樟腦專賣未遂，1868年爆發「樟腦戰爭事件」。樟腦原本只是製藥、防蟲、煙火、香水、油漆的原料，1890年發明合成塑膠「賽璐璐」（Celluloid），樟腦更是重要原料，使台灣島的樟腦出口大增，樟腦出口幾乎全從淡水港運送。但是1882年至1889年間，砍伐樟樹的中國移民在台灣島山區不斷與原住民爆發衝突，樟腦產量減少。加上1877年後日本樟腦製造技術突破，威脅台灣島的樟腦外銷，直到1893年後日本樟樹砍伐殆盡，台灣島樟腦才重新壟斷世界市場。另一方面，從1860年至1886年間，僅26年的時間，看守樟樹林的隘丁死亡1,500人。1870年樟腦製造工人即受害達280人，可見樟腦業的利益爭奪很激烈。有高山族與漢族的衝突，有漢族與洋人的衝突，更多是漢族與漢族之間的衝突。

　　茶業、蔗糖與樟腦是清朝時期台灣島主要的經濟作物和外銷產品。1868年後這三種商品出口總值占94%，茶葉又佔最大宗，最大輸出地依次是美國、英國、東南亞。茶葉和樟腦的生產與出口原本就以台灣島北部爲基地，刺激台灣島北部的發展，政治經濟中心也因此由

台南轉移台北。茶葉和樟腦的生產需要更廣闊的丘陵山地，驅使中國移民侵佔原住民傳統狩獵場所，清朝政府更堂而皇之實施「開山撫番」政策，逼迫原住民遷徙離開樟樹和茶葉產地。而原本台灣島出口至中國大陸的稻米市場，被東南亞低價稻米攻陷，台灣島稻米出口快速萎縮。1879年後台灣島不但沒有出口稻米，還仰賴進口。由於《天津條約》造成台灣島開港，台灣島啓動茶業、蔗糖、樟腦的生產與出口，勞動力需求孔急，所謂「羅漢腳」現象迅速消失，各個族群之間合夥投資、生意買賣關係緊密結合，不分族群合作賺外匯，「分類械鬥」也快速消失。

五、咸豐時期的開墾事蹟

年代	開墾事蹟
1851年	「墾首」黃阿鳳招集2,200多人，從蘇澳出發，抵達鯉浪港（花蓮港），開墾「十六股」（花蓮市國強里）。黃阿鳳染病去世，資金用盡，又不時與加禮宛社原住民衝突，最後於1867年開墾失敗撤離，墾地荒蕪。
	林藍田在大稻埕建造三棟店舖，經營「林益順」號。進口中國大陸的物品，出口稻米、蔗糖、茶葉、樟腦。
1852年	「鳳山水底寮」商人鄭尚帶著稻麥種籽，翻越山嶺，抵達卑南，與卑南社頭目合作，教導原住民耕種技術，使台東農業快速發展。鄭尚娶卑南頭目女兒為妻，其子入贅，成為卑南頭目。
1853年	艋舺發生泉州三邑人與同安人的械鬥，同安不敵，由林右藻率領同安人遷居大稻埕，後來艋舺河口淤積，又不歡迎洋行，洋行選擇落腳大稻埕，使大稻埕成為台北商業中心。
1855年	南投鹿谷秀才林鳳池赴福建應試中舉，帶回36株武夷山青心烏龍茶苗，有12株交給鹿谷凍頂山茶農林三顯種植，產出舉世聞名的「凍頂烏龍茶」。
1857年	「墾首」鄭勒先取平埔族名字Vaiyek，尊奉平埔族習俗，取得平埔族信任，開墾南投埔里，形成埔里市街。
	「墾首」沈私省率客家墾民，從南投集集翻越中央山脈，經拔仔莊（花蓮瑞穗）抵達璞玉閣（花蓮玉里）開墾。
1858年	原住民西拉雅族馬卡道人從寶桑（台東）北上，開墾花蓮大莊、石牌（富里）、觀音山（花蓮玉里觀音里）。

六、咸豐內憂外患

　　咸豐皇帝時期可說是內憂外患，廣西洪秀全的太平天國與河南的捻軍於1851年同時起兵，1852年安徽大地主張樂行出任捻軍首領，捻軍名義上是太平天國的分支，但受封不受令。1853年太平天國定都南京，曾國藩在長沙練兵，建立湘軍，揭開清代中國地方軍閥的歷史。天地會眾亦於1853年響應太平天國，於廣東、福建起兵。1853年天地會分支劉麗川領導的小刀會在上海起兵，1854年曾在台北鬧事，被清軍和霧峰林文察的鄉勇鎮壓。1855年陳開、李文茂領導廣東天地會起兵。1855年雲南回民杜文秀起兵造反。1859年四川李永和成立「大成國」，自稱「順天王」。

　　1858年英法聯軍攻佔天津大沽，清政府簽訂《天津條約》，規定台灣島開放基隆、淡水、台南、高雄等港口，台灣島經濟開始大幅國際化。1860年英法聯軍攻陷北京，咸豐皇帝逃往承德，英法聯軍火燒圓明園，清政府被迫簽訂《北京條約》。1861年咸豐皇帝去世，同治皇帝繼位，慈禧太后掌權。1862年寧夏馬化龍發動陝甘回變，台灣島爆發戴潮春事件，咸豐皇帝可說生前死後，皆內憂外患。

第七章
同治（1861年-1875年）

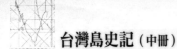

同治皇帝生於1856年，姓名「愛新覺羅 載淳」，1861年5歲繼承皇位，其母慈禧太后掌權。1862年台灣島爆發戴潮春事件。1864年曾國荃攻破南京，太平天國滅亡。1868年台灣島發生鳳山教案。1873年同治皇帝親政，1874年爆發牡丹社事件，1875年僅19歲的同治皇帝染天花及梅毒去世。

1858年《天津條約》施行後，歐美各國效法英法兩國，逼迫清朝政府按同樣條件，要求獲得台灣島港口通商貿易的特權，台灣島對各國開放港口的年份為：1860年英國、法國、美國、俄國；1861年德國；1863年荷蘭、丹麥；1864年西班牙；1865年比利時；1866年義大利；1869年奧地利；1871年日本；1874年秘魯；1881年巴西。在同治皇帝時期，台灣島各港口已是各國商人來往的國際港口，歐美船舶、貨品、資金進出自如。

1867年12月18日基隆港外4公里處的基隆嶼，東方500公尺處的海底爆發7級地震，引發波高達8公尺的海嘯，岸邊居民住宅700戶，僅餘16戶。這是台灣島史上少有的大型海嘯紀錄。

一、美國南北戰爭

如果1776年美國獨立事件提供台獨勢力的精神養分，1861年美國南北戰爭則敲響台獨勢力的夢幻喪鐘。台灣島目前處於中國的主權領土內，卻又涵蓋在美國的勢力範圍之中。這個特殊局勢，台灣島的前景必然擺盪在美國獨立的美夢與美國南北戰爭的噩夢之間。因此，探索台灣島史不能忽略美國南北戰爭的歷史意義。

1861年4月12日美國爆發南北戰爭，到1865年5月9日才結束，戰爭長達4年。這是一場美國的統獨戰爭，南方七個州組成「美國邦聯」（The Confederate States of America，CSA），從「美國聯邦」（The United States of America，USA）獨立出去。後來又有四個南方州加

入「美國邦聯」（CSA），當時的媒體簡稱「南方共和國」（The Southern Republic）或「南方邦聯」（The Southern Conferation）。這個分裂行動等於在原先美國單一的主權領土上製造出一個新的獨立國家組織，形成兩個互不隸屬的領土主權。南方認爲各州有權加入「美國聯邦」USA，當然有權退出。北方各州主導的「美國聯邦」（USA），認爲未經聯邦同意，逕行脫離聯邦獨立，就是叛亂。美國聯邦的立場是美國可以從英國獨立出去，但各邦州不得從聯邦獨立出去。北方的立場由美國總統林肯（Abraham Lincoln, 1809-1865）在1861年就職演說中提出，已成爲《美國憲法》牢不可破的不成文原則，即〈林肯原則〉（Lincoln Doctrine）：「任何州均不得僅由自己動議，即可合法脫離聯邦；有關這方面的決議和法令在法律上都是無效的；對於任何一州或數州境內反抗美國政府權威的暴力行動，視情況來看其爲叛亂或革命。」

（No State upon its own mere motion can lawfully get out of the Union; that resolves and ordinances to that effect are legally void, and that acts of violence within any State or States against the authority of the United States are insurrectionary or revolutionary, according to circumstances.）

1862年林肯爲擴大兵源及爭取新移民，才宣布《宅地法》或譯《公地放領法》（Homestead Acts）。在西部地區，凡21歲以上的移民墾荒者，可以免費得到160英畝土地。又爲提高南北戰爭的道德正當性，於1863年才發表《解放奴隸宣言》（The Emancipation Proclamation），宣布解放黑奴。1860年美國人口3,140萬人，白人有2,692萬人，黑人有444萬人。這使得歐洲各國沒有道德理由支持南方邦聯，介入美國內戰。南北戰爭本質上是美國的統一戰爭，公地放領和解放奴隸只是開戰後，林肯爲贏得戰爭的政治策略而已。尤其是英國在1833年已發布命令廢除奴役制度和販奴貿易，且視同國際法處理，強力要求西班牙和葡萄牙比照辦理。林肯發表《解放奴隸宣言》的政治策略可以堵住力主廢奴的英國對南方邦聯任何可能的協助，或

尋機介入美國統獨內戰的正當性。

　　林肯打南北戰爭的最高戰略是殲滅戰，殲滅南軍的獨立意志直到完全投降。秉持林肯的殲滅戰略，1864年北軍總司令格蘭特（Ulysses S. Grant, 1822-1885）下令軍團司令謝爾曼（William Tecumseh Sherman, 1820-1891）對南方重鎮殘酷打擊。謝爾曼轉述林肯的想法：「不僅要同敵軍作戰，而且要同敵對的人民作戰，要讓南方人和他們的子孫後代得到教訓，讓他們永遠不敢再想獨立。」1864年9月2日謝爾曼佔領喬治亞州首府亞特蘭大（Atlanta），下令市民離開市區，縱火焚燒半個月，徹底毀滅亞特蘭大。這就是美國南北戰爭著名的「謝爾曼燒大地」（Sherman's Scorched Earth）：「讓南方人認清戰爭的災難，徹底放棄獨立的念頭。」從此謝爾曼大軍進攻到那裡就燒到那裡，1864年12月21日燒毀喬治亞州沙凡納（Savannah），1865年2月17日燒毀南卡羅萊納州首府哥倫比亞（Columbia），直到南軍全部投降。

　　這場戰爭北方參戰兵員220萬人，死亡36萬人，受傷27萬5千人。南方參戰兵員106萬人，死亡25萬8千人，受傷13萬7千人。北方20至45歲男性約死亡10%，南方18至40歲白人男性約死亡30%。這是北方統一成功的成本，也是南方獨立失敗的代價。

　　美國這場南北戰爭爆發的直接原因是各州是否有權自行退出聯邦，退出聯邦的導火線是保護關稅和爭奪西部新開發土地，蓄奴問題只是掩蓋經濟利益的道德口實，不是爭議的原本核心。

　　北方各州是新興工業州，需要高關稅保護，以免國內市場被外國產品佔據，不利新興工業的成長。南方各州是農業州，反對高關稅，以免要承受高進口物價。這等於由南方各州支付高關稅去補貼北方各州的新興工業，南北雙方爭議日益擴大。1829年美國國會倡行保護關稅，將稅率提高到45%，以保護北方工商業者。南方農業州的南卡羅萊納州認為，各州代表大會有權宣布聯邦國會的某一個法案違憲，該法案對該州不具效力。如果國會或總統要用武力逼迫該州接受高關稅，該州將不惜退出聯邦，也要捍衛州權。北方工商業州的麻塞諸塞

州則認爲，自由高於聯邦，聯邦是由美國人民建立的，憲法是美國最高法律，自由與聯邦不可分割，各州無權自我授權，更無權自行退出聯邦。1832年南卡羅來納州通過《廢除國會議案法》，揚言準備退出聯邦。當時的美國總統安德魯傑克遜（Andrew Jackson, 1829-1837）立即調動軍隊，準備鎮壓南卡羅來納州脫離聯邦的叛亂活動，但後來南卡羅來納州退縮。安德魯傑克遜的行動比林肯的鎮壓準備早了29年。換言之，《美國憲法》無退出聯邦的相關規定，但自1829年開始，美國聯邦幾已形成共識或原則，不需經過聯邦最高法院憲法裁決，即可動用武力鎮壓退出聯邦的州政府。在林肯當選總統前，1860年北方各州控制的美國國會還故意制定《莫里爾關稅法》（Morrill Tariff Act），把關稅從15%提高到37.5%，刺激南方各州憤怒採取脫離美國聯邦的獨立行動。林肯公開支持這項提高關稅的法案，並於1860年11月當選美國總統。

　　西部新開發土地是聯邦的公有土地，也是南北方各州共有的土地。北方主張在國會通過《宅地法》，把西部土地免費分配給自由身份的移民去墾殖。南方主張由大農場主標購西部土地，可擴大農場規模。北方認爲自由移民獲得土地，都用機械取代人工，可帶動北方的工業發展。北方批評南方，大農場主拿到土地都用黑奴耕種，要從非洲運更多奴隸進入美國，違反基督教義和美國《獨立宣言》。南方辯稱使用黑奴是社會經濟進化的過渡階段，世界歷史都是如此。雙方爭鬥非常激烈。最後議題轉成南方各州認爲南方可以脫離聯邦，獨立建國不受北方拘束。北方認爲各州的領土主權都是美國人民共有的，不是各州的州權。南方認爲各州的領土主權就是屬於各州的主權，各州有權加入聯邦，就有權退出聯邦。南北雙方毫無政治妥協的解決方案，只有訴諸武力，以戰爭終結爭論。美國歷史學者事後至今都用「解放黑奴」替南北戰爭時，北方冷酷殲滅南方作爲《戰爭法》上「訴諸戰爭權」（Jus ad Belum）的正當理由，眞正的面貌其實是以「解放黑奴」作爲道德制高點遮掩經濟利益的爭奪戰。美國南北戰爭

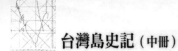

也是另一種形式的種族戰爭，北方白人替南方黑人爭取解放，但北方用《宅地法》爭取自由身份的白人新移民參戰，戰後大量白人進入西部，奪取原屬印地安人的土地和生活空間，以優勢武力屠殺人口剩餘不多的印地安人，毀滅印地安人的城鎮、村社部落，使許多印第安部族滅種。

美國在統一南方各州後，從內戰的灰燼中崛起，新奪取的土地、新釋放的勞動力、新加入的移民，讓美國經濟奇蹟式快速發展。1850年南北戰爭前，美國和英國的人口大致相等，到了1900年，美國人口已是英國人口的兩倍。美國經濟總產值在1870年超越英國，1914年已是英國的兩倍。隨著美國經濟實力的成長，美國要求擴大勢力範圍，並取得英國的尊重和接納，英國只能調適和退讓。1902年英國首相薩里斯伯里勳爵（Robert Arthur Talbot Gascoyne-Cecil, 3rd Marquess of Salisbury, Lord Salisbury, 1830-1903）說：「說來難過，但恐怕美國勢將繼續前進，沒有什麼能夠使我們之間恢復平等。如果我們在美國內戰時支持了南方的邦聯，那麼我們就有可能將美國的力量降低到可控制的比例。但是在一個國家的歷史上，這種好時機不會有第二次。」如果英國支持南方邦聯，美國將分裂為兩個互相敵視、互相不斷交戰、相對弱勢的國家，英國仍可以維持在美洲的強勢地位，但英國未如此做，從此英國只能默認美國在美洲及西半球的霸權。

二、1862年 戴潮春事件

戴潮春（?-1864）生年不詳，彰化四張犁莊人（台中北屯），祖籍福建漳州。出身地主，家境優渥。1861年彰化知縣高廷鏡請戴潮春組織鄉勇民兵，遏止盜匪。戴潮春卻藉機發展天地會組織，建立私人武力，不到數月達十餘萬人，取名「八卦會」，但會眾混雜，四處滋事。

1862年4月3日八卦會分會洪姓首腦被台灣兵備道道員孔昭慈

（1795-1862）處死，並派淡水廳同知秋日覲（?-1862）、將領林得成（?-1862）率兵掃蕩八卦會眾，命令霧峰林家林奠國（1814-1880）、四塊厝（台中霧峰四德村）地主林日成（?-1865）率民兵支援政府軍。政府軍與八卦會民兵在台中大墩（今台中公園）展開會戰，不料林日成倒戈，拘押林得成，林奠國退兵回霧峰。4月16日戴潮春攻佔彰化，孔昭慈在彰化孔廟服毒自殺。孔昭慈是山東曲阜人，孔子第71代孫，1833年中進士，1854年任台灣府知府，處理李石、林恭暴動事件的餘黨，穩定治安有功，1858年任按察使銜分巡台灣兵備道道員。

戴潮春效法太平天國自封「東王」，以「大元帥」自居，建立政權。島上地主會眾紛紛響應，戴潮春仿效太平天國，封林日成爲南王、彰化陳弄爲西王、南投洪欉爲北王，嘉義嚴辦、鳳山徐夏老、淡水王久螺、西螺廖談爲大將軍，勢力範圍遍及中北部。清代中國台灣島的稻米產業已相當發達，大陸沿海都仰賴台灣島出口稻米。戴潮春事件爆發，福建、台灣島米價暴漲，大陸沿海陷入惡性通貨膨脹。支持戴潮春的地主很多是生產稻米致富的暴發戶。

八卦會首腦多爲漳州籍，西王陳弄攻打泉州人聚居的鹿港，搶劫屠殺，焚燒泉州人村莊，泉州頭人黃季忠、蔡馬湖、林清源、施九挺領導鹿港鄉勇激烈抵抗，歷經三日大戰，終於擊退陳弄。但漳泉移民因此嚴重分裂，泉州籍八卦會眾紛紛離棄八卦會。戴潮春的部眾就此淪爲相對少數的漳州人的暴動，敗象已露。

4月28日戴潮春的南王林日成率3萬多人截斷霧峰水源，要消滅同爲漳州籍但有私仇的霧峰林家。此時林家民兵大部份跟隨林文察（1828-1864）與林文明（1833-1870）赴浙江平定太平軍，莊內只剩72名民兵。但林文鳳（1840-1882）指揮大砲還擊，三天激烈攻防戰，林家莊園幾乎失守。但林家獲得豐原翁仔社原住民、東勢客家民兵領袖羅冠英（?-1864）奧援，擊退林日成。

閩浙總督慶瑞派總兵曾玉明來台鎮壓戴潮春，山東臨清回族出身的台灣知府洪毓琛（1813-1863）以關稅抵押，向外國洋行借款15萬兩

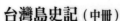

銀，籌湊軍費。另命總兵林向榮（?-1862）自雲林西螺出兵，南下嘉義，於八掌溪擊敗八卦會民兵。

5月鹽運使林占梅（1821-1868）派蔡宇突襲大甲，一舉收復。八卦會將領王和尚於6月2日反攻大甲，斷絕水源。大甲鎮媽祖廟信女余林春祈雨，竟然天降甘霖，頓時解除水源問題。6月9日淡水廳代理同知張世英與將領曾捷步及周長桂、客家民兵領袖羅冠英、大安港黃氏民兵等聯合救援大甲，擊退八卦會民兵。6月17日王和尚再度圍城，再次截斷水源。余林春祈雨也再度降雨，被視為媽祖顯靈。張世英指揮城中清軍出城迎擊，再度擊退王和尚。

6月7日洪毓琛升任按察使，統籌戰事。6月9日總兵曾玉明率領600名清軍抵達鹿港。押運軍餉補給從台南北上的清軍卻於安溪寮（台南後壁）遭八卦會民兵突襲，清軍潰敗，將領龔朝俊、陳國詮戰死，軍械彈藥及銀兩被八卦會劫奪。

林日成於6月間進駐彰化，戴潮春退回四張犁（台中北屯）。八卦會民兵陸續攻打嘉義、白沙坑（彰化花壇），皆被清軍擊退，雙方陷入對峙。

白沙坑之地名源自鄭成功的四叔鄭鴻逵（音魁，1613-1657），他在福建晉江安海鎮東石寮的白沙城建立練兵基地（現為晉江市東石鎮白沙村），該基地訓練出身的鄭軍幹部來台屯田時，就將駐軍屯墾營盤的地名或村莊以「白沙」命名，因此台灣島各地常有白沙坑、白沙墩、白沙屯等地名，但地質卻無白沙鋪地之實。高雄白沙崙、台南白沙墩、嘉義白沙墩、雲林白沙墩、彰化白沙坑、苗栗白沙屯、新竹白沙墩、桃園白沙墩等皆為鄭鴻逵的幹部所命名，在鄭軍陣營中，鄭鴻逵的聲望甚至高於鄭成功。（蔣敏全，2020）

鄭鴻逵是鄭芝龍兄弟裡唯一走正途者，1640年考取武進士，擔任崇禎皇帝的錦衣衛都指揮使。1644年專任南明政權第一位皇帝朱由崧的鎮江總兵，1645年扶立朱聿鍵為南明隆武帝。1646年鄭鴻逵拒絕跟隨鄭芝龍投降清政府，率兵進駐金門，並協助鄭成功脫逃，免於被鄭

芝龍挾持降清。1651年鄭鴻逵將所轄軍隊的兵權交給鄭成功，退隱白沙城，後曾改稱國姓城。1656年清軍攻佔白沙城，鄭鴻逵退往金門，1657年病逝金門，享年44歲。1661年清政府為封鎖鄭成功，下令遷界三十里，安海鎮和白沙城盡遭毀棄。安海古名「灣海」、「安平」、「泉安」、「鴻江」、「石井」等。

8、9月間霧峰林家的林文明率1,000名林家民兵回台，在外新庄、霧峰、大里杙等地，與八卦會民兵激戰獲勝，轉戰豐原翁仔社，與羅冠英合力掃蕩石岡仔、葫蘆墩的八卦會民兵。林文明彈藥不足，退回霧峰。

台灣鎮總兵林向榮與副將王國忠於7月率軍援救遭八卦會圍城的雲林斗六，反遭嚴辦、陳弄率軍圍困。10月29日八卦會攻破斗六，林向榮自殺，王國忠戰死。

11月23日林文明率兵攻打樹湳（台中水湳），12月20日林日成圍攻大甲，雙方於城外大戰，雖有羅冠英救援，仍敗退回城。這次八卦會軍與前兩次一樣截斷水源，余林春三度祈雨，竟然隨即降雨，媽祖神蹟遠播。八卦會圍城不成撤退，林日成退回四塊厝。清政府褒封余林春「貞孝」，後世稱「貞孝媽」。

1863年1月水師提督吳鴻源率領3,000名清軍進駐台南鹽水，3月19日反攻嘉義，與城內守將湯得陞內外夾擊，擊退圍城的陳弄。4月11日林奠國率兵與羅冠英會合，攻克戴潮春老家四張犁。

陳弄外號叫「啞巴弄」，彰化埤頭小埔心居民，響應戴潮春，剛開始聲勢浩大，被擁立為「西王」，嘉義兵敗，退回埤頭小埔心（埤頭合興村）。1864年5月政府軍圍攻小埔心，陳弄率小埔心居民2,000多戶抵抗，陳弄戰死，小埔心全莊焚毀，只剩70多戶。

6月時吳鴻源因不肯發動攻擊，被洪毓琛免職，由曾元福接替，但同月洪毓琛猝死，兩軍又陷入膠著。丁曰健8月接替洪毓琛遺缺，命將領關鎮國由台中港進攻，並命張世英、羅冠英攻打四塊厝庄（台中霧峰四德村）。

11月12日霧峰林家的林文察登陸台南安平，11月20日抵達嘉義，勸降200多個反叛村莊。林文察命白瑛、關鎮國合攻斗六，命彰化知縣凌定國向南進攻，到雲林麥寮與南下的林文明會師後再攻打彰化。丁日健包圍彰化，清軍橫掃大肚溪以北的八卦會，控制大肚溪航運，11月28日反攻彰化城。12月1日曾玉明攻破彰化。

11月26日林文察進駐雲林麥寮，殲滅支持戴潮春的村莊30多座，進擊斗六。12月12日林文察假意密令各軍撤離，僅留關鎮國數營於斗六城下，令士兵故作慌亂，誘使城內八卦會開城門追擊，這時伏兵衝出突擊，大敗八卦會，收復斗六。

1864年1月18日戴潮春大勢已去，經張三顯勸說投降，但出言不遜，遭丁日健斬殺。清軍隨即全面掃蕩林日成、洪欉、陳弄與嚴辦的剩餘勢力。

1864年1月林文察以大砲攻陷四塊厝庄，2月6日斬殺林日成。5月林文察與羅冠英圍攻小埔心，與陳弄展開砲戰，清軍死傷慘重，羅冠英戰死。但在羅冠英弟弟羅坑領導下持續猛攻，迫使陳弄開庄投降，並被當場斬殺。同月丁日健派知縣白鸞卿、參將徐榮生率軍攻打二重溝（雲林斗南）的嚴辦，以大砲轟殺嚴辦。

1864年8月25日林文察返防福建，11月10日出兵漳州，被太平軍擊敗。12月1日太平軍圍攻林文察，林文察戰死，全軍覆沒，享年36歲，屍骨遍尋不著。林文察是霧峰林家出身的武將，也是清代台灣人最傑出的將領。

1864年12月曾玉明圍攻北勢楠庄（南投草屯），雙方激烈攻防，清軍於1865年初以大砲攻陷北勢楠庄，洪欉戰死。自1862年至1865年，戴潮春事件歷時三年終於平定。

戴潮春事件長達3年，戰後反叛的士紳、地主、土豪死傷殆盡，其財產被充公，部分補償霧峰林家墊付的軍費。霧峰林家平定有功，獲得台灣島的樟腦專賣權。林文明攻佔各反叛村庄時，沒收村民錢財土地，霧峰林家頓時崛起成為鉅富，卻被許多受害人連番指控，種下霧

峰林家與清政府官員的對立。閩浙總督英桂（?-1879）下令查辦，派台灣鎮總兵楊在元、台灣兵備道道員黎兆堂整肅林家，密令彰化知縣凌定國為查案專員，藉詞林家族人搗亂審案公堂為由斬殺林文明。

　　戴潮春事件與朱一貴、林爽文事件並列台灣島史上三大事件，但朱、林是勞動階級造反起事，戴潮春則是地主階級模仿太平天國起兵造反，卻都受限於漳泉械鬥、閩客械鬥，終致奪權失敗。事件本身除了爭奪政權外，沒有任何歷史新意。

　　八卦會的戴潮春起兵於1862年，造反模式受太平天國鼓舞，與捻軍張樂行、小刀會劉麗川、回民杜文秀並無不同。清政府疲於應付太平天國等事件，只能調用台灣島的清軍及霧峰林家民兵，台灣島防務空虛，初期僅仰賴霧峰林家抵禦戴潮春，這是戴潮春事件能拖延三年的主因。

　　有人吹捧戴潮春的「革命起義」意義，是背離歷史事實的過當解釋。當時台灣經濟已有相當發展，自然出現戴潮春等地主富豪，但仍然只是中國的邊疆地帶，沒有可藉造反建立割據政權的條件。戴潮春更無令人耳目一新的號召，充其量只是一場大型的分類械鬥。既無「義」可言，何來「起義」。1864年洪秀全病死，曾國荃攻破南京，太平天國滅亡，清政府更有餘力處理戴潮春的殘餘勢力。

三、馬雅各牧師

　　馬雅各（James Laidlaw Maxwell, 1836-1921），英國蘇格蘭愛丁堡人，愛丁堡大學醫學博士，專研脾臟、血癌病症。1865年馬雅各取得長老教會牧師及傳道醫師的身份抵達台南，在「看西街」（台南市仁愛街43號）開始醫療傳道，教堂卻遭到台南居民攻擊，引發暴動，史稱「看西街事件」。馬雅各只好遷往高雄「旗後」，建立台灣島第一座長老教會禮拜堂。1867年在鳳山「埤頭」設立教會和診所，1868年

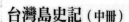

英國掀起台灣島的「樟腦戰爭事件」的前段爭議，引爆排外暴動，鳳山教會遭拆毀，傳道人遭打死，史稱「鳳山教案」。1868年12月馬雅各在台南設「二老口醫館」，就是現今的「新樓醫院」。1869年馬雅各在台南設「亭仔腳禮拜堂」，1870年設木柵禮拜堂、柑仔林禮拜堂、拔馬新禮拜堂，也開始對原住民傳教，設立三大教區：西拉雅族的南區、洪雅族的中區、巴宰族的北區。傳教6年後，1871年馬雅各健康出問題，返回英國。1883年馬雅各再度來台，1884年離開。1888年倫敦國際宣教會議中，馬雅各提案通過「反對英國的鴉片貿易」。1900年馬雅各的次子小馬雅各來台從事醫療傳道。1921馬雅各在倫敦去世。

四、1867年羅發號事件

1867年3月9日美國商船羅發號（Rover，遊歷者號）自廣東汕頭駛往東北牛莊（遼寧鞍山），途遇颱風迷失方向，繞經台東紅頭嶼（蘭嶼），漂流到巴士海峽，行經鵝鑾鼻七星岩（Vele Rote）觸礁沉沒，船長亨特（Joseph Hunt）夫婦及船員乘客14人登陸逃生，尋求救助，反遭「社頂龜仔角」（Koalut，龜勞律社）原住民襲殺，除一名中國籍船員遁入山林，輾轉逃至高雄外，其餘西方船員乘客全遭排灣族原住民殺戮罹難。台南的英國領事館將「羅發號事件」通知駐北京的英國公使，轉告美國公使蒲安臣（Anson Burlingame）。英國領事同時命令安平港的英國軍艦科摩蘭號（Cormorant）前往羅發號遇難地，尋找可能的生還者。該艦抵達「社頂龜仔角」，遭原住民射箭攻擊，英艦則以艦砲猛轟叢林裡的原住民。

當時台灣島原住民視船難為發財的好機會，並無國際法義務救助船難的觀念，遇有船難往往趁機襲殺乘員，掠奪財物。屏東許多原住民舊村社的考古出土文物會出現海外文物，基本來源就是搶劫船難物品的遺存。其實不只原住民如此，台灣島上的中國漁民也有如此

行為。唯一的不同，中國漁民只會搶奪財物，不會襲殺乘員，但也常對遇難乘員見死不救，甚或借船難時機討價還價救人的價碼。羅發號事件發生之前，台灣島最南部的恆春半島海岸線宛如黑暗世界，這類型的船難頻傳，1848年水鬼號（Kelpie）、1849年莎拉特洛曼號（Sarah Trottman）、1850年拉蓬特號（Larpent）、1854年狐狸精號（Coquette）、1855年飛鳥號（High Flyer）都是著名的事件。附近的原住民村社和中國漁民村落常被視為強盜聚落，怡和洋行（Jardine, Matheson & co.）和甸德洋行（Dent & co.）為此曾僱用馬來西亞人和菲律賓人攻擊這些村落，燒光整個村莊，以茲報復。

　　1868年4月駐廈門的美國商人兼領事李仙得（Charles William Le Gendre, 1830-1899），又名李善得，擬與原住民頭目直接談判「羅發號事件」及自由航行問題。李仙得於1867年先與閩浙總督吳棠（1813-1876）交涉，吳棠協助李仙得搭the Ashuelot號來台，卻遭「分巡台灣兵備道」道員吳大廷（1824-1877）拒絕協助。李仙得只好自行搭the Ashuelot號到達屏東，又遭原住民襲擊，只得返回廈門。

　　李仙得1868年向新任閩浙總督英桂（?-1879）指控吳大廷不配合，英桂下令吳大廷與李仙得溝通，吳大廷答曰：「生番之地不隸中國版圖，難用兵究辦。」吳大廷這段話被李仙得故意解讀為台灣島非全屬中國。中國的台灣島主權僅限於西部沿岸，屏東瑯嶠地區、宜蘭、花蓮、台東等地的「番界」，都不屬中國領土。「番界」無政府機構，中國政府亦稱原住民「乃化外之民」，無可交涉的對象。吳大廷的思維是清代中國官員缺乏國際法基本常識的病徵，這些官員多不知道國際法原則規範：「主權國家有義務在領土及領海內，保護外國公民的人身安全。」這是國際義務，但吳大廷等官員只受過傳統詩文教育，遇事推責，實在是大清帝國衰亡的徵兆。

　　美國駐香港總領事Issac J. Allen報告華府羅發號事件交涉經過，美國政府下令駐中國公使蒲安臣處理，蒲安臣通知清政府，即將派亞洲艦隊司令海軍將領貝爾（H.H.Bell）率艦赴台調查。6月派陸戰隊181人

在艦砲掩護下，從「鬼什舟」登陸，進攻原住民。原住民潛伏山中，以飛鏢、擲石、毒箭、鳥槍對抗。美軍面對崎嶇山路，重重險阻，副艦長麥肯茲（A. S. Mackenzie）中箭身亡，美軍大敗撤退。

其實熟悉國際習慣法的美國人何嘗不知按吳大廷的身份，是無權界定中國領土主權的範圍，美國人只想藉吳大廷的隻字片語，取得興兵佔領台灣島的正當性，美國人沒想到吃了敗仗，鎩羽而歸。美國政府於是決定除了用武力將原住民趕到內山去，或找盟國佔領台灣島外，別無他法。根據這個指示，李仙得明白告訴中國，如果不願承擔責任，不如讓英國佔領台灣島。

美軍敗戰後向清政府抗議，又間接證實美國承認大清帝國擁有台灣島「番界」的領土主權。同時警告中國如果不願承擔主權者的責任，將讓中國喪失台灣島的領土主權。閩浙總督英桂最後派the Volunteer號搭載李仙得來台，9月吳大廷心不甘情不願照會李仙得說：「清國即派文武大員究辦，不必勞客軍，如欲觀察，可乘本國輪船來臨。」英桂命令台灣鎮總兵劉明燈（1838-1895）、理番同知王柳莊率兵500名赴屏東瑯嶠，李仙得獲准同行。

羅發號事件發生期間，閩浙總督共有三位：任期1866年至1867年的吳棠，1867年至1868年的馬新貽，1868年至1871年的英桂。馬新貽於任內遭刺殺身亡，是清末四大奇案之一，李連杰在電影「投名狀」裡飾演的角色，就是根據民間傳說影射馬新貽，但情節並不完全相同。

李仙得認為靠清軍武力懲罰原住民，不能解決問題，於是隨同清政府通事官員入山，由必麒麟（Williams Alexander Pickering）擔任翻譯，和原住民豬勞束社（Dolaswock）頭目卓杞篤（Tauketok, Cuqicuq Garuljigulj）當面交涉。這時候美國人又承認中國政府對屏東瑯嶠的領土主權，在清政府官員監督下與卓杞篤談判，卓杞篤說：「我們並非對洋人仇視或生性嗜殺，而是洋人水手和海盜曾多次登陸，擾亂山地，我們的人死傷眾多。後來見到異地陌生人登陸，即逕行報復。」談判後口頭約定，卓杞篤同意保護外國船隻，漂流船舶插紅旗，表示

遇難請求登陸，就不會被原住民攻擊，卓杞篤並送還羅發號遇難船長夫婦的頭顱，稱「南岬之盟」。原住民殺害船難逃生者，事證確鑿，卓杞篤的辯解只是託辭，原住民豈會分辨不清船難者與海盜的區別。1869年2月28日李仙得再赴屏東瑯嶠與卓杞篤簽訂書面協議，卓杞篤是屏東瑯嶠十八社名義上的頭目。同年，總兵劉明燈獲得總督吳棠批准，在大樹房（恆春）設立要塞堡壘。

　　有人評論說羅發號事件後，美國人李仙得可以直接與原住民談判，造成國際法事實：台灣島並非全屬清帝國的領土，甚至進而推論台灣島不屬中國版圖。這些說法都混淆視聽而已，清政府官員像吳大廷之流，如本書之前所述，分不清「主權版圖」和「行政版圖」的差異，也不知如何應對原住民保留區「番界」的涉外事件，只想找理由推託責任。美國人瞭然於胸，卻故意利用清政府官員的顢頇，從中取利。李仙得此行蒐集不少原住民及台灣島的資料，並出售給日本政府，對台灣島的歷史進程產生重大影響。美國就羅發號事件的軍事反應，給了日本就牡丹社事件的軍事行動立下範例，但羅發號罹難者確定是美國人，牡丹社事件的罹難者是琉球人，不是日本人，日本以牡丹社事件爲由興師問罪，明顯是借題發揮，但大清帝國的官員卻分不清楚。

五、李仙得

　　李仙得（Charles William Le Gendre, 1830-1899），法國人，巴黎大學畢業，娶美國女子爲妻，移民美國，歸化成美國公民。1861年美國南北戰爭爆發，李仙得參加北軍，身體多處受傷，1865年戰爭結束，李仙得以准將退役，但其妻外遇，與他人生下小孩。1866年李仙得懷著破碎的心情離開美國遠赴中國經商，順便兼任美國駐廈門的領事，1867年處理羅發號事件，被譽爲能與原住民溝通的「台灣通」。

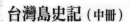

1872年經商不順，離開廈門，並辭去領事職務，擬返回美國爭取出使阿根廷的公使，卻被參議院以非本土出生的美國人爲由否決。途經日本橫濱，美國駐日公使介紹日本外務卿副島種臣向李仙得請教如何處理牡丹社事件。李仙得提供副島種臣許多台灣島的地圖與照片，建議日本可主張「番地無主論」，佔領台灣島南部。李仙得認爲只需兩千名精兵即可輕易佔領台灣島。日本隨即以「准二等官」的位階聘李仙得爲顧問，負責謀劃出兵台灣島的戰爭策略。李仙得在日本取藝伎爲妻，生子錄太郎，後來成爲著名的歌舞伎演員。

1874年日本出兵台灣島屏東牡丹社，李仙得擔任「隨軍輔翼官」，介紹美國軍人參加，幫忙僱用外國傭兵，協助承租船艦，購買軍火。日本人還答應李仙得，順利佔領台灣島後，將任命李仙得爲陸軍大將兼台灣島總督。中國政府向美國政府抗議李仙得身爲美國退役軍人，卻非法介入中日戰事。李仙得自認能解決非法介入爭議，回到廈門與中國政府談判，卻被駐廈門的美國海軍逮捕，直到日本軍隊撤離台灣島，經台南許多洋行繳納鉅額保釋金，李仙得才被釋放。李仙得事後乾脆投靠日本人，出任大久保利通的參贊和日本外交部顧問。1890年日本政府推薦李仙得擔任韓國政府的「外衙門協辦」及「內府協辦」，替日本人監視韓國政府，1894年中日甲午戰爭後，卻意外捲入1895年明成皇后遭日本人謀殺事件，李仙得從此不被韓國人禮遇。韓國已於1876年因江華島事件，被日本強迫簽訂《江華島條約》，這是韓國史上的第一份不平等條約，韓國開始逐步淪爲日本的殖民地。李仙得扮演日本人眼線的角色，到1899年在首爾去世，經友人葬於首爾基督教墓園。李仙得可說是日本人的第一號侵略買辦。

六、1868年「樟腦戰爭事件」

台灣島樟木及樟腦產業從荷蘭殖民時期開始發展，荷蘭人控制整

個樟木及樟腦業，延平王接著掌控樟腦的生產和貿易，但產業規模有限。1860年後台灣島樟腦在製造賽璐璐、炸藥、藥品的功用大增，清朝政府於1863年將樟腦收歸公營，嚴格管制樟腦業。英國人想獨佔台灣島的樟腦出口，對收歸公營政策很不滿。1866年英國領事要求清政府撤銷公營，允許樟腦自由買賣，賠償英國商人被收歸公營的損失。「分巡台灣兵備道」吳大廷拒絕，英國公使轉向清政府「總理衙門」抗議，也無結論。中英雙方關係日趨緊張，英國商人和清政府官兵時有衝突。1868年英商德記洋行（Tait & co）經理哈地（Hardie）從高雄回台南時，被台灣道衙門警衛毆傷。英商怡記洋行（Elles & Co.）的必麒麟（Williams Alexander Pickering）走私價值6千英鎊的樟腦，在台中梧棲港被海關沒收，爆發衝突。

紛爭不斷的情勢有擴大的跡象，台南英國領事吉普生（John Gibson）向「分巡台灣兵備道」梁元桂（1814-?）強烈抗議，梁元桂答應交還6千英鎊的樟腦。然而怡記洋行派人去彰化梧棲港收回樟腦，又遭梁元桂的港口衛兵襲擊受傷。適巧高雄鳳山又發生基督教神職人員慘遭殺害的「鳳山教案」，吉普生急電香港英國艦隊司令卡佩爵士（Sir. Halley Keppel）討救兵，砲艇阿格齡號（Algrine）、巴斯達號（Bustard）奉派於10月砲打高雄，再轉攻台南安平港，佔領熱蘭遮城，再攻進市區。「分巡台灣兵備道」梁元桂、台灣鎮總兵劉明燈（1838-1895）、水師副將江國鎮派兵抵禦，但英軍趁夜襲擊清軍，炸毀彈藥庫，江國鎮兵敗自殺，局面大亂。

英國人藉口報復「鳳山教案」，興兵討伐，揚言要佔領台灣島。台灣島商賈深知英國人用意在於樟腦利益，「鳳山教案」只是藉口，出面斡旋停火。仕紳黃景祺與英軍交涉，自行湊出英軍索取的4萬英鎊（400萬銀兩）談判保證金，作為談判期間英軍暫不砲轟的代價。接著閩浙總督派曾憲德與吉普生談判，訂立協議如下：（1）、清政府取消樟腦公營，訂定《外商採運規則》，外國人可以自由買賣樟腦。（2）、清政府免職鹿港同知及鳳山知縣。（3）、賠償英商1萬7千餘

英鎊。（4）、保護英國人自由傳教及旅行。（5）、中國人與外國人有官司訴訟，由中國官員和英國領事共同裁判。事後梁元桂遭革職處分，吉普生亦被英國政府懲戒免職。中英簽訂協議時，「鳳山教案」反而一筆帶過，賠償項目都繞著樟腦利益轉，因此被貶稱《樟腦協議》，英國人這場侵台戰爭也被貶稱「樟腦戰爭」（Camphor War）。從此外商大量自淡水和基隆輸出茶葉、樟腦，自台南和高雄輸出蔗糖，但卻同時大量輸入假稱「洋藥」的鴉片，毒化台灣人。

七、1869年英德強墾大南澳事件

1869年英國人何恩（James Horn）出力，德國人梅利屈（James Milisch, 1833-1920）出錢，自行墾殖台灣島東北部，在今宜蘭蘇澳及南澳交界附近的大南澳，即今蘇澳朝陽漁港、朝陽社區（Lamo）與南邊隔著龜山的龜山腳（Talamo）（藍柏，p.98），建立堡壘，砍伐樟木，煮製樟腦，僱用平埔族民兵，設置小型的殖民地。梅利屈在淡水開設梅利屈洋行（James Milisch & co.），自稱是德國漢堡市的駐台領事，出資給何恩開墾。開墾面積相當大，1868年引起清政府噶瑪蘭通判丁承禧抗議，梅利屈辯稱大南澳不屬於中國領土。丁承禧報請清政府總理衙門處理，清政府恭親王奕訢（1833-1898）要求英、德兩國撤回大南澳這些墾民，並取消梅利屈的領事資格。1869年英國駐北京公使阿禮國（Rutherford Alcock）查明後，發表聲明「福爾摩沙原住民所居住的土地屬於清廷版圖，外國人不得進入該區向原住民租賃土地，或從事耕作，且該土地亦不得按原住民意願任意出租。」（藍柏，2019, p.105）並派軍艦至大南澳示威3日，強行禁止何恩繼續前往大南澳。但是德國普魯士公國公使雷富斯（Guido von Rehfuss）繼續包庇，力挺梅利屈，對清政府虛與委蛇，應付了事。梅利屈有恃無恐，為所欲為，不斷與中國移民和官員起衝突。清政府於1870年11月

派兵夷平何恩的墾地，何恩只好率領1名葡萄牙人、1名菲律賓人、1名馬來西亞人、32名平埔族人（必麒麟，p.255），搭兩艘帆船離開大南澳，轉赴蘇澳。但遭遇東北季風的狂風巨浪，船隻翻覆，何恩和16名平埔族人溺斃（藍柏，p.107），只有少數乘員漂流至屏東，由必麒麟（W. A. Pickering）交涉贖回，才結束這場強墾事件，梅利屈洋行也因此破產。當時德國的國家組織是「北德意志邦聯」（North German Confederation），1867年由俾斯麥策劃成立，以普魯士公國爲主的22個邦國組成，1871年改制爲「德意志帝國」（Deutsches Reich）。

八、明治維新

　　日本明治天皇於1894年發動甲午戰爭，是對台灣島的歷史發展有重大影響的人物。從1867年開始明治維新，到1895年簽訂《馬關條約》，征伐台灣島，前後不過28年。

　　1867年10月14日倒幕派人士大久保利通、木戶孝允、西鄉隆盛等人從剛即位不久且未滿15歲的明治（1852-1912）手上取得《討幕密詔》（討伐德川幕府）。長州藩、薩摩藩等藩閥諸侯因此具有倒幕（推翻德川幕府）的合法性，立即派兵進軍京都。11月9日日本封建軍政府（德川幕府）的「幕府大將軍」德川慶喜眼看情勢不利，假裝退讓，宣布「大政奉還」，要把政權交還明治的「朝廷」，但拒絕交出軍權和封建領地。1868年1月3日明治發布《王政復古大號令》，命令德川慶喜「辭官納地」，辭去「大將軍」職位，交出軍權，廢除「江戶幕府」的封建軍政府。1月27日德川慶喜出兵1萬5千名進攻京都，爆發明治政府軍與德川幕府軍的「戊辰戰爭」。德川慶喜被西鄉隆盛率領的5千名新式軍隊擊敗，隻身逃回江戶。明治發出《慶喜追剿令》，明治在1868年4月6日發布《五條御誓文》，宣示「廣興會議，萬機決於公論」，等於宣示結束封建制度，展開「明治維新」。1869年3月德

川幕府軍再度兵敗，江戶城被包圍。5月18日德川政權開城投降，將「江戶城」和平移交給明治，史稱「江戶開城」。明治政府允許德川慶喜退居故鄉水戶藩擔任藩主。

　　1869年6月27日明治政府消滅德川幕府殘餘武力在北海道建立的「蝦夷共和國」，7月25日明治下令封建藩主把領地和統治「籍民」的權力還給朝廷，史稱「版籍奉還」。調整階級制度，舊公家（皇族）、大名（藩主）改為「華族」，舊武士階級改為「士族」和「卒族」，農民和工商業者統稱「平民」，施行《徵兵令》，舊武士階級從此失勢。10月宣布「明治」年號，11月「江戶」改名「東京」。1870年4月遷都東京，制定「日章旗」為日本國旗。1871年8月29日明治政府推動「廢藩置縣」，廢除各地方的封建諸侯，設立府縣，啓動日本政治的現代化改革。明治維新較為具體的措施包括：（1）、取消封建藩主，建立現代化的中央及地方政府。（2）、廢棄封建階級制度，推動「四民平等」的法制。（3）、推動土地改革，配地給農民，土地自由買賣。（4）、全面西化，改變習俗，改用新曆，改易服裝，剪除長髮，設立現代學制。1871年10月18日發生琉球宮古島貢船漂流至台灣島八瑤灣，遭排灣族原住民殺害事件。1872年廢琉球王國，改置琉球藩。1874年藉口琉球島民被害，發兵征伐台灣島屏東排灣族，發動「牡丹社事件」。1876年頒布《廢刀令》，不准武士攜刀，實施《秩祿處分》，取消武士特權。1877年西鄉隆盛（1828-1877）發動九州武士叛亂，「西南戰爭」爆發，西鄉隆盛兵敗自殺。1879年頒布《琉球處分》，廢琉球藩，改置沖繩縣。1881年設立日本帝國議會，1885年設立貴族內閣政府，伊藤博文出任第一屆總理大臣。1889年制定《大日本帝國憲法》，1890年實施眾議院議員選舉。1893年頒布《戰時大本營條例》，設置軍事參謀總部。1894年中日甲午戰爭爆發，1895年中日簽訂《馬關條約》，日本征伐台灣島，納為殖民地。

九、甘為霖牧師

　　甘為霖（William Campbell,1841-1921），英國蘇格蘭人，格拉斯哥大學Glasgow畢業，蘇格蘭自由教會神學院格拉斯哥分校畢業，1871年12月20日抵台傳教，當時馬雅各牧師剛好離開台灣島幾個月。1872年3月甘為霖開始佈道之旅，從台南出發到高雄打狗，再到屏東東港及林邊。10月巡迴山地教會，從台中神岡到苗栗三義，再到南投埔里。1873年3月到淡水拜訪馬偕牧師，訪問北部教會。1875年甘為霖在嘉義白水溪教會險遭土豪吳志高殺害，1878年11月返回英國，1880年再度來台傳教。1887年1月甘為霖第三度來台傳教，於1891年10月在台南設立「訓瞽堂」，是台灣島史上第一所盲人學校，1897年停辦。甘為霖於1917年退休，返回英國，日本殖民總督安東貞美還辦理空前未有的盛大送行典禮，感謝甘為霖牧師來台傳教46年。甘為霖於1921年去世。甘為霖著有《素描福爾摩沙》（Sketches from Formosa），也翻譯荷蘭文的《荷蘭人統治下的福爾摩沙》（Formosa under the Dutch），編著《廈門音新字典》，是位著作等身的牧師。

十、馬偕牧師

　　馬偕（George Leslie Mackay, 1844-1901），加拿大安大略人。1858年多倫多師範學校畢業，擔任小學教師。1870年普林斯頓神學院畢業。1872年抵達台灣島淡水傳教，設立淡水教會，且用台灣島的閩南語傳教，並教導公共衛生知識，以及幫人拔牙。加拿大領事館和駐台外商協助創設醫院，領事館專任醫師林格（Dr. Ringer）參與診治。

　　馬偕1873年起陸續設立五股坑教會、蘆洲教會。1875年加拿大長

老教會派華雅各醫生（Rev. J. B. Fraser, M.D.）來台設診所。1878年馬偕娶台灣女子張聰明爲妻，1880年返回加拿大募款，1881年返台創建馬偕醫院，1882年馬偕設立「牛津學堂」。1884年適逢中法戰爭，許多教堂遭到排外暴動焚毀，1885年劉銘傳賠償馬偕教堂重建經費。1893年馬偕返回加拿大講道，1895年返台時已是日本殖民統治台灣島。1901年馬偕病逝，骨灰葬在淡水中學。

馬偕曾寫下閩南語的中文詩句〈最後的住家〉如下：

「我全心所疼惜的台灣啊！我的青春攏總獻給你。
我全心所疼惜的台灣啊！我一生的歡喜攏在此。
我在雲霧中看見山嶺，從雲中隙孔觀望全地，
波瀾大海遙遠的對岸，我意愛在此眺望無息。
我心未可割離的台灣啊！我的人生攏總獻給你。
我心未可割離的台灣啊！我一生的快樂攏在此。
盼望我人生的續尾站，在大湧拍岸的響聲中，
在竹林搖動的蔭影裡，找到一生最後的住家。」

馬偕留下了一位外國人在台灣島奉獻一生的偉大身影。

十一、樺山資紀遊台灣島

1872年11月日本明治政府即派樺山資紀考察台灣島，1873年8月23日樺山資紀抵達淡水，考察43天。9月5日租船離開淡水抵達雞籠，9月8日航抵宜蘭頭城的烏石港，9月22日抵達蘇澳。樺山資紀並進入南澳噶瑪蘭族的白米甕社，9月26日看見海盜船進入蘇澳港販售食鹽。10月2日與高山族見面，隔日樺山資紀邀高山族和噶瑪蘭族到停泊南方澳的船上宴飲。10月6日離開南方澳，16日回到淡水。

1874年3月底樺山資紀再度赴台，4月8日樺山資紀和水野遵兩人

乘船自日本抵達台南安平，先拜會英國領事館。當時傳聞彰化發生暴動，台南府城正調集四千兵馬要北上鎮壓。4月10日兩人離開台南，4月11日抵達嘉義，4月12日抵達雲林莿桐，4月14日傍晚五時抵達彰化，試圖了解彰化有那些村莊參與暴動，以及清軍鎮壓暴動的戰力。樺山資紀深入台中西大墩（西屯）會見暴動首腦。暴動首腦擬與樺山資紀結盟，聯合對抗清政府。4月17日遇大甲溪暴漲，抵達大甲庄，分訪後　、竹塹、中壢。4月22日抵達淡水。

　　樺山資紀和水野遵沿途計算里程，由南而北仔細考察，記錄風土人情、村莊動態，蒐集不少情報，直到5月7日才離開淡水，與西鄉從道率領的征台軍隊會合。這趟旅行奠定兩人在1895年出任台灣島首任日本殖民總督和民政長官的經驗基礎。5月8日兩人參加日軍征伐屏東「牡丹社事件」的軍事行動，當時樺山資紀的軍階是少校，水野遵是海軍翻譯官。水野遵在筆記上寫道，旅行台灣島要攜帶手槍、火柴、蠟燭、乾糧、支付渡船的零錢。縱貫道路線上，每隔一里即有「驛亭」，可購買水果、飲食。兩人所僱用的轎夫與挑夫，上下午須各抽一次鴉片，行經路旁鴉片煙館，會丟下乘客和行李，衝進煙館，吞雲吐霧一番，才再繼續行進。

十二、1874年牡丹社事件

　　1871年10月18日琉球王國南部的宮古島豪族貢船「山原號」，載重要人士赴那霸首里府向琉球國王進貢，回程返回宮古島時，遇颱風於11月6日漂至屏東恆春半島東海岸的滿州鄉八瑤灣（九棚灣，屏東滿州鄉港仔村），69名乘客中溺死3人，66人上岸進入人口只有200人的排灣族的高士佛社（Saqacengali），高士佛社頭目原先熱情招待這批琉球人，高士佛社人要琉球人脫去外衣，卻因言語不通，琉球人心生恐懼，趁高士佛社人上山打獵時，不告而別，卻被高士佛社人追殺。

高士佛社的後人解釋，琉球人不告而別，是不禮貌且有敵意的行為，因此被誤以為是前來打探消息的海盜奸細，這種解釋很難令人信服，高士佛社人有劫殺船難、奪取財物的紀錄。

排灣族高士佛社原住民追殺琉球人，於雙溪口殺害54人，餘12人逃出。雙溪口位於今牡丹鄉公所對面。牡丹社（Sinvaudjan，又稱「新保將」，意指「割除葛藤」，翻譯成客家話「新牡丹」，因為當地也盛產野牡丹）聽聞消息，趕來協助高士佛社，但高士佛社已離去，牡丹社人砍取已被殺害的54人的人頭，吊在一顆大雀榕樹上。這顆大雀榕樹位於現今牡丹警察派出所後面，牡丹國小及牡丹鄉石門托兒所旁邊。牡丹社人繼續追殺剩餘的12名琉球人。這12名琉球人逃至中國移民的保力庄庄長楊友旺家中，由楊友旺以牛、豬、布匹交給牡丹社人贖命，再獲社寮中國移民鄧天保、楊阿才、宋國隆等人救助脫險，經台灣府送至福建省琉球使館安頓。1872年6月再由閩浙總督文煌、福建巡撫王凱泰送歸琉球王國。

琉球王國於1372年成為明代中國的藩屬國，從中國學得造船技術。1403年明成祖永樂皇帝到1550年明嘉靖皇帝年間，琉球王國藉助鄭和下西洋的局面，大力發展日本、朝鮮、中國、台灣島、東南亞之間的國際貿易，琉球進入富裕的貿易黃金時代。直到明朝末年倭寇海盜掌控東海海域，才結束琉球海上貿易的全盛時期。

1467年日本爆發「應仁之亂」，進入戰國時代。1593年豐臣秀吉在《高山國招諭文書》裡，自稱「如南蠻、琉球者，年年獻土宜，海陸通舟車，而仰予德光。」1603年德川家康統一日本，建立軍閥政府（德川幕府）。琉球王國拒絕進貢謝恩，與德川幕府交惡。1609年德川幕府允許日本薩摩藩（鹿兒島）諸侯島津家久派兵攻佔琉球。1611年琉球國王「尚寧」被迫簽約成為薩摩藩控制下的藩屬國，須向薩摩藩進貢。1633年日本首度頒發《鎖國令》，但琉球不在此限，薩摩藩藉由琉球當白手套，持有對中國朝貢貿易的特權，進行中日貿易，累積財富成為實力雄厚的諸侯，故仍允許琉球傀儡國王假意向中國進

貢。琉球王國淪為同時向中國和日本薩摩藩諸侯進貢的小諸侯，實際上已受薩摩藩的全面控制，而中國竟然毫不知情。

　　1867年明治繼位為日本天皇，1868年發佈《五條御誓文》宣告明治維新。1871年明治維新推動「廢藩置縣」，琉球王國被編歸鹿兒島縣轄下的地方小諸侯，稱「令制國」。1872年9月廢琉球王國為琉球藩，將琉球國王尚泰降級為「藩王」。琉球群島正式成為日本帝國屬地，日本政府採強硬政策，積極推動琉球皇民化，1875年命令琉球藩停止向中國朝貢。1879年4月4日明治廢琉球藩，改為沖繩縣，琉球由屬地改為內地化的領土。琉球一詞就此消失，統稱《琉球處分》。日本在1915年趁第一次世界大戰，各國忙於歐洲戰事，對中國提出《二十一條要求》，企圖滅亡中國，就是規模比較大的《琉球處分》模式。

　　1871年台灣島原住民殺害琉球王國進貢船乘員，日本政府以主權國政府的身份，照會各國駐日外交使節，擬對台灣島原住民採取報復行動。1872年西鄉從道（1843-1902）派樺山資紀（1837-1922）、水野遵（1850-1900）遍歷台灣島，探訪民情，測量港口水深，蒐集軍事情報。1873年3月明治政府派外務卿副島種臣（1828-1905）、外務大丞柳原前光（1850-1894）赴北京拜會滿清軍機大臣董旬、吏部尚書毛昶熙（1817-1882），交涉牡丹社事件。

　　毛昶熙先說：「二島（琉球與台灣）俱我屬土，屬土之人相殺，裁次固在於我，我恤琉人，自有措置，何預貴國事，而煩為過問？」副島種臣拿出被害者有四位小田縣（日本岡山縣小田郡）日本漁民的證據，要求中國負責，追問「貴國既然已知撫卹琉球民，為何不懲辦台番？」毛昶熙又說：「生番皆化外，猶如貴國之蝦夷，不服王化，萬國之野蠻人大部如此。」柳原前光態度強硬說：「生番殺人，貴國拾而不治，故我國將出師問罪，唯番域與貴國府治犬牙接壤，若未告貴國起役，萬一波及貴轄，端受猜疑，慮為此兩國傷和，所以予先奉告。」毛昶熙無知的說：「生番既屬我國化外，問罪不問罪，由貴國

裁奪。」柳原前光警告說：「唯係兩國盟好，一言聲明耳。」雙方言詞對撞，談判破裂。

毛昶熙和當時的清政府官員都不具備初萌芽的國際法知識，不知道如何處理「原住民保留區」、「番界」的涉外事件，也分不清「主權版圖」和「行政版圖」兩種概念的區別。原住民保留區雖無行政架構，但與主權存否無關。1683年台灣島的全部領土已盡歸清代中國的主權版圖，原住民保留區雖繳交「番餉」，但不設政府官署，未納入「行政版圖」。毛昶熙遇事只想推託卸責，既不能堅持「二島（琉球與台灣）俱我屬土」的立場，又不善談判用兵，「生番皆化外」一語容易被有心人操弄，做為中國已放棄「番界」的領土主權的證詞，「我國化外」明顯意指「我國國土內未經教化之民」，但「化外」一詞成了日本可以武力干涉的憑據。其實日本人何嘗不知毛昶熙的官階與授權，根本毫無身份談論領土主權問題。

1873年3月當中日兩國談判時，日本秋田縣有佐藤利八等4名漁民駕船從岡山縣倉敷市，擬前往和歌山縣，遇暴風雨漂至台灣島東岸馬武窟（台東東河），再遭原住民劫掠。明治認定中國未盡主權國的義務，考慮興兵報復，嚴懲「番民」，派西鄉從道（1843-1902）率領日軍3,600餘人，從長崎直攻台灣島。另有一說，明治政府主張外交解決，並未同意興兵，反對征台的木戶孝允策動大政大臣三條實美，派內務卿大久保利通出面阻止，但西鄉從道置若罔聞，這事凸顯日本軍閥對外侵略，不受內閣高層節制的傳統。司馬遼太郎（1923-1996）因此認為，西鄉從道為牡丹社事件出兵是「官製的和寇」，意指「官兵當倭寇」。但這個說法並不可靠。閩浙總督李鶴年（1827-1890）得知西鄉從道出兵，亦緊急致函阻止，但西鄉從道也置之不理。

明治政府早已決定出兵台灣島，1874年2月6日大久保利通和大隈重信在內閣會議提出「台灣番地處分要略」，4月5日設立「台灣蕃地事務局」，由大隈重信任長官，西鄉從道任都督，在鹿兒島募兵3,658人。4月27日先遣部隊從長崎出發，5月8日從屏東恆春半島西海

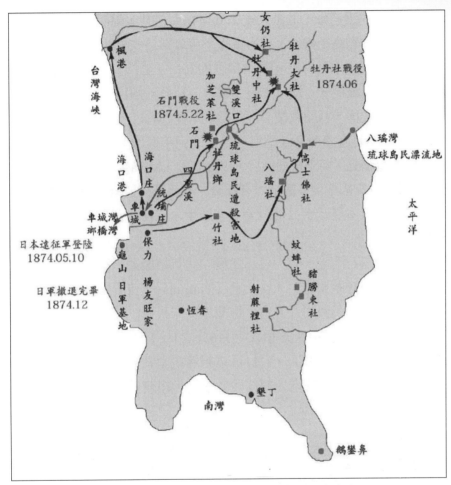

牡丹社事件，琉球島民逃難路線及日軍進攻路線

岸的瑯嶠灣（車城灣）登陸，即今車城社寮。清軍王懋功、郭占熬雖駐兵瑯嶠，但未予阻止，等於中國承認日本擁有動用武力懲罰台灣島原住民的權利，也承認日本有權替琉球島民聲索受損的生命權。更直接地說，等於中國默認日本把台灣島「番界」劃為日本的「勢力範圍」，日本就這一事件或未來相關事件得在中國領土上行使主權權利（Sovereign Right），台灣島的中國主權開始產生「主權消損」（Sovereignty Depletion）危機。日軍於5月18日至21日與排灣族原住民

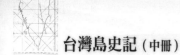

發生小規模的遭遇戰，並派人安撫其他16個村社，聲明其他村社只要不協助牡丹社和高士佛社，日本軍隊不會攻擊這些村社。5月22日佐久間左馬太率兵進攻牡丹社和高士佛社的隘口「石門」，排灣族原住民憑「石門」天險扼守，遭日軍砲火擊敗，牡丹社頭目阿祿古（Aloku）父子戰死，史稱「石門戰役」。此役日軍死亡4人，傷20人，原住民死傷70多人。5月底豬勞束社頭目卓杞篤的胞弟射麻里社頭目Yee-suk率蚊蟀社、龍鑾社、茄芝來社頭目，由社寮頭人Miya帶著向日軍投降。

5月22日李鶴年乘軍艦抵達琅嶠灣，勸西鄉從道離去，西鄉從道要李鶴年去和日本駐北京公使討論，李鶴年未採任何行動阻止，即悻然離開。

日軍攻陷石門後，6月1日起陸續攻佔有結盟關係的牡丹社、高士佛社（位於牡丹社南方）、女仍社（Tjaljunay，位於牡丹社北方），大舉屠殺報復，燒毀村莊穀倉。排灣族仍未投降，據深谷狙擊。日軍戰死12人，病死達561人，損失兵力6分之1，只得退守龜山，屯兵墾荒，史稱「牡丹社事件」。7月1日卓杞篤親率牡丹社、女仍社、高士佛社、小麻里社、蚊蟀社、傀仔角社頭目，由統領埔的頭人林阿九帶

西鄉從道與卓杞篤

著到保力庄楊天保家，向日軍投降。「頭人」是中國移民有聲望者的稱呼，類似村長。內龜文39社亦前來向日軍表示親善。

　　整起「牡丹社事件」可說是高士佛社惹起的，跟牡丹社無關。但牡丹社事先協助高士佛社追捕琉球人，事後傾全力抵抗日本軍隊，戰鬥最英勇，死傷最慘烈。其他瑯嶠18社的另外16社受日軍威脅兼安撫，未加入戰爭，只有女仍社因供應物資給牡丹社，遭到日軍報復。牡丹社、高士佛社、女仍社是排灣族和斯卡羅族（Skaro或Seqalu）混居的村社，斯卡羅族是從台東知本（Tipol）遷移到屏東南端已經排灣化的卑南族（Puyuma）。

　　參與「牡丹社事件」的樺山資紀、兒玉源太郎、水野遵、佐久間左馬太後來也都成為日本殖民統治台灣島的骨幹。樺山資紀擔任日本殖民政府第1任台灣總督，兒玉源太郎是第4任總督，水野遵是首任民政長官。佐久間左馬太於1906年擔任第5任總督時，以征服原住民作為施政主軸，號稱「理蕃總督」，但1915年率軍進攻太魯閣族（Teuku或Taroko）時，被太魯閣族戰士的箭鏃射中，墜崖喪生。卓杞篤的義子潘文杰在日本殖民時代被冊封為六等勳爵。

　　清政府為防範西鄉從道擴大侵略，6月21日派船政大臣沈葆楨、福建布政使潘蔚為幫辦抵達瑯嶠灣，23日在車城要求會晤西鄉從道，未獲理會。清政府命沈葆楨於6月31日率福建水師赴台，又命福建陸軍提督唐定奎、福建巡撫王凱泰率兵25,000人支援。沈葆楨前往瑯嶠規勸西鄉從道率軍離去，時值日俄爭執庫頁島問題，英國又從台南派軍艦到瑯嶠，抗議日軍久駐。日本政府恐戰事不利，於9月10日派大久保利通赴北京談判，索賠軍費300萬兩銀。在英國公使威妥瑪（Thomas F. Wade, 1818-1895）協調下，清政府同意賠銀50萬兩撫卹，10月31日中日簽訂《台事北京專約》規定：「日本國此次所辦，原為保民義舉起見，清國不指為不是。」這等於中國承認琉球居民是日本臣民。又規定：「至於該處生番，清國自宜設法妥為約束，不能再受兇害。」這也等同日本承認台灣島原住民是中國臣民，牡丹社事件終告落幕。11

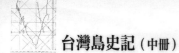

月20日西鄉從道撤軍，11月27日明治接見西鄉從道，明令嘉勉。此次出兵，日軍實際出征人數3,660人，戰死12人，病死561人，受傷17人，軍費780萬日圓。威妥瑪也是著名漢學家，曾居住中國40年，發明中文「威妥瑪拼音」。1869年至1882年任英國駐華公使，1888年任劍橋大學首位漢學教授。

清政府官員未在談判中明確否定日本對琉球的主權，宮古島的琉球人在1871年遭到台灣島原住民殺害，清政府是有主權可自行處理，不干日本的事，但清政府如此顢頇無能，可能連日本明治政府都會覺得太不可思議。牡丹社事件也是日本第一次侵略中國領土主權的事件。

清政府不了解國際法的規範，無法或怠於行使主權的國家會產生「主權消損」（Sovereignty Depletion）危機，逐漸喪失領土主權的「權源」（Title），該領土可能會被積極爭取或展示主權權利（Sovereignty Rights）的國家所奪取。李仙得認為最有資格聲索（Claim）台灣島主權的國家非中國莫屬，但中國無法或怠於執行對原住民領地的主權，形同放棄主權。李仙得這個認知並不違背國際法的原則，所以日本出兵台灣島，英國保持審慎的警覺，美國則公開反對，且禁止美國人參與或協助日本出兵，李仙得因此無法參加日軍征台行動。國際現實的假想，如果換成是英國為牡丹社事件出兵，美國可能將如1867年羅發號事件的反應，派李仙得積極支持。

十三、中日交手

事實上中國和日本交手，始自1870年6月日本派柳原前光到北京洽商《日清修好條規》，1871年4月20日日本再派伊達宗城繼續洽商，7月簽訂完成，但因列強各國反對，拖到1873年4月30日中日雙方由李鴻章、副島種臣交換批准文書才底定，副島種臣的隨員有樺山資紀、李

仙得。在這段期間，1871年11月6日琉球人在台灣島屏東出事，1872年9月14日日本召開內閣會議罷黜琉球王國，改為琉球藩編入鹿兒島縣，同時決議認定利用琉球人遇害事件，作為日本在台灣島擴張勢力的大好時機，利用這事件解決中日兩國對琉球的主權及宗主權的爭議。所以在1873年4月30日中國批准《日清修好條規》，日本拿到所有外交、經濟利益後，原本對琉球人遇害事件悶聲不吭的日本政府，突然派柳原前光到北京找董恂、毛昶熙談判琉球人遇害事件。1874年4月4日明治政府內閣會議，決議在長崎設置「台灣番地事務局」，著手進兵台灣島，派大隈重信就任出兵的「都督府總裁」，西鄉從道任都督，揮軍台灣島。日本並利用這事件培養日本財團大倉喜八郎的「大倉組」處理軍備、運輸、後勤業務，日本殖民台灣島後，更將建造鐵路等重大工程交付「大倉組」承包。清代中國政府忽略1871年琉球島民遇害時，琉球王國在中國法律上仍是中國的藩屬國，日本無權干涉。清政府同意日本交涉，就等於默認琉球已非中國的藩屬國，而且是日本屬地。

十四、沈葆楨與億載金城

沈葆楨是福州候官人，生於1820年，太平天國起事時，沈葆楨投效清軍，平定太平天國有功，經左宗棠保薦出任「福建總務船政大臣」，上任後積極培植海軍人才。1874年5月3日奉旨擔當「台灣海防欽差大臣」視察台灣島，坐鎮台南，觀察日本軍隊因牡丹社事件進攻屏東瑯嶠的情勢。沈葆楨決定「撫蕃」和「開省」同時進行，命令理番同知袁聞析由台南安平港乘船抵「後山」台東卑南，拉攏台東原住民，免被日軍利用。重劃行政版圖，台灣島從福建省分割，單獨設立「台灣省」。廢止「封山禁墾政策」，擴大中國移民入台。沈葆楨這些新政策就是《開台獎勵條例》：1、廢除封山禁令，准許中國移民和

原住民都能自由出入「番界」。2、獎勵中國移民墾殖台東卑南、屏東
瑯嶠、南投埔里。3、用兵打通山路，使台灣島西部和東部可經陸路連
繫。

沈葆楨派羅大春帶兵開闢宜蘭蘇澳到花蓮新城的道路，長102公
里，就是蘇花公路。派吳光亮開闢彰化林圯埔（南投竹山）到花蓮璞
石閣（花蓮玉里）的道路，長133公里，即「八通關古道」。派袁聞析
開闢鳳山赤山莊（屏東萬巒）到台東卑南（台東市）的道路，長87公
里。派張其光開闢屏東射寮（屏東車城社寮）至台東卑南的道路，長
107公里。

沈葆楨於1874年6月17日抵台時，綜觀局勢，非武力不足以保台，
著手防衛台南府城，找法國人伯托（Berthaud）於安平港口建造砲
台，1876年完工，又稱「二鯤鯓砲台」，沈葆楨在砲台題額「億載金
城」，但沈葆楨已於1875年1月30日離台。1874年牡丹社事件後，1875
年沈葆楨再度來台，處理「獅頭社」的原住民反對「開山撫番」的武
力抗爭問題，8月22日離台。1881年11月清政府應美日兩國的要求，才
於鵝鑾鼻建造沈葆楨於1875年委託任職於大清帝國工部的英國人畢其

沈葆楨的億載金城

禮（Michael Beazeley）規劃的燈塔。「億載金城」和「鵝鑾鼻燈塔」
可說是沈葆楨在牡丹社事件後，留給台灣島的政績。

　　1875年台灣兵備道道員夏獻綸、台灣總兵張其光，秉持沈葆楨的
政策，聯合公布《招墾章程二十條》，獎勵中國移民來台墾殖。竹塹
社（Pocaal）閩南人周邦正與客家人姜秀鑾響應「淡水同知」李嗣業
的號召，組織「金廣福」商號，訓練數百名民兵，赴原住民區開墾。
沈葆楨的政策可說是國防、民防兼備。沈葆楨在台灣島的時間很短，
1875年5月30日即調升兩江總督，1879年病逝於南京。

十五、丁日昌

　　丁日昌生於1823年，廣東豐順人。1867年至1870年任江蘇巡撫。
1875年至1878年接替沈葆楨任福建巡撫兼船政大臣，當時台灣島是福
建省轄的地方行政區。1868年江蘇巡撫任上草擬《海洋水師章程六
條》，提出中國「三洋」海軍的建軍計畫，擬在台灣島設置「南洋水
師」。1875年船政大臣任上提議《海防條議》，再度主張應在台灣島
「泊鐵甲船二三號，以固東南樞紐」，並設立機械廠、船廠。1876年
至台灣島辦公，開辦煤礦，探勘石油，架設電報線，裁汰不合宜的班
兵，提拔原住民陳寶華為秀才。在大陸沿海招募中國移民，到台灣島
東部墾殖。丁日昌認為加強建設台灣島，就可以把「台灣府」升格為
「台灣省」。1877年丁日昌因病休養，台灣島建設計畫被擱置，直到
1885年劉銘傳接任巡撫後才積極推動現代化建設。1879年丁日昌調職
督導南洋水師，1882年去世。丁日昌與沈葆楨、劉銘傳並列清代中國
治理台灣島著有功績的三位省級大臣。

十六、同治時期開墾事蹟

年代	開墾事蹟
1862年	「墾首」陳輝煌開墾宜蘭三星，逼迫潘賢文的阿里史社原住民遷徙至蘇澳。
1874年	清朝政府建造橫越中央山脈的道路，第一條從南投竹山（林圯埔）到花蓮玉里（璞石閣），第二條從南投集集到鹿谷（大坪頂），再與第一條會合，史稱「八通關古道」。「八通關」（Pattonkuan）是鄒族人稱呼玉山的用詞。這兩條道路開通後，中國移民蜂擁移居埔里，取代平埔族成為大多數族群。埔里當地最早的住民是布農族，因1814年郭百年事件遭到大屠殺，後被平埔族取代。 清政府全面開放獎勵墾殖台灣島，主要是針對高山族居住地區，措施有：（1）、開墾者可乘官船，船上供應食物。（2）、抵達墾地前，每人每天發給口糧錢100文銀。（3）、開墾六個月內，每日給銀8分、米1升，以後一年間，每日給米1升。（4）、每人給田1甲，野地1甲。（5）、每10人配發農具4副，耕牛4頭。（6）、開墾成功另外給賞。

第八章
光緒（1875年-1895年）

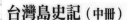

光緒皇帝1871年生，姓名「愛新覺羅 載湉」，1875年繼承皇位，同年清政府設「台北府」。1883年爆發中法戰爭，1885年台灣島建省，派劉銘傳爲首任巡撫。1889年光緒親政。1894年爆發中日甲午戰爭，1895年簽訂《馬關條約》，割讓台灣島、澎湖群島給日本，同年孫文發動廣州起義失敗，陸皓東被殺。1898年光緒變法失敗，被慈禧太后囚禁在北京紫禁城旁的中南海瀛台。同年清政府開辦京師大學堂，即北京大學。1900年八國聯軍佔領北京。1908年光緒被下砒霜，毒發身亡。

一、開山撫番事件

清政府從同治到光緒，即1861年至1895年，這34年間，中國移民在台灣島的墾殖事業，進展很大。西部平原已開墾完成，東部縱谷的中國移民日增。1875年清政府依沈葆楨的建議，廢除封山禁墾政策，推動「開山撫番」。福建省台灣兵備道道員夏獻綸及台灣總兵張其光聯合公佈《招墾章程二十條》，獎勵中國移民墾殖台灣島，廢止實施近200年的封山禁墾政策，並在大嵙崁設立「撫墾局」，獎勵中國移民開拓台灣島東部。這項「開山撫番」政策，卻引爆1875年「獅頭社事件」、1876年「太魯閣事件」、1877年花蓮「大港口事件」、「加禮宛事件」。

1874年至1895年清政府從台灣島西部分別自北中南開闢13條東西翻山越嶺道路，其中5條未完成。北路從蘇澳到崎萊花蓮港，就是目前蘇花公路的前身，並延伸至水尾（瑞穗）、卑南（台東），開路計畫先由台灣道道員夏獻綸主持，招募民兵開路，後由代理道員羅大春接手，率十三營「綏靖軍」闢路，宜蘭蘇澳留有「羅大春開路紀念碑」，沿途建有三、四十座碉堡，駐紮三千餘名哨兵，即使如此嚴密的防備，亦常被原住民襲擊。中路由吳光亮率廣東「飛虎軍」負責

開闢，從南投竹山（林圯埔）入山，溯濁水溪向東，再轉陳有蘭溪向南，到達玉山主峰東側，往東南東方向，沿著秀姑巒溪到玉里（璞石閣），就是中橫公路和八通關古道。南路共有四條：赤山（萬巒）至卑南、射寮（枋寮鄉射寮村）至卑南、楓港至卑南、恆春至卑南。赤山至卑南的越嶺道路由袁聞柝負責，溯林邊溪向東，經過崑崙坳（來義鄉古樓社），越過中央山脈，沿虷子崙溪（金崙溪）至卑南，又稱「崑崙坳古道」，開闢時日本軍隊還因牡丹社事件駐紮在恆春半島尚未離去。（黃清琦，2010, p43-47）

　　1875年2月張其光開闢屏東恆春至台東的道路，排灣族人反對，雙方衝突不斷。清軍將領王開俊於牡丹社事件後進駐楓港，其營兵被內獅頭社獵首，王開俊率兵報復，反遭獵首，就此點燃獅頭社戰役。4月18日清軍提督唐定奎派兵進攻內獅頭社、外獅頭社、竹坑社、本武社、草山社，5月20日攻克內獅頭社，「焚其草寮二百餘間」，沈葆楨說：「（內獅頭社）每日兇番四、五百人撓我進路，互有殺傷。」同日攻克外獅頭社，「計毀其草寮一百餘間」，「餘番二百餘名向大甘仔力社奔逸」，史稱「獅頭社事件」。沈葆楨奏說清軍陣亡12人，土勇陣亡1人，受傷40餘人，「斬番」計130人，大龜文社頭目的弟弟「阿拉擺」陣亡。當時天氣炎熱，清軍多人病倒，提督張光亮病死。內獅頭社位於屏東獅子鄉卡悠峰瀑布附近，外獅頭社則位於卡悠峰的另一側七里溪上游的溪畔。草山社位於獅子鄉南世村，本武社是內獅頭社的分支，都是很小的村社。清軍發動這場戰役是懲罰性的戰爭，有人誇稱「雙方死傷慘重」、「殲滅五番社」，「清軍萬餘名歿二千人」，顯然都不是事實。戰事只持續一個月，清軍封鎖山路的兵力多，實際投入戰鬥的兵力少，接戰時間少，爬山時間耗費多。沈葆楨的奏章不敢欺君，因此引以為據。

　　1876年福建陸路提督羅大春奉命開闢宜蘭蘇澳至花蓮奇萊（花蓮市）的道路，與太魯閣族爆發衝突，羅大春進攻太魯閣族村舍，並在三棧溪旁建築碉堡營壘，太魯閣族受困投降，史稱「太魯閣事件」。

「大港口」（Makotoy）是阿美族稱秀姑巒溪出海口之意。1877年受沈葆楨指派負責「開山撫番」的清軍將領吳光亮，開闢瑞穗（水尾）至大港口（豐濱）的道路。吳光亮命令附近阿美族村社擔當工程勞役及伙食準備。由於吳光亮急切趕工，阿美族人不堪負荷，由納納社（Dafdaf, 花蓮豐濱靜浦）頭目馬耀珥炳（Mayaw Eping）領導，群起反抗，殺死通事林東涯、談判代表林福喜。參加的村社還有：烏漏社（瑞穗鶴岡）、阿棉山社（豐濱港口）、烏雅立社（瑞穗鶴岡）、奇密社（瑞穗奇美）。清軍調派統領孫開華、總兵沈茂勝、知縣周懋琦率兵圍攻阿美族村社，主戰場就在今靜浦國小校園內，阿美族人死100多人，戰敗投降，史稱「大港口事件」。1878年4月27日雙方再起衝突，阿美族人被殺160人。

1877年「墾首」陳輝煌假藉沈葆楨的「開山撫番」政策，結夥不良官兵，勒索花蓮噶瑪蘭人的加禮宛社。1878年噶瑪蘭人和撒奇萊雅人起兵反抗，聯合使用武力反對開山，突襲清軍營地。清軍孫開華、吳光亮率兵鎮壓，噶瑪蘭族和撒奇萊雅族遭清軍「破莊滅族」，原住民遭報復屠殺。撒奇萊雅人幾乎滅族，史稱「加禮宛事件」（Kaliawan）或稱「達固湖灣事件」（Dagubuwan）。達固湖灣是撒奇萊雅人的聚落地點。事件發生後，陳輝煌躲回宜蘭，未被究責。撒奇萊雅族頭目古穆巴力克（Komod Pazik）遭清軍凌遲處死，其妻伊婕卡娜修（Icep Kanasaw）遭清軍以茄苳木頭壓死，達固湖灣部落遭焚毀，後來撒奇萊雅族用「巴拉瑪火神祭」紀念這對夫妻。太魯閣族和阿美族也加入清軍陣營攻擊撒奇萊雅族。

1884年「北勢番事件」、1886年「南勢番事件」、「大嵙崁事件」、「五指山番事件」、1887年「大豹社事件」、「中路開山事件」、1888年「大莊事件」（呂家望事件）、「大南澳事件」、1891年「大嵙崁番事件」、1895年「觀音山事件」等等，都是沈葆楨的開山政策下引發的原住民抗爭事件，其過程大同小異，但衝突規模都不大。

二、光緒時期開墾事蹟

年代	開墾事蹟
1875年	「墾首」林蒼安開墾十六股（花蓮市）。 「墾首」林讚開墾巴塱衛（台東大武）。 「墾首」陳清雲開墾利基利吉（台東卑南利吉村）。 原住民「墾首」潘元琴開墾大陂頭（池上大陂村）。
1876年	「墾首」黃南球設立「金萬成」號，開墾大河底（苗栗三灣大河村）、百壽（苗栗獅潭百壽村）、新店（苗栗獅潭新店村）。黃南球不顧清政府保護原住民的法令，以武力威脅原住民就範，殺害不配合的原住民，取得大片土地。
1877年	清軍總兵吳光亮為「加禮宛事件」處理善後，招募2,000多名中國移民開墾花蓮，並命令噶瑪蘭人的加禮宛社原住民開墾加路蘭社（花蓮豐濱）、媽佛社（花蓮光復）、豐濱、長濱、成功等地。
1885年	台灣島從福建省分割，台灣島與澎湖群島共同建省，台灣省成立。 「墾首」霧峰林朝棟設立「林合」號，開墾樟樹林，製造樟腦。林朝棟並開墾南投國姓100多甲田地。
1886年	台灣巡撫劉銘傳於桃園大溪設立「撫墾總局」，由台灣巡撫兼任「督辦台灣撫墾大臣」，劉銘傳任命板橋林家仕紳林維源為「幫辦台灣撫墾大臣」，下設大嵙崁撫墾局、東勢角撫墾局、埔裏社撫墾局、叭哩沙撫墾局、林圯埔撫墾局、蕃薯寮撫墾局、恆春撫墾局、台東撫墾局，統轄山地行政及獎勵中國移民往台灣島山區墾殖。 劉銘傳設立「五指山撫墾署」開墾苗栗南庄。
1887年	「墾首」張秀欽設立「金廣成」號，開墾十寮莊（新竹北埔）。
1889年	「墾首」黃南球自行成立「黃南球」墾號，與竹塹北埔姜秀鑾的「金廣福大隘」墾號，合夥設立「廣泰成」號，開墾苗栗大湖、卓蘭。
1892年	「墾首」邱霖送開墾頂平（台東長濱忠勇村）、大埔（池上大浦村）。
1893年	屏東恆春西拉雅原住民開墾花蓮富里。

三、1884年中法戰爭

　　1884年中國與法國的戰爭，戰場在福建省福州，台灣島的基隆、淡水、澎湖，廣西省鎮南關、諒山，中國雖是戰爭的勝利方，清政府卻只想息事寧人，簽訂《中法新約》，將越南宗主權轉讓給法國。但清政府也從此戰爭認知台灣島的戰略重要性，1885年清政府宣布台灣島建省，派中法戰爭守衛基隆、淡水有功的劉銘傳出任首任台灣省巡撫。

　　日本在1874年牡丹社事件出兵台灣島後，被國際承認是琉球的宗主國。法國見識到大清帝國對國際事務的昏庸軟弱，把爭奪東亞殖民地的目標鎖定越南及台灣島。越南本為中國的藩屬國，早與法國有來往。台灣島則於1860年訂定《天津條約》時，法國主動要求將台灣島列入開港通商的名單，這都顯示法國有備而來。1883年法國已對越南施壓控制，中法關係開始緊張，法國為阻擋中國軍援越南，把戰場設定在舟山群島、海南島、台灣島，迫使中國放棄越南的宗主權。對法國而言，台灣島有煤礦，可供軍需，且無歐美勢力把持，佔領台灣島具備重大戰略意義。當時的法國正處於「第三共和」的時代，國力並不強大，卻足以威嚇中國，可見當時中國之荏弱。

　　清政府得知法國意圖，通令沿海加強防備，台灣島防衛準備由台灣道劉璈負責，全島分成五個防衛區，前衛澎湖、後衛花蓮台東、北衛大甲溪以北達蘇澳、中衛大甲溪與曾文溪之間、南衛曾文溪以南。但清政府起初還抱著息事寧人的心態，1884年4月17日李鴻章與法國公使傅立葉（F. Fournier）協商，訂定《天津簡約》，給法國額外利益。但傅立葉要求清軍退出越南高平、諒山、勝保等據點，李鴻章拒絕，談判破裂。法軍將領米勒（Millot）卻派兵到諒山要求接防，清軍拒絕，爆發軍事衝突，法軍敗北，史稱「觀音橋事件」。法國向清政

府抗議，要求龐大賠款，清政府拒絕。法國決意發動戰爭，屈服清政
府。法軍於1884年6月16日進攻基隆，7月3日法軍突襲福州馬尾造船
廠，7月6日中國向法國宣戰。法國東洋艦隊司令官孤拔元帥（Amedee
Courbet, 1827-1885）立即控制台灣海峽，清政府海軍無力招架。

　　台灣島的五個防衛區的軍力大部分部署在台南，北部僅基隆築有
砲台。全島40營兵力，31營兵力防守南部，陸路運量有限，調兵北上
阻礙很多。海運能量貧乏，由大陸支援兵力彈藥緩不濟急。劉銘傳於
1884年7月15日抵基隆，巡視砲台，發現僅有5座火砲。7月22日法國
海軍將領列斯皮斯（Sebastien Lespes）率軍艦維拉爾號Willars進攻基
隆、淡水。8月2日法軍封鎖淡水港，清政府僱用德國船隻運送軍火到
淡水，無法卸貨。8月4日法軍封鎖基隆港，限令清軍交出基隆砲台，
清軍拒絕，法軍艦砲連轟4個小時，基隆砲台全毀。法軍隨後從大沙
灣登陸，被清軍守將蘇得勝、孫開華、章高元等擊退。法軍擴大封
鎖範圍，北自烏石角，南至鵝鑾鼻，蘇澳港、基隆港、淡水港、安平
港、高雄港，全遭法軍封鎖。台灣人稱這次法軍的攻擊行動叫「西仔
反」。

　　8月6日劉銘傳從台北趕至基隆督軍，曹志忠、章高元率軍反攻，
法軍敗退回艦。淡水亦岌岌可危，孫開華、李彤恩設計水道填石，防
堵法國軍艦進入，用自行封港的策略，成功阻止法軍登陸淡水，更無
法沿淡水河進攻台北。8月13日孤拔率領法軍再度進攻基隆失敗，列斯
皮斯率艦圍堵淡水港口。劉銘傳當機立斷，留「林朝棟軍」防守基隆
獅球嶺（位於今基隆走高速公路往台北的第一個隧道的上方），將其
餘部隊調離基隆，力守淡水及台北城。8月20日法軍登陸淡水，撲向白
堡，清軍死守，法軍砲彈用盡，死傷慘重，大敗撤退。8月23日法軍攻
擊福建閩江口，摧毀清軍的南洋艦隊，清軍7艘軍艦被擊沈，福州馬尾
砲台、兵工廠全毀。「林朝棟軍」是台中霧峰林家的武裝民兵，被列
為民間「鄉勇」，後來取得正式軍隊身份。

　　8月29日法軍再回基隆，由於大清海軍已崩潰，劉銘傳率領的台

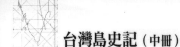

灣島清軍已無後援。此時劉銘傳決定放棄基隆港，力守淡水港，這個防守戰略證明相當成功，因爲基隆全暴露在法國艦砲射程內，無法防守，但法軍縱使登陸基隆，還是必須進攻台北才有意義。基隆到台北必須經過獅球嶺，林朝棟軍隊可以守住獅球嶺，使法軍無法通過。相反的，淡水到台北陸路平坦，法國軍艦只要進入淡水河，就可溯河而上，進入台北城。台北就在法軍艦砲的攻擊範圍內，極易陷落，屆時台灣島就落入法國之手。劉銘傳號召板橋林家、台中林家出錢出力，組建民兵，又激勵駐台外省軍隊湘軍、淮軍死守台灣島，劉銘傳與這些人素無淵源，竟能發揮這麼大的領導功能，孤軍戰勝法國艦隊，實在是歷史奇蹟。

10月1日孤拔率艦抵達基隆，立即開砲攻擊基隆要塞，掩護法軍登陸，清軍敗退，有「海門天險」的基隆二沙灣砲台陷落。劉銘傳下令撤退，法軍佔領基隆，但清軍和林朝棟軍死守獅球嶺，防堵法軍進攻台北。10月2日法艦猛烈砲轟淡水，摧毀河口砲台。10月8日法軍艦砲掩護陸戰隊由淡水沙崙搶灘登陸，試圖佔領淡水砲台，但爲清軍截擊。張李成率民兵攻擊法軍後翼，經半天肉搏戰，法軍全線敗退，中國軍隊大捷，成功保住台北和台灣島。法軍淡水戰役大敗後，改進攻澎湖，同時封鎖台灣島全部港口。台灣島進口物資中斷，民生物價暴漲，出口產品銷路中斷，價格大跌。

中法軍隊在台灣島僵持到1885年1月，佔領基隆的法軍大舉進攻台北，激戰數日，湘軍高級將領多人陣亡，湘軍退至五堵、七堵，台北城已深受威脅。淮軍聶士成援軍從淡水趕到，兩軍會師才擋住法軍前進台北。僵持至3月3日，法軍瘟疫盛行，佔領基隆的法國士兵大批罹病死亡，戰力折損甚大，被迫退兵。此時孤拔犯下戰略錯誤，突然改攻澎湖，3月29日登陸澎湖風櫃尾的時裡澳，佔領媽宮砲台。31日完全佔領澎湖，修建軍港，準備長期駐軍，但法軍又傳瘟疫流行，死亡甚眾。

在此中法軍事僵持期間，日本乘隙在朝鮮不斷生事，李鴻章有

鑒於此，擬結束中法戰爭，於6月9日急著和法國簽訂《中法天津條約》，如法國所願，中國放棄越南的宗主權。7月25日法國從台灣島及澎湖群島撤軍，但法軍孤拔元帥已於6月11日因病死於停泊在澎湖馬公的拜亞德（Bayard）艦上，列斯皮斯在澎湖豎立孤拔的紀念墓碑，遺體由拜亞德艦運回法國馬賽港，再用火車運至巴黎舉行國葬（藍柏，p.148）。這場中法戰爭從1884年6月16日至1885年7月25日，法國取得越南宗主權，設立「法屬印度支那」殖民地，範圍包括越南、柬埔寨、老撾。中國則保住台灣島，孤拔半途而廢。對中國而言，劉銘傳保台功勳，不輸鄭成功，否則台灣島、澎湖群島早已是法國殖民地。

四、1887年台灣島正式建省

1875年牡丹社事件結束後，沈葆楨向清政府建議原派駐在福建的巡撫，移駐台灣島。但清政府只命令「福建巡撫」，每上半年駐福州，下半年駐台南，台灣島仍隸屬福建省的一部份。1884年中法戰爭爆發，法國海軍直逼台灣島。欽差大臣左宗棠建議將「福建巡撫改爲台灣巡撫，所有台澎一切應辦事宜，概歸該撫一手經理，庶事有專責，於台防善後大有裨益」。換言之，台灣島應單獨設巡撫，以保海防。1884年6月陸軍將領劉銘傳被派任福建巡撫，總攬台灣軍政。劉銘傳7月抵達台灣，駐守台北。劉銘傳就任時，即建議台灣島與福建分割。

1885年10月12日慈禧太后頒詔：「台灣爲南洋門戶，關係緊要；自應因時變通，以資控制。著將『福建巡撫』改爲『台灣巡撫』，常川駐紮；福建巡撫事，即著閩浙總督兼管。所有一切改設事宜，該督詳細籌議，奏明辦理。」於是台灣島在1885年10月17日劉銘傳被派爲第一任「台灣巡撫」，原福建巡撫則由閩浙總督兼任。台灣省建省初期，財政無法自立，由廈門海關每年補助3萬銀兩，福建省每年補助36

萬銀兩。因為台灣省的財政收入僅有100萬銀兩，單單軍警費用就需要150萬銀兩。光緒皇帝時期共派任3位台灣巡撫：劉銘傳、邵友濂、唐景崧。1886年10月台灣島才從福建分割為單獨的省巡撫衙門，但到1887年才正式宣告建省。「台灣巡撫」的職稱變更為「福建台灣巡撫」，台灣島的省名定為「福建台灣省」，不過通常仍簡稱為「台灣省」及「台灣巡撫」。台灣島雖自福建省劃出，但「設省分治」後，福建省與台灣省的行政機制仍緊密聯繫，而行政文書仍稱台灣島為「福建台灣省」，直至1895年中日簽訂《馬關條約》，中國將台灣島及澎湖群島割讓日本，「福建台灣省」前後存在10年。

清政府於1885年同時派任劉錦棠為新疆巡撫，也同時批准新疆建省，訂名為「甘肅新疆省」。劉錦棠出身湘軍，劉銘傳出身淮軍。台灣島建省的名稱就訂名為「福建台灣省」。慈禧太后運用權術，平衡湘軍與淮軍。當時淮軍系統的領導人是李鴻章，湘軍系統的領導人是左宗棠。湘軍主政新疆，淮軍主政台灣島，連省的名稱都玩弄政治平衡術。新疆與台灣島對大清帝國而言，是兩個新建的邊疆省，劉錦棠和劉銘傳都政績斐然。劉錦棠1889年離任新疆巡撫時，維吾爾族人扶老攜幼數十萬人沿途歡送。劉銘傳卻被台灣島民搞得遍體傷痕，黯然下台。

台灣島的首府從荷蘭殖民統治到中法戰爭，都是台南。1887年台灣省成立，設三府：台南府、台北府、台灣府。台南府轄安平縣、鳳山縣、恒春縣、嘉義縣、澎湖廳。台北府轄淡水縣、新竹縣、宜蘭縣、基隆廳、南雅廳。「南雅廳」指桃園大溪，時名為大料崁。台灣府府治在台中（橋孜圖），轄台灣縣、彰化縣、雲林縣、埔里社廳、苗栗廳。台灣省首府原擬從台南改設至彰化縣「橋孜圖」，即今台中市，但是建城工程未定。中法戰爭後，台灣巡撫即留駐台北。台北變成實質首府，巡撫衙門設置在今台北延平南路中山堂，管理全省錢糧、兵馬、稅賦的機關也全設在台北。直到1894年1月15日台灣巡撫邵友濂奏請停止建築台中省城，將首府由台中遷移台北，台北才名實相

符成爲台灣省首府。

　　台北城的建造工程則較早，1878年台北知府陳星募款20餘萬兩，挖取士林山石作爲建築材料。隔年開始建造台北府城，至1882年完工。造有城牆及五道城門：東門是「照正門」、西門是「寶成門」、南門是「麗正門」、北門是「承恩門」、西南門是「重熙門」，後來東門改稱「景福門」，西南門俗稱「小南門」。台灣巡撫劉銘傳後由邵友濂接任，1894年再由唐景崧接任，1895年中國被迫割讓台灣島給日本，巡撫唐景崧棄官潛逃，巡撫衙門被抗日清軍及民兵搶劫焚毀，城牆及多個城門則被日本人拆毀。

五、劉銘傳

　　劉銘傳（1836-1896）是安徽合肥人。據聞劉父是鹽梟，劉銘傳15歲時，販運私鹽。1859年23歲的劉銘傳募集民兵組成「銘軍」，對付太平天國軍隊，因剿滅捻軍，替清政府立下大功。1884年中法戰爭期間，劉銘傳被任命爲「巡撫銜督辦台灣軍務」，授命防衛台灣島。1885年劉銘傳正式出任台灣巡撫，直屬閩浙總督。清政府共派任3位台灣巡撫，1位代理巡撫，即劉銘傳任期1885年至1891年，沈應奎代理任期1891年至1891年，邵友　任期1891年至1894年，唐景崧任期1894年至1895年。

　　劉銘傳制定防衛、練兵、理蕃、交通、清賦爲治台五大政策。有關「防衛」事宜，重新裝備澎湖、基隆、淡水、安平、高雄等的十座砲台，購進西洋新式大砲。有關「練兵」事宜，聘德國人畢提雅（Bityia）、巴翁斯（Baons）練兵，台灣島駐軍全採用洋槍。在台北大稻埕設台北機器局生產軍火，設「火藥總局」，建「軍械所」，設「水雷營」於基隆、淡水等港布雷，設「全台營務處」，改革保甲制度。

　　劉銘傳設立「撫墾總局」執行「理蕃」政策，創立「番學堂」，供給原住民衣食；教算學、漢文、台語及禮儀；在台北大稻埕的六館街設立「西學堂」，教授英語、法文、地理、歷史、數學理科、測量繪圖等新學問；在台北大稻埕建昌街設立「電報學堂」，訓練電報人才；建新式「考棚」，改革科舉考場的弊病；在台北街道裝設路燈。

　　劉銘傳集資100萬兩銀，鋪設基隆至新竹的縱貫鐵路。1887年6月動工建造全中國第一條官辦客運鐵路。縱貫鐵路原規劃以台北爲中心，這條鐵路計劃從基隆到台南。由德國技師白克爾設計，由清軍士兵鋪設鐵軌。1888年在台北大稻埕至松山間試車，1891年10月基隆至台北通車，全長32公里，穿越獅球嶺的隧道全長573公尺。共有蒸氣火車頭4輛，客車車廂14輛，貨車數目若干。第一部火車頭是德國製造的「騰雲一號」，原本行駛於上海與吳淞之間，遭居民反對，改運至台灣島使用，這架火車頭目前陳列在台北的公園裡。1893年11月計完成基隆至新竹間約99公里的鐵路，橋樑74座，溝橋568座，機關庫、修理廠17處。原本鐵路要延伸至彰化，因資金缺乏，劉銘傳的繼任者邵友濂下令停止鋪設。1895年日本人接收台灣島，接收蒸氣火車頭4輛、客車車廂20輛、有蓋貨車44輛、無蓋貨車22輛。

　　劉銘傳開通東西橫貫山脈的道路，如台北至宜蘭間的道路；設立「商務局」，購新式輪船，開航台灣島、澎湖、上海、香港、新加坡、越南、菲律賓，推動外貿成長。1886年劉銘傳設立「電報總局」，由怡和洋行承建基隆到台北、台南，以及台南到澎湖、淡水到福州的電報纜線，全長2,050公里。設「郵政總局」，由綠營兵傳遞信件。設「腦礦總局」公辦樟腦和硫磺；設「煤務局」管理煤礦事業；設立「官醫局」聘雇西洋醫師。

　　劉銘傳改革土地稅負制度，實施「清丈土地」和「清理賦課」。這項「清賦」政策是改革的重心，可籌措建設財源，查出未登記逃漏稅負的隱藏農田400多萬畝，每年可增加田賦49萬兩銀。但卻加重仕紳土豪的負擔，引起反彈，再加上稅吏歷來與仕紳土豪勾結，反過來

利用政策改革，傷害百姓利益。例如苛刻土地等則評定，扭曲稅率核定，不實測量土地，製造所有權紛爭。土豪施九緞藉機起事，台灣島社會擾攘不安。1891年5月劉銘傳遭彈劾，被迫辭任台灣巡撫，由沈應奎代理一年，後由邵友濂接任巡撫，立即下令停建鐵路，撤廢西學堂、番學堂。劉銘傳比中國大陸更早推動現代化改革，邵友濂以節省經費及與民休息為由，幾乎毀滅劉銘傳的改革事業和台灣島的現代化工程。

六、台灣島的土地問題

中國移民自荷蘭殖民時代入台開墾土地起，就有三大土地問題。第一，未經核准而私下開墾的土地，事後為避免罰則和逃漏稅賦，成為官方文書上不存在的「隱田」。第二，土地權利關係複雜，墾民之間，大租戶、小租戶、佃農之間，多層權利交錯，層層轉讓，土地所有權和他項權利互相混淆。第三，原住民的土地權利和中國耕作佃農、開墾地主階層，三者之間的法律關係，不清不楚。

劉銘傳為增加稅賦收入，取得建設台灣島的資金，推動土地全面丈量，目的就是要讓「隱田」現身，對「隱田」課稅，並確定土地的各項物權和債權關係。自荷蘭時代以來，統治政權課徵田賦的對象都是「墾首」、「大結首」、「大租戶」，劉銘傳改以「小租戶」為課稅對象，同時讓「小租戶」減少繳給「大租戶」的田租40%，史稱「減四留六」。「大租戶」免繳田賦，但只能收取原有租金的60%。劉銘傳的政策同時衝擊到「大租戶」和「小租戶」的利益，引起反抗，並爆發「施九緞事件」，最後掛冠去職。

原住民的土地權利，在部落村社之間，有約定俗成的領地界線，互不侵犯。若有越界進佔情形，易引起部落村社戰爭，或「出草」突襲。在村社或部落領地內，土地權利是集體所有，供種植、移耕、砍

伐、狩獵、畜養、漁釣、採摘，不存在個人土地所有權制度。原住民
社會長期處於「女耕男獵」的生產方式，支撐起女性繼承田地財產制
度的母系社會，而田地的範圍又遠小於男性狩獵的土地範圍，男性對
狩獵土地的所有權觀念又很模糊，這成為原住民面對外來的商貿及
農耕民族爭奪土地時，就會處於相對弱勢。荷蘭殖民政府少部分經
由買賣，大部分經由戰爭，取得原住民的土地。荷蘭人把這些土地據
為己有，招募中國移民當開墾佃農，收取田租，被中國移民稱為「王
田」。當時荷蘭是共和國，不是王國，中國移民還是把荷蘭大員長官
當作「王」。

荷蘭人同時間找華僑蘇鳴崗、中國移民頭人郭懷一等人當「大結
首」、「大租戶」，給予土地所有權，中國移民開始擁有台灣島的土
地所有權。從此原住民的集體土地所有權或使用權，就與中國移民爭
執不斷，衝突不停。雖然延平王國、大清帝國都有「土牛溝」，劃分
原住民的保留地，但這只適用高山族，不適用平埔族，平埔族的土地
權益常常被侵犯。平埔族的土地所有權雖受大清帝國保護，但中國移
民常以詐欺、偽造文書、官商勾結、割地換水、放高利貸、拖欠租金
等方式，直接或間接奪取平埔族的土地。

中國移民的「結」，是「具結於官府，約束眾佃，從事拓墾」
的意思。數十墾民為一「結」的拓墾團伙。「結」的頭人，稱為「小
結首」。每個「結」開墾土地成功，「小結首」分得較多墾地，墾
民也分得到土地。數十「結」再組成「圍」或「大結」，推選「大結
首」或「總結首」。「小結首」負責管理「結」，「大結首」負責管
理「圍」或「大結」。管理權也包括土地分配權力，「大結首」會分
得較多土地。結首制的田地要出賣時，「結」內墾民有優先購買權，
「結內」無人承買，始得出賣給「結外」他人。這「結首制」流行於
台灣島南部，在荷蘭殖民時代與「王田制」和「墾首制」並立。「墾
首制」到了大清帝國時代較風行於台灣島中北部，但吳沙開墾宜蘭則
採用「結首制」。

七、施九緞事件與大庄事件

　　1888年劉銘傳為整頓田賦，全面丈量土地，台灣島北部、南部都順利完成，唯獨中部不順利。碰巧彰化知縣蔡麟祥去世，劉銘傳派淡水知縣李嘉棠接替，李嘉棠卻草率處理，造成民怨四起，尤其彰化埔鹽抗拒特別激烈。10月5日埔鹽地主施九緞率眾千餘人包圍彰化縣城，10月6日提督朱煥明（1844-1888）率兵從嘉義趕到彰化解圍，路過彰化花壇南瑤宮時，遭施九緞突襲，朱煥明戰死。10月10日林朝棟率兵攻擊包圍彰化縣城的群眾，群眾潰散。林朝棟清剿彰化花壇、大村等「燕霧二十四莊」，撲殺帶頭起事者，施九緞則受鄉民掩護，未遭捕殺，四處躲藏逃亡。事後李嘉棠被革職，劉銘傳亦因此案遭政敵攻擊。施九緞生於1829年，職業乩童和角頭、地主，1890年於逃亡中病逝。

　　劉銘傳的土地清丈政策也在台東掀起大庄事件，或稱呂家望（Likavong, Nicabon）事件。1888年6月25日台東里　莊的客家籍中國移民和阿美族、大武　族、卑南族的村社原住民打死大庄地區清丈負責人雷福海，掀開清丈不公，欺凌庶民，不滿繳納清丈單費的反抗行動。暴動的客籍中國移民和原住民組織民兵攻擊官署，向北進攻至花蓮港，向南進攻至台東，與響應的卑南呂家望社和大巴六九社合盟。整個事件在10月被清軍鎮壓平息。

八、林朝棟

　　林朝棟是台中霧峰人，1851年生。霧峰林家第六代，是平定戴潮春事件的將領林文察的長子。1880年因捐官，林朝棟獲「兵部郎中」

的職務。1882年福建巡撫岑毓英決定在東大墩建立台中城，召集鄉紳捐款在大甲溪造橋築堤，林朝棟率數百名壯丁自費施工，岑毓英高度賞識林朝棟，推薦給接任福建巡撫的劉銘傳。1884年林朝棟率領鄉勇參戰中法戰爭，轉戰基隆、台北，功勳卓著。1885年至1886年平撫原住民騷動有功，被封「巴圖魯」。1888年平定施九緞事件有功，獲賞「黃馬褂」。林朝棟所率鄉勇部隊，稱爲「棟軍」。1895年清帝國割讓台灣島，林朝棟遷居廈門，1899年辭官經營樟腦事業，1902年遷居上海，1904年53歲去世。台灣島第一位醫學博士杜聰明是林朝棟的孫女婿，杜聰明於1954年創辦高雄醫學院。1921年在日本殖民統治時期「台灣議會設置請願運動」發起人林獻堂是林朝棟的堂弟。

九、劉銘傳的金礦

　　1890年劉銘傳爲建造台北與基隆間鐵路，在基隆河上架設鐵路橋，工人潛水挖地基，發現河床有閃亮金沙，迅速引來大批淘金者聚集基隆河。這個地點在八堵橋與七堵橋間，位於今日七堵變電所前橫跨基隆河的大華橋下。1891年基隆河金沙淘洗區域擴大，由七堵、八堵溯溪而上，抵達到三貂山麓的小粗坑溪與大粗坑溪。據統計1892年9月基隆河淘金人數每日達3千人。個人採金沙的風潮，興盛不已。到1892年下半年，邵友濂特許富商蔣樹柏、蘇秀冬、王廷理、潘成清、林英芳籌組「金寶泉」商號承包沙金事業，中介發牌給個人淘金者。1893年在基隆河上游的九份山區，發現金礦石英脈，突出於山峰上的小金瓜石岩，即爲金礦露頭處。金礦以露頭爲中心，多條河流形成放射性地形，再由大粗坑溪與小粗坑溪，從金瓜石巖西面發源，溪水沖刷金礦，將金沙匯流入基隆河，成爲河流砂金。九份山區產金消息傳遍台灣島，採金者群聚山腹，開豎井挖金礦。1894年6月底邵友濂收回民間採礦權，設金沙局壟斷金礦開採事業。

　　基隆河沿岸是平埔族巴賽族（Basay）的居住地，西班牙人佔領基隆時，取名Kimazon（基馬遜河），清政府時期取名「內港北溪」，日本人殖民時期改稱基隆河。歷史上早有基隆附近山區產金的傳聞，1626年西班牙人抵達基隆後，就聽聞「哆囉滿」（Turuboan）是產金地，也一直有消息說貢寮、瑞芳一帶藏有金礦，常把貢寮地區稱為「哆囉滿」，卻始終查無所獲。1660年荷蘭殖民時期巴賽人曾有以黃金與荷蘭人交易的記載，但巴賽人隱密產金地點，將產金地詫稱位於花蓮新城立霧溪。荷蘭人多次派兵探查東部地區的產金地都一無所獲。1682年延平王國派兵保護淡水通事李滄入山取金，但尚未到產金地，即與原住民爆發戰鬥，採金工作半途而廢。1683年清政府認為金礦傳說不實，禁止開採，沒想到207年後金礦的蹤跡在基隆河床出現。

十、邵友濂

　　邵友濂是浙江人，生於1840年，與李鴻章、盛宣懷結兒女親家，1887年擔任台灣建省後的首任台灣布政使。台灣布政使是台灣島的最高內政官員，相當於建省前的台灣府知府，要受「按察使銜分巡台灣兵備道」及「台灣巡撫」領導。1889年調任湖南巡撫，1891年調台灣巡撫，1894年中日甲午戰爭爆發，邵友濂與唐景崧不合，但唐景崧與劉永福的軍隊關係密切，清政府遂調邵友濂回任湖南巡撫，升任唐景崧為台灣巡撫。邵友　施政保守，無法處理劉銘傳建設台灣島所需的財源問題，下令停建鐵路，廢止煤務局、礦油局、番學堂，劉銘傳的新政因而大半終止。1895年甲午戰爭後，邵友　陪同張蔭桓赴日談判，被伊藤博文羞辱後逐回，不久即因病解職。

十一、1893年美國侵略夏威夷

　　夏威夷的原住民原本在1795年由卡美哈梅哈一世（Kamehameha I, 1758-1819）統一各島嶼部落，建立君主立憲的夏威夷王國（Kingdom of Hawaii）。美國海軍陸戰隊和美國蔗糖財團、美國基督教會於1893年聯手發動政變，推翻夏威夷王國的麗留卡拉妮女王（Liliuokalani, 1838-1917），並將可能繼承王位的王族屠殺殆盡，再假藉民主的名義，建立夏威夷共和國，由美國背景的歐洲人杜爾（Sanford Balard Dole, 1844-1926）出任總統。1898年美國正式合併夏威夷爲海外領地，其珍珠港成爲美國太平洋艦隊的基地。1941年日本突擊珍珠港，太平洋戰爭爆發。1959年夏威夷成爲美國聯邦的第五十個州。美國侵佔夏威夷，提供日本1894年侵略朝鮮和侵佔台灣島的範例。麗留卡拉妮女王在火努魯魯（Honolulu）反抗美國勢力失敗，創作一首名曲廣爲流傳「珍重再見」（Say Goodbye "Aloha Oe"；Farewell to Thee）。

　　美國的帝國主義始自1776年獨立建國時期對印地安人的滅絕，1823年發表的「門羅主義」（Monroe Doctrine）劃定南北美洲爲勢力範圍，1898年美西戰爭奪取西班牙殖民地如古巴、波多黎各、菲律賓。此後美國運用佔領其他國家，出兵推翻他國領導人，出錢支持代理人對他國發動戰爭，設計政變暗殺他國領導人，利用飛地（Enclaves and Exclaves）和他國領土部署軍事基地等帝國主義常見策略，確立國際霸權。

十二、1894年甲午戰爭

　　1894年6月朝鮮因東學黨（類似中國白蓮教）內亂，請求宗主國中國清政府派兵平亂，日本也趁機派兵介入，最後爆發「甲午戰爭」。這場戰爭是清代中國與明治日本因朝鮮宗主權之爭而爆發，戰爭從1894年7月25日打到1895年4月17日止。戰爭開始就對清軍不利，不但在牙山、平壤潰敗，山縣有朋（1838-1922）率日軍橫渡鴨綠江，進入中國東北，清軍潰敗，安東、九連城、鳳凰城、寬甸、岫巖全被日軍佔領。大山巖（1842-1916）率日軍登陸花園港，快速佔領金州、大連。清政府丁汝昌（1836-1895）率領北洋艦隊進行黃海戰役，全軍覆滅。

　　台灣巡撫邵友濂早把劉銘傳的淮軍裁撤大半，清政府只好命福建水師提督楊岐珍（1836-1903）及廣東南澳總兵劉永福（1837-1917）移防台灣島。但1895年3月日本海軍大佐田繁吉率領陸戰隊進攻澎湖群島，控制台灣海峽，切斷台灣島的大陸補給線。事實上戰爭進行當中，日本首相伊藤博文早已判定，戰局只有勝利與平手，不論如何都要強佔遼東半島和台灣島及澎湖群島。所以除了已發兵遼東半島外，1895年3月23日清晨，以鹿兒島縣為主的日軍混成支隊，有3,936名陸軍和1,572名軍伕，由比志島義輝（1847-1927）率領，在未遭遇任何抵抗的情況下，快速登陸澎湖群島。3月24日佔領澎湖的媽宮街，駐澎湖的中國清軍雖有海軍1個營、步兵12個營、砲兵2營，但裝備陳舊，士氣低迷。清軍首領陳步梯得知日軍登陸，即丟下軍隊逃回福建。日軍未遭抵抗，輕易佔領澎湖，卻罹患霍亂，死亡1,000多人，這給往後佔領台灣島的日軍提供了慘痛的經驗。早在日軍攻佔澎湖群島之前，有二艘法國軍艦開進澎湖媽宮港警告清軍，日本軍隊將攻擊澎湖，勸告清軍不如暫時將澎湖租讓給法國，事過境遷後再還給中國。但劉永福

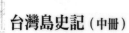

駐軍越南時，對法國不信任而拒絕。再說，領土租借事關重大，也不是劉永福等人有權決定。法國當時處於第三共和時期，國力不振，也不是日本的對手。

清政府宣告戰敗，光緒皇帝命北洋大臣兼直隸總督李鴻章任全權大臣赴日談判。日本明治命總理大臣伊藤博文及外務大臣陸奧宗光任全權大臣，於1895年3月20日在日本馬關春帆樓展開談判。清政府聘請一位美國律師協助談判名叫約翰‧華生‧福斯特（John Watson Foster, 1836-1917），他曾任美國總統哈里森（Benjamin Harrison, 1833-1901）的國務卿，他的外孫是約翰‧福斯特‧杜勒斯（John Foster Dulles, 1888-1959），曾任艾森豪總統的國務卿。祖孫兩人對台灣島史都產生重大影響。

談判時伊藤博文開口要求中國割讓安東、寬河、鳳凰城、細岩州及台灣島與澎湖群島，並索賠軍費4億銀元。李鴻章則要求先停戰後講條件，伊藤博文不同意。3月25日李鴻章從春帆樓回駐所途中，突遭日本刺客小山豐太郎狙擊，李鴻章臉頰中彈，世界輿論沸騰。日本礙於國際形勢不利，接受英、俄、法駐日公使調停，於4月17日中日兩國簽訂《馬關條約》。

4月18日，丘逢甲以「全台紳民」的名義通電北京說：「全台非澎湖之比，何至不能一戰？臣等桑梓之地，義與存亡，願撫臣（唐景崧）誓死守禦。設戰而不勝，請俟臣等死後，再言割地。」丘逢甲這番言詞對照兩個月後的丘逢甲，卻是棄軍潛逃之輩，歷史畫面相當諷刺。文人言詞浮誇，遇事猥瑣逃避的習性在丘逢甲身上展露無遺。

4月19日，唐景崧會見英國代理領事金璋（L. C. Hopkins），要求將個人財產及60萬兩銀運回中國，並希望將台灣島的公產賣給英商洋行。

4月20日，台北紳商罷市，陷入混亂。仕紳要求唐景崧禁止官員離台，財物和武器不得運離台灣島，須留作抗日使用。淡水駐軍更揚言要砲轟「偷運」財務出境的洋船。

4月22日，清軍軍官李文魁率領士兵攻擊唐景崧府邸，企圖阻止唐景崧年邁的母親離台，造成18人死亡，25人受傷。唐景崧不敢處罰李文魁，台灣島開始陷入無政府狀態。

4月23日，俄國、德國、法國出面干涉日本要求割讓遼東半島，日本承受不住壓力，放棄遼東半島，換取中國額外賠償。

5月1日，康有為召集1,200多位在北京參加進士考試的各省舉人開會，其中有603人聯名上書光緒皇帝，要求徹底變法改革。赴京趕考的舉人稱「公車」，上書皇帝的事件史稱「公車上書」。

5月19日，法國兩艘小型驅逐艦抵達台灣島。

5月22日，法國小型艦隊司令忽悠唐景崧說：「台灣島若能獨立，法國可以保護。」唐景崧和陳季同竟然相信。

5月23日，唐景崧發表《台灣民主國自主宣言》說：「台灣全島自立，改建民國」。

5月25日，台北幾位秀才扛著「台灣民主國總統之印」遊街，走至唐景崧撫衙呈印，完成「台灣民主國」成立儀式，但重要仕紳都未出席，過程宛如兒戲。

這場甲午戰爭是大清帝國傾覆的直接原因：

1. 北洋艦隊被日本人消滅，大清武力半毀，治國威信蕩然無存。
2. 簽訂《馬關條約》埋下的政治變革與動亂，超乎清政府的視野及管控能力。清政府1895年簽約，1912年覆亡，僅間隔17年。
3. 1895年台灣島為抵禦日本武力征台，希望援引列強干涉，設計出「台灣民主國」模式，雖然運作過程荒腔走板，但構想本身已被1895年5月31日英國人辦的《北華捷報》（North China Herald）記者大衛遜（James Wheeler Davidson, 1872-1933）評論道：「如果這完全是由中國知識份子所構想（台灣民主國）和實行的話，那麼我們可以大膽相信，自此以後一個將會產生偉大事件的新中國已經孕育出來了。」新中國果然在1912年產

生中華民國，1949年產生中華人民共和國，但是中國也陷入近55年幾乎亡國的外患和內亂之中。

十三、1895年《馬關條約》

1895年4月17日清代中國政府與日本明治政府在日本山口縣下關市馬關港簽署《馬關條約》。第1條規定：「中國認明朝鮮國確為完全無缺之獨立自主。故凡有虧損獨立自主體制，即如該國向中國所修貢獻典禮等，嗣後全行廢絕。」這是中國首度確認朝鮮國為獨立自主國家，朝鮮對中國的朝貢、奉獻、典禮永遠廢止。中國第二度確認朝鮮獨立是在1943年的《開羅宣言》。朝鮮根據《馬關條約》可從中國獨立出去，卻淪為日本殖民地。朝鮮根據《開羅宣言》於第二次世界大戰後，可從日本獨立出去，卻陷入南北韓內戰。

《馬關條約》第2條規定：「中國將管理下開地方之權併將該地方所有堡壘、軍器、工廠及一切屬公物件，永遠讓與日本：

一、下開劃界以內之奉天省南邊地方。從鴨綠江口溯該江以抵安平河口，又從該河口劃至鳳凰城、海城及營口而止，畫成折線以南地方；所有前開各城市邑，皆包括在劃界線內。該線抵營口之遼河後，即順流至海口止，彼此以河中為分界。遼東灣東岸及黃海北岸在奉天省所屬諸島嶼，亦一併在所讓境內。（1895年11月8日中日另簽《遼南條約》，中方支付庫平銀三千萬兩，日方放棄本項權益。）

二、台灣全島及所有附屬各島嶼。

三、澎湖列島。即英國格林尼次東經百十九度起、至百二十度止及北緯二十三度起、至二十四度之間諸島嶼。」

從此台灣島及澎湖群島成為日本帝國及天皇的殖民地，中國的主權

不再及於台灣島及澎湖，直到1945年日本天皇宣布無條件投降爲止。

　　《馬關條約》於4月17日簽訂前，伊藤博文在3月24日已戰略性的佔領澎湖，立即切斷台灣島和福建的軍事聯繫，台灣島已被孤立。所以不管4月17日李鴻章要不要簽訂《馬關條約》，要不要割讓台灣島，生米煮成熟飯，台灣島在《馬關條約》簽訂前，已確定是明治的囊中物。當時美國佔領夏威夷和菲律賓群島，英國佔領香港、九龍，法國佔領越南，荷蘭佔領印尼群島，所以日本早有佔領台灣島的盤算。

　　《馬關條約》第4條規定：「中國約將庫平銀二萬萬兩交與日本，作爲賠償軍費。」除賠償軍費2億兩外，日本可駐軍山東威海衛，中國每年還要賠付軍費50萬銀兩。當時每一兩銀等於八分之一兩黃金，等於人民幣750元，等於新台幣3,750元。銀二萬萬兩等於人民幣1,500億元，等於新台幣7,500億元。

　　日本政府當時財政收入每年只有8,000萬日元，約值當年4,000萬美元。中國戰爭賠款含利息卻達2億3千萬兩銀，擄獲中國艦艇等戰利品也值1億多日元。甲午戰爭使日本成爲暴發戶，當時的日本外務大臣陸奧宗光（1844-1897）說：「在這筆賠款以前，根本沒有料到會有好幾億元，全部年收入只有八千萬日元。所以，一想到現在有3億5千萬元滾滾而來，無論政府或民間都頓覺無比富裕。」日本第一座大煉鋼廠「八幡製鐵所」就是用中國甲午賠款建造的。日本政府預算從1895年的8千萬日圓陡增至1896年的1億5千萬日圓、1897年的2億4千萬日圓，擴大軍備和擴大產業投資走上強國之路的經費，都來自中國的甲午戰爭賠款。這筆賠款更讓日本有足夠經費向英國訂購戰艦，擴增日本的海軍戰力，構成1904年日俄戰爭擊敗俄羅斯海軍的主力。

　　甲午戰爭後，日本從中國取得鉅額賠款，從台灣島取得蔗糖、稻米、檜木、樟腦、鴉片的收入，日本債信因而提升，可取得大筆外國貸款。這三個原因使日本在1895年至1905年間，突然資金豐沛，經濟非常熱絡，民間銀行存款從1億3千9百萬元增至7億7千5百萬元。「東洋經濟新報」說：「如此大的增進記錄，不但在日本，即在世界金融

上恐亦是空前的。這一時代日本國民產業活動之盛，財富增值之大，亦為前所未有。」日後再加上1904年日俄戰爭、1914年第一次世界大戰，日本都以戰勝國地位取得龐大利益。對日本而言，用軍隊武力掠奪資源，創造經濟實力，軍隊才是真正的搖錢樹，終於走向法西斯軍國主義。日本卻在1937年盧溝橋事變，中國堅持對日抗戰，消耗日本國力；1941年珍珠港事變，太平洋戰爭爆發後，日本帝國遭美國擊敗而崩潰，一切回到原點，日本軍隊反成賠錢貨。但這段時期，會侵略的軍隊是促使日本經濟快速成長的唯一關鍵。

　　日本取得台灣島及澎湖群島時，為避免與英、美、法、俄等國的關係惡化，1895年7月宣布台灣海峽航行自由，日本絕不阻饒各國船艦通航台灣海峽。8月日本政府也與菲律賓的西班牙殖民政府達成協議，以巴士海峽中線為界，西班牙的菲律賓當局不要求中線以北島嶼的領土主權，日本不聲索中線以南的島嶼主權。1898年美西戰爭（Spanish-American War）爆發，西班牙兵敗，被迫將菲律賓以2千萬美元的代價賣給美國。巴士海峽中線變成日本殖民地與美國殖民地的國界線。不過1915年日本趁第一次世界大戰紛亂之際，對中國提出《二十一條要求》，明白威嚇中國將福建劃歸日本的「勢力範圍」（Sphere of Influence），理由是「有鑑於與台灣島的關係」，福建任何建設或事項都需經過日本同意。一國對他國全部或局部的主權領土上的重大事務擁有否決權或核准權，即成為國際政治上的「勢力範圍」。這時「台灣海峽航行自由」成為空談，日本置台灣海峽為內海的企圖昭然若揭。1941年太平洋戰爭爆發，日本直接撕毀承諾，破壞巴士海峽中線，進攻美國的殖民地菲律賓。

十四、留島不留人

　　《馬關條約》還規定2年內「留島不留人」，台灣島及澎湖群島

的中國人願意離開者，可變賣所有財產離開。但2年後未離開者，視爲日本臣民。《馬關條約》第5條規定：「本約批准互換之後限二年之內，日本准中國讓與地方人民願遷居讓與地方之外者，任便變賣所有產業，退去界外。但限滿之後尚未遷徙者，酌宜視爲日本臣民。」1895年5月8日中國與日本交換《馬關條約》批准書，1897年5月8日前台灣島中國移民必須就中國籍和日本籍，選擇其一。留居者自動成爲「日本臣民」，離去者變賣財產遷出。用日本思想家福澤諭吉（1835-1901）的話表述：「單在其土地，島民之有無不置於眼中。」日本人的立場就是：只要土地，不要人。

　　《馬關條約》這個國籍選擇條款顯示，台灣島的領土主權變更和居民的國籍選擇權，是兩件不同的事。就日本帝國而言，是要地不要人。就中國清代政府而言，是要人不要地。台灣居民只有國籍選擇權，沒有領土主權決定權。台灣居民也不會因爲世居2、3百年，就自動取得領土主權的決定權。台灣人從來沒有台灣島主權，台灣島主權是歸中國所有，或由日本強取。法理上居民身份不會自動取得居留地的領土主權，《馬關條約》「留島不留人」的條款確立台灣島居民沒

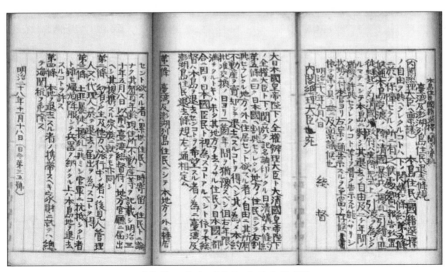

《台灣及澎湖列島住民退去條規》

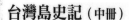

有台灣島主權的國際法事實。換言之，世居台灣島不是擁有台灣島主權的法律要件，亦即「台灣人無權決定台灣島前途」，但台灣人可以用腳決定，要做中國人或日本臣民。

1896年日本台灣總督頒布《台灣及澎湖列島住民退去條規》，或稱《台灣島民離去規定》，管理離台居民，不論世居或旅居的台灣島居民一律登記，曾武裝反日者須先投降等等。這是新的主權者管理新的殖民地的起手式。當時選擇中國籍且返回中國的台灣島居民只佔0.23%左右，全台3百萬居民僅有6,456人，但不包括未申報登記者。返回者大多是有志參與科舉爲官，或在中國有家產或事業生意者。同樣道理，其他留居成爲日本臣民者，因爲家產、家族、事業、工作機會都在經濟已有相當發展規模的台灣島，無法離去。

中國移民留居者就成日本官方文件上的「土人」、「島人」或「本島人」，即日本民間歧視用語的「清國奴」或「支那奴」，這使台灣島民在身份認同上產生掙扎。在往後整個日本殖民時期，分成三股流派：第一股是「祖國派」，堅持中國人身份認同，呼應中國民族主義，倡導中國傳統文化；第二股是「皇民派」，努力學習成爲日本人，卻又被日本人視爲地位低於琉球人的三等臣民，自覺光榮，也自知猥瑣；第三股是「平民派」，生活隨遇而安，堅持父祖的宗教信仰、文化語言，過小民生活，不介入政治事務，沒有強烈政治意識，但認同宗族、籍貫、派系、地域，但也談不上「台灣人意識」，當時大多數台灣島民是「平民派」。

《馬關條約》留下的歷史矛盾是：中國爲了朝鮮與日本開戰，中國戰敗卻割讓台灣島，中國主權者面對台灣島民如何自處？日本侵略中國，台灣島民出錢出力幫助日本侵略中國，日本戰敗無條件投降，台灣島民面對中國又如何自處？更關鍵的是，台灣島民從中國的多數民族變成日本的少數民族，台灣島從中國的正式領土變成日本的殖民地，台灣人從中國的國民變成日本的次等屬民。

十五、伊藤博文

　　伊藤博文（1841-1909）是山口縣人。1856年從軍，1857年進入吉田松陰的松下村塾就讀，曾就讀松下村塾的名人有高杉晉作、木戶孝允、山縣有朋、井上馨等人。1858年伊藤博文進入長崎砲術研習所學習。1859年認識木戶孝允，積極參加尊王攘夷運動。1863年長州藩公費派遣伊藤博文、井上馨等人出國留學，伊藤博文至倫敦大學就讀。

　　1867年伊藤博文加入明治政府，歷任各式官職。1868年出任外交官，後轉任兵庫縣知事。1869年出任財政和民政「少輔」（助理部長），向英國東洋銀行借款100萬英鎊，於1872年築成日本第一條鐵路「東京橫濱線」。1870年改革日本貨幣，奠定日本金融現代化。1874年任「工部卿」，廣鋪鐵路，創辦國營事業，引進西式技術設備，推動工業化及產業革命。1878年任「內務卿」，1884年任「制度調查局長」，制定《保安條例》，鎮壓民眾抗爭。

　　1885年伊藤博文出任首屆內閣總理大臣，1892年、1898年、1900年再度出任首相，共四度出任日本總理大臣。伊藤博文於1894年發動甲午戰爭，獲得中國賠款2億3千萬兩白銀，大幅改善日本財政。1898年6月11日中國光緒皇帝發動戊戌變法，伊藤博文剛好訪問中國，9月21日慈禧太后發動政變，囚禁光緒，伊藤博文協助康有為（1858-1927）和梁啟超（1873-1929）逃亡日本。1905年逼朝鮮國王簽訂《保護條約》，納朝鮮為保護國。1906年出任「朝鮮統監」，即朝鮮的「太上皇」，著手併吞朝鮮。1909年著手推動「日韓合併」，10月26日在哈爾濱火車站檢閱俄羅斯儀隊時，被韓國抗日人士安重根（1879-1910）開槍刺殺死亡。伊藤博文是影響日本、朝鮮、台灣島歷史的關鍵人物。

十六、台灣島的五大家族

台灣島自清代中國到日本殖民統治初期興起五大家族，分別是台北板橋林家、台中霧峰林家、高雄苓雅陳家、彰化鹿港辜家、基隆瑞芳顏家。這些家族的興起，證實清代中國晚期的台灣島，是經濟發展速度相當強勁的時代。

（一）台北板橋林家

台北板橋林家第一代創業者林平侯（1766-1844）經營稻米、食鹽生意，台灣島因林爽文事件通貨膨脹，物價飛漲，林平侯囤積稻米致富。當時台北新莊時有漳泉械鬥，身為漳州人的林平侯倍感壓力，遷居桃園大溪，購地開墾5,000甲。1874年借錢給沈葆禎200萬兩作軍費，獲得樟腦特權。林平侯去世後，兒子林國華、林國芳繼承家業，林國芳好勇鬥狠，時生爭端，介入漳泉械鬥，林家只好由大溪遷往板橋。林家第三代由林維讓、林維源當家，協助鎮壓戴潮春事件有功，又主動化解漳泉恩怨。劉銘傳任命林維源當「全台撫墾大臣」。1895年林維源被唐景崧、丘逢甲推舉為「台灣民主國國會議長」。林維源避居廈門，未再返台。雖然林維源曾透過「德忌利洋行」買辦薛棠谷資助抗日民兵，但林家的武裝民兵卻被日本軍隊收編，對付抗日民兵。林家第四代林熊徵、林彭壽設立「林本源製糖」，後來發生「二林蔗農抗爭事件」，於1927年賣給「鹽水港製糖」。林熊徵原本經營錢莊事業，1929年開設華南銀行。蔣介石去世後所葬慈湖即林熊徵的兒子林明成捐獻的。

（二）台中霧峰林家

台中霧峰林家的第一代創業者林甲寅（1782-1838），是中國移

民武力開墾土地的代表性人物，擁有土地2,600公頃。其祖父林石移民來台，落腳台中大里（大里杙），率武裝墾民，盜墾藍線界外的原住民土地，開闢農田致富，阻遏高山族原住民攻擊。林石涉入林爽文事件，病死獄中，家產充公。1787年林石的長媳黃瑞娘偕子林瓊瑤、林甲寅，率墾民移居阿罩霧Ataabu（霧峰），繼續武裝墾殖，並砍伐林木，燒製成炭，成為大地主和木炭商。林家武裝開墾漸成地方民兵勢力，林甲寅的兒子林定邦、林奠國繼承家業。1854年太平天國的支脈「小刀會」大鬧台北，林定邦的兒子林文察率民兵鎮壓建功，清政府非常重視，任林文察為正式軍官，轉戰中國大陸各地，1863年獲任福建陸路提督，率兵回台鎮壓戴潮春事件。1864年林文察在福建漳州萬松關遭太平天國軍隊圍困戰死。林文察的政敵福建布政使丁曰健屢次向左宗棠彈劾林文察，但左宗棠不為所動。林文察的弟弟林文明遭控侵佔土地，丁曰健與彰化知縣凌定國在大堂會審時，刻意藉機打死林文明。1884年林文察的兒子林朝棟率兵參加中法戰爭，成為清軍將領。1885年劉銘傳任命林朝棟為「撫墾局長」，取得樟腦專賣權。林奠國的兒子林文欽與林朝棟叔侄兩人合作經營樟腦業成鉅富，又開設「林合」號，出口稻米去中國大陸，佔台灣島稻米出口量十分之一。另從中國大陸進口食品及紡織品，店舖土地遍及福建、上海。林文欽的兒子林獻堂是日本殖民時期，台灣島「台灣議會設置請願運動」、「台灣文化協會」的領導人。

（三）高雄苓雅陳家

高雄苓雅（苓仔寮）陳家的創業第一代是陳中和（1853-1930），1887年創辦「和興行」，經營蔗糖出口，在香港、橫濱都有據點。放貸給蔗農建立民間金融體系，日後接續放貸給稻農、鹽農，獲取高利息和掌控貨源的優勢。因長期與日本人合作貿易，1895年日軍征台戰役，提供土地供日軍建造營舍，擔任「保甲局局長」，協助日本殖民政府勸降抗日武裝民兵。1899年取得公有地做鹽田，經營鹽業相當成

功。1903年創辦「新興製糖」，在高雄大寮設「山仔頂製糖所」（大
寮製糖所），是台灣島民設立的第一間製糖廠。1905年日俄戰爭期
間，應後藤新平的要求，和辜顯榮派遣帆船、竹筏出海，監視通過台
灣海峽的俄國艦隊，立下情報蒐集大功，更贏得日本人的信任。1908
年製糖事業增加陳光燦、石川昌次爲股東，1916年至1920年獲利高
達125%。1921年創辦碾米廠，開展米糧事業。1923年進入房地產市
場，掌握大批土地，成爲高雄大地主。1925年陳中和擬收回佃農的蔗
田，改爲自營農場，農民組織「鳳山農民組合」展開抗爭，激起台灣
島的農民運動。1941年「新興製糖」被日本殖民政府要求併入「台灣
製糖」。陳中和的兒子陳啓川1954年曾任高雄醫學院董事長，1960年
任高雄市長。孫子陳田錨曾任高雄市議會議長。高雄醫學院的附設醫
院就稱作「中和紀念醫院」。1964年陳家取得可口可樂生產代理權，
1986年又取得百事可樂代理權，事業橫跨各界，被視爲南台灣首富。

（四）彰化鹿港辜家

辜顯榮（1866-1937）的曾祖父辜禮歡（?-1826）是孫文在福建
「洪門」分支的革命幹部，遭清政府追緝，逃亡泰國，後來落腳馬來
西亞檳城Penang，棄政從商，與英國殖民政府關係很好，取得菸酒、
鴉片的經營權，成爲檳城的富商和華僑領袖，有兩個妻子、8個兒子、
3個女兒，形成檳城望族。長子辜國彩曾任英國殖民政府的暹羅地方
長官，孫子辜登春曾任馬來西亞吉打港長官，曾孫辜尚達是英殖民政
府的議員。辜禮歡的次子辜安平是清朝道光皇帝時期的進士，據說官
位升至台灣道的「道台」，但清代中國的台灣道台名單並無辜安平其
人，辜安平是否曾任道台，令人存疑。辜安平後來定居彰化鹿港，其
獨子辜琴長年臥病，辜琴有兩子辜顯忠、辜顯榮。辜顯榮少年時期即
赴台北經商，從事過很多行業，開設「瑞昌成」號，經營雜貨生意。
1884年在上海、南京設商號，經營糖業。1888年協助劉銘傳鎮壓施九
緞事件有功。1895年代表台北商業界赴基隆見水野遵，迎接日軍進入

台北城，又隨北白川宮能久進軍台灣島中部、南部，「北白川宮」是
天皇近親世襲的「宮家」封號，「能久」才是名字。1898年辜顯榮招
降抗日民兵領袖柯鐵虎有功。日本殖民政府獎勵辜顯榮，先後給予
鹽、糖、樟腦、菸草、鴉片等的專賣權或經銷權，鹿港辜家頓成台灣
島巨富。辜顯榮積極協助日本總督小林躋造（1877-1962）推動皇民
化。辜顯榮有5個兒子，辜岳甫、辜振甫、辜偉甫、辜京生、辜寬敏。
長子辜岳甫的兒子辜濂松是台灣中信金控集團的創始人；次子辜振甫
曾任海基會董事長；幼子辜寬敏是辜顯榮的日本妻子所生，也是台獨
運動的金主。

（五）基隆瑞芳顏家

　　1847年小墾戶顏斗猛在瑞芳鮚魚坑購地開墾，後來遷居基隆暖暖
種植茶葉，也在八堵種田。1862年淡水、基隆開港，外國蒸氣輪船來
台數量大增，需求煤炭孔急，煤價大漲。顏斗猛投入煤礦開採事業，
頗有斬獲，顏斗猛算是顏家事業的開創人，但規模還很小。1890年劉
銘傳爲建造台北與基隆間鐵路，在基隆河上架設鐵路橋，工人潛水挖
地基，發現河床有閃亮金沙，顏斗猛的兒子顏正春迅速投入淘金行
列，隨即致富。顏正春的侄子顏雲年（1874-1923）繼承家業，1899
年日本藤田組財團開採瑞芳的九份金礦，但九份地區抗日民兵常打游
擊，不利日本人出入，藤田組只好放棄。1914年顏雲年見機不可失，
集資設立「金裕豐」號，承租採金礦權，竟然找到金礦礦脈，建立九
份黃金事業，顏雲年可說是基隆瑞芳顏家成爲台灣島五大家族的奠
基者。顏雲年同時擴大煤礦開採事業，1918年與藤田組合設「台北炭
礦」，與三井財團合設「基隆炭礦」，1920年與板橋林家的林熊徵合
資，入股「台北炭礦」，改組爲「台陽礦業」。「台陽礦業」和「基
隆炭礦」共佔台灣島煤炭產量的三分之二。顏雲年被稱爲「炭王金
霸」，並投資水產、製糖、製茶、木材、金融等各式產業。1923年顏
雲年去世，由兒子顏欽賢（1902-1988）、弟弟顏國年（1886-1937）兩

人接手。顏欽賢曾在日本皇室的學習院就讀，與裕仁皇太子（昭和天皇）同窗。

第九章
總結清政府治理成果

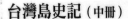

　　從1683年至1895年，清政府統治台灣島長達212年，台灣島是中國的領土，使中國移民大舉入居台灣島，形成台灣島的「大移民時代」。中國移民入台四處墾荒，形成台灣島史上最大規模的墾殖事業。清政府治理台灣島成為人口密集的近代島嶼，可說相當成功。但現在台灣島上卻有「清朝政府消極治理台灣島」的論述，這是政治偏見和學術怠惰的說法。

　　中國國民黨是推翻大清帝國後產生的政黨，常以滿漢界線，自詡為「驅逐韃虜」，傾向貶抑清政府的政績和治績。又喜自誇「建立中華民國」，無視於「中華民國」在中國歷史上的功業遠遠不及「大清帝國」。親國民黨的學者常將林爽文事件之類的動亂，視之為民族主義或反清復明的民族宿怨，誇大推崇民變，過度貶抑清朝功業，但這不是事實。中國共產黨以馬列史觀起家，親共產黨的學者把台灣島各種民變事件，傾向視為滿清封建政權消極治理的後果，這也非事實。日本人為彰顯殖民統治的正當性，更費盡力氣，貶抑清朝的台灣島治理，更是完全扭曲事實。台獨份子視清政府為外來政權，而故意忘記絕大多數台獨份子的家族，都是靠清政府的保護，才能順利移居台灣島的歷史事實。台獨份子假設清政府作為外來政權，理所當然不會認真治理台灣島，更是胡攪瞎纏。

　　客觀的歷史事實鐵錚錚推翻上述論述，台灣島是清代中國的邊疆地區，清政府基於戰略需要，比其他邊疆地區，更認真治理台灣島，派更多經驗豐富的官員來台治理，付出更多軍事開銷，穩定中國移民和原住民的衝突。台灣島的分類械鬥也不比其他地區嚴重，早已不是邊疆的中國東南沿海地區的分類械鬥，比台灣島有過之而無不及。台灣島的羅漢腳現象，是中國許多邊疆地區共有的現象，開墾失敗的遊民，在邊疆地區到處都是，台灣島並不特別。有政治野心的移民，蜂擁暴動，稱皇稱帝，奪取政權，更是任何遠離政治中心的中國領土的共通歷史現象，台灣島並不特殊，日本殖民時期亦復如此。

　　這些邊疆現象也不構成清政府消極治理的證據，反而清政府花

費更多的財力、武力，穩定台灣島的移民社會，導致移民大批入台，人口大量增加，開墾田地快速擴大，才是清政府積極治理的證據。例如，台灣府的財政一直仰賴福建省補貼，台灣府升格爲台灣省仍然要靠福建省補貼；清軍在台灣島的密度高於福建，也高於中國全境；每名士兵的平均巡防面積小於福建和中國全境，1700年台灣島士兵每人巡防3.16平方公里，中國全境是3.97公里；如果扣除台灣島山地的原住民保留區，士兵平均巡防面積更降到1.34平方公里。這些證據足以認定，在一個大舉移民的邊疆島嶼，清政府治理的努力功不可沒。有人曲解爲「防台而治台」，是毫無根據的扭曲清政府的「動機」，實在無聊。台灣島再怎麼動亂也不會影響北京的清政府，清政府根本不需「防範台灣島民」，把「維安」視爲「防台」純是無聊學者的囈語。相較之下，清代中國的同時期，很多中國移民進入南洋，缺乏清政府軍隊保護，歷經排華暴動，死傷慘重，就沒這麼幸運。

　　那些抄襲日本學者的說法，推論清政府「消極治台」、「防台而治台」的論證都禁不起檢驗。清政府以農業時代的治理方式當然比工業時代的治理方式落後，但清政府在212年間大量移民中國人入台，大舉開發荒野成爲農田，在任何一個農業國家都是成就斐然，不能以未蓋鐵路、學校等工業時代的設施交相指責。在中國其他地區，清政府也是如此，並未虧待台灣島，批評清政府「消極治台」的立論基礎甚不公平。有人說清政府在《天津條約》或牡丹社事件後才積極治台，正確的說法應該是在這兩個事件及其他涉外事件之後，清政府改變了治理整個中國大陸及台灣島的方式，而不是積極或消極的問題。「防台而治台」的說法更是以訛傳訛，有人說清政府的渡台三限制、班兵制度、不建城牆等政策就是證據。本書已查證且論證根本沒有所謂「渡台三限制」。至於班兵制度，施琅在《恭陳台灣棄留疏》講得很清楚，班兵制度是爲了節省軍費，且統一台灣島後可以不必裁員。當然施琅也是間接向康熙表白他不會據地稱王，因爲施琅先投清，再反清，再投清的政治紀錄實在不良，他必須以班兵制度自清。至於不准

建城牆作為「防台而治台」的證述，更是矛盾。台灣島在康熙開發初期，根本談不上有密集人口的城鎮，即使是台南城用竹木、土壘做城牆也就夠用，不需花費鉅資建造磚石城牆。這是財政考慮而不是「防台考慮」，因為台灣島沒有足夠的稅收可以撐起城牆建設。如果是為了防止台灣人據城稱王，清軍不易攻城而不建造城牆，更沒有必要在朱一貴事件、林爽文事件等人「據地稱王」之後才積極建造城牆，否則不是更加鼓勵叛亂。

大清帝國治理台灣島著重戰略利益而非經濟利益，不讓台灣島被海盜或荷蘭、西班牙、日本佔領，威脅中國東南沿海的防衛安全，從未思考如何剝削台灣島的資源。所有資源都投入維持台灣島的內部安定和防衛外敵及海盜，「台灣府」和「台灣鎮」長期需要福建省提供財政補貼，就是明證。台灣島對中國大陸最大的經濟功能，是透過移民台灣島，疏解福建的人口壓力，但荷蘭人、日本人就大大不同，荷日兩國的殖民統治者毫不客氣地剝削台灣島資源，送回去滋養本國人民。有些台灣史學者引用福建官員的說法，指清政府派駐台灣島的官員貪污，吏治不彰。清政府治理台灣島時期，的確可以列出很多貪污案，例如柴大紀案，但比較日本殖民時期的日本官員像水野遵案、後藤新平的財團案，那種系統性、制度性的貪污，清朝政府的吏治其實沒有那麼差。尤其台灣島民間寺廟祀奉在台灣島服務過的官員也只有清朝官員，例如陳璸入祀台南北極殿，周鍾瑄入祀嘉義城隍廟，蔣元樞入祀台南永康鹽行禹帝廟、台南風神廟和台南開基三官大帝廟，蔣允焄（音勳）入祀台南法華寺，蔣毓英入祀台南鎮北坊真武廟（現稱北極殿）後的蔣公祠且立碑「台灣郡侯蔣公去思碑記」，蔣毓英、蔣允焄、蔣元樞等三位台灣知府還被合稱「府城三蔣」或「台灣三蔣」。吳國柱入祀台南竹溪寺，洪一棟立碑台南中西區海安宮，陳酉（陳林每）入祀台南四草大眾廟成為主神鎮海元帥，楊廷理、翟淦、陳蒸三人入祀宜蘭昭應宮，曹謹在高雄鳳山立有曹公祠和曹公路等等，都是台灣島民自動自發感念其政績所做的敬仰和感恩的舉動。沒

有任何一位日本殖民官員、延平藩王國的官員、荷蘭殖民官員曾享有如此崇高的待遇。

荷蘭人佔領台南安平港時，最初只是掌控安平港作為貿易港口，從轉口貿易和港口租稅，獲得商業利潤，此時的荷蘭人只是港口佔領軍。荷蘭人很快發現，搶奪原住民土地，招募中國移民，種植甘蔗。再由中國移民的「糖廍」（傳統的製糖工場）製造砂糖，運銷日本和中國是門好生意。荷蘭人開始武力統一台灣島，建立產業殖民王國。荷蘭人自己不移民，卻移民中國人，從原住民的土地和中國人的勞力，獲取殖民利潤，匯回阿姆斯特丹，支持在阿姆斯特丹證券交易所上市的荷蘭聯合東印度公司的股票價格，以及荷蘭政府從事獨立戰爭的軍費。

日本人佔領台灣島，一開始就師法英國經營殖民地的策略。先奪取台灣島的自然資源，征服原住民，奪取山林土地，砍伐檜木運回日本做高貴建材。砍伐樟木，製作樟腦，壟斷外銷利潤，養大日本財

楊廷理、翟淦、陳蒸三人入祀宜蘭昭應宮

侵略的資本。更以征服台灣島民作爲日本人的忠順臣民，供作日本侵略中國和東南亞的後備部隊。徵募台灣人充當台籍日本兵、軍屬（軍中文職人員）、軍伕（軍中雜役）、海軍工員（少年工）、軍隊看護婦（隨軍護士）、農業戰士、工業戰士，在第二次世界大戰期間充當日本侵略的共犯，還強迫台灣婦女充當慰安婦（軍妓）。台灣人將積蓄拿去購買日本戰爭公債，等於用儲蓄資助日本侵略。1945年台灣島的每人GDP掉落到1895年清朝統治時的水平。日本人常煽動說，清帝國官員很多貪污腐敗，但日本人不敢面對的事實是：日本殖民台灣島系統性的剝削，其金額遠遠大於清帝國官員的個別貪污。何況台灣島的日本官員離職時，都可以獲得豐厚退職金，和獲贈台灣島的田地作補償。這些日本人巧取豪奪的土地，到1945年第二次世界大戰後才被沒收。更重要的事實是，二十世紀的財政資料顯示，台灣島不但未曾獲得日本政府的補貼，還倒貼日本政府的財政赤字。日本殖民政府在台灣島的建設經費也全數自台灣島民身上搜刮取得，台灣人的每人稅負也遠高於日本人。

從這三個時代的比較，台灣島民（尤其是中國移民）在大清帝國時代，相對是幸運的。總體來說，清政府在1750年工業革命之後，不知工業時代的治理方式；在1868年明治維新之後，變成相對落伍的封建政權，但從未虧待或歧視台灣島民，且對台灣島的社會經濟發展有不可磨滅的貢獻。尤其1683年後中國人移民台灣島超過100萬人，開墾資本主、商人、農民、漁民、黑道、地痞、流氓、盜匪等都大舉進入台灣島，物資缺乏，再加上地震、山洪、病毒、細菌肆虐，清政府能逐步穩定社會秩序，著實不易。大清帝國在康熙時代的國力和文明水準超過西歐和日本，在乾隆時代被西歐超越，到了同治時代又被日本趕過，種下光緒和宣統滅亡的結果，但也不能因落後的國力和治理能力就否定清政府治理台灣島的用心和努力。

第七篇

日本殖民之島

（1895年-1945年）

第一章
明治（1895年-1912年）

　　日本明治天皇睦仁（1852-1912），1867年1月30日繼承皇位，11月9日「大政奉還」從軍閥德川幕府取回政權，1868年1月3日宣布《王政復古大號令》建立君主專制政權，4月6日發布《五條御誓文》推動明治維新。1869年7月25日下令「版籍奉還」，要求各地諸侯改制為「藩知事」，把領地版圖和臣民戶籍交還中央政府直接統治。1871年下令「廢藩置縣」，徹底瓦解日本的封建制度，鞏固君主專制。1874年出兵台灣島南部，製造「牡丹社事件」。1879年下令「琉球處分」併吞琉球，改名沖繩。1881年設立日本帝國議會，1885年設立貴族內閣政府。1889年制定《大日本帝國憲法》，通稱《明治憲法》。1890年實施眾議院議員選舉。

　　明治於1894年發動中日甲午戰爭，1895年4月17日簽訂《馬關條約》，取得韓國宗主權及台灣島、澎湖群島的領土主權。1895年5月29日發動乙未征台戰爭，鎮壓台灣人的抗日行動，對台灣島展開長達50年的殖民統治。1900年參加八國聯軍入侵中國，1904年發動日俄戰爭打敗俄羅斯，1910年併吞韓國，1912年7月30日糖尿病去世。

　　1895年日本剛殖民統治台灣島時，台灣島的人口約250萬人，農田約有45萬甲。日本殖民政府1895年在台灣島設三縣一廳：台北縣、台灣縣、台南縣、澎湖島廳。縣廳之下仍維持清代中國的「堡」編制。1901年廢縣改廳，改制為20個廳。1920年改制為五州三廳：台北州、新竹州、台中州、台南州、高雄州、花蓮港廳、台東廳、澎湖廳。

　　明治殖民統治台灣島時，共派5任台灣總督：樺山資紀、桂太郎、乃木希典、兒玉源太郎、佐久間左馬太。日本殖民台灣島50年，明治時期佔17年。1895年6月14日日本內閣設立委員制的「台灣事務局」，由伊藤博文擔任總裁，其下設副總裁及委員若干名，其中擔任委員者有：原敬（1856-1921）後來出任大正時期的內閣首相，兒玉源太郎、田健治郎先後出任台灣總督。1896年3月31日廢「台灣事務局」，改設「拓殖省」，作為日本的台灣總督府（日本殖民政府）的監理單位，事實上只是協調機構而已，殖民統治台灣島的實權都落在台灣總督身

上。就本書的敘述方式而言，「台灣總督府」與「日本殖民政府」是同義詞，而「日本政府」則指東京的日本中央政府。

一、樺山資紀（1895年5月10日至1896年6月2日）

樺山資紀（1837-1922）是日本鹿兒島縣人。1863年從軍，參加薩摩藩的軍隊成為職業軍人，1871年晉升陸軍少佐。1872年奉派調查台灣島，蒐集軍事情報。1873年任日本赴北京談判牡丹社事件的隨員，1874年參與牡丹社事件。1894年中日甲午戰爭升任中將，出任日本海軍軍令部長，戰功輝煌成為英雄人物。1895年5月10日升任海軍大將，出任日本殖民台灣島的首任總督。台灣總督總攬行政、立法、司法、軍事等大權。台灣總督府成立之初，設民政、陸軍、海軍三個局。因為有軍事指揮權，總督由軍人擔任。民政局設民政局長官，簡稱民政長官，是實際上的行政首長，下置內務部、殖產部、財務部、學務部。

樺山資紀1895年6月2日發布《人民綏撫諭示》說：「永久擁有台灣全島及所有附屬各島嶼、澎湖群島……的主權。」6月17日舉行殖民統治台灣島的「始政大典」，6月28日公布《台灣島地方假官制制定件》，以清代中國台灣省的三府一州為基礎，劃分台灣島為三縣一廳：台北縣、台灣縣、台南縣、澎湖島廳。「台灣」一詞既是全島殖民地的名稱，也是一個縣區的名稱，台灣縣包括苗栗、彰化、埔裡社、雲林等四個「支廳」。台北縣包括基隆、宜蘭、淡水、新竹等四個支廳。台南縣則包括嘉義、鳳山、恒春、台東等四個支廳。所以，台灣縣是指台灣島中部地區。

台北大稻埕醫生兼道士吳得福（1850-1895）於5月參與基隆抗日民兵，兵敗被俘，與其他俘虜一同遭日軍以辮髮縛於柱，吳得福用預藏小刀自斷髮辮逃亡，繼續募兵抗日，6月26日召集幹部歃血為盟時，

甚至殺死5歲親生幼兒，向祖宗告罪，聲言「斷後抗日」，8月時吳得福行刺樺山資紀未遂。日本人命令辜顯榮派人假意宴請吳得福，趁機派日本憲警逮補，吳得福在獄中以頭擊柱自殺身亡。同案三人周扁（1864-1895）、王祿（1849-1895）、王清（1849-1895）於9月9日在台北北門外遭斬首去世。日本人遠藤誠《征台記》描述吳得福被捕時「但吳竟無慌張之狀，默默地推開椅子，盛氣凌人地睥睨我憲兵，大有威武不能屈之態。」描寫周扁等三人「面對刑場仍意氣自若，毫無屈從之色，泰然引頸受戮。」（呂理政、謝國興，p.159-161）

樺山資紀開始指揮長達10個月的「日本征台戰役」鎮壓抗日民兵。鎮壓完成後，於1896年設立台北縣、台中縣、台南縣、澎湖島廳、撫墾署，開始分官設治。1896年4月1日樺山資紀開設15所地方法院，並在台北設覆審法院及高等法院。

樺山資紀於1896年6月出任日本內務大臣而卸任台灣總督。日本殖民政府後來為紀念樺山資紀，特於台北市內設置「樺山町」，就是現在的「華山文創園區」。樺山資紀到任台灣總督時，看到台灣人留長辮、纏足、吃鴉片，樺山資紀不能接受，但也了解這是短期難改的台灣惡習。如果強制剪髮辮、禁纏足、禁鴉片，紛擾極大，反而助長反日民兵的聲勢，故暫且放任不干涉。

（一）1895年「台灣民主國」

擁有中國傳統的台灣人得知清政府割讓台灣島後，發起激烈抗日行動，當時澎湖群島已被日本軍隊佔領。丘逢甲為首的抗日派主張台灣島獨立建國，爭取英、法、德的支持，並開出條件要把台灣島的黃金、煤炭、硫磺等礦產及砂糖、樟腦、茶葉等物產的獨佔權利交付給支持台灣島獨立的國家。

1895年4月19日法國軍艦突然抵達淡水，艦長與獨立派會談，雙方議論如果法國武力介入，應獲得若干特權回報。這位艦長還拜見唐景崧，使得獨立派鬥志昂揚，積極推進獨立建國。但是獨立派的國際知

識太淺薄，無法認清一位軍艦艦長是無權介入領土問題的，這位法國
艦長根本是來騙吃騙喝的角色。何況當時法國處於第三共和時期，國
力相當衰弱，不足以千里迢迢對抗日本。獨立派病急亂投醫，無法判
斷國際情勢，也無法認清法國與日本用兵實力的差距。1895年4月17日
中國與日本簽訂《馬關條約》，台灣島和澎湖群島已是日本領土主權
下的殖民地，況且澎湖群島早已在1895年3月23日被日軍佔領，「台灣
民主國」宣布成立時的領土範圍既不清楚，實際上也不可能包括澎湖
群島。就國際法而言，「台灣民主國」成立宣告的時間點並非自中國
主權分裂，而是企圖自日本主權分裂出去而獨立未遂的國家組織，事
實上既非主權國家，亦非政權或政治實體，基本上連個自治政府都談
不上，頂多只能算是自稱有國號的抗日團體。

　　1895年5月25日唐景崧在台北宣布成立「台灣民主國」，就任「總
統」，丘逢甲為「副總統」兼民兵司令，林維源（1840-1905）為「國
會議長」，劉永福為「大將軍」，李秉瑞（1856-1917）為「國防部
長」（軍務大臣），俞明震（1860-1918）為「內政部長」，陳季同
（1851-1907）為「外交部長」，李惟義任「總兵」（陸軍司令），吳
湯興任「義民大統領」（客家民兵指揮官）。但「台灣民主國」空有
名義和旗號，向世界各國請求支持或承認，全遭拒絕。「國家」還來
不及實際運作就崩潰，可說名實全無。

　　「台灣民主國」與其說是獨立的新國家，不如說是臨時組建的抗
日聯合陣線。這個「國家」在台北宣佈建立當日，「國會議長」林維
源拒絕就任，且立刻逃亡福建廈門，「國會議員」也無人就職。宣布
獨立不到10天，「總統」唐景崧、「副總統」丘逢甲相繼捲款逃亡。1
個月後「大將軍」劉永福在台南宣布繼任「總統」，就任不到4個月，
劉永福也棄軍逃亡。日軍征台戰役中，所有像樣的戰鬥沒有一場是
「台灣民主國」的幹部領導進行的。「台灣民主國」完全是空殼子，
從5月25日宣布「成立」，到10月20日「滅亡」，只虛擬存在4個月又
25天，可說是糊裡糊塗的「成立」，莫名其妙的「滅亡」，連個抗日

民兵游擊隊組織「鐵國山」都不如。

有人說「台灣民主國」是亞洲第一個民主共和國，這是錯誤的說法。至少1777年由中國人羅芳伯在婆羅洲成立的蘭芳共和國，存續時間達107年。1868年反對明治維新，在北海道成立半年多的蝦夷共和國，都是號稱民主共和國，也都比較像個「國家」。「台灣民主國」那批領導人，「獨立」喊破口，「建國」吹大牛，臨陣脫逃跑第一，在日本人眼裡，不過是一群比烏合之眾還不如的詐騙集團。

（二）唐景崧

唐景崧生於1841年，廣西桂林人。1865年考取進士，任吏部六品秘書，多年未升遷。1882年法國要併吞越南為保護國，唐景崧自動請纓赴越南，以廣西同鄉情誼順利招撫劉永福，被擢升為四品官員。1884年受張之洞、岑毓英之命，唐景崧率兵迎戰法軍，大獲全勝。1885年台灣建省，1887年唐景崧出任台灣按察使，1891年升任台灣布政使，編撰《台灣通志》，1894年再升任台灣巡撫。

1895年4月17日李鴻章與伊藤博文簽訂《馬關條約》，台灣民眾群情激憤，上書唐景崧：「萬民誓不服倭，割亦死，拒亦死，寧先死於亂民之手，不願死於倭人之手。」5月25日進士丘逢甲簇擁唐景崧為「台灣民主國」的「總統」，6月3日唐景崧佯稱視察淡水，卻化妝成老婦人，棄職潛逃至淡水，躲藏在得忌利士洋行（Douglas Lapraik & Co.），受到淡水外國商館館長及淡水海關稅務總司「馬士」的庇護。6月7日搭德國運煤船亞瑟號（Arthur）離開台灣島，此時「台灣民主國」成立還不到兩週。清政府後來並未降罪，僅命其退休，1903年病逝，年63歲。歷史學家陳寅恪（1890-1969）是唐景崧的孫女婿。

（三）丘逢甲

丘逢甲生於1864年，台灣苗栗人。1889年考取進士，被任命為工部秘書。因其兄丘先甲是擁有保安民兵的開墾地主，丘逢甲回台講

學，後隨丘先甲遷居台中，在台中、台南、嘉義辦學。1895年李鴻章
割讓台灣島，丘逢甲撰血書倡立「台灣民主國」。5月23日唐景崧發表
《台灣民主國獨立宣言》，宣布「惟是台灣疆土，荷鄭大清經營締造
二百餘年，今須自立爲國」。5月25日宣告「台灣民主國」成立，丘逢
甲出任「副總統」及民兵總司令，負責防守台中。　5月29日唐景崧急
電丘逢甲北上支援，丘逢甲卻置之不理。

　　6月3日唐景崧棄職潛逃，邱逢甲痛斥唐景崧說：「吾台其去矣！
誤我台民一至此極！景崧之肉，其足食乎！」結果6月5日丘逢甲也潛
逃福建泉州，還順手捲走招募民兵的餉銀10萬兩，民兵怒燒丘府。
高雄舉人林金城批判丘逢甲：「盜台軍餉，盜粵軍裝，軍法總能逃，
事變兩番成大盜；非清人物，非漢人材，人言終不息，心甘一死莫知
非。」連橫說：「而逢甲任團練使，總其事，率所部駐台北，號稱二
萬，月給餉糈十萬兩。十三日，日軍迫獅球嶺，景崧未戰而走，文武
多逃。逢甲亦挾款已去，或言近十萬云。」

　　丘逢甲轉赴廣東從事教育工作，1908年被推選爲廣東教育總會會
長，1909年出任廣東省諮議局副議長。1912年病逝，年48歲。其子丘
念台曾任台北民國政府的台灣省政府民政廳長，侄子丘欽洲曾任台中
市長，姪女之子陳端堂曾任台中市長，姪女之孫媳張溫鷹也曾任台中
市長。

（四）《台灣民主國獨立宣言》

　　這篇《獨立宣言》寫得洋洋灑灑，但作者丘逢甲卻貪生怕死，
捲款潛逃。聲音越大的文人，逃跑比誰都快。這種「死道友，不死貧
道」的《宣言》，特別列記，作爲台灣島史的反面教材。

　　〈台灣民主國總統，前署台灣巡撫布政使唐爲曉諭事：照得日本
欺凌中國，大肆要求，此次馬關議款，於賠償兵費之外，復索台灣一
島。台民忠義，不肯俯首事仇，履次懇求代奏免割，總統亦奏多次，
而中國欲昭大信，未允改約。全台士民，不勝悲憤。當此無天可籲，

無主可依，台民公議自立爲民主之國。以爲事關軍國，必須有人主持，於 四月二十二日 士民公集本衙門遞呈，請余暫統政事。經余再三推讓，復於 四月二十七日 相率環籲； 五月初二 日，公同刊刻印信，文曰：「台灣民主國總統之印」，換用國旗「藍地黃虎」捧送，前來窺見眾志已堅，群情難拂，不得已爲保民起見，俯如所請，允暫視事。即日議定，改台灣爲民主之國，國中一切新政，應即先立議院，公舉議員，詳定律例章程，務歸簡易。惟是台灣疆土，荷鄭大清經營締造二百餘年，今須自立爲國，感念列聖舊恩，仍應恭奉正朔，遙作屏藩，氣脈相通，無異中土，照常嚴備，不可稍涉疏虞。民間有假立名號，聚眾滋事，藉端仇殺者，照匪類治罪。從此台灣清內政、結外援、廣利源、除陋習，鐵路、兵輪次第籌辦，富強可致，雄峙東南，未嘗非台民之幸也。 特此曉諭全台知之。〉

（五）1895年乙未戰爭「日本征台戰役」

按天干紀年，1894年是甲午年，1895年是乙未年。日本軍隊在甲午年發起中日戰爭，在乙未年則發起征台戰爭，以武力接收《馬關條約》割讓的台灣島。征台戰爭的時間從1895年5月29日至11月18日，日軍戰力能擊敗清政府的國防軍，征伐台灣島的地方防衛兵力，自然不是問題。

日軍計畫分四個方面進軍，北白川宮能久（1847-1895）率領近衛師團近衛步兵第二連隊，及第二、四、八、十一、十六師團各1個連隊，從基隆登陸，南下進攻台灣島中部。伏見宮貞愛（1858-1923）率混成第四旅，從嘉義登陸，向北進攻雲林、彰化。乃木希典（1849-1912）率第二師團，從屏東枋寮登陸，北上進攻高雄、台南。日本海軍派遣聯合艦隊的旗艦松島號，率領浪速、比叡、千代田、吉野、高千穗、八重山、嚴島、海門等主力艦進抵台灣島，封鎖所有港口。全部兵力超過5萬多人，外加軍屬、軍夫2.6萬人，共7.8萬人，軍馬約9,000頭以上。軍屬是軍中文職人員，軍夫是軍中雜役及後勤人員。

　　征台戰爭結束時，只有165名軍人戰死，包括軍屬、軍伕則有330人，負傷者共有680人。但軍人罹患疾病、傳染病死亡者卻高達4,640人，包括軍屬、軍伕則死亡超過7,000人。日軍罹病住院者有33,000人，其中6,000人收容在台北、基隆的醫院或救護所，另27,000人運回日本國內醫院。日本征台戰爭每陣亡1人，就病死28人。

　　抗日民兵方面卻混雜無序，有清政府的正規軍、唐景崧的「廣勇」、黎景嵩的「新楚軍」、劉永福的「黑旗軍」、太平天國投降的太平軍、有「台灣民主國」臨時招募的鄉勇、有霧峰林家「棟軍」的私人民兵、有打著台灣民主國旗號的民間游擊隊、有民間保安聯防的地方民兵。指揮不統一，各自為政，首領臨陣脫逃，兵員僅憑愛鄉之勇上戰場，作戰力量薄弱。合計有旗號的軍隊約3萬3千人，無旗號的民兵約10萬人，結果戰死者達15,000人，負傷者超過30,000人，無辜死傷的台灣島居民超過10萬人。

　　黎景嵩是湖南湘陰人，1895年6月8日剛從台北府撫民理番同知（基隆廳）調任台灣府代理知府，在駐地彰化領導湖南籍清兵「楚軍」組成「新楚軍」抵抗日軍，共有六個營，分由李惟義、廖清軒、蔣為先、梁國楨、楊孝思、梁鵬翊率領，但8月28日八卦山戰役，新楚軍兵敗瓦解，黎景嵩自殺獲救，9月24日逃回湖南被清廷革職，轉任張之洞幕僚，著有《臺海思痛錄》。

　　1895年5月10日樺山資紀被任命為台灣總督，清政府5月20日下令台灣巡撫唐景崧和官員返回中國大陸，返回大陸的官員包括胡適（1891-1962）的父親胡傳（1841-1895），胡傳當時擔任台東縣知縣，拒絕出任劉永福的「台灣民主國」官員，傳聞遭劉永福拘留病死。5月25日唐景崧未撤退回中國，反而宣布成立「台灣民主國」，並就任「總統」。5月29日下午二時日軍從台灣島北部貢寮的漁村澳底登陸，「日本乙未征台戰爭」及「台灣抗日戰爭」揭開序幕。

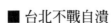

■ 台北不戰自潰

5月29日曾喜熙率領1,000名抗日軍在澳底尚未見到日軍，就自行潰散。日軍在5月30日進攻三貂嶺，徐邦德率領的抗日軍500人，也是聞風潰散。5月31日日軍攻抵小粗坑，與吳國華率領的抗日民兵爆發遭遇戰。6月1日雙方再戰於瑞芳（金胶蔣），民兵敗退。日軍6月3日分三路進攻基隆，佔領獅球嶺砲台。李文魁率領的基隆守軍，5月31日不戰自潰，撤退回台北。李文魁的兵員紀律敗壞，殺害副將方良元，進入庫房劫取軍餉，台北市內秩序一時大亂。許多守軍變盜匪，竊盜、搶劫、強姦無所不來。英國和德國海軍緊急登陸台北大稻埕，保護洋行、商埠，卻苦於兵力不足，拍電懇求日軍早點進城。6月3日唐景崧化妝成老婦人，棄職潛逃至淡水。6月4日廣東兵勇焚毀巡撫衙門，6月7日德國運煤船鴨打號（Arthur）載唐景崧離開台灣島。6月5日丘逢甲避走廣東，並捲款餉銀十萬兩，這筆餉銀是募捐來組織抗日軍的經費。丘逢甲原本是最積極抗日的知識份子，血書三次「誓共死守台灣」，卻從未與日軍交戰就捲款潛逃，行徑宛如詐欺犯。

6月5日台北市內的商賈聚集艋舺龍山寺及李春生宅邸商議，推舉辜顯榮去會見日軍，請日軍儘速進佔台北城。英商和記洋行（Boyd & Co.）職員多莫孫（G. T. M. Thomson）、德商魯麟洋行（Reuter Brockelmann & Co.）職員奧利（Richard Nikolaus Ohly）、美國《紐約前鋒論壇報》（New York Herald）戰地記者大衛森（James Wheeler Davidson, 1872-1933，又名「達飛聲」或「禮密臣」）（藍柏，p.268-276）也於6月6日拿洋傘、舉白旗、乘轎赴基隆見日軍，在汐止（水返腳）遇上向台北進發的日軍步兵第一連隊長小島大佐。辜顯榮等人請求日軍快點進城恢復秩序。辜顯榮等人被引導至基隆港口的橫濱丸號上見水野遵，指引日軍進入台北市。6月7日凌晨一時半，日軍由辜顯榮擔任嚮導，抵達台北城門，由北門口賣菜的農婦陳法打開台北城門，進佔台北市。日軍從澳底登陸，到進佔台北市，幾乎不費一兵一彈，直到6月11日日軍進攻桃園南崁，才遇到零星抵抗。6月14日樺山

資紀進入台北，6月17日舉行「治台始政式」，揭開日本殖民統治台灣島的歷史序幕。大衛森於1896年至1903年擔任美國第一任駐台領事，撰有《福爾摩沙島的過去與現在》（The Island of Formosa, Past and Present）。樺山資紀於6月間從淡水遣送清兵3千多人回中國，另有搭乘外國船隻回中國的清朝官兵有5千多人，合計8千多人。

■ 桃竹苗的伏擊戰

日軍近衛師團在6月19日從台北出發，行經桃園和中壢，6月21日在楊梅與抗日民兵爆發小型戰鬥，並攻佔大湖口（新竹湖口）。6月22日日軍從大湖口出發，順利佔領新竹，6月24日至26日客家抗日民兵在李秉瑞、吳湯興、姜紹祖、徐驤、胡嘉猷、傅德生、邱國霖、謝天得、黃南球率領下，在平鎮、湖口、龍潭不斷伏擊日軍，隨後於苗栗竹南的南十八尖山激戰。6月23日日軍進襲台北往桃園的中間鄉鎮「樹林」，在圳岸腳與抗日民兵激戰，楊烏龍、廖井、詹東金、鍾潭、陳樟、大再金、許姑、王吉等十三人戰死，合葬在圳岸腳，稱「樹林十三公」。6月26日劉永福在台南宣布繼任「台灣民主國總統」。從6月3日唐景崧出逃，到6月26日劉永福繼任之間，「台灣民主國」長達23天沒有「總統」，大部分「台灣民主國官員」隨唐景崧出逃，事實上也沒有「政府」。

6月28日日軍進攻桃園安平鎮（平鎮），胡嘉猷（胡阿錦）、黃娘盛、黃薿似率民兵2百多人抵抗，戰至7月1日胡嘉猷兵敗退守龍潭陂，史稱「安平鎮之役」，民兵餘眾魏阿盛等75人退至龍潭竹窩子，遭日軍圍捕，有73人被處死，僅黃任義、胡玉山逃脫。後人將73人合葬於龍潭，設立「七十三公忠義廟」。7月7日姜紹祖攻入新竹枕頭山，7月10日兵敗被俘，隔日吞鴉片自殺。

7月12日閩南抗日民兵在武生汪國輝，三峽樟腦業者蘇力、蘇俊、林久遠（1854-1900，林阿久），樹林地主王振輝、陳小埤等人率領下，在台北三峽、桃園大溪（三角湧隆恩埔）伏擊日軍，進攻大溪的日軍櫻井茂夫部隊35人遭剿滅，只剩4人。7月13日抗日民兵在打類

坑（迴龍）襲擊日軍運糧縱隊，在二甲九庄（鶯歌）包圍日軍步兵縱隊。7月14日日軍攻擊龍潭。7月16日後，山根信成率日本援軍894名抵達，抗日軍兵敗，汪國輝遭日軍以武士道手法斬殺，史稱「分水崙戰役」。日軍認為三峽到大溪（大姑陷，Tokoham）之間所有村莊都是抗日基地，便展開屠殺，下令焚燒村莊，於是4萬人口的村莊市街，從7月22日連燒3天，從大溪燒到三峽，全成漆黑焦土，燒毀房屋1,500多棟，村民死傷260人，史稱「大溪三峽大屠殺」。

7月下旬日軍在桃園中壢地區，不論民兵或百姓，無差別的展開焚村殺戮，日軍稱之為「掃蕩」，造成40萬名難民逃亡，流離失所。8月1日日軍攻入銅鑼灣（苗栗銅鑼），隨軍攝影記者遠藤誠的《征台記》說：「受我兵蹂躪之處，其村內雖一敵不留。」8月2日日軍砲擊攻佔新埔，8月8日日軍1萬5千人進攻苗栗竹南尖筆山，砲擊苗栗竹南，擊潰7千名抗日民兵，湖南兵「新楚軍」副指揮官楊載雲（又名楊再雲，台灣知府黎景嵩的姪兒）手刃退兵，反遭退兵槍殺，以戰旗裹屍葬於苗栗頭份打醮坪。8月9日苗栗後龍的道卡斯族頭目劉承恩率領族人13村社500多人，協助日軍大敗抗日民兵。8月13日北白川宮能久率軍分三路進攻苗栗，吳彭年、吳湯興、徐驤率抗日民兵敗退台中清水。8月14日日軍佔領苗栗及後龍。

■ 中彰雲嘉的會戰

統領台中防務的丘逢甲在6月5日遠走廣東，負責防守台中的霧峰林家的林朝棟在6月中旬即避走福建，像樣的抗日正規軍等同潰散，中部地區的抗日兵力只剩保安民兵。7月5日，日軍渡過大甲溪，東堡莊的林大春、林傳、賴寬豫召集保安民兵1,000多人，在頭家厝莊（台中潭子）展開會戰，民兵戰敗，幹部全部犧牲，東堡莊和頭家厝莊遭日軍焚毀，史稱「頭家厝莊戰役」。8月21日日軍進逼大甲，8月23日大甲屯兵營激戰，管帶（連長）袁錦清、幫帶（副連長）林鴻貴陣亡。8月24日進佔大肚、牛罵頭（清水）、沙鹿、豐原。8月25日徐湘、李邦華在清水伏擊日軍，陳尚志、莊豪、林大春、賴寬豫率民兵在東堡莊、溝倍

莊與日軍激戰。8月26日，抗日民兵敗戰，狙擊手林傳陣亡。8月27日日軍佔領台中、烏日。但是8月26日劉永福秘密向日軍請降遭拒。

黎景嵩（1848-?）、李秉瑞（1856-1917）、吳湯興（1860-1895）、李惟義（?-1901）、徐驤（1858-1895）率客家抗日軍南下協防彰化，與吳彭年、嚴雲龍、羅汝澤等人率領的黑旗軍會合，兵力5千人。日軍在8月27日開始砲擊八卦山，8月28日雙方爆發激烈會戰，抗日民兵敗走雲林。吳湯興、吳彭年、嚴雲龍、李士炳、沈福山、張禮成戰死，李秉瑞逃亡中國，抗日民兵死亡超過600人，日軍山根信成（1851-1895）被狙殺，史稱「八卦山戰役」，是乙未戰爭中規模最大的會戰。

8月29日日軍佔領鹿港，聚集1萬名近衛師團，準備進攻雲林斗六及嘉義大林，中北部抗日民兵幾乎已犧牲殆盡。8月30日日軍攻進雲林，與黃榮邦、廖三聘率領的抗日民兵戰於西螺溪（濁水溪下游），黃榮邦陣亡。黃榮邦是柯鐵虎的岳父，外號黃丑。9月2日日軍進攻他里霧（雲林斗南）、雲林（斗六）、大莆林（嘉義大林）。大林抗日民兵頭人簡義深知非日軍對手，決定放棄抵抗，令村民清掃道路，提供食物，歡迎日軍。不料日軍竟要求簡義獻出200名婦女，簡義拒絕，日軍強姦婦女60多人。簡義憤怒至極，召集民兵，從9月3日開始襲擊日軍，兵敗後逃往雲林斗六、古坑的「鐵國山」的民兵抗日基地，投靠柯鐵虎。9月4日日軍攻入嘉義莿桐，又夜襲他里霧，縱火焚燒他里霧整個市街。9月6日日軍進佔斗六，徐驤陣亡。　9月23日抗日民兵再度反攻彰化，傷亡慘重。

1896年10月5日簡義接受辜顯榮勸降，下山歸順日軍，1898年被不知名的抗日人士刺殺身亡。10月7日，日軍襲擊雲林的斗南、土庫、大林，抗日民兵的雲林防線全面失守，5,500名抗日民兵幾乎犧牲殆盡，黑旗軍副帥楊泗洪（1847-1896）陣亡，史稱「雲林攻防戰」。嘉義抗日民兵只剩800人，日軍在10月8日發動攻擊進佔打貓（嘉義民雄），10月10日佔領嘉義，抗日民兵幾乎全數戰死，劉步高陣亡，史稱「嘉

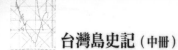

義攻防戰」。但是10月10日劉永福又透過英國領事歐斯納向樺山資紀提出投降條件，再度被拒。

■ 台南大決戰

10月12日，550名日軍攻佔台南新營的鐵線橋，台南麻豆民兵領袖柯文祥、郭黃池率2,000多人圍攻日軍，經過三天激戰，日軍死傷43人，民兵死傷100多人，民兵戰敗。10月15日日軍攻入鐵線橋莊，捕殺莊民500多人，焚燒整個村莊，史稱「鐵線橋戰役」。「鐵線橋」譯自荷蘭語Terramisson，位於台南新營急水溪旁的河港，是兵家必爭之地。林爽文事件、張丙事件也曾在鐵線橋爆發武力衝突。

10月11日乃木希典率兵登陸屏東枋寮，進攻茄苳腳（屏東佳冬），蕭光明（1841-1911）、張阿庚、戴登壇率民兵堅守步月樓，步月樓是蕭光明祖厝的書房兼門樓，雙方爆發接觸戰，12日凌晨抗日民兵戰敗。日軍投入604名兵力，陣亡將校1人、士兵14人，受傷57人。抗日民兵陣亡80餘人，蕭光明犧牲了兩個兒子，史稱「步月樓戰役」。日軍11日同時攻佔鳳山、鹽水港，並縱火焚燒鹽水，遠藤誠稱：「悉數燒成灰燼，並搜索鄰村之土匪，斬殺5百餘人……鹽水港市街殘破凋零。」12日日軍佔領屏東東港、高雄橋頭（校仔頭）。抗日民兵領袖林崑崗組織台南城外十八個村莊的民兵，號稱「十八堡義軍」，兵力5,000多人。與日軍在八掌溪沿岸，從10月12日戰鬥至10月20日，展開多場會戰和突擊戰。10月18日爆發「王爺頭之戰」，日軍獲勝，遠藤誠描述「敵兵皆落海而死，死屍漂浮水上，海水皆為之紅」。日軍統帥北白川宮能久於10月19日病倒或受傷，生命垂危，這是乙未戰爭抗日民兵的最大戰果。日軍的說法是北白川宮能久在10月19日染瘧疾發高燒，10月22日被抬入台南城，10月28日去世，10月29日運遺體回日本，11月5日才宣布死訊。10月20日抗日民兵和日軍在蕭壠爆發大規模戰役，從上午7時至下午5時，抗日民兵陣亡1,100人。林崑崗也彈盡援絕，戰敗舉刀自刎，其子林朝陽戰死，另外兩子林

朝炭、林朝取在逃亡途中被捕殺，十八堡義軍覆滅，千餘人陣亡，史稱「十八堡戰役」，與「八卦山戰役」並列1895年「日本乙未征台戰爭」或稱「台灣抗日戰爭」的兩大戰役。

　　「北白川宮」是日本的世襲親王制度「宮家」之一的封號，其他著名「宮家」有：「伏見宮」、「桂宮」、「有栖川宮」、「閑院宮」等。北白川宮能久出身伏見宮，1868年明治維新時被德川幕府推為「東武天皇」。德川幕府兵敗後，北白川宮能久遭軟禁在京都，被命令剃髮出家。1870年獲特赦還俗，出國赴普魯士軍校就讀。返國後先出任日軍大阪師團團長，1894年中日甲午戰爭升任中將，出任日軍近衛師團團長。1895年揮兵征伐台灣島，死於台南，晉封大將。日本政府於台北圓山設「台灣神社」，於台南樣仔林設「台南神社」，供奉北白川宮能久的靈位。

　　日軍在十八堡戰役後，大肆搜捕，近千村民躲入八掌溪邊的溝壑，因嬰兒啼哭遭發現。日軍竟截住溝壑兩端，亂槍齊放，對著溝內猛烈射擊。溝壑宛如人間地獄，避難村民、嬰兒、婦女無一倖免，史稱「十八堡大屠殺」。日軍瘋狂濫殺無辜，被認為是報復北白川宮能久的死亡，也間接證實北白川宮能久是死於台灣人林崑崗之手。林崑崗應列為抗日民族英雄之林，卻長期被國民黨忽視，也被民進黨和台獨份子刻意遺忘。

　　10月15日日本海軍陸戰隊佔領高雄港砲台，攻陷岡山，進逼台南。坐鎮台南城的劉永福未發兵支援林崑崗，更拒絕提供彈藥給林崑崗，卻在10月19日早上得知林崑崗戰況失利，拋棄台南城內3,000名黑旗軍和8,000名抗日民兵，假扮抱嬰老婦出城，搭英國輪船逃亡廈門，被譏為「阿婆浪港」。日本海軍陸戰隊攻佔安平砲台（億載金城）俘虜5,000名守軍，億載金城於1876年完工，1895年即被日軍攻佔，「億載」居然不到20年。10月20日台南仕紳循辜顯榮模式，敦請英國牧師巴克禮（Thomas Barclay, 1849-1935）、宋忠堅牧師（Duncan Ferguson, 1860-1923）、幾名大清帝國官員及19名台南居民代表求見乃木希典，

迎接日軍進城。10月21日台南開城，日軍進佔台南，原本就是空殼子的「台灣民主國」正式滅亡。從5月25日到10月20日，空有名義的「台灣民主國」只存在4個月又25天。11月18日樺山資紀向京都報告「全島悉予平定」，乙未戰爭算是正式結束。

■ 蕭壟大屠殺

1895年10月20日（農曆9月3日），台南城迎接日本軍隊進佔，伏見宮貞愛率日軍進攻蕭壟（佳里），因北白川宮能久於乙未戰爭受重傷垂危，日軍對蕭壟居民瘋狂報復，1萬名的村民躲到溪邊，因爲嬰兒的哭聲被發現，結果日本人對村民連續開槍，包括大人、小孩、嬰兒通通被打死。計發洩屠殺蕭壟居民2千多人，成堆屍首埋葬在佳里金唐殿和廣安宮附近。有慘絕人寰的記載：「事後，莊民前來收屍，整整裝十八輛牛車之多，由於死亡人數太多，連棺木都一棺難求。」史稱「蕭壟大屠殺」。但遠藤誠僅記載：「此日殺敵1千1百餘名，傷者不詳，本次戰鬥所擊斃之敵兵數，係台灣戰爭以來爲數最多者。」（呂理政、謝國興，p.199）

■ 火燒莊戰役

1895年10月21日台南開城，投降日本人。由邱鳳揚（1829-1898）領導的屏東客家六堆的民兵撤退至火燒莊（長治鄉長興村）。11月25日山口素臣（1846-1904）率領日軍經下淡水溪（高屏溪），抵達火燒莊。平埔族原住民協助日軍攻擊六堆民兵，日軍用山砲轟擊火燒莊及鄰近村莊，全村陷入火海，無一倖存，史稱「火燒莊大屠殺」。六堆客家民兵戰死250人，最後兵敗瓦解。高屏地區從1721年朱一貴事件組織起來的客家「六堆」民兵組織，存續174年後，被日本殖民政府強迫解散。六堆領袖之一蕭光明重傷，邱鳳揚四子邱元添陣亡。

（六）吳湯興、徐驤、姜紹祖、林崑崗

吳湯興生於1860年，苗栗銅鑼人，祖籍廣東蕉嶺。1895年6月組織

民兵抗日，召集苗栗徐驤、北埔姜紹祖合作抗日。6月14日在「大口湖之役」擊敗日軍。6月15日吳湯興領兵北上楊梅，與日軍形成對峙。6月25日展開新竹攻防戰，7月10日抗日民兵大敗，指揮官楊載雲遭叛兵狙殺，吳湯興撤軍，轉戰十八尖山。7月25日吳湯興再次進攻新竹，劉永福未依約派兵助陣，再次大敗。8月3日日軍惱羞成怒，在桃竹苗沿途燒街屠村。8月9日吳湯興的竹東筆尖山陣地失守，退守頭份。8月10日民兵統領李惟義棄軍逃亡，民兵潰散，頭份失守。8月14日，日軍在苗栗、頭份展開「苗栗大屠殺」。8月22日吳湯興在葫蘆墩殲滅日軍偵察中隊，轉戰彰化。8月26日吳湯興、徐驤合守彰化八卦山，8月28日上午5時30分日軍展開全面攻擊，吳湯興遭砲彈擊中陣亡，年僅35歲，史稱「八卦山戰役」。上午10時吳湯興妻子黃賢妹使用弓箭襲殺日軍

日本人繪製的征台戰爭圖

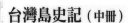

少將山根信成。9月5日黃賢妹殉夫自殺。

徐驤生於1858年，苗栗頭份人，散盡家財組織抗日民兵，成立「田賦軍」與吳湯興合作，八卦山戰役兵敗，轉戰雲林斗六時陣亡。

姜紹祖生於1874年12月26日，新竹北埔人，先祖姜秀鑾是北埔大墾戶「金廣福大隘」的墾首。姜紹祖曾任林朝棟的鄉勇軍隊的「都司」，位階約相當於「中校」。1895年姜紹祖率林朝棟鄉勇團部分鄉勇抗日，7月7日率兵反攻新竹，7月10日在新竹枕頭山被俘（新竹中山公園），7月11日吞鴉片自殺身亡。

林崑崗生於1832年11月16日，本名林碧玉，台南將軍漚汪西甲人，祖籍福建泉州，武術秀才，領導「十八堡義軍」抗日，兵敗自殺。1895年日軍進逼台南學甲，學甲民兵指揮官賴安邦通知林崑崗、沈芳徽，率民兵於宅港西方的二港子溪邊迎戰，即今頂洲南方三公里處。日軍火力強大，賴安邦的民兵傷亡慘重，林崑崗派員赴台南向劉永福請兵被拒，自行率兵衝入日軍陣營，日軍不敵，詐敗退守竹篙山山谷。林崑崗和賴安邦不知有詐，率兵深入，陷入日軍火砲包圍圈，死傷慘重。林崑崗右膝蓋關節中彈倒地，不願被俘，舉刀自刎。賴安邦在亂軍中失蹤，抗日民兵瓦解。

（七）劉永福

劉永福生於1837年，廣西欽州的客家人，一生在廣西、廣東、越南、台灣島都有不可思議的表現。年少時家貧，當傭工、無賴。1851年洪秀全組織拜上帝會，在廣西桂平金田村起兵反清，建國號稱太平天國，1853年定都南京。1857年已20歲的劉永福加入三合會鄭三領導的民兵組織。當時廣西的三合會、廣東與福建的天地會、上海的小刀會都是響應太平天國的外圍反清民兵組織。1852年三合會全勝堂的壯族領袖吳凌雲及其長子吳亞終起兵反清，劉永福離開鄭三，轉投入吳凌雲麾下，擔任副帥。1861年吳凌雲在廣西崇左建立「延陵國」，1862年吳凌雲兵敗被殺。劉永福追隨吳亞終逃入越南，投降越南阮朝

皇帝。

　　吳亞終隨後反叛阮朝皇帝，盤據越南北部。1870年吳亞終戰死，部將分裂爲劉永福的黑旗軍、黃崇英的黃旗軍、梁文利的白旗軍。劉永福率黑旗軍投降阮朝皇帝，成爲越南的將領。當時法國已佔領越南南部，建立殖民地，並派兵北上河內，被劉永福擊敗。1882年法國要求越南皇帝投降成爲法國的保護國。清政府派唐景崧率軍入越南，協助抵禦法軍，清政府任命劉永福爲提督，正式成爲清軍將領。

　　1885年中法戰爭，清政府放棄越南宗主權，自越南撤軍，劉永福被任命爲廣東深圳的駐軍司令。1894年甲午戰爭爆發，劉永福被調往台南駐守。1895年5月25日劉永福被唐景崧任命爲「台灣民主國」大將軍，6月26日繼任「總統」。8月23日樺山資紀寫信給劉永福，如果放棄抵抗，將以將官禮遇相待，送劉永福回中國。10月18日劉永福率兵與日軍將領乃木希典戰於嘉義布袋，失利退回台南，意氣消沈。林崑岡率領民兵正與日軍在台南外圍激戰，劉永福竟然拒絕支援林崑岡。10月20日劉永福易容，化妝抱嬰老婦，潛逃至安平港，搭英國商船泰列斯號（Thales）逃亡廈門。10月21日航行途中遭日本軍艦八重山號扣押，英國以不符國際法爲由向日本抗議，日本海軍才釋放劉永福。1902年劉永福被任命爲廣東汕尾駐軍司令，1911辛亥革命劉永福被推舉爲廣東革命民兵司令，1917年病逝，年80歲。

（八）辜顯榮

　　辜顯榮生於1866年，彰化鹿港人，父親辜琴自福建泉州移民來台。辜顯榮年輕時在台北經營「瑞昌成號」，從事台灣與大陸的糖和煤炭等雜貨進出口業務。1895年6月3日「台灣民主國」「總統」唐景崧棄職潛逃，台北秩序大亂。艋舺商賈聚集在大稻埕富商李春生宅邸，商議如何收拾市區混亂。李春生認爲台灣島既已割讓給日本，日軍又已進佔基隆，促請日軍早日進城，是解決亂局的唯一辦法。辜顯榮自告奮勇前往基隆，請見日本台灣總督府民政局長水野遵，並引導

日軍進入台北城，平定城內亂局。

　　當年8月辜顯榮因出身彰化，熟悉台灣島中部地區，隨同北白川宮能久率領的近衛師團展開八卦山戰役，消滅吳湯興領導的抗日民兵，有功於日本。1896年辜顯榮被任命爲台北保良局局長，這是糾舉台灣島反日人士的線民機構。1898年日本殖民政府認爲辜顯榮涉嫌與「土匪」聯絡，招致台中州知事不滿，將辜顯榮下獄2個月，獲得乃木希典奧援，經奔走免訴出獄。後來招降柯鐵虎有功，回任保良局局長，從此謹守殖民地順民的角色。辜顯榮又創立保甲總局，在鄉里間沿用清朝時期的保甲連坐法，組織保安民兵，配備自衛武器，對付抗日游擊隊，有助於日本順利殖民統治台灣島。後藤新平爲獎賞辜顯榮，給予樟腦、食鹽、鴉片、菸草、蔗糖的專賣權或經銷權，辜家因而成爲鉅富。後藤新平曾對辜顯榮說：「君受屈僅五十餘天，余則有百餘日。」

　　林獻堂在1921年推動台灣議會設置請願運動和台灣文化協會，辜顯榮則於1924年組織台灣公益會相抗衡，並召集「全島有力者大會」攻擊林獻堂等人，林獻堂則召集「全島無力者大會」反擊。這是一場反日與擁日的衝突，辜顯榮和板橋林家的林熊徵站在擁日的立場，霧峰林家的林獻堂則站在反日的立場。

　　1934年辜顯榮被昭和天皇派任爲日本帝國議會的貴族院議員，1935年赴杭州西湖見蔣介石，倡議「日華親善」，傳遞日方和談信息。1937年2月再赴中國見蔣介石、汪精衛，傳達所謂〈廣田三原則〉：中國要徹底放棄抗日、中日滿三國合作反共、華北特殊化。廣田弘毅（1878-1948）是日本外務大臣及首相，第二次世界大戰後被遠東國際軍事法庭以甲級戰犯起訴，判處死刑，是甲級戰犯中唯一處死的文官。1937年辜顯榮病逝日本，年71歲。辜顯榮的子孫相當顯赫，辜振甫是辜顯榮與元配陳笑的陪嫁丫鬟施過所生（等於四房姨太太），辜寬敏是辜顯榮與六房姨太太岩瀨芳子所生。

（九）李春生

　　李春生1838年生，福建泉州人，15歲受洗爲基督徒，在廈門經商，因太平天國攻入福建而停業。1865年來台擔任洋行經理，後在台北大稻埕設「三達行」，經營煤油、茶葉買賣和外銷致富。1895年許多中外商賈聚集李春生宅邸，商議派人去基隆迎接日軍入城，李春生推派辜顯榮去請見日軍。台灣總督府學務部長伊澤修二（1851-1917）於1895年6月18日在李春生宅邸掛起「學務部」辦公，後來聽從李春生建議，把「學務部」搬去台北自古文風鼎盛的士林芝山巖，並附設「國語傳習所」。1896年元旦，「國語傳習所」6位教師和1位工友從芝山巖去士林街途中，遭遇抗日民兵襲擊，全部死亡，此即爲「芝山巖事件」。伊澤修二在1897年7月因與民政長官水野遵不合，被迫停職，結束他在台灣島的殖民興學的夢想。

　　李春生是台灣基督長老教會的奠基者之一，他本人著有多冊闡揚基督教義的書籍，捐助興建多座基督教會，如濟南基督長老教會、李春生紀念基督長老教會、大稻埕基督長老教會。李春生是當時台灣島第二大富豪，財產有1億120萬銀元。第一大富豪是板橋林維源，有財產1億1千萬銀元。第三大富豪是艋舺大米商「合益號」老闆洪騰雲，有財產1億20萬銀元，樂善好施，鼎力支持劉銘傳的政策，劉銘傳因此將台灣島第一輛火車命名爲「騰雲號」（王惠君，p.47）。1銀元等於1美元，等於2日圓。李春生於1924年去世，年86歲。

（十）元旦事件

　　樺山資紀剛在1895年11月宣布「全台平定」，不到兩個月就爆發1896年「元旦事件」。1895年12月宜蘭林大北、林李成（清朝秀才）、徐祿、宜蘭二圍林維新（清朝武秀才）和林火旺、台北陳秋菊（清朝四品武官）和詹振、士林賴唱、新竹胡嘉猷（胡阿錦，清朝五品武官）、金包里許紹文（清朝秀才）、許石、林烏棟、北投楊勢、

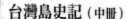

淡水簡大獅與蔡伯、大屯山盧錦春、三角湧（三峽）蘇力、大嵙崁（大溪）簡玉和等抗日民兵首領秘密聯繫，公推胡嘉猷領導，約定1896年1月1日元旦，同時從台北、宜蘭、淡水、金包里、新竹等地發動攻擊，使日本人疲於奔命，起事較容易成功。

　　但是12月28日林李成、王秋鴻在頂雙溪聚集民兵，消息走漏，日軍先發制人，民兵倉促應戰。許紹文、許石、林烏棟率金包里民兵一舉殲滅前來鎮壓的日本憲兵，轉戰基隆，進兵台北，卻遇伏兵敗，退入山中。簡大獅率民兵在關渡與日軍激戰，進攻淡水失敗，遁入大屯山。

　　1896年元旦士林芝山巖的「國語傳習所」有6位教師和1位工友從芝山巖去士林街途中，遭遇「元旦事件」賴唱率領的民兵襲擊，全部死亡，此即「芝山巖事件」。

　　1月3日樺山資紀從日本調來日軍第一師團2千多人。1896年1月3日

日本殖民政府所繪「元旦事件」各衝突地點

林大北遭日本人處決後的遺物「銀鎖片」，現藏於宜蘭設治紀念館

江振源率民兵與日軍激戰於桃園龍潭陂，民兵戰死600多人。1月4日蔡池率民兵於下圭柔山與日軍激戰。

　　宜蘭的林維新、林大北、徐祿、陳其山、林李成、王秋鴻、林火旺組織2,000多人的武裝民兵，襲擊宜蘭日軍，進攻瑞芳、頂雙溪，佔領羅東、頭圍、礁溪，包圍宜蘭日軍七日夜。日軍第七混成旅團登陸蘇澳，林大北兵敗被俘，遭日軍處決，民兵戰死500多人，史稱「林大北事件」。1月4日日軍展開報復，不分青紅皂白，殺戮宜蘭民眾，死亡4,331人，焚毀一萬多戶住宅，宜蘭平原半數盡歸灰燼，林維新逃亡中國，史稱「宜蘭大屠殺」。

　　高野孟矩（1854-1919）說得很含蓄：「本年一月討伐台北、宜蘭附近土匪之際，未能精密甄別良民 土匪，殺戮幾千民人，燒毀多數民屋及財產，……日本軍人通情民家婦女，癡情之極，竟帶領兵卒火燒民家，欲殺害其婦之夫及其家人，或殺害數位婦人。軍夫等下等日本人胡亂翻弄戰勝者之威勢，沒有來由地凌虐支那人，理不順則毆打之，或掠奪財物、家畜，或姦淫婦女，種種非行多矣。」（《台大歷

史學報》，第37期，2006年6月，頁89）

　　1月5日日軍進攻金包里血腥屠殺。1月13日日軍第七混成旅團抵達基隆，各地民兵陸續戰敗，死亡人數達2,831名。胡嘉猷逃亡中國，中華民國成立後，曾於1916年偷渡來台，推動反日活動，事洩遭通緝，從鹿港偷渡回中國。1920年去世，年82歲。1月14日板橋民兵數百人與日軍戰於土城，民兵戰死30人，被捕遭處決65人。1月18日至22日陳秋菊、徐祿疊、鄭文流率民兵在文山、新店、景尾、石碇、坪林尾、苳林仔展開游擊戰。

　　陳秋菊原本是林朝棟鄉勇部隊的將領，1855年生，台北深坑人，曾參加中法戰爭防守基隆有功，常騎白馬巡視，被稱「白馬將軍」。日軍入台後，陳秋菊率民兵1,500多人，聯絡北投簡大獅所率民兵500多人，點燃觀音山烽火爲記號，號召潛伏市區的民兵攻擊台北南門、

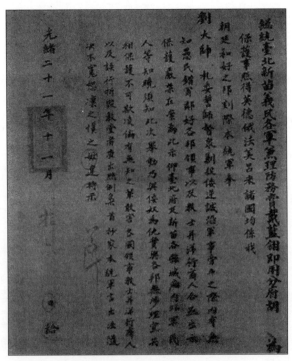

胡嘉猷發動「元旦事件」的檄文

東門（景福門）。陳秋菊後遭日軍擊敗，在深坑、石碇、貓空的山林間打游擊。1898年8月10日陳秋菊率眾投降日軍。

1896年2月19日日軍進攻三角湧（三峽），王貓研、陳豬英率民兵抵抗，民兵戰敗，日軍報復燒殺焚宅，公開處決民兵頭人13名，即現在的台北市樹林區「十三公之墓」。這13位頭人有楊烏龍、陳樟、廖井、鍾潭、廖金東、大再金、許姑、王吉等8人，僅知其姓者有陳某1人，另4人姓名不詳。2月底劉阿連率民兵轉戰於苗栗銅鑼圈、大湖。王成、李本源率民兵在新店暗坑（安坑）激戰。3月6日詹振、林李成激戰台北錫口（松山）。4月16日鶯歌石民兵與日軍大戰，互有傷亡。4月31日詹振率民兵500人攻擊台北南港日軍彈藥庫。

「元旦事件」的抗日戰役此起彼伏，抗日民兵英勇戰鬥，但不敵日軍現代化武器和精良訓練，台北景美、三峽、瑞芳、士林、桃園大溪、宜蘭等地抗日民兵相繼被消滅。簡大獅、陳秋菊、胡阿錦率民兵突擊台北城，也都被擊敗。

（十一）劉德杓事件

劉德杓是湖南長沙人，武舉人出身，任清軍駐守台東的副指揮官。1896年1月日軍勸降，指揮官袁錫中同意返回中國，劉德杓和部分清軍，據守卑南，繼續抗日。台灣島西部抗日民兵逃亡東部，投靠劉德杓。2月卑南族勢力範圍內的阿美族原住民頭目馬亨亨（Kolas Mahengheng, 1852-1911）歸順日軍，5月17日馬亨亨率馬蘭社（Falangaw，或Valangaw）197人、卑南社174人，進攻劉德杓的陣地。5月25日日軍登陸台東，抗日民兵遭擊敗，5月31日劉德杓只好率部跨越中央山脈，赴雲林加入柯鐵虎的抗日陣營，擔任軍師，1897年被俘。1900年日軍將劉德杓引渡回中國，交換簡大獅回台受刑。

（十二）武裝抗日民兵領袖

在這段期間，民兵舉起簡陋武器抵抗日本征台戰爭的抗日戰爭領

導人，英勇果敢載入史冊：

在淡水河以北者有：簡溪水。

在淡水河以南、新竹以北者有：楊載雲、傅德陞、王振輝、黃鏡源、翁景新、蘇力、陳小埤、黃曉潭、江國輝、簡阿牛、林維給、詹永和、黃世霧、陳光海、姜紹祖、吳湯興、徐湘、胡嘉猷、邱振安。

新竹以南、彰化以北者有：黎景嵩、吳彭年、林大春、許肇清。

彰化以南、台南以北者有：楊泗洪、王德標、蕭三發、孫育萬、劉步陞、楊錫九、柏正材、簡大肚、黃丑、林義成、廖三聘、陳憨番、林崑崗、侯西庚、曾春華。

台南以南者有：劉成良、李向榮、蕭光明、邱鳳揚、鍾發春、鄭忠清。

（十三）現代化基礎教育的學校

台灣島有現代化學校教育，始自日本殖民時代。荷蘭人殖民統治時期，把基督教傳教活動和基礎教育混合。1627年甘地斯牧師（Georgius Candidius）來台傳教，1630年台南新港社平埔族原住民集體受洗，1636年5月26日在新港社開設讀經班式的學校，但不具有現代學校的性質。延平王國時期，1666年陳永華設孔廟及太學，完全是中國傳統士大夫教育，亦非現代化學校。清代中國時期，1683年施琅設立「義學」式的「西定坊書院」，比較像免費私塾。1704年台灣知府衛台揆設立的「崇文書院」才是正統中國傳統書院，但也不是現代化學校。直到劉銘傳興辦「學堂」，終於有現代化學校的雛形出現，但劉銘傳的「學堂」還沒籌設完成，就被繼任的邵友　廢棄。

1895年樺山資紀任命伊澤修二為「學務部」部長，設立「國語傳習所」，雖遭遇「芝山巖事件」，1896年總督桂太郎仍下令設置義務小學式的「國語傳習所」，提供台灣人基礎教育的機會。1898年「國語傳習所」改制為「公學校」，1941年再改制為「國民學校」，這是專為台灣人設的學校。至於為日本人設的學校，先於1895年設「國

語傳習所小學分教場」，1898年改制爲「小學校」。原住民的基礎教育則自1902年起於各部落的警察派出所設立「蕃童教育所」，由警察擔任教師。1905年設「蕃人公學校」，比較接近現代小學。1922年廢除「蕃人」名稱，一致稱呼「公學校」。1936年改名爲「高砂童教育所」，比較像「安親班」，1941年也統一稱「國民學校」。

在師資教育方面，台灣總督府於1896年設立「國語學校」，下設「師範部」及「語學部」。「語學部」下設「國語科」和「土語科」，國語指日本語，土語指閩南語。這些都只收日本人。1902年廢除土語科，並把「師範部」分成甲乙兩科。甲科專收日本人，培育「小學校」的日籍教師。乙科專收台灣島人，培育「公學校」的台籍教師。1918年「國語學校」改名「台北師範學校」，1927年分割成「台北第一師範學校」，就是1945年後的「省立台北女子師範學校」，及「台北第二師範學校」，後爲「省立台北師範學校」。日本人稱呼台灣島民爲「土人」，閩南語爲「土語」。後來改稱「土人」爲「本島人」。

（十四）台大醫院的起源

1895年6月21日樺山資紀在台北大稻埕創設「大日本台灣病院」，1896年改名爲「台北病院」。1896年4月設「台北衛戍醫院」，隨後5、6月在全台開設13個醫院及2個診療所。「台北病院」於1898年遷至城中，1899年更名「台灣總督府台北病院」，1912年整建，1921年完工，是當年東南亞最大且最現代化的醫院。

後來其他繼任總督，分別於1897年各醫院附設「土人醫師養成所」，「土人」是日本人對中國移民的台灣人的正式稱呼，另稱呼原住民是「蕃人」。1899年設「台北病院附屬醫學講習所」，後改制稱「台灣總督府醫學校」，「土人」改稱「本島人」。1909年「台灣總督府醫學校」招收台籍學生有杜聰明、翁俊明，1910年招收蔣渭水。1919年改制爲「台灣總督府醫學專門學校」，1922年改名爲「台北醫

學專門學校」，簡稱「台北醫專」。1936年改制為「台北帝國大學醫學專門部」，就是現今台灣大學醫學院的前身。「台灣總督府台北病院」於1938年改制為「台北帝國大學醫學部附屬醫院」，1945年改名為「台灣大學醫學院附屬醫院」。台灣島民在日本殖民時期，難以進入日本政府和大企業服務，優秀台籍青年遂以學醫為最高志向。日本殖民政府繼清代中國時期基督教牧師兼醫師如馬雅各等人之後積極引進西洋醫學，但基於統治地位卻不斷打壓台灣島上原有的漢醫，直到1928年昭和初期，日本漢醫學家南拜山博士和台灣島漢醫藥界領導人陳茂通、蔡水讚等人合作，以推動「東洋醫道」的名義展開「漢醫復興運動」，並與浙江中醫學校合作在台灣島培養漢醫師，這是當時低度政治性，但高度民族文化性的相當有力的社會運動。蔡水讚是本書作者的祖父。（陳昭宏，頁76、182）

（十五）伊能嘉矩

　　伊能嘉矩是日本岩手縣人，1867年生，1887年就讀岩手師範學校，1889年鬧學潮被退學，改任職《每日新聞》編輯。1895年轉任職台灣總督府民政局僱員，1897年抵達蘭嶼考察台灣島原住民，改變清政府時代生番、熟番的簡單分類，提出「八分法」，即平埔族、阿美族、泰雅族、布農族、排灣族、曹族（鄒族）、賽夏族、漂馬族 [卑南族（Pinuyumayan），「漂馬」是卑南族簡稱「普悠瑪（Puyuma）」的音譯]。1898年任蕃政研究員，發表〈台灣土番開發狀況〉。1904年著作《台灣蕃政志》申請東京大學博士學位被拒。「土番」的「番」字係沿用中國漢語的用字，但「番」字在日語中的意義是「號碼」的意思，因此1902年日本殖民政府改用「蕃」字取代，於是伊能嘉矩才有「蕃政志」的用詞。1906年辭職離台，回岩手縣專注文獻編纂，著有《台灣文化志》，是連橫1920年發表《台灣通史》後，最重要的台灣島歷史人文的筆記作品。1925年因瘧疾去世，年58歲。《台灣文化志》則於1928年才出版，內容絕大部分記載清代中國時期在台灣島的

各種建設及治理措施，所提及的文化內容也都是中國移民尤其是漢族文化的各項要素，可以說是台灣的中國文化志。但伊能嘉矩治學不算嚴謹，無視台灣島北部平埔族是巴賽族（Basay）的客觀證據，編撰出無中生有的「凱達格蘭族」（Ketagalan）一詞，是重大的學術錯誤。台灣島史的學者以訛傳訛，繼續沿用，甚至被陳水扁用於街道命名，更是台灣島政客無知的鐵證。

二、桂太郎（1896年6月2日-1896年10月14日）

　　桂太郎（1848-1913）是日本山口縣人，1848年生，接掌第二任台灣總督。實際上桂太郎只在就任儀式上露臉後就回國，任職僅4個月，即發生喧騰國際的「雲林斗六大屠殺事件」，有無辜的6,000名台灣人遭日軍屠殺，桂太郎被迫下台，但官運卻更亨通，1898年出任陸軍大臣，1901年接替伊藤博文出任總理大臣，於1904年發動日俄戰爭。1908年接替西園寺公望（1849-1940）再度出任總理大臣，1912年假借政黨與陸軍不和，藉機第三度出任日本總理大臣，引爆大正民主運動。桂太郎步步高升，與西園寺公望先後擔任總理大臣，號稱「桂園時代」。顯見台灣島的大屠殺事件在日本人眼中不算政治污點。桂太郎在1896年7月即向伊藤博文提出《台灣統治意見書》，建議讓台灣島成為日本的「南進戰略基地」，以及「將海峽對岸的中國南部地區一帶納入日本勢力之下」，並積極在台灣島設立「台灣商工學校」，即開南商工，在日本東京設立「台灣協會學校」，即拓殖大學。

　　與桂太郎看法一致的日本人不少，日本名人松島剛（1854-1940）就此寫道：「現在台灣已落入我手中，恰給大日本擴張的大好機會。如統治就緒，拓殖成功，則此地（台灣）之成為日本擴張的根據地，實屬自然之勢。蓋往南望之，菲律賓已近在咫尺之間，南洋群島有如踏石之相連，香港、越南、新加坡皆相距不遠，都是邦人（日本人）

可以『大展雄飛』（身手）之地。」日本取得台灣島做爲南侵基地的用心，在1897年3月松島剛的〈台灣事情〉這篇文章就寫得很露骨。桂太郎的野心在1915年日本向中國提出的《二十一項要求》和1941年太平洋戰爭中，更明目張膽地暴露出來。

（一）1896年台灣島棄留

在1895年已取得台灣島主權的日本帝國國會，在1896年討論預算時，爭論「是否要將台灣以一億日圓賣給法國」以節約預算，稱爲「台灣賣卻論」，主張台灣島治理不易，拖累日本財政，應賣斷給法國，其思考模式和康熙時的「棄台論」相同。原本日本政府計畫每年撥款1千萬日圓補助台灣總督府的預算，1897年的第11屆日本帝國議會，卻刪減新殖民地台灣島總督府的補助至4百萬日圓，刪減幅度達60%，這對台灣總督府實在是一項高度不信任的打擊。

爲應付預算補助遭刪減，1897年4月台灣總督發佈律令第2號《台灣總督府特別會計法》，可隨時對台灣島民加稅彌補短缺預算。辜顯榮趁機向總督府建議由總督府專賣食鹽，增加稅收，同時藉食鹽的銷售特權，培養親日份子。1899年4月總督兒玉源太郎下令將自由買賣的食鹽改由日本殖民政府專賣，設鹽務總館，派辜顯榮爲鹽務總館「組合長」，分設19處鹽務支館，後來擴張至80處鹽務支館，都由辜顯榮管轄。辜顯榮藉機拉攏親日御用仕紳，製鹽、運輸、販賣全部包辦。1900年辜顯榮強迫鹿港近郊的小農戶遷出，供辜顯榮個人開闢爲鹽田，強佔250甲鹽地。

（二）陳發事件

1896年6月陳發率領民兵參與柯鐵虎的抗日民兵，進攻斗六的日軍，並乘勢進佔台中，卻在奮戰時中彈死亡，民兵潰散。

（三）雲林斗六大屠殺

　　1896年6月14日至18日雲林抗日民兵領袖柯鐵虎率部突擊進駐斗六的日軍，原本只是小規模的戰鬥，卻引來日軍瘋狂報復，爆發「雲林斗六大屠殺」。6月22日日軍展開血腥屠殺，燒毀4,295棟民宅，屠殺民眾6,000多人。甚至歡迎日軍的50名順民，亦遭殘殺。7月4日香港英文報紙"Daily Press"，報導日軍6月16日至22日雲林斗六大屠殺事件，稱：「人民逃難宛如摩西率眾由埃及逃難至迦南地。」在國際輿論壓力下，第2任台灣總督桂太郎於10月14日被迫下台。桂太郎任職不到5個月即下台，但鋒頭一過，又於1898年高升陸軍大臣，1901年更出任總理大臣。

　　當時台灣高等法院院長高野孟矩（1854-1919）描述雲林斗六大屠殺事件說：「雲林支廳廳官及守備隊在六日間將距雲林數哩之遙的三坪頂附近村落七十餘庄燒毀，其村落之民不分善惡曲直，數百人盡行殺戮，或將在庄數名女子強姦後殺害，或侵入民屋取去錢財。……據云其中更有將庄中六十七人連結，一齊掃射擊殺，採去人膽者。」高野孟矩還說：「日軍漫然出兵，費六日時光，燒毀七十餘庄，殺害不知良匪的三百餘人，於是刺激附近民眾，這應是此次暴動蜂起的基本原因。故說有土匪幾百人或幾千人，實際清查則多為良民，父被殺、母被奪、兄被害、子被殺、妻被殺、弟被害而基於憤恨，或家屋以及所藏財產悉被燒盡而喪失寄生之處者。」〈苫米治三郎著，《高野孟矩》，頁250）高野孟矩顯然不知道遇害人數不是「300餘人」，而是6,000人。日本殖民政府事後企圖補救，對外聲稱將以天皇名義分發救恤金給斗六事件罹難者。

（四）1896年抗日三猛：獅虎貓

　　1896年是台灣島自發性抗日民兵風起雲湧的一年，日本殖民政府疲於奔命，四處滅火，鎮壓手段一波比一波殘酷，較之1895年征台戰

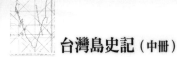

役更加蠻橫。這些抗日民兵較突出者有簡大獅、柯鐵虎、林少貓，史稱「獅虎貓抗日三猛」。

■ 簡大獅

簡大獅生於1870年，本名簡忠誥，台灣淡水人，祖籍福建漳州南靖。少習武術，在淡水開設武術館。力大無窮，能輕易舉起石獅繞行鄉里，獲得簡大獅的美名。時值1894年7月25日中日甲午戰爭，1895年4月17日中國戰敗簽訂《馬關條約》割讓台灣島。5月25日「台灣民主國」成立，10月21日日軍攻佔台南，「台灣民主國」滅亡。

1895年12月31日簡大獅以大屯山為基地舉兵抗日。1896年1月4日，日軍在宜蘭因「林大北事件」，不分青紅皂白屠殺4,331人，焚毀民房1萬餘幢，宜蘭平原半數盡歸灰燼。簡大獅聞訊非常憤怒，於1896年至1898年間，二度率領抗日民兵圍攻台北城。1897年2月簡大獅、羅錦春率抗日民兵在竹子湖與日軍部隊激戰六天，羅錦春犧牲，簡大獅率部退走深山。1898年2月後藤新平上任，改採誘降政策。8月10日抗日民兵首領陳秋菊率1,235人投降日軍。10月8日簡大獅率殘部500人在士林投降日軍。12月11日簡大獅在士林再度舉兵抗日，兵敗退入大屯山。

1900年2月簡大獅逃亡廈門，日本以簡大獅曾投降日本，依《馬關條約》規定，1897年後台灣島民全為日本臣民，簡大獅已不具中國籍，應引渡回台受審。清代中國政府面對國際法的拘束，只好接受日本政府的要脅，用簡大獅交換劉大杓。3月11日簡大獅被押回台，3月29日簡大獅在台北被處絞刑，一代孤軍抗日英烈，死時才30歲。簡大獅的英烈事蹟幾乎從台灣島的台北民國政府所編教科書課綱消失。台灣島在日本皇民後代操控下，已背棄台灣島抗日史。

■ 柯鐵虎

柯鐵虎生於1876年，本名柯鐵，台灣雲林古坑人。1895年招募鄉勇數百人起兵反日。在雲林古坑的大坪頂建立抗日根據地和抗日組

織，取名「鐵國山」。同年8月抗日民兵在雲林斗六、嘉義大林會戰失利。抗日民兵頭人簡義兵敗投奔鐵國山，1896年2月柯鐵虎推舉簡義為「鐵國山九千歲」，號稱「總統」。6月14日至18日柯鐵虎率部突擊斗六，擊敗日軍，卻引來日軍報復，爆發「雲林斗六大屠殺事件」。6月22日日軍在斗六展開血腥屠殺，燒毀4,295棟民宅，屠殺民眾6,000多人，甚至歡迎日軍的50名順民，亦慘遭殺害。

1896年7月4日，香港英文報紙"Daily Press"披露日軍於6月22日展開「雲林斗六大屠殺事件」屠殺台民的事實，引發國際輿論抨擊。日本政府雖不斷訓令外館，狡辯新聞扭曲，宣稱是搜捕土匪，但在國際輿論壓力下，第2任台灣總督桂太郎被迫下台。接任的第3任總督乃木希典卻是甲午戰爭中「旅順大屠殺事件」的劊子手。

8月簡義率兵600人，突擊鹿港、斗六、嘉義，與辜顯榮所率千餘名保安民兵對峙，先勝後敗，困守鐵國山。1897年12月柯鐵率抗日民兵攻佔大坪頂。辜顯榮出面招撫簡義，簡義下山投降。簡義生於1835年，嘉義梅山人，投降日軍後被派任為莊長，1898年遭抗日人士刺殺死亡，年63歲。

簡義投降後，鐵國山抗日組織改推舉柯鐵虎為「總統」。12月12日日軍砲擊鐵國山，柯鐵虎率殘部遁入深山進行游擊戰。1899年後藤新平出面招撫柯鐵虎，柯鐵虎放棄抵抗歸降，1900年遭下毒病逝，年24歲，鐵國山殘部亦全遭殲滅。

■ 林少貓

林少貓生於1865年，本名林苗生，屏東萬丹人，販售魚類、豬肉致富，在屏東成為支配市場交易的頭人。清政府台南知府慕名邀請林少貓至台南當保安官員，維持市場交易秩序。1895年得知日軍進佔台北，林少貓散財招募抗日民兵，有閩南、客家千餘名，排灣族7百多人，達2千人的實力，且得劉永福提供軍火協助成軍。

1896年日軍在雲林斗六展開大屠殺，林少貓義憤填膺。1896年12

月29日林少貓率抗日民兵突擊高雄親日富商陳中和的和興公司，強奪倉庫，但未傷及人員。1897年4月25日林少貓與林天福率部開始對屏東、鳳山、潮州的日本憲兵、警察、文武官員展開攻擊刺殺行動，日本殖民政府非常頭疼，懸賞鉅款，招人暗殺林少貓，始終失敗。1898年12月18日林少貓率民兵襲擊阿猴（屏東市）、恆春的日本官員和警察。日本殖民政府遂派高雄富商陳中和、蘇雲梯招撫勸降。1899年5月20日林少貓率部投降，日本殖民政府准予在後壁林（高雄小港及屏東麟洛一帶）屯田維生。

1902年5月26日日本殖民政府的民政長官後藤新平決定消滅林少貓，藉口後壁林發生瘟疫，包圍林少貓屯田的村莊。5月30日雙方激戰，下午5時後壁林被日軍攻陷，林少貓身中五彈，戰死於後壁林的水田，年37歲。有男子41人、婦女25人、兒童10人死於戰火。日軍緊接著宣稱斬殺抗日人士4百多人，其中卻包括婦女及兒童。接著從5月30日至6月4日，日本人藉口殺害與林少貓有交往的鄉親或商賈3百多人，連在林少貓母親祝壽禮簿簽名者，都視為抗日人士遭日軍處決，如溪州富豪楊寔、壯丁團長林漏太、村民林占魁、吳萬興、林雄、林生等人。其中提供逮殺名冊和訊息給日本人的親日份子是蘇雲梯、蘇雲英兄弟。蘇氏家族曾資助劉永福抗日，劉永福兵敗逃亡，旋即投靠日本人。蘇雲英是民進黨前主席蘇貞昌的祖父，蘇氏家族是屏東知名的皇民家族。蘇雲英是福建漳州海澄人（龍海市），因林少貓事件有功於日本人，日本殖民時期先後擔任頭前溪莊莊長、阿猴廳參事、阿猴區區長、高雄州協議員、第一銀行創始人。因後壁林位於屏東與高雄交界地區，古稱「阿猴社」（Akauw），史稱「阿猴大屠殺」。

三、乃木希典（1896年10月14日-1898年2月26日）

乃木希典（1849-1912）是日本東京人，生於1849年。早年沈迷酒

色，在1894年中日甲午戰爭和1904年日俄戰爭中的表現，被視爲指揮
無能，卻暴烈無比。1895年率軍征台，1896年出任第三任台灣總督，
推廣鴉片專賣，其個人雖清廉節儉，但領導無能造成政治腐敗，對被
殖民的台灣島民一味實施武力鎮壓，常被批爲「愚將」。乃木希典殖
民統治台灣島時，麾下一批日本官員「把台灣視爲廉價的擄獲物，盡
量利用職位以求詐取」，可說貪污橫行，吏治敗壞，連負責整治貪污
的法務部長高野孟矩都被迫下台。乃木希典昏庸無能，在日本政界
頗有名氣。乃木希典因兒子在日俄戰爭死亡，本人又在明治去世時自
殺，被日本人吹噓爲「軍神」。另外，乃木希典於1897年拆毀荷蘭人
的熱蘭遮城的城垣，興建大員港的海關宿舍，也是毀壞歷史性建築的
一樁紀錄。清代中國政府曾於1733年、1749年修砌熱蘭遮城，1868年
「樟腦戰爭事件」英國艦隊砲轟熱蘭遮城，1895年日本殖民統治台灣
島，不但拆毀城垣，還於1930年樹立濱田彌兵衛的紀念碑，熱蘭遮城
從此蕩然無存。

（一）官僚貪污腐敗

　　日本殖民統治初期來台的日本人素質不良，1898年11月桂太郎的
《台灣協會會報》 曾載：「渡台的宗教家、民間人士、官吏等素質
之差，對統治而言實爲第一號毒瘤。渡台的日本人儀表不端、品性惡
劣、生活態度低劣，較之台灣人，絕不較爲優秀。」甚至有人直言：
「台灣有如日本人的垃圾場，台日間的定期船有如載糞船，在瓦礫中
是很難得會混入名玉的，原在日本國內有如塵埃般的便宜貨，也因爲
他是日本人而水漲船高。總督府是一大廢物利用場，將日本國內每年
淘汰的冗員，有如垃圾般地送到台灣。他們在台灣得到在日本國內無
法獲取的收入與地位，於是沈淪於酒色，傷風敗俗。」「盡是利慾薰
心的貪污……日本人的粗暴與低劣，自然會招來被支配者……台灣人
的輕侮。」「（赴台日本人）衣容不佳，品性惡劣，生活態度差（暴
力、爛醉、裸體）」「少數的日本人逞著戰勝的餘威，以暴戾嚴酷的

手段對待占多數的台灣人，或爲奪取台灣人的財富，對其威脅逼迫，或爲了完成其任務，對台灣人怒嚎鞭韃，由有甚者。誘拐台灣人妻女或冒然入侵民宅施暴。日本人視台灣人與犬馬豬牛無異，過去歐洲人對黑奴的殘虐，今日在此可見。」（參考竹中信子，《殖民地台灣の日本女性生活史》，〈明治篇〉）。乃木希典卻無法處理這批日本官僚的貪污腐敗和暴虐，日本人的操守問題直到乃木希典下台後才慢慢改善。

（二）高野孟矩事件

1897年初，乃木希典指示台灣高等法院院長兼法務部長高野孟矩（1854-1919）發動肅貪工作，高野孟矩信以爲眞，起訴民政局長水野遵等人。但首相松方正義（1835-1924）認定高野孟矩過度嚴苛，要求乃木希典開除高野孟矩。高野孟矩認爲法務部長是政務官可被開除，但是法院院長職務受《明治憲法》保障，不接受免職令。高野孟矩表示不服，仍照常至高等法院上班。乃木希典卻認爲台灣島實施《六三法》不適用《明治憲法》，下令高等法院法警驅離高野孟矩。乃木希典的肅貪行動就此淪爲笑話，台灣島的日本官員貪墨風氣更加惡劣。高野孟矩曾向松方正義指控日本軍警說：「或云台灣土人（包括支那人種）到底不是能施之以仁德爲基本之政的人種。論者之意在於只有以殺伐才能治台灣土人。」卻反遭松方正義忌憚。

（三）三段警備法

乃木希典將台灣島的行政區域，改劃爲六縣三廳，除台北、台中、台南三縣外，增設新竹、嘉義、鳳山三縣，及宜蘭、台東、澎湖三廳。他更採用法國在殖民地阿爾及利亞的「三段警備法」統治全島，將各地劃分爲「安全區」、「匪賊區」、「土匪區」。「安全區」由警察和民防隊守備，「匪賊區」由憲兵和警察共同守備，「土匪區」由軍隊鎮壓。軍警擁有「臨機處分權」，軍警對於抵抗的台灣

人，有當場處分生殺之權。日本報紙甚至以「斬殺、斬殺、再斬殺」來描述。「三段警備法」實施後，軍隊、憲兵、警察等三個指揮系統無法整合，相當混亂，頻頻出錯。到了兒玉源太郎時代，被後藤新平廢除。乃木希典另外實施「土匪歸順政策」，誘使抗日民兵領袖簡義投降。儘管推動這些政策，乃木希典仍疲於應付各地抗日民兵，遂主張將台灣島出售給英國，因而被譏笑「乃木出賣台灣」。日本殖民台灣島前三年，換三位總督，花費3,120萬日圓，每年赤字補助款超過1,000萬日圓。90%用在軍警費用和行政支出，70%預算靠日本政府支付，日本人漸感吃力。1896年日本國會即提議以一億日圓出售台灣島給法國。

1898年，日本首相伊藤博文主持召開的軍政要員會議，乃木希典提議將台灣島賣給英國，他抱怨日本統治台灣一事：「就像乞丐，討到一匹馬，既不會騎，又會被馬踢。」認為台灣島是塊燙手山芋。兒玉源太郎反對乃木希典的「賣台論」，兒玉源太郎說：「我覺得不是台灣不好治理，而是我們管理的官員無能。如果首相覺得政府中找不到能好好治理台灣的總督，我願前往。」伊藤博文當即決定不賣台灣島，並任命兒玉源太郎為第4任台灣總督。1898年日本國會把每年1,000萬日圓補助款，削減為400萬日圓，日本的台灣殖民政府只好加緊利用各種名目從台灣島搜刮資源，尤其是田地、林地、礦產、賦稅、樟腦、鴉片。

（四）霸佔原住民土地

1895年日本發動征台戰役，日軍與中國移民的抗日民兵鬥爭幾達半年。原住民袖手旁觀，甚或協助日軍，視為報復中國移民的好機會。1895年9月樺山資紀接見桃園角板山的原住民，1897年8月乃木希典安排泰雅族、布農族、鄒族、排灣族共13位頭目赴日本觀光。此時日本人刻意與原住民交好，確保原住民在抗日事件中，保持中立，或支持日本人鎮壓中國移民。但日本人後來欲強奪原住民的樟樹林，雙

方關係變得非常惡劣。尤其是1895年10月31日第26號台灣總督令《官有林野及樟腦製造業取締規則》的第一條規定：「無官方證據及山林原野之地契，作爲官有地。」於1898年1月開始強力實施。原住民的傳統領地既無「官方證據」，也無「地契」，全被日本殖民政府沒收，這是原住民開始強烈抗爭的根本原因。日本人強力霸佔原住民土地，是樺山資紀下令的，但從乃木希典時代強力執行。

（五）玉山改名新高山

1896年11月22日東京大學的本多靜六（1866-1952）率團登上玉山，測量海拔高度，這是日本人首度登上玉山。1897年6月27日日本政府將玉山改名爲「新高山」，因爲玉山比富士山高170公尺，且在玉山峰頂蓋「新高神社」，象徵日本人統治台灣島。原住民布農族稱玉山爲Tongku Saveq，卡那卡那富族稱爲Tanungu Incu，排灣族稱爲Kanasi，都是「高大的山」的意思。鄒族則稱玉山爲Patungkuon是「石英之山」或「發亮之山」的意思，中國移民直譯爲「八通關」。1697年郁永河撰寫《裨海紀遊》即把「石英之山」，取其意義翻譯爲「玉山」。1845年英國海軍上校科里森（Richard Collinson）奉派測繪澎湖群島的航海地圖，曾繞行台灣島，把玉山標示爲Mt. Morrison（摩里遜山），用於紀念1807年英國派遣到中國傳教的第一位牧師與聖經第一位中文翻譯者馬禮遜（Robert Morrison, 1782-1834），因此西方國家常稱玉山爲「摩里遜山」。馬禮遜牧師和其助手梁發牧師（1789-1855）就是把基督教義宣傳手冊《勸世良言》，於1832年至1837年間，在廣州交付給洪秀全（1814-1864）的傳教士。洪秀全根據這些手冊，創立「拜上帝會」，掀起太平天國事件。

（六）設立醫學院

乃木希典在台灣島主要的政績是創設「台北醫院附屬醫學講習所」，就是台灣大學醫學院的前身，並在台北、新竹、嘉義、台南、

鳳山、台東、澎湖設公立醫院。但乃木希典本人的個性不適合從政，不久主動請辭，調回東京。

（七）無能的殘酷軍人

乃木希典其實既是個無能的總督，也是個差勁的將軍，但卻被標榜為「日本軍神」，實是日本宣傳軍國主義需要樣板所致。1877年乃木希典28歲時，指揮連隊討伐發動「西南戰爭」叛離明治政府的西鄉隆盛，卻丟失軍旗，被人羞辱。戰後放浪形骸，嫖妓醉酒。1887年赴德國接受陸軍訓練，痛改前非，判若兩人。

1894年中日甲午戰爭，乃木希典率軍赴中國東北作戰，涉入「旅順大屠殺事件」，殘殺中國平民萬人以上，戰後升任中將。有關「旅順大屠殺事件」，英國人艾倫（James Allan）在他的著作《龍旗翻卷之下》寫道：「日軍用刺刀穿透婦女的胸膛，將不滿兩歲的幼兒串起來，故意舉向高空，讓人觀看。」該書也記錄了旅順城內，被俘虜的中國人遭砍下人頭刺在竹杆上或割去生殖器的慘狀。美國《紐約世界報》記者克列曼（James Creelman）寫道：「我經過各街，到處見到屍體殘毀，如野獸所嚙。被殺的店舖商人，堆積疊在道旁，眼中之淚，傷痕之血，都已冰結成塊。甚至有知靈性的犬狗，見主人屍首僵硬，不禁悲鳴於側，其慘可知矣。」

1895年9月乃木希典揮師征台，鎮壓台灣島抗日民兵，擔任日軍南台灣守備司令。1896年4月班師回日本，10月奉派出任台灣總督。1896年12月，爆發陸軍少尉結城亨與其部下21人，於花蓮新城遭到太魯閣族殲滅，史稱「新城事件」。

黃昭堂的《台灣總督府》一書敘述了乃木希典擔任台灣總督期間鎮壓台灣人民、政治腐敗，批評乃木希典「政治無能」。1904年乃木希典參與日俄戰爭，率軍三度進攻旅順203高地，戰術愚蠢，反應遲鈍，均告失敗，日軍死傷慘重，乃木希典兩個兒子亦告陣亡。兒玉源太郎接手指揮，日軍才順利攻佔俄軍的203高地。乃木希典軍事上的

愚蠢，理應軍法審判，卻因兒子的犧牲，被日本人宣傳爲偉大事蹟。1912年明治出殯日，無兒無女的乃木希典夫婦自殺，被日本人奉爲「忠君軍神」，引爲日本軍人模範。乃木希典的「殉君」事蹟，編造得比吳鳳事蹟更誇張，這是日本軍國主義的濫觴。

（八）黃國鎮稱帝事件與枋子林事件

黃國鎮是嘉義大埔羌仔寮（鹿谷）人，1896年7月10日號召抗日民兵800多人圍攻嘉義市的日本軍警，7月15日圍攻失敗，化整爲零，分散各地。1897年1月黃國鎮控制嘉義山區49個村莊，宣布即位皇帝，國號「大靖」，徵糧抽稅，組織軍隊。8月12日日本軍警進攻黃國鎮地盤，黃國鎮逃入深山。但日軍一個月後退出山區，黃國鎮又重掌山區基地。1898年5月黃國鎮開始下山襲擊各地日本官署，1902年4月黃國鎮在大埔遭日本軍警擊斃。

1898年11月3日（農曆10月20日）黃國鎮派高乞率2百人攻擊日本殖民政府台南店仔口（白河）辦務署未果，退兵行經白河枋子林被上茄苳望高寮的日軍發現，懷疑枋子林也是黃國鎮的根據地。11月13日黃國鎮又襲擊竹門派出所，11月22日（農曆11月9日）日本軍憲警以登記「良民證」爲由，將枋子林男子17歲以上、60歲以下全部238人逮捕集中至廣濟宮後面的榕樹下，以武士刀全數斬首，史稱「枋子林事件」。

（九）大稻埕事件與北部抗日民兵

1895年日本征台戰役，台北雖不戰自潰，但台灣島北部的抗日民兵仍此起彼伏。除1896年爆發「元旦事件」外，後來參與「元旦事件」的抗日勢力於1897年再度舉事反日。1897年5月8日凌晨3時30分，陳秋菊、詹振、簡大獅、徐祿、詹番率民兵4,000人，從三張犁、八芝蘭（士林）分兩路襲擊台北大稻埕，與日本憲兵激戰三個多小時，詹振受傷流血致死。有200多名民兵轉戰錫口（松山），再與日本憲兵激

戰，史稱「大稻埕事件」。

　　1897年6月李烏、周興吉、潘亮、李田裕、陳樹、陳潛、林久、游阿呆、盧錦春、徐祿、鄭文流、劉金等民兵領導人，率各部眾襲擊三張犁、劍潭、公埔、礁溪、頂雙溪、內湖的鼻仔頭、雙面坑頂、西寮、五指山、海山、八芝蘭的石閣、崁仔腳、下溪洲、雙溪口、頂埔等地的日本官署及警察派出所。7月桃園南崁、大坵園（大園）、南港等地，抗日民兵打游擊戰，日軍疲於應付。

　　10月，簡大獅率兵進攻金包里，殺死日軍松本少尉。日軍反擊金包里、坪林尾，抗日民兵在金面山、瑞芳獅仔頭山敗戰。11月，簡大獅、盧錦春、林大平、詹番率民兵500多人，與日軍交戰於大屯山竹仔湖。二坪頂抗日民兵200多人加入戰鬥，民兵戰敗，退入大屯山。簡大獅率民兵在九芎林襲擊日本憲兵，在礁溪狙擊日軍。20日詹番率民兵再度作戰於獅仔頭山，28日宜蘭四圍爆發戰鬥。12月，簡大獅、詹番、林火旺、吳水久、王永泉等在士林的南雅、頂雙溪、錫口的冷水溪、瑪鍊港、烘內、四圍的林尾、二圍的白石腳等地襲擊日本軍警。

林火旺在礁溪投降圖

林火旺率民兵300多人，游擊於台北新店、錫口（松山）、水返腳（汐止）。

　　1898年1月，陳秋菊率民兵襲擊南港的大坑與十三分仔的日本軍警，2月簡全襲擊北投日本憲兵，張老思、李養游擊於石碇的和尚頭，王銀泉、王蛤、朱晦永、黃萬軍襲擊車坪的日軍。3月10日簡大獅、盧錦春於大屯山竹仔湖集結民兵1,000多人，襲擊金包里、瑪陵坑（七堵）、大武崙、礦溪的日本憲兵。11日日軍基隆守備隊趕來迎戰，13日日軍北投憲兵隊趕來支援，簡大獅仍派敢死隊燒毀日本憲兵房舍後，撤退至竹子山。此後簡大獅、盧錦春、詹番於淡水、八芝蘭、基隆、景尾等地打游擊戰。林火旺、吳水養、蔣老福、林俊目率民兵6百多人，以游擊戰術攻擊宜蘭、九份、鹿角坑、竹仔山、艋舺。

　　陳秋菊於1898年8月10日率1,235人接受後藤新平招撫，向日本殖民政府投降。日本殖民政府給陳秋菊兩萬日圓，要他帶領部下去開闢從宜蘭頭圍到坪林、新店的北宜公路。陳秋菊後來協助日本殖民政府

簡大獅（左）和陳秋菊（右）的照片

消滅抗日勢力，且經營日本人特許的樟腦事業，成為富商，1922年去世。1898年8月28日林火旺、林小花、林朝俊在宜蘭礁溪投降，後藤新平到場受降。8月盧錦春、李養歸順日軍。10月8日簡大獅、林清秀、劉簡全在士林投降，後藤新平給簡大獅三萬日圓，要他率部開鑿士林、菁礐、金包里的山路。12月10日盧錦春再度反日，與金包里日本警察衝突。12月10日簡大獅、詹番計劃再度反日，事洩遭日軍襲擊，簡大獅遁入大屯山，詹番被殺。1899年7月24日盧錦春擬送彈藥給林李成時被捕，12月21日被處決。林李成、林松（林李成之子）於1899年11月8日在宜蘭山中被日軍射殺。林火旺後與日本人衝突，重回宜蘭太平山抗日，於1900年3月22日被捕處死。

（十）日本的殖民紅利

1897年日本殖民政府發佈《台灣總督府特別會計法》，將鴉片生意收歸殖民政府的獨佔專賣收入。1898年再將樟腦生意交給三井物產會社獨佔專賣，1899年食鹽實施專賣，交給辜顯榮負責。1905年香菸實施專賣，1922年酒及酒精實施專賣。食鹽及酒在日本本國及各國殖民地都無專賣獨佔，日本殖民政府卻在台灣島實施鹽酒專賣獨佔。這種貧富不分的間接稅，使台灣島貧者愈貧，富者愈富。日本殖民政府的獨佔專賣收入在1897年佔歲入的14％，1945年佔49％，最高時曾達60％，剝削利潤豐厚，在各國殖民史上甚為罕見。日本殖民時期在台灣島的資本家大都是日本人和其台籍扈從，地主大都是親日份子，反日份子早已被鎮壓殆盡。殖民政府採取收買資本家和地主，但剝削一般台灣島民的財政策略。這些財政收入除了維持台灣島殖民統治所需外，後來尚有大筆資金移用於支付日本侵略中國、朝鮮及東南亞經費。

（十一）台北興中會

1896年10月11日孫文（1866-1925）在英國倫敦，被大清帝國駐

英國公使館拘捕於館內，後被康德黎（James Cantlie, 1851-1926）救出。1897年8月孫文赴日本，獲得日本眾議員犬養毅（1855-1932）、外務大臣大隈重信（1838-1922）的支持。11月孫文派陳少白 （1869-1934） 到台北組織興中會，楊心如、吳文秀、趙滿期、容棋年等人參加，楊心如曾參加孫文的廣州起義和惠州起義。1898年陳少白再度來台會晤後藤新平。1896年至1898年間，台灣島北部抗日民兵仍很激烈，但孫文、陳少白未曾關心，反而積極尋求日本殖民政府協助中國革命，籌組反清民兵，推翻滿清政府，實在是中國史和台灣島史的一大矛盾。台灣島抗日民兵、清政府、日本殖民政府、孫文的革命黨，形成一個矛盾的四角關係。日本殖民政府支持孫文革命，清政府支持抗日民兵。孫文革命推翻清政府，日本殖民政府鎮壓抗日民兵。康德黎是香港西醫書院的創辦人之一，孫文是該院第一屆第一名的畢業生，該屆只收六名學生，但僅有兩名畢業生。香港西醫書院即今香港大學醫學院。1887年創立，原名是香港華人西醫書院，專收中國學生習醫。康德黎的曾孫約翰康德黎（John Henry Cantlie, 1970-2017）是英國的戰地攝影記者，2012年被伊斯蘭國IS綁架，據傳2017年已被殺害。

四、兒玉源太郎（1898年2月26日-1906年4月1日）

兒玉源太郎（1852-1906）是日本山口縣人，1872年兒玉源太郎曾和樺山資紀遍歷台灣島，探訪民情，測量港口水深，蒐集軍事情報。1885年才33歲就擔任日本陸軍大學首任校長，1895年任台灣電信建設部長，1898年兒玉源太郎出任第四任台灣總督。但1900年即兼任日本陸軍大臣，1903年改兼任內務大臣及文部大臣，1904年日俄戰爭又擔任滿州軍總參謀長，所以兒玉源太郎在台灣島的時間不多，被譏稱「缺席總督」，台灣總督府實際負責人是後藤新平。

兒玉源太郎是積極支持孫文推動中國革命的日本重量級政壇人士。1897年11月孫文的部下陳少白即已來台，在台北市創設興中會台灣分會，吳文秀（1873-1929）就是當時加入興中會的第一位台灣人。

兒玉源太郎在1899年創辦台灣銀行，1900年初即設立廈門分行。1900年4月孫文籌備惠州起義，兒玉源太郎命令後藤新平從台北的台灣銀行總行匯款300萬兩銀至廈門分行，給孫文做起義經費。原本的計畫由孫文進攻惠州，兒玉源太郎派兵進攻廈門，內外合擊，動搖大清政權。9月24日孫文從神戶抵達台北，與兒玉源太郎共商大計。但兒玉源太郎派兵進攻廈門的計畫被伊藤博文否決，孫文1900年10月6日惠州起義也告失敗。

1901年台灣島被劃分為20個廳：台北、基隆、深坑、宜蘭、桃園、新竹、苗栗、台中、彰化、南投、斗六（雲林）、嘉義、鹽水港（嘉義西南部及台南北半部）、台南、蕃薯寮（噍吧哖及高雄西北部）、鳳山、阿緱（屏東）、恆春（屏東）、台東、澎湖等。花蓮、中央山脈及南部大武山脈（Kavulungan）附近區域皆未劃為行政區域。

1897年至1901年兒玉源太郎號稱逮捕「土匪」8,030人，殺戮「土匪」3,473人。1901年「大討伐」處死「土匪」539人。1898年5月台灣島爆發鼠疫，死者達709人。1900年2月設立「台北天足會」，推動廢除纏足運動。6月發現阿里山檜木森林。1901年2月設立專賣局，壟斷樟腦、食鹽、鴉片買賣。1901年5月台北、台南鼠疫盛行。

1898年6月11日至9月21日中國光緒皇帝和康有為發起「戊戌變法」失敗，同年台灣島在8月6日至8月8日遭到颱風侵襲，爆發「戊戌大水災」，淡水河溢堤，台北城內淹大水，85人死亡，大稻埕受災尤其嚴重，城內外死亡和失蹤超過400人。南投濁水溪的支流清水溪上游的草嶺潭潰決，洪水沖垮下游鄉鎮村莊，人命財務損失大到無法估計。明末清初，濁水溪下游原本北中南有三條支流：東螺溪、西螺溪、虎尾溪，以西螺溪為主幹。東螺溪從彰化二水西流，與鹿港溪合

流後，匯入台灣海峽。戊戌大水災時，濁水溪改道，東螺溪變成主流水道，故稱「舊濁水溪」，又稱「大水溪」。南投、台中、彰化、雲林地區受災尤其嚴重，彰化有3,000公頃農田遭沖毀，台中有95人死亡，整體死傷數字沒有完整的統計。彰化北斗的廟宇賑災，用蕃薯籤（地瓜切絲曬乾）磨粉發明「肉丸」，發放救濟災民，當時「肉丸」只包甘藍菜，後來加入豬肉和竹筍，成了知名的「彰化肉丸」。

1898年12月25日日本殖民政府以調查戶口，派出日軍搜捕抗日份子為由，將高雄燕巢滾水庄16歲以上的男性村民128人集結於觀水宮前，酷刑逼問抗日份子的下落，逼問未成，最後放火全部活活燒死，史稱「滾水清庄事件」。12月26日日軍進入高雄橋頭六班長村（現稱「三德里」），集結15歲以上100名男性村民逼問，最後亦放火全部燒死，史稱「六班長清庄事件」。

1906年4月兒玉源太郎卸任台灣總督職務，7月在睡夢中腦溢血去世。台北市新公園（現稱二二八公園）內，有台灣博物館於1915年落成，是日本殖民政府拆除台北天后宮，用於紀念兒玉源太郎和後藤新平的博物館，博物館內存有兩人的銅像。

（一）被殖民吞併的「台灣島糖業」

1900年兒玉源太郎找日本財閥鈴木藤三郎、山本悌二郎、藤原銀次郎來台考察糖業，決定籌設糖廠，由三井物產社長益田孝擔任發起人，在東京成立「台灣製糖會社」，並讓糖商陳中和、蔗園大地主林嘉惠入股。兒玉源太郎則每年補貼10%的投資利息，補助「台灣製糖會社」，於今高雄橋頭設立台灣島第一座新式糖廠「橋仔頭製糖所」，改變台灣蔗糖的生產方式。

日本殖民政府動用公權力徵收土地做蔗田，並逼迫蔗農在不合理的交易條件下廉價出售甘蔗，成為蔗奴。這是台灣諺語「人尚憨，種甘蔗給會社磅」的由來，當時蔗農人數佔台灣島農戶三分之一。從此台灣民間的小糖廠只有被合併的命運，兒玉源太郎可說是日本殖民台

灣島時壟斷糖業的始作俑者。1901年11月5日兒玉源太郎和後藤新平召集會議，宣布「稻米和甘蔗」做爲台灣島兩大經濟作物，要有計劃增產。1945年南京民國政府接收剝削歷代蔗農的日產四大公司，即「台灣製糖」、「日興糖業」、「明治製糖」、「鹽水港製糖」，合併成立「台灣糖業公司」。

　　台灣島的甘蔗園和糖業是殖民統治的歷史標誌。荷蘭殖民時期台灣島糖業，以輸入中國移民開墾田地，種植甘蔗，興建糖廠，煉製蔗糖外銷，作爲殖民統治經費及荷蘭東印度公司的利潤來源。延平王國時代鄭經則繼承荷蘭人的模式，清代中國時期採相對民營化的糖業政策，甘蔗園掌控在地主階級手上，但蔗糖外銷卻被西方洋行操縱。日本殖民台灣島時期換由日本人和台灣島親日地主控制糖業。日本本土是蔗糖的進口國，1894年全國消費4百萬擔蔗糖，80%仰賴進口。1895年日本開始殖民台灣島，掌控台灣島糖業，就此大幅減少進口蔗糖的外匯開銷，並剝取台灣島民生產蔗糖的收入，作爲發展日本本土工業的資金來源。

　　日本殖民政府先請新渡戶稻造（1862-1933）提出《台灣糖業改良意見書》，強調改良甘蔗苗種、栽培法、水利灌溉，將稻田改種甘蔗，開墾土地種植甘蔗；政府介入糖業強徵土地，分配原料，糖廠機械化。接著實施《糖業獎勵規則》，設立「臨時台灣糖務局」，金援日本大財團，並保證獲取原料，提供市場保護，讓日本企業獨佔台灣島糖業。1900年三井財閥設立「台灣製糖會社」，後來三菱財閥設立「明治製糖」、「鹽水港製糖」，藤山財團設立「大日本製糖」、「新高製糖」、「東洋製糖」，日本人完全掌控台灣島糖業。連親日的陳中和、林本源、辜顯榮、王雪農等四大家族的製糖廠，都被日本財團併吞殆盡。原有歐美製糖勢力及出口洋行完全被驅逐，英商怡和製糖也在1911年被三井的台灣製糖併吞。

　　1901年日本殖民政府發佈《土地收用規則》，強徵台灣島農民的甘蔗耕地及小型製糖工廠、辦事處、宿舍、交通等用地。訂定日本財

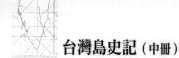

團的糖廠可強制收購甘蔗的《原料採取地區法規》、《製糖廠取締規則》，蔗農只能販售甘蔗給指定地區的指定製糖廠，無權自由出售甘蔗，瞬間淪爲毫無討價還價能力的農奴。1903年發布的《糖業組合規則》，規定非組合會員不得經營糖業，組合會員的營業額由殖民政府管制，所有糖商全淪爲三井物產和增田屋商店的代理商。同時在東京以「糖業聯合會」操控市場，執行《限產協定》，控制產量和價格，獲取獨佔利潤。三井、三菱、藤山等三大財閥再用糖業獨佔利潤，投資土地開發及水利灌溉、鐵路及海上運輸、酒精及紙漿製造、製鹽及食品加工、乳業及化學工業，擴大財團的壟斷實力。

1905年9月5日日俄戰爭後簽訂《樸資茅斯條約》，日本獲得2千萬日圓賠款。同年又與中國簽訂《滿洲善後條約》，日本可從滿洲（中國東北）取得廉價煤和鐵。1907年又從法國獲得3億法郎的貸款，使得日本資金充沛，積極投資設立新式糖廠，擴增台灣島蔗糖產量供應日本。但「米糖相剋」問題一直困擾糖價和糖廠利潤。日本國內因爲戰爭和人口增加，造成米價上漲，蔗農改種稻米，甘蔗產量減少，糖廠產量跟著減少，糖廠單位成本墊高，虧損嚴重。稻米如果豐收，米價下跌，稻農改種甘蔗，蔗糖量增加，糖價下跌，糖廠又產生虧損。「米糖相剋」問題其實是日本財團投資新式糖廠的盈虧問題。日本殖民政府支持糖廠使用「米價比準法」，甘蔗收購價格釘住米價，才解決米價和糖價的相互循環波動的問題。這又是不讓台灣島農民有自由選擇種植甘蔗或稻穀，同時剝削種稻與種蔗收入的殖民做法。稻米產量如果穩定，可促使甘蔗產量也穩定。這直到1930年嘉南大圳完工，稻米產量穩定增加，「米糖相剋」問題才緩和。

1939年統計，甘蔗園面積16萬7千餘甲，佔總耕地面積的19％。蔗農14萬6千餘戶，佔總農戶數30％，佔台灣島總戶數15％。新型糖廠49座，蔗糖年產量達140萬公噸，是1896年產量的50倍。蔗糖總產值1億9千萬日圓，是工業總產值的48％。蔗糖出口達2億6千萬日圓，佔總出口43％。糖業成爲日本殖民台灣島最大的獲利來源。台灣製糖一家

即擁有13家製糖工廠、2家以糖蜜為原料的酒精工廠、土地49,300甲，700公里長甘蔗運輸輕軌鐵路和道路。日本學者矢內原忠雄撰《帝國主義下的台灣》，稱這種現象是「台灣糖業帝國主義」，世界上各國殖民地遭剝削的程度，沒有像台灣島如此有系統且徹底地被日本人剝削。台灣島用蔗糖養大日本財團的說法，一點都不誇張。

（二）設立台灣銀行

乃木希典在1897年3月30日就公布《台灣銀行法》，準備設立可以發行貨幣的銀行。1899年3月兒玉源太郎批准台灣銀行以銀本位發行面額一日圓的「台灣銀行券」，做為台灣島的通用貨幣，俗稱「台銀券」。6月12日批准設立「台灣銀行」，9月26日台灣銀行在台北撫台街正式設立，9月29日公開發行「台灣銀行券」。10月2日在台南、新竹、台中、宜蘭、淡水、澎湖、神戶設立分行。1900年5月1日設廈門分行，12月1日設基隆分行，並開辦銀本位的「台灣銀行券」與金本位的「日本銀行券」之間的兌換業務。12月3日發行面額50日圓的「台灣銀行券」，1901年2月5日發行面額10日圓的「台灣銀行券」。1904年7月1日「台灣銀行券」改以金本位發行。「台灣銀行券」直到1946年5月22日才被陳儀政府發行的「台幣兌換券」以一比一的比例取代，「台幣兌換券」後來俗稱「舊台幣」。「舊台幣」則於1949年6月15日被「新台幣」以一比四萬的比例取代。

從清代中國到日本殖民台灣島初期，台灣島的金融體系只有傳統錢莊、民間高利貸，以及英國洋行和中國人的匯兌商。適用的貨幣也非常複雜，有清政府發行的各種貨幣，有從菲律賓傳來的西班牙銀幣、墨西哥的白鳥銀幣，有日本的龍銀幣，有台灣島的紋銀，有福建的馬蹄銀，有廣東的一角銀圓。1904年「台灣銀行券」改以金本位發行後，1908年10月日本殖民政府下令停止銀幣流通，1909年3月2日禁止銀幣兌換，1911年4月1日下令貨幣統一使用金本位的「台灣銀行券」，台灣島才確立現代化的貨幣制度。

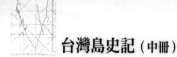

　　日本殖民台灣島後，台灣銀行為掌控金礦，發行金本位的貨幣，貸款給1897年設立的兩大金礦商：田中長一郎的金瓜石金礦、藤田組的瑞芳九份金礦。1920年顏雲年、林熊徵的台陽礦業接手瑞芳九份金礦，1926年日本財團組織「金瓜石礦山」接手金瓜石金礦。台灣銀行經營一帆風順，直到1927年幾乎被鈴木商店拖垮為止。

（三）後藤新平

　　後藤新平（1857-1929）是日本岩手縣人。在1898年至1906年間擔任台灣總督府民政長官，是台灣島實際上的殖民統治者。後藤新平是醫師出身，留學德國獲醫學博士學位。從德國回日本後，出任內務省衛生局長，1882年「不等官令就直接替遭到暴徒刺傷的板垣退助治療」，後來捲入「相馬精神病事件」，被關入監獄一年多。1896年4月任陸軍檢疫工作認識兒玉源太郎，1896年經兒玉源太郎推薦來台，擔任日本總督府的衛生顧問。1898年兒玉源太郎升任台灣總督時，拔擢後藤新平為民政長官。後藤新平根據所謂「生物學法則」，意指要順勢利用台灣島民的生物本性，剛柔並濟，恩威並施，進行殖民統治，而不是違逆生物本性。就像「把比目魚眼睛改換成鯛魚眼睛」，就是違逆生物學原則。後藤新平於是全面調查台灣島的土地、戶口、風俗習慣，招撫抗日民兵，籠絡台灣仕紳，全面發展農工業，推動衛生教育制度，改革警察治安。後藤新平確立各部門由技術官僚領政，提拔長尾半平、高橋陳次郎、國弘常重、山形要助、八田與一等要角，幾乎裁汰所有乃木希典時代的官員。

　　更重要的是，後藤新平選定樟腦、蔗糖作為籌措統治財源的工具。在歷經荷蘭殖民時期、延平王國時期、大清帝國時期，已有相當基礎的糖業和樟腦業，引進技術和資本，成為日本殖民台灣島的兩大搖錢樹，還可支應台灣島的交通、衛生建設經費，如縱貫鐵路、阿里山森林鐵路、重要港口公路、台北市下水道，都在後藤新平手上誕生，而這些建設經費不是來自日本本土，而是剝削自台灣島的蔗農、

樟腦業者、原住民的樟木利益和鴉片吸食者。1906年後藤新平轉任
「南滿州鐵道會社」總裁，先後接任遞信大臣、鐵道院總裁、內務大
臣、外務大臣、拓殖大學校長、東京市長、關東大地震後的「帝都復
興院」總裁，在日本歷史上是一號人物。

　　後藤新平提出所謂「治台三策」：第一，台灣人貪財愛錢，可誘
之以利；第二，台灣人貪生怕死，可高壓威脅；第三，台灣人太愛面
子，可虛名攏絡。後藤新平因此執行「糖與鞭」政策，一面嚴刑峻
罰，威懾台灣人；一面積極建設，誘服台灣人。在台灣島實施「鴉片
公賣制度」就是後藤新平的傑作，既可增加財源，又可控制台灣人。

　　後藤新平是很有魄力的政治人物，接任民政長官後，1898年6月
20日和1901年11月9日兩次進行殖民政府的體制改革，禁止軍人越權
干涉民政，裁併機構提升效率，簡化行政，裁汰貪官污吏達1,080人。
1898年即規劃發行6千萬日圓公債，推動縱貫鐵路、基隆港、土地調查
等重大建設，再以樟腦、蔗糖、鴉片、食鹽、菸草的專賣壟斷，作為
籌措公債還本付息的財源。建設工程所需勞力1萬多人，則由三井物產
和「台華殖民公司」從福建、廣東招攬「中國外勞」來台工作，許多
「中國外勞」攜家帶眷來台定居下來。三井物產和台華殖民公司不用
說與後藤新平關係密切。

　　後藤新平治理台灣島的政績想當顯眼，1906年被拔擢為日本的
南滿洲鐵路總裁，1908年及1912年兩度任遞信大臣，1916年及1923年
兩度任內務大臣，1918年任外務大臣，主張西伯利亞干涉，引發米騷
動。1920年出任東京都知事，1923年負責處理關東大地震的救災及善
後復原事宜，但都政績平平。

　　後藤新平的政商關係非常複雜，除與大財團三井、三菱的關係密
切，也扶植少許中型企業。鈴木商店原本只是進出口稻米、蔗糖的貿
易商，後藤新平突然給予65%的樟腦販賣權，迅速擴大為國際大商社，
後藤新平插暗股的傳聞，以及用系統化的腐敗取代個別式的貪污，延
燒到1918年米騷動。當時米價暴漲，街頭暴亂甚至武裝衝突，鈴木商店

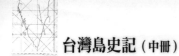

的神戶總店被暴民燒毀，因爲傳言鈴木商店囤積米糧，就是後藤新平撐腰。米騷動導致日本首相寺內正毅（1852-1919）下台，原敬（1856-1921）接手組閣，原敬是日本第一位平民首相及政黨內閣閣揆。

1923年9月1日，日本關東大地震，鈴木商店損失慘重，才爆發鈴木商店從台灣銀行取得超額信貸。此時後藤新平用台灣銀行支持鈴木商店的隱情才被揭露，鈴木商店遭後藤新平的敵對派系攻擊，資金被截斷而倒閉。後藤新平也插手大里糖廠的股份，後來以超高價賣給日本製糖會社，後藤新平大撈一筆。台灣島的日本殖民官員都抱著能撈則撈的心態，後藤新平也不例外。後藤新平是一位高唱官員廉潔的政客，卻善於用權勢扶植財團，再假藉投資，獲取暴利，形成日本殖民官員系統性的貪污制度：以官養商，以商養官。

後藤新平也是玩弄國際政治局勢的高手，1923年擔任內務大臣時，曾與蘇聯駐華全權特使越飛（Adolf Abramovich Joffe, 1883-1927）談判庫頁島漁業權的問題，後藤新平交付越飛300萬日圓換取日本漁民在蘇聯海域的捕魚權，當時每1日圓等於0.5美元。後來越飛把這300萬日圓轉交給孫文的助手廖仲愷（1877-1925），做爲黃埔軍校的建校經費。黃埔軍校於是在1924年成立，廖仲愷出任黨代表，蔣介石出任校長。按當時體制，廖仲愷是蔣介石的上級。1925年廖仲愷遇刺身亡，黃埔軍校的大權就落入蔣介石手上，開啓中國的蔣介石時代。後藤新平不只直接影響台灣島的命運，更間接影響中國的命運。後藤新平是1960年代日本大臣椎名悅三郎（1898-1979）的舅父。

1923年1月26日越飛與孫文在上海發表《孫文越飛聯合宣言》，《宣言》有四點：

第一，孫文認爲共產制度不適用於中國，越飛表示同意，越飛認爲中國統一才是當務之急，越飛保證蘇聯將援助中國統一事業。

第二，蘇聯將拋棄帝俄時代對中國的不平等條約及特權。

第三，中國東北的鐵路問題，另由中俄雙方協商解決。

第四，越飛宣稱蘇聯絕無意使外蒙古脫離中國，孫文因此認爲蘇
聯軍隊不必立即由外蒙古撤出。

於是孫文接受蘇聯援助，展開國共合作及統一中國的工作。後藤
新平交付的300萬日圓（相當於150萬美元）就是蘇聯共產黨金援國民
黨的一部分。

（四）阮振事件與高乞、林添丁事件

1898年5月台南店仔口中藥店老闆阮振，率領「金山十八重溪」
民兵襲擊日本殖民政府的地方辦公廳，游擊轉戰阿公店（岡山）、金
山、潮州、嘉義、大甲，1899年4月兵敗投降，1902年被處死。

1898年11月3日台南橫山人高乞、林添丁率領民兵200人，襲擊
台南店仔口的日本官員。皇民林武琛策反林添丁殺害抗日民兵隊長田
聘，作爲向日軍歸順的條件。林添丁照做，林武琛再策反抗日民兵林
義、鄭蘭香射殺林添丁。

（五）義和團及八國聯軍

1900年中國的義和團及八國聯軍事件是日本躍登世界列強的里程
碑。1894年中國甲午戰敗，1896年李鴻章簽訂《中俄密約》，同意俄
國在中國興建從俄羅斯赤塔（Chita）到中國哈爾濱，再從哈爾濱到大
連、旅順的鐵路。1898年英國租借九龍和威海衛，法國租界廣州灣，
德國租借青島，日本擬租借廈門，中國陷入遭瓜分爲列強殖民地的危
機。1898年光緒戊戌變法是對這一危機的理性反應，1900年義和團事
件則是對這一危機的非理性反彈。

1894年甲午戰爭，日本擊敗中國，成爲亞洲新強國，並取得台灣
島做爲殖民地，取得朝鮮作爲藩屬國。1900年，日本軍隊是八國聯軍
裡最快速攻入北京，且進軍兵員佔八國聯軍一半，是人數最多的軍

隊，令歐美列強往後必須對日本處處讓步妥協。爾後日本在1904年日俄戰爭，擊敗俄羅斯，成爲世界級強權，取得中國遼東半島及中國東北作爲半殖民地。1910年日本併吞朝鮮。1914年日本藉第一次世界大戰的機會，侵佔中國山東。1915年日本向袁世凱提出《二十一條要求》，取得中國福建作爲半殖民地。日本侵略中國可說是步步進逼，得心應手。但中國自陷愚昧，讓日本有機可乘，也是重要因素，義和團及八國聯軍事件就是重要案例。綜觀日本自甲午戰後崛起，在八國聯軍庚子事變積極介入，獲利甚多。殖民台灣島之後，食髓知味，更意圖併吞中國，導致1937年盧溝橋事件。基於台灣島的歷史不能自外於國際間重大歷史事件，所以依時間編年，列入說明。

義和團是以反基督教起家的中國暴民運動，參與者泰半十七、八歲青少年及半文盲，但卻爲士大夫階層所吹捧，反映出中國的落後與愚昧。義和團少女組「紅燈照」，頭目是天津紅橋區南運河船夫家庭出身的林黑兒，原本是流浪藝人兼娼妓，自稱「黃蓮聖母」轉世，能飛扇升天，竟可欺騙中國社會。林黑兒經大運河前往天津時，民眾在運河送行，還在河岸擺案焚香，連直隸總督裕祿（1844-1900）都在林黑兒面前屈膝下跪迎接，堪稱是愚昧文化的極致。

其實義和團於1894年起自山東西南部劉士瑞創立的「大刀會」，組織民兵，自稱有刀槍不入的金鐘罩武功，自行維護治安，卻專事攻擊天主教會，劉士瑞因此被捕判刑。1897年11月大刀會殺害德國神父以作報復，德國藉此出兵佔領膠州灣（青島）。1896年山東西北部反對天主教的梅花拳首領趙三多將拳法改名「義和拳」，組織反對天主教會的民兵武力。1899年大刀會更名「神拳」，由朱紅燈領導，改走怪力亂神的愚昧路線。1899年11月朱紅燈被捕處死，12月「義和拳」和「神拳」合流，改稱「義和團」，打出「扶清滅洋」的政治口號作掩護，爭取清政府愚昧官員的支持。由於歐美人士及教會頻遭義和團殺害、勒索、搶劫、強姦，義和團幾與盜匪無異，列強會商儘速派兵護僑。山東巡撫袁世凱則認定義和團是邪教，血腥屠殺義和團，使山

東義和團流向河北、天津。

　　1900年5月31日列強派出400名軍隊防守北京使館區，該區位於紫禁城東南方的市區內，居住有800名外交人員及眷屬，以及3,000名避難的中國基督徒。6月7日義和團進入北京，攻擊教堂，殺害傳教士和基督徒。6月10日英國海軍中將西摩爾（Edward Hobart Seymour, 1840-1929）率領2,000名兵員，自天津出發，擬保護北京使館區，卻因義和團破壞鐵路無法進京。6月14日義和團進攻北京使館區被擊敗，6月17日英軍怒而砲轟大沽砲台。6月19日清政府惱羞成怒，命令使館區人員在24小時內撤離，否則將於6月20日派兵進攻使館區。6月21日清政府竟然主動向列強宣戰，展開「北京籠城戰」。6月22日清政府發給義和團2萬石粳米，竟然還懸賞殺害洋人，「殺一男夷者，賞銀五十兩；殺一女夷者，賞銀四十兩；殺一稚子者，賞銀二十兩」。6月25日至7月13日，清軍激烈進攻北京使館區。6月27日義和團紅燈照少女無知地進攻天津火車站，被守衛車站的八國聯軍滅絕。

　　當時使館區的日本兵只有50多人，由柴五郎（1860-1945）率領，在保護中國基督徒時表現英勇，替日本掙得國際聲望。列強受困於距離遙遠，派兵遲緩。柴五郎在義和團事件中約束下屬不得劫掠，是八國聯軍軍紀最好的部隊，1919年柴五郎出任台灣軍司令官。7月6日日本陸軍大臣、曾任台灣總督的桂太郎派出8,000名日軍，由福島安正（1852-1919）率領，向列強宣示日本要擔任「遠東憲兵」的角色。八國聯軍共有2萬多人，日軍就達1萬人，可說是聯軍的主力。7月14日福島安正佔領天津，俄、英、美、法、德、義、奧等國紛紛派兵齊聚天津。8月4日進攻北京，慈禧太后挾著光緒皇帝逃往西安。8月15日攻入北京，八國聯軍展開報復，日本率先解除使館區的包圍，並從中國國庫搬走400萬兩馬蹄銀塊。日本計畫出兵佔領福建廈門，但因英國反對而作罷。俄國軍隊藉口保護中東鐵路，趁機攻佔中國東北全境，並以殲滅義和團為由，在黑龍江齊齊哈爾、吉林、營口、瀋陽大肆屠殺。中東鐵路是中國東方鐵路的簡稱，又稱東清鐵路，或稱中國長春

鐵路，簡稱中長鐵路。以哈爾濱為中心，分東部線抵達海參崴，西部線抵達赤塔、南部線抵達旅順，又稱南滿鐵路。俄國佔領中國東北全境，直到1905年日俄戰爭兵敗才撤軍。

慈禧太后啓用李鴻章談判，並下令鎮壓義和團，斬首支持義和團的原山東巡撫毓賢，以爭取列強支持。1901年9月中國與八國列強簽下《辛丑和約》，中國必須賠款支付9億8千萬兩銀給列強，分39年償付，允許列強派兵進駐使館區及山海關等各要衝。日本在八國聯軍中出兵最多，出兵最快，功勞最大，取得駐軍權最廣，賠款也分得最多。八國聯軍事件後，日本崛起成為世界級強國，更因取得北京郊外到山海關的駐兵權，萌生併吞中國的野心，埋下1937年「盧溝橋事件」的火種。

（六）黃茂松、詹阿瑞事件與樸仔腳事件

1901年2月嘉義人黃茂松和苗栗人詹阿瑞計畫復興「台灣民主國」，黃茂松率民兵襲擊嘉義朴子的日本官員辦公廳，詹阿瑞率民兵200多人襲擊台中，詹阿瑞在激戰中死亡。

1901年11月23日抗日份子陳向義、黃茂松、翁德清、陳大泉、黃海賊、陳守、陳善、吳文等人率260名民兵進攻日本人的樸仔腳（嘉義朴子）支廳長官舍、支廳公署和郵便局官署，日本人有11人死亡。新港區（嘉義新港）庄長林朝維協助日警鎮壓，親率壯丁逮捕抗日份子吳文、蔡水碓、蘇石頭、陳吉等人。另外，大榔榔（嘉義太保）區長黃國藩被疑暗助抗日，全家34口遭林朝維屠殺，獨留黃國藩一人。12月4日日警射殺陳向義、陳曉峯父子。陳向義是台南東山客家籍土豪，外號陳番鴨。12月10日黃茂松、翁德清等人被捕於鹽水港廳，遭當街處決。樸仔腳原名猴樹巷，大榔榔區是日本殖民初期嘉義的行政區，包括朴子、太保、六腳等部分區域。

經歷這些事件之後，1902年2月11日《台灣民報》報導：「在台南縣阿公店一發現有二百良民避難於廟宇後方，（日本軍警）便將他們

集體射殺，射殺後還焚屍棄置。」1902年3月15日《台灣民報》又報導：「（台灣島）南部由於大旱和戰亂，村莊荒蕪，人民棄村成為流民，數以萬計的牛隻因牛疫流行而死亡，生靈塗炭。」

（七）後藤新平大屠殺

1898年2月26日兒玉源太郎就任台灣第4任總督，實際掌權者是擔任民政長官的後藤新平，7月28日公布《匪治政策令》要嚴懲抗日份子，同時寬恕歸順者，廢除乃木希典的《三段警備法》，抗日份子不再處決，歸順後可過平常生活。

兒玉源太郎同時昭告《招降令》，只要「匪徒」願意歸順，可隨時向總督或民政長官表明。7月28日當天後藤新平赴宜蘭礁溪公園招撫抗日民兵林火旺部隊700多人，後藤新平親自受降。8月14日後藤新平提供墾地且派林火旺等人負責建造宜蘭市到礁溪鄉這段「九彎十八拐」的越山道路。後藤新平並招降台北汐止盧錦春900人、台北士林簡大獅500人。林火旺後來重返太平山據山抗日，於1900年被槍斃。簡大獅重返草山（陽明山）抗日，1900年被處決。

1898年11月5日發佈《匪徒刑罰令》，是以殖民地總督的特權發佈的《緊急律令》，刑罰對象不需有具體犯罪事實，只要有疑慮，即可逮補處罰。犯罪未遂、已遂不分，一律處以本刑。大部分刑罰都直接處死刑，刑罰一律溯及既往。這是殖民統治階級鎮壓被統治階級最典型的法令制度，直到日本結束台灣島的殖民統治，這套嚴刑峻罰，確實鎮壓住台灣人的抗日意志。除了實際戰鬥中被殺害的台灣人外，1898年依據《匪徒刑罰令》處死247名台灣人，1899年處死863名，1900年處死582名，1901年處死910名，1902年510名。

自發布《匪徒刑罰令》後的11月12日起，日軍藉口討伐盧石頭、魏少開、陳魚抗日集團，進攻阿公店，即岡山、彌陀地區。盧石頭等人戰死926人，11月25日至12月27日日軍以清莊為名，殺光青年男性，村民被殺人數達2,053人，被捕人數2,043人，傷者不計其數。民宅燒毀

數目，全燒毀2,783戶，半燒毀3,030戶。家屋的全燒、半燒，家財的燒毀等的損害，依當時幣值達38,000餘日圓。外國人對日軍的殘暴，議論紛紛。英國長老教會牧師宋忠堅（Duncan Ferguson, 1860-1923）投書香港日報"Daily News"，針對「阿公店屠殺事件」，指責日軍喪失人性，引起國際輿論嚴厲譴責日本，史稱「阿公店大屠殺」。

1902年後藤新平用誘殺策略消滅台灣島中南部的抗日勢力，宣傳所謂《土匪招降策》，尤以誘殺雲林抗日民兵的手法，最駭人聽聞。1902年5月18日佯稱以斗六、林圯埔（南投竹山）、崁頭厝（雲林古坑）、西螺、他裡霧（斗南）、林內（雲林林內）等六個地點，做歸順式場。5月25日誘騙張大猷、張呂良等254名抗日分子，將舉行歸順儀式。斗六式場60人，林圯埔式場63人，崁頭厝式場38人，西螺式場30人，他裡霧式場24人，林內式場39人，然後用機關槍將式場內的歸順者全部殺戮。這種誘降殺戮的事件，後藤新平為掩蓋事實，反咬歸順者暴動。用點腦筋就能想通，六個地點的歸順者會同時暴動，還是後藤新平早計畫同時在六個式場殺害歸順者。這個屠殺案，史稱「雲林歸順場大屠殺」。後藤新平殺害「歸順者」的手法比諸現代伊斯蘭國IS殺害「俘虜」的情形，更為惡劣。

1902年5月26日後藤新平決定消滅已經歸順的林少貓，藉口後壁林（高雄小港）發生瘟疫，包圍林少貓屯田的後壁林，5月30日雙方激戰，林少貓戰死，林少貓死亡時身上還帶著日本總督府發給的「歸順條件准許證」。日軍斬殺抗日人士4百多人，其中包括31名婦女及15名兒童。接著殺害與林少貓有交往的鄉親或商賈3百多人。後壁林位於屏東與高雄交界地區，是平埔族阿猴社的地界，古稱「阿猴」，所以史稱「阿猴大屠殺」。

自1895年至1902年這八年之間，日本總督府檔案有記載的鎮壓殺人記錄，即達32,000名台灣人遭殺害，超過台灣當時總人口的1%，平均每25名年輕台灣男子就有1名「合法地」遭到殺害（王泰升，2006年）。

後藤新平曾說：「比目魚變不成金眼鯛，要把台灣人變成日本人非常難。」遂擬定《匪徒刑罰令》，其嚴苛程度在日本是難以想像的，搶劫、殺人要判死刑。破壞建築物、道路標誌、電塔設備者，都判死刑。只要被日本員警認定爲匪徒，不論已遂或未遂，一律判處死刑。該法令實施3年內，逮捕或歸降者有8,000人，被處死有3,500人以上。後藤新平更在所著《日本植民政策一斑》裡承認，他治理台灣島，到1903年時，殺戮「匪徒」達11,950人，焚毀住宅3,000棟。所謂的「匪徒」，幾乎都是抗日的台灣人。到1906年被殺戮人數超過3萬人，此後20年被列爲刑罰對象遭殺害的台灣人超過10萬人。

台灣現在有人歌頌兒玉源太郎與後藤新平是「台灣現代化」的催生者，是施行懷柔政策的能吏，但卻忽略背後有日本武士道殺人如麻的本性，他們兩人是以大屠殺，鎮壓抗日台民來確立統治基礎。日本右翼份子常歌頌日本殖民統治台灣島，是成功的現代化案例。也有許多台灣學者跟著說，台灣島的「殖民地化」就是「現代化」。這些說法跟白人認爲抓捕非洲黑人當黑奴，使黑人能到美洲接觸現代文明的說法相似。日本武士道在台灣島殺人立威，台灣島才能有現代化成果的假設，無異論述台灣人自己沒有「現代化」的能力，也忽略台灣島在清代已是樟腦和蔗糖的全球出口基地，尤其《天津條約》簽訂後，國際化和現代化已有相當基礎的事實。

歷史的現實是外來征服者，憑藉船堅砲利，擁有更高的文明和更強的武力遂行征服並不意外，例如荷蘭人強於原住民，原住民被征服。鄭成功強於荷蘭人，荷蘭人被征服。清帝國強於鄭成功的延平王國，延平王國被征服。日本帝國強於清帝國，清帝國兵敗割土。第二次世界大戰同盟國強於日本帝國，日本帝國被征服。這些都是歷史的現實，征服者沒什麼值得特別讚頌，征服行爲不會因爲冠上「現代化」就有特別光環。但是兒玉源太郎和後藤新平確實奠定日本殖民統治台灣島的穩定基礎，日本人後來爲紀念他們兩人的功績，在台北市拆除中國移民的「大天后宮」（媽祖廟），蓋「兒玉及後藤紀念

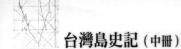

館」，就是現今台北市館前路的博物館。

（八）原住民的抗日

1895年日本人征台戰爭中，原住民基本上維持中立，或協助日本人進攻抗日部隊。這場戰爭暴露台灣島的中國移民和原住民的分裂特質，也顯示中國移民的抗日意志來自保護中國移民的傳統文化，和維護中國移民在台灣島既有的墾殖利益，而這些戰爭目標與原住民本來就存有矛盾。原住民並無動機參與抗日，甚至要趁機反對中國移民作爲報復。對原住民而言，這不過是又一次「新的外來人」與「舊的外來人」之間的鬥爭，與原住民無關。這種情形在1947年二二八事件也發生過，謝雪紅的「二七部隊」因此得不到南投原住民的支持。

日本殖民台灣島初期，對居住深山的原住民的生活狀況一無所知。1897年日本殖民政府派人規劃東西橫貫公路，調查隊從南投埔里入山，抵達「吐落古蕃社」，調查隊遭賽德克族霧社地區道澤社（Tautua）或吐落古社（Tolokku）原住民襲擊，全部罹難。1898年駐守花蓮港的日本軍隊，遭太魯閣族包圍襲擊，13名日軍官兵被殺。1899年全台各地紛傳原住民襲擊警察，搶奪槍械彈藥，日本人與原住民的關係從緩和轉爲敵對。尤其1901年後，日本殖民政府在後藤新平主導下大規模掠奪山林資源，跨過清代中國政府設立的隘勇線，侵入原住民的傳統領地。日本人更藉口土地調查，以缺乏所有權憑證即予以「國有化」沒收爲由，推進隘勇線，縮小原住民生活空間，侵吞原住民土地，因此爆發的戰役、衝突事件一直延續到1933年。另一方面，日本殖民政府統計自1896年至1914年「蕃害」死亡及受傷人數有9,994人。（溫吉編譯，p.739）日本總督佐久間左馬太開始以武力強制收繳原住民槍枝武器，也引發一連串衝突事件。

例如，1900年泰雅族的「大嵙崁前山群（Msbtunux）戰役」（新北市三峽、桃園復興和大溪、新竹橫山之間的部落，日本殖民時期有9個村社，人口1,948人），1902年南投賽德克族爆發「人止關戰

役」、苗栗賽夏族的「南庄事件」。1903年泰雅族的「獅頭山攻防戰」，1904年新北三峽「大寮地（Ngukuri，豹尾之意）攻防戰」，1905年「白石鞍山攻防戰」。1906年泰雅族的「大豹社滅社事件」，1907年泰雅族的「枕頭山戰役」。1908年阿美族七腳川社與巴托蘭社（Patulan）等部落聯合起事的「七腳川事件」。1910年泰雅族大嵙崁群等部落的「大嵙崁後山群（Gogan）戰役」（桃園復興鄉，日本殖民時期有19村社，人口2,187人），1月28日泰雅族卡奧灣群（Goagan的直譯，合歡群，即大嵙崁後山群）諸村社的「卡奧灣戰役」襲殺日本在宜蘭太平山的「九芎湖蕃務官吏駐在所」8名官吏及眷屬，以及泰雅族司加耶武群的「司加耶武戰役」（Sqoyaw或Shikayau，司考耀武，台中市和平區平等里的環山部落）。1911年泰雅族的「李崠山（Tapun）戰役」（桃園復興區與新竹尖石鄉交界）。1912年泰雅族的「太田山戰役」（位於李崠山附近）。1913年新竹尖石鄉泰雅族霞喀羅群（Siakaro）的第一次「霞喀羅戰役」（石加路戰役，新竹縣尖石鄉）。1914年太魯閣族的「太魯閣戰役」、屏東排灣族的「南蕃事件」，以及屏東霧台鄉的魯凱族霧台、神山兩部落的「霧台事件」。1915年布農族的第一次花蓮卓溪鄉拉荷阿雷的「大分事件」，以及西拉雅族在甲仙埔的「噍吧哖事件」。1920年泰雅族霞喀羅群的第二次「霞喀羅戰役」，1921年泰雅族的「李崠山（Tapun）戰役」，1921年布農族的第二次「大分事件」的托西佑社慘案，1930年賽德克族的「霧社事件」。「本島最後未歸順蕃」布農族花蓮卓溪鄉「大分社」則到1933年4月22日才歸順日本總督府。

（九）大嵙崁前山群戰役

1899年日本殖民政府實施樟腦專賣，加上「官有地」政策，大嵙崁原有的樟腦業都是原住民和中國移民共同經營，原住民將林地租給中國移民，收取「番大租」。但日本殖民政府的專賣政策，全改由日本業者統包，就激起原住民的抗爭，用武力抵制日本人上山。1900年

8月31日日軍133人行軍到阿姆坪（桃園大溪）遭到泰雅族襲擊，大尉藤岡愼藏及8位日兵陣亡。9月8日十三添庄爆發槍戰，9月9日至14日日軍展開砲擊，但戰果不彰。10月30日兒玉源太郎放棄武力征服，下令「封山」。但泰雅族在中央山脈本來就通行無阻，封鎖只在大料崁方面有效。

（十）人止關戰役

1902年4月29日霧社（今南投縣仁愛鄉）的賽德克族原住民控制南投埔里通往霧社的隘口「人止關」，即今大觀橋、仁愛橋間的峽谷，不讓日本警察率

隊進入霧社偵查賽德克部落，或從事「防蕃工事」，雙方爆發衝突。日本警察調來軍隊，賽德克族在瓦歷斯布尼（Walis Buni）領導下，「托干」（Tongan Mudu）、「西寶」（Sipo Ribag）、「巴蘭」

人止關戰役現場

（Paran）、「瓦南」（Mwanan）四個部落村社參戰，各有20多人傷
亡，日軍撤退。這是1930年霧社事件的先聲。

（十一）日阿拐的南庄事件

日阿拐（basi-Banual）　生於1840年，是賽夏族人日有來
（Tanoherah Ubai）的養子，本人原是福建人，本姓張。1847年日阿拐
8歲時隨父母移民台灣島，父母病死（一說遭原住民出草殺害），被日
有來收養，後來成爲苗栗南庄獅興里社頭目，善於經營土地開墾及樟
腦事業。1887年劉銘傳當台灣省巡撫時，日阿拐因協助安定原住民有
功，被封「軍功六品」。日本殖民台灣島後，1895年10月實施《官有
林野及樟腦製造業取締規則》，日阿拐所持有的林地被強迫國有化，
只有土地使用權，沒有土地所有權。1902年6月實施「土地調查」，日
本殖民政府否定賽夏族有領地的土地所有權。日本人板本格、中島興
吉、關常吉承租日阿拐的土地，製造樟腦，卻強辯所付租金包括可以
砍伐樟樹林的權利，又長期積欠租金不繳，埋下衝突情緒。

1902年7月4日南庄日本警察和隘勇與原住民起衝突，7月5日日本
官員聽聞原住民將襲擊日本人居住的南庄街，7月6日後藤新平下令軍
隊進駐南庄。日阿拐則召集東河社、大隘社、Matayanan社等賽夏族及
泰雅族人800名，準備襲擊南庄街。雙方爆發激烈戰鬥，原住民在「長
崎下」被圍困，死傷慘重，戰事拖延至11月16日。南庄事件失敗後，
日阿拐逃入鹿場社（苗栗南庄），卻突生急病去世，日阿拐所有的88
甲林墾地被日本殖民政府沒收。南庄事件是日本人強奪原住民樟腦資
源的典型案件。

（十二）獅頭山攻防戰

由於樟樹林的資源爭奪戰，1903年3月日本人決定對原住民採取
「北威南撫」的策略。對台灣島北部原住民武力鎮壓，對南部原住民
採懷柔策略，因爲南部沒有樟樹林。4月就派兵從大豹社（新北市三

峽區）東邊的獅頭山推進隘勇線，沿著鹿阿坪、平廣坑進攻大豹社。12月8日日本軍警從桃園白石山快速推進到大豹社，順利奪得樟腦林，同時摧毀中國移民抗日民兵設在獅頭山的Kato洞的基地。到1904年3月26日大豹社泰雅族的樟樹林被強奪，獅頭山抗日民兵被消滅。接續仍有1904年在附近爆發的「大寮地攻防戰」，及1905年「白石鞍山攻防戰」。

（十三）姊妹原事件

1903年10月5日，日本人爲報復1897年賽德克族陶渣社（Tautua, 道澤社）或吐落古社（Tolokku）原住民殺害今東西橫貫公路由深崛大尉率領的「蕃地探險隊」的14個日本人，唆使布農族干卓萬社（Kantabanshya）在濁水溪畔的「姊妹原」（Bukai）突襲殺害賽德克族壯丁130多人。布農族人並提著這些人頭到日本人的埔里公所前合影，被日本人列爲「味方蕃」（親日蕃）。因爲日本殖民政府封鎖賽德克族，禁止平埔族噶哈巫族（Kaxabu、Kahabu，巴則族（Pazeh）的分支）或中國移民供應日用品給賽德克族。賽德克族只好依賴布農族提供食鹽、鐵器、布料等日用品。布農族以共同抗日及提供日用品爲由，約賽德克族在兩族交界處的「姊妹原」見面，布農族以酒菜宴請賽德克族人，趁賽德克族人酒醉後，發動攻擊予以殺害。「姊妹原」即今的「武界壩」（Vokai Dam或Vogai Dam），位於濁水溪上游與萬大溪匯合處，在日月潭東北方12公里處。

（十四）後藤新平掠奪土地

■ 土地調查

後藤新平1898年實施「土地調查」工作，清查台灣島農田土地的所有權狀況，並以調查之名強行沒收缺乏所有權證明文件的土地。佐久間左馬太接續於1910年實施「林野調查」，清查原住民山林土地

的所有權狀況，借機沒收所有權不清楚的林野土地。1904年完成的「土地調查」，統計農地地主的「收租大戶」約有3萬8千人，「收租小戶」約30萬人，佃農戶75萬人。兼收大小租的「台灣五大地主」包括：台北板橋林本源商號擁地5,300甲，台中霧峰林獻堂擁地1,500甲，台中新庄仔吳鸞旂擁地800甲，台中霧峰林季昌700甲，新竹何如蘭擁地500甲。

　　在農地方面，清政府承繼自荷蘭和延平王的「王田大租田」、施琅巧取豪奪的「施侯大租田」，都被日本殖民政府沒收。台灣島因民間開墾田地、挖鑿溝圳，形成「大租戶」、「小租戶」、「佃農」三層次複雜的所有權關係。後藤新平1898年進行「土地調查」，即下令自1903年12月5日後，禁止土地新設「大租權」。其他源自「墾首」的「大租田」，後藤新平在1904年發行公債377萬9,479日圓，一方面強迫配售給「大租戶」，再將這些「大租戶」的「大租權」充公消滅，發放充公補償金，每一位大租戶平均只獲得94.96日圓的補償金，日本殖民政府就成了台灣島唯一的「大租戶」。讓持有「小租權」的「小租戶」成為唯一的地主，也成為唯一的納稅義務人。再提高「小租戶」的稅金，償付公債。這個策略使日本殖民政府在政治上爭取到30萬「小租戶」的支持，同時也使日本財團來台，仰仗警察勸誘或強迫力量，更容易直接向「小租戶」購買土地。平埔族村社自荷蘭時代，歷經清代中國世代代持有長達280年的「番大租」土地收租權，也被日本殖民政府強制沒收或低價補償徵收，平埔族的傳統土地所有權和地租權從此徹底消滅。

　　1908年至1909年間，日本財團強購土地的紛爭事件頻傳，如日本殖民政府以台灣島民沒有土地所有權，僅有臨時使用權為由，將南投竹山、員林斗六、嘉義等地的1.5萬甲竹林及造林地，強撥給三菱財團，供作造紙原料用地，以供應日本國內紙張需求。農民抗爭相當激烈，爆發1912年的「竹山事件」或「林圮埔事件」。板橋林家與日本人合資的「林本源製糖」，也仰仗日本警察強制收購台中西州的蔗田

土地，引發台灣島民的抗爭，其間涉有日本殖民政府官員貪污收賄，導致收受林本源製糖廠賄賂的民政長官大島久滿次（1865-1918）辭職下台，但卻回日本擔任神奈川縣知事。

劉銘傳調查「隱田」失敗，後藤新平以殘暴的武力為後盾則相當成功。1905年統計台灣島農地面積有633,065甲，比清代帳冊上記載的366,987甲多出72.5%，顯見清代「隱田」漏稅嚴重。日本殖民政府的田賦收入也從每年86萬日圓，增加到298萬日圓，逃稅的「隱田」幾乎消失。後藤新平同時建立土地登記制度，強制規定土地權利的移轉，必須登記才生效，保障日本財團來台掠地或購地的安全性。日本眾議員竹越與三郎（1865-1950）說：「內使田制安全，外使資本家安心」，就是指土地調查及登記制度的實施。日本殖民政府藉口台灣「島人」及「蕃人」的土地登記手續不完備、所有權證件不完整為由，掠奪台灣「島人」及「蕃人」的土地產權，以總督府的名義，充公沒收68.5%原屬中國移民和平埔族的田園土地，沒收97%原屬高山族的森林用地。

■ 林野調查

大清帝國時期，台灣島並無林野土地的所有權管理制度，民間林野土地的買賣都僅憑簡單字據或口頭契約。按日本殖民政府發布的《官有林野取締規則》，沒有「足夠憑證可以確認所有權，查定為官有地」。1910年至1914年的「林野調查」，除原住民「蕃界」外，97.37萬甲被調查的林野土地，日本殖民政府「依法取得」官有林野土地916,775甲林野地（1甲＝0.9699公頃），台灣島民僅有林野土地56,961甲，這幾乎等於沒收94%的林野地。

原先已在使用林野的原住民或中國移民，只剩隨時可以被剝奪的「使用權」。1915年日本殖民政府再把「官有林野地」區分成「要保存林野地」、「不保存林野地」，共有717,835甲林野地進行區分，「要保存林野地」有319,294甲，「不保存林野地」有398,541甲。「不

保存林野地」裡有266,399甲可以出售處分或放領，其中明確有原住民或中國移民擁有「使用權」的林野地約187,000甲。日本殖民政府的「林野調查」事實上廢除原住民村社頭目向社民或佃農徵收地租的權力，也使原住民對土地的「領有」、「占有」、「佔據」的模糊狀態，有漸漸釐清的效果，結果卻是被日本人「所有」。

　　台灣島林野總土地面積有265萬甲，有172萬甲是「原住民保留區」（蕃界）未進行「林野調查」。日本殖民政府實施很殘忍的政策，假借各種理由，逼迫原住民搬遷下山，聚居到海拔較低的谷地，便於統治，日本人稱爲「蕃界林野利用」。原住民搬遷後，讓出林野土地供日本人砍伐檜木、樟木，開挖金礦、煤礦，原住民若不配合，日本人即以武力屠殺，徹底征服，再逼原住民做奴工替日本人經營山林。甚至爲了砍伐紅檜木，日本殖民政府以幾近虐待奴工的勞動條件，逼迫原住民和中國移民修築達一千公里的登山小鐵路，運送檜木等木材下山，再運回日本本島興建皇宮和神社。這些登山小鐵路是日本人掠奪台灣島資源的鐵證，後代作爲登山觀光之用，誤以爲是日本人的功勞。日本殖民政府用「預約放領」、「出租處分」、「開墾放領」、「預定存置」等名義，任由日本財團強奪台灣島土地，三井財團以經營茶園的名義，幾乎取得新竹角板山的全部土地。

■ 財團掠地

　　到了1927年，各個製糖會社具有所有權的土地達78,601甲，持耕佃權土地25,237甲，總計控制103,838甲，佔台灣島耕地面積8分之1。鹽水港製糖在花蓮持有土地所有權9,428甲，其中耕地面積有5,001甲，佔花蓮耕地面積4分之1。在私人方面，1923年時，日本人愛久澤直哉（1866-1940）在廈門成立的「三五公司」在台灣島開設「源成農場」持有3千甲地，「南隆農場」持有4千甲地。今村繁三（1877-1956）的「今村農場」持有1,600甲地。這些土地都是賄賂日本官員而取得的免費地。

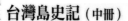

日本人以「移民村」爲名在花蓮取得2,700甲地。鈴木系的「日本拓殖」在桃園中壢持有3千甲水田，轉放佃給中國移民。1925年日本殖民政府更直接撥付4,700甲地給日本退職官員充作退休金和資遣費的附帶福利，讓日本人對來台當官趨之若鶩。從以上統計，日本人控制的台灣島土地已超過12萬甲，佔耕地面積15%。日本人掠奪的土地，沒有任何一塊地是日本人開墾的成果。

在林野地方面，日本人控制的比例較耕地更高。「台東拓殖」控制2萬甲林地，「三井合名」控制1.7萬甲茶園，「台灣拓殖」控制1千甲茶園，「三菱造紙」控制1.5萬甲竹林地，日本殖民政府控制的樟樹林3.5萬甲，阿里山、八仙山、蘭陽溪林業地8.3萬甲，交給台北帝國大學的實驗農場13萬甲。這些地原本是原住民的傳統領地，1895年後一夕之間全變成日本人的土地。

（十五）後藤新平殖民貿易

1899年後藤新平提高台灣島進口關稅，阻止中國大陸、歐美、南洋各國的貨物進入台灣島，大力扶植台灣島與日本之間的貿易，驅逐海外資本，扶植日本資本家，使台灣島的外貿對象從中國、英國、美國，轉向沒有關稅的日本。以前透過香港轉賣到台灣島的日本貨，也因此由日本直銷台灣島，增強日本對台灣島的經濟控制。同時對台灣島的稻米、蔗糖外銷其他國家，課徵「出港稅」，逼使稻米、蔗糖外銷轉向日本。甚至強迫式鼓勵種植日本人愛吃的香蕉，專銷日本。台灣島自《天津條約》開港後的國際貿易榮景，全被日本人壟斷，只剩對日貿易。台灣島喪失自己的對外貿易權利，創造台灣島對日本完全依賴的殖民統治條件。

1899年開始10年期的鐵道建設計畫，從基隆到高雄405公里，發行2,880萬日圓公債。這條鐵路在後藤新平規劃下，成爲殖民經濟的最佳工具。台灣島的稻米、蔗糖、煤炭、木材，經由鐵路運到基隆、高雄、台南各港口，轉運到日本。把日本的肥料，再經由鐵路配送到台

灣島各地。日本人於是全面控制台灣島的對外貿易。後藤新平爲進一步斷絕台灣島與中國的經濟聯繫，禁止兩岸貿易興盛的嘉義布袋、花蓮、屏東大板埒（音勒，恆春南灣）與中國大陸通航。布袋港只能作爲食鹽出口至日本的專用港，花蓮港只能作爲木材出口去日本的專用港，大板埒只能作爲日本人的捕鯨專用港。1896年台灣島與中國大陸的貿易額佔總貿易額的64%，經過後藤新平的殖民經濟調整後，1901年台灣島對日本的貿易額已超過中國大陸。

以蔗糖爲例，1900年台灣島輸出53%去中國大陸和其他地區，1902年降至27.7%。同期間，出口去日本從47%上升至72.3%，到1905年更上升至99.6%，1909年達100%。但是賣到中國大陸的蔗糖是正常的商業貿易，價格由市場決定。賣到日本的蔗糖，卻是日本殖民政府和財團層層剝削的控制價格，沒有市場交易自由可言。日本殖民政府規定的甘蔗收購價格，是釘住台灣島米價訂定的，不是市場價格。這種價格只是讓蔗農餓不死的價格，賣到日本的蔗糖越多，台灣島蔗農被剝削越多。台灣人種植甘蔗的利潤完全被日本人剝削殆盡，台灣島蔗農淪爲日本人的蔗奴。蔗農生產的甘蔗按指定價格賣給特定糖廠，不得跨區交易，甘蔗交易市場淪爲甘蔗剝削機制。甘蔗不再是可以自由變現的經濟作物，反而種植稻米可以經由民間米商的自由交易市場，輕易變換現金。因此在水利充足的田地，農民樂於種植稻米，拒絕種植甘蔗，形成「米糖相剋」現象。日本殖民政府一不做、二不休，一方面用強制手段逼迫農民種植甘蔗，二方面用低於市價三成強制收購稻米。這等於變相課徵重稅，使台灣農民被迫預借農耕資金，淪爲遭高利貸剝削的債務人，最後滋生農民反對運動和反日鬥爭，直到日本軍閥興起才被壓制住。

1858年《天津條約》後，台灣島開港，英、美、德財團來台開設洋行，凌駕中國傳統行郊商人。洋行以廈門、香港爲據點，轉運蔗糖至中國大陸。例如1858年設點的美商羅賓納（William Robinet）、1873年設點的澳商墨爾本（Melbourne）、1895年後的德記（Tait）、

怡記（Elles & Co）、屏東慶記、美打（Mehta）、海興、德商台南東興（Julius Mannich）、和記（Boyd）、唻記（Wright）等洋行，透過買辦行Comprador，貸款給傳統糖廍，預購蔗糖，再交由英商道格拉斯（Douglas）壟斷的輪船航運，運至海外。日本殖民台灣島後，三井財團於1898年來台設支店，1903年開始收購蔗糖，貸款給買辦行，爭取貨源。1905年橫濱增田屋改在各鐵路車站交貨，離蔗糖產地更近，不靠買辦行運到港口。日本殖民政府補助大阪商船開闢航線，逼退英商道格拉斯。歐美洋行、台灣島買辦行及糖廍全被擊敗，1912年，日本財團已掌控台灣島糖業。

以茶葉為例，1869年後英商杜德等洋行以廈門為據點，壟斷台灣島茶葉的出口。洋行從匯豐銀行取得資金，貸款給「媽振館」（Merchant Banker，商人銀行，中小企業信貸行業，票券公司和投資銀行的前身），再轉貸給茶行，最後由茶行提供周轉資金給茶園農民，掌握茶葉貨源。日本三井、野澤組財團自1907年開始競逐茶葉市場，乾脆直接從日本殖民政府取得大片土地，種植茶園，擊退歐美洋行，更直接以政治力控制台灣島的茶農。

以樟腦為例，樟腦原本就是由歐美洋行壟斷，日本財團無力競爭，日本殖民政府1895年發布《樟腦製造取締規則》，1896年課樟腦重稅，洋行抗議，引發外交事件，但日本人寸土不讓。1899年日本人宣布樟腦專賣，樟腦出口改採競標，由獨家承攬，日本人沒想到英商薩謬爾（Samuel）高價搶標。1908年日本殖民政府耍詐，由殖民政府收回競標，自行經營樟腦出口，再以委託名義，交給三井財團「經銷」。樟腦的利潤就此全部落入日本人的口袋。

（十六）樟腦的獨佔與專賣

1855年，英國人用樟腦和硝化　維合成製造出「賽璐璐」（Celluloid Nitrate），1887年瑞典科學家諾貝爾利用台灣島的樟腦，發明無煙火藥，暴增樟腦的市場價值。從此台灣島上的中國移民和原

住民紛紛從事樟樹砍伐和樟腦製造，業者基本上是民間經營者。1895年日本征台戰爭或稱台灣抗日戰爭，中國移民和原住民的樟腦工廠卻紛紛被迫停產。1896年英國領事館報告稱「幾個月前還是極有價值的重要樟腦產地，如今已變成永久性廢墟」，號稱台灣島經濟寶物的樟樹林遭到嚴重破壞。當時台灣島樟樹所提煉的樟腦產量已占全世界70％。

1898年，後藤新平出任台灣總督府的民政長官，他認為原住民居住在山區，靠近樟樹產地，有礙樟腦生產，於是藉口穩定山區治安是頭等的經濟大事，不再讓原住民享有樟腦利益。後藤新平下令驅使台灣島中國移民砍伐樟樹林，製造樟腦，從基隆港運往世界各地。他親自監督把基隆港造成更大型的海港，可供更大型船舶載運樟腦。為了確保樟腦的運輸，他在清代中國建造的鐵路的基礎上，建造全長400公里的縱貫鐵路。日本人從此全面壟斷樟腦收入，頭兩年內的年收入達現在日幣價值100億圓。日本人在台灣島前十年的統治和建設的財源，幾乎全部建立在砍伐台灣島的樟樹和檜木林的基礎上。

1899年日本殖民政府下令設樟腦局，1900年在台北南門設官辦樟腦工廠，1903年下令消滅民間樟腦業者，樟腦完全專賣。1918年設立「台灣製腦」和「日本製腦」獨佔台灣島的樟腦業，1919年設「大日本賽璐璐」，所有台灣島的樟樹砍伐、樟腦的製造銷售全由日本人獨佔，樟腦利益也全被日本人壟斷。這種情形直到1930年德國人改良人造樟腦，台灣島的樟腦產業才邁入衰微。

（十七）後藤新平是鴉片王

台灣島成為日本殖民地之前，英國人就大肆自印度輸入鴉片到台灣島。1891年進口鴉片463,860英鎊，1892年減少至378,450英鎊，1893年增至419,839英鎊，1894年減少至365,813英鎊。這些進口量統計還不包括走私的金額。當時台灣島吸食鴉片人口約165,752人，佔人口比例6.18％。

　　日本本土對人民吸食鴉片採行「嚴禁」政策，但對台灣島被殖民的島民則採「漸禁」政策。美其名「漸禁」，使鴉片戰爭後，吸食鴉片成癮的中國移民減少吸食鴉片。事實上後來在後藤新平主導下，壟斷鴉片製造販賣，累聚龐大財源，支應殖民統治的軍警經費，才是日本殖民政策的重點。

　　1896年2月23日樺山資紀下令不准進口鴉片，卻向英國洋行買下鴉片存貨轉售台灣島民。樺山資紀還頒布《台灣人民軍事犯罪處分令》，台灣人若將鴉片交付日本軍人，處以死刑。1897年乃木希典也曾下令禁止吸食鴉片，卻發放吸食許可證給上癮的台灣島居民。1897年日本殖民政府向英商購買鴉片145,668英鎊，1898年購買204,439英鎊，1899年購買294,930英鎊，1900年購買360,464英鎊（甘爲霖，2009，p.312）。但是台灣島的鴉片零售金額卻遠大於這些數字，1899年零售447,524英鎊，1900年零售超過450,000英鎊。日本政府購入鴉片的金額少於零售的金額就是日本人賺取的黑錢。

　　樺山資紀和乃木希典兩人都同時搞鴉片專賣制度及吸食許可證（鴉片鑑札）制度，可購買的鴉片依品質和價位分爲三個等級「福、祿、壽」，這給了後藤新平創造財源的機會。後藤新平1896年上任台灣總督

後藤新平的鴉片工廠之一

府的衛生顧問，即找來加藤尙志（1855-？）擔任「總督府製藥所」所長，名爲「製藥所」，實即「鴉片工廠」。1898年還爲了製造鴉片的需要，在「製藥所」裝置一部7千瓦的直流發電機，供電燈照明之用。台灣島有電燈始自鴉片工廠，眞是一個冷酷的歷史事實。加藤尙志「毒而優則仕」，製造鴉片相當成功，1907年被拔擢爲台北廳長，管轄範圍包括現在的台北市、新北市、基隆市、宜蘭縣。1903年後藤新平找來土倉龍治郎（1870-1938）創設「台北電器會社」，在新店龜山（南勢溪）蓋台灣島第一座水力發電廠，電燈照明才在台北普及開來。

　　鴉片（Opium）一語來自阿拉伯語「阿芙蓉」（Afyum）。罌粟果中的白色汁液，經乾燥凝固，即成褐色或黑色的生鴉片。生鴉片經燒煮發酵後，製成條塊板狀，即可供吸食的熟鴉片。生鴉片中含5-15%的嗎啡。1805年德國藥劑師賽特納（F. W. Serturner）研發從生鴉片萃取嗎啡的技術，嗎啡被廣泛用於止痛治療，但連續使用會慢性中毒。

　　後藤新平的鴉片工廠從印度、伊朗、土耳其進口生鴉片，萃取粗製嗎啡，剩餘製成熟鴉片販賣。粗製嗎啡送回日本製成鹽酸嗎啡，由後藤新平的好友星一壟斷。生鴉片進口由與後藤新平關係密切的三

後藤新平的鴉片工廠之二

井物產獨佔，再經後藤新平掌控的「製藥所」萃取嗎啡，粗製嗎啡賣給後藤新平的好友星一。熟鴉片由總督府專賣局壟斷，再分配給日本殖民台灣島的退休官員和後藤新平認定的親日仕紳商賈當經銷商，再轉給零售商人販售給持有吸食許可證的台灣島民。日籍退休官員和台籍仕紳商賈分享鴉片經銷厚利，形成後藤新平鴉片王國的統治集團。1905年台灣島持有鴉片吸食證的人口已達13萬7千人，剝削這些鴉片上癮者的口袋，支撐日本殖民統治，等於是後藤新平的毒梟治國。

後藤新平在日本政壇屬於「政友會」派系，政友會與嗎啡製造大廠星一的「星製藥」有著複雜的政商關係。「星製藥」製造「鹽酸嗎啡」所需的粗製嗎啡，則由台灣總督府提供。事實上在後藤新平操弄下，台灣總督府只提供粗製嗎啡給「星製藥」，不給其他日本商人，使「星製藥」稱霸日本。這種「星製藥」壟斷粗製嗎啡的情形，直到伊澤多喜男接任台灣總督才改變。伊澤多喜男隸屬於敵對的「憲政會」派系。台灣島的鴉片利益成為日本政客集團爭奪的肥肉，其他產業如蔗糖、茶葉、樟腦、食鹽的商業利益也一樣。

相反地，有些台灣人從後藤新平的鴉片利潤中覺醒，展開自救。台中清水慈善家蔡蓮舫（1875-1936）開辦私人「改煙局」，推動戒除鴉片煙癮的慈善事業。台灣島的宗教團體「飛鸞降筆會」也推動精神治療法戒除煙癮。台灣人第一位醫學博士杜聰明（1893-1986, 淡水三芝人）發明毒癮尿液篩選法和戒癮治療法，都相當成功。1900年台灣島吸食鴉片上癮且持有吸食許可證的人口比例為6.1%，1921年降為1.5%，1940年降為0.1%。值得注意的是，持有吸食證的比例降低，但鴉片銷售金額非但未減少，反而增加。尤其為了鴉片收入，後藤新平不斷提高鴉片價格。發放吸食證時，還誘導吸食者從三等煙膏，改為吸食一等煙膏，以增加鴉片專賣收入。

後藤新平控制鴉片買賣的「專賣收入」，在1898年就佔日本殖民政府財政收入的30.9%，是從財政赤字轉為盈餘的最大原因。如果說後藤新平是靠鴉片殖民台灣島並不為過，再包括其他樟腦、菸酒、火

柴、石油的專賣收入，已佔1942年財政收入的40%以上。後藤新平這套挖錢術，支撐日本人殖民統治台灣島。

後藤新平這些賣鴉片、搞專賣、砍樟樹、掠奪土地的撈錢手法，很快使日本殖民政府1905年的財政有盈餘，且自1907年起，透過關稅、砂糖消費稅取得資金，倒過去補貼日本政府。從此台灣島就成為日本剝削的搖錢樹，日本殖民台灣島這時才12年。

後藤新平建立的鴉片王國後來成為日本四處侵略的重要財源，日本殖民政府在台灣島製造的鴉片於1904年後出口到關東州（遼東半島），1914年後出口至山東青島，1937年後還派人到福建廈門、海南島、朝鮮半島栽培罌粟，運回台灣島提煉，再運去日本精煉，生產鴉片膏和嗎啡，運銷全球。日本帝國可說是靠著侵略武力掠奪資源和製造販售鴉片建立起來的。

（十八）降筆會事件

1901年台灣島發生風靡一時的降筆會運動，經由鸞堂的宗教力量發動的戒除鴉片煙癮的社會運動。後藤新平卻認定降筆會是不可接受的迷信，有秘密結社的性質，又影響日本殖民政府的鴉片專賣銷售收入，竟然企圖動用《六三法》發布《緊急律令》，對降筆會的工作人員嚴加取締，並處以重刑。

鸞堂是中國民間儒道釋合流的宗教活動，吃齋唸經，勸人為善，占卜降筆，假託神意，由乩童、「桌頭」提供治病藥方。「降筆」意指乩童起乩後，托稱神明附身，在神桌上的沙土或香灰堆裡，用木筆畫符，再由「桌頭」解讀神符的意思，轉達給病患，告知應如何治療。

1866年鸞堂降筆活動經由澎湖人許太老傳入台灣島。1899年新竹客家人彭殿華聽聞降筆可戒除鴉片煙癮，乃自廣東惠州聘請五名道士在新竹芎林開壇，竟使200多人戒除鴉片煙癮，一時傳開，蔚為風潮。甚至有鴉片癮患者集體奔至鸞堂前拋棄吸食器具和煙膏，堆積如山。

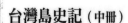

日本警察卻向上級報告說：「在這一兩天內，有五處賣鴉片煙膏者無一顧客上門。今若不嚴加取締，打破愚民迷夢，他日必導致謠言及傳聞層出不窮，而致有害治安。」又說：「鴉片煙膏出售量幾乎是平常的十分之四。」1901年後藤新平原編列鴉片專賣收入預算428萬圓，實際收入僅有280萬圓，減少34.6%，可見降筆會給予後藤新平的財政很大打擊。日本總督府1901年9月統計，因爲參加降筆會活動而戒除吸食鴉片的人數有34,370人，未再吸食者有19,951人。（台灣文獻館電子報219期，2020年6月27日）

後藤新平竟下令：「有關降筆會事件，將發布如左緊急律令：以妨礙治安爲目的，猥言吉凶禍福，或行祈禱、以符咒誑惑人民，亦或傳布或使他人傳布虛構流言者，處以重懲役。〈服九至十一年有期徒刑〉希調查符合該律令規定，須加處罰者。並希就警察業務上充分加以取締，勿使降筆會蔓延至其他地方。」而且爲了增加鴉片專賣收入，後藤新平竟然於1901年12月28日發出19萬3千張鴉片吸食執照，試圖擴增鴉片吸食人口。1902年5月後藤新平遮掩降筆會減低吸食人口的事實，還厚顏領取戒除鴉片有功的「二等旭日重光章」，且獲得獎金3,000圓。但同時間，日本警察全面約談各鸞堂主持人和工作人員，警告、偵訊、威嚇、拘押、監視，最後在1902年底壓制住降筆會的活動，後藤新平的鴉片專賣收入再度陡增。

（十九）後藤新平的現代化政策

女性纏足是中國漢族很惡劣的習俗，起源於北宋，公元1100年北宋蘇軾（1037-1101）即有《菩薩蠻 詠足》一詩的描述。目前最早有纏足的考古跡證是公元1243年宋代福建福州的黃昇墓的黃昇夫人，同時期的車若水（1209-1275）著有《腳氣集》批判纏足習俗，但漢族纏足惡習依舊流傳至元明清三代。清朝政府禁止滿族婦女纏足，1915年日本殖民政府人口調查，台灣島閩南婦女56.8%纏足，客家婦女只有0.9%纏足。

　　後藤新平深切了解，要建立現代化的殖民統治，就要馴服出現
代化的被殖民的民族。1900年起在台灣島各地紛紛推動成立「解纏
會」、「斷髮會」或「風俗改良會」，鼓吹放足斷髮，掀起熱潮。
1903年8月《台灣日日新報》報導，台北天然足會副會長葉爲圭，其
家中女子仍然纏足，公開對知名人物施加輿論壓力。1904年台中、彰
化、南投、嘉義等五廳聯合會議，向後藤新平建議頒佈纏足禁令，但
後藤新平認爲社會運動的壓力還不夠深入，使用政治壓力的時機尙未
成熟。據1905年調查，台灣島社會的纏足女子皆非從事勞力工作，未
纏足者常被中國移民視爲粗俗不雅，頗難與中上階級婚配。

　　鴉片、留辮、纏足是日本殖民台灣島要處理的三大台灣人陋習，
除了鴉片外，後藤新平改革留辮和纏足，做得很成功。公共衛生和營
養教育，後藤新平也奠定很好的基礎。1905年時台灣人的平均壽命，
男性只有28歲，女性只有31歲。到1945年時，台灣島男性平均壽命增
至46歲，女性增至53歲。

　　公學校教育是台灣島現代化的起步，台灣島民吸收歐美現代化知
識，基本是透過這套日式及日語的學校教育，包括守法守時的習慣、
西式法律、文學、音樂、藝術、電影、戲劇、科學知識、醫療衛生。
很多台灣島人誤以爲沒有這套日式教育，台灣島就沒機會接觸歐美的
現代化文明。比較之下，英國人在香港或其他殖民地的現代化績效，
有過之而無不及，日本人殖民並非特別顯眼。

　　台灣人供養日本人侵略戰爭的代價，換取這種現代化成果，沒有
太多理由讚賞日本人的功勞。何況台灣人吸食鴉片的專賣收入在1898
年就佔日本殖民政府財政收入的30.9%，等於供養著所有日本殖民官
員。由這些官員來帶動台灣島民吸收現代化文明，而不是由日本人付
這筆經費，然後還要台灣人感謝日本人，眞是無比的諷刺。

　　中國困在文明落後、戰爭失敗和政局動盪，波波折折到1898年戊
戌變法才啓動國家現代化工程，比1868年明治維新發布《王政復古大
號令》晚了30年。日本明治維新成功引進現代化的歐美文明，中國戊

戊變法徹底失敗，又遭列強和日本侵略，國勢江河日下。日本侵略和大清皇族及中國士大夫的愚昧是阻礙中國現代化的兩大因素。若說沒有日本殖民台灣島，台灣島就沒有現代化的機會，這種論述太牽強。

在硬體建設方面，1900年3月後藤新平發行「台灣事業公債」5,300萬日圓，推動現代化建設，包括：一、基隆至高雄縱貫鐵路2,880萬日圓，二、擴建基隆港2,000萬日圓，三、新建廳舍120萬日圓，四、土地調查費300萬日圓。當時1美元約等於2日圓。後藤新平把劉銘傳蓋的基隆至新竹間的縱貫鐵路延伸到高雄。

1904年2月8日日本海軍偷襲旅順港內的俄羅斯的太平洋艦隊，日本和俄羅斯爆發「日俄戰爭」，日本殖民政府發佈《台灣島戒嚴令》，實施軍事管制，撥出特別軍事經費6,400萬日圓，鋪設雲林斗六至台中豐原（葫蘆墩）間的速成軍用鐵路。1905年5月27日在對馬海峽，日本海軍聯合艦隊擊敗俄羅斯的波羅的海艦隊，日本人慶祝戰爭勝利，更積極完成苗栗三義（三叉）至台中豐原的軌道工程。1908年4月20日基隆至高雄的縱貫鐵路全線通車。

除了建設鐵道之外，還有海港整治擴建工程：由於基隆港水道狹窄又水淺，一千噸級船隻必須離岸停泊，再用小船轉卸貨物至岸邊。1903年擴建至三千噸級船隻可靠岸，到1913年的擴建，已可使5艘6,000噸級船隻同時靠岸，年裝卸貨物25萬噸。

（廿）柯文德上學事件

後藤新平為根絕反抗日本統治的活動，利用投靠日本人的台灣島民監視其他島民，柯文德事件就可以凸顯這種殖民統治的特性。柯秋潔原本是中國福建移民，他率先學習日語，後被委以監視島民，向總督府報告島民動態的「抓扒子」任務。柯秋潔的孫子柯德三就說「周邊的人大概認為他（柯秋潔）是日本人的走狗」。柯秋潔還擔任了專為台灣人進行初等日語教育的公學校日語教師。柯秋潔想把兒子柯文德送入日本人就讀的小學讀書，他認為自己有功於日本殖民統治，兒

子柯文德入讀日本人的小學應該可以獲准，此事卻在日本總督府掀起軒然大波。後藤新平親自下令「本島人」柯文德退學，後藤新平同時下令台灣島人不准進入日本人的小學就讀。柯文德就是柯德三的父親。這個事件反映出後藤新平「現代化」政策的虛僞面目，一方面要中國移民剪掉辮子，禁止纏足，改變生活習慣，另一方面要中國移民只准讀比小學程度還要低的「公學校」。後藤新平要的是能提供現代化勞動力的殖民地，而不是要把殖民地現代化，才限制殖民地的被殖民者，僅能讀低於小學程度的「公學校」。

（廿一）日本警察的殖民地

　　日本人常說台灣島是日本第一個殖民地，這是錯誤的說法。日本第一個殖民地應該是琉球群島，只是琉球群島早在1609年尙寧王時代就向德川幕府轄下的薩摩藩主（鹿兒島）稱臣。1872年日本合併琉球，尙泰王被降格爲琉球藩主。1879年明治廢藩置縣，琉球藩改爲沖繩縣。琉球居民自1609年被日本殖民統治關係，受日本文化影響甚大，通曉日語的人口不少。日本1895年後派來台灣島推動日語教育的教師和公務員，有相當大的比例是皇民化後的琉球人。

　　日本想把台灣島作爲誇示殖民統治能力的櫥窗，但《明治憲法》並沒有針對殖民地統治有明確的規定，它僅規定凡生活在日本領土上的人，皆爲天皇的臣民。依此憲法，日本領土的台灣島民也都是天皇臣民。對於是否應該把民族、習俗不同的台灣島人與日本人同樣對待，引起了日本內部很大的爭議。即所謂的「台灣問題二案」，參考法國在殖民地阿爾及利亞採用的同化政策，法國國內的法律在殖民地通用，要求當地人作爲法國國民生活著；或參考英國在殖民地印度的統治，使用只適用於當地的法律，即用特別法進行統治。日本最後採用英法兩種形式折衷，一方面把台灣島民和日本人一樣視爲天皇臣民，另方面制定只適用於台灣島的特別法。因此產生台灣島是日本實施「警察國家」殖民統治的特殊現象。這個混合策略使日本天皇的臣

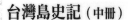

民分成高等的日本人（和人）及低等的台灣人（島人及番人）。

「警察國家」是日本殖民統治台灣島的一大特色。1902年是日本殖民統治台灣島的第7年，日本台灣總督府在全台設有10個警察廳，97個支廳，992個派出所，加上各種警察駐點，警察單位達1,500餘處，警察人數達18,000餘人。交通便利地帶幾乎每2公里就有一個警察據點，台灣島每150人就有1名警察。1905年台灣島人口統計，中國移民有2,890,485人，原住民82,795人，合計2,973,280人，警察人數19,000人。日本殖民政府還要求台灣人稱呼日本警察叫「警察大人」。

為輔助日本警察統治台灣島，日本殖民政府運用清代中國的保甲制度，規定每10戶為一甲，每10甲為一保，保或甲內部採連坐法。一戶有罪，全甲連坐受罰；一甲有罪，全保連坐受罰。到1943年台灣島共設58,378個甲，6,074個保，受保甲制度控制的戶數達50多萬戶。另外還設立台灣人的「壯丁團」，供日本警察調度，人數達134,613人。

1904年更頒布《罰金及笞刑處分令》，只針對台灣人實施鞭刑，不對台灣島的日本人施刑。1904年就有2,446人遭受鞭刑，1913年更高達6,230人，1921年才廢除鞭刑。

日本警察雖說是強制台灣島民的殖民統治利刃，但來到台灣島的日本人的犯罪率卻比台灣人更高。1905年至1910年間統計，台灣島民的犯罪率平均每萬人有41.6人犯罪，來台日本人卻高達每萬人有98.5人犯罪，超過台灣島民的兩倍，顯見來台灣島的日本人很多是在日本本土素質很差的不良份子。有人說日本人帶給台灣人守法觀念，不如說日本警察嚴厲懲治台灣人犯罪，令台灣人恐懼，而減少犯罪，但對犯罪的日本人，日本警察常無可奈何，放縱日本人在台灣島橫行霸道。

（廿二）阿里山鐵路

1903年後藤新平派人調查阿里山針葉森林，發現有150萬株大樹，交由「大阪藤田組」開發，建造森林鐵路。1907年阿里山森林鐵路自嘉義車站為起點，全長66公里通車。1908年「大阪藤田組」鉅額虧

損，放棄營運，1910年日本殖民政府收回官營。1911年全線72公里通車，並在海拔2,274公尺處設阿里山站。日本殖民政府利用阿里山鐵路，大肆砍伐阿里山樹齡超過300年的紅檜木達30萬棵以上，運到日本建造明治神宮、橿原神宮、桃山御陵、靖國神社、日本皇宮，也運銷到東京木材市場。阿里山成為日本人掠奪台灣島林木資源的金礦。

（廿三）1904年日俄戰爭

　　1895年甲午戰爭後簽訂《馬關條約》，日本取得中國的遼東半島、台灣島、澎湖群島，但俄羅斯聯合法國、德國出面干涉，阻止日本取得遼東半島。日本妥協放棄遼東半島，俄羅斯卻於事後逼中國簽訂《中俄密約》，將遼東半島南端的不凍港旅順，長期租借給俄羅斯做海軍軍港，並作為西伯利亞鐵路從哈爾濱、瀋陽到旅順的出口連接站。俄羅斯此舉引起日本的憎恨，埋下1904年日俄戰爭的地雷。

　　自1897年後，中國東北宛如俄國的佔領區。1900年義和團引發八國聯軍，俄國藉口駐軍中國東北至少10萬人。1902年日本結合英、法、德、美，要求俄國自中國東北撤軍。1903年日本與俄國談判撤軍事宜破裂，雙方爭奪中國東北，吵鬧不休，1904年2月9日俄國對日宣戰，爆發日俄戰爭。日本照會清政府同意，出兵俄國佔領下的中國東北。清政府也派兵支援日軍，共同抗擊俄軍。日俄戰爭可以說是中日甲午戰爭的續篇，日軍突襲旅順港內的俄羅斯艦隊的做法，又像37年後日軍突襲美國夏威夷珍珠港的先聲。日本獲得英國、美國的協助，除日英簽訂同盟條約外，日本的戰費高達17億4千萬日圓，有69%將近12億日圓是英國、美國提供的貸款。

　　日本派明石元二郎資助蘇聯共產黨革命，企圖推翻俄國沙皇政權，搞得俄國政治動盪不安。1905年1月22日俄國彼得堡爆發「浴血星期日事件」，俄軍向前往多宮請願要求改革及停戰的14萬群眾開槍，1,000人死傷慘重，導致全國強烈不滿，俄國陷入大罷工、農民激烈抗爭的浪潮。接著波羅的海艦隊海戰失利，船艦遭擊沈，沒入大海，俄

羅斯海軍艦隊的規模縮小，從世界第三位落後於英國、法國、德國。俄國船隻運糧困難，俄國又陷入糧食危機。明石元二郎資助各式反政府團體，製造俄羅斯內部騷亂，戰績輝煌，後來出任日本殖民台灣島的總督。

英國協助日本，阻止俄國的波羅的海艦隊通過蘇伊士運河（Suez Canal），妨礙俄國黑海艦隊通過博斯普魯斯（Bosporus）海峽，遲滯俄國海軍抵達遠東的時間，讓日本海軍獲得對馬海峽海戰的壓倒性勝利。

日本雖每戰皆勝，也因戰爭陷入經濟困境，日軍陣亡8萬8千多人。俄軍雖然陣亡5萬2千多人，但戰場越靠北方，俄軍獲勝機會越大，戰事拖延反而有利於俄國，可是俄國受制於國內的革命情勢也相當窘促，所以雙方都有意退場，透過美國總統老羅斯福（Theodore Roosevelt, 1858-1919）協調，於1905年8月10日簽訂《樸資茅斯條約》（Treaty of Portsmouth），結束戰爭，俄國撤離中國東北。日本驅走俄軍後，將大多數的中國東北領土歸還中國。中日雙方另行簽訂《中日會議東三省事宜正約》及《附約》，日本稱《滿洲善後條約》。日本從中國取得下列報酬：第一，租借旅順、大連；第二，取得南滿鐵路經營權及沿線林礦產；第三，取得南滿鐵路兩側的駐軍權，即關東軍的由來。從此日本取代俄國，獲得中國東北的南部地盤，日本人開始移民旅順、大連，關東軍並大批進駐，遼東半島成為日本租借地，日本藉詞設置「關東州」，日本同時也取得庫頁島南部作為領土。

日俄戰爭期間，台灣島的辜顯榮與陳中和組織大批漁船，佯裝在台灣海峽捕魚，實則監督俄國艦隊通航台灣海峽的動態，將此情報提供給日本海軍，事後受到日本殖民政府大力表揚，兩人並獲得許多專賣特權。日俄戰爭後，日本未如甲午戰爭從中國取得巨額賠款，戰爭的耗費使日本陷入長達十年的經濟困境，股價大跌，經濟恐慌，一方面削減支援台灣總督府的預算支出，加大從殖民台灣島剝取利益，剝削台灣島的蔗農。一方面撐到1914年第一次世界大戰爆發，從中獲利

才扭轉經濟情勢。

1904年日俄戰爭因爭奪在中國領土上的勢力範圍而起，也因要瓜分地盤而迅速和解。日俄雙方分別就利益瓜分簽訂三項密約，1907年7月30日和1910年7月4日兩次簽訂密約，將中國東北劃分爲北滿洲歸俄羅斯的勢力範圍，南滿洲歸日本的勢力範圍。1911年12月28日外蒙古藏傳第八世哲布尊丹巴活佛（Jetsun Dampa, 1870-1924）趁辛亥革命在蘇聯協助下宣布獨立，日俄協商繼於1912年7月8日簽訂密約，將中國內蒙古劃分爲西內蒙古歸俄羅斯的勢力範圍，東內蒙古歸日本的勢力範圍。這是日後蘇聯推動外蒙古獨立，日本製造獨立的滿洲國的歷史源頭，但最後蘇聯成功，而日本失敗。

（廿四）1906年梅山大地震

1906年3月17日上午6時43分發生梅山大地震，震央位於嘉義縣梅山鄉，芮氏規模7.1級，震源深度6公里，死亡1,258人，受傷2,385人，房屋全倒6,769戶，半倒14,218戶。嘉義市、梅山、民雄、新港災情最嚴重。甘爲霖牧師描述：「偉大神秘的力量，從地球深處撕裂，撕裂至每個地方。」

（廿五）反日民兵領袖

1895年6月樺山資紀宣布開始統治台灣島，11月宣布平定抗日民兵。但1896年後，台灣島反對日本殖民統治的民兵，仍此起彼伏，只是少有南北串連。

北部反日民兵領導人有：許紹文、簡大獅、盧錦春、林李成、林清秀、林火旺、林大北、林維新、徐祿、王秋逢、鄭文流、陳秋菊、詹振、陳豬英、林炎、王貓研、林成祖。

中部反日民兵領導人有：詹阿瑞、簡義、柯鐵、張呂赤、張大猷、陳水仙、陳文晃、黃貓選、曾越、林新慶、蔡知、簡大吐、賴福來、劉德杓。

南部反日民兵領導人則有：黃國鎮、林添丁、陳發、蔡愛、胡細漢、田庭、陳向義、阮振、黃臭、魏開、張添壽、方大憨、翁輝煌、鄭吉生、林少貓、吳萬興、林天福。

五、佐久間左馬太（1906年4月11日-1915年4月30日）

佐久間左馬太（1844-1915）是日本山口縣人。1874年佐久間左馬太以「台灣蕃地事物都督參謀」陸軍中校身份，參與牡丹社事件的「征台戰役」，殺死牡丹社頭目阿祿古（Aloku）父子，被日本人譽為「生蕃剋星」。

1894年中日甲午戰爭，佐久間左馬太出任「威海衛佔領區總督」，1904年日俄戰爭時出任東京衛戍總督，1906年1月西園寺公望（1849-1940）第一次組閣，4月任命佐久間左馬太擔任第五任台灣總督，是年齡最大，也是任職最久的日本台灣總督。佐久間左馬太就任總督時已62歲，卸任時已71歲。

佐久間左馬太把「理蕃」當作軍事討伐行動，號稱「理蕃總督」，其目的在掠奪台灣島山區的樟樹，使日本殖民政府能霸佔更多樟腦資源。全台「蕃人」共有682個村社，特別對濁水溪以北的「北蕃」採強硬的軍警鎮壓，以推進隘勇線，奪取更多樟樹林，製造樟腦。

「大豹社事件」就是佐久間左馬太發動的第一個鎮壓原住民的事件。佐久間左馬太的台灣總督任期，橫跨明治和大正兩個世代。1909年10月伊藤博文遭刺殺死亡，明治於1912年去世，由大正繼位，開始所謂「大正民主」的政黨內閣時代。佐久間左馬太仍繼續擔任台灣總督直到1915年病逝前才卸任，可見對台灣島進行嚴酷的殖民統治及武力「理番」與日本是否民主無關。

1907年1月台北爆發鼠疫，日本在日俄戰爭後，首度陷入股價暴

跌，經濟大恐慌。1908年2月台北爆發天花疫情，5月台北再度爆發鼠疫，1,029人感染，828人死亡。1908年現今台北車站前，清代中國「登瀛書院」（已被日本人改名爲「淡水館」），被佐久間左馬太拆除，改建成「台北鐵道飯店」。

佐久間左馬太時期也是貪污橫行的時代，1908年派任的民政長官大島久滿次（1865-1918）利用發放製糖廠證照的機會，向板橋林家的林本源製糖會社索取鉅額賄賂等的貪污事件。1910年大島久滿次向阿里山檜木砍伐商人索賄，才被免職。

地震在台灣島史上常扮演重要事件，在佐久間左馬太擔任總督期間，發生了四次七級以上的大地震，分別爲：1908年1月11日上午11時35分花蓮萬榮附近發生7.3級大地震，震源深度10公里。1909年4月15日上午3時54分台北附近發生7.3級大地震，震源深度80公里。1909年11月21日下午15時36分宜蘭南澳發生7.3級大地震，震源深度20公里。1910年4月12日上午8時22分基隆東方近海發生8.3級大地震，震源深度200公里。

1911年8月31日台灣島遭到「第52號颱風」侵襲，淡水河溢堤，台

日本軍警鎮壓泰雅族原住民

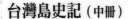

北盆地淹大水，房屋受損超過2萬9千棟，死亡451人以上，史稱「明治大大水災」。1912年9月台灣島北部及中部地區遭到颱風侵襲，台北、新竹、台中、宜蘭受災嚴重，史稱「大正大水災」。

（一）1906年大豹社滅社事件

1906年9月佐久間左馬太上任台灣總督，為了搶奪樟腦資源，採強硬「理蕃政策」。從台北深坑、桃園調集1,450名兵力，分兩路進攻大豹溪一帶泰雅族原住民的大豹社（Ncaq），泰雅族兵敗投降，原本人口1,000多人只剩25戶，頭目瓦旦變促（Watam Shetsu）率殘存族人遷居角板山。Ncaq意指「菅芒地」，但大豹溪畔有巨石形狀如豹，中國移民於是稱該溪為大豹溪，大豹社亦因而得名。日本殖民政府為改造原住民部落，培育新世代菁英，特別要求部落頭目的兒子接受日本式的教育。例如1908年瓦旦變促將兒子樂信瓦旦（Losun Watam）交給日本人教育，進入角板山蕃童教育所，先後取名渡井三郎、日野三郎，後再轉入桃園尋常高等小學校就讀，1921年畢業於總督府醫學專門學校。1945年日本無條件投降，樂信瓦旦改名林瑞昌（1899-1954）。另外一個案例，吾庸 雅達烏猶卡那（Uyongu Yatauyungana），取名矢多一生，先在阿里山達邦蕃童教育所就讀5年，轉入嘉義的小學，1924年保送台南師範學校，畢業後回阿里山部落擔任教師及警察，戰後改名高一生（1908-1954），並擔任鄉長。

1947年二二八事件爆發，樂信瓦旦勸導族人勿參與抗爭被南京民國政府表揚；高一生率領族人以嘉義法隆寺為根據地，攻佔嘉義紅毛埤彈藥庫，奪取彈藥後，轉而攻擊嘉義水上機場，與政府軍對峙。1952年樂信瓦旦當選台灣省議員，不久即遭逮補，1953年被台北民國政府以叛亂罪名槍決。樂信瓦旦被槍決的原因是與高一生、湯守仁（1924-1954）受共產黨黨員簡吉、陳顯富吸收，成立「蓬萊族解放委員會」，又名「高砂族自治會」，被認定是中共的附隨組織，在國共激烈鬥爭的年代，被判為觸犯死刑的叛亂罪。

（二）1907**年枕頭山事件**

1907年5月5日至8月19日日本殖民政府爲推進插天山方面的隘勇線，縮小原住民傳統的領地範圍，派兵進攻泰雅族村社。日軍途經枕頭山，遭遇泰雅族激烈抵抗，日軍被困在枕頭山下，雙方挖戰壕對峙，激戰40餘日，日軍陣亡117人，才攻下枕頭山，前進角板山時又有17名日警陣亡。日本殖民政府從台中、南投調集軍警千餘人，共動用2千名兵力，到7月份才登上插天山。8月份把隘勇線推進11公里，取得15平方公里的樟樹林。泰雅族戰士由霍拉諾幹（Hola Nokan）領導，也犧牲慘重。大嵙崁溪、角板山的原住民逃入深山，土地被日本人和「土人」佔據，形成中國移民村落。日本殖民政府稱原住民爲「蕃人」，稱中國移民爲「土人」。大嵙崁溪即今大漢溪，源自Takohan，是「大水」之意，是平埔族霄裡社稱呼這條溪的用語。

日本殖民政府蓋的台北車站

（三）1908**年縱貫鐵路開通**

1899年日本開始修築台灣島的縱貫鐵路，長谷川謹介（1855-1921）任總工程師，北起基隆，南達高雄，1908年通車。清代中國的

台灣巡撫劉銘傳開始建築這條鐵路，當時經費有限，先建基隆到新竹，但被繼任巡撫邵友濂廢棄。日本殖民政府也著手宜蘭線、花蓮台東線鐵路的興建。鐵路興建對於日本人運輸兵力，鎮壓中國移民和原住民的功用很大，對於有效掌控及獨佔台灣島自然資源的功用更大，佐久間左馬太的「五年理蕃計畫」就是依賴這三條鐵路運輸兵力和軍火。這些鐵路也提供日本人剝削台灣島樟腦工人和蔗農的機會，四處砍伐樟樹，興建糖廠，使運輸甘蔗到糖廠、樟樹到樟腦場，運輸樟腦、蔗糖到港口，變得更為有效率。日本人也藉鐵路運輸的優勢，順利擊敗其他外商，壟斷台灣島的蔗糖及樟腦的出口生意。鐵路的興建經費也是來自剝削樟腦業和糖業，但這些鐵路建設也大幅度推進台灣島經濟和社會的現代化。

（四）七腳川事件和麻荖漏事件

1908年12月15日日本警察在花蓮吉安的七腳川（Cikasuan, Cikasoyan, Sicosuan（知卡宣））派出所，有42名員警被阿美族原住民七腳川社包圍，駐花蓮港的日本軍隊趕來救援。當晚日本軍警發動攻勢，突擊阿美族的七腳川社，七腳川社人撤退至木瓜山（Vaguai），即今的鯉魚山。12月17日日本人命令附近原住民的五個村社，包括薄薄社Pukpuk、飽幹社、里漏社、尾子社、荳蘭社（Nataoran），奪取七腳川社的糧食，燒毀家具。12月21日起，日本軍警封鎖木瓜山，攻擊藏匿山中的七腳川社人。原住民在山上缺乏糧食，漸感不支，下山投降。到1909年3月計有1,322人投降，投降者被流放到大埔尾，即今台東鹿野，或交由附近五個村社看管。

七腳川事件的起因是日本殖民政府長期僱用七腳川社人擔任「隘勇」，防範太魯閣族跨越「隘勇線」，協助日本財團「賀田組」在太魯閣山區砍伐樟樹。日本人卻時常剋扣微薄的隘勇薪資，又要調動到遠方花蓮海岸執勤。1908年12月13日隘勇隊長芝魯霧甸（Ciluuh Vuting）率18名隘勇抗命離職，有位叫馬耀的隘勇卻打死一名前來糾

舉的日本巡查。日本人殺死馬耀，並逮捕馬耀全家。芝魯霧甸憤怒之餘，率眾包圍七腳川派出所，為馬耀報仇，因而引發七腳川事件。1900年時，七腳川社有360戶，1,628人於事件後遭分散遷村，終至滅社。原址的七腳川社耕地後來被日本人侵佔，作為台灣島第一個官辦的日本人移民村，改名吉野村。

1911年7月25日日本殖民政府台東廳「成廣澳支廳」（成功鎮）警察福間彥四郎逼迫原住民頭目趕工修路，怒打「都歷社」（Torik, Dulik，都律社）副頭目La'olong，引發各社頭目擊殺福間彥四郎。麻荖漏社（Madawdaw）頭目Lekar起而領導都歷社、叭翁翁社（Paogaogan）等原住民村社進攻成廣澳支廳，日本殖民政府急調台北廳、宜蘭廳、台中廳警力圍攻麻荖漏社等社，雙方僵持48天，在馬蘭社頭目馬亨亨勸說下，原住民放下武器投降，事件平息落幕。但事後日本警察把麻荖漏社頭目Lekar和都歷社頭目阿珊（Asang）綁吊竹竿上懲罰，還故意砍斷竹竿令兩人墜地，致Lekar傷重死亡。日本警察又縱火焚燒兩社的房舍，並沒收家畜。

（五）佐久間左馬太的血腥鎮壓

佐久間左馬太非常積極鎮壓任何可能的反抗力量，從北埔事件、林圮埔事件、土庫事件、苗栗事件、六甲事件，佐久間左馬太都毫不留情地血腥鎮壓。

1907年「北埔事件」的主角是原任日本基層員警，曾在新竹北埔支廳服役過兩次但離職的蔡清琳，蔡清琳鼓動新竹北埔山區的客家移民和賽夏族原住民抗日，自稱「聯合復興總裁」，謊稱中國清政府即將派兵登陸新竹，用金錢利誘賽夏族大隘社頭目「大打祿」趙明政，可得獵殺日本人的獎金。1907年11月15日客家人何麥榮和趙明政率150人攻擊北埔鄉支廳，殺害日本人57名，包括5名未滿10歲的小孩。但蔡清琳卻毫無動作，還逃入五峰鄉。佐久間左馬太間立刻派兵2千人圍堵北埔，威脅如果抓不到「匪徒」，要屠殺北埔全部居民。賽夏族發現

受蔡清琳之騙，獵殺蔡清琳和何麥榮等客家人，轉向日軍投降，起事的客家移民100多人全遭日軍處死，但日本人對賽夏族僅沒收槍械。日本人認爲這些起事者都是看守隘勇線的中國移民，從此以後由日本人直接管理原住民，不假中國移民之手，但日後卻引起更大紛爭的霧社事件。

1912年「林杞埔事件」發生於南投竹山，1908年佐久間左馬太將林杞埔15,000甲竹林地強行收歸「國有」，再轉交給三菱造紙會社，使2萬多名竹農和地主的生計陷入困境，抗議和紛爭不斷。劉乾和林啓禎心生不滿，於1912年3月23日率12名莊民攻擊警察派出所，殺死3名日本員警，後遭圍捕，全部被處死。日本人認爲這事件跟1911年10月辛亥革命和1912年1月1日中華民國成立有關，因爲「中華民國革命的精神對本島民心帶來不良影響」。

1912年5月雲林土庫人黃朝與黃老鉗兩人密謀抗日，遭區長張兵、保正張加高密報，黃朝被捕處死，史稱「土庫事件」。

1913年「苗栗事件」就是羅福星事件，羅福星是廣東客家人，1886年生於雅加達，父親羅經邦在印尼經商，母親是印尼華僑，有荷蘭及印尼血統。1903年隨祖父來台，就讀苗栗公學校。1906年回廣東，擔任小學教師。1907年加入中國同盟會，1911年率2千名印尼華僑回廣東參加孫文和黃興（1874-1916）的黃花崗事件。1912年羅福星來台，在苗栗組織「中國革命黨台灣支部」，號召「驅逐日人，收復台灣」。革命黨的組織迅速擴張，總部秘密移往台北大稻埕，支部遍及基隆、桃園、台中、彰化、台南。革命黨人有大甲的張火爐、台南李阿齋、台中賴來、南投賴阿榮、陳阿榮等人秘密組織革命黨民兵。1913年8月革命黨人已達9萬名，10月新竹日本警察的槍枝遭革命黨人竊取，11月12日日本人循線破獲羅福星的地下組織，逮補220人。羅福星逃亡淡水被捕，幹部名冊曝露，921人被捕。1914年2月28日羅福星等21名革命黨人被判處死刑，285人判處無期徒刑。這是台灣島史上第一則「二二八事件」。

　　1913年陳阿榮在台中東勢角、南投埔里組織的革命黨民兵，著手襲擊南投日本警察派出所時，遭密告被捕，陳阿榮被處死。

　　1913年台中張火爐、黃炳貴在台中大甲、鐵砧腳、苗栗大湖組織革命黨民兵，事洩共有21人被捕，張火爐於押送途中跳水自殺，黃炳貴等人全被處死。

　　1913年10月20日台南關廟人李阿齊策動攻擊台南，事洩被捕，與羅福星、張火爐等人於1914年3月3日同時遭處決。李阿齊的父親李達曾參與1895年林崑崗的「十八堡戰役」陣亡，李阿齊立志為父報仇，受羅福星影響組織反日團體，史稱「關廟事件」。

　　1913年12月1日革命黨人賴來、謝石金率領革命黨民兵，襲擊台中東勢角日本官員和警察，奪取槍枝彈藥。12月3日襲擊葫蘆墩（豐原）時中伏被捕，賴來、謝石金等13人被捕處死。「苗栗事件」就此結束。

　　1914年4月台南白河羅臭頭、羅獅聚集革命黨民兵80多人，準備襲擊六甲、南勢的日本官員與警察，事洩被捕，羅臭頭逃逸在深山中自殺，羅獅等人被處死刑。史稱「六甲事件」。

（六）廖添丁

　　廖添丁是台中清水人，生於1883年，幼時父親過世，母親改嫁，由姑母撫養。以打零工維生，善於偷盜。1901年因竊盜案入獄10個多月，1904年夥同張富搶劫大稻埕茶行。日本警察圍捕，卻能順利脫逃，還由歌妓阿乖陪同逃亡，益增傳奇色彩。1905年因搶劫富商，被捕入獄。1906年至1909年間，又多次竊盜入獄。1909年3月8日廖添丁出獄，7月21日搶劫士林茶商王文長的金庫，8月19日偷竊大稻埕日本警察宿舍、派出所的槍械、彈藥、佩刀。8月20日搶劫大稻埕板橋林家的「林本源」商行，9月5日在基隆槍殺日警的線民陳良久。11月4日搶劫八里五股坑莊的保正李紅。廖添丁缺席審判，11月10日被台北地方法院判處死刑。11月19日舊識楊林向日警告發廖添丁藏匿於八里的

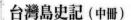

茖阡坑猴洞。楊林引導日警拘捕時，廖添丁欲開槍射殺楊林，槍械卡彈，無法擊發，反遭楊林舉鋤擊斃，年26歲。傳說廖添丁常把偷竊搶劫所得錢財，贈與孤兒寡婦，民間傳為劫富濟貧的「義賊」。

（七）太魯閣事件

佐久間左馬太至少鎮壓十次抗日事件，其實上述像黃朝的土庫事件、李阿齊的關廟事件、羅臭頭的六甲事件，這些事件都是很微小的抗爭，很快平息。佐久間左馬太轉而以征伐原住民為要務，架設高壓電鐵絲網、埋設地雷圍堵高山族原住民，大幅擴張「隘勇線」，收縮高山族原住民的傳統領地。隘勇線是清代中國留下來的「理蕃工事」，限制高山族原住民的活動範圍，劃分山地和平地的界線。隘勇線內等同高山族原住民的保留區，不准中國移民和平埔族原住民任意進入，也不准高山族原住民任意外出。隘勇線越內縮，高山族原住民活動區域越縮小，中國移民和平埔族的土地就越大。隘勇線可視為兩邊族群土地爭奪戰的均衡線，清代中國政府常僱用平埔族看守隘勇線。後藤新平早期不干涉高山族生活方式的政策，佐久間左馬太則認為：「可沒辦法再這麼繼續拖拖拉拉下去，得進行山地資源的開發，沒想到竟然受到這些傢伙（高山族）的阻撓，可不能使台灣統治受挫。總之在始政二十週年（1915）以前，要制服這些生蕃，讓台灣全島成為日本人能夠自由地前往任何一個角落的土地。」

明治特別指示佐久間左馬太「理蕃視同戰事」，有了天皇支持，佐久間下令準用中日甲午戰爭的規格，獎勵軍警人員，把對內討伐當作對外戰爭，對高山族原住民之殘酷血腥程度，完全是屠殺滅種的手法。佐久間左馬太動員大批軍警，將全島劃分12個作戰區，血腥鎮壓原住民，還親自督軍進攻大嵙崁、北勢蕃、馬利可宛、奇那濟、太魯閣等地高山族原住民部落。明治和佐久間左馬太可說是高山族的兩大劊子手。

1906年8月1日太魯閣族襲殺日本的樟腦採集人員和山地教師30多

人，這事件給予佐久間左馬太鎮壓屠殺太魯閣族的口實。1912年明治
去世，佐久間把屠殺高山族當做「先皇遺願」，親掛戰袍，在叢山峻
嶺設軍事指揮部，展開作戰行動。1914年5月佐久間左馬太認定太魯閣
族妨礙日本人的採樟事業，配備機關槍、山砲兵、臼砲隊，親率2萬軍
警討伐太魯閣族。太魯閣族2,000多名族人武力反抗，爆發「1914年太
魯閣事件」，這是二十世紀初台灣島上最激烈的戰役。8月28日戰勢底
定，日本人獲勝，太魯閣族人口傷亡殆盡，幾乎滅族，剩餘人口被移
往平地，接受日本化教育。但佐久間左馬太早於6月26日視察戰線時，
從5,000公尺懸崖墜下重傷，8月13日撤軍回台北，11月回東京治療，
1915年5月1日辭職，8月5日才去世。但太魯閣族說是該族馬黑羊部落
的勇士Lolon Nawai用箭矢襲殺佐久間左馬太，佐久間左馬太因此墜
崖。日本人拒付樟腦的「番大租」，把樟腦當做殖民紅利，把強奪樟
樹林當作生財之道，用屠殺驅趕原住民離開樟樹林山區，當作戰爭事
業，這是二十世紀各國殖民史最血腥卑鄙的畫頁。

（八）日本村

　　佐久間左馬太引進日本人移民台灣島，在花蓮、台東開闢「日本
村」，如吉野、豐田、林田、鹿野、池上等村落。1910年設「荳蘭社
移住指導所」，在日本各地招募移民花蓮、台東的日本人，荳蘭社又
名「抖難社」，是崇爻八社之一，位於花蓮市。結果是比較落後的日
本四國島吉野川流域的人最多，在花蓮原七腳川社的土地設立「吉野
村」，移民有1,210人。每一戶配有耕地3甲，房屋用地450坪。1913年
設「豐田村」移民有860人。1914年設「林田村」移民有855人。1916
年台東設「鹿野村」移民104人、「旭村」移民115人、「鹿寮村」移
民30人。1932年台中設「秋津村」移民780人、「豐里村」移民745
人、「鹿島村」移民640人。1933年花蓮設「瑞穗村」移民205人。
1935年高雄設「日出村」移民125人、「千歲村」移民500人、「常盤
村」移民325人。台南設「榮村」、「春日村」，規模較小，約50戶而

已。1937年台東設「村敷島村」移民295人。1938年南投設「新高村」移民15人、「昭和村」移民75人。1940年台中設「香取村」移民445人、「八州村」移民500人。1942年台中設「利國村」移民350人。後來這些日本村最後都因農耕習慣不適應，收入太少而崩解。

（九）日本併吞朝鮮

1904年日俄戰爭，日本獲勝後取得列強承認對朝鮮的宗主權。日本設立朝鮮統監府，以伊藤博文為首任朝鮮統監，掌控朝鮮的財政和外交。1907年日本逼迫韓高宗（1852-1919）退位，1909年10月26日伊藤博文被安重根刺殺死亡，日本加速將被保護國「大韓帝國」併入日本帝國的版圖。1910年8月22日日本的韓國統監寺內正毅（1852-1919）與朝鮮的大韓帝國總理李完用（1856-1926）簽訂《日韓合併條約》，大韓帝國滅亡，朝鮮半島的領土主權移轉給日本天皇。日本帝國設在首爾的「統監府」改制成「朝鮮總督府」，展開35年的殖民統治，直到1945年8月15日無條件投降為止。依1943年《開羅宣言》規定，韓國獲得獨立。

1895年甲午戰爭後日本取得台灣島，1904年日俄戰爭後日本取得遼東半島及庫頁島南部，1910年日本併吞韓國，1914年第一次世界大戰日本進佔山東半島，1915年日本對中國提出《二十一項要求》，企圖納福建為勢力範圍。在這20年間日本的領土、殖民地、半殖民地、租界、被保護國、勢力範圍都大肆擴充，這個趨勢滋生日本法西斯軍國主義，而併吞韓國是其中很大的關鍵。

（十）1912年「中華民國」成立

「大清帝國」於1895年喪失中國對台灣島的領土主權，「中華民國」於1945年收回中國對台灣島的領土主權。因此，1912年「中華民國」的成立是台灣島歷史發展的重要影響的事件，對1913年效法辛亥革命的羅福星事件和1915年宣傳袁世凱將派兵進攻台灣島的噍吧哖事

件都有引爆效果。

　　「中華民國」作爲國家組織的產生，應自1892年楊衢雲、謝纘泰在香港籌組推翻「大清帝國」的史上第一個海外革命團體「輔仁文社」算起，此後中國海內外紛起各式意圖推翻「大清帝國」的革命團體，包括1894年孫文在夏威夷籌組的「興中會」，1895年1月「輔仁文社」併入「興中會」，10月26日孫文、楊衢雲、陸皓東、鄭士良發動「第一次廣州起義」。1900年7月26日容閎、嚴復、唐才常組織「中國議會」，成立「自立軍」，與孫文的「興中會」合作，唐才常卻被其門師張之洞出賣，事敗被殺。1900年6月孫文和鄭士良、陳少白、楊衢雲計畫發動惠州起義，9月25日孫文經馬關抵達台灣島，在台北成立起義指揮中心。當時日本台灣總督府民政長官後藤新平承諾支持，10月8日孫文指示鄭士良發動起義。10月19日伊藤博文組閣，下令後藤新平不得幫助孫文，鄭士良彈盡援絕，解散起義軍。

　　1904年2月黃興、宋教仁、章士釗在湖南長沙籌組「華興會」，同年10月陶成章、蔡元培、秋瑾、章炳麟、徐錫麟在上海籌組「光復會」。1905年8月20日興中會、華興會、光復會等革命團體在日本東京合組「中國同盟會」，更積極推動武裝起義，但據說「光復會」只合作但不加入「中國同盟會」。1906年12月4日龔春台（？-1912）和同盟會會員劉道一（1884-1906）、蔡紹南（1865-1910）自行在江西、湖南發動哥老會和礦工革命的「萍鄉、瀏陽、醴陵起義」，這是清末最大規模的武裝革命，也是歷史上首度出現以「中華民國」爲國號的革命號召，但遭到軍事鎮壓，很快失敗，萬餘人遭屠殺。

　　1907年中國同盟會因爲孫文的資金運用問題而分裂，章太炎、陶成章和光復會等人指控孫文貪腐而退出同盟會，孫文與汪精衛、胡漢民等人另行在東南亞（印尼）設立同盟會總部。同盟會的東京總部與人在印尼的孫文總部雖然形同陌路，中國同盟會紛爭如此，依然在1907年發動4次革命武力行動，但都失敗收場。

　　同盟會會員張伯祥、劉公、孫武、焦達峰、吳玉章、居正等人另

行籌組「共進會」，同盟會形同瓦解，但在清政府眼中，這些分裂後的革命組織，仍然通稱「革命黨」。1909年張廷輔、蔣翊武、劉復基在武昌籌組清軍士兵的秘密革命團體「文學社」，1911年6月1日「共進會」和「文學社」在「中國同盟會」的譚人鳳、居正協助下，合作成立武裝起義的聯合指揮部。「共進會」和「文學社」是武昌起義的主要功臣，但與孫文領導的「中國同盟會」只有合作關係，並無隸屬關係。武昌起義時，孫文正在美國科羅拉多州丹佛市，起義的過程跟孫文也無關係。

1911年10月9日「共進會」的孫武在漢口配製炸彈失事，「文學社」的蔣翊武決定當晚12時起義，但劉復基、彭楚藩、楊宏勝被捕，三人於10月10日早晨被斬首。10月10日傍晚6時，武昌士兵李鵬升點燃草料庫，號召起義，起義士兵進軍武昌軍械庫。7時許，起義士兵金兆龍、程定國殺排長起義，軍中「共進會」代表熊秉坤立即鳴笛，宣佈全員武裝起義。武昌城內士兵蔡濟民、吳醒漢、吳兆麟、李濟深、何貫中紛紛起義。10月11日凌晨起義軍隊已完全掌控武昌，至晚上再掌控漢陽。12日繼而掌控漢口，宣布成立「中華民國軍政府鄂軍都督府」，推舉黎元洪為都督，「中華民國」的名稱正式誕生。同日電請孫文回國，並請黃興、居正、宋教仁速赴武昌。有人說「中國國民黨」的前身「中國同盟會」是「中華民國」的開國政黨，觀諸史實，有待商榷，「文學社」和「共進會」應該才是「開國政黨」。中國同盟會在武昌起義後，是迅速響應革命的許多團體之一，攻佔長江以南許多省份，但是長江以北許多省份仍在大清帝國政府手上，所以中國同盟會是參與辛亥革命的政治團體之一，但不是武昌起義的發動團體。

10月14日居正擬定《軍政府暫行條例》，25日孫武、劉公修訂為《中華民國鄂軍政府改訂暫行條例》。11月初再由宋教仁起草《中華民國鄂州臨時約法》。此時湖南、陝西、山西、江西、上海、江蘇、浙江、廣西、廣東、安徽、福建、雲南、貴州、四川皆已宣告革命成

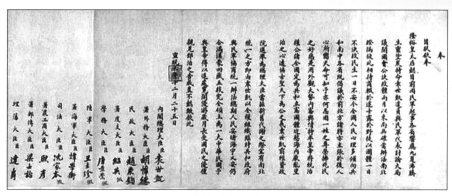

宣統退位詔書

功，成立「都督府」（革命軍政府之意）。一個月內，沒經過什麼大
規模內戰，全國二十二省竟有十七省宣布獨立。11月15日陳其美、
程德全、湯壽潛等「都督」在上海，議決成立「各省都督府代表聯合
會」。11月30日「各省都督府代表聯合會」在武昌召開首次會議，推
舉譚人鳳爲議長。12月3日通過《中華民國臨時政府組織大綱》，並議
決袁世凱如果轉變立場支持革命，將推舉袁世凱爲臨時大總統。12月
2日江蘇、浙江革命軍攻克南京，12月12日起義革命的「各省都督府代
表聯合會」在南京集會，12月14日推舉湯爾和爲議長、王寵惠爲副議
長。12月17日「各省都督府代表聯合會」推舉黎元洪爲大元帥，黃興
爲副元帥。

　　1911年11月1日清政府任命袁世凱爲內閣總理大臣，袁世凱派兵於
11月27日攻佔漢陽，12月1日袁世凱與蔣翊武、吳兆麟簽訂《武漢地區
停戰協定》。12月8日袁世凱派唐紹儀與革命軍的伍廷芳談判，即「南
北議和」。黎元洪與黃興競爭領導權相持不下，雙方妥協推舉孫文
爲「臨時領導人」。12月25日孫文返國抵達上海，12月29日「各省都
督府代表聯合會」選舉孫文爲中華民國第一任「臨時大總統」。「各
省都督府代表聯合會」不是法定的國會，因此只能推選「臨時大總
統」。1912年1月1日孫文在南京宣誓就職，宣告「中華民國」成立，

及成立「南京臨時政府」。1月3日選舉黎元洪爲臨時副總統，但至1月19日國際上無任何國家承認「中華民國」及「南京臨時政府」。1月20日「南京臨時政府」向袁世凱提議《清帝退位優待條件》，1月22日孫文聲明只要袁世凱支持清帝退位，將把「臨時大總統」的職位讓給袁世凱。當時的孫文其實也無政治實力保有「臨時大總統」的職位。1月25日袁世凱授意段祺瑞等北洋將領逼退清帝。2月6日南京臨時政府通過《清室優待條例》，2月12日宣統皇帝溥儀發布《退位詔書》，「中華民國」才正式繼承「大清帝國」的憲法和國際法地位，取得「中國」的國際法人格。「中華民國」和「大清帝國」都只是「中國」在不同時期的「政府」替「中國」所取的「國號」，「中國」才是「國家」和「主權實體」。

國家是擁有領土主權的政治組織，這個領土主權由憲法和國際法秩序確認，可以由不同國家組織繼承、合併、分割、更替。同一個領土主權及相關權利義務，由不同時期的國家組織接續繼承下來，這些國家組織就成爲這個領土主權在某一個時期的「朝代」。「中國」從來不是正式國號，但在國際法上就代表著一個領土主權的法人人格。大清帝國簽訂《尼布楚條約》就以「中國」之名與俄羅斯簽約。

因此在這個1912年1月1日至2月12日的短暫時間，大清帝國和中華民國是兩個並存的國家組織，但當時的中華民國不是具備憲法和國際法要件的國家組織。大清帝國經由談判把「中國」的憲法和國際法人格，透過《退位詔書》的宣佈，交付中華民國，完成朝代繼承。「大清」從此成爲中國歷史上的「清朝」或「清代」。所謂「中國」就是指涉在歷史中國的主要領土範圍內，行使國家主權的憲法及國際法人格的載體。有些學者對「憲法和國際法人格」的繼承關係缺乏知識，胡亂解釋「大清」不是「中國」，實在很無聊。明末清初，中國歷史也有一段時間，大明帝國和大清帝國所宣示的領土主權重疊，在這段期間，大清帝國繼承自大明帝國的「中國」的憲法及國際法人格是不完全的繼承。大明帝國各式臨時政權徹底崩解後，大清帝國就成爲繼

承大明帝國持有的「中國」的完整憲法及國際法人格的國家組織。

　　中華民國1912年繼承自大清帝國的「中國」主權，展開「北京民國政府」時代的中華民國，由袁世凱和北洋軍閥接續主政，是中國的主權政府。1925年至1928年孫文率領國民黨推動國共合作，在廣州成立中華民國的「大元帥軍政府」和「國民政府」，並不具備憲法和國際法上主權政府的要件，也不是中國的主權政府，只能算是地區性政權。1928年蔣介石率領國民黨軍隊發起北伐戰爭獲勝，中華民國進入「南京民國政府」時代，由國民黨主政，才是擁有中國主權的政府。1931年11月7日中國共產黨在江西瑞金成立「中華蘇維埃共和國」，1935年12月改國號爲「中華蘇維埃人民共和國」，1937年9月6日根據國共協議，改制爲「中華民國陝甘寧邊區政府」，於9月22日宣告結束「中華蘇維埃人民共和國」。這個由中國共產黨主政的國家組織，並不擁有憲法和國際法要件的中國主權。跟孫文主政的廣州政府一樣，只是有爭逐全國政權企圖的地區性（Regional）政權，但不是臣服於全國性中央政權的地方（Local）政權。

　　1937年11月20日中華民國南京政府（南京民國政府）因日本侵略中國，遷都重慶，展開「重慶民國政府」時代。1946年5月5日中華民國再遷都回南京，是第二次「南京民國政府」時代。國共內戰時期，1949年1月10日淮海戰役（徐蚌會戰）國民黨大敗，1月21日蔣介石「引退」，1月25日李宗仁下令「南京民國政府」遷移至廣州。1949年4月23日共產黨軍隊攻下南京，「南京民國政府」敗亡。12月7日「廣州民國政府」遷都台灣島的台北市，中華民國進入「台北民國政府」時代。但1949年10月1日「中華人民共和國」已在北京成立，「中華民國」開始產生「主權消損」（Soereignty Depletion）的現象。「台北民國政府」時代的「中華民國」是否繼續持有中國主權，已成問題。此時的「中華民國」類似孫文的廣州政府的中華民國，或中國共產黨的中華蘇維埃共和國，退化成地區性政權，但不是地方政權。有爭逐全國政權的企圖，又不臣服於全國性的中央政權。1971年聯合國

大會〈第2758號決議案〉《恢復中華人民共和國在聯合國組織中的合法權利問題》（Restoration of the lawful rights of the People's Republic of China in the United Nations）通過後，「中華民國」及「台北民國政府」喪失聯合國相關機構的國際法人格，等於喪失國家和政府的國際法地位。1979年4月10日美國制定《台灣關係法》，「台北民國政府」被定位為「在台灣的統治當局」（The Governing Authorities on Taiwan），在美國的法律上是一個沒有領土主權的地區性自治政府。但1988年李登輝主政後的「台北民國政府」，主權人格嚴重消損的「中華民國」緩慢地進入「台獨篡位時代」，台灣獨立勢力逐漸打著「中華民國」的政權旗號，行使「台灣共和國」的虛擬實權，其情形類似「王莽篡漢」。2016年7月12日《國際海洋法公約》的仲裁庭就〈南中國海仲裁案〉（The South China Sea Arbitration）宣告，將「台北民國政府」定位為「中國的台灣當局」（The Taiwan Authority of China），「台北民國政府」再次被國際法認定為中國的地區性自治政府。

（十一）打壓台資企業

1904年日俄戰爭後，歐美糖商大多退出台灣島，歐美糖商裡資本較大的洋行，只剩英商怡記洋行。除了台灣島民小資本的六家老式糖廠外，日本財團開始挾著日本殖民政府的獎勵及保護，大舉擴充新式糖廠的資本投資，打壓台灣島民的小糖廠。從三井財團的高雄橋頭糖廠、賀田組財團的花蓮光復糖廠開始，鹽水港製糖、新興製糖、明治製糖、東洋製糖、林本源製糖、新高製糖、大日本製糖陸續在台灣島設置新式糖廠，到1912年已達29座糖廠。

1912年2月佐久間左馬太下令台灣人要設立現代公司企業（株式會社），必須與日本人合資。這道命令使台灣人的資本累積，除了停留在傳統「商號」模式外，要籌組現代公司，就會受到日本人的制約。因此資本額超過20萬日圓的公司企業，到1941年時，日本人的企業佔

91.1%，台灣人的企業僅佔8.3%而已。

　　1912年日本殖民政府下令，台灣島民不得開設有「會社」一詞的商號，「會社」即「公司」之意：「台灣人、中國人或僅有台灣人與中國人的商號，不得使用「會社」（公司）字樣。這道禁令直到1923年才解除，1923年以前台灣人被禁止設立「會社」。但是大東信託會社於1926年設立，是台灣人在無日本人參股的情形下自行設立的「會社」，日本殖民政府還是百般干擾，要求許多機構不得在大東信託存款。

（十二）1913年編造吳鳳「殺身成仁」的故事

　　吳鳳（1699-1769）是福建平和人，居住打貓堡番仔潭庄，乾隆期間擔任阿里山蒲羌林大社（阿里山大社）的「番割」，閩南語「為番人割貨」之意，「割貨」就是「採購」。有人說吳鳳也是「理番通事」，但當時的阿里山大社總通事是「阿吧哩」，吳鳳擔任通事的說法值得存疑。1769年（乾隆34年）吳鳳勸阻阿里山十八社原住民獵殺阿豹厝（阿拔泉庄，嘉義竹崎鄉緞繻村）兩位庄民的人頭，吳鳳告知阿豹厝人走避，原住民責怪吳鳳，雙方言語發生衝突，原住民拔刀怒殺吳鳳，吳鳳反手格鬥失利，只好騎馬逃逸，仍遭追殺馘首。吳鳳死後，原住民村社爆發瘟疫，常見吳鳳霧中披髮帶劍騎馬，深為懊悔，發誓不再獵殺阿豹厝人頭，以求驅除瘟疫。1820年（嘉慶25年）由理番通事楊秘立祠祭祀吳鳳（即今嘉義縣中埔鄉社口村阿里山忠王祠），以求驅除瘟疫。吳鳳故事現存最早記載在1855年（咸豐5年）劉家謀（1814-1853）的《海音詩全卷》的附註，其後的著作大都偏離劉家謀的撰述很遠，劉家謀只說吳鳳是「番割」，沒有說是「通事」。《海音詩》原文是：「紛紛番割總殃民，誰似吳郎澤及人。拚卻頭顱飛不返，社寮俎豆自千秋。」這原本是一件單純的衝突事件，卻符合日本人理番的需求，而大加神化利用，說成與事實不符的「吳鳳為革除原住民出草習俗而捨生取義」。1900年台灣總督府殖產課技師小笠

原發現阿里山原始森林，山區鄒族原住民已無獵人頭習俗，探知有吳鳳傳說，寫下紀錄。

1902年兒玉源太郎展開阿里山森林資源調查，1904年後藤新平登上阿里山，探詢吳鳳事蹟，參拜吳鳳廟，並留下詩作「一死成仁見偉才，混蒙天地豁然開。口碑千古靈如在，服冕乘風策馬來。」後藤新平並吩咐岩手縣的同鄉伊能嘉矩、嘉義廳長岡田信興深入調查吳鳳事蹟。伊能嘉矩就是台灣史著作《台灣文化志》的作者。1906年嘉義梅山大地震，阿里山也是地震災區，吳鳳廟崩毀，後藤新平指示重建新廟。1913年吳鳳新廟落成，總督佐久間左馬太親臨頒發「殺身成仁」匾額，並將編造修改過的吳鳳故事，以「義人吳鳳」列入日本及台灣島小學的教科書流傳下來。

日本剛殖民台灣島時，稱原住民為「蕃人」，稱中國移民為「土人」、「島人」或「本島人」。日本人又把「蕃人」分為「熟蕃」和「生蕃」。1935年「熟蕃」改名「平埔族」，「生蕃」改名「高砂族」。1945年南京民國政府認為「平埔族」已漢化，無法分辨，「高砂族」改稱「山地同胞」。1984年原住民運動，台北民國政府應原住民要求，將「山地同胞」改為「原住民」。1988年台北民國政府了解吳鳳故事並非如佐久間左馬太所述「殺身成仁」般悲壯，將「吳鳳鄉」改名「阿里山鄉」。1989年原住民運動者將嘉義火車站前吳鳳銅像拆毀，吳鳳事蹟回歸平凡。

佐久間左馬太除了運用編造過的吳鳳事蹟，掩蓋血腥屠殺原住民的罪惡外，還假惺惺不時接見原住民，安排原住民赴日觀光，表現「教化蕃民」的親民領袖模樣。1908年倫敦博覽會，佐久間左馬太安排原住民學生到倫敦作為博覽會展覽品，2013年NHK說這是日本奮力爭當頭等國家的歷史見證。佐久間左馬太殖民統治者時期，日本派2萬7千名官員統治台灣島，向歐洲各國證明日本人有能力統治殖民地，台灣島被當作日本人殖民統治實驗的「人間動物園」。這些統治動作底下，日本人興建阿里山登山鐵路，砍伐林木，運回日本，強奪台灣島

資源的殖民手段，日本人卻想用編造的吳鳳事蹟遮蓋，經過88年終被
識破。

（十三）1914年第一次世界大戰爆發

1908年奧匈帝國（Austro-Hungarian Empire）併吞位於巴爾幹半島
的「波斯尼亞—黑塞哥維那」（Bosnia and Herzegovina），引起塞爾
維亞人（Serbia）的強烈不滿。1911年又發生德國以潛艇威脅法國殖民
地摩洛哥（Morocco）的國際危機。

1914年6月28日奧匈帝國皇儲斐迪南（Franz Ferdinand, 1863-
1914）視察波士尼亞，在塞拉耶佛（Sarajevo）的拉丁橋附近，遭塞爾
維亞人普林西亞（Gavrilo Princip, 1894-1918）刺殺身亡。德國皇帝威
廉二世（Wilhelm II, 1859-1941）於7月5日鼓動奧匈帝國對塞爾維亞王
國宣戰，7月23日奧匈帝國提出條件嚴苛的最後通牒，限塞爾維亞在48
小時內答覆，條件無異要塞爾維亞淪為殖民地。這是與塞爾維亞同為
斯拉夫民族的俄羅斯所不能接受的。7月25日塞爾維亞答覆，除了一項
外，出乎意料全部接受。奧匈帝國卻以這一項例外為藉口，於7月28日
對塞爾維亞宣戰，引爆「第一次世界大戰」。

弔詭的是，奧匈帝國尚未開戰進攻塞爾維亞王國，德國卻捏造事
由，誣指法國侵犯邊界，在8月3日對法國宣戰，並立即進攻比利時。
當時比利時是英國的受保護國，逼得英國在8月4日對德國宣戰。第一
次世界大戰就這樣糊裡糊塗爆發。最後結果，2千萬人死於戰火，奧匈
帝國解體消失，德國、奧地利、俄羅斯的王室被內部革命推翻。

戰爭期間，德意志帝國、奧匈帝國、鄂圖曼土耳其帝國、保加利
亞王國合組「同盟國」（Central Powers，CP）集團，大英帝國、法
蘭西共和國、俄羅斯帝國、塞爾維亞王國、義大利王國、美國等合組
「協約國」（Allied Powers，AP）集團，CP和AP兩大集團爆發激烈戰
爭。「同盟國」（CP）參戰兵力2,516萬人，「協約國」（AP）參戰
兵力4,835萬人。1914年8月4日德軍攻入比利時，8月14日至25日法軍

進攻亞爾薩斯和洛林的德軍防線，法軍傷亡30萬人，德軍防線仍屹立不搖。9月5日至12日馬恩河戰役，法德兩國各傷亡25萬人。四年後，1918年7月15日至8月6日第二次馬恩河戰役，雙方又各傷亡15萬人。

8月23日日本帝國對德意志帝國宣戰，卻不是派兵赴歐洲參戰，而是出兵2萬9千人佔領中國山東青島市的德國租界、膠州灣，以及佔領德國興建從青島至濟南的鐵路及沿線土地。1917年2月16日英國與日本簽訂秘密條約，英國承認日本自德國手中奪取的中國山東省青島市及赤道以北的太平洋島嶼，包括馬紹爾群島（Marshall Islands）、馬里亞納群島（Mariana Islands）、加羅林群島（Caroline Islands）等。日本則承認英國在赤道以南奪取的德國所屬太平洋島嶼。英日兩國根據此密約瓜分德國在亞洲的殖民地和租界。日本並未在第一次世界大戰付出代價，或做出重大貢獻，即取得龐大利益和國際地位，還從出口戰爭物資給歐洲交戰國，大發戰爭財，日本經濟因此急速繁榮。

1917年4月6日美國對德國宣戰，8月14日中華民國對德意志帝國和奧匈帝國宣戰，但並未派兵，只派數十萬工人前往歐洲擔任後勤工作，中華民國當時的政府首長是段祺瑞。1917年11月2日美國與日本簽訂《藍辛石井協定》（Lansing Ishii Agreement），宣布承認日本在中國的特權，只要日本承諾在控制中國的勢力範圍內，採取門戶開放政策。1918年1月8日美國總統威爾遜（Thomas Woodrow Wilson，1856-1924）向國會提出著名的《十四點原則》的咨文。主張反對殖民、民族自決、建立國際聯盟，道德性非常高，史稱《威爾遜原則》。

美國卻在1919年1月12日巴黎和會同意接受將德國在中國的殖民特權轉移給日本，而棄被殖民的中國於不顧。威爾遜辯稱為爭取英法日同意設立國際聯盟，不得不放棄反對殖民的民族自決原則。這時發布才1年的《威爾遜原則》已創立「國際道德準則」向「國際政治現實」妥協的歷史性案例。實際上威爾遜的「民族自決」原則僅適用於第一次世界大戰的戰敗國如德國、奧匈帝國、奧斯曼帝國的殖民地，不適用於戰勝國如法國、英國、荷蘭、比利時、美國、俄羅斯的殖民地。

　　1918年11月11日德國投降，第一次世界大戰結束，戰爭期間共約6千5百萬人參戰，2千萬人受傷，1千6百萬人喪生。

　　戰後戰勝國舉行巴黎和會，中國要求取消外國在中國領土上駐軍和各項不平等條約，遭到拒絕。巴黎和會反而同意將德國在山東半島的權益交給日本，此事引爆「五四運動」，造成原先具有憲法及國際法地位的「北京民國政府」（北洋政府）因為簽署《凡爾賽和約》而威信崩盤。親自出席巴黎和會的美國總統威爾遜所提出的《十四點原則》，被譏笑為英國和日本不受此限。五四運動掀起具有現代意義的中國民族主義，加速中國國民黨的北伐成功，組織南京民國政府，接手統治中國。五四運動也促成中國共產黨的籌組和崛起。

　　日本挾著1894年甲午戰爭、1900年八國聯軍、1904年日俄戰爭的餘威，1914年參加第一次世界大戰，輕輕鬆鬆出兵佔領山東青島及太平洋島嶼，名為擊敗德國，實為侵略中國。日本佔領山東，不只日本國內歡欣鼓舞，連被殖民統治的台灣人也熱烈慶祝。

（十四）台灣同化會

　　1914年3月19日土佐藩武士階級出身，1881年創立日本第一個政黨「自由黨」的板垣退助（1837-1919）應林獻堂（1881-1956）邀請來台演講，提出「促成充分同化」的主張，板垣退助的論調是要團結中國人，共同對抗美國人，勢需先尊重「本島人」，主張「仔細調查土人與內地人之關係，以促成充分同化為目標。」板垣退助稱台灣人為「土人」，日本人為「內地人」。1914年12月20日林獻堂、蔡培火（1889-1983）、蔡惠如（1881-1929）等人於台灣鐵道飯店成立「台灣同化會」，會員人數高達3千人，蔣渭水號召總督府醫學校學生大舉參加，東京、宜蘭、新竹、台中、嘉義、台南、高雄都設有分會。但成立不到兩個月，1915年1月26日佐久間左馬太認定「台灣同化會」名為「同化台人為日人」，實為「爭取台人與日人平權」，以妨礙治安及涉及財務糾紛為由下令解散。林獻堂等人不死心，於6年後，趁大正

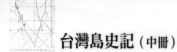

民主風潮，於1921年推動台灣議會設置請願運動，並籌設台灣文化協會，但1936年皇民化運動及日本軍國法西斯主義興起後，全部歸於死寂。

（十五）1915年禁止纏足、留辮

1911年2月日本殖民政府即假台北大稻埕公學校舉行「台灣人斷髮會」，但效果不彰。直到1911年10月10日中國爆發武昌起義，掀起「剪辮」風潮，風氣傳入台灣島，本島人才開始接受「斷髮」。1914年「台灣日日新報」舉辦「論纏足之弊害及其救濟策」徵文活動，號召新、舊知識份子參與發表意見，鼓動輿論，呼籲殖民政府用強制手段達成放足與斷髮。台灣總督府見反應熱烈，時機成熟，在1915年4月15日通令各廳將禁止婦女纏足及解纏事項，訂於保甲規約，運用保甲制度，全面推動放足斷髮。在警察壓力下，保正、甲長挨家挨戶調查纏足留辮，限期放足斷髮。同年8月5日殖民政府在全台各地成立「風俗改良會」，數月間全台斷髮者達133萬人，仍留辮者僅8萬人。禁止纏足與剪斷髮辮的政策，日本人視為殖民統治現代化及馴化台灣島民的象徵，因此極有耐心地移風易俗。禁止纏足對提高女子勞動力，帶動經濟發展，改變服裝產業，增加從日本本島進口消費品，作用甚大。辜顯榮早在1896年7月就率先剪掉長辮。日本殖民政府推展這項活動，對台灣島的社會結構現代化助益甚大。

（十六）二十一條要求

1915年1月18日，日本大隈重信（1838-1922）內閣趁歐洲各國忙於第一次世界大戰，以武力威脅向中國提出《二十一條要求》，要將中國變成日本帝國的保護國，內容包括：任用日本顧問監督中國的政治、經濟、軍事；中國不得將沿海領土割讓或租借給其他國家，但日本除外；台灣島對岸的福建列為日本的「勢力範圍」（Sphere of Influence）；遼東半島的大連、旅順租借地的租期延長為99年；德國

的特權及山東轉租借給日本；擴大南滿及東內蒙的日本特權，中國東北鐵路及沿線地區租借給日本；中國各城市重工業和港口大部份交給日本管理；漢冶萍鐵礦公司改中日合資，由日本控制，所採鐵礦供應日本八幡製鐵所；日本人且能無限制大量移民至滿洲和內蒙。

如果中國接受《二十一條要求》，日本可將台灣島殖民地的統治直接延伸至福建，福建任何建設或事項都需經過日本同意。理由是「有鑒於與台灣島的關係」，日本「在福建可優先投資籌辦鐵路、礦山、整頓港口（含船廠）。」福建將成日本的半殖民地，與台灣島殖民地隔著台灣海峽相對應。台灣海峽幾乎等於是日本的內海，日本置台灣海峽為內海的企圖昭然若揭，「台灣海峽航行自由」將成為空談。這是日本趁第一次世界大戰紛亂之際，意圖擴張勢力範圍，進一步打劫中國的行動。

1915年5月7日日本向中國發出最後通牒，在5月9日下午6時前，若中國不同意，日本將對中國開戰。袁世凱（1859-1916）將《二十一條要求》洩漏給外國媒體，希望世界各國支持中國抗拒日本的要求，但適逢歐洲第一次世界大戰正夯，美國總統威爾遜雖試圖替中國聚集國際支持，但終歸失敗。各主要國家都聚焦歐洲戰事，英國還急於爭取日本海軍參與地中海戰鬥，甚至暗中支持日本的《二十一條要求》。袁世凱最後屈服於日本的軍事壓力，修正部分條文後，接受《二十一條要求》。梁啟超、蔡鍔、黃興、李烈鈞、馮國璋、段祺瑞等，這些不同政治立場的人全部站出來反對袁世凱接受《二十一條要求》，唯獨孫文例外。1914年5月11日孫文致函日本首相大隈重信（1838-1922），以及1915年3月14日致函日本外務省政務局長小池張造（1873-1921），為了取得日本支持孫文路線的革命活動，草擬一份《中日盟約》給日本人，內容與《二十一條要求》相當類似。日本與袁世凱政府談判時，將《中日盟約》草稿交給袁世凱，輿論為之大譁。孫文的姐夫孔祥熙痛罵孫文是「日本走狗」，孫文的政治威信空前跌落。1915年5月25日中國政府被迫與日本簽訂《中日北京條約》，

又稱《中日民四條約》，將《二十一條要求》條文化。當中國各政治勢力同情並諒解袁世凱的處境時，袁世凱卻於1915年8月開始搞恢復帝制的「籌安會」，把中國人對孫文的怒氣全吸到袁世凱自己身上。如果袁世凱未搞帝制，和孫文兩人的歷史評價一定完全相反。

美國總統威爾遜為了強化中國對日本的談判籌碼，一直催促中國參加第一次世界大戰，對德國宣戰，美國較方便以同盟國身份協助中國，且中國與日本站在同一戰線上，日本較難為所欲為。戰後和會，美國較易替中國爭回權益。中國內部卻陷入混亂，袁世凱於1915年12月12日宣布稱帝，計畫於1916年1月1日登基，但遭群起反對，3月22日在四面楚歌情形下，宣布廢除帝制，後於6月6日去世。接任的總統黎元洪（1864-1928）和總理段祺瑞（1865-1936）為是否參加第一次世界大戰鬧得不可開交，國會裡的親國民黨勢力反對參加，段祺瑞主張參加。黎元洪罷黜段祺瑞，支持段祺瑞的11個省的督軍宣布脫離中央獨立自主。黎元洪急召張勳（1854-1923）率軍入京，張勳卻擁護溥儀（1906-1967）復辟。段祺瑞派兵鎮壓張勳，再度掌權才宣布對德宣戰。其實中國當時無海軍艦隊，沒有能力參戰，宣布參戰的外交意義大於軍事意義，但中國短視的政客認為參戰會擴大段祺瑞的勢力，積極抵制參戰。

1919年1月第一次世界大戰後的巴黎和會召開，中國與日本即對《二十一條要求》和日本接管德國在山東特權等兩大問題針鋒相對。美國、英國、法國卻自打嘴巴，違反威爾遜《十四點和平原則》，支持日本的立場，這是《威爾遜原則》的首度破滅。5月4日北京大學生反對中國在《凡爾賽和約》上簽字，爆發對中國影響深遠的「五四運動」。當時正在廈門日本人設立的博愛會醫院服務的賴和，也深受「五四運動」的影響，熱衷學習白話文。

1915年袁世凱雖自認為以「糊弄」的方式應付日本提出的《二十一條要求》，但日本人卻藉此深入經營中國，硬的方面是不斷增加在中國的日本駐軍；派船艦進駐中國港口；派財團搶奪中國的礦

產資源和商業機會。軟的方面是在中國以「善鄰協會」的名義創辦報紙，以「共榮會」的名義設立學校，以「博愛會」的名義創設醫院，日本殖民政府結合日本人和台灣人共同赴中國辦理這些軟性事業。賴和前往福建廈門服務的博愛會醫院，即是1918年設立的《二十一條要求》下產生的醫院。1923年3月中國政府才宣布廢棄日本的《二十一條要求》，前後存在八年。

（十七）歐來助

　　歐來助（1871-1920）宜蘭員山人，外號「歌仔助」，是台灣歌仔戲的始祖。歐來助喜愛閩南歌仔（錦歌），獨創邊歌邊舞的演唱模式，並將宜蘭的閩南語民謠編成戲劇故事，傳唱中國古典小說和典故，如陳三五娘、梁山伯祝英台等，形成歌曲、舞蹈、戲劇三合一的歌仔戲。尤其引用中國古詩和文言文，用閩南語演唱更是一大創舉。歐來助在農閒時刻在宜蘭員山鄉頭分村的「大樹公」（茄苳樹）下，以大殼絃、月琴、蕭、笛，演出歌仔戲，並在附近用桂竹和稻草蓋「歌仔寮」，傳授歌仔戲的表演技藝，歐來助可說是台灣島史上開創歌仔戲的文化大師。1925年歌仔戲傳入福建、東南亞，成為閩南文化最具特色的戲劇，但在1936年日本殖民政府推動皇民化運動時，遭到鎮壓，被迫穿和服、唱日語，歌仔戲一度沒落。1945年後歌仔戲重新復興，1954年產生廣播歌仔戲，1955年有了電影歌仔戲，1962年電視開始連播歌仔戲，塑造史上最成功的歌仔戲演員楊麗花（1944- ）。1971年台北民國政府以推行「國語」運動為由，禁止電視播出歌仔戲。

（十八）「台灣皇帝」

　　1907年至1915年間，台灣島在嚴厲的日本殖民統治下，政治社會日趨平靜，但仍然出現幾起稱王稱帝的事件。1907年11月新竹北埔蔡清琳自稱「聯合中興總裁」；1908年台南丁鵬自封「台灣皇帝」；1912年3月劉乾自稱「台灣王」；1912年6月雲林土庫黃朝自稱「台灣

國王」；1914年5月高雄六甲羅臭頭自稱「台灣皇帝」；1915年2月林老才自稱「台灣皇帝」。

第二章
大正（1912年-1926年）

　　大正天皇嘉仁，1879年生。其父明治育有五子，只有嘉仁活到成人，1912年繼位。1913年大正患有精神病的秘密暴露，1914年第一次世界大戰爆發，歐洲資金逃難和貨物訂單轉向湧入日本，造成日本經濟空前榮景。但日本民間也受到美國總統威爾遜民族自決及民主自由主張的影響，掀起「大正民主浪潮」。

　　1917年俄羅斯爆發共產革命，1918年日本以「反共」為由，對抗俄羅斯的共黨政權，出兵西伯利亞，企圖藉機擴大以中國滿洲和朝鮮為中心的日本的新領土和勢力範圍，參與英美的「西伯利亞干涉」，卻造成日本國內米價暴漲，發生搶米暴動，史稱「米騷動」，日本首相寺內正毅被迫下台。1921年大正的精神病加劇，11月由皇太子裕仁攝政。1923年日本東京、橫濱發生關東大地震，1926年大正心臟病去世，裕仁繼位為昭和天皇。

　　台灣島的人口由1895年的250餘萬人，增至1912年大正繼位時329萬人。中國移民人口有3,213,221人，原住民人口有81,227人。1917年再增至360餘萬人，但日本人居住台灣島只有14萬5千餘人。台灣島土地開發面積，1905年只有64萬餘甲耕地，到1917年耕地面積增至74萬餘甲，增加15.6％。

　　大正天皇共任命5位台灣總督，即安東貞美、明石元二郎、田健治郎、內田嘉吉、伊澤多喜男，這五位總督的後三位是在所謂「大正民主」時代，由政黨內閣總理派任的台灣總督。在明治時代，內閣總理都是由明治身邊的元老藩閥推薦任命的，這些元老是推翻德川幕府的功臣藩閥，因此內閣總理並非由日本國會推選產生。

　　1912年日本憲法學者美濃部達吉（1873-1948）提出國會應有獨立機能的主張，1913年2月國會眾議員尾崎行雄（1858-1954）、犬養毅（1855-1932）發動倒閣，1914年爆發第一次世界大戰，1917年蘇聯共產黨政權建立，1918年美國總統威爾遜提倡民族自決。這期間日本國內各種思潮風起雲湧，導致1918年原敬接任內閣總理，成為日本史上第一位平民出身的首相，開啟政黨內閣的時代。1924年加藤高明

（1860-1926）聯合憲政會、立憲政友會、革新俱樂部等三個政黨組閣，則是日本首次選舉產生的政黨內閣。日本殖民統治台灣島50年，大正時代佔14年。

一、安東貞美（1915年5月1日-1918年6月6日）

　　安東貞美（1853-1932）是日本長野縣人。大阪陸軍兵學寮畢業，曾任日本士官學校校長。1915年以陸軍大將身份出任第六任台灣總督，也是大正天皇任命的第1位台灣總督，甫上任一個多月即發生「西來庵事件」，又稱「噍吧哖事件」或「余清芳事件」。1916年11月台中發生大地震，1917年南投埔里發生大地震，但兩者傷亡和損失不大。

　　安東貞美認為「西來庵事件」離1899年中國義和團之亂已有16年，還有人利用宗教神明做為起事的緣由，不只是日本殖民統治的失敗，更是宗教教育的失敗。因此在事件平息後，安東貞美傾力發展宗教活動。1916年日本基督教領袖植村正久（1858-1925）應邀來台參加台北濟南長老教會獻堂式，1917年海老名彈正（1856-1937）來台召開基督教說法大會，天主教大主教路德畢克斯來台視察，佛教大師大谷光瑞（1876-1948）來台傳法，且大規模歡送基督教牧師甘為霖（William Campbell, 1841-1921）來台傳教46年退休返回蘇格蘭。安東貞美更常宴請台灣宗教界人士，並備妥經費補助宗教活動，鼓勵日本式佛教、基督教、天主教傳法，並興辦宗教慈善事業，安東貞美儼然是「宗教總督」。安東貞美雖力主用宗教感化人心，但另方面卻用飛機不斷飛航山區威嚇原住民，甚至對不服從的原住民部落投擲炸彈，殺人逼降，殖民統治的手法永遠有殘酷的一面。此外，安東貞美也在整治濁水溪、高屏溪，開闢蘇花公路，鋪設宜蘭鐵路、屏東枋寮鐵路，經營八仙山、太平山林場等，頗有政績。

　　甘為霖是蘇格蘭人，1871年抵台南傳教，創辦盲人學校，1897年

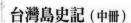

乃木希典將之轉成公立盲啞學校，1917年甘為霖返回英國，1921年去世。1871年也是加拿大牧師馬偕（George Leslie Mackay）來到台灣北部傳教的時間，他於1882年創辦牛津學堂，即現今眞理大學，並於1880年創辦「偕醫館」，即現今馬偕醫院。馬偕1901年去世，來不及參加安東貞美的崇奉活動。甘為霖和馬偕是日本殖民時期台灣基督教界的兩位傑出牧師。

（一）大正民主運動

　　日本在大正天皇於1912年即位後，民主思潮開始萌芽。1912年日本薩摩藩出身的陸軍大臣上原勇作（1856-1933）要求西園寺公望（1849-1940）首相准予增設兩個陸軍師團，以因應中國辛亥革命可能引起的朝鮮和滿洲動亂，遭西園寺公望拒絕，上原勇作憤而辭職，陸軍並拒絕提出陸軍大臣的繼任人選，逼迫西園寺公望辭職。當時擔任皇宮內大臣和侍從長的桂太郎趁機以日皇詔敕自任內閣首相，輿論大譁，認定桂太郎違憲發動「大正政變」，群眾在第一階段即1913年發起「護憲運動」，由律師、記者發起，攻擊軍人勢力，指控軍人用特權去搞垮政友會的西園寺公望內閣，要求推翻藩閥體制，建立普選制度，落實《明治憲法》規定的內閣制。最後歷經「米騷動」，產生原敬政黨內閣。第二階段是1922年至1924年的「護憲運動」，由政黨如立憲政友會、憲政會、革新俱樂部等組織「護憲三派」，聯合起來鬥爭加藤友三郎（1861-1923）、山本權兵衛（1852-1933）、清浦奎吾（1850-1942）等軍人內閣，1924年改由加藤高明（1860-1926）組織護憲三派的聯合內閣。

　　大正民主運動使日本的政治氣氛為之轉變，原本被視為陸軍軍人地盤的朝鮮總督和台灣總督，改由海軍大將齋藤實（1858-1936）出任朝鮮總督，山縣有朋派的文官田健治郎（1855-1930）出任台灣島殖民政府的總督。原本禁止集會遊行的台灣總督府，也准許台灣文化協會、台灣民眾黨的設立。但是1936年「二二六事件」後，日本法西斯

軍國主義興起，民主思潮消退，台灣總督又改由軍人小林躋造擔任，台灣島涉及各種政治或公共事務的異議社團全被禁止。

（二）大分事件

1915年5月17日布農族原住民進攻花蓮玉里的大分警察派出所，殺死12名日本警察，從此展開長達18年的抗日活動。大分（Dahun, Baungzavan, Maungzavan, Qasibanan）位於今花蓮縣卓溪鄉卓清村，Dahun是水蒸氣之意。事件的遠因是1906年9月大分社頭目胡頌（Husung）帶領5名布農族人，沿著清水溪下山，擬赴玉里交易山產，被日本警察認定是獵首樟腦工人的兇手，遭逮補酷刑後死亡。近因是日本警察強制收繳原住民獵槍的「南蕃槍枝收繳行動」，1915年2月13日布農族原住民不滿收繳獵槍，爆發衝突，襲擊大分派出所，日本警察死亡1人，日警更積極收繳槍械。5月17日布農族人在拉荷阿雷（Dahu Ali, 1861-1941）和阿里曼西肯（Aziman Sikin）率領下，攻擊大分派出所，爆發「大分事件」。拉荷阿雷將族人從中央山脈東側，遷至更隱蔽的塔馬荷（Tamuhu），該處位於中央山脈西側與玉山山脈東側之間。雙方的衝突斷斷續續，拉荷阿雷展開長達18年的抗日游擊活動。日本殖民政府建造長達90.2公里的通電鐵刺網，企圖封鎖布農族人，為此還設置兩個水力發電廠供應鐵刺網的電力。1921年5月24日日本軍警抓不到阿里曼西肯，砲轟布農族的托西佑村社（Tosiyo），6月16日頭目阿里曼布昆（Aziman Biung）率領托西佑村社男女老少40多人下山投降，6月18日日本警察割斷這40多人喉嚨，推下山崖，史稱「大分慘案」。1932年9月19日布農族下馬谷社（Ibahu）（台東海瑞鄉）頭目拉馬達星星（Istanda Lamata Sing Sing）的部下襲殺大關山派出所的日警2人，史稱「大關山事件」。12月17日拉馬達星星被捕，12月31日全家9名男丁遭處決，最小的兒子才14歲。1933年4月22日日本殖民政府使出和親政策，找來經過日化教育的布農族美女華利斯（Valis, 顏涼娘）嫁給拉荷阿雷的次子，並在高雄舉行和解歸順儀式，

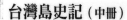

拉荷阿雷結束抗日活動，被日本殖民政府稱爲「本島最後歸順蕃」。

（三）1915年噍吧哖事件

　　日本殖民統治台灣島50年，除乙未戰爭時期外，在第一次世界大戰期間發生的「噍吧哖事件」是最大規模的抗日事件，也是受辛亥革命及中華民國成立影響的抗日事件。噍吧哖，音念「丘八年」或「焦八年」，是台南玉井的古名。玉井古稱大武壠（Taivuan），是鄒族「噍吧哖社」（Tapani）的原居住地。「噍吧哖」是「蕃薯寮」之意，「噍吧」即「蕃薯」。1901年日本總督府劃分台灣殖民地爲20個廳級行政區，把台南西部的玉井地區和高雄西北部劃爲「蕃薯寮廳」，就是從「噍吧哖」意譯而來，廳治設於旗山，後世反而以「蕃薯寮」稱呼旗山。「噍吧哖事件」的發動人余清芳、羅俊、江定皆非草莽之人。

　　余清芳生於1879年，屏東人，念過私塾，熟悉四書五經，上過左營公學校，通日文。1895年曾參加民兵抗日，後來就讀夜間公學校學習日語。1899年考選爲台南警員，於台南、鳳山、阿公店（岡山，Agongtoan，竿蓁仔）任職。1902年辭職，加入台南、打狗（高雄）等地的「齋教」（揉和儒釋道的庶民教派），以傳教爲生。余清芳傳教時，鼓吹信徒反日，1908年遭逮捕入獄3年。1911年出獄後從事保險業、酒業、米業，1914年重操傳教事業，參加台南西來庵的扶乩活動，以五福王爺降旨爲名，聚集教衆。1915年與江定、羅俊秘密發展信徒的抗日組織。西來庵於是成爲抗日組織的名稱，是以「噍吧哖事件」又稱「西來庵事件」。

　　余清芳自稱是明代「羅祖教」（齋教的一種）的傳人，五福王爺扶乩降旨，被派任爲「天下大元帥」，主張建立「大明慈悲國」，宣稱中華民國總統袁世凱受感召也將派兵來台，共同推翻日本殖民統治，情形如同1652年郭懷一事件宣稱鄭成功即將率軍來台，推翻荷蘭殖民統治。但1915年醞釀起事時，爲日本警察偵破，6月29日羅俊被

捕。

　　7月6日余清芳、江定發佈起義，7月9日突擊高雄甲仙的日本警察派出所，8月3日襲殺南莊、新化、阿里關日本警察派出所。8月6日余清芳與日軍在噍吧哖激烈交戰，因余清芳在噍吧哖建有虎頭山堡壘，雙方對峙多日。8月22日余清芳至台南楠西的王萊莊赴宴，酒醉遭莊民綑綁，交付日軍取賞，同年遭處決，年36歲。交戰戰場在「噍吧哖」，史稱「噍吧哖事件」。這個事件可說是直接受1912年中華民國成立的影響而爆發的事件。

　　但江定率部進入深山打游擊，堅持到1916年4月才率殘部272人，下山投降日軍，包括江定在內有37人遭處死，12人處15年以上有期徒刑，其餘不起訴。江定投降時曾被允諾免刑，日本殖民政府嗣後以「有傷國法威信」爲由處死。江定投降前，日本殖民政府早先已搜捕教衆達1,957人，不起訴者303人，被起訴者1,430人，判處死刑有866人，判處徒刑者453人（15年以上徒刑18人，12年以上徒刑63人，9年

西來庵遺址已改爲基督教堂

以上徒刑372人），行政處分者217人。日本殖民政府以大正天皇即位為由，只執行95名死刑，771名死刑犯改判無期徒刑。同時，日軍以支持余清芳為由，誘殺噍吧哖附近後厝、竹圍、番仔厝、新化、內莊、左鎮、茶寮等20多村莊3,200多村民，不分男女老幼，全部殺戮，史稱「1916年噍吧哖大屠殺」。

日本殖民政府鎮壓西來庵事件時殘酷殺人事件血跡滿地，包括在玉井龜丹溪沿岸圍捕16歲以上男子，反綁雙手，以武士刀斬首推入壕坑；玉井竹圍三百戶遭焚毀滅莊；玉井埔頭仔遭屠殺滅村；左鎮木公莊、莊仔莊、崗仔林莊、牛埔莊、榮寮全部男子遭屠殺殆盡，婦孺幼兒遭關閉於三界公廟、保中宮、公厝等處，被日本軍警放火活活燒死；南化竹頭崎16歲以上男子遭屠殺殆盡。1940年在玉井國小附近挖掘出大量骨骸的「萬人塚」；2014年新化挖掘出3,000多具骨骸。日本殖民政府民政長官內田嘉吉下台，下村宏接任。但內田嘉吉於1923年又高升台灣總督。

羅俊生於1854年，雲林斗南（他里霧，Tialiro、Dhalibao）人，是精通儒學私塾教師。1896年曾任辜顯榮的保良局的書記，與辜顯榮不和離職。1900年參加反日活動遭通緝，偷渡中國大陸，在寺廟修禪。1914年聞知余清芳在西來庵聚眾反日，回台參與。羅俊熟知神靈符咒，提供教眾理論基礎，設計靈符傳銷機制，籌集起義資金，並謊稱有袁世凱支持，鼓動教眾抗日。1915年被捕遭處決，年61歲。

江定生於1866年，台南南化人。1897年曾被推舉為區長，1899年因言語衝突，殺死好友遭通緝，遁入山區打游擊。1915年參加西來庵反日組織，是西來庵的軍事首腦，起事失敗。1916年投降日軍，反遭處決，年50歲。

余清芳、江定於1915年攻擊日警南莊派出所時，襲殺一位日本警察名叫「　井德藏」，曾因過繼改姓為「新居德藏」。新居德藏娶台南新化鄒族女子湯玉為妻，生子「新居德章」，即1947年二二八事件發生時，在台南擔任民兵首腦的湯德章。湯德章被槍斃於台南大正公

園，後改稱中山公園或民生綠園。1997年曾任台獨聯盟主席的台南市
長張燦鍙更名為「湯德章紀念公園」。2013年台南的台獨氣氛高漲，
公園內孫中山銅像被毀。台南市區內的「西來庵」原址，從未被保
留，也未設置任何余清芳的紀念物，遺址被改為基督教堂。「噍吧哖
事件」似乎已被遺忘，台南市是台灣島皇民化台獨最深入的地區。

（四）台灣總督府

　　1915年6月17日日本殖民政府舉行統治台灣島20週年紀念，6月
25日舉行「台灣總督府新廳舍」上樑典禮，在噍吧哖事件的血腥氣
味中，炫耀殖民統治成功。建造經費的資金來源是總督府壟斷鴉片
銷售的所得，被戲稱「鴉片樓」。這個「新廳舍」是由森山松之助修
改長野宇平治的設計圖而成，1912年開工，1919年竣工。1935年發生
火災，1945年被美國空軍轟炸而毀損。「總督府」的建築設計頗有
特色，是台北市的地標性建築物，目前作為台北民國政府的「總統
府」。其實這棟建築物未來最適合作為1895年至1930年間所有中國移
民及原住民的抗日史跡紀念館。

日本帝國用鴉片專賣收入蓋的台灣總督府

（五）砍伐八仙山、太平山

八仙山位於台中東部和中央山脈中部，海拔高度2,424公尺，檜木、松樹、楓樹遍佈。日本殖民政府建造電動傾斜纜車、輕軌鐵路、運木軌道，並在豐原設儲木場和加工廠。太平山位於宜蘭蘭陽溪上游，海拔高度3,700公尺，森林面積是阿里山的兩倍大，遍佈紅檜木、台灣杉。日本殖民政府架設空中纜道、軌道台車、37公里的森林鐵路，並在羅東設儲木場和加工廠。豐原、羅東於是成爲木材集散地，輾轉運回日本。日本人從砍伐八仙山、太平山的林木，攫取殖民利益，較之砍伐阿里山林木有過之而無不及。

（六）鐵路與公路

安東貞美著手鋪設從基隆、宜蘭至蘇澳的鐵路，運送太平山木材回日本。鋪設高雄至枋寮的鐵路，使東港魚貨便於運到高雄和台南各地。台東至花蓮的鐵路則由蔗糖業者鋪設，安東貞美開通屏東至台東的公路。蘇澳至花蓮的道路，最早於1873年清朝政府派1,000多名軍隊沿山開鑿，但受原住民襲擊，人員感染疾病，犧牲慘重。1881年、1889年清政府兩度重修蘇花蓮公路，還是被迫放棄。1914年太魯閣族原住民幾乎已被佐久間左馬太殺伐殆盡，安東貞美於是在1916年重啓蘇花公路的開鑿工程，1927年才完工。蘇花公路最窄處僅3.5公尺，彎道最小半徑只有15公尺，只能單線通車，到了1980年蔣經國時期才逐步拓寬，1990年才雙線行車。

（七）桃園大圳

1916年日本殖民政府動工興建桃園大圳，經過8年，到1924年竣工。灌溉面積幾乎包括桃園台地所有農田，水源取自大嵙崁溪（Takohan，大漢溪）。這條大圳由八田與一和狩野三郎設計。1929年桃園發生罕見的旱災，但大圳灌溉區內的農田未受影響。目前桃園大

圳主幹線長25公里，灌溉面積22,000公頃。

（八）蘇聯共產黨革命

　　1917年11月7日蘇聯共產黨在列寧領導下，發動革命成功，建立「俄羅斯蘇維埃社會主義聯邦共和國」，但俄羅斯的儒略曆是10月25日，因此史稱「十月革命」。11月8日列寧發布《和平法令》，呼籲第一次世界大戰各交戰國立即停戰，不割地、不賠款，達成「公正和民主的和平」。

　　為回應列寧的呼籲，美國總統威爾遜於1918年1月8日在國會發表〈十四點原則〉，促成停戰和談，並呼籲各國承認俄羅斯的共產黨政府。但威爾遜卻仍然於1918年7月派兵7,950人赴西伯利亞，參加英法發起的軍事干涉行動，支持俄羅斯的「反共白軍」，史稱「西伯利亞干涉」（Siberian Intervention）。參加干涉的國家有英國、法國、日本、義大利、加拿大、中國。美軍只負責防衛鐵路不受破壞，拒絕與共產黨軍隊（紅軍）作戰。日本卻最積極作戰，派兵7萬人，陣亡達5,000人。

　　1918年第一次世界大戰結束，俄羅斯的共產黨政府以勝利者身份出現。列寧政府宣佈〈戰後締結和約三原則〉：「無併吞、無賠償、民族自決」，同時表示放棄俄羅斯沙皇時代在中國取得的強權利益。這些聲明大幅度抬高共產黨的世界聲望，更逼得美國總統威爾遜提出〈十四點和平原則〉做對案，使國際政治從「權力均勢原則」轉向「道德核心原則」。

　　1919年3月「共產國際」成立，作為推動世界共產主義運動的國際組織，7月25日發表《加拉罕宣言》（Karakhan Manifesto），聲明無條件歸還俄國過去從中國獲取的特權，包括八國聯軍的庚子賠款，迅速贏得中國人對共產主義的信心與好感。 1920年第二屆共產國際大會決議：「共產國際成員在黨的策略與聲明上，都應該遵從蘇聯的立場。」共產主義的熱潮很快在中國引起效應，1921年7月23日陳獨秀、

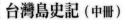

李大釗領導下，在上海召開第一次全國代表大會，建立「中國共產黨」，出席者有李達、張國燾、毛澤東、董必武、陳公博、周佛海。

　　1931年11月7日中國共產黨在江西瑞金建立「中華蘇維埃共和國」，1935年12月改名爲「中華蘇維埃人民共和國」。1937年7月7日盧溝橋事變，9月6日再改制爲「中華民國陝甘寧邊區政府」。1949年10月1日國共內戰後，共產黨獲勝，在北京建立「中華人民共和國」。1971年中華人民共和國政府（共和國政府）經聯合國大會《第2758號決議案》，取代「台北民國政府」，成爲國際法上擁有中國主權的政府。

　　蘇聯領袖宣稱蘇聯共產黨革命只是世界上工人與被剝削的農民掌握權力的開始。一個沒有階級的社會即將從有階級基礎的革命中誕生，並終結封建貴族階級、資產階級、殖民地、帝國主義和所有以階級的各種方式建立的國家。這個立場直接衝擊日本帝國這個以皇室貴族、軍閥官僚階級、資產階級構成的帝國主義國家，日本自然地站到反共的最前沿。1922年7月15日「日本共產黨」在東京由渡邊政之輔（1899-1928）、琉球人德田球一（1894-1953）及毛澤東的好友野參三（1892-1993）領導成立。該黨最爲國際知名的黨員是《蟹工船》作者小林多喜二（1903-1933），遭日本特高警察（秘密政治警察）虐殺死亡。1924年日本共產黨遭日本政府鎮壓瓦解，1926年再度成立。1928年3月15日田中義一內閣實行「白色恐怖」，大舉逮捕日本共產黨人3,400人，史稱「三一五事件」。10月6日渡邊政之輔在台灣島的基隆港準備交付資金和文件給台灣共產黨時，遭日本警察圍捕時，舉槍自殺。1935年日本共產黨再度瓦解，1945年才合法化。德田球一於1950年離開日本，定居中國，1953年去世。

　　1925年4月17日金永泰、朴憲永領導成立「朝鮮共產黨」，或稱「朝鮮勞動黨」。1928年因內鬥被共產國際下令解散，1945年9月朴憲永在首爾重建共產黨組織，10月10日金鎔範在平壤成立「朝鮮共產黨北韓分局」，但實權被中國共產黨的東北抗日聯軍第一支隊長金日

成掌握。在金日成領導下，朝鮮勞動黨建立「朝鮮民主主義人民共和國」。

　　1928年4月15日台灣人在上海法國租界，由林木順、林日高（1904-1955）、翁澤生（1903-1939）、潘欽信、林來旺、張茂良、謝雪紅領導成立「台灣共產黨」。成立大會由謝雪紅主持，中國共產黨派彭榮代表出席，朝鮮共產黨派呂運亨代表出席。「台灣共產黨」是史上第一個提出政綱，主張台灣島從日本殖民地獨立，建立「台灣共和國」的政黨，但被日本政府視爲非法組織，1931年9月遭日本警察鎮壓而覆滅。

二、明石元二郎（1918年6月6日-1919年10月24日）

　　明石元二郎（1864-1919）是日本福岡縣人。軍人出身，但以駐外武官身份專業搞特工情報。1904年日俄戰爭爆發，爲搞垮俄羅斯沙皇政權，明石元二郎動用100萬日圓，資助列寧的共產黨革命、阿佐夫的社會革命黨起義、芬蘭齊拉克斯的革命黨獨立，目的在於動搖沙皇政權，削弱俄軍戰力。當時台灣島一位工人的日薪約1日圓，每一日圓等於0.5美元，100萬日圓相當於當年日本政府總預算680分之1。

　　1907年明石元二郎升任少將，出任駐韓憲兵隊長，開始密謀籌劃吞併韓國。1908年任駐韓憲兵司令兼警察首長，1912年升中將，調參謀次長。1915年調第六師團司令，1918年出任第七任台灣總督，1919年8月兼任台灣駐軍司令，創設「台灣軍」。1918年起源於美國底特律的世界流行感冒，傳入西班牙被稱爲「西班牙流感」，傳入日本造成40萬人死亡，也傳入台灣島造成全台停班停課，全台死亡4萬4千人。1919年7月四處視察的明石元二郎也得「西班牙流感」，10月因「西班牙流感」導致肺炎去世於福岡，遺體運回台灣島，葬於台北市南京東路台北日本人的共同墓地（第14號公園），是唯一葬於台灣島的日本

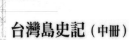
總督。

1997年台北市政府要開闢第14號公園，明石元二郎之墓於1999年遷葬至三芝福音山基督教墓園。明石元二郎的中文底蘊不錯，曾留下一首詩：「十年作客轉忘家，西水歐山孤劍斜，路入台灣波影靜，春風初憶故園花。」

明石元二郎任期很短，政績主要是1918年讓「三井合名株式會社」在新竹設立2,434甲的茶園，「台灣拓植株式會社」設立1,318甲的茶園，都以產製精緻茶葉出口，享譽國際。1918年促成板橋林熊徵與印尼華僑郭春秧合作，籌設華南銀行。林熊徵籌備華南銀行時聘用兩位秘書許丙、連橫，後來都頗有成就。

（一）米騷動

1918年第一次世界大戰期間，俄羅斯共產黨政權與德國單方面媾和，退出戰爭。日本派兵7萬人，進軍西伯利亞，協助俄羅斯白軍，攻擊紅軍，企圖推翻蘇聯共產黨政權。第一次世界大戰已經使日本面臨嚴酷的通貨膨脹問題，日本還響應英法，以「反共」為由，於1918年1月出兵西伯利亞，進行「西伯利亞干涉」，意圖推翻西伯利亞地區的共產黨政權。

日本政府沒料到，戰備米不足，造成稻米囤積，引發米價暴漲。7月23日富山縣民眾街頭抗議，卻迅速演變成罷工、暴動、搶劫、武裝衝突。9月中旬止，日本有38座城市爆發抗議米價的暴動，暴動規模超過200萬人，有2.5萬人被捕。

9月29日藩閥出身的首相寺內正毅下台，立憲政友會總裁原敬組閣。原敬是日本第一位平民首相及政黨內閣首相，排除陸軍、海軍官員，所有閣員全由立憲政友會的黨員出任。1913年啟動的「大正民主運動」，因1918年的米騷動而有突破性的發展，原敬的政黨內閣得以產生，也使1921年林獻堂推動「台灣議會設置請願運動」和「台灣文化協會」有了客觀的政治基礎。但這一切都在1936年「二二六事件」

日本法西斯軍國主義興起後覆滅。米騷動促使日本政府下令台灣總督明石元二郎，設法增產台灣稻米，擴大供應日本的稻米需求。讓明石元二郎下定決心，在台灣島清代中國時期的埤圳水利灌溉系統的基礎上，興建現代化的嘉南大圳及烏山頭水庫。歷史的因果關係經常出人意料，1917年列寧共產革命，1918年日本出兵西伯利亞干涉共產政權，卻引發日本國內「米騷動」，原敬取代寺內正毅組閣，下令明石元二郎增產台灣島的稻米。明石元二郎設法把台灣島的旱田變水田，大量生產水稻，就必須擴大水利灌溉系統，於是找來八田與一興建烏山頭水庫和整建嘉南大圳。

（二）嘉南大圳

台灣島的嘉南平原，北起濁水溪，南至曾文溪，橫跨雲林、嘉義、台南，南北長92公里，東西寬32公里，年平均雨量達2千5百公厘。清代已修建181處水利設施，但埤多圳少，旱田面積佔三分之二，稻米產量低落。1918年日本殖民政府將部份嘉南平原的清代埤圳整合成19個公共埤圳組織，合計灌溉26,569甲。1898年以前，較知名的水圳只有：店仔口（台南白河）的白水溪圳、打貓（嘉義民雄）的十四甲圳、大目降（台南新化）的直加弄圳、嘉義的道爺圳，將旱田變水田而提高稻米產量，是明石元二郎達成東京日本政府的稻米增產指令的最重要辦法。

明石元二郎依據山形要助和八田與一的建議，決定在荷蘭及清朝時代即有中國移民建造的埤圳及烏山頭小型水壩附近，將八田與一在1917年所提的集水面積僅50平方公里的「官佃溪埤圳計畫」，擴大為利用曾文溪上游水源大埔溪的大計畫。官佃溪即現在的「官田溪」，從烏山頭流至曾文溪，進入台灣海峽。台南官田地區原本是荷蘭殖民時期開闢的「王田」，鄭成功父子統治時期改為「官田」，歸鄭氏政權所有，再招來佃農耕作，因此得名「官佃」，1920年日本殖民政府再改名為「官田」。明石元二郎於1919年成立民營的「公共埤圳官

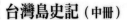

佃溪埤圳組合」，開工興建「烏山頭水庫」及引水到下游的「嘉南大圳」。「民營」名義上表示自籌財源，自給自足，但可以強徵農民稻穀作爲興建財源，日本政府不負擔建造經費。

「烏山頭水庫」的建造，堰堤長1,273公尺，高56公尺，貯水量爲1億5千萬噸，滿水面積13平方公里。同時挖掘「嘉南大圳」灌溉給水，分爲南北兩條幹線，在北幹線與濁水溪幹線間還有一條穿越北港溪河床的暗渠。這些給水路合計總長達1萬公里。1919年開工，1930年石塚英藏時期才完工，工期長達11年。北幹線從濁水溪上游，到日月潭發電廠，再到嘉南大圳、烏山頭水庫，整個水系工程是山形要助的構想，也是明石元二郎的決策，實際執行者是八田與一。其實所謂烏山頭水庫是在1722年康熙時代台灣縣知縣周鍾瑄擴建1714年中國福建農民開挖的「烏山頭陂」的基礎上發展出來的，並非原始創作。

嘉南大圳整合清代中國移民自行興建的埤圳，成爲有系統的灌溉網路，南起台南官田，經佳里、麻豆，到嘉義朴子，北至雲林北港、虎尾、西螺。除主幹線外，有支線52條，分線146條，小給水路不計其數。灌溉15萬甲田地，佔台灣島總耕地面積14%，減少旱田，增加水田，解決山洪、鹽害問題。

嘉南大圳竣工後，烏山頭水庫因八田與一設計時估算錯誤，蓄水量不如預期。烏山頭水庫的水量太小，不足以供應嘉南大圳水路較大的需求，無法灌溉全部水路面積，尤其以烏山頭水庫灌溉區的7萬甲耕地缺水更爲嚴重，計畫失敗。日本殖民政府和烏山頭水庫管理所所長八田與一，反過來強制農民全區域15萬甲的土地，都要配合糖廠的需要，實施三年輪作，每50公頃的農田爲一單位，設立水門控制供水，輪流分配供水。水稻、甘蔗、蕃薯的需水量不同，各單位輪流耕作。甘蔗種植本需14個月，三年輪作不受影響，但稻米可以連續耕種，甚至一年兩作，三年輪作會使稻米收成大受影響。八田與一強行實施三年輪作，雖然勉強縮小水量的供需差距，但反而使土地生產力降低。嘉南大圳沒有供水的區域或供水不足的區域，也強迫繳納全額水

費，引發農民怨聲載道。八田與一靠日本警察的壓制力，強收水費，支應工程款和管理費用。水量不足的問題，直到1934年日月潭發電廠竣工，日月潭積聚足夠水量，經由嘉南大圳北端供水，問題才稍獲紓解。

明石元二郎依據山形要助和國弘常重的建議，1919年設立「台灣電力株式會社」，決定興建日月潭水力發電廠。但明石元二郎去世後，歷經1923年關東大地震、1930年代經濟大蕭條，終於在1934年中川健藏時期才完成日月潭發電廠及大甲溪發電廠，發電量達10億44萬千瓦小時。這部分計畫跟八田與一無關，卻因日月潭水量補足嘉南大圳的缺水問題，挽救了八田與一的聲望。

但是烏山頭水庫和嘉南大圳增加水田面積，增加稻米生產量，卻未能直接嘉惠台灣島農民。因為日本殖民政府控制稻米及肥料價格，使得生產力增加的利益，六成以上的利益用壓低稻米價格的方式，輸送回日本，廉價充實日本的稻米供給。四成以下的利益留在台灣島，其中又因佃農體制，大部分利益流入皇民和地主手中。

最明顯的例子，1937年日本發動盧溝橋事件，侵略中國。為了控制軍糧，1939年日本殖民政府制定《台灣米穀移出管理令》，規定輸出到日本的稻米，全部由台灣總督強制收購，收購價格低於市價25%，運到日本再賣給日本米商。同時發布《米穀配給統制令》，限制台灣人的口糧，有錢也不能買米，榨取更多稻米運回日本，以供日本侵略中國及東南亞。這種情形，等到19年後，1949年蔣介石派陳誠出任台灣省主席，推動土地改革，才改變這種利益剝削的分配格局。

（三）八田與一

八田與一生於1886年，日本石川縣人。1910年東京大學工學部畢業，即來台擔任總督府土木部技師。1915年受命規劃桃園大圳，1917年受命規劃烏山頭水庫，1918年與山形要助共同提議興建嘉南大圳。烏山頭水庫的施工技術「半水力填築式工法」是八田與一的獨特創

見，被美國土木工程師學會命名為「八田水壩」（Hatta Dam）。1934年八田與一受命規劃達見水庫，籌設瑞芳高工。八田與一還曾參與興建台北下水道、高雄港、台南淨水場、大甲溪發電廠，倡議興建曾文水庫。但是八田與一推動烏山頭水庫及嘉南大圳時，強徵民地，強徵水租，給當時的農民和地主帶來極大的痛苦。八田與一可說是為日本殖民政府的農業收益而奉獻，並非為台灣島農民的利益而努力。

1942年4月日本侵略菲律賓，日軍聘八田與一任「南方開發派遣要員」，從廣島前往菲律賓，規劃棉作灌溉計劃。八田與一所搭「大洋丸號」郵輪在5月8日於長崎外海被美軍潛艇擊沈，八田與一死亡，年56歲。6月10日八田與一的遺體被日本山口縣漁民發現，骨灰送回烏山頭水庫北壩下葬。1945年8月15日日本無條件投降，9月1日和八田與一相差15歲的41歲妻子米村外代樹，在烏山頭水庫投水自殺，留遺書「愛慕夫君，我願追隨」，真情感人，傳頌一時。

（四）《六三法》和《三一法》

1896年3月31日，日本帝國議會公布《第六十三號法律》，稱為《應於台灣施行法令相關之法律》，只有六條，簡稱《六三法》，授權日本的台灣總督得在台灣島發佈等同法律的命令，亦即授予台灣總督有權立法，讓台灣總督成為集權行政、立法、司法、軍事的殖民地獨裁者。

《匪徒刑罰令》就是根據《六三法》訂定的。《六三法》等於是日本政府在台灣島實施的「憲法」或「基本法」，原本只適用至1899年，但延長至1906年。有日本帝國議會的議員認為《六三法》侵犯帝國議會的立法權。日本政府於1906年又公佈《第三十一號法律》，稱為《關於應該在台灣施行的法令之法律》，也只有六條，簡稱《三一法》。《三一法》表面上取代《六三法》，其實只是換湯不換藥的詐欺權術，《三一法》和《六三法》可說是同一套東西。

1918年林獻堂在東京籌組「六三法撤廢期成同盟會」，推動廢

除《六三法》。《三一法》實施至1922年被《法三號》取代。《法三號》是1921年公佈的《第三號法律》，內容說「日本法律要適用於台灣，須以天皇命令爲之。特殊情形得以總督命令爲之。」根據《法三號》，台灣總督的立法權被日本天皇縮減，但已經依《六三法》及《三一法》發布的總督命令，仍然有效，結果還是換湯不換藥。廢除《六三法》於是成爲台灣島民抗爭日本殖民政府的重要訴求。

（五）林獻堂

　　林獻堂生於1881年，台中霧峰人，出身清代富豪家族的霧峰林家。霧峰林家出自福建漳州，1746年林石渡海來台武力開墾，1787年捲入林爽文事件遭捕殺。林石的兒子林遜，孫子林甲寅，至曾孫林奠國及林定邦後形成兩大支脈。

　　林定邦聚集鄉勇武力開墾山林，漸成爲大地主，其子林文察於1854年率鄉勇200人，擊敗佔領基隆的小刀會，1857年協助處理淡水及彰化的地方械鬥，同時赴福建平定小刀會，被任命爲福建軍官。霧峰林家藉此擴大田產，募集更多鄉勇，成爲台灣島最大的私人武力。1859年林文察升任從三品武官。1860年至1862年林文察率兵力戰太平天國軍隊，累功升至福建總兵。1863年林文察奉左宗棠之命，返台鎮壓戴潮春事件有功。

　　霧峰林家不僅藉戴潮春事件田產倍增，甚且獲得清朝政府賞賜福建及台灣的樟腦專賣權，累積龐大財富，與板橋林家並列台灣島兩大富豪家族。霧峰林家可說發跡自戴潮春事件，而板橋林家則發跡自更早的林爽文事件。

　　林奠國是林家鄉勇的首領，他的兒子林文欽卻棄武從文，於1893年考中舉人。林文欽與林文察的兒子林朝棟叔姪兩人合力開墾台中地區，成爲台灣島中部最大地主。再加上經營台灣島的樟腦專賣事業，累積巨額財富，林文欽堪稱台灣島的樟腦王。

　　林獻堂即是林文欽的兒子，出身大地主、大商賈的家族，7歲在家

接受漢學的私塾教育，1895年14歲時，《馬關條約》把台灣島割讓給日本，林獻堂爲保有中國國籍返回中國大陸。1900年19歲因父親林文欽病逝，回台接掌家族的樟腦事業。1902年日本政府爲籠絡林獻堂，委任他當台中東勢區區長。1905年日本人授予仕紳身份，讓他出任台灣製麻會社的董事。1914年11月22日板垣退助來台，倡導「台灣同化會」，主張日本人與台灣人法律地位平等，林獻堂曾參與，但1915年2月26日即遭日本殖民政府下令解散。

1915年林獻堂創辦台中一中，1918年發起「六三法撤廢運動」，1920年與蔡惠如、吳三連（1899-1988）、林呈祿（1886-1968）、楊肇嘉（1892-1976）、蔡培火、王敏川（1889-1942）等人在東京組織「新民會」，發行《台灣青年》雜誌，推動台灣殖民地的政治及社會改革。1921年轉爲發起「台灣議會設置請願運動」，因而被尊稱爲「台灣議會之父」，同年與蔣渭水（1890-1931）等人籌組「台灣文化協會」。1927年與蔣渭水一齊退出「台灣文化協會」，另組「台灣民眾黨」。1930年林獻堂與蔣渭水分裂，退出「台灣民眾黨」，與蔡培火等人另組「台灣地方自治聯盟」。

1936年林獻堂赴上海考察，致詞時表示「歸來祖國視察」，返台後日本軍部唆使日本流氓當眾掌摑林獻堂，辱罵說：「上海清國奴歡迎你，你卻說回到祖國，誰是你的祖國？」史稱「祖國支那事件」，凸顯身處日本殖民地臣民身份的台灣人，對中國的感情不見容於日本人的悲哀。1937年盧溝橋事變，中國抗日戰爭爆發，林獻堂解散「台灣地方自治聯盟」，接受日本人籠絡，出任台灣總督府評議員、日本帝國議會貴族院議員、皇民奉公會委員。但林獻堂向日本殖民政府提出要求：廢止台灣人出國限制，終止米穀專賣，取締台灣島的日本浪人，取消監視台灣人的保甲制度。日本人口頭承諾考慮，但事後通通不接受。

1947年二二八事件爆發，時任台灣省財政廳長的嚴家淦，遭本省人暴動攻擊。當時擔任彰化銀行董事長的林獻堂掩護嚴家淦，躲避至

霧峰林家大院，嚴家淦因而免受本省人殺害。當時在台灣島任職的外省籍公務員遭本省人攻擊，傷亡不計其數。林獻堂由於與發起暴動的本省人有來往，且曾任日本國會貴族院議員，一度被誤會爲「台省漢奸」，心情非常低落。

1949年4月14日台灣省主席陳誠公布《台灣省私有耕地租用辦法》，開始實施三七五減租，衝擊到擁有大量田產的霧峰林家。林獻堂成了歷史夾縫中的人物，他傷感地決定於當年9月離開台灣島，長居日本。1956年病逝東京，年75歲。觀諸林獻堂一生，雖出身富豪，卻捨優閒生活，忙於爭取台灣人權益，從事社會及政治改革，又默默推動中國民族主義，被歸爲「祖國派」，卻又遭遇土地改革的挫折，以68歲之齡避居他一生不願順服的日本，抑鬱以終，但其一生功業，仍可稱日本殖民時期台灣島先賢第一人。

（六）台灣軍

原本日本殖民政府防衛台灣島，鎮壓抗日活動的軍力，是殖民政府「軍務局」轄下的步兵旅團、重砲兵部隊合組的「獨立混成旅團」。1919年8月19日改制成「台灣軍」，明石元二郎兼任台灣軍司令官。台灣軍兵力約7,000人，兵員來自廣島、山口、四國、九州，但以在台日本人爲主。步兵駐台北、台南，砲兵駐台北、基隆，高射砲兵駐機場，另在基隆、高雄、馬公設要塞司令部。台灣軍的士兵大都是日本九州人，少部分是琉球人，戰力只有半個日本編制的師團，以鎮壓台灣島上中國移民和原住民爲主要戰備任務。

1921年林獻堂推動台灣議會設置請願運動，經日本衆議員田川大吉郎（1869-1947）介紹，林獻堂拜會台灣軍司令官福田雅太郎（1866-1932）爭取支持。福田雅太郎直接了當地恐嚇林獻堂說：「你說什麼民族自決，還說如果議會設置請願沒被採用，獨立的趨勢便會上升，那到時正是我的任務了。我可是奉維持台灣治安的大命而來。做得到的話，你就做給我看看。」1930年霧社事件是台灣軍的第一次

戰鬥任務，事件過程可看出台灣軍的裝備完全是鎮壓「內亂」用的，沒有防衛外敵或擔當海外任務的輜重裝備，直到1937年日本侵略中國才改變。

1937年盧溝橋事件後，台灣軍編入「支那派遣軍」第十一軍進攻武漢地區，後來併入安藤利吉（1884-1946）的第二十一軍攻佔海南島。1940年琉球人的「召集兵」編入「台灣軍」，1942年4月台灣軍招募台灣人當「台灣特別志願兵」。1944年1月台灣軍在台灣島實施徵兵，徵調台灣人當「軍人」、「軍屬」、「軍夫」，並組織原住民的「高砂義勇隊」。4月「沖繩守備隊」的第三十二軍編入台灣軍，9月22日「台灣軍」改編為「第十方面軍」。

1945年4月第十方面軍第三十二軍由牛島滿（1887-1945）中將率領，迎戰美軍的「冰山行動」，又稱「鋼鐵颱風」（The Typhoon of Steel）的琉球登陸戰，史稱「琉球戰役」或「沖繩島戰役」（The Battle of Okinawa）。這場戰役是太平洋戰爭規模最大的登陸作戰。「第十方面軍」其他部隊在美國空軍轟炸下，海空戰鬥力完全被壓制，無法支援第三十二軍的琉球戰役。日軍的琉球戰役大敗，台灣島上「第十方面軍」其他部隊的士氣和戰力也一蹶不振。

（七）西班牙流感

1918年台灣島爆發「西班牙流感」，一年內全台死亡4萬4千人，連當時的日本殖民總督明石元二郎也感染去世。那年台灣島人口只有300多萬人，死亡率相當高。據稱全世界當時17億人口，有7億人感染，死亡5千萬至1億人。這個疫情雖稱「西班牙流感」，卻是從美國堪薩斯州引起的。美國死亡人數超過20萬人，只是西班牙政府公開資訊，報導有8百萬西班牙人感染，連西班牙國王阿方索十三世（1886-1941）也染病，引起全世界注意，才被稱為「西班牙流感」。

日本人從日本本土染病，搭船在基隆上岸傳給台灣人，台灣島的疫情就從基隆開始，沿著縱貫鐵路傳到屏東，全台90萬人感染，導致4

萬4千人死亡。死亡者集中在20至40歲男性，瞬間造成許多孤兒寡婦。西班牙流感感染者死亡率最高的地方是高達9%的美國舊金山。奇怪的是，西班牙流感在1918年突然出現，在1920年突然消失，出現和消失的原因都是個謎。歷史上按死亡人數排列，西班牙流感和黑死病、天花、愛滋病並列人類史上四大嚴重的傳染病。

三、田健治郎（1919年10月29日-1923年9月1日）

　　田健治郎（1855-1930）是日本兵庫縣人。田健治郎是日本殖民台灣島的首任文官總督，畢業於東京大學，歷任地方法官、縣警局長、郵政局長、電信局長、鐵路局長、郵政大臣，轉任第八任台灣總督。田健治郎是文官，總督府因而改制，使文官總督沒有軍事指揮權，另設台灣軍司令官指揮軍隊，直屬日本天皇。原「民政局」改稱的「民政部」隨之廢除，「民政長官」改稱「總務長官」，仍是實際上的行政首長。日本政府任用文官總督，是考慮不再有執行軍事鎮壓的必要，但是田健治郎鎮壓原住民並不比武官手軟，1919年許多原住民遭到「西班牙流感」侵襲，認為祖靈地遭日本人褻瀆，襲殺日本警察和隘勇，田健治郎下令「事件原兇男女等，移居到離海的紅頭嶼（蘭嶼），以絕後患。」1922年華盛頓海軍裁軍會議，決議美國、英國、日本的主要艦隊數量比例為5：5：3。日本海軍裁軍也影響到陸軍，日軍共計裁員六萬多名，失業的軍人不少前往台灣島尋求機會。田健治郎特別安排這些軍人擔任警官和學校教官，卻造成素質低落的問題。1936年日本因應侵略中國的需要再度恢復武官總督，由小林躋造出任。

　　田健治郎認為台灣島許多地名充斥「台灣臭」，命令全改為日式名稱，「艋舺」改「萬華」，「打狗」改「高雄」，「打貓」改「民雄」，「葫蘆墩」改「豐原」，「牛罵頭」改「清水」，「大料

崁」改「大溪」，「水返腳」改「汐止」（潮留），「錫口」改「松山」，「阿公店」改「岡山」，「阿猴」改「屏東」，「蕃薯寮」改「旗山」，「灣裡」改「善化」、「安定」，「埔姜頭」改「永康」，「塗庫」改「仁德」，「蕭壠」改「佳里」，「羗仔寮」改「鹿谷」，「璞石閣」改「玉里」，「瑪鍊」改「萬里」，「三角湧」改「三峽」，「田中央」改「田中」，「烏山頭」改「珊瑚潭」，「墩仔腳」改「后里」，「大浪泵」改「大龍峒」，「叭哩沙」改「三星」，「噍吧哖」改「玉井」，「媽宮」改「馬公」，「林圯埔」改「竹山」，「店仔口」改「白河」。

　　田健治郎殖民統治台灣島軟硬兼施，軟的方面放寬台灣人可上日本人的中小學，台灣女子嫁給日本人可入日本籍。設「總督府評議會」，25名評議員中有9名台籍「御用紳士」。後藤新平規定小學教師等同警察，必須佩劍，田健治郎也下令廢除。

　　後藤新平1898年下令不准台灣人接受高等教育，1915年安東貞美才准台灣人自行出資籌設台中一中。田健治郎於1921年比照1886年日本設立「第一高等學校」做為東京大學先修班的模式，創設「台北高等學校」做為台灣大學的先修班。台灣大學則創設於1928年。李登輝、徐慶鐘、林金生、洪壽南、辜振甫、林挺生、張漢裕、邱永漢等都是「台北高等學校」的畢業生。

　　1912年田健治郎廢除1904年兒玉源太郎和後藤新平施行的鞭刑，日本人只對台灣人實行鞭刑，凡判刑三個月以下，或100圓以下罰金的人，都必須遭受鞭刑。1904年至1912年的7年間，台灣人共有4,068人遭到鞭刑，平均每天有1.6人遭受鞭刑。

　　田健治郎在硬的方面，鐵腕壓制林獻堂的「台灣議會設置請願運動」，禁止「台灣議會期成同盟會」成立，反對廢除《六三法》和《三一法》，要求台灣人像日本人一樣效忠日本天皇。田健治郎吹噓這套統治權術叫「內地延長主義」的同化政策，但台灣人的公民權和平等權，離日本人的差距實在太遠，田健治郎的說詞仍是掛羊頭賣狗

肉而已。其民政長官下村宏（1875-1957）更公開斥責台灣留日學生吳
三連：「與其議論政治，不如啃你的麵包！」在日本人眼中，台灣人
只有吃飯的權力，沒有日本人的公民與政治權利。

　　田健治郎認爲「台灣議會設置請願運動」的目的是把台灣島「將
從母國（日本）獨立出去」，總督府祕書官松田三德更露骨地說：
「是出於台灣獨立爲目的，想脫離帝國統治。」1920年11月調查全台
人口數達3,654,398人。

　　田健治郎任內最重大的任務是籌辦1923年4月日本皇太子兼攝政
裕仁來台視察，稱作「東宮行啓」。田健治郎以安全爲由，把數百名
認定有「危險思想」的台灣人拘捕、監禁、監視起來，其中包括蔣渭
水。同時強制各學校師生注射防疫針，以免裕仁接觸師生時得傳染
病，而非普遍性的讓台灣人注射防疫針劑。裕仁來台時還把「雪山」
（Mahamayan 或 Shirubiya）改名爲「次高山」。

　　田健治郎統治期間，台灣島發生3次7級以上的大地震，如下：
1920年6月5日下午12時22分花蓮東方近海發生8.3級大地震，震源深度
20公里，全台受災嚴重。1922年9月2日上午3時16分宜蘭蘇澳近海發生
7.6級大地震，震源深度20公里。1922年9月15日上午3時32分宜蘭蘇澳
近海發生7.2級大地震，震源深度20公里。

（一）北一輝

　　北一輝（1883-1937）是日本新潟縣人，日本法西斯軍國主義思想
之父。1906年參加孫文的中國同盟會。1911年中國辛亥革命後，應宋
教仁邀請，協助中國革命，長居上海。1919年北一輝在上海撰寫《日
本改造法案大綱》，內容崇尚暴力革命，支持軍事政變，宣揚對外侵
略，擴大日本領土，奠定日本法西斯軍國主義的理論基礎。1920年
北一輝返回日本，參與組織日本第一個法西斯團體「猶存社」，發行
《雄叫》雜誌，對日本青年學生和軍人產生重大影響。1921年北一輝
出版《支那革命外史》，主張日本應該以武力奪取中國滿洲和蘇聯西

伯利亞。1921年11月4日刺殺首相原敬的中岡艮一被認為受到《雄叫》雜誌的影響而行兇。1936年「二二六事件」1,400多名士兵在青年軍官率領下佔據東京街頭，襲殺軍政首腦，被認為受北一輝的法西斯主義思想所影響。北一輝被視為兵變的唆使者，受牽連而被判處死刑。北一輝死後，日本的法西斯軍國主義卻更加盛行。

（二）1919年巴黎和會後的日本

日本是一次大戰的勝利國，1919年巴黎和會，日本第一次當起五大國之一，與英法等國平起平坐。但美國總統威爾遜針對東歐及殖民地發表的民族自決原則，一夕之間，在東歐掀起國家獨立熱潮，也在亞洲引起重大迴響，印度、越南、印尼、朝鮮紛紛爆發獨立運動。

台灣島沒有爆發脫離日本的獨立運動，只發生質疑日本殖民統治方式的民眾運動，蔣渭水是其中之一，台灣議會設置請願運動只是軟性抗議活動，要求設立由台灣人組成的議會，甚或要求台灣自治。除了台灣共產黨外，並無否定日本殖民統治正當性的獨立活動。但日本首相原敬卻主張在台灣島推行同化政策，把日本國內法律直接施行於台灣，以壓制台灣人的中國民族意識。原敬並舉琉球同化成功為例，琉球人有了參政權，並和日本人實施同樣的稅制和徵兵制，隨後日俄戰爭中有2千名琉球人作為日本兵參戰。

原敬認為依《明治憲法》，台灣人已是天皇臣民，同化政策勢在必行，何況日本人也不能接受日本是多元民族國家的觀念。因此，日本人可以唸的小學和中學開始接受台灣人入學就讀。原本被後藤新平拒絕的柯文德，終於可以進入日本人的中學就讀。但即使是同化政策也只是樣板，像台北第一中學校（建國中學）的台灣人比例，只從0%提升到3%，和人口比例有著太大的差距。

在台北第一中學校，台灣人被灌輸日本文化，乃至被剝奪自己民族的歷史意識。「柯文德上學事件」柯文德的兒子柯德三說：「小時候一心想當個日本人，有時就想為什麼自己要生為台灣人。」在日本

人佔絕大多數的學校，台灣學生受到更多的偏見和歧視。台灣學生帶魯肉便當去學校，常遭日本學生譏笑爲落後民族的飲食，台灣學生回家要求母親改作成日式便當，儘量不要放台灣食品。這些台灣學生大學畢業後，受到更露骨的歧視，同樣職務的薪資要比日本人少4成，且升級困難，因此台灣人都鼓勵兒子去念醫科。台灣婦女嫁給日本人，去到日本不給辦戶口，因爲台灣人在日本本地沒有居留權。

當時台灣人感覺到，在日本帝國內的天皇臣民，「和人」（日本人）是一等國民，「琉球人」是二等國民，「島人」（台灣人）是三等國民。當時有1萬名琉球人長年居留台灣島，當教師的很多。1923年台灣總督府制訂「東宮行啓」計畫，邀日本皇太子裕仁訪問台灣島，還宣傳說是爲了使「邊區台灣之民體知其所依賴之主君及皇道的博大仁愛，體會台灣人和日本人同樣爲天皇臣民」。台灣島在1923年的日本人眼裡，仍是「邊區」，而且日本天皇的臣民分爲台灣人和日本人兩種。許多在日本殖民時代出生的人還常有斯德哥爾摩症候群（Stockholm Syndrome），自認爲是日本人，變成不被日本人認同的假日本人。

（三）1920年連橫出版台灣通史

連橫生於1878年，台灣台南人，祖籍福建漳州。1893年連橫的父親連得政經營樟腦煉製事業，迅速致富。1895年台灣島割讓給日本，連家的樟腦事業遭日本政府徵收，連得政於同年病逝，連家事業中落。1897年連橫娶樟腦及糖業鉅子沈鴻傑（1837-1906）的女兒沈筱雲，連家經濟狀況迅速改善。

1899年連橫擔任《台澎日報》記者，1902年赴福建參加舉人考試落榜，1905年任職《台南新報》，1908年改任職《台灣新聞》，開始撰寫《台灣通史》。連橫於1913年曾參加北京舉行的華僑身份的國會議員選舉敗北，轉赴東北的新吉林報社工作。1914年回北京任職於清史館，當年底回台灣繼續在《台南新報》工作，1919年完成《台灣通

史》，並於1920年11月出版上冊，1921年出版下冊。《台灣通史》全書約60萬字，採司馬遷的《史記》體裁，共36卷，包括4紀、24志、60傳。歷史跨度從607年隋代，迄1895年清代割讓台灣島，但主要篇幅著重在清朝時代的台灣島，是台灣島第一部正式的歷史著作。

1924年至1929年連橫經營文學雜誌、保險代理、書局等事業都失敗。1930年在《台灣日日新報》發表〈新阿片政策謳歌論〉，主張少許開放鴉片吸食執照，壓抑執照黑市。連橫在文中敘述鴉片也有正面功能，不應完全禁絕，抵觸當時知識份子禁止吸食鴉片的說法，輿論譁然，林獻堂等人立刻發動各界杯葛連橫。1933年連橫被迫遷居上海，1936年病逝，年58歲。連橫的兒子連震東曾任台北民國政府的「內政部長」，孫子連戰曾任台北民國政府的「副總統」及中國國民黨主席。

（四）1921年台灣議會設置請願運動

林獻堂領銜於1921年1月30日率東京的台灣留學生連署，向日本帝國議會提交「台灣議會設置請願書」，展開長達14年的「台灣議會設置請願運動」，到1934年9月2日停止時，總共請願15次。

1896年3月31日日本帝國議會公佈第六十三號法律《應於台灣施行法令相關之法律》，史稱《六三法》，授予台灣總督立法、司法大權，形同正式置台灣島於殖民地位階的台灣基本法。日本的台灣總督依據《六三法》在台灣島實施「總督專制」，不受日本國內法的約束。直到1912年明治去世，大正繼位，憲法學者美濃部達吉（1873-1948）發表「天皇機關說」，主張「天皇主政，國會獨立」，日本國是一個國家法人，天皇、國會、法院都是國家法人內部的機關。天皇不是位於國家法人之上擁有國家主權的「神君」。所謂大正民主思潮蓬勃展開。《六三法》殖民統治台灣島的法理基礎，開始逐漸被質疑。

1914年第一次世界大戰爆發，日本未赴歐參戰，但歐洲的戰爭訂

單，使日本出口暢旺，經濟空前繁榮。1917年列寧的俄羅斯共產黨建立蘇維埃共產政權，日本卻找藉口出兵蘇聯，造成米價暴漲，社會騷動，政局動盪。1918年日本貴族寺內正毅（1852-1919）內閣垮台，產生日本第一個政黨內閣，即原敬內閣。

1918年1月8日美國總統威爾遜發表〈十四點和平原則〉，宣揚被佔領地和殖民地民族自決，影響全世界輿論，台灣島的知識份子亦倍受鼓舞。同期間，愛爾蘭自行組成「愛爾蘭議會」，拒絕接受英國國會統治，1919年即獲得自治權，從殖民地升級為「自由邦」。1919年3月1日朝鮮爆發「三一獨立運動」，5月4日中國北京爆發「五四運動」。接著1920年1月10日《凡爾賽條約》生效，美國總統威爾遜宣佈成立「國際聯盟」（The League of Nations）。

林獻堂及在日本的台灣留學生蔡惠如（1881-1929）、林呈祿（1886-1968）、蔡培火（1889-1983）等，受到這些事件的啟發，於1920年底在東京召集台灣島留學生組織「新民會」，推動非武力行動，爭取台灣自治，並首度在東京麴町區富士見町展開示威遊行。1921年3月21日林獻堂向日本帝國議會遞交請願書，要求設置「台灣議會」，擬從台灣總督手上拿走立法權，被日本帝國議會拒絕。消息傳回台灣島卻反應熱烈，蔣渭水（1890-1931）召集大批群眾盛大歡迎林獻堂請願歸台。這給日本總督田健治郎帶來不小壓力，於是自1922年8月開始鎮壓請願人士。

家族事業豐厚但銀行貸款甚巨的林獻堂倍受壓力，不得已淡出請願運動。1923年12月16日日本總督府以請願運動者在東京登記「台灣議會期成同盟會」，違反《台灣治安警察法》為由，大肆逮捕蔣渭水、蔡培火、林呈祿、石煥長（1891- ）、林幼春（1880-1939）、陳逢源（1893-1982）等人，史稱「治警事件」。但日本輿論和法律界人士反而同情請願運動，使原本淡出的林獻堂決心復出領導請願運動。

1921年林獻堂、蔣渭水成立「台灣文化協會」，非正式的成為請願運動的領導機關。1927年「台灣文化協會」左右分裂，左派由連溫

卿（1894-1957）領導，掌控文化協會，主張台灣島解放，反對請願運動。右派繼續由林獻堂、蔣渭水領導，組織「台灣民眾黨」，繼續推動請願運動。但台灣民眾黨又再度受困於左右爭論，1930年林獻堂、蔡培火等右派人士與蔣渭水分裂，另組「台灣地方自治聯盟」，推動請願運動，這個持續性的左右分裂和衝突，注定請願運動的沒落。

1931年2月18日台灣民眾黨被迫解散，8月5日蔣渭水病逝，請願運動大受打擊。1931年9月18日日本關東軍發動瀋陽事變，侵略中國東北滿洲地區，日本軍國主義興起，法西斯主義取代大正民主思潮。日本殖民政府打壓請願運動的力道增強，請願運動陷入低潮。1934年2月6日提出第15次請願後，林獻堂遭總督中川健藏施壓，於9月2日決議停止請願運動。1935年4月1日日本總督府公佈地方議員半數改為民選，1936年8月15日楊肇嘉（1892-1976）宣佈解散「台灣地方自治聯盟」，請願運動徹底結束。

（五）1921年台灣文化協會

林獻堂、蔣渭水、連溫卿、賴和（1894-1943）、陳逢源、李應章等人於1921年10月17日在台北市的靜修女中舉行「台灣文化協會」創立大會，出席者達1031人，涵蓋醫師、律師、教師、留學生、地主仕紳、農工商人，以提升台灣人文化水平，鼓吹中國民族文化的社會運動團體，也是一個跨階級的準政治團體，卻埋下後來左右分裂的局面。台灣島的地主仕紳、商人、右派知識份子著重倡導民族精神、政治自治、文化提升等右派資產階級的活動；而農民、工人和左派知識份子主張無產階級鬥爭與運動，左右兩派無法形成統一戰線，面對日本法西斯主義，力量分散只會更加脆弱。

台灣文化協會成立後，日本總督府雖禁止協會從事政治活動，但台灣文化協會透過文化活動、支持「台灣議會設置請願運動」、組織青年社團、推進農民運動，卻有相當的政治性效果。

鑑於當時台灣人文盲仍居大多數，台灣文化協會設立讀報社、書

局、劇團、講習會、演講會、夏令營、電影播放會等文化活動，對日本總督府展開批判，並以閩南語和中文作為傳播語言，無形地推動中國民族主義的思潮。例如，連橫講台灣歷史、蔣渭水講公共衛生、林茂生講西洋史、陳炘講經濟學。在1925年至1926年的高峰期，吸引20多萬人聽講，可說是當時影響力最大的民間社團。

林獻堂在1921年初開始推動「台灣議會設置請願運動」時的幹部，也都是後來同年10月創設「台灣文化協會」的幹部。台灣文化協會的活動無形中增大請願運動的強度。1923年12月16日本總督府以所謂「台灣治安警察法違反事件」為由，展開全島大搜捕，台灣文化協會的幹部蔣渭水、蔡培火、林呈祿、石煥長、蔡惠茹、林幼春（1880-1939）、陳逢源（1893-1982）等被捕入獄。這個事件卻反而獲得日本知識份子及輿論界的同情，尤其日本許多原本對「台灣貴族總督殖民專制」很感冒的人，更強力奔走要求釋放被捕的協會幹部。蔣渭水等人最後被輕判三、四個月徒刑，使台灣文化協會的聲勢更盛。

台灣文化協會的聲勢，吸引許多大專學生紛紛入會，或成立青年團體響應台灣文化協會。尤其是蔣渭水的母校台北醫學專門學校、蔡培火的母校台北師範學校，有很多學弟妹加入台灣文化協會。在日本或中國大陸留學的台灣學生也紛紛成立青年團體響應，例如翁澤生組織的「台北青年會」，陳炘組織的「大甲日新會」。翁澤生後來加入中國共產黨，他帶領的台北青年會走左傾路線，是台灣文化協會爆發左右分裂的要角。

日本總督府在台灣島推廣甘蔗製糖產業，對待台灣島蔗農卻始終採行壟斷剝削的農奴政策。特定地區的蔗農只能賣給特定糖廠，甘蔗收購價由糖廠製成蔗糖且在市場銷售後，再由糖廠事後單方面決定。量秤甘蔗的重量由糖廠獨斷決定，蔗農無置喙餘地。甘蔗種植用的肥料，只能向糖廠購買。採收甘蔗只能由糖廠僱工採收，蔗農不得自行採收甘蔗，糖廠僱工的工資再從甘蔗收購價扣除。這幾乎是環環相扣的農奴制度。蔗農遭到長期壓榨，不滿情緒早已蔓延。

　　1909年大地主板橋林家的林熊徵（1888-1946）創設「林本源製糖株式會社」，專買彰化二林地區一半的甘蔗，另一半則由「明治製糖株式會社」收購。在1924年時，「林本源會社」的甘蔗收購價低於「明治會社」25.5%，肥料售價卻高了43.9%，形成台灣島「地主」剝削「農民」的階級問題。500多個蔗農推舉二林莊長林爐及許學（1892-？）醫師為代表，展開抗議，向「林本源會社」要求補償。二林莊的上級單位北斗郡長出面調解，「林本源會社」讓步，提撥一小筆錢打發蔗農。

　　台灣文化協會的幹部李應章（1897-1954）醫師知道二林蔗農抗議事件後，認為應進行制度性改革，而不是僅僅要求補償而已，遂於1925年6月在彰化二林成立台灣島史上第一個農民團體「二林蔗農組合」。這個「組合」後來帶動台灣島的農民抗爭運動，也使台灣文化協會更加左傾。

　　台灣文化協會除了林獻堂、蔡培火屬於非政治性的右派，仍主張以文化啟蒙活動為主軸外。連溫卿（1894-1957）、王敏川（1889-1942）傾向日本共產黨，翁澤生（1903-1939）、蔡孝乾（1908-1982）傾向中國共產黨，蔣渭水傾向中國國民黨左派。共產黨及左派主張台灣文化協會應成為支援工農運動的政治性團體，與中間派及右派的路線水火不容，激辯與衝突不斷。1927年1月3日台灣文化協會在台中公會堂召開臨時大會，左右對決，左派勝出，連溫卿、王敏川成為文化協會領導人。右派林獻堂、蔣渭水等則退出文化協會，另組「台灣民眾黨」，這次分裂注定台灣文化協會衰落瓦解的命運。

　　台灣文化協會在右派退出後，更積極介入農會及工會運動，演講會規模越辦越大，言論越加激烈。1927年3月連溫卿籌組「台北機械工會」，啟動台灣左派工運，更遭致日本總督府強力打壓，抓捕許多幹部，迫使中國共產黨背景的翁澤生、蔡孝乾等人走避上海，台灣文化協會會員大量流失。後來連溫卿、王敏川分裂，王敏川取代連溫卿領導台灣文化協會，連溫卿反而在1929年11月被開除會籍。此時的台灣

文化協會已成台灣共產黨的外圍組織，無法建立反日的統一戰線，可說名存實亡。當1931年9月台灣共產黨被瓦解後，台灣文化協會跟著解體。曾任民進黨主席的黃信介是連溫卿的外甥。

（六）蔣渭水

蔣渭水生於1891年，祖籍福建漳州龍溪，出生台灣宜蘭，專業醫生，中國民族主義者，具有社會主義思想，關懷農工。蔣渭水創立台灣文化協會、《台灣民報》、台灣民眾黨，台灣工友總聯盟等四大社會及政治事業，推動反對日本殖民主義的群眾運動甚力，對台灣島的政治發展起了重大影響。

蔣渭水的父親蔣鴻彰以命理風水為業，但蔣渭水自幼學習成績優越，16歲才進日本公學校，只唸2年，即於1910年考上台灣總督府醫學專門學校，即台灣大學醫學院的前身。1912年與同學杜聰明（1893-1986）、翁俊明（1893-1943）等人加入孫文領導的中國同盟會台灣分會，1913年三人曾密謀至北京刺殺袁世凱。1915年蔣渭水自醫學校第二名畢業。杜聰明是台灣島史上第一位博士，翁俊明是名歌星翁倩玉的祖父，棄醫從政，曾任中國國民黨台灣黨部主任委員。蔣渭水則專心行醫，1916年在台北市延平北路設立大安醫院。蔣渭水很有商業頭腦，醫學校在學期間，就經營冰店、「東瀛商會」，畢業後除大安醫院外，還經營「甘泉老紅酒」、「春風得意樓」。

1921年蔣渭水積極參與台灣議會設置請願運動，並與林獻堂創立台灣文化協會。1923年日本殖民政府以涉嫌持旗幟標語，擬向來台巡視的裕仁皇太子請願為由，在「治警事件」中逮捕蔣渭水，後來陸續再逮捕十餘次。1926年在大安醫院旁開設文化書局，傳播先進的政治社會思想。1927年創立台灣民眾黨，1928年籌組「台灣工友總聯盟」，與簡吉的「台灣農民組合」共同推進工農運動。蔣渭水的思想日漸左傾，左右路線又無法形成統一戰線，與林獻堂等右派產生分裂。1930年林獻堂退出台灣民眾黨，蔣渭水則於1931年因傷寒病逝，

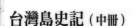

年僅40歲，留下遺囑「台灣人的勝利，已經迫在眉睫，凡我青年同志，務須努力奮鬥」。

蔣渭水雖然生命很短暫，但就像一顆巨石投入台灣島社會，激起陣陣漣漪。他的行事作風兼具政治行動家、社會改革家的魅力，廣獲基層群眾的熱愛。去世時舉行「台灣大眾葬禮」，高達5千多人送葬。現今台北通往宜蘭的高速公路，命名爲蔣渭水高速公路。

（七）原敬遭刺殺

1921年11月4日日本首相原敬在東京車站遭法西斯軍國主義者中岡艮一以短刀刺胸死亡，高橋是清接任內閣總理，但1922年6月改由加藤友三郎組閣。據傳日本極右派不滿原敬對日軍進行「西伯利亞干涉」的冷漠態度，認爲日軍在「廟街事件」或稱「尼港事件」，遭俄羅斯無政府主義軍團屠殺，原敬應負喪權辱國的責任。原敬是日本第一位政黨內閣的首相，非貴族出身，號稱「平民首相」。1918年9月接替因「米騷動」下台的首相寺內正毅組閣，原敬上任後立即下令台灣總督明石元二郎增產台灣島稻米，以供應日本軍民糧食。明石元二郎著手研究，認定只有將台灣島的旱田大舉改爲水田，才能增產稻米。旱田變水田，必須有更大規模的灌溉系統。明石元二郎聽取山形要助的建議，修改八田與一提議只有50平方公里集水能力的「官佃溪埤圳計畫」，擴大爲烏山頭水庫及嘉南大圳計畫，才能擴大水田面積。但因八田與一估算錯誤，1930年完工時，烏山頭水庫蓄水量太小，嘉南大圳供水系統太大，供水不足，農民怨聲載道，計畫失敗。原敬去世，無法親眼看見這項台灣島稻米增產計畫相關的水利工程的起伏興衰。

（八）謝文達

謝文達（1901-1983）是台中豐原烏牛欄庄人，台中一中畢業後赴日本千葉縣「伊藤飛行學校」學習。1920年8月2日參加東京的民間飛行競技大會，榮獲三等獎，可說是台灣島史上第一位飛行員，日本人

稱爲「島人航空始祖」。「島人」是當時日本人稱呼台灣島上中國移民後裔的用語。1920年10月17日在台中、10月30日及31日在台北舉行飛行表演，轟動一時。1923年2月11日謝文達駕駛Hispano飛機在東京火車站上空，散發「台灣議會設置請願運動」傳單，而不見容於日本殖民政府。1923年4月12日謝文達赴中國大陸，參加蔣介石北伐，擔任中國空軍教官，打過中國抗戰空軍戰役，1930年墜機受重傷，1936年以空軍少校退役，抗戰結束返回台灣島，1983年病逝台北。

（九）關東大地震

1923年9月1日上午11時58分，日本關東平原發生芮氏規模7.9級地震，東京、神奈川、千葉、靜岡受災嚴重，又稱「東京大地震」，死亡人數105,000人，失蹤42,800人，房屋倒塌12.8萬棟，火災燒毀44.7萬棟，災民達190萬人。9月2日至9月6日大阪《朝日新聞》、東京《日日新聞》、《河北新聞》刊載朝鮮人趁機搶劫，引發日本人組織「自衛團」瘋狂殺害朝鮮人、中國人、琉球人。估計有6,661朝鮮人和874名中國人遭殺害。日本政府事後調查新聞報導全是無稽的謠言，起訴362名「自衛團」，但未起訴參與屠殺的警察人員。

地震發生後，率先援助的是中國政府。上海、北京、天津、成都各地商會大舉募資、載運食物藥品、組織救援隊協助日本渡過災難。台灣島當時是日本殖民地，更是大舉動員捐款、捐物資、增加賦稅，日本殖民政府更是打開金庫，搬錢資助東京救難重建。中國人在大地震表現出對日本人的善意，但是日本政府及殖民政府在1923年治警事件，1928年台灣共產黨事件、皇姑屯事件，1930年霧社事件，1931年九一八瀋陽事件，1937年盧溝橋事件，對中國人或台灣人仍舊心狠手辣。

四、內田嘉吉（1923年9月6日-1924年9月1日）

　　內田嘉吉（1866-1933）是日本東京人。東京大學畢業，歷任事務官員，才能平庸，一生為官毫無政績可言。1910年任台灣總督府民政長官，1915年因西來庵事件，被總督安東貞美開除。1923年被日本首相山本權兵衛（1852-1933）派任台灣總督，即遇上日本關東大地震。內田嘉吉上任第九任台灣總督後，積極搬運台灣島的資源，挹注關東的救災和復原。另一方面，嚴厲壓迫「台灣議會設置請願運動」，檢肅「台灣議會期成同盟會」，引發「治警事件」。內田對被殖民的台灣人始終表現出傲慢和輕蔑的態度，林獻堂回憶1914年在東京拜會內田嘉吉的情景說：「內田高踞無禮，無杯茶相待，亦無請坐。」1923年11月辜顯榮成立「台灣公益會」與林獻堂的「台灣文化協會」抗衡。1924年山本權兵衛（1852-1933）內閣和青浦奎吾（1850-1942）內閣接連垮台，立憲政友會又敗選，屬於桂太郎系統的憲政會總裁加藤高明（1860-1926）組閣，隸屬立憲政友會的內田嘉吉辭職，在台任期不到1年。但內田嘉吉任內，台灣島的農業生產包括香蕉、豬隻、茶葉、烏魚子等都大豐收。

（一）1923年治警事件

　　1923年1月30日蔣渭水、蔡培火等人向台北警察署申請籌備「台灣議會期成同盟會」，但2月2日旋即遭到禁止。籌組活動便移至東京，於2月21日在東京重新成立。當時日本與台灣島已同時施行《治安警察法》，管制政治性集會結社。內田嘉吉決定檢肅「台灣議會期成同盟會」會員，12月16日由總督府警務局主導，以違反《治安警察法》為由，全台同日同時展開大逮捕，41人被逮，58人被傳訊，18人被起訴。1924年台灣地方法院宣判全數無罪，主導本案的檢察長三好一八

提出上訴，10月29日二審宣判蔣渭水等13人有罪，蔣渭水等人隨即上訴。1925年2月20日三審定讞，維持二審判決。蔣渭水、蔡培火被判4個月徒刑，蔡惠如、林呈祿、石煥長、林幼春、陳逢源被判三個月徒刑，林篤勳、林伯廷、蔡年亨、石錫勳、鄭松筠、蔡氏穀被判罰金100圓。

　　大逮捕的12月16日那天被台灣島民間稱爲「民衆運動紀念日」。三好一八是「噍吧哖事件」的倖存者，對台灣人的抗爭運動極其嫌惡，曾說：「蔣渭水等被告不學甘地的優點，只學甘地反抗英國，台灣只有辜顯榮像甘地。」此話傳開後，台南詩人謝星樓（1887-1938）作詩諷刺：「辜顯榮比甘地，蕃薯簽比魚翅，破尿壺比玉器」。

（二）李友邦

　　李友邦生於1906年，原名李肇基，祖籍福建泉州同安，生於台北蘆洲。1919年李友邦13歲時就讀台北師範學校，即參加校內秘密反日學生組織。1921年15歲參加台灣文化協會，1924年18歲的李友邦和同學林木順、林添進等人攻擊日本警察，被通緝而逃亡中國大陸，適時投考黃埔軍校，是台灣人第一位黃埔軍校學生。孫文很重視台籍身份的李友邦，囑咐黃埔軍校的國民黨代表廖仲愷特別栽培。

　　李友邦於1924年加入中國國民黨，1925年自黃埔軍校第二期畢業。後受孫文資助，組織「台灣獨立革命黨」，倡導台灣獨立，推翻日本殖民政府。因廖仲愷的關係，李友邦的政治立場屬於國民黨左派，因參加「廣東台灣青年聯合會」與中國共產黨有所交往，埋下李友邦的坎坷命運。1925年廖仲愷遇刺死亡，李友邦頓失政治靠山，仍被派任對台工作。1926年李友邦潛返台灣島，與台灣文化協會的蔣渭水、連溫卿、王敏川等人取得聯繫後，轉赴日本早稻田大學就讀。旋因「台灣獨立革命黨」的身份，被日本特務識破。李友邦遭通緝，逃亡至杭州，轉赴廣州參加「廣東台灣革命青年團」，擔任宣傳工作。

　　1927年國共分裂，國民黨右派的蔣介石血腥清黨，殺害國民黨內

的共產黨員及左派人士。李友邦在浙江的國民黨左派機關工作，與共產黨員及左翼人士多所來往，並任教於杭州藝專。1932年因親共左翼人士的供詞，李友邦被國民黨逮捕入獄，關押5年，直到1937年西安事變後，國共第二次合作才被釋放。這段期間，二弟李友先、三弟李友烈亦遭日本特務殺害。

中國抗日戰爭於1937年盧溝橋事變後爆發，李友邦在浙江重組「台灣獨立革命黨」，並赴福建招募台灣人組織抗日游擊隊。國民政府在1939年批准李友邦組織「台灣義勇隊」及「台灣義勇隊少年團」，並任命為少將，曾數度攻擊廈門的日軍，造成日軍重大損失。但是「台灣義勇隊」一直希望能轉型為軍隊，始終未能如願，而保持著游擊隊的型態。1941年李友邦的「台灣獨立革命黨」和其他五個台灣人革命團體合組「台灣革命同盟會」。同年與杭州望族的抗日女傑嚴秀峰結婚，兩人在抗戰期間做出不少貢獻。1945年抗戰勝利後，李友邦升任中將，率台灣義勇隊回台，與三民主義青年團合併，李友邦出任三民主義青年團台灣分團主任。

1947年台灣爆發二二八事件，陳儀因李友邦不肯合作，以通匪及鼓動暴動罪名，押赴南京，經嚴秀峰向蔣經國求救後釋放。但三青團許多幹部已被槍斃，包括王添灯、林連宗、陳復志、盧　欽、陳澄波、張榮宗、蕭朝金、葉秋木、許錫謙。國共內戰末期，周恩來曾勸說李友邦留在大陸，不要隨蔣介石赴台，李友邦婉拒。1949年陳誠提拔李友邦為台灣省黨部副主任委員，同年底又被吳國禎任命為台灣省政府委員，李友邦在當年是政治地位最高的台灣人。

1950年中國共產黨派駐台灣島的最高負責人蔡孝乾被捕，供出在台的中共特務及來往人士共有1,800多人，年僅28歲的嚴秀峰（1921-2015）列名其中，以國民黨省黨部副主任委員夫人及抗日女英雄身份被關入獄15年。1951年11月在一次蔣介石召集軍事幹部的大會上，蔣介石滿臉憤怒，口不擇言，痛罵李友邦與中共特務朱諶之（1905-1950）有關連，命令安全人員現場直接逮捕李友邦。李友邦被蔣介石

以「知匪不報」的「通匪」罪名羈押，隔年被槍決。

　　李友邦同時兼具台灣人、黃埔軍校畢業生、國民黨左派、娶「通匪妻子」、與中共特務有往來等的複雜背景。雖是對日抗戰有功的英雄，仍不被蔣介石信任，遭誣指「早年參加匪黨組織」，以「匪嫌重大」爲由，而蒙冤被殺，年45歲。李友邦是中國民族主義者，也毫無疑問是國民黨左派，傾向社會主義，抗戰時與左派人士和共產黨人有連絡來往，但沒加入共產黨，也不支持共產黨，頂多是受孫文和廖仲愷影響，主張國共合作的國民黨人，李友邦更不是精明或擅於鑽營的政治人物。蔣介石找了一個叫「沈中民」的「自首人」，誣告李友邦與朱諶之有關。蔣介石還指控李友邦「掩飾的很好」，但這些指控事後都未發現任何實質證據。殺害李友邦無疑是蔣介石犯下的政治錯誤之一。

　　谷正文的回憶錄記載：「民國四十年（1951年）十一月中，國民黨台灣省黨部改組，主任委員蔣經國轉調他職，遺缺由鄧文儀接任，交接典禮於革命實踐研究院大會堂（即今之中山樓前身）舉行，蔣介石親自主持講話。會堂裡坐滿了各層的文武官員，我的官階較低，坐在後區。第一排第一位是蔣經國，第二位是鄧文儀，然後才是李友邦。軍儀隊開始吹奏進行曲，這是蔣介石由後台進場前的訊號。蔣介石在樂曲中走出來了。他繃著一張臉，我看過他許多次生氣的樣，這次最難看。『出去，出去！』他左手扶著講台，右手往旁邊猛揮，也不知道他要叫誰出去。『指揮，把他們帶走。』經他補充命令之後，大家才知道他受不了樂器的光亮。蔣介石啜了一口水，然後執起新任委員名冊，頓了頓。這一連串動作產生了相當的震懾效果，台下每個人都屏氣凝神，靜待他開口。『李友邦。』這是他的第一句話，李友邦應聲肅立起來。『李友邦，你能騙得過別人，就可以騙得過我嗎？你太小看我了，你以爲我不知道你是奸匪嗎？』從背後，我看不到李友邦的表情，但在這個情況下，可以想見他滿臉的驚愕與恐懼。『憲兵，帶走，帶走！』蔣介石一邊說著，一邊以手勢派令坐在前區

李友邦與嚴秀峰

第二排的憲兵司令吳奎生（調查局長吳東明之父）將李友邦架了出去。然後，蔣介石開始訓話：『你們什麼人叫他當副主委，你們統統不認識敵人，敵人就在你身邊，你們卻不知道他就是奸匪，像你們這樣麻木不仁，怎麼會成功，你們每一個人都應該知道，奸匪就在你身邊···』前前後後，他一共訓了將近一個小時話，沒有草稿，而且，除了啜飲開水外，很少停頓。最後，他替自己的講話下了一個結論，『你們要知道，丈夫是奸匪，太太不一定會是奸匪；但是，反過來，太太是奸匪，則丈夫就一定是奸匪。』我私底下稱它為蔣介石定律，除了李友邦於四十一年四月二十二日為它而死外，後來，更有許多特工人員任意援用，在毫無具體證據的情況下，製造了許多冤案、錯案。」

谷正文(1910-2007)本名郭守紀，自稱1931年考取北京大學中文系，同年九一八事變爆發後加入中國共產黨，負責學運工作。1937年擔任林彪所率八路軍第115師的偵察隊長，後經戴笠(1987-1946)重金收買，轉投國民黨。1940年改投汪精衛，在山東緝捕抗日游擊隊。1945年後又改投國民黨，1949年負責偵辦「中共台灣省工作委員會」蔡孝乾案。

（三）賴和

賴和（1894-1943）是彰化人，1903年就讀私塾，接受漢學教育。

1909年考入台灣總督府醫學校，1914年畢業，任職於嘉義醫院。1918年轉赴日本殖民政府在福建廈門經營的博愛會醫院任職。廈門行醫期間，受到1919年北京「五四運動」的影響，熱衷學習白話文。1919年返回彰化開設「賴和醫院」，投入林獻堂領導的台灣議會設置請願運動、台灣文化協會，開始發表新文學作品。當時台北芝山巖的楊雲萍（1906-2000）已開始提倡白話文寫作，賴和同時以文言文和白話文寫作。

1923年賴和因「治警事件」與蔡惠如、蔣渭水等人被補，遭羈押20幾天。1925年以白話文發表散文〈無題〉，同年以〈覺悟下的犧牲〉替二林事件的蔗農發聲。1926年發表白話小說〈鬥鬧熱〉，轟動一時，成為台灣島中國白話文學的第一部經典作品。1930年發表長篇小說《蛇先生》，同年賴和的〈南國哀歌〉為霧社事件的原住民表達不平，是日本殖民時期最長的白話體中文詩作，被認為是台灣島中文白話文學的開創者。1934年被推舉為「台灣文藝聯盟」委員長，1941年12月8日賴和被日本殖民政府以思想有問題為由，拘捕下獄。1943年1月31日去世，留下《獄中日記》。

五、伊澤多喜男（1924年9月1日-1926年7月16日）

伊澤多喜男（1869-1949）是日本長野縣人，1895年東京大學畢業，1907年起歷任和歌山縣、愛媛縣、新潟縣的知事，1924年出任第十任台灣總督，1926年卸任後轉任東京市長。伊澤多喜男是樺山資紀時代推動台灣島教育工作的伊澤修二的弟弟，兩人相差18歲。伊澤修二主張給台灣人實施義務教育，並在士林芝山巖開設「芝山巖學堂」，是台灣島第一所現代小學。

伊澤多喜男宣稱「要做350萬台灣人的總督，不是15萬在台日本人的總督。」1924年設立「台灣青果會社」，推動台灣島香蕉外銷。

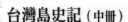

1926年開通東部鐵路，成功栽種「蓬萊米」。但是1925年林本源製糖會社與蔗農衝突，引發「二林事件」。1925年4月頒布《治安維持法》針對共產主義者和廣義的危險份子，大肆懲處。同時公布台灣島原住民戶數爲22,568戶，男性有67,004人，女性有67,416人，共計134,420人。有2,374名原住民學生接受甲等教育，2,097名接受乙等教育，其他教育者63人。但是原住民的武器、田地、山林被日本殖民政府奪走，普遍陷入貧困，被迫從事砍伐樟樹，製造樟腦的勞苦工作，原住民情緒忿憤不滿，「蕃情緊張」。森丑之助（1877-1926）批判說：「內地人（日本人）的劣行與政策，造成了無數人命和鉅額公帑損失的惡果，連山林的自然也遭到破壞。」1926年簡吉在鳳山籌組「農民組合」，即「農會」，「農情緊張」和「蕃情緊張」，都使伊澤多喜男應付不來，趁回東京養病時，受任東京市長，即辭去台灣總督。

日本殖民台灣時，提倡「米糖相剋論」，認爲糖廠向蔗農收購甘蔗的價格應壓低，因爲甘蔗收購價如果太高，稻農會棄種稻米，改種甘蔗。稻米產量因而減少，米價會攀高，造成人民生活困難，社會騷動不安。壓低甘蔗收購價，才能壓低米價。這個論調和政策卻造成糖廠與蔗農衝突不斷，糖價高漲，糖廠獲利豐厚，但甘蔗收購價偏低，蔗農屢屢不滿，雙方衝突難解。糖廠的厚利再被日本殖民政府經由徵稅和貪污，納入日本統治階級的口袋，形成殖民剝削系統。

（一）磯永吉與「蓬萊米」

台灣島自荷蘭殖民時代即發展稻米栽種，日本殖民台灣島後，通稱這些台灣本島土生土長的稻米叫「在來米」。日本駐台軍隊自1897年開始，都食用在來米。在來米的品種很多，有紅米、烏米、茶米，日本人動腦筋改良在來米，檢選近似日本米的「在來米」進行人工雜交研究。1899年設台北農事試驗場，1903年設總督府農業試驗場，1921年改組成中央研究所農業部，派磯永吉（1886-1972）負責新品種研發。

1922年磯永吉在台北陽明山竹子湖和台中試驗農場，指導末永仁（1885-1939）栽種新品種「台中六十五號」，獲得重大突破。「台中六十五號」是指該試驗農場編號第六十五號稻米試驗田的品種。1925年伊澤多喜男大力向日本米商推銷這種新品種米，1926年伊澤多喜男將之命名爲「蓬萊米」，大力回銷日本。稻米出口很快地超越蔗糖，成爲台灣島最大宗外銷產品，磯永吉和末永仁因此被譽爲「蓬萊米之父」。

（二）1926年台灣農民組合

台灣文化協會幹部李應章醫師於1925年6月領導「二林蔗農組合」，要求改革甘蔗買賣制度，展開抗爭。10月21日日本警察護衛「林本源會社」要強行採收甘蔗，與「二林蔗農組合」召集的蔗農及會員爆發肢體衝突。10月23日日本警察展開大規模搜捕李應章等人，荒唐的是10月21日在場參與肢體衝突的不過10幾人，圍觀群衆不到200人，日本警察卻逮捕400多人，趁機鎮壓農民，並且施行酷刑拷打，有人受不住酷刑而咬舌自殺，有人被打成殘廢。受到這起「二林蔗農事件」的刺激，高雄鳳山、台南麻豆等地的農民紛紛組織抗爭行動，1925年合計發生12起蔗農抗爭事件，參與抗爭人數達5,290人。

1926年9月簡吉（1903-1951）以「鳳山農民組合」爲基礎，與楊逵（1905-1985）、趙港（1902-1935）、黃信國（1886-1935）等人聯合台中、雲林、嘉義、台南等地的農民團體，在鳳山成立「台灣農民組合」，並在全島成立27個支部，會員曾達2萬多人。1927年2月13日簡吉和趙港赴日本帝國議會請願，沒有結果，卻接觸日本勞動農民黨，思想轉向階級鬥爭。1927年11月新竹農民攻擊郡公所，120人遭逮捕。1927年12月4日台灣農民組合在台中召開全島大會，決議唯一支持日本勞動農民黨，進行無產階級鬥爭，並爲政治鬥爭設立「特別活動隊」，依據馬克思主義推動「勞農結合」。1928年台灣共產黨成立，「台灣農民組合」更決議支持台灣共產黨，簡吉、趙港等人更率先加

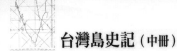

入台灣共產黨。

1927年至1928年間，簡吉等人發起多次抗爭，例如苗栗的台灣拓殖製茶會社的土地抗爭、彰化的新高製糖會社的土地抗爭、南投的山本農場的抗爭等。這些抗爭引來日本政府更殘酷的鎮壓，1928年12月30日台灣農民組合被強制解散，1929年2月12日簡吉等領導幹部59人被捕，全台300多處農民組合的據點遭突擊破壞，史稱「二一二事件」。1930年簡吉出獄後，轉入地下籌組「赤色救援會」，1931年再度被日本政府逮捕，關押10年，於1941年才出獄。

趙港是台中大肚人，不滿日本殖民政府把趙家世代務農的土地撥給退職官員做為退休酬勞，於1926年籌組「大甲農民組合」（大甲農會）護產抗爭。1928年受謝雪紅引介加入台灣共產黨，1931年被日本特務警察逮捕入獄，尤高呼「共產黨萬歲」，遭判刑12年。1935年獄中病重，獲准出獄，旋即病逝。

楊逵是台南新化人，留學日本，1927年返台參加農民運動、台灣文化協會、工會運動，屬於台灣共產黨的附隨人士。1948年發表宣言，主張台灣島「不要再重武裝」，經上海《大公報》轉載，適時國共內戰激烈，楊逵的宣言因其左派立場的歷史背景，被視為親共言論，激怒陳誠，被判刑12年。楊逵善於文學創作，以1957年發表的《春光關不住》最為著名，1976年該文改名為《壓不扁的玫瑰》。

黃信國是嘉義人，1909年畢業於台灣總督府醫學校，1910年在台南麻豆開設診所，1927年參加農民運動，協助籌措農運經費。1929年遭日本特務警察逮捕，1935年病逝。

（三）李應章

李應章生於1897年，台中二林人。1921年自台灣總督府醫學專門學校畢業，在二林開設醫院。1921年出任台灣文化協會理事，1925年組織「二林蔗農組合」，是台灣島史上第一個農民運動團體，領導「二林蔗農抗爭事件」，為逃避日本警察追捕，逃往廈門，在鼓浪

嶼開設神州醫院，就留在中國大陸，改名李偉光，未再返回台灣島。1932年加入中國共產黨，以醫生身份掩護中共的地下革命活動，1934年轉赴上海行醫及從事共產黨的秘密活動。1947年參加謝雪紅領導的台灣民主自治同盟，1949年出席中國人民政治協商會議第一屆會議，1954年在上海去世。李應章儘管後來表現並不出色，但仍是台灣島史上第一位農民運動領導者。

（四）簡吉和張志忠

簡吉生於1903年，高雄鳳山人，畢業於台南師範學校。擔任教師四年，喜好研究馬克思、列寧、孫文的著作，思想開始左傾。1925年「二林蔗農事件」爆發，簡吉辭教職投身農民運動，組織鳳山農民組合。1926年與楊逵、趙港、黃信國等人合組「台灣農民組合」。1928年參加台灣共產黨，1929年被日本政府逮捕關押一年，出獄後組織台灣共產黨的地下外圍組織「赤色救援會」，於1931年再度被捕，入獄十年。

1945年出任中國國民黨的三民主義青年團的高雄分團書記，1947年2月28日二二八事件爆發，簡吉秘密參加中國共產黨，與延安抗日軍政大學畢業的中共黨員嘉義新港人張志忠（1910-1954，張梗）組織「台灣自治聯軍」，由具有中共台灣省工作委員會武裝部長身份的張志忠任司令，簡吉任政委，於3月4日率軍圍攻嘉義水上機場，後遭民國政府軍二十一師追擊，簡吉和張志忠轉入地下活動。1949年10月簡吉出任中共台灣省工作委員會的山地工作委員會書記，俗稱「台省工委」的「山地書記」。1950年「台省工委」書記蔡孝乾被捕，投降台北民國政府，供出中共在台幹部名單及來往人員1,800多人，導致簡吉、張志忠被捕。簡吉1951年被槍斃，張志忠1954年被槍決。台塑集團王永慶的女婿簡明仁即是簡吉的兒子。

張志忠出身貧農，受清末秀才林維朝（1868-1934）資助赴福建廈門就讀集美中學，1931年加入中國共產黨，1939年赴延安就讀抗

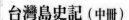

日軍政大學，畢業後加入劉伯承部隊，參加抗日戰爭。1946年與季澐（1921-1950）結婚，返台發展共黨組織，1947年二二八事件時組織武裝民兵進攻嘉義水上機場。其妻季澐是江蘇南通人，1940年加入中國共產黨，在日本佔領區從事敵後抗日工作，1946年季澐隨張志忠來台發展共黨組織，吸收李友邦的妻子嚴秀峰。1949年季澐被逮捕，1950年被槍決。張志忠於1950年被逮捕，蔣經國親自招降，張志忠寧死不屈，1954年被槍決。但同案的共產黨幹部蔡孝乾、洪幼樵（1916-1990）、陳福星（1915-1985）等人都向國民黨投降，並供出其他共產黨人。

（五）壟斷香蕉和鳳梨

台灣島的香蕉在1922年突然風行日本市場，1926年出口值達1,360萬日圓，耕作面積達1.7萬甲，成為僅次於稻米和蔗糖的出口物品。香蕉原本沒有日本財團壟斷，日本殖民政府於1925年設立「台灣青果株式會社」，壟斷台灣香蕉的產銷利潤，控制70%以上的產量，壓低香蕉農的採收價格，製造出日本許多中間商暴發戶。日本殖民政府把香蕉視同甘蔗，成功的建立殖民剝削體制，迫使蕉農淪為半農奴。

鳳梨罐頭是1902年由小財團岡村經營的事業，1907年由濱口接手，1926年出口176萬日圓，1927年增至317萬日圓，種植面積2,300甲，有台灣人經營的20幾家小工廠代工鳳梨罐頭。日本殖民政府於1925年假藉現代化為由，對鳳梨農使用相同剝削手段，但直到1931年成立「台灣鳳梨會社」，才消滅台灣人的鳳梨工廠，建立殖民剝削體制。

（六）蔣介石北伐

1926年7月9日蔣介石就任國民黨軍隊總司令，掌握國民黨軍政實權，開啓中國的蔣介石時代，也影響1943年開羅會議後的台灣島命運。

　　國民黨的前身是綽號「革命黨」的「中國同盟會」，雖在1911年10月10日發動武昌起義，推翻大清帝國。11月18日大清帝國任命袁世凱出任總理大臣，1912年1月1日革命黨人在南京宣布成立中華民國，孫文就任臨時大總統，但無實權。黎元洪就任臨時副總統。1月16日同盟會會員暗殺袁世凱失敗。2月12日大清帝國皇帝溥儀發佈《退位詔書》，把中國主權移轉給中華民國，並任命袁世凱組織「臨時共和政府」。2月15日袁世凱當選中華民國臨時大總統，2月29日袁世凱在北京組織中華民國政府，史稱「北洋政府」，中國的政權轉移至袁世凱手上，本書稱爲「北京民國政府」時期。

　　1912年8月25日同盟會的宋教仁與統一共和黨的谷鍾秀、國民共進會的徐謙、共和實進會的許廉、國民公黨的虞熙正談判政黨合併，成立「國民黨」。孫文勢力被稀釋，成爲國民黨的名義領袖，宋教仁則是實質的領袖。9月10日孫文退出政界，出任中國鐵路總公司總理。

　　1913年3月22日宋教仁被暗殺，4月26日袁世凱向英、法、德、日、俄等五國銀行團借款2,500萬英鎊擴充軍隊，史稱「善後大借款」。江西都督李烈鈞、廣東都督胡漢民、安徽都督柏文蔚激烈反對，被袁世凱撤職。黎元洪與袁世凱站在同一陣線，逮補武漢地區國民黨的地下工作人員。

　　7月12日孫文命令李烈鈞宣布江西獨立，並出任「討袁軍總司令」。接著黃興宣布江蘇獨立，柏文蔚宣布安徽獨立，陳其美宣布上海獨立，陳炯明宣布廣東獨立，孫道仁和許崇智宣布福建獨立，朱瑞宣布浙江中立，譚延闓宣布湖南獨立，熊克武宣布四川獨立，史稱「二次革命」。

　　袁世凱派馮國璋、張勳、蔡鍔鎮壓反袁勢力，9月1日反袁部隊兵敗，孫文、黃興、陳其美逃亡日本。1914年孫文在東京改組國民黨爲「中華革命黨」，作爲反袁勢力的核心力量，但孫文要求參加「中華革命黨」的成員必須宣誓絕對服從孫文。黃興、李烈鈞、陳炯明、柏文蔚、譚人鳳等人反對這種宣誓，因此拒絕參加。「中華革命黨」變

成極端派的組織，其政治影響力始終不起色，黨員最多時只有500人左右。但陳其美始終是孫文的忠誠追隨者，此時的蔣介石一直都是陳其美手下的軍事幹部。

1915年12月12日袁世凱宣布中華民國改制爲「中華帝國」，12月25日蔡鍔、唐繼堯宣布雲南獨立，號召「護國運動」，反對帝制。1916年3月18日袁世凱手下大將馮國璋反對袁世凱稱帝，3月22日袁世凱尚未登基，即宣布撤銷帝制，蔡鍔堅持袁世凱辭去總統職位。3月27日袁世凱病倒，6月6日去世。黎元洪繼任總統，中華民國陷入北洋政府的軍閥混戰時代。1917年黎元洪與總理段祺瑞失和，黎元洪革除段祺瑞總理職務，宣布解散國會，並召張勳率兵入京。張勳卻趕走黎元洪，擁立溥儀恢復帝位，史稱「張勳復辟」。不到12天，段祺瑞派兵趕走張勳，馮國璋任代理總統，段祺瑞復任總理。

1917年7月6日孫文聯合西南軍閥及部分國會議員，以「護法運動」爲名在廣州組織「軍政府」和「國會非常會議」。9月1日出任「軍政府大元帥」，開始謀求北伐。1917年7月段祺瑞政府向日本寺內正毅內閣借款1億4千5百萬日圓，當時2日圓等於1美元。段祺瑞聲稱這筆借款用於裝備第一次世界大戰的「參戰軍」，但輿論普遍認爲是爲了對付孫文的「廣東軍政府」。這筆借款史稱「西原借款」，因爲中間人叫「西原龜三」，借款條件要段祺瑞同意日本接手德國的山東特權，且由日本教官培訓「參戰軍」。

1918年徐世昌接任北洋政府的總統，1918年5月孫文的「軍政府大元帥」被雲南、廣西軍閥的「七位總裁」取代，孫文被迫離開廣州，轉赴上海。1919年10月孫文改組「中華革命黨」爲「中國國民黨」，擴大吸收黨員。1921年孫文被陳炯明請回廣州，出任「非常大總統」。1922年6月孫文與陳炯明爆發衝突，孫文逃亡海上的永豐艦，蔣介石趕赴永豐艦護駕。1923年1月16日廣西、雲南軍隊改支持孫文，趕走陳炯明，孫文重回廣州。1923年1月26日孫文與蘇聯代表越飛發表《聯合宣言》，蘇聯以資金和武器支持孫文改組中國國民黨，建立

黨軍，推動「聯俄容共」政策，吸收中國共產黨員加入中國國民黨。1923年曹錕接任北洋政府的總統。1924年馮玉祥發動政變，軟禁曹錕，準備迎接孫文入京執政。後各股勢力妥協，由段祺瑞出任「臨時執政」。

　　1924年6月孫文設立黃埔軍校，派廖仲凱爲黨代表，蔣介石任校長。1924年11月孫文應馮玉祥邀請，赴北京「共商國是」，1925年3月12日孫文病逝北京。汪精衛將廣州軍政府改組爲「國民政府」。1926年4月張作霖擊敗馮玉祥，於1927年6月出任北京政府的「大元帥」，行使總統職權。但是1926年7月9日蔣介石已開始率領國民黨軍隊北伐，勢如破竹，1928年6月1日進軍北京，北京民國政府即將垮台。6月4日張作霖撤軍回瀋陽，搭鐵路專車在瀋陽郊外的皇姑屯，遭日本關東軍預埋炸彈炸死，北洋政府崩解。張作霖之子張學良於6月21日繼任「東三省保安司令」，12月29日張學良宣布放棄北洋政府的五色國旗，擁護蔣介石的國民政府，改掛青天白日旗，稱「東北易幟」，蔣介石完成北伐。

第三章
昭和（1926年-1945年）

　　昭和天皇裕仁1901年生，1916年立爲皇太子。大正天皇嘉仁於1926年12月25日去世，昭和裕仁繼位，但事實上大正天皇患有精神疾病，早於1921年即由裕仁出任攝政，實際掌權。1923年以皇太子攝政的身份，號稱「東宮行啓」來台視察。當年4月16日搭船從澳底上岸，從基隆南下，到台北視察，再到各縣市，回台北後，從基隆返日，前後12日。裕仁曾赴台北太平小學，進入教室指定某位一年級的小學生朗讀課文，這位小學生就是5歲的辜振甫。當時的總督田健治郎爲接待裕仁，大幅栽種櫻花，興建貴賓館，闢建上山道路，徹底改造原本相當簡陋的陽明山公園，以及改善高雄「猴山」，並改名爲「壽山」。裕仁爲收攬「御用紳士」，頒勳給辜顯榮、林熊徵、楊吉臣、陳中和、李春生，獎勵協助日本殖民統治台灣島的「功勳」。1927年3月日本爆發金融風暴，銀行發生擠兌，4月台灣銀行出現巨額呆帳危機。1928年日本發動皇姑屯事件，刺殺張作霖。1930年10月日本政府決議稱「中華民國」爲「支那」。1931年發動九一八事件，侵略中國東北。1934年11月宣布退出《華盛頓海軍裁軍條約》。1937年發動盧溝橋事件，侵略中國。1941年發動珍珠港事件，侵略東南亞及太平洋島嶼。1945年發布《無條件投降的終戰詔書》，宣布接受《開羅宣言》、《波茨坦公告》，無條件向美英中蘇等四個同盟國投降。

　　1926年昭和繼位時，台灣島中國移民人口有3,923,753人，原住民（生番人）人口86,733人，台灣島民總人口合計4,010,486人。1927年底，台灣島人口433萬7千人，「本島人」有400萬9千人，「日本人」20萬3千人，「生蕃人」8萬7千人，「外國人」3萬8千人。1927年在耕地面積分配狀況，持未滿1甲耕地的農戶地主有26萬戶，佔全體農戶地主64.08%，共持有10萬3,500甲耕地，佔全部耕地14.35%。持超過100甲耕地的農戶地主有196戶，佔全體農戶地主0.05%，共持有9萬4,072甲耕地，佔全部耕地13.04%。台灣島民1937年總人口增至5,261,401人，再到1942年總人口增至5,990,000人。1945年日本敗退時，台灣島已開墾農地面積已達88萬甲。

　　昭和時期的台灣總督有上山滿之進、川村竹治、石塚英藏、太田政弘、南弘、中川健藏、小林躋造、長谷川清、安藤利吉等九位。日本殖民統治台灣島50年，昭和時代佔19年。

一、上山滿之進（1926年7月16日-1928年6月15日）

　　上山滿之進（1869-1938）是日本山口縣人。1895年東京大學畢業，與伊澤多喜男同學。1913年任熊本縣知事，1917年任貴族院議員，1926年出任第十一任台灣總督。1927年日本發生經濟大蕭條，台灣銀行受波及，幾乎破產，上山滿之進從日本銀行調借2億日圓，克服難關。1928年3月30日創設台灣大學，當時名稱是「台北帝國大學」，同年5月14日韓國人趙明河在台中暗殺訪問台灣島的日本親王久邇宮邦彥，上山滿之進引咎辭職。

（一）1927**年台灣民眾黨**

　　台灣文化協會於1927年1月3日左右兩派公開分裂，左派人士連溫卿、王敏川掌控領導權，右派蔣渭水退出另立台灣民眾黨。1927年7月10日林獻堂、蔣渭水、蔡培火、李應章、蔡式穀、陳逢源等右派在退出台灣文化協會後，於台中聚英樓舉行「台灣民眾黨」成立儀式。林獻堂、蔣渭水等人因此創立台灣島史上第一個現代式政黨，日本殖民當局不准蔣渭水擔當黨魁，但實質上還是蔣渭水在領導。台灣民眾黨反對公地放領給日本財團，反對放任吸食鴉片的政策，反對日本首相田中義一內閣的侵略政策，強烈譴責日本殖民者處理霧社事件的殘暴手法。日本台灣總督太田政弘於1931年勒令解散，台灣民眾黨僅生存兩年半。

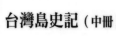

（二）1928年台灣工友總聯盟

由台灣民眾黨的幹部在全台串連各個勞工組織形成的總工會，成立時蔣渭水在會場大門立牌書寫「同胞須團結，團結眞有力」，成爲日本殖民台灣島時期，中國民族主義者最有力的口號。總聯盟發起多次罷工，加盟勞工組織達65個，會員人數超過1萬人。但台灣民眾黨被解散後，總聯盟也跟著衰落。

（三）1928年台灣共產黨

史大林（Joseph Vissarionovich Stalin, 1878-1953）領導的「共產國際」組織在1927年7月決議籌組「日本共產黨」，並在日本殖民地的台灣島籌組「台灣共產黨」，作爲日本共產黨的「台灣民族支部」。但是1928年3月15日田中義一施行「白色恐怖」，大肆逮捕日本共產黨人，日本共產黨瀕臨瓦解，「台灣共產黨」改由中國共產黨輔導設立。1928年4月15日「台灣共產黨」在上海成立，中國共產黨派彭榮代表出席，當時名稱是「日本共產黨台灣民族支部」，領導人是林木順，選出五位中央委員：林木順、林日高、莊春火、洪朝宗、蔡孝乾，兩位中央候補委員：翁澤生、謝雪紅。推舉林木順爲「書記」，謝雪紅爲「台灣共產黨」的駐東京代表，會中提出由渡邊政之輔（1899-1928）、佐野學（1892-1953）草擬的政綱，有打倒日本帝國主義、推動台灣民族獨立、建立台灣共和國等主張，「台灣共產黨」是最早主張台灣獨立及建立台灣共和國的政黨。

當時已有許多台灣人在島外組織團體提出台灣獨立的主張，例如1923年蔡惠如組織「上海台灣青年會」，1924年改組爲「台灣自治協會」，後來與韓國人的抗日團體合組「台韓同志會」。1926年吳麗水在南京成立「中台同志會」，1932年林雲連在廣州成立「台灣民主黨」，都有類似主張，但這些團體的活動始終不成氣候。

1928年4月25日日本特務在上海法國租界搜索林木順與謝雪紅的住

所，取得台灣共產黨的秘密文件，謝雪紅於東京被捕，其他人逃亡。謝雪紅被解送回台審判，6月獲釋。11月在台北舉行會議選舉謝雪紅為中央委員，謝雪紅取得領導權。12月25日謝雪紅與台灣島農民組織建立合作關係，1929年2月12日日本殖民政府搜捕台灣共產黨及農民組織，史稱「二一二大檢舉」。11月台灣共產黨與王敏川合作奪取台灣文化協會領導權，開除連溫卿。

台共成立後積極參加台灣文化協會、台灣農民組合，1931年5月31日台共召開大會，推選王萬得為主席，莊守為書記，潘欽信為第三共產國際組織的聯絡人，政治綱領是中共領導人瞿秋白及其學生翁澤生草擬的。6月26日日本殖民政府大肆逮捕台灣共產黨幹部50多人，成立3年多的台灣共產黨組織因此被瓦解。但是共產黨員仍然在1932年企圖領導新竹的大湖、竹南兩地的農會暴動，襲擊郡公所的火藥庫，事跡不密，有50多人被捕。

台灣島在日本殖民統治時期符合國際法上殖民地的定義，可經由類似聯合國非殖民化的程序成為獨立國家，這是抗戰期間共產國際和台灣共產黨都決議支持台灣獨立的法理依據，因為當時台灣島上的主要民族是漢族，不同於殖民統治階級的日本大和民族。第二次世界大戰期間，同盟國包括蘇聯，發表《開羅宣言》、《波茨坦公告》，確認台灣島是日本人自中國人手上竊取的領土，必須歸還中國。再加上台灣島上的漢民族與中國的漢民族相同，戰後台灣島主權必須回歸中國，不再適用國際法上殖民地獨立的條款，無法再以殖民地身分取得領土主權及獨立建國權利，台灣共產黨的台獨主張也就過時且不具法理及政治上的依據。

（四）林木順

林木順生於1904年，台灣南投人。1922年入學台北師範學校，1924年與李友邦共同襲擊日本警察派出所遭退學，與謝雪紅相戀同居，兩人與李友邦共赴上海，進入陳獨秀創辦的上海大學就讀，並加

入中國共產黨。1925年赴莫斯科就讀莫斯科中山大學及東方大學，後被第三共產國際指派與日本共產黨聯繫，籌建台灣共產黨，組織「上海台灣反帝同盟」。1931年日本警察在上海租界搜捕「上海台灣反帝同盟」成員，林木順在逃脫時失蹤。

（五）謝雪紅

謝雪紅生於1901年，台灣彰化人，原名謝阿女，12歲時父母雙亡，賣身給台中洪姓人家做童養媳，籌措父母喪葬費。1917年逃離洪家到台南糖廠做女工，後來嫁給台中大地主張樹敏為妾。1919年兩人共赴日本，謝雪紅趁機學習日文及中文。1921年返台不久即參加台灣文化協會。1924年與林木順同居，1925年赴上海被林木順的友人中國共產黨員黃中美吸收。在國共合作的背景下，參加中國國民黨，也參加中國共產黨的共產主義青年團，並寄住在國民黨浙江省黨部。1925年10月黃中美宣布謝雪紅為中國共產黨員，並安排前往莫斯科東方大學就讀，同年底轉學至新創立的莫斯科中山大學，與蔣經國同學，但謝雪紅年齡比蔣經國大9歲。

1927年謝雪紅奉命回中國籌建台灣共產黨，並回台發展共黨組織及婦女團體，並深入農民組合。1928年謝雪紅、莊春火、林日高成為台灣共產黨的中央委員。1930年莊春火、林日高脫黨，謝雪紅成為台灣共產黨唯一領導人。1931年日本殖民政府瓦解台灣共產黨，謝雪紅被捕入獄，獄中遭日本人刑求，剝光衣物強姦，針刺指甲縫，用香煙燙乳頭，謝雪紅仍然不屈服。

1939年出獄後在台中經商，並暗中經營共產黨地下組織和外圍團體。1947年2月台灣島爆發「二二八事件」，共產黨的勢力還很小，謝雪紅就能組織武裝民兵「人民大隊」攻佔市政府、警察局，成立「人民政府」。整個二二八事件期間，只有謝雪紅有膽識在台中成立「政府」，而且是「人民政府」。武裝民兵後來改稱「二七部隊」，號稱「台灣民主聯軍」。「二七」是指1947年2月27日發生私菸取締事件，

2月28日爆發「本省人」暴動殺害「外省人」的「二二八事件」。二七部隊於3月12日撤退至南投，卻遭原住民杯葛而於16日解散。謝雪紅只好藉口脫隊，經由民國政府軍海軍技術員大隊上尉教官蔡懋棠的協助，以家屬身份搭乘政府軍的軍艦，逃離台灣島。蔡懋棠是鹿港人，因協助謝雪紅逃亡，被捕判刑12年。

　　1947年5月謝雪紅逃抵香港，成立「台灣民主自治同盟」。1948年回到中國大陸，以「台灣民主自治同盟」主席身份出任中國婦聯副主席、人大代表、政協委員。1949年10月1日毛澤東在北京天安門，宣布中華人民共和國成立時，謝雪紅就站在毛澤東的右後方。1950年2月28日謝雪紅代表共和國政府發表第一份《告台灣同胞書》。1957年毛澤東發動反右運動，謝雪紅被打成右派。1966年文化大革命爆發，謝雪紅遭抄家批鬥，1970年患肺癌在北京去世。撇開政治立場，謝雪紅堪稱台灣島史上最了不起的女革命家。

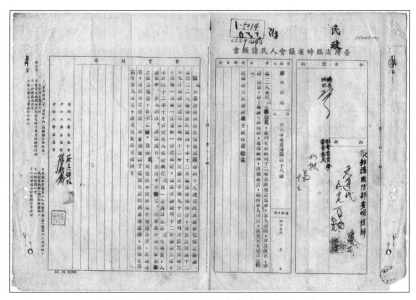

蔡懋棠協助謝雪紅逃出台灣島被判刑12年

（六）金融危機

　　1927年3月14日，日本大藏大臣（財政大臣）片岡直溫（1859-1934）不愼發言，爆料「東京渡邊銀行」可能倒閉，掀起日本全國性銀行擠兌。4月2日「鈴木商店」負債龐大，週轉不靈倒閉，「鈴木商店」受後藤新平扶植，佔「台灣銀行」總貸款額度44%，「台灣銀行」因此頻臨倒閉。再加上華盛頓裁軍會議，限制日本海軍艦艇數量，海軍訂單取消，造船業倒閉，波及鋼鐵業、機械業，連鎖效應使大小企業接連破產，失業人口飆高。1927年4月日本內閣總理若槻禮次郎（1866-1949）提出「台灣銀行救濟緊急敕令案」，未得日本樞密院的支持，被迫總辭，改由田中義一（1864-1929）組閣。日本樞密院在1888年爲了審議日本憲法而設立，任務是應日皇諮詢，審議日本憲法和附屬於憲法的法令、皇室典範、緊急敕令等「重要國務」，實際上成爲太上國會牽制內閣。日本樞密院由日皇任命20名左右的「顧問官」組成，享內閣大臣待遇，大都出身貴族，伊藤博文（1841-1909）和山縣有朋（1838-1922）先後掌控設立初期的樞密院，日本第二任台灣總督桂太郎就是屬於山縣有朋的派系。1900年山縣有朋辭去內閣首相，由伊藤博文接任。1901年伊藤博文只渡過短短的七個月任期，由桂太郎接任首相，可見伊藤博文和山縣有朋兩人鬥爭相當激烈。

　　鈴木商店是由鈴木岩治郎（1837-1894）創設的蔗糖、石油商行，1894年鈴木岩治郎去世，其妻鈴木米（西田米，1852-1938）把經營權交給掌櫃柳田富士松（1867-1928）和金子直吉（1866-1944），這段情節就是日本影視界常拍攝的「鈴木當家娘」故事。金子直吉經由後藤新平，掌握台灣島的樟腦經銷權，在神戶設樟腦工廠，在九州設大里糖廠，其他札幌啤酒、金屬、煉鋼、化工、鐵路事業一路開展起來。1905年設神戶製鋼、1916年設播磨造船、1918年設帝國人造絲。第一次大戰爆發，鈴木商店「不論質量、數量、價格」瘋狂收購鋼鐵，賺進數倍財富。鈴木商店在第一次大戰中爲協約國提供糧食、鋼鐵、船

舶，蘇伊士運河每10艘商船，就有1艘鈴木商船。運作高度負債槓桿的鈴木商店卻在1920年戰後不景氣，和1923年關東大地震後倒閉，幾乎拖垮主要貸款銀行「台灣銀行」。

（七）趙明河刺殺久邇宮邦彥

久邇宮邦彥（1873-1929）是日本天皇的家族成員，也是昭和的岳父。 1928年5月14日來台視察，於巡視台中州時，在台中州立圖書館前（自由路和民權路口，合作金庫台中分行）的路樹下，遭韓國人趙明河持短刀行刺未遂。6月15日日本殖民總督上山滿之進因而辭職下台，10月10日趙明河被處決。

趙明河（1905-1928）是朝鮮黃海南道人，1926年移居日本。1927年偽裝日本宮城縣仙台市人來台，化名明河豐雄，在一家日本人經營的的「富貴園茶樓」工作，伺機刺殺日本要人。趙明河得知，5月13日久邇宮邦彥到台中校閱軍隊，14日從台中知事官舍出發，搭10時的火車赴台北，車隊8輛，久邇宮邦彥坐敞篷車，在路口左轉時車速會放慢，路邊有小學生拿日本國旗歡迎。趙明河趁機從路樹下衝出，跳上敞篷車，拔出短刀，刺殺久邇宮邦彥。不巧手掌被敞篷架擋住，衛士迅速制止，趙明河混亂時拋射小刀，只射中久邇宮邦彥的手臂。趙明河當場被捕，仍笑著對受驚群眾大喊：「不要怕，我只是替韓國人報仇。」但是韓國人英勇反日行動的民族意識並未激起台灣人相同的心境，證實此時的台灣人已被日本人馴化。

（八）皇姑屯事件

日本首相田中義一（1864-1929）於1927年4月20日出任首相，6月27日召集軍事將領和外交官，在外相官邸舉行「東方會議」，檢討對付中國的大政方針，制訂《帝國對滿蒙之積極根本政策》。有外交官和關東軍將領在會議上即提議推翻張作霖，將滿洲地區從中國分裂出去，成為獨立國家，設置受日本控制的自治政府。「東方會議」的議

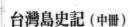

論內容被中國同盟會會員，據說也是台灣共產黨員的蔡智堪（1888-1955）抄錄，編撰成《田中奏摺》，交給張學良的外務秘書王家楨。奏摺主題是「欲征服世界，必先征服中國。欲征服中國，必先征服滿蒙。」

蔡智堪是台灣苗栗人，12歲赴日留學，畢業於日本早稻田大學政治經濟科。1928年赴日以圖書館員的身份，從事日本皇宮圖書整理工作，無意間發現「東方會議」的議事錄，私下以中文文字抄錄會議紀要，編撰成奏摺形式，取名《田中奏摺》，成為轟動一時的文件。日本人一直否認有《奏摺》存在，但無法否認有「東方會議」的議事錄存在。

田中義一於1927年5月28日派兵進佔山東青島，11月5日在東京與蔣介石會談，要求蔣介石不得率北伐軍越過長江以北。田中義一在1928年4月19日派兵進佔中國山東濟南，守衛濟南的張作霖的部下張宗昌棄城潛逃。5月3日日軍砲轟濟南，製造「濟南慘案」，殺害濟南市民6,123人，及中國交涉代表蔡公時（1881-1928）。田中義一宣稱保護日本權益，警告蔣介石的北伐部隊不得進入山東及中國東北。

但眼看著蔣介石率領的北伐軍隊節節勝利，於1928年6月1日進軍北京。田中義一勸告時任北洋政府大元帥的張作霖（1875-1928）離開北京，回去固守中國東北軍的根據地。當時張作霖是國際法上中國的國家元首，田中義一承諾將繼續支持張作霖在東北的勢力和地位。6月3日張作霖離開北京，6月4日早上5時23分返回瀋陽時，張作霖乘坐的列車通過皇姑屯車站，抵達一座鐵橋上，卻遭日本關東軍參謀河本大作事先安放的炸藥引爆，張作霖重傷不治死亡。

河本大作原本計劃殺死張作霖後，要瓦解群龍無首的東北軍領導體制，由日本關東軍接手控制。但東北軍將領遲遲不公佈張作霖死訊，完成內部整合，推舉6月18日趕回東北的張學良接班，河本大作的計畫落空。

田中義一得知關東軍刺殺張作霖，先向日皇昭和報告皇姑屯事件

的眞相是日本關東軍所爲，事後受到日本軍人的壓力，於1929年6月正式上奏昭和時，改口向昭和報告，該事件與日本無關，是中國北伐軍所爲。此番變換說詞，激怒昭和，昭和認定田中義一「欺君」，不久導致田中義一於1929年7月2日下台，9月29日即因「馬上風」去世。

二、川村竹治（1928年6月15日-1929年7月30日）

　　川村竹治（1871-1955）是日本秋田縣人，1871年生，1897年東京大學畢業。1909年來台擔任內務局長，1910年因涉嫌貪污去職。1911年任和歌山縣知事，1914年任香川縣知事，1917年任青森縣知事。1922年任貴族院議員，1928年出任第十二任台灣總督。任內收賄貪汙，傳聞不斷，被傳爲「貪污總督」，但川村竹治卻自稱「反共總督」，以消滅台灣島上共產主義者爲職志。日本總督向來有將公家土地低價賣給卸任日本官員的惡例，川村竹治卻藉同樣方式將公家土地低價賣給一般人，藉以收取賄款。川村竹治甚至威脅基隆顏雲年家族，要低價收購顏家投資的平溪鐵路，藉機收取顏家大筆賄款。川村竹治設置思想警察，壓制台灣人激進思想，搜捕疑似抗日人士，製造「台灣革命青年團林文騰事件」。1929年川村竹治跟隨田中義一內閣總辭而卸任。

（一）1928年「台灣青年革命團事件」

　　1926年「廣東台灣學生聯合會」成立地下組織「廣東台灣革命青年團」，領導人是張月澄。1927年蔣介石發動血腥清黨，要消滅共產黨，認定「廣東台灣革命青年團」是左翼團體，下令取締逮補。同時知會日本特務，抓捕林文騰、郭德金、張深切、張月澄、簡錦銘等32人，拘禁於廣東日本領事館，送回台灣島判刑坐牢。逮補行動從1927年持續到1932年，同時期被抓的學生團體還有南京的「中台同志

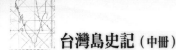

會」，廈門的「閩南學生聯合會」，上海的「上海台灣青年團」改稱的「上海台灣反帝同盟」。這些台灣籍學生很多在後來成爲台灣共產黨的地下骨幹。蔣介石和國民黨在此事件與日本特務合作，迫害反日的左派台灣籍青年學生，嚴重背離中國民族主義的立場。

（二）1928年鴉片殖民地

　　1840年中英鴉片戰爭，中國戰敗，台灣島的鴉片全島公然販賣吸食。1895年日本殖民台灣島後，對鴉片販賣吸食採行寬鬆政策，但到1897年採取漸禁政策。已染癮的鴉片吸食者必須登記取得吸食証，可以官價買到定量鴉片吸食，且禁止鴉片新的吸食者。台灣島的鴉片進口生意由日本三井物產公司獨佔，1909年辜顯榮獲得台灣島鴉片總批發商的特許專賣權。日本殖民政府從鴉片專賣取得的收入，曾高達全部專賣收入的68%。

　　照理鴉片漸禁政策應該使鴉片吸食者日漸減少，1897年持有吸食證者有5萬人，1904年卻增發新的吸食證給3萬餘人，1908年又增發新的吸食證給1萬6千人，到1928年共增發新的吸食證給17萬餘人。林獻堂、蔡惠如領導「新民會」於1928年控訴日本殖民政府進口鴉片，地方官員發配鴉片，警察單位負責取締非法鴉片。這種三頭馬車各取其利，造成吸食人數只增不減，演變成絕滅台灣島民的鴉片毒害。1929年殖民政府又發布《改正鴉片令》，增發吸食證給2.5萬人。雖然鴉片吸食者所佔人口比例逐年降低，但染上毒癮的人數卻仍逐年上升，表示新的吸食者持續增加，引發台灣島知識份子的抗議。

　　蔣渭水以台灣民眾黨的名義向日本台灣總督府抗議，又發電報給日本總理大臣及拓殖大臣，最後於1930年1月訴諸日內瓦國際聯盟，指控日本殖民政府「鴉片毒台」，其電文爲：「日本政府此次對台灣人特許鴉片吸食，不但爲人道上的問題，並且違背國際條約，對其政策進行，希速採取阻止方法，代表台灣4百萬人的台灣民眾黨。」

　　國際聯盟的鴉片調查委員會遂於2月19日派人前來台灣島調查，

台灣總督府因此銜恨，對蔣渭水處分禁止結社。1933年日本佔領中國熱河省，開闢罌粟花栽種地區，販賣鴉片成爲日本侵略中國戰費的重要收入。日本人利用中國各地的傀儡政權和台灣島的殖民政權販賣鴉片，1938年熱河的鴉片輸出量達315公噸。台灣島成了日本帝國名符其實的「鴉片殖民地」。

（三）白冷圳

台中新社是蔗苗養成地區，但位處高地，水源缺乏。日本殖民政府派磯田謙雄設計灌溉工程，1928年動工，全長16.6公里，自海拔550公尺的大甲溪最上游，八仙山的白冷高地攔取水源，再利用地勢落差，將溪水翻過山谷引至新社台地，灌溉788公頃苗圃旱地，涵蓋新社、東勢、石岡的河階地，稱「白冷圳」。工程建造「倒虹吸管」，以及大小隧道22座，是很有特色的高地灌溉設施。

三、石塚英藏（1929年7月30日-1931年1月16日）

石塚英藏（1866-1942）是日本東京人，1890年東京大學畢業。1898年來台擔任總督府參事官長，等於總督府第三號人物，僅位居後藤新平之下。1905年轉任日本侵略中國所佔領遼東半島的「關東州」民政長官。1910年日本併吞朝鮮，石塚英藏出任朝鮮農工商部長。1916年任日本貴族院議員，1929年出任第十三任台灣總督，1930年爆發霧社事件，1931年引咎辭職，連帶濱口雄幸（1870-1931）內閣多名閣員亦引咎辭職。

（一）經濟大蕭條

1929年10月29日美國紐約股市突然崩盤，開啓全球長達4年的經濟大蕭條。在1929年至1932年間，美國工業產值暴減-46%，德國-41%，

法國-24%，英國-23％。美國有830萬人失業，失業率高達25%。世界各國為保護市場，紛紛祭起關稅壁壘，導致日本外貿衰退，再加上日本採行緊縮政策，結果失業率激增，物價大跌。此時日本經濟衰退8%，但稻米和蠶絲價格暴跌75%，農村經濟崩潰，產生全面性饑荒，台灣島的經濟狀況也大受影響。幸運的是日本財政大臣高橋是清（1854-1936）採行凱因斯主義的政策，擴大財政支出，擴充武器軍備，同時令日圓貶值，刺激日本紡織品出口，進而取代英國紡織品。若以1929年的出口金額指數為100，到1934年日本已從谷底恢復至100，但英國還在指數54，美國還在指數41，1933年至1935年間日本經濟成長率都超過8%。日本成功地脫離經濟蕭條的風暴，但日本軍方認為日軍攻佔台灣島，進佔中國東北和山東，帶動擴張性財政預算，搶奪中國資源，疏散日本人口，壟斷中國市場，剝削台灣島財力，才是日本脫離大蕭條的原因。結論是侵略中國是使日本強大的唯一原因，因此日本軍方應有政治和財政決策的參與權利。1929年日本首相濱口雄幸（1870-1931）不顧右翼勢力與軍方反對，簽署1930年《倫敦海軍條約》，削減海軍軍備，並恢復金本位的貨幣政策。1930年11月14日濱口雄幸在東京車站遭右翼份子佐鄉屋留雄（1908-1972）開槍打傷，於1931年因槍傷感染去世，由若槻禮次郎（1866-1949）接任首相。1934年高橋是清認為通貨膨脹即將來臨，改採緊縮政策，削減軍備支出，遭致軍隊反彈，認為嚴重影響日軍侵略中國的戰力。1936年2月26日在日本陸軍「皇道派」發動「二二六」政變時，日本軍人暗殺沒有派系色彩的高橋是清。1929年可說是日本法西斯軍國主義興起的元年，到1936年完全成形，大正民主也走入末路，台灣島的各種民主附隨活動也跟著衰微，進入皇民化時代。

（二）台灣地方自治聯盟

1930年8月17日林獻堂召集蔡培火、林伯壽、羅萬　、楊肇嘉、陳逢源、李延旭等227人，在台中舉行「台灣地方自治聯盟」成立大會。

1931年1月26日向石塚英藏提出《台灣自治改革建議書》，要求言論、出版、集會自由。林獻堂的政治主張，從廢除《六三法》，設置台灣議會，成立台灣文化協會，組織台灣民眾黨，到籌設「台灣地方自治聯盟」，從1918年至1930年，長達12年，奮戰不懈，精神可佩，但訴求的主張也日益縮小，從設置擁有立法權的殖民地議會，縮減爲要求小格局的地方自治。

（三）1930**年霧社事件**

霧社位於今南投縣仁愛鄉，合歡山越嶺古道的路段上，埔里至花蓮的山路與埔里至宜蘭羅東的山路之交會點，海拔約1,200公尺至1,700公尺，有12個原住民村社，都是賽德克族（Seddaka），1929年約有人口2,178人。在清代中國時期南投霧社地區，因雲霧繚繞，中國移民把當地原住民稱爲「致霧番」。清代御史黃叔璥著《台海使槎錄》記載，在南投眉溪和濁水溪上游的山上有賽德克族的致霧社（Tebu）、斗截社（Toda）、倒咯嘓社（Torok），到日本殖民時期被改稱「霧社蕃」（Sendang），此即「霧社」一詞的由來。

霧社當時共有12個村社：巴蘭（Paran, Palan, Parian）有人口545人、塔卡南（Takanan）有人口74人、荷戈（Gungu或Hogo）有人口269人、馬赫坡（Mehebu或Mahebo）有人口231人、斯庫（Suku, Suk）有人口231人、洛多夫（Drodux, Rodof）有人口285人、塔羅灣（Taruwan, Tarowan）有人口28人、托干（Tongan[包括瓦南（Mwanan）]，又稱「東眼社」）有人口158人、西寶（Sipo, Shibao）有人口50人、卡茲庫（Qacuq[或卡土庫社（Kattuku, Katusuku, Katsuku）]）有人口115人、波阿倫（Bwaarung, Boalum, Valun）有人口192人、霧卡山（Bukasan，陶渣社或道澤社（Tautua）、吐落古（Tolokku））等社。霧社地區原住民常被其他原住民稱爲「德克達亞人」（Tgdaya），意思是「住在深山的人」。但都自稱是（Seediq Bale）「賽德克巴萊」，意思是「眞正的人」。除了原住民外，居住

在霧社地區的日本人有157人，中國移民111人。

1924年10月馬赫坡社（位於今廬山溫泉區）頭目莫那魯道（Mona Rudao, 1880-1930）的長子達多莫那（Tadao Mona）向駐馬赫坡社的日本警察派出所借槍狩獵，歸還時少了一個彈夾，遭日警處罰，雙方種下嫌隙。

1928年日本人建造霧社神社，原住民參與伐木與興建，工資被扣「便當費」（餐費），還常被強制捐獻部分工資給神社。

1930年8月日本人要興建霧社小學宿舍，要求馬赫坡社、荷戈社、西寶社負責搬運木材。馬赫坡社要求工資由每天4角日圓提高為5角日圓，日本人反要扣減為3角。但到霧社事件發生前，日本人始終積欠未付。

1930年10月7日日本警察吉村克己粗魯地拒絕達多莫那（Tadao Mona）的敬酒，雙方發生鬥毆，埋下霧社事件的火種。但查遍各種史料，對於莫那魯道發動霧社事件的動機，雖有各種說法，卻始終撲朔迷離，找不到充分且合理的解釋。

10月25日莫那魯道派人赴其他11個村社聯絡起事，擬在10月27日趁小學運動會發起攻擊，殺害日本人，結果大半殺害日本婦女及兒童。有7個村社同意參加：荷戈社（Hogo）、波阿倫社（Boalun）、斯庫社（Suku）、塔羅灣社（Talowan）、洛多夫社（Lodofu）、塔卡南社（Takanan）、卡茲庫社（Kattuku），共有戰士315人。有3個村社保持中立，不參加起事：巴蘭社（Parlan）、托干社（Togan）、西寶社（Sipo或Shibau）。另有陶渣社（Tautua, 吐落古（Tolokku）或道澤社）與馬赫坡社有宿怨，拒絕參加。陶渣社（道澤社）事後協助日本人清算參與起事的村社。

10月27日南投仁愛鄉霧社的賽德克族在馬赫坡社頭目莫那魯道率領下，與波阿倫社Boalun等共7個村社，上午凌晨三時開始分頭攻擊各個日本警察派出所，殺死多名日警及其妻兒眷屬，切斷電話線，奪取槍械彈藥。上午八時攻擊霧社公學校（位於今台灣電力公司萬大發電

廠第二辦公室），霧社事件爆發。

　　當時霧社公學校正在舉行公學校、小學校、蕃童教育所聯合運動會，參加者有原住民、中國移民、日本人。賽德克族發動攻擊時，未殺害中國移民，但對日本人展開不分性別、年齡的砍殺，違反賽德克族的「祖宗家法」Gaya（Gaga）：「不獵首女人與兒童」。日本人134人被殺，其中常住霧社者92人，警察38人，出差職員 4人，另有2名中國女性移民穿和服，被誤認爲日本人也被殺。92個日本人中半數以上是兒童及婦女，躲藏在宿舍被殺兒童未滿五歲就有32人，五歲以上未滿十歲有18人，十歲以上未滿15歲有12人，合計有62名日本男女兒童被莫那魯道的攻擊部隊殺害。這使得莫那魯道的武力行動淪爲野蠻的出草，得不到其他賽德克人的支持，至今也不被其他原住民認同。這點引起日本人更粗暴的報復，也無法完全以「抗日」或「祖靈」爲由掩飾莫那魯道不合理的殘暴。

　　另外眞實的歷史是，大甲溪流域的「抗日蕃」泰雅族曾遭到「味方蕃」（親日蕃）組織的「蕃人奇襲隊」攻擊獵殺，司拉茂（Saramao, Slamaw，薩拉矛，梨山部落）和司考耀武（Shikayau，斯卡謠（Sqoyaw），環山部落）地區的泰雅族遭到「蕃人奇襲隊」輪番奇襲，慘遭馘首殺戮滅族。1916年10月16日、30日台中市和平區青山峽谷的烏來里社（烏來歷馬部落）遭到莫那魯道率領的霧社奇襲隊二次屠殺，第一次屠殺時老弱婦孺26人遇害，虎口餘生的族人蘇樣瓦浪說：「莫那魯道不是英雄，是魔鬼，當年他幾乎滅了我們的村社。」原住民Gaya（Gaga）祖宗家法的規範在莫那魯道身上早已淪失。

　　參與攻擊霧社日本人的賽德克族有300人，後來參與抵抗日本軍警進攻的賽德克族村社人口有1,236人，賽德克族因戰鬥死亡及自殺者644人，最後僅剩564人。其中被日軍飛機轟炸死亡者137名，砲彈炸死者34人，刀槍砍射死者85人，被「味方蕃」（即親日原住民）獵首者87人。1931年4月25日又遭陶渣社（道澤社）殺害298人（266人），被移往川中島（清流部落）Gluban居住，原有土地被其他村社佔據。10

月15日、16日又有38人突然死亡，只剩260人。

日本殖民政府動員軍隊1,303人，「味方番」6,822人，共同鎮壓莫那魯道。其中山砲兵109人，重砲兵8人，飛行兵41人。日本方面戰死日軍22人，日警6人，軍伕29人，「味方藩」24人。日本人以暴易暴遠遠超過戰爭的人道標準，引發國際社會強烈譴責。

日本人檢討發生原因，是日本人逼迫賽德克族人從16公里外的山地搬運木材，修建日本人的霧社小學宿舍，又不給工資，早就埋下被日本人剝削的怨恨。再則日本警察強迫原住民婦女當情婦，引發長期不滿。

日本人認為整起事件，除了莫那魯道外，本名「達吉斯諾賓」的花岡一郎和「達吉斯那威」的花岡二郎才是主謀，兩人並非兄弟。花岡一郎畢業於台中師範講習科，任職警察和教師。花岡二郎是小學畢業，從助理警員升任警察。但兩人穿和服，裹蕃布自殺，留下遺書：「族人被迫勞動太多，引起憤怒，所以發生這事件。我倆也被族人拘捕，任何事也不能做。……我等得去了。」兩人是被存活的日本婦女和台籍工友「銀丁」證實擔任指揮，花岡二郎還引導攻擊部隊快速奪取槍械彈藥，還向躲藏起來的日本婦女和兒童喊話：「蕃人打架已經結束了，大家都出來吧！」引誘許多婦女和兒童現身，反遭殺害。

石塚英藏下令殘酷鎮壓，1930年11月5日台灣守備司令官鎌田彌彥率800名日軍，使用大砲、機關槍和戰鬥機，對躲藏在樹林中的原住民掃射、砲擊。最後引起是否曾使用飛機投擲「毒氣彈」殘殺起事的原住民，引發違反1899年及1907年《海牙戰爭法公約》的爭議，惹起世界各國的強烈譴責。蔣渭水是台灣島第一位公開控訴霧社事件的政治人物。霧社原住民最後經過50幾天的抵抗，還是失敗了，原來1,236個人口的村社，只剩下564人存活。

1931年4月25日霧社事件中投降的成年男性賽得克族人有266人，突遭陶渣社（道澤社）原住民襲擊殺害，被認為是日本警察小島源治唆使的報復事件，被稱為「第二次霧社事件」。

四、太田政弘（1931年1月16日-1932年3月2日）

　　太田政弘（1871-1951）是日本山形縣人，1898年東京大學畢業。1913年後歷任福島、石川、熊本、新潟、愛知縣知事，隸屬民政黨，1929年任中國遼東半島的「關東州」民政長官。1931年出任第十四任台灣總督，上任不久的1931年2月18日即下令禁止台灣民眾黨開會，任內准許台灣人發行《台灣新民報》，設立台北廣播電台，訂定台北市區都市計畫。太田政弘是「民政黨系」的人士，1932年被「政友會系」的首相犬養毅免職。

（一）中國駐台總領事館

　　1931年4月6日中華民國駐台北總領事館開館，由林紹楠（1889-1945）任總領事。台灣島當時是日本帝國的殖民地，且台灣島有1萬多名中國籍的人員在台工作，南京民國政府遂設立大使館處理領務工作，館址設於大稻埕，1934年遷至中山北路二段。1937年7月7日盧溝橋事件爆發，這個總領事館於1938年2月1日閉館。

（二）嘉義農林棒球隊

　　日本每年舉行高中棒球大賽，台灣島從1925年開始先舉行選拔賽，冠軍者代表台灣島地區，前往日本兵庫縣西宮市的甲子園棒球場參賽。台北工業學校、台北商業學校、台北一中、嘉義農林學校、嘉義中學都曾代表台灣島地區出賽。1931年7月由近藤兵太郎擔任教練，隊員有日本人、本島人、原住民組成的嘉義農林大勝台中一中、台中二中、台南一中、台北商校，獲冠軍代表台灣島赴甲子園出賽。8月打敗神奈川商工、札幌商校，但準決賽時以4比0敗給中京商校，這是日本殖民時期，台灣島棒球隊史上最好的戰績，因此帶動台灣島的棒球

熱潮。

（三）1931年九一八瀋陽事件

1904年日俄戰爭，日本獲勝取得南滿鐵路和遼東半島的控制權，並派關東軍駐紮南滿鐵路沿線，北滿地區的控制權仍在俄羅斯手上，日俄在中國東北分別控制南北滿洲。1927年日本田中義一內閣擬定〈滿蒙政策〉，規劃將中國滿蒙地區從中國分裂出去。1928年6月4日日本關東軍在京奉鐵路、南滿鐵路交叉處的皇姑屯車站三孔橋埋設炸藥，炸死當時中國名義上的國家元首大元帥張作霖（1875-1928），張作霖身兼東北軍司令，其子張學良（1901-2001）於6月21日繼任東北軍司令，12月29日張學良宣佈「東北易幟」，歸順蔣介石領導的南京民國政府，促成中國在法律上的統一，但日本人仍不放棄併吞中國東北的計畫。

1917年俄羅斯爆發共黨革命後，1922年建立「蘇維埃社會主義共和國聯盟」的「蘇聯」體制，蘇聯撤走北滿駐軍。1929年張學良趁北滿無蘇聯駐軍，強硬收回蘇聯在北滿的「中東鐵路」權益，雙方在邊境打了一場戰爭。蔣介石因為反共的立場，無視國際法規則，堅定支持張學良，造成中蘇斷交。蔣介石和張學良此舉在戰略上造成重大失誤，沒有蘇聯在北滿的牽制，日本成為中國東北唯一的外國勢力，這等於鼓勵日本奪取全東北，九一八瀋陽事件因此不可避免地發生。

1931年9月18日晚上10時20分，日本軍隊自行在南滿鐵路柳條湖路段炸毀一小段鐵軌，宣稱南滿鐵路是日本的財產，卻被中國軍隊炸毀。11時15分開始揮兵進攻瀋陽。中國東北軍其實早就探知日軍要製造挑釁事件，但中國東北軍司令官張學良卻早於9月6日下令「無論日人如何受辱尋事，需萬分容忍，不與抵抗，以免事態擴大。」張學良的判斷是錯誤的，日本人就是要擴大事態。

當時中國東北軍有20萬人，半數隨張學良入關，協助蔣介石箝制其他軍閥。蔣介石又忙著「攘外必先安內」攻擊共產黨，整個南京民

國政府沒有人領導軍隊，抵抗日本侵略中國東北。到1932年2月6日中國東北全部被日本軍隊佔領。中國人群情激憤，蔣介石因此於1931年12月15日被迫辭去國民政府主席和行政院長。蔣介石不採「攘外以安內」的策略，頑固地主張「先安內後攘外」。當日本大舉侵略中國領土，等於蔣介石把自己陷入「不抵抗政策」或「寧與外人，不與家奴」等極為不利的政治處境。

　　事件發生時的日本首相若槻禮次郎（1866-1949）決定針對九一八瀋陽事件，採取「不擴大方針」政策。10月日本軍人不滿「不擴大方針」政策，發動政變未遂。12月13日若槻禮次郎被迫下台，由犬養毅繼任。

　　對中國東北仍有傳統影響力的溥儀（1906-1967），此刻成為九一八瀋陽事件後的要角。溥儀於1908年12月2日登基大清帝國皇帝，1912年2月12日退位，依民國政府的《清室優待條件》仍續居紫禁城。1917年7月1日在張勳支持下，溥儀復辟，恢復大清帝國，但僅在位12天。1924年10月23日遭馮玉祥以武力威嚇，被迫離開紫禁城，寄居其父載灃的醇王府邸。1925年2月24日溥儀在鄭孝胥（1860-1938）和日本駐天津總領事吉田茂（1878-1967）安排下，裝扮成商人進入北京東交民巷的日本大使館，輾轉遁入日本天津租界。1931年11月8日日本特務土肥原賢二（1883-1948）將溥儀從天津日租界，秘密帶往中國東北。

　　1932年3月9日日本宣佈建立滿洲國傀儡政權，溥儀出任滿州國執政。但是日本首相犬養毅（1855-1932）拖延「承認」滿洲國的提案，還準備與中國政府談判妥協，沒想到5月初蘇聯政府率先承認「滿洲國」，更引發日本軍人不滿。犬養毅於5月15日在官邸遭到刺殺身亡，兇手不但未遭重懲，事後還被派赴滿洲出任要職，史稱「五一五事件」。1932年9月日本政府承認「滿洲國」，10月卻逮捕2,200名共產黨員。1934年3月「滿洲國」改制為「滿洲帝國」，溥儀出任皇帝。

　　九一八事件掀起台灣島的滿洲熱，台灣島民期盼米穀、砂糖、香蕉、蔬果可以外銷「滿洲國」。更有很多夢想赴滿洲就業、升學的年

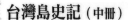

輕人。當時約有5,000名台灣人赴滿洲國任職或經營事業，其後代還有許多人留居中國東北。溥儀的老師鄭孝胥是福建福州人，與很多台灣島仕紳熟識。板橋林家的外孫蔡法平，因此進入滿州國宮內廳任職。許丙擔任顧問，謝介石擔任外交部長，楊肇嘉的女婿吳金川任職滿州國中央銀行，金石堂老闆周金樹去大連經營水果進出口事業。陳查某、陳重光也都曾赴滿州國歷練，結識時任滿州國產業部次長的岸信介。蔡英文的父親蔡潔生在1942年也赴滿洲維修戰機，這些戰機用來侵略中國。

日本成立傀儡國家滿洲國，在日本人規劃下，這5,000餘位台灣人移居滿洲國，擔任官吏和技術人員，為日本侵略統治做出貢獻，這種情形就像1895年日本殖民台灣島，派遣很多琉球人到台灣島，擔任日語教師和公務員的策略相同。

九一八瀋陽事件發生時，國際上高唱威爾遜的「集體安全制度」，指一國侵略他國時，其他各國將集體制止、干涉或制裁侵略者。但當時沒有任何國家準備與日本開戰，美國正陷入經濟大蕭條，無力關心，甚至視而不見。在稱霸亞洲的日本海軍面前，威爾遜的國際道德原則只能龜縮在旁。經濟恐慌席捲全球，更無任何國家願意實施經濟制裁，因為擔心縮減對日貿易。另一方面，也因為〈威爾遜原則〉，沒有國家願意承認及接受日本佔領中國東北所成立的「滿洲國」。在國際現實下，很少國家能克服現實與道德的矛盾點，藉機發財的國家有之，顧及道德顏面不承認「滿洲國」的國家更多。

國際聯盟面對這個矛盾的窘境，想出不必有所作為，又可拖延時間的作為，就是1931年12月派出「李頓調查團」（Lytton Commission）。忙了快一年，1932年10月2日向國際聯盟提交報告，說日本的確可能侵略中國，日軍的行動並非出於自衛。又說日本關切滿洲，無可厚非。再說中國反日情緒，無助於問題的解決。最後說滿洲應該成立名義上屬於中國，但受日本控制的自治政府，中日軍隊應全部撤出中國東北。這個奇怪的報告提出後，1933年2月國際聯盟通

過《日本軍自滿洲撤軍勸告案》，3月日本還以撤出國際聯盟相威脅，但不久又恢復出席。「李頓調查團」暴露所謂威爾遜的「集體安全」（Collective Security）不過是空洞口號。

　　日本在九一八事件後，軍國主義已成舉國上下的狂熱，連日本皇室和一般婦女也不例外。任何不支持軍事擴張，不支持侵略中國領土的政治人物及知識份子，非但得不到日本社會的支持，甚至屢遭壓制和暗殺。軍國主義崇拜侵略征伐，大正時代的自由民主氣氛，在「九一八事件」後一夕之間消失得無影無蹤。若槻禮次郎內閣被視為處理「九一八事件」不合民意而總辭，1931年12月13日由犬養毅組閣。不久犬養毅被認為對關東軍扶植的「滿洲國」承認問題猶疑不決，於1932年5月15日遭海軍軍人刺殺。林獻堂領導的各種帶有民族自治傾向的政治活動，更被鎮壓得喘不過氣。台灣島更興起崇日浪潮，日本侵略人物成了台灣人崇拜的英雄偶像。

（四）台灣新民報

　　1932年太田正弘核准《台灣新民報》每日發行，11月大幅報導台灣島第一家百貨公司「菊元百貨」開幕。《台灣新民報》源自《台灣青年》。1923年在東京的台灣青年會把《台灣青年》月刊，改組為《台灣民報》半月刊。1927年遷回台北，改為《台灣民報》周刊，因與日本人辦的《台灣民報》同名，1930年改組為《台灣新民報》周刊，由林呈祿任總編輯。1932年獲准發行日報，全版八頁，三分之二使用中文，三分之一使用日文。1934年獲准發行晚報。1937年因皇民化運動，廢止中文。1941年改名《台灣興南新聞》，支持日本侵略東南亞。1944年與其他五家報社合併成《台灣新報》，1945年再改名為《台灣新生報》。《台灣新民報》的言論立場，反映出台灣人極為自私的的政治觀點。台灣人不滿日本殖民統治，積極爭取台灣人的平等權益，卻又瞧不起東南亞人民，熱烈支持日本侵略殖民東南亞。

　　日本人經營的報紙，另有1896年的《台灣新聞報》，1897年的

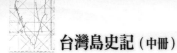

《台灣日報》，兩家於1898年合併爲《台灣日日新報》。其他還有1900年的《台南新報》，1901年的《台灣新聞報》，1924年的《東台灣新報》，1927年的《台灣民報》。

（五）櫻田門事件

1932年1月8日日本昭和天皇裕仁乘馬車在東京櫻田門外閱兵，大韓民國臨時政府派李奉昌（1900-1932）僞裝日本憲兵，接近昭和時丟出手榴彈，卻誤炸宮內大臣一木喜德郎的馬車，僅造成兩匹馬受傷。李奉昌立遭日皇衛隊逮補，於10月10日遭處決。日本首相犬養毅總辭負責，但昭和慰留。李奉昌成爲韓國人的民族英雄。

五、南弘（1932年3月2日-1932年5月27日）

南弘（1869-1946）是日本富山縣人，1896年東京大學畢業，1908年任內閣書記官長，1912年任貴族院議員，1913年任福岡縣知事，1919年任文部次官，爲官平庸，10年未擔要職，1932年突然被同「政友會」派系的首相犬養毅派任爲第十五任台灣總督。但不到兩個月，5月15日爆發「五一五事件」，犬養毅突遭日本軍人刺殺。海軍大將齋藤實（1858-1936）接任首相，徵召南弘出任遞信省大臣。南弘擔任台灣總督不到三個月，可說是與台灣島最沒有關連的台灣總督。

（一）上海虹口炸彈事件

1932年4月29日韓國人尹奉吉（1908-1932）受南京民國政府行政院長陳銘樞（1889-1965）及大韓民國臨時政府主席金九（1876-1949）指派，趁日本軍隊在上海虹口公園舉行儀式，慶祝日本天皇生日及「一二八」侵略中國上海勝利，於日本人高唱國歌「君之代」時，尹奉吉拋出水壺炸彈，殺死日軍總司令白川義則（1869-1932），炸斷日

本駐中國公使重光葵（1887-1957）的一條腿。 12月19日尹奉吉在日本金澤遭處決。

（二）五一五事件

1931年12月13日犬養毅出任日本首相，起用高橋是清任財政大臣，採行凱因斯主義，擴張赤字的財政政策及日圓貶值策略，力圖扭轉經濟不景氣，日本逐漸脫離1930年代經濟大蕭條。犬養毅拒絕日本軍部的要求，拒絕承認「滿洲國」的國家地位，否決「日滿建交」的把戲。犬養毅主張與中國談判，找出解決「九一八事件」的善後方案，招致日本軍人強烈不滿。犬養毅並向昭和建議，罷黜「有問題」的將領，消息洩漏，引來殺機。1932年5月15日10餘名海軍青年將校和陸軍士官見習生，強行衝入犬養毅官邸，開槍刺殺犬養毅。兇手開槍前，據說犬養毅對這些日本軍人說：「有話好好講」（話せば分かる）。殺手則冷冷地回答：「多說無益，射擊！」（問答無用、擊て!），立即開槍殺死犬養毅。

「五一五事件」後，兇手全部以「為天皇盡忠」為由，被判輕罪，且不久全被升職，派赴繼續侵略中國的任務。日本政黨內閣從1918年原敬組閣開始，到1932年犬養毅時代結束，只有短短的14年。從此日本軍國法西斯主義盛行。接任的首相不是軍人，就是反民主的法西斯份子。日本舉國陷入侵略狂潮的邪惡軸心，大正時期培育出來的民主幼苗完全滅亡。「五一五事件」是日本歷史上的關鍵時刻，日本殖民統治台灣島的作風，也逐漸趨向嚴厲的手法。犬養毅是孫文的好友，與蔣介石也有交情。

六、中川健藏（1932年5月27日-1936年9月2日）

中川健藏（1875-1944）是日本新潟縣人，1904年東京大學畢業，

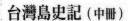

歷任香川、熊本縣知事，1925年任北海道長官，1929年任東京府知事，1932年出任第十六任台灣總督。任內舉辦第一次台灣島地方議員選舉，但1934年9月施壓終止林獻堂的「台灣議會設置請願運動」。中川健藏的主要政績是善後1935年4月21日新竹台中大地震（又稱墩仔腳大地震），6月舉辦日本殖民台灣島「始政四十周年」博覽會，同時把原住民由「熟蕃」改稱「平埔族」，「生蕃」改稱「高砂族」，9月台北松山機場完工。1935年8月台灣全島遭到颱風侵襲，災害遍及全島，嘉南大圳亦受災慘重，史稱「昭和大水災」。

　　1935年也是日本走向法西斯軍國主義的分水嶺，陸軍中將也是貴族的菊池武夫（1875-1955）發起「國體明徵運動」，率先指控美濃部達吉的「天皇機關說」是叛亂謀逆的學說。1936年2月日本爆發「二二六事件」，政治走向軍國主義。3月台灣島民就學的「公學校」的教科書「去台灣化」，全數徹底「日本化」。9月中川健藏被撤換，由軍人小林躋造接任台灣總督。

（一）鄧雨賢與「望春風」

　　鄧雨賢1906年生，台灣桃園人。1920年就讀台北師範學校修習音樂。1925年畢業後擔任台北市日新公學校音樂教師。1932年發表第一張唱片專輯「大稻埕進行曲」，1933年鄧雨賢寫出「望春風」、「雨夜花」、「月夜愁」這三首閩南語歌曲的傳世經典。江蕙唱紅的「一個紅蛋」也是鄧雨賢作曲，李臨秋作詞的閩南語經典歌曲。1940年被日本殖民政府強迫改為日語歌曲「大地在召喚」、「名譽的軍伕」、「軍夫之妻」，用來鼓動台灣人替日本軍隊當軍伕，以及鼓勵日本民眾前往滿洲國開墾的愛國宣傳曲。鄧雨賢內心極為氣憤，離開台北，赴新竹芎林國小任教。1942年被迫改成日本姓名「東田曉雨」，以確保可以發表作品。1944年抑鬱以終，年僅38歲。本籍是客家人的鄧雨賢，卻為閩南語歌曲開創出近百首偉大作品，是日本殖民時期台灣島史上最偉大的作曲家。

（二）稻米價格暴跌

從1930年開始，日本稻米年年豐收，1932年更是大豐收。結果引爆稻米價格暴跌，日本農民陷入困境。農村凋敝，農村人口湧入都市。日本政府擬限制台灣島和朝鮮半島的稻米輸出日本，造成台灣島米價暴跌，台灣島萌生農民反對運動，但被壓制下來。

（三）台灣改進黨

1933年9月在台灣島定居的日本人在台中成立「台灣改進黨」，由常見秀夫招集律師、醫師、記者、市議員、公務員組成。主張日本人地位要高於台灣人，反對日本殖民政府平權對待台灣人。該黨認為：「大和民族與台灣土著民族的評價，大概來說，儘管兩者都是帝國臣民，……將有如此差異的兩民族平等處置，可說是對大和民族的極度侮辱。一視同仁的聖旨，絕對沒有應平等地處置具有如此差異之兩民族的意思。」該黨強調：「警察官吏、學校教員，絕對禁止採用台灣人。國有地也只賣渡給日本人，日本人僅指大和民族，不包括土著民族。」中國漢族在日本人眼中只是「台灣土著民族」。

（四）鄭清水事件

1934年10月1日日本海軍元帥伏見宮博恭親王（1875-1946）、梨本宮守正親王（1874-1951）預定在台灣島主持「台灣國防議會聯合會」成立典禮，卻在9月29日上午11時，鄭清水向基隆警察署投擲炸彈，建築物嚴重毀損。鄭清水逃亡至宜蘭礁溪，向廖姓保正（里長）借錢，遭密報，被日本警察圍捕，殺傷日警，在稻田旁自殺身亡。日本皇室的近親受封為「宮家」，以封號為姓氏，如北白川宮、久邇宮、伏見宮、黎本宮等。

（五）1935年新竹台中大地震

1935年4月21日上午6時2分，苗栗縣三義鄉鯉魚潭及關刀山墩仔腳發生芮氏規模7.1級大地震，震源深度5公里。台中清水、后里災情最為嚴重，造成3,276人死亡，12,053人受傷，房屋全倒17,907戶，半倒36,781戶。受害面積達315平方公里，竹東、竹南、苗栗、大湖、東勢、豐原、大甲災情慘重。總督中川健藏成立「震災地復興委員會」進行災後重建。這是台灣島有史可查，死傷最慘重的大地震。

苗栗有位12歲少年詹德坤因地震受重傷，去世前堅持要唱完日本國歌「君之代」，在隔年小林躋造搞皇民化時，被推崇為「國歌少年」，「懷抱真正的大和精神」，編入教科書四處宣揚。由此可見，日本人統治台灣島的皇民化效果，已開始在台灣島年輕新生代身上顯現出來。

新竹台中大地震後，緊接著1935年9月4日上午9時38分台東綠島近海又發生7.2級大地震，震源深度20公里。1936年8月22日下午14時51分屏東恆春近海發生7.1級大地震，震源深度30公里。

（六）蔡淑悔事件

蔡淑悔是台中大甲人，1927年北京大學畢業，任福建德化縣長。1929年返台與曾宗、陳發森、陳宗魁、黃渴合組反日組織「眾友會」。曾宗在台中清水紫雲寺組織教友團體「父母會」吸收同志，蔡淑悔於1930年返回中國，聯繫中國國民黨，爭取支持。1931年「九一八事變」爆發，蔡淑悔認為日本人忙於搞「滿洲國」，軍力分散，遂積極籌款，購買或自製軍火。1935年蔡淑悔返台，遭日本密探逮捕，被判刑12年。曾宗則遭酷刑，在獄中去世，本案又稱「眾友會事件」。

（七）台灣博覽會

1935年10月10日至11月28日日本殖民政府以慶祝統治台灣島四十週年爲由，舉辦以「南方守護島、文化與躍進的台灣」爲主題的台灣博覽會，爲期50天，展品30萬件，參觀人數276萬人次。第一會場設在今中山堂、中正紀念堂附近區域，還設有大稻埕分館、草山分館；第二會場設在今二二八和平公園。南京民國政府也派陳儀來台參觀，並於1937年提出〈台灣考察報告〉。

（八）首次地方議員選舉

日本殖民政府爲了應付台灣人爭取政治權利的要求，於1935年11月22日辦理相當於「市議會」的「市會」的「議員」半數名額，交付選舉。把「街莊協議會」的「會員」半數名額，交付選舉。另外半數依舊維持官派，選出來的「市議員」或「協議會員」仍是諮詢性質，而且地方首長也是官派的日本人，所以談不上「地方自治」。可笑的是，日本殖民政府規定只有年繳五日圓以上稅金的男性才能投票，台灣島民400多萬人，只有28,000人有投票權。相對地，在台灣島有戶籍的日本人不到80萬人，卻有4萬多人有投票權。

日本殖民政府發現舉行選舉後，台灣人相對順服很多，於是依樣畫葫蘆，在1936年11月12日舉行「州議員」選舉，1939年11月再舉行第二屆「市、街莊」的「議員」選舉。

（九）台灣島的工業化

日月潭發電廠於1934年完工，這是日本殖民政府在台灣島推動工業化的里程碑。在1930年代以前，日本人實施殖民地統制政策，不在台灣島發展重工業，只推動農產加工業，例如製糖業就佔全部製造業產值的45%，再加上酒精、肥料等關聯性工業，製造業幾乎全是農產加工業和輕工業，沒有重工業。相較之下，日本人在滿洲、朝鮮卻大

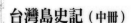

力發展重工業。

1931年九一八事變，日本軍事佔領中國東北，成立溥儀的「滿洲國」。1937年日本在盧溝橋發動七七事變，全面侵略中國。日本政府為避免重工廠在戰爭時期過度集中，從1934年開始規劃分散產能到台灣島，加上日月潭發電廠完工，水泥、金屬等工業的可用供電量增加，先在高雄、台北設立製鐵工廠，後來陸續設立金屬、機械、化學工廠，並擴充紡織、窯業、木材、印刷工廠。到1942年時，台灣島的輕重工業產值已與農產加工業產值相當。但是台灣島民的農業人口比例並未減少，這顯示出台灣島的工業化是日本人的工業化，台灣人的農業化。

（十）二二六事件

1936年2月26日日本東京爆發軍人政變，日本陸軍「皇道派」主張侵略蘇聯，發動軍事政變，刺殺陸軍「統制派」將領及內閣大臣，並企圖佔領皇宮。但政變失敗，主張侵略中國的「統制派」獲勝。軍隊從此控制內閣，日本徹底轉向法西斯主義，著手侵略中國，於隔年1937年7月7日發動盧溝橋事件，全面入侵中國。「二二六事件」象徵日本全面走向軍國主義和法西斯主義侵略道路的開端，也象徵「大正民主運動」和「台灣議會設置運動」的覆滅。二二六事件後，廣田弘毅（1878-1948）組閣，公然宣示完全聽命於日本軍事部門，日本軍人的法西斯專政自此確立。

廣田弘毅擔任首相不到一年，雖然處處向日本軍人妥協退讓，但仍被陸軍大臣寺內壽一（1879-1946）反對而去職。1935年10月廣田弘毅擔任日本外務大臣時，向南京國民政府提議，中國政府應取締反日活動，承認滿洲國，中日合作消滅共產黨，史稱〈廣田三原則〉，但被拒絕。當時南京民國政府的主席是林森，行政院長是汪精衛。

（十一）1936年祖國支那事件

　　林獻堂於1936年3月參加《台灣新民報》組織的中國華南考察團，參訪廈門、福州、汕頭、香港、廣東、上海各地。林獻堂在上海歡迎會上致詞時說：「我們回到了祖國」，這句話傳回台灣，聽在日本殖民統治階級耳裡，非常不是滋味。林獻堂回台後，日本殖民政府的官辦媒體《台灣日日新報》大力抨擊林獻堂是「非國民」，即日本台奸之意。6月17日林獻堂出席台中公園舉辦的「始政紀念日園遊會」，被「愛國政治同盟會」的日本浪人賣間善兵衛阻擋去路，質問林獻堂：「你爲何在上海清國奴歡迎會上說回到了祖國？」賣間善兵衛不等林獻堂回答，即動手毆打林獻堂。日本警察雖將賣間善兵衛移送法辦，但日本法官卻判賣間善兵衛無罪。這是日本「二二六事件」發生後，法西斯軍國主義興起，林獻堂的「台灣議會設置請願運動」即將結束的徵兆，更是皇民化運動即將來臨的預告。林獻堂迫於情勢辭去總督府評議員等職務，避居日本東京，這個事件被稱爲「祖國支那事件」。當時日本人蔑視中國漢族爲「清國奴」，蔑稱中國爲「支那」，這些稱呼現在被台獨份子用來稱呼「中國」爲「支那」，稱呼「中國人」爲「支那賤畜」，台獨份子可說是延續這些日本人的立場。

（十二）謝介石

　　謝介石（1878-1954）是台灣新竹人。1895年日軍征台戰役後，謝介石17歲即擔任日軍翻譯。伊藤博文來台視察，推薦謝介石到日本東洋協會專門學校（拓殖大學）擔任台語講師，教日本人講台語。他同時進入明治大學研讀法律，結識張勳的兒子，受邀赴福建法律講習所任總教習，再轉赴吉林法政學堂教書。1912年任吉林都督府政治顧問，1914年任張勳的秘書長，放棄日本籍，恢復中國籍。1917年謝介石參與張勳復辟失敗後，結識溥儀的老師鄭孝胥，出任溥儀的外交副

主管。1931年日軍發動九一八事變，攻佔中國東北。1932年日本成立溥儀的「滿洲國」，任命謝介石爲外交部長。謝介石說服吉林的愛新覺羅熙洽（1884-1950）、黑龍江的馬占山（1885-1950）歸入「滿洲國」。1935年謝介石改任「滿洲國」駐日本大使，曾回台參加台灣博覽會，受到中川健藏的熱烈歡迎，被推崇爲台灣人的「皇民典範」。據說謝介石還代表溥儀贈送兩座銅雕水牛給日本殖民政府，現在仍佇立在台北市台灣博物館大門前。但另有一說，這兩座銅水牛分別是1935年日本北海道佛教團體和1937年日本商人川本澤一贈送的。1945年謝介石在北京以漢奸罪被捕入獄，1948年被共產黨釋放出獄，因爲謝介石的三子謝津生有功於共產黨。

（十三）毛澤東的談話

1936年7月6日斯諾（Edgar Snow, 1905-1972）在延安訪問毛澤東（1893-1976），斯諾問：「中國人民是否要從日本帝國主義者手中收復所有失地？」毛澤東說：「要收復我國全部的失地，這就是說滿洲必須收復，但我們並不把中國以前的殖民地朝鮮包括在內。當我們收回中國的失地，達成國家獨立以後，如果朝鮮人民希望掙脫日本帝國主義者的枷鎖，我們將熱烈支援他們爭取獨立的戰鬥，這一點同樣適用於台灣。」

毛澤東沒想到的是，事後的發展，證實日本殖民政府的法西斯軍國主義和皇民化運動相當成功，台灣島民在中國抗日戰爭和第二次世界大戰期間，非但沒有想要「掙脫日本的枷鎖」，也沒有「爭取獨立的戰鬥」，反而出錢出力站在日本人這邊，全力支持日本人侵略中國及東南亞各國，當起日本的侵略共犯。

「台灣獨立」的中國觀點從《馬關條約》後，有很大的變化。中國各股政治勢力在抗日局勢下一直贊成台灣獨立，作爲反日或抗日鬥爭的一環。再加上台灣島是日本殖民地的法律身份，1918年發表的〈威爾遜十四點原則〉，殖民地有權獨立的主張漸被視爲國際法原

則。1917年成立的蘇聯共產黨政府公開支持殖民地獨立，只要不影響各國主權獨立及領土完整，殖民地自決獨立，逐漸成爲國際法的一般原則。 1932年共產國際執行委員會提案「爲朝鮮與台灣的獨立而奮鬥」，1938年蔣介石在國民黨臨時全國代表大會上也說：「總理（孫文）的意思，以爲我們必須使高麗、台灣的同胞能夠恢復獨立和自由，才能夠鞏固中華民國的國防。」

中國各股政治勢力當時接受台灣島以日本殖民地身份追求獨立，既符合國際法，也吻合國際政治情勢。但這一情勢在第二次世界大戰發生重大改變，1941年日本突襲美國夏威夷的珍珠港，1942年台灣人熱烈響應日本殖民政府的號召，購買日本戰爭公債，擔任志願兵支持日本侵略中國及東南亞，完全成了日本人的幫兇，喪失台灣島以殖民地身份爭取獨立的正當性。1943年開羅會議決定戰後台灣島必須復歸中國，從此台灣島失去殖民地身份，成爲中國待復歸的領土，中國各股政治勢力不再主張台灣獨立，而代之以主張光復台灣。後來更因台灣人出錢出力積極支持日本侵略中國和東南亞，擔當日本的侵略共犯，中國人民與主權政府更可以義正辭嚴反對台灣獨立。

七、小林躋造（1936年9月2日-1940年11月27日）

小林躋造（1877-1962）是日本廣島縣人。海軍大學畢業，1931年任艦隊司令官，1936年接任第十七任台灣總督。上任即成立「台灣拓殖會社」，協助日本人移民台灣島及東南亞。任內推動「皇民化、工業化、基地化」。

皇民化政策包括：強制推行日語，消滅中國語言，包括閩南話和客家話，廢除中文報紙，廢除中國寺廟神像，廢除中國傳統的祖先祭祀，廢除中國傳統節慶習俗，強制台灣人參拜日本神社。在台北圓山設立「台灣神社」，奉祀「大國魂命」、「大己貴命」、「少彥明

命」，這三位日本古代虛擬編造的開疆闢土的神明，以及征台戰役死亡的親王北白川宮能久，這是日本殖民台灣島唯一的「官幣大社」（指日本皇室的神社）。

強制台灣人把伊勢神宮的天皇祖先神靈「神宮大麻」，當作台灣人自己的祖先，迎入家中祭祀。所謂「神宮大麻」只是一張紙符，用毛筆寫上「天照皇大神宮」，再蓋兩個紅印，一個大印是「皇大神宮御璽」，一個小印是「大神宮司之印」。禁止台語歌仔戲和布袋戲，強制台灣人將中國姓名改為日本姓名，把農曆過年定為「勞動服務週」，強迫台灣人放棄過年習俗。

工業化政策包括：積極開發發電設施，擴大公營事業，管制米、糖等大眾物資的買賣，配給民生物資。

基地化政策包括：把台灣島轉化成侵略中國和東南亞的軍事基地，興建「新高港」（即台中梧棲港），或強化軍事港口及機場。設立大屯、次高太魯閣、新高阿里山等國家公園管制原住民。

台灣島的知識份子從此不能使用中文思考，台灣島的中國民族意識在上階層台灣人身上幾乎被消滅，反而被下階層台灣人保留下來。地主官僚階級的台灣人被日本化、皇民化得很迅速，工農階級的台灣人卻依賴傳統中國寺廟，強力地保留中國的民族文化。皇民化最終的成果是在台灣島各地設立軍訓所，集合台灣青年人，根據皇民化要求，灌輸日本精神，編入日本軍隊，送上東南亞戰場。但是台北市代理市長田宮良策認為「把可能成為敵人的人派去有問題」。

（一）皇民化運動

1936年9月小林躋造就任第十七任台灣總督，發表「皇民化、工業化、南進基地化」等統治三原則。當時盧溝橋事變雖尚未發生，日本擴大侵略中國的態勢日趨明顯。小林躋造遂將「皇民化」列為台灣島的統治政策，開啟台灣島的皇民化時期。日本在相隔17年後，再派軍人小林躋造出任台灣總督，要求500萬中國移民後裔當「皇民」，把

同化政策改爲「皇民化」，意即效忠日本天皇的「準日本人」。嚴格禁止學校、報紙使用中文，強迫使用日語。負責推動皇民化政策的台北市長田宮良策說：「不會講日語者不許搭乘巴士」。台南州布袋庄宮崎庄長下令在庄議會禁止使用台灣話，迫使四名不懂日語的庄議會議員辭職，還下令會講日語和不會講日語的台灣人薪資必須相差10日圓。

日本政府的皇民化運動凸顯在日本殖民時代，台灣人不是日本人的法律事實。如同香港在英國殖民時期，香港人並不是英國人，香港人無英國公民權，香港人只是英國殖民地的「屬民」（Subject），不是英國「公民」（Citizen）。同樣的，台灣島在日本殖民時期，台灣人也不是日本人，只是日本殖民地的「屬民」（Subject）。日本人用「島人」的法律身份，標示中國移民後裔。用「蕃人」標示台灣島原住民，日本人的法律身份則是「和人」。

皇民化運動則給予台灣人一個「準日本人」的身份叫「皇民」，但皇民仍沒有完整的日本公民權。皇民的登記要件包括：全家改日本姓名，改講日語，改穿和服，改拜日本神祇，改祭歷代日本天皇爲祖宗。有部分台灣島的地主仕紳及知識份子登記成爲皇民，但中國民族意識濃厚的台灣人始終拒當皇民，林獻堂就是其中之一。皇民化運動的推行，也使台灣人捲入日本的侵略戰爭，成爲侵略共犯。

皇民化運動有二個階段，第一階段是1936年至1940年小林躋造總督的「國民精神總動員時期」。日本殖民政府透過宣傳活動，馴化台灣人接受日本的臣民思想，特別針對台灣島的中國後裔進行「去中國化」的洗腦工作。自1937年1月起，台灣人唸的「公學校」全面停授中文，取消學校中文課，3月起全台報紙停止刊出中文報導。 日本殖民政府自1899年開始推行日語教育，設立2,800多個「國語傳習所」，推動一般民眾學習日語。1941年後禁止在公共場所講閩南語、客家語、原住民語。1937年粗通日語的人口有37.4%，1940年有51%，1943年有80%。

1940年2月11日假藉紀念「皇紀2600年」，推動「國語運動」，設立講日語的「國語常用家庭」認定制度，只要獲得「認定書」，可以增加主食米糧的配給，子女升學進小學中學、任用為公務員的就業升遷，做生意取得各種營業許可，可獲得比其他台灣人更優厚的待遇。1942年有超過1萬戶的台灣人家庭，獲得「國語家庭認定書」，人口數約佔總人口1.3%。取得「國語家庭認定書」者可以參加「改姓名運動」，獲得「許可」就能改為日本式姓名。強制特定對象「改名換姓」，要放棄中文姓氏，改取日本姓氏，但不准取用日本貴族姓氏，如東鄉、東條、近衛、一條、三條，日本人認為台灣島民改取日本貴族的姓氏是褻瀆行為。按規定「林」姓只能改為「小林」、「若林」，「呂」改為「宮下」，陳改為「穎川」等。強迫台灣人的公務員改日本姓，換日本名，這成為當日本殖民政府公務員的必要條件。這些公務員表面上是自動自發，但凡是被鎖定者，會被強制更改姓名，成為「皇民」，而且要帶頭支持日本侵略中國和東南亞。

日本殖民政府強制把台灣歌謠改為日本歌曲，台灣島的布袋戲、歌仔戲強制改為日本故事及忠君愛國調。接著禁止講閩南話、客家話，尤其在公共場所或公家機關學校。接著不論是否成為「皇民」，日本殖民政府以「獎勵神道」為名，在台灣島各地營造日本神社，強迫台灣人去拜日本神鬼，參拜神社、遙拜皇宮。1942年10月28、29日台灣神社舉行大祭，參拜的台灣人達15萬人。日本殖民政府推行「正廳改善」運動，家庭正廳神桌改為日本神桌，廢棄傳統的媽祖神像、佛像及佛法對聯，改供奉日本天皇的照片，稱「御真影」，掛「日章旗」（日本國旗），眉聯懸掛日本海軍圖和陸軍圖，上下聯掛「天壤無窮、億兆一心」之類的口號；或供奉日本天皇的家神，即伊勢神宮奉祀的天照大神，天照大神的「神符」稱「神宮大麻」。日本殖民政府強推「大麻奉祀」，要求台灣人把「神宮大麻」奉祀在家中的正廳，祖先牌位和佛道神像改擺旁邊。1941年發出739,378尊「大麻」，佔台灣島總戶數1,075,498戶的68.75%。但台灣人領到「神宮大麻」，

除了皇民外，少有人祭拜「神宮大麻」。

　　摧毀台灣島舊有廟宇也是日本人推動皇民化的重點工作，藉著「寺廟整理」之名，整頓民間宗教，鎮壓台灣島上的道教廟宇，限制參拜，拆毀廟宇建築。廢止中國寺廟神祇，或改為日本化儀式及神祇。台灣島的寺廟減少三分之一。1936年時台灣島有3,403座廟宇，到1942年只剩2,327座，被日本人摧毀1,076座，達31.6%。神祇牌被燒毀一萬多件。台南的皇民化最成功，有60%廟宇被毀棄。除了有歷史價值和對社會民心影響較大者，其餘廟宇一律拆毀，廟宇土地清算出售，所得資金作為推廣日語和推動皇民化的經費。1938年起，道教神像被迫按地區集中焚毀，台灣人為保護這些從中國大陸帶來的神像，四處躲藏日本警察的搜索。有人甚至把神像藏在棉被裡，有人藏在廚房裡。不服從者至少羈押一個月。台灣島道教廟宇的建材被拆除去蓋日本神社，台灣人被動員做義務勞動去蓋日本神社。但是摧毀中國傳統廟宇產生嚴重的經濟後果，台灣島的傳統廟宇前面通常會形成庶民市集和商店街，提供附近農村商業交易的集市功能。廟宇的節慶活動和日常儀軌也提供鄉民生活娛樂的社會心理調節功能，日本殖民政府破壞廟宇，使市集和商街衰落，鄉民生活退化，農村經濟下滑，農民生活困頓。台南佳里街的金唐殿、將軍庄的金興宮、北門的代天府、六甲庄的龍湖巖遭到破壞後，廟前的市集立刻陷入沈寂，夜間燈火也消失了。

　　日本殖民政府禁止具有中國民族意識的信仰，劉銘傳蓋的台北大天后宮，被強迫改建為總督府醫學校校舍及宿舍，後來更拆除改建做「兒玉總督、後藤民政長官治績資料紀念館」，就是現今台北市228公園內的「台灣博物館」。台南的大天后宮被改造為日本神道教的布教所，彰化鹿港的龍山寺被強制廢除，直接改成日本神道教寺廟。日本殖民政府還推動「台灣人家庭正廳改善運動」，要求台灣人把正廳的神像以及祖先牌位移走，改成祭拜日本的天造大神。若不是日本無條件投降，包括媽祖在內的台灣人信仰，及對祖先的祭拜，都會遭到禁

止，先民的寺廟也難逃被拆除或是改建成日式寺廟的命運，這是台灣島宗教文化的浩劫。

1941年12月7日（美國時間）珍珠港事件後，日本人爲利用台灣人當侵略共犯，才讓步而停止摧毀廟宇。被摧毀的廟宇有361座被日本人直接搗毀，另外819座被改爲日本佛教或神社。中國移民敬拜的神明，被迫燒毀，很多神明是中國移民從中國大陸移靈台灣島，有民族傳承的意義，而不僅是宗教含義，所以很多台灣人把神明藏起來，直到1945年日本人無條件投降後，才讓神明現身。

皇民化運動第二階段爲1941年至1945年長谷川清總督的「皇民奉公運動時期」。「奉公」是「爲日本政府義務服務」的意思，日本殖民政府成立各種皇民奉公會，要台灣人用實際行動效忠日本天皇和日本政府，鼓動或強迫台灣人出錢出力參加日本人的侵略戰爭，於是中國大陸和東南亞戰場上開始出現「台籍日本兵」，但當時的台灣人在日本法律上仍然不是日本人。

日本人很成功的馴化台灣人去崇拜以武士道爲背景的「日本精神」，認爲爲日本天皇而死是一種生命哲學，把日本最無能的武將乃木希典當作「軍神」膜拜。1942年台灣人莊萬生替皇民奉公會撰寫《皇民奉公經》，倡導大政翼贊、臣道實踐，誦讀經文前還要先洗手，經文更要置放在「奉公神棚」上。皇民化運動在原住民部落則推動「部落振興會」。

推動「志願兵」制度是檢視皇民化成果的重要指標，看有多少台灣人願意爲日本天皇赴死，願意泯滅良心當日本人的侵略共犯。林獻堂的三男林雲龍，辜顯榮的兒子辜振甫都曾申請當志願兵，但未獲准。李登欽和李登輝兄弟都獲准擔當台籍日本兵。共有5,500人參加日本陸軍志願兵，11,000人加入日本海軍志願兵。皇民化運動成功降低中國移民後裔對中國傳統及民族文化的認同，尤其是當時的年輕人。台灣人會講日語的人口比例，也從1930年的12%上升至1945年的70%。但當時日本人在日本本島的每年租稅負擔每人3.343日圓，台灣

人的租稅負擔則是每人4.454日圓。台灣人的租稅負擔比日本人多出33.2%。

縱使如此激烈推動皇民化，要爭取台灣人當「假日本人」，台灣人的社會地位仍然被壓抑著。台灣島當時有264個鄉鎮，出任鄉鎮長的台灣人只有3人，其餘皆是日本人或琉球人。1,099個小學，出任校長的台灣人只有6人。1945年日本殖民政府結束時，台灣島的公務員裡的「本島人」人數，簡任職1人，薦任職27人，委任職3,681人。台灣島復歸中國後，1946年底公務員裡「本省人」人數才大幅增加，簡任職27人，薦任職817人，委任職12,575人。本省人擔任小學教師的人數增加9千人。

（二）皇民化的後遺症

日本殖民統治台灣島給台灣人留下的最大禍害，就是扭曲台灣人自己的出身尊嚴和民族自尊，迎合日本人的皇民化心態。在日本殖民台灣島的末期，日本天皇派出軍人小林躋造擔任台灣總督，高壓利誘台灣人當日本天皇的皇民，推行皇民化運動。台灣島的皇民化運動本質上就是日本法西斯軍國主義的一部分。皇道思想更是日本式軍閥思想的延伸，使台灣人在日本侵略戰爭中，更願意擔當日本人的侵略共犯。但直到日本戰敗投降離開台灣島時，雖只有當時2%的台灣人當了皇民，且大多是地主和高教育階級。台灣島這2%的「皇民」在國民黨戒嚴時期從未顯示出來，經李登輝的推波，陳水扁的助瀾，在馬英九的沈默，蔡英文的鼓舞，這些皇民全部出櫃，毫不遮掩其皇民心態。

皇民自認為仍是日本人，或曾是日本人，不願自認是中國人。皇民也不願面對日本人從來不把皇民當日本人看待的事實，台灣人或皇民始終是日本天皇的「臣民」奴僕而已。皇民認為日本殖民統治是台灣島現代化的進程，對日本殖民統治各項建設極力歌頌，而完全無視這些建設是日本人用來掠奪台灣島自然資源的設施。皇民認為第二次世界大戰日本在台灣島徵集隨軍慰安婦是自願的，不是被迫或被騙

的。皇民不認爲日本人有在台灣島掠奪樟腦、煤礦等自然資源。皇民認爲替日本人當兵打仗侵略中國和東南亞是光榮的。皇民極力推動台獨，想讓台灣島再度成爲日本的「大東亞共榮圈」。皇民認爲第二次世界大戰，日本是終戰，不是無條件投降。皇民認爲中國軍事佔領台灣島，不是光復台灣島。皇民無法從日本殖民時代抽身，去認識歷史上的客觀事實。

這些「皇民」想推動台獨，刻意扭曲台灣島史，中小學歷史課本綱要如果加上「漢人來台」及「中華文化」會被反對，台大一批台獨歷史學者尤其誇張，假多元化之名，反對中華文化在台灣島是主流文化的事實。荷蘭人來台之前，台灣人口只有6萬名平埔族、4萬名高山族，中國漢人移民只有1,500人，日本人200人，台灣島當然沒有中華文化。但是荷蘭人用武力壓制原住民族，保護從中國大陸招募的中國移民，來台捕鹿、種甘蔗、種稻米，中國移民在台人口開始增加，超過原住民族的人口。但台灣島上的中國移民，在當時只是「外勞」角色，還談不上有中華文化生根落地台灣島的現象。

最關鍵的是延平王鄭成功武力進佔台灣島，在中國軍隊的保護下，中國移民大舉來台，中國人在台灣島有自己的軍隊，也首度有自己的政權，台灣島上的中華文化開始生根茁壯。到了康熙皇帝接手統治台灣島，從鄭成功到康熙再到光緒，中國人的政權在台灣島，從1662年到1895年，共有233年，中國人因此輕易大舉來台，讓台灣島上的中國移民超過300萬人。皇民的祖先絕大多數是清代中國時期移民來台的中國人。

中國人大舉來台，不論從哪個角度看，都是台灣島上最重大的歷史事件，寫進台灣歷史課綱，卻被搞台獨的人大幅扭曲。台灣島現有80%人口都是當年這些中國移民的子孫，且與現有原住民族沒有直接的血緣關係，中華文化在台灣島由此根深蒂固是一個客觀發展的史實。連日本帝國在台灣島搞「皇民化」也只弄到2%的台灣島人口當皇民。用民間節日作指標，中國傳來的農曆過年、清明、端午、中秋、

重陽，媽祖、保生大帝、三山國王的慶典，和西洋萬聖節、情人節、母親節等相比較，那個比重比較大，不言可諭。更別提日本人的節慶，從來不是台灣人生活的一部分。

台灣島是有多元文化，但卻是以中華文化爲核心的多元文化。中華文化是一整桶的糖水，其他文化只是幾滴鹽水。幾滴鹽水滴進一整桶的糖水，混合後仍是糖水，不是鹽水，也不是鹽糖水。但台獨學者故意要貶低中華文化，硬要把中華文化的份量，說成和其他文化的份量一樣重，只是多元文化的一部分，再去扯台灣史和中國史沒關係。這些人無視於中國大陸的文化多元程度，比台灣島的多元化程度，有過之而無不及，其情形如費孝通所述的「多元一體論」。中國至少有56個民族，所產生的多元化幅度，遠遠超過台灣島的多元化程度。漢族的人口比重在中國大陸只有91%，在台灣島則高達98%。按人口比例加權，中國漢族文化在台灣島更純粹。這些台獨歷史學者，爲了搞台獨，自我作賤，扭曲出身尊嚴和民族自尊，歪曲歷史事實，與其說是台灣歷史學者，不如說是台獨歷史的皇民學者。

許多皇民心態的台灣人無法面對第二次世界大戰期間，台灣人出錢出力支持日本侵略的罪愆，至今還不能以反侵略、反殖民、反壓迫做思想標準，還沈醉在日本天皇懷裡，對日本人推動「現代化」過度感恩戴德。起因都可追溯至日本人成功的皇民化運動，尤其在日本殖民時代成長的年輕一代，唸日本公學校，受初淺的日本洗腦教育，應徵台籍日本兵，養成「假日本人」的行爲模式。

這一代人不認同自己的中國血統，反而自以爲是日本天照大神的另一種次等的子孫。次等的子孫認爲只要更積極表現出效忠天皇，就有機會與眞的日本人平起平坐。爲日本天皇赴湯蹈火，表現武士道式日本精神的暴力，是提升自己人生命運的重要管道。若此生做不到，死後進靖國神社，與日本鬼排排坐，也可達到這一境界。李登欽和李登輝兄弟好談的「死亡哲學」，就是這種變態皇民化所產生的斯德哥爾摩症候群的病徵。台籍日本兵在戰場上表現出「福爾摩沙警衛」的

殘酷行為，固然是為討好日本人的心態反射，但已令同盟國震驚訝異不已。余清芳、林獻堂那一代台灣人為維護出身尊嚴和民族自尊的付出，在皇民化後這一代台灣人身上消失得無影無蹤。皇民化後台灣人自認為吸取的半調子日本文化比中國文化優越很多。

（三）1937年侵略中國

1936年11月日本與德國簽署《日德防共協定》，1936年12月12日中國東北軍張學良發動政變，監禁蔣介石，逼蔣介石發動抗日戰爭，史稱「西安事變」。1937年7月7日「盧溝橋事變」，中國抗日戰爭爆發，日本統治台灣島進入新局面。當時台灣島有500萬中國移民後裔，等於在日本殖民地上有敵方民族存在。1937年8月12日，日本封鎖中國沿海地區，8月13日中日雙方在上海爆發淞滬會戰，在台灣島的日本女人響應日軍侵略中國的號召，熱烈申請擔任志願戰地護士。在中壢、斗六竟然也出現台灣女人以血書提出從軍申請，願意幫助日本侵略中國。台北市公所等地更湧進台灣人的人潮申請志願上前線，志願與日軍並肩作戰侵略中國。高山族更在部落頭目倡導下積極從軍，台灣島的報紙不斷報導：「在槍林彈雨中，本島軍夫有相當多人犧牲……發揮台灣軍特色的某某軍夫，上海戰線友軍的某某對他稱讚不已。」8月19日日本殖民政府成立「台灣國民防衛本部」，試著防備台灣人支持中國抗日，但台灣人卻熱烈支持日本侵略中國，讓日本人喜出望外。10月28日日軍佔領金門島。1937年11月義大利參加《日德防共協定》，組成《日德義三國防共協定》。

1938年1月16日日本首相近衛文麿宣稱：「中國的國民政府不是我們（日本）的對手，我們的交涉對象是新興政府（漢奸傀儡政府），我們要徹底擊潰國民政府。」1938年2月23日蘇聯、美國等地的志願飛行員和中國空軍飛行員首度駕機飛臨台北松山機場和新竹空軍基地轟炸，但誤炸民宅，未能擊中機場，造成數名民眾死亡。

1938年4月26日小林躋造派台灣人組成「台灣農業義勇團」，招集

720名「農業戰士」赴上海近郊，種植蔬菜，供侵略中國的日軍官兵食用。1939年7月29日派第二批赴上海，後來也派「農業戰士」或稱「鋤頭戰士」遠赴海南島和東南亞。

1938年5月10日日軍佔領廈門，當時廈門約有1.4萬多名台灣人。5月18日日本空軍（編制上是海軍航空隊）從台北松山航空基地，出動轟炸機，轟炸廣東，並封鎖沿海港口。7月4日岡村寧次（1884-1966）指揮的第十一軍的波田支隊是由「台灣軍」所組成，7月26日「台灣軍」攻入武昌城。「台灣軍」基本上是由日本人和琉球人組成。8月4日小林躋造成立「總督府臨時南支調查局」，派出警察班、醫療班、調查班、宣撫班等後勤支援部隊，前往福建、廣東、海南島支援日本軍隊侵略中國，台灣人開始擔任後勤工作參與侵略中國。9月7日安藤利吉率領由澎湖出發的第二十一軍，由日本海軍第五艦隊護送。10月12日抵達大亞灣，10月21日攻進廣州城，26日攻佔漢口，27日攻佔漢陽、武昌，台灣島全島不斷舉行提燈和旗隊遊行，熱烈歡呼日軍侵略中國的勝利。

1939年2月10日第二十一軍組成的「台灣混成兵團」於2月22日全面佔領海南島。3月31日日本政府宣布南沙群島納入日本領土，改名「新南群島」。6月21日第二十一軍佔領汕頭，6月27日佔領潮州。日本在中國戰場捷報頻傳，台灣島街頭常見各式慶祝活動。

1940年3月31日汪精衛在南京宣布成立日本傀儡的「國民政府」，中國陷入敗戰氛圍，但蔣介石和毛澤東領導的抗日勢力，都拒不屈服，直到1941年12月8日（日本時間）珍珠港事變，戰局才扭轉爲對中國有利。

這些侵略捷報竟然讓台灣全島都籠罩在勝利的歡愉中。台灣島民沒人覺得侵略中國有何不對，完全成爲日本侵略中國的共犯。

（四）台灣島開始工業化

因應日本侵略中國，小林躋造援引日本國內的「臨時資金調整

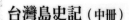

法」，把金融機構的貸款優先撥給軍需工業，大力發展鋼鐵、輕金屬、硫酸錏、鋁、苧麻布、黃麻布、瓊麻製品、硝酸鈣、碱（鹼）、火柴、洋紙、機械。日本人把老舊工業設備運到台灣島，產品多是半製品或粗製品，精製品仍留在日本製造。農業也配合種植棉花、黃麻、苧麻、甘薯。礦業則擴充生產煤炭、人造石油。1931年工業產值只佔GDP的22.3%，到1940年已佔30.1%。

（五）跨海空襲

1937年7月7日盧溝橋事變爆發，日本全面侵略中國，台灣島變成日本人侵略中國的基地，日本軍機從台灣島起飛轟炸中國，台灣島的機場也成爲日本空軍轟炸中國的基地。1937年8月13日中國軍隊和日本軍隊在上海展開「淞滬會戰」，8月14日日本軍機從台北松山機場起飛，轟炸上海和浙江，與中國空軍爆發「八一四筧橋空戰」，日軍敗北逃回台北松山機場。

1938年2月18日起至1944年12月19日，長達 6年半時間，日本軍機開啓轟炸中國重慶等地的平民住宅區的紀錄，這是日本繼1937年西班牙內戰中，德國對西班牙的「格爾尼卡鎮」（Guernica）實施「無差別轟炸」後，歷史上第二度由軍機對平民展開「戰略轟炸」的紀錄。但也變相授予美軍後來報復，轟炸日本平民住宅區的正當性。西班牙大畫家畢卡索爲紀念人類首次「無差別轟炸」的血腥歷史，曾創作出「格爾尼卡」這幅舉世名畫，對無差別轟炸表達無言的抗議。

1937年8月31日中國與蘇聯簽訂《中蘇互不侵犯條約》，蘇聯提供2.5億美元的飛機、火砲、彈藥給中國，並派出300多位軍事顧問、712位空軍飛行員協助中國抗戰，其中200多人爲中國犧牲生命。蘇聯還派出1,000多名工程技術人員修建中國西北交通線，到1939年2月各種蘇聯在中國的軍事專家達3,665人。1938年2月23日是蘇聯紅軍節，中國空軍和蘇聯志願軍合作，展開報復，轟炸台灣島日軍松山機場。投彈280枚，炸毀日機40架，軍營10座，松山機場癱瘓，這是台灣島首度

受到空襲，但中蘇空軍並未「無差別轟炸」台灣島平民住宅區。在中國抗戰初期，蘇聯是唯一實質支援中國抗戰的國家。蔣介石後來爲了將國共內戰輸掉政權的責任，以蘇聯做爲歸責對象，刻意掩蓋這段史實。這項「蘇聯援助」直到1941年4月13日蘇聯和日本簽訂《日蘇中立條約》時才終止。

（六）八一四筧橋空戰

1937年8月13日日本侵略中國上海，與中國軍隊爆發「上海戰役」，又稱「淞滬會戰」，「淞」指上海寶山的吳淞口，「滬」是上海的簡稱。中國動員70萬兵力、180架戰機、17輛戰車。日本動員30萬兵力，500架戰機，300輛坦克，130艘軍艦。戰爭從8月13日打到11月26日，中國軍隊死亡20萬人、受傷9萬人、陣亡中將軍長1人、師長4人。日本軍隊死亡2萬人、受傷8千人。東條英機戰後評論道：「以日本國力對復興中強有力的中國作戰，自感國力不足。」

淞滬會戰的第二天，8月14日上午10時，中國空軍轟炸上海地區的日本據點，包括日本領事館、出雲號戰艦、虹口、匯山碼頭、吳淞口、日本海軍陸戰隊司令部。雙方空戰激烈，日軍防空高射砲火滿佈天空。日本鹿屋海軍航空隊從台北松山機場起飛100架，轟炸華中地區的中國軍隊據點，造成中國軍隊大量死傷，日本人稱爲「渡洋爆擊」。

下午14時50分，日本鹿屋及木更津海軍航空隊18架陸上攻擊機，從台北松山機場起飛，9架轟炸杭州筧橋機場，9架轟炸江蘇、浙江、安徽交界處的廣德機場，與中國空軍高志航率領的第四大隊爆發空戰，日本飛機戰敗，被擊落3架，擊傷6架，中國飛機無損返航。

（七）搜刮侵略戰爭的戰費

日本殖民政府爲支應侵略中國和東南亞的戰爭經費，由日本警察及皇民奉公會成員出面，從1938年開始在台灣島，推動強制性的

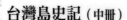

「國民儲蓄運動」。組織各種「儲蓄組合」，依課稅額強制分攤「儲蓄額」，用「儲蓄」名義強徵戰爭稅。從1938年到1944年，強徵「儲蓄」總額達20億5,600萬日圓，當時的1日圓約等於0.5美元。這些「儲蓄」有11億3,000萬日圓用於購買日本政府的「戰爭國債」，其餘貸款給「軍需工業」，等於全數投入作為戰爭經費。

從1936年到1944年，台灣島居民每人每年直接賦稅負擔（僅含直接稅，不包括間接稅、特別稅及專賣收入）從15.86日圓增加到156日圓，整整10倍。日本殖民政府在1935年還對台灣人開徵「九一八事變臨時所得稅」，1938年開徵「支那事變特別稅」，1943年開徵「台灣大東亞戰爭特別稅」。換言之，只要日本人發動戰爭，台灣島民就得繳納特別稅。日本殖民政府從1937年起開始分擔日軍戰費，到1944年達總督府財政支出的30%。此外，儘管實施物資配給和物價管制，日本殖民政府透過濫印「台灣銀行券」（當時的通行貨幣），製造通貨膨脹，變相課徵「通貨膨脹稅」。1937年台灣銀行券只發行7,549萬日圓，到1945年8月已達14億3,000萬日圓。這些增發貨幣大多是貸款給日本人在台灣島收購物資，運回日本使用。通貨膨脹率若以1937年的物價指數為100，到1944年上漲到460，到1945年8月更漲至2,360。這個物價指數還是處在物價高度管制下，所產生的統計數字，不是真實的物價指數。

1939年日本殖民政府發布《台灣米穀輸出管理令》，強制日本國內糧食供給及實施台灣島內米價和輸出管制，並於同年10月頒布《台灣糖業令》，實施甘蔗收購價格管制。1934年起開始擴充糖廠數目至50座，用蔗糖生產酒精、紙漿、酵母劑，支持日本侵略戰爭的需求。但1941年珍珠港事變後，台灣島的勞動力被帶往戰場，糖廠又遭美軍轟炸，糖、米產量都急速縮減，日本殖民政府更加嚴厲管制和配給，以榨取台灣島的剩餘資源。農民被迫繳納「獻糧」，「農業會」和「食糧營團」負責徵收、配給糧食。台灣島民必須按配給規定，領取糧食。有台灣島民不堪飢饉，私藏糧食，日本警察極力取締。無法按

規定「獻糧」者，被迫罰跪或軟禁。

（八）1940**年瑞芳事件**

　　1940年5月27日日本殖民政府下令逮補基隆瑞芳仕紳李建興家族1百多人，指控李建興與中國聯絡，20多人遭酷刑死於獄中。李建興在戰後將陽明山土地捐給台北民國政府，供蔣介石使用。

　　李建興（1891-1981）祖籍泉州安溪縣人，其祖父在太平天國事件（1851-1864）時遷居台灣島。1916年李建興25歲受僱於礦業，1919年開始自行承攬採礦致富。1940年日本殖民政府以「思想叛亂罪」判處李建興12年徒刑，1945年8月15日日本無條件投降後，李建興才獲釋，旋即被任命爲瑞芳鎮長。八田與一在1934年創辦的「土木測量技術員養成所」，1944年遷至三重，1946年改制爲三重初級工業職業學校，1948年廢校改設憲兵學校。1948年李建興出資將師生和設備遷移至瑞芳，改稱瑞芳高工。1960年李建興出任中央銀行理事，1981年去世，年90歲。

八、長谷川清（1940年11月27日-1944年12月30日）

　　長谷川清（1883-1970）是日本福井縣人，1900年加入日本海軍，1914年海軍大學畢業，1937年任侵略中國的艦隊司令，1940年出任第十八任台灣總督，上任就聲言要把台灣人培養成支援日本侵略的「農業戰士」、「工業戰士」、「海洋戰士」，留在台灣島的農民若生產增加，也會被表揚爲「增產戰士」，被譽爲「農民道」、「農民魂」。

　　長谷川清認爲台灣島應該成爲日本的「南方政策施行基地」，他這個台灣總督也是「南方總督」。任內推動「皇民奉公運動」，全面禁用中國語，推動「台灣志願兵」，徵召原住民爲「高砂義勇隊」赴

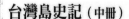

南洋當森林戰的侵略共犯，誘導台灣人購買戰爭債券提供日本侵略經費，全面壓榨台灣島的人力、物力、財力，支持日本侵略中國和東南亞。1942年6月4日中途島海戰（Battle of Midway）後，日本海軍戰力幾乎瓦解，台灣島日益孤立。1944年3月日本政府將台灣島設定為戰場，10月12日美日爆發「台灣沖航空戰」，台南、高雄、屏東遭美軍大空襲，日本在菲律賓雷伊泰海戰被美軍擊敗。日本政府決定由陸軍將領安藤利吉取代海軍出身的長谷川清。

長谷川清任內只發生一次7級以上的地震，即1941年12月17日上午3時10分嘉義中埔發生7.1級大地震，震源深度12公里，304人死亡，1,845棟房屋倒塌。

（一）東條英機

東條英機（1884-1948）出生於東京，父親東條英教也是官拜中將的陸軍將領。1904年入陸軍士官學校，1912年入陸軍大學。1935年任關東軍憲兵司令，因為殘忍嗜殺，號稱「剃刀將軍」。1937年任關東軍參謀長，1940年任陸軍大臣，1941年任日本首相。1944年6月19日日本在馬里亞納海戰（Mariana Islands，菲律賓海戰）大敗，東條英機辭職下台，由小磯國昭（1880-1950）接任首相。1945年東條英機自殺未遂，1948年被遠東國際軍事法庭（International Military Tribunal for the Far East）判處死刑。1978年東條英機與其他甲級戰犯被供奉入靖國神社。

（二）太平洋戰爭

1939年7月26日美國廢除《美日通航海商條約》，8月21日本和英國會談破裂。美國（America）、英國（Britain）、中國（China）、荷蘭（Dutch）共同對日本進行戰略封鎖，號稱「ABCD包圍圈」。日本進口的廢鐵、航空用油全被斷絕。日本軍需工業陷入絕境，如果石油儲備耗盡，日本的船艦、飛機將動彈不得。日本認為突破僵局必須進

攻中南半島，切斷美國經由緬甸軍援中國的路線，同時進攻東南亞取得石油、橡膠、鐵、鎳等戰略資源。

　　1939年5月11日，日本關東軍在滿洲與蒙古邊界的諾門罕（Khalkhin Gol）和蘇聯紅軍爆發邊界戰役，日本關東軍被徹底擊敗，傷亡18,000人，損失慘重。8月30日首相平沼騏一郎（1867-1952）辭職負責，由阿部信行（1875-1953）接任。這場戰役證實蘇聯紅軍戰力比德國希特勒擬想的程度強很多，也使日本不敢魯莽北進西伯利亞，但希特勒刻意忽略，仍然於1941年6月22日揮師莫斯科，終於嚐到崩潰的後果。蘇日兩軍各自以「蒙古人民共和國」與「滿洲帝國」的名義交戰，不是以蘇聯和日本的名義。在這場戰爭蒙古騎兵擊敗滿洲國騎兵，也奠定外蒙古在第二次世界大戰爭取從中國獨立的正當性。

　　1940年6月德軍攻佔巴黎，法國投降。9月22日，日本與法國在中南半島的駐軍簽訂《日本與法屬印度支那軍事協定》，日軍進駐越南北部。9月27日德國、日本、義大利在柏林簽訂Axis Powers軸心三國同盟條約，台灣島為此事還大肆慶祝。11月27日美國和日本在華盛頓舉行會談，美國要求日本全面撤出中國，廢除滿洲國，廢除軸心國條約，日本拒絕，會談破裂。

　　1940年8月1日日本外相松岡洋右（Matsuoka Yosuke, 1880-1946）公開宣佈成立「大東亞共榮圈」（Greater East Asia Co-Prosperity Sphere），等同宣布日軍將征服東亞國家，由日皇統治區域遍及整個東亞的侵略政策。這個共榮圈以日本為核心，滿洲、朝鮮、台灣島為第一圈，中國大陸、菲律賓、中南半島、馬來西亞、泰國、印尼、澳洲、紐西蘭為第二圈，蘇聯的西伯利亞、印度為第三圈。

　　1941年7月2日昭和召開御前會議，討論日本應該北進西伯利亞或南進東南亞，受諾門罕戰役的影響，了解蘇聯軍力很強，決議進軍東南亞，佔領「法屬印度支那」，即越南、柬埔寨、老撾。7月24日，日本軍隊進駐越南西貢，英美激烈抗議。7月25日英國凍結日本海外資產，廢棄日本與英國、緬甸、印度的通商條約。7月26日美國下令凍結

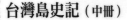

日本一切在美國的資產，禁止所有物品對日出口，阻止日船通過巴拿馬運河，並命令美國太平洋艦隊採取防範日軍突襲的措施。7月28日荷蘭宣布廢棄《印尼供應日本石油的協定》，美、英、荷簽訂《禁止輸出石油給日本的協定》。

1941年10月18日東條英機取代近衛文麿（1891-1945）組閣，東條英機立刻批准日本聯合艦隊總司令山本五十六（1884-1943）在1941年初擬訂的珍珠港突襲計畫。11月5日昭和御前會議再決議，如果美國不在12月1日前妥協杯葛措施，解除對日禁運，日本即展開對美戰爭。

11月24日美國海軍部向夏威夷及太平洋所有美軍發出預警，日本有可能在任何時間、任何地點對美軍發動攻擊。11月26日美國國務卿赫爾（Cordell Hull,1871-1955）直率地告訴日本，不僅要停止侵略東南亞，還要停止侵略中國，美國才可能解除對日禁運。11月27日美國海軍部發出「戰爭預警」給所有太平洋美軍。

日本時間11月27日突襲珍珠港的日本特遣艦隊，悄悄從千島群島南端擇捉島的單冠灣出發，航向夏威夷的珍珠港。

12月1日在昭和的御前會議決定，以12月8日為對美國的開戰日，美國時間為12月7日。1941年12月8日日本以「登上新高山1208」為代號，新高山就是台灣島的最高峰玉山，對美、英、荷宣戰，發動偷襲美國夏威夷的珍珠港，史稱「珍珠港事件」。

美國時間12月7日早上，美國政府收到日本宣告談判破裂的照會，國務院緊急通知軍方。美軍參謀長馬歇爾（George Catlett Marshall, Jr., 1880-1959）正在羅克溪公園（Rock Creek Park）騎馬，到11時回到辦公室才知道日本已發出最後通牒（Ultimatum）。馬歇爾立刻下令發出「戰爭警報」給美軍太平洋艦隊司令部，馬歇爾的警報命令交給美軍電報網在30分鐘內發送，但軍用電報網卻超載無法送出，改用商業電報網發出，再由一名夏威夷電報員騎自行車緊急送去給珍珠港的美軍司令部，電報員剛到司令部門口，就碰上日軍飛機已臨空襲擊珍珠港。

　　美軍太平洋艦隊司令金梅爾（Husband E. Kimmel, 1882-1968）及夏威夷軍區司令肖特（Walter C. Short, 1880-1949）嚴重瀆職，兩人已於11月24日收到預警，還讓珍珠港的戰機處於休假狀況，沒有幾個小時準備無法升空迎擊。防空彈藥還在倉庫無法迅速移出，甚至防空雷達都未開啓。羅斯福總統立即將金梅爾撤職，並以少將待遇強制退休。

　　日軍同時進攻菲律賓、關島、香港、馬來西亞，以及用傘兵突襲印尼蘇門答臘的巨港，控制荷蘭人的煉油設施。同一天日軍在台灣島從台南、高雄出動戰機，攻擊美軍在菲律賓呂宋島中南部的克拉克（Clark）、中西部三描禮士省（Zambales）的伊巴（Iba）空軍基地，美軍飛機與設施全毀，同時密集轟炸，擊沉英國兩艘旗艦，史稱「太平洋戰爭」。

　　同樣涉及瀆職的美軍將領還有美國遠東軍菲律賓軍區司令麥克阿瑟（Douglas MacArthur, 1880-1964），12月8日早上麥克阿瑟接到美國華府電報，稱日軍襲擊珍珠港，竟然不當一回事，還讓美軍基地上的飛機「機翼互相緊靠，聚在地上」，讓中午前從台灣島飛臨的日軍飛機輕輕鬆鬆一架不剩地炸毀，使日本艦隊在沒有空襲威脅的情況下，可以快速攻佔菲律賓。麥克阿瑟於1942年3月搭潛水艇逃至澳洲，但因羅斯福力保，未遭懲處。

　　台灣人此時還配合日本殖民政府，熱烈慶祝日軍的侵略捷報。12月10日，日本戰機從高雄起飛，攻擊美國的菲律賓南部的空軍基地，被美國空軍擊敗。同日美軍的關島部隊被來自塞班島的日軍擊敗，日軍佔領關島。英國艦隊與日本艦隊在馬來西亞半島東部海域，爆發海戰，英軍戰敗。

　　1941年12月13日日軍宣傳這次侵略行動是在「驅逐歐美勢力，解放亞洲，建立大東亞共榮圈」，取名「大東亞戰爭」。1941年12月25日日軍佔領香港，1942年1月15日日軍佔領馬六甲，屠殺中國移民1,200多人，馬六甲戰後殉難碑記載：「以死狀而言，這些人或是遭

到斬殺，或是被刺穿，頭顱遭打碎者有之，腹部臟器被掏出者有之，亦有遭到集體坑殺，或是被關於室內，再遭放火集體燒殺者，可謂淒慘至極。」1942年2月15日日軍佔領新加坡，英軍7萬人向不到2萬人的日軍投降，大英帝國的英名毀於一旦。日本在新加坡實施「肅清大屠殺」，挨家挨戶搜捕有「反日情結的中國移民」，強制關押及嚴刑逼供後，計有25,000人被送上刑場處決，由日軍以刺刀、機槍殺害。日軍包圍新加坡聖斯蒂芬學院附設醫院，殺害所有傷兵，輪姦所有護士。3月9日印尼的荷蘭軍隊投降，4月駐菲律賓的美軍投降，5月6日日軍攻陷全菲律賓，5月8日佔領緬甸，並於仰光進行大屠殺。

　　1942年2月28日長谷川清實施「台灣特別志願兵制度」，原住民也組織志願兵的「高砂義勇隊」。長谷川清號稱：「對六百萬島民而言，是至高無上的幸福，是一項飛速促進皇民意識的制度，而且只錄取少數優秀人才。」島內一陣喧騰，年輕人競相報名擔任台籍日本兵，還陸續出現血書申請表。台灣年輕女性也出現以血書申請擔任從軍護士的風潮，長谷川清順勢推動「特別護士及護士助手志願制度」，報名人數高達5,700人。高山族也熱烈抱持以日本兵身分出征侵略的強烈風潮，而忘記土地遭日本人侵奪的悲哀。此時台灣島籠罩勝利的興奮氣氛，竹中信子說：「台灣全島因熱情興奮而沸騰，青年男女都捲入志願從軍的漩渦……祝賀志願兵制度那天，全島出現了旗幟與火把的浪潮，『到處皆是天搖地動的歡慶聲』。」台灣軍和台籍志願兵更熱烈的參戰，入侵菲律賓，台灣人的侵略罪孽，隨著日本人的腳步越陷越深。原本日本人擔心台灣人參軍，會有不夠忠誠的問題，但卻意外出現台灣人熱烈參軍的現象，就乾脆把台灣人送上戰場，赴福建閩南地區、廣東潮惠地區參戰，後來更送至東南亞。台灣人涉入侵略戰爭的血手越沾越紅，已失去自省能力。另方面，日本殖民政府開始實施物資管制和配給，糧食不足，台灣人常處於飢餓狀況。柯旗化（1929-2002）說：「發霉的西貢米煮一個飯盒的飯，六個人分吃，大家經常吃不飽。」長谷川清宣布台灣島戒嚴，動員台灣人義務勞

動，嚴格配給糧食及物資。

1942年4月18日美國為報復日本偷襲珍珠港，美軍出人意料發動「杜立德空襲」（Doolittle Raid）。由杜立德（James Harold Doolittle, 1896-1993）中校率16架B-25轟炸機，從航空母艦上起飛，轟炸東京，美國人軍心大振。美軍飛行員飛到中國浙江跳傘逃生，受中國軍民掩護。日軍報復「杜立德空襲」，大量使用細菌武器，屠殺浙江地區中國人達25萬人。5月3日珊瑚海海戰（Battle of the Coral Sea），日軍與美軍形成對峙局面，顯見日本海軍的軍力已達擴張的終點。

1942年6月4日日本為了不讓美國航空母艦有再度空襲東京的機會，在美軍最西邊的基地中途島（Midway Atoll）設局，企圖一舉殲滅美國的航空母艦，沒想到反遭美軍設下陷阱，日本海軍與美國海軍於是爆發中途島海戰（Battle of Midway），日軍大敗，戰局逆轉。7月17日德軍與蘇聯軍隊爆發長達7個月第二次世界大戰死傷最慘重的史大林格勒戰役（Battle of Stalingrad）。1942年8月7日至1943年2月9日美日爆發長達7個月的戰役，美軍在瓜達爾卡納爾島（Guadalcanal）再度擊敗日本軍隊。1943年11月20日塔拉瓦（Tarawa）戰役，美軍又擊敗日軍，日軍敗象已露。11月23日美國、英國、中國召集開羅會議，決定了台灣島戰後的主權歸屬。

1944年2月2日馬紹爾群島戰役（Marshall Islands），日軍大敗。4月18日起連續四個月中國空軍發動「中原空戰」，5月起連續三個月發動「長衡保衛戰」，大勝日本空軍。6月6日美軍和英軍實施諾曼第登陸，開闢歐洲西線戰場，此時德軍與蘇聯軍隊已相互消磨得精疲力竭了。6月15日美軍攻擊馬里亞納群島（Mariana Islands），即塞班島和關島，美軍獲得壓倒性勝利。7月22日日本首相東條英機辭職下台，日本政府判斷美軍的下一步是進攻台灣島，9月22日把守備琉球群島的第三十二軍劃歸台灣軍，台灣殖民政府瘋狂準備迎戰，準備徹底打持久戰。台灣人沈迷於日軍神風特攻隊的「悲壯」，忽略了這正是徹底戰敗的徵兆。

1944年10月20日麥克阿瑟率兵進攻菲律賓，1945年2月4日日軍在馬尼拉展開大屠殺，台籍日本兵參與其中。1945年2月19日至3月26日硫磺島戰役（Battle of Iwo Jima），雙方死傷慘重，台灣島的新竹機場是日軍的空戰支援基地，遭美軍轟炸重創。3月3日麥克阿瑟光復馬尼拉，3月9日美軍進行東京大轟炸。3月26日至6月21日沖繩島戰役（Battle of Okinawa），日軍皆以潰敗收場。4月30日希特勒自殺，5月1日起各地德軍陸續無條件投降，只剩日本還在頑抗。7月26日美國、中國、英國、蘇聯發布《波茨坦宣言》，8月6日美軍在日本廣島投下原子彈，8月9日在長崎投下第二顆原子彈，8月9日蘇聯以150萬軍隊發動「八月風暴」進攻滿洲，8月15日日本昭和宣布無條件投降。台灣人剛開始還如同日本人，有作為戰敗國人民驚愕的悲淒，不久卻發現台灣人頓時成為戰勝國人民，情緒交感莫名。

總計在太平洋戰爭中，約有21萬台灣人被征召當日本兵走上戰場，幾達6分之1的兵役年齡人口，台灣島成為日本支配亞洲的大東亞共榮圈的起點。台灣人絕大多數是中國大陸移民到台灣島的福建人和廣東人。日本向台灣人灌輸包括日語在內的「日本精神」以馴化台灣人。在這場日本侵略戰爭中，台灣人出錢出力支持日本侵略，從未出現林崑崗、余清芳這類人物，組織反日、反殖民的民兵組織，也不像韓國、東南亞的殖民地，都出現反日、反殖民政治組織或游擊隊，這使台灣島在戰後失去以殖民地身份獨立的正當性。

（三）《赫爾備忘錄》與珍珠港事件

1941年7月，日本軍隊佔領法國在中南半島的殖民地，日本轟炸機進駐越南西貢和柬埔寨，可就近攻擊英國在馬來西亞的殖民地。美國立即對日本實施貿易制裁，凍結日本人在美國的資產，禁止石油出口至日本。英國、荷蘭也採取類似行動。英國甚至開出條件，要求日軍撤出中國，廢除《日德義軸心三國盟約》，不承認汪精衛政權和溥儀的滿洲國。這些杯葛日本的措施因此被稱為「ABCD包圍圈」，A是

美國（America）、B是英國（Britain）、C是中國（China）、D是荷蘭（Dutch）。當時印尼是荷蘭的殖民地。

11月5日，日本昭和（1901-1989）批准突襲珍珠港的軍事行動。11月6日，日本駐美大使野村吉三郎（1877-1964）提出建議書給美國，希望自中國部分撤軍，換取美國撤銷制裁。美國於11月14日拒絕。野村吉三郎再度於11月20日提出第二份建議書，只要美國停止援助中國，凍結東南亞的軍事部署，提供足夠數量的石油給日本，協助日本從荷蘭殖民地的印尼取得原物料，日本承諾從中南半島的南部撤軍。為回應日本的建議書，美國國務卿赫爾（Cordell Hull, 1871-1955）於1941年11月26日提出著名的《赫爾備忘錄》（Hull Note）遞交給野村吉三郎，原名是《美日協議提議基礎的綱要》（Outline of Proposed Basis for Agreement between the United States and Japan），要求日本從中國及法國在中南半島的殖民地完全撤軍。

日本首相東條英機認為《赫爾備忘錄》是美國對日本的最後通牒，但是前一天美國華府時間11月25日，東條英機即已下令進攻珍珠港的海空部隊啓航。11月26日美國得知日軍將侵略泰國，又得知日本以11月29日為最後談判期限，美國評估日本會發動對美攻擊，就是不知日本將從何處攻擊。12月1日昭和批准日軍攻擊美國、英國、荷蘭在東南亞及太平洋的基地，12月8日日本6艘航空母艦，300多架戰機，突襲美軍太平洋艦隊在夏威夷珍珠港的基地。日軍擊沈或摧毀美國戰艦8艘、巡洋艦3艘、驅逐艦3艘、戰機188架、2,402人死亡、1,282人受傷。但美國航空母艦剛好都不在珍珠港內。

（四）台灣皇民奉公會

1940年7月22日日本政府由近衛文麿組閣，近衛文麿被稱為「握不住槍桿子的法西斯秀才」，但下令禁止政治結社，組織「大政翼贊會」的跨黨派團體，政客、官僚、軍人都參加，一起來「翼贊」昭和和法西斯內閣的意思，並在各地方組織分會。長谷川清被近衛文麿派

爲台灣總督，也積極推動「大政翼贊會」。

長谷川清在1941年1月16日召開「大政翼贊會台灣分會」的開幕式，但後來考慮到台灣人並非日本公民，小林躋造剛推行皇民化運動不久，長谷川清於是決定推動台灣版的「大政翼贊會」，取名「台灣皇民奉公會」，要台灣人「實踐臣道」。同樣的活動，在朝鮮稱爲「國民總力連盟」。在「南樺太」即南庫頁島，稱爲「國民奉公會」。在「關東州」即山海關以東，遼東半島南部，包括旅順、大連，稱爲「興亞奉公連盟」。換言之，只有台灣島是用「皇民」的概念，配合小林躋造的「皇民化運動」。「奉公」一詞在日本歷史上指涉幕府將軍對轄下武士（御家人）的職務要求。

「台灣皇民奉公會」總部在台北，各「州廳」設支部，各「市郡」設支會或區會，各「街庄」設分會或部落會，各「保甲」設「奉公班」。各社會團體還設有：奉公青年團、青少年團、壯丁團、壯年團，農業、工業、商業奉公團，文學、美術、佛教、產業奉公會，長老教會報國團、台灣從軍紀念會、大日本國防婦女會支部，甚至還有以未婚女性組成的「桔梗俱樂部」。

1941年4月19日「台灣皇民奉公會」舉行成立大會，晚上在「台北公會堂」即今台北中山堂舉行「奉公會之夜」。日本殖民政府藉著「台灣皇民奉公會」開始搞錢·如「愛國儲蓄」、「國防獻金」。要台灣島民做義工，如「勤勞奉公」。要佔用寺廟土地，如「寺廟整理」。要廢除中文報紙，如「新聞國語」。要廢除閩南語和客家話，如「國語家庭」、「姓名更改」。「皇民奉公會」可說是花樣百出，還強迫聽日語廣播，叫「廣播常會」。出版各種書籍叫「啓蒙圖書」，如《實踐臣道》、《國民禮儀之栞》、《推進奉公壯年團指南》、《統制經濟與奉公運動》、《戰時生活讀本》、《台灣皇民化讀本》，倡導「皇民精神」、「職分奉公」，極力洗腦台灣人。

「台灣皇民奉公會」組織網路廣泛，功能多樣，推動「改日本姓、換日本名」的許可制，讓改姓換名後的台灣人，可以當「半個日

皇民奉公經

本人」的「皇民」，鼓吹當「皇民」是一種榮耀，也是一種社會地位的提升。日本殖民政府的皇民化運動，隨著第二次世界大戰的發展，更加積極推動。到1943年底，改姓更名以日本姓名登記成為「皇民」的台灣人家庭戶數有1萬7,526戶，人數有12萬6,211人，占當時台灣總人口659萬人的2％。比例不高但這些皇民家族是當時台灣人社會的中上層階級，後來成為台灣社會親日份子的核心，包括李登輝、蔡英文、柯文哲的家族，到了第二次世界大戰後都不自覺自認為自己或父祖輩是「日本人」，其實整個日本殖民台灣島時期，台灣人只是殖民地屬民，都不具備日本人的公民身份。

　　「台灣皇民奉公會」鼓吹「捐獻運動」，現金、金銀、寶石、槍砲、船艦、飛機，無所不捐。從1937年至1941年，台灣島的捐獻金額達184萬餘日圓，僅次於東京、大阪，排名第三，佔日本帝國總捐獻金額的4％。台灣人熱烈支持日本侵略中國，連日本人都大感詫異。

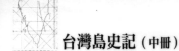

2016年9月當選日本最大在野黨「民進黨」黨魁的村田蓮舫，1967年出生，父親叫謝哲信，是台南白河人，母親是日本人，所以蓮舫本名是謝蓮舫。1985年歸化日本國籍時，改依母姓爲齊藤蓮舫。蓮舫1993年與日本人村田信之結婚，改姓爲村田蓮舫。蓮舫出身富裕的皇民家庭，她的祖母陳杏村在第二次世界大戰期間，曾赴上海經營菸草、香蕉生意，還捐獻兩架戰鬥機給日本軍隊，用來侵略中國。戰後被起訴漢奸罪，但因《開羅宣言》規定的台灣島復歸中國的時間點，陳杏村被判無罪，就是「皇民除罪化」的案例。

「台灣皇民奉公會」配合日本殖民政府，搞愛國儲蓄運動，定期存款、存單、國債、愛國債券、事變公債，無奇不有。1941年收2億1千萬日圓，1942年收3億2千萬日圓，1943年收4億8千5百萬日圓，1944年收5億8千5百萬日圓。1945年金額不詳，但戰敗無條件投降，相信日本侵略戰爭會獲勝的台灣人，這些儲蓄被日本人耗光，完全血本無歸。1988年後有些台灣人組織團體要向台灣銀行索賠這些變相資助日本戰費的款項。

「台灣皇民奉公會」鼓動女學生上街頭，找路人縫一針布條，聚成「千人針」布條，依日本戰國時代的風俗，可作爲日本侵略軍的護身符。其他找學生搞簽滿鼓勵文字的日本國旗，甚至血書以鼓勵日本軍人，更是皇民化的重頭戲。這是日本的傳統，2011年3月11日福島核電廠發生核災事故，在核電廠內的緊急處理中心的內部牆上，也貼滿日本各地送來的日本國旗，上面簽滿各種鼓勵文字。「台灣皇民奉公會」幾乎取代行政機關的群眾動員功能，直到1945年6月才被取消。

（五）1941年台灣革命同盟會

抗日戰爭時期，在中國大陸的台灣人組織許多抗日團體，李友邦創立「台灣獨立革命黨」，謝南光創立「台灣民族革命總同盟」，張邦傑創立「台灣青年革命黨」，還有「台灣國民革命黨」、「台灣光復團」等團體。1940年3月，這些團體聯合成立「台灣革命團體聯合

會」，1941年2月9日改名「台灣革命同盟會」。李友邦、謝南光、張邦傑共同擔任主席。該同盟會宗旨是「在中國國民黨領導下，以集中一切台灣革命力量，打倒日本帝國主義，光復台灣，與祖國協力建設三民主義新中國」。但是這個「台灣革命同盟會」卻沒有能力在台灣島內從事任何「革命」工作，成了滯留中國大陸的台灣人旅外政治團體。

（六）「台灣黨部」事件

1941年1月中國國民黨秘密成立「台灣黨部」籌備處，屬於敵後工作的戰地秘密黨部，當時台灣島的法律身份是殖民地，故不稱爲「台灣省黨部」，也負責福建日本佔領區內台灣人的黨務組織，並專責派人進入台灣島從事秘密組黨工作。1943年3月19日正式成立，由翁俊明擔任「台灣黨部」主任委員，林忠擔任書記長，丘念台、郭天乙、謝東閔、陳邦基、陳棟、楊萬定、廖啓祥、楊達輝擔任執行委員，黨部設於與日軍近在咫尺的漳州中正醫院內，有689名台灣人黨員。「台灣黨部」在籌備期間，翁俊明即以「台灣思宗會」名義進入台灣島和日本福建佔領區從事秘密工作，但是立即遭日本殖民政府的間諜潛入組織內部偵知。「台灣黨部」香港組織科長陳義順原先潛伏在廣東日本人的《珠江日報》，於1941年1月29日被發覺，旋遭日本特務押回台灣島判處死刑。翁俊明亦於1943年11月18日在漳州俊明醫院內遭日本間諜下毒身亡，「台灣黨部」從此形同瓦解。

陳義順（1906-1942）是台灣雲林人，畢業於台南長榮中學、日本同志社中學、早稻田大學。赴上海參加中國國民黨，被委任從事秘密組織，赴廣東潛伏於日本佔領機關。

翁俊明（1893-1943）是台南人，畢業於台灣總督府醫學校。1910年5月2日參加中國同盟會，被孫文派爲同盟會的台灣特派員，吸收蔣渭水、杜聰明入同盟會。1913年宋教仁遇害，翁俊明與杜聰明潛入北京，在袁世凱官邸的貯水池投入毒菌，卻被巡邏人員發覺而失敗。

1915年台灣島爆發余清芳事件，翁俊明遷居廈門開設俊明醫院。1926
年在上海創設中華醫學專科學校，1930年在廈門創辦廈門中華醫校。
1937年盧溝橋事件發生，翁俊明宣告脫離日本國籍。1938年日軍攻陷
廈門，翁俊明逃亡香港。1940年奉國民黨組織部長朱家驊的密令籌組
「台灣黨部」，1943年遭日本特務下毒身亡。著名歌星翁倩玉是翁俊
明的孫女。

　　滲透進入「台灣黨部」的日本間諜被懷疑是劉啓光。劉啓光
（1905-1968）本名侯朝宗，嘉義六腳人，畢業於嘉義商業學校，19歲
任小學教員，從事農民運動，1929年2月12日被日本殖民政府逮補後，
變節成爲日本間諜。1936年擔任冀察政務委員會的宣傳人員，1940年
又成爲國民黨「調查統計局」的特務。1941年擔任「台灣黨部」的秘
書，被懷疑洩漏機密給日本人，造成陳義順的失事。1945年任新竹縣
長，1947年任華南銀行董事長，台灣省政府委員。

（七）莎韻之鐘

　　長谷川清雖是軍人，但擅於搞政治宣傳。1941年4月14日在宜蘭
南澳原住民的「理尤恆社」豎立紀念鐘，取名「莎韻之鐘」，宣傳泰
雅族少女15歲的「莎韻哈勇」的「愛國事蹟」。1938年9月27日在南澳
擔任警察和「蕃童」教師的日本人田北正記，奉召要離開南澳從軍侵
略中國。「理尤恆社」原住民一行12人要去送行，途經南澳溪的獨木
橋，莎韻哈勇不愼滑落溪中溺斃。日本殖民政府的御用報紙《台灣日
日新報》只報導「蕃婦跌落溪中，下落不明」，長谷川清立刻擴大宣
傳成「愛國事蹟」。

　　當時凡有人從軍，或戰鬥機出擊，軍艦出航，日本殖民政府都強
制性動員女學生到場加油歡送，以鼓舞日軍士氣。要追究莎韻哈勇
的死亡，最該負責的就是日本殖民政府及其侵略行爲，但長谷川清
卻利用作宣傳材料，到日本各地宣揚「愛國少女」。還請西條八十作
詞，古賀政男作曲，渡邊濱子主唱的歌曲「莎韻之鐘」。再請山口淑

子（即李香蘭）拍攝電影「莎韻之鐘」，喧染成莎韻哈勇和田北正記
戀愛，紅遍日本統治區域。在台灣島發揮的洗腦功效，更不在話下。
「莎韻之鐘」歌曲優美，二戰後也有周藍萍作詞的中文版，即「月光
小夜曲」，陳芬蘭、紫薇、費玉清、蔡琴、高勝美都曾演唱過。

（八）1941年高雄特高事件

「特別高等警察」就是日本殖民政府的秘密警察，簡稱「特
高」。1941年11月8日高雄的日本特高警察懷疑鳳山林園莊居民黃宇
宙等數十人，與中國軍隊有聯繫，展開大逮補，且嚴刑逼供。根據供
詞牽連醫師吳海水、莊媽江、律師鄭松筠、沈榮，以外通盟軍，內搞
獨立為名，實施酷刑，史稱「鳳山事件」。同時間逮捕旗山醫師柯水
發等人，史稱「旗山事件」。1942年至1943年又大肆逮捕屏東東港沿
海居民陳江山等2百多人，史稱「東港事件」。1944年拒絕配合皇民化
運動的高雄旗津仕紳王天賞等人被捕，史稱「旗後事件」。被捕者有
被審訊酷刑致死，有被縱放軍犬啃咬撕裂致死，有被判刑在獄中折磨
至死。日本無條件投降後，台灣人要對這些日本特高警察及提供協助
的台灣島「皇民」進行殘酷的報復，例如高雄特高警察仲井清一被綁
架到半屏山凌遲槍殺。但親日的陳儀政府祭出蔣介石的「以德報怨」
指示，將這些日本特高警察提前遣送回日本，且協助那些台灣島「皇
民」隱姓埋名，逃避報復。屏東東港人當選台灣省議員的郭國基，曾
為此公開抨擊蔣介石對日本的「以德報怨」政策，是「慷他人血海深
仇之慨」。

（九）轟炸台灣島

日本在1941年12月7日偷襲珍珠港，美國正式向日本宣戰後，隔天
日軍戰機從台灣島的台南、高雄基地起飛，轟炸菲律賓，美軍傷亡慘
重。日軍佔領太平洋島嶼，但其優勢只維持7個月。1942年6月中途島
戰役，日本海軍重挫，即失去制海、制空權。1943年11月25日美軍第

十四航空隊及中美空軍混合團（飛虎隊）從中國江西起飛，轟炸台灣島日軍新竹基地，徹底瓦解基地所有日軍飛機，這是美軍首次轟炸台灣島。

美國施行跳島戰術反攻，1944年美國當時猶豫在登陸台灣島、菲律賓群島或琉球島等方案，美國海軍軍令部長金恩（Ernest Joseph King, 1878-1956）主張進攻台灣島。1944年6月美國海軍將領尼米茲計劃攻佔台灣島，從高屏溪和淡水河登陸台灣島，但陸軍將領麥克阿瑟主張進攻菲律賓、琉球群島，跳過台灣島。但是因為開羅會議的結論，同盟國主張將台灣島還給中國，進攻台灣島要與中國協調，也擔心蔣介石反對，而且台灣島人口較為稠密，死傷勢必更加慘重。同時台灣島已無戰略價值，日本海軍主力已被殲滅，台灣島上的日本空軍也早被殲滅，島上日本陸軍已成孤軍，既無法支援琉球，也無法援救日本本島的防衛部隊。羅斯福總統最後接受麥克阿瑟的主張，進攻菲律賓和琉球群島，跳過台灣島，但對台灣島實施戰術空襲不登陸。

日本於1944年10月至1945年7月，在台灣島集中大量空軍戰機，共有陸軍機場35處、海軍機場19處，共計有54座機場。在1944年10月12日至16日，日本軍機從屏東東港起飛，出動1,251架次，抵台灣島東方海面攻擊美軍艦隊，重創2艘美軍巡洋艦，日軍卻宣傳擊沉11艘美軍航空母艦，號稱「台灣沖航空戰」。同時間，1944年10月12日美軍卻投下650噸炸藥，轟炸日本的高雄航空隊及海軍第61航空廠，間接造成高雄岡山百姓死傷慘重。高雄是日本南進侵略的軍工重鎮，成為太平洋戰爭期間，遭受美軍轟炸最多次的台灣島城市。美軍並定期轟炸屏東、虎尾等可製造酒精的糖廠與石油煉製廠。10月17日美軍轟炸台南市，且發動菲律賓的雷伊泰島（Leyte）戰役，美軍傷亡15,584人，日軍傷亡8萬人，美軍成功登陸菲律賓。

1945年2月16日至3月26日美軍奪得硫磺島（Iwo Jima），同時激烈轟炸台灣島的新竹空軍基地，新竹基地附近受創嚴重，因該基地支援硫磺島上的日軍。3月26日起至6月21日，歷時87天，美軍展開「鋼

鐵颱風戰役」（Typhoon of Steel），進攻琉球群島，這是太平洋戰爭中，戰鬥雙方傷亡最慘重的戰役，也是美軍傷亡第二大的戰役。美軍死亡12,513人，日軍死亡10萬人，琉球平民死亡15萬人，超過人口三分之一，史稱「琉球戰役」。當時美軍若按原定計畫登陸台灣島，而非琉球群島，台灣人死亡人數會更多。

　　美國並在1945年2月23日、3月9日及5月25日對東京實施大轟炸，仿效日本在中國實施「無差別轟炸」，讓日本人嚐到苦果。台灣島與琉球群島成為日本帝國「絕對國防圈」最前線，美軍欲取琉球以炸東京，必須阻絕駐台日軍北上馳援，於是在該年5月31日發動「台北大空襲」。美國軍機從菲律賓起飛轟炸台北，台灣總督府、台灣鐵道飯店（今新光大樓）、十方面軍司令部（台灣軍）、台北帝大附屬醫院（今台大醫院）、台北車站、台灣銀行、台北公園（今二二八公園）、台北高等法院皆無倖免。美軍在3個小時之內，就投放3,800枚炸彈，台北市民死傷超過3,000人，無家可歸者不計其數。許多老一輩的台灣人，至今仍有躲避空襲（疏開）的恐怖回憶，這是台灣島史上首度的「無差別轟炸」。但美軍仍然刻意避開密集住宅區，否則台灣人的死亡人數不只如此。同日，美軍也派出四架B-24低空轟炸宜蘭日軍神風特攻隊的基地及附近地區。

　　日本殖民政府統計，自5月31日至8月10日，美軍空襲轟炸台灣島造成5,582人死亡，8,760人受傷，45,340棟房舍被毀，受災者30萬人。台灣人做日本侵略共犯的代價實在不小，但還是比琉球人在琉球戰役中付出的代價，相對小很多。經過美軍轟炸後，1945年台灣島的工業生產能量與1941年相較，食品加工業只剩8%，化學工業只剩8.9%，紡織業只剩12.6%，一般工業只剩15.6%，水泥礦業只剩25.6%。從1944年10月12日至1945年8月10日，美軍轟炸造成基隆、新竹、嘉義、台南、高雄等地完全喪失都市機能，台北、彰化、屏東、宜蘭、花蓮的都市機能減半，只有台中尚能維持。全島建築物45,340棟損毀，死亡5,582人，失蹤419人，重傷3,667人，輕傷5,093人，合計死傷人數

14,761人，災民總計277,383人。建築物毀損、死亡者和災民集中在高
雄、台北、台南。

　　1941年珍珠港事變後，台灣島是日本人侵略東南亞的基地。1943
年後美軍反攻登陸菲律賓、琉球時，並未登陸攻擊台灣島，改用空襲
轟炸台灣島成為戰爭上的必然。只遭到美軍空襲的台灣島，台灣人的
傷亡比起菲律賓人、琉球人在美軍登陸戰中的慘烈傷亡，著實是不
幸中的大幸。但是台灣島上的台獨份子卻無視參與日本侵略的罪責，

美軍進行台北大轟炸的空照圖

扭曲地說是「中國人聯合美國人轟炸台灣人」，並將這種觀點解釋爲「本土史觀」。

相較之下，美軍在第二次世界大戰轟炸法國，法國人卻認爲美軍解放法國。台獨份子的心態還停留在樂於當日本人侵略共犯的情境中，當時的台灣人的確是很欣奮的支持日本人侵略中國和東南亞，在人力、物力、財力協助日本人四處侵略，但也很幸運的受《開羅宣言》的保障及中國人的民族感情，戰後未被當作戰犯處罰。

（十）台籍日本兵

■ 參戰運動

長谷川清積極推動台灣人參加第二次世界大戰的「參戰運動」，做日本侵略中國和東南亞的共犯，日本殖民政府採取種種手段讓台灣人參戰。1937年盧溝橋事變後，台灣人即受日本殖民政府徵派，赴中國作翻譯、軍醫、軍夫等工作。至1941年太平洋戰爭起，台灣島更成爲日軍進攻東南亞的踏腳板，做爲兵員、艦隊、飛機、兵器、彈藥等的集結地。台灣總督府順勢經營中國華南及東南亞，大量徵用台灣人充當各種專家或勞役及軍屬，赴中國及東南亞工作。

1937年8月13日到11月26日，日本侵略中國的松滬會戰期間，日本殖民政府開始招募台灣人至上海戰場當「軍屬」或「軍伕」，協助日本人侵略中國。日本軍隊講究階級秩序，按「軍人、軍馬、軍犬、軍屬」的重要性排序。「軍屬」不如軍馬、軍犬，是軍中僱員，從事低階技術工作。「軍伕」則是排序之外的軍中雜役，但有時不易和「軍屬」分清楚，統計數字有時也很少區分。事實上日本軍隊也從台灣軍伕中選出「特別教育隊」，訓練成持槍戰士。軍伕的存活率也與日本軍人相當，例如日本第36師團的戰鬥人員存活率31.8%，非戰鬥的台灣人存活率33.0%。

1937年9月台灣軍5,500人從基隆港出發，就徵調850名台灣人擔任

軍伕，搬運軍需品，且投入戰場運送槍砲彈藥，協助看守被俘中國軍人。1938年4月起日本軍隊在上海、南京開闢軍用農場，從台灣島徵調「台灣農業義勇團」的軍伕，號稱「鋤頭戰士」。1939年5月軍伕徵集人數達9,500人。部份擔任軍屬和軍伕的台灣人涉及虐待被俘中國軍人，引發國際媒體稱為「福爾摩沙警衛」（Formosa Guard）的惡名。這場松滬會戰打了三個月半，中國軍隊陣亡20萬人，日本軍隊陣亡7萬人。1937年12月13日至1938年1月30日，日軍攻破南京，隨即展開大屠殺，有20萬名南京平民遭日軍殺害，有2萬名中國婦女遭日軍強姦，據傳台籍日本軍屬也涉入其中，但無具體證據。

　　1941年12月7日日本突襲珍珠港，太平洋戰爭爆發。日本殖民政府就假借「台灣特設勞務奉公團」、「台灣特設勤勞團」、「台灣特設農業團」等名義，大量徵集台灣人從事軍伕工作，投入戰場搬運軍火、維修軍械，或到日本佔領區開闢農場，供應日軍糧食、蔬菜、水果。1942年2月28日長谷川清宣布實施「台灣特別志願兵制度」及「特別看護婦及看護助手志願制度」。「看護婦」就是日語的護士，「看護助手」就是「助理護士」。當時應徵「看護婦」的台灣婦女達5,700人以上，但日本殖民政府和軍隊卻假藉徵集「看護婦」的時機，拐騙台灣女性當「慰安婦」。1945年日本殖民政府實施徵兵，徵召台灣人入伍，並組織民兵「國民義勇隊」，準備與登陸的美軍，進行殊死肉搏戰。有些「國民義勇隊」的民兵成為1947年二二八事件的民兵主力，但戰力薄弱，一觸即潰。台灣島許多台灣史學者描述台灣人參與第二次大戰的史實，都偏頗地談論台灣人敗戰後的委屈和痛苦，完全無視於這些台籍日本兵、軍屬、軍伕參戰時的激情、侵略和戰犯本質，以及帶給中國大陸和東南亞人民的災難和悲淒。

■ 高砂義勇隊

　　日軍為了攻佔馬尼拉灣的菲律賓巴丹半島（Bataan），其地理狀況類似台灣島高山地區，1942年長谷川清以「高砂挺身報國」為

名，組織「高砂挺身報國隊」，隊員600人，預定赴東南亞戰場構築陣地、修築道路，先在新竹湖口受訓，廢棄原住民姓名，改取日本姓名，腰佩番刀，派赴菲律賓。日軍指揮官卻發覺，原住民在巴丹半島（Bataan）、科雷希多島（Corregidor）戰場，有優異的熱帶叢林戰的能力。因此派這些原住民赴深山叢林的危險地帶的最前線，當斥候（偵查兵）或狙擊手，護衛日軍脫困，屢建奇功。1943年9月日本人開始募集年滿20歲的原住民參加「高砂挺身報國隊」。有逃避者，甚至遭到拘捕拷打。11月26日《朝日新聞》台灣版甚至還欺騙原住民，編撰一位花蓮阿美族青年志願從軍的「心聲」，大幅報導這位阿美族青年的說法：「我們的祖先是日本人，奮起殺敵吧！高砂族。」

　　日本軍國主義和法西斯思想洗腦台灣人的工作，可說做得非常成功。讓有些原住民以爲自己的祖先是日本人，讓有些中國移民後裔覺得生不能爲日本人，死要當日本鬼，李登欽和李登輝兄弟就是其例。李登輝好談他兄弟倆的「死亡哲學」，就是這種洗腦後遺症，反映而出的心理病態：「扭曲自己的出身尊嚴，迎合殖民者的政治利益」。就像李登輝執政後期，許多台獨份子爲否定自己的中國血統，違反歷史事實和科學論證，編造本省籍台灣人是中國人和原住民混血後代，不是純種中國人的虛僞論述，企圖洗腦出心理病態的台獨新世代。

　　1945年1月15日長谷川清實施全面徵兵制，於是日本軍警挨著村社點召男性原住民，強徵入伍，組織「高砂義勇隊」或「薰空挺隊」，送赴東南亞戰場，超過6千人奔赴菲律賓島嶼、新幾內亞、索羅門群島等戰區，從事戰鬥兵、工兵、軍伕雜役等工作，但死亡超過3分之2，戰後生還者僅3分之1。戰爭末期，日本殖民政府又迅速徵集2萬名原住民，但日本無條件投降，未全數送去東南亞戰場。這些最後一批的「高砂義勇隊」是被派去當「游擊隊」，攻擊菲律賓、新幾內亞、印尼的美軍基地後，遁入叢林打游擊戰。這些無厘頭的游擊隊，最後幾乎全被美軍和當地居民打死。

　　高砂義勇隊有位著名人士叫湯守仁（1924-1954），本名是優路

拿那（Yapasuyong Yulunana），阿里山鄒族人，被日本殖民政府徵調至中國華南地區的戰俘收容所擔任警衛，常被歐美人士視爲惡名昭彰的「福爾摩沙警衛」（Formosa Guard），因表現突出，獲得日本人賞識，被保送至日本士官學校受訓，升任少尉，成爲日本關東軍軍官。1945年8月蘇聯軍隊進攻中國東北，日本關東軍不堪一擊，湯守仁遭俘虜。蘇聯軍隊發現湯守仁不是日本人，依中國政府請求，釋放回台灣島。1947年二二八事件時，湯守仁率鄒族民兵攻佔嘉義紅毛埤軍械庫，奪取槍彈，包圍嘉義水上機場的政府軍。二二八事件後，湯守仁未被南京民國政府追究。1949年湯守仁參加中國共產黨山地委員會書記簡吉（1903-1951）組織的「蓬萊族解放委員會」，1952年被台北民國政府逮補，1954年被判叛亂罪槍決。

■ 台籍志願兵

1942年6月4日中途島戰役，日本大敗。6月20日日本殖民政府首次實施「陸軍特別志願兵制度」，擬招募1,000名台灣人擔任日本兵，卻有425,961人應徵，最後只錄取1,020人。1943年6月1日第二次招募1,000名，有601,147人應徵，只錄取1,030人。1944年應徵者739,276人，只錄取2,497人。而1940年1月份統計，台灣島17歲至30歲男子人口只有633,325人，這個應徵比例實在高得驚人，台灣人熱烈支持日本侵略中國和東南亞，也出乎日本殖民政府意料之外。1942年3月另有徵集「台灣特設勞務奉公團」500名台灣人，投入東南亞戰區的緊急作戰勞務，運送戰線後方傷患，開闢道路及建築臨時房舍、機場，搬運密林地帶的軍需品等，實在與作戰任務無太大差異。

1943年8月1日另外實施「海軍特別志願兵制度」，首次招募即有316,917人應徵1,000個名額，最後錄取1,008人。可見當時台灣人在法律上雖不是日本公民，卻已被日本殖民政府馴化，瘋狂的支持日本發動的侵略戰爭。有人還寫血書，男青年志願當戰士或軍伕，女青年志願當軍中護士，熱烈地志願當日本的侵略共犯。1944年2月25日《台灣

日日新報》特別報導淡水郡三芝庄台籍日本警察李金龍（岩里龍男）的次子李登輝（岩里政男）被錄取為日本陸軍幹部候補生，李登輝曾提出血書要求入營當日本兵，李金龍還因此「歡喜」捐款給日軍。李金龍的長子李登欽（岩里武則）業已於1943年參加日本海軍。報導說兩兄弟出發時，宣誓「願為君國粉身碎骨，以報答浩蕩的皇恩」。

　　台灣人擔任「志願兵」共有16,500人，陸軍5,500人，海軍11,000人。日本殖民政府發現台灣人非常熱烈支持日本的侵略戰爭，1945年1月15日乾脆廢除「志願兵」改實施「徵兵」，強徵「義務兵」63,933人。台灣島的報紙猛烈報導很多台灣人「感謝皇恩浩蕩」，「聖恩籠罩本島人」，「身為母親，這讓人感到無比的驕傲」。另外還發布《學徒動員令》，徵調在日本讀書的台籍大學生、專科生，以候補幹部、兵士受訓，不少人擔任軍士官，兇殘程度比日本人有過之而無不及。甚至有人涉嫌殘殺平民或俘虜，戰後被同盟國法庭以觸犯戰犯罪，判處死刑。1945年4月柯德三在台北帝大念醫科，也被徵調加入日本海軍。柯德三就是後藤新平時代「柯文德上學事件」主角柯文德的兒子。

　　從1942年至1945年止，按日本厚生省統計，應日本殖民政府招募，替日本人侵略的台灣人有207,183人，其中擔任「台籍日本兵」有80,433人，擔任「軍屬」或「軍伕」有126,750人。在日本侵略戰爭中，陣亡的台籍日本兵有30,304人。但日本的台灣總督府所編《台灣統治概要》說在1945年有101,167名台灣人在海外「作戰」，其中92,748人是「戰士」，有8,419人是「少年士」。此外，1937年9月18日日本殖民政府公布《軍需工場法》，動員台灣人支援軍需工業，9月22日就成立「臨時勞務部」，控管台灣人的技術勞力。在台灣島內被動員從事義務勞動，支援民防及軍需工業的台灣人每日達30萬人。這些數字顯示，1944年台灣島男性人口不到300萬人，可服兵役的年齡層人口不到100萬人，就有20萬人參加日本侵略戰爭，當起侵略共犯。

　　台籍日本兵有2萬8千人戰死後，被日本人供奉在日本靖國神社，

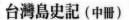

1990年後日本政府發給這些台籍日本兵的家屬「弔慰金」，每人新台幣約40萬元，只有日本兵的50分之1。2000年後台籍日本兵拿到日本政府發放的「未付薪資、軍事郵政儲金、外地郵政儲金、簡易人壽保險金、郵政年金等五項給付」，每人只有約新台幣2萬元，只有日本兵的58分之1。台灣人努力當日本侵略的共犯，戰後日本政府仍然把這些台灣人當次等人看待。

■ 馬尼拉大屠殺

到1944年底，已有6千人以上的陸軍志願兵被派赴中國或東南亞作戰。如果台灣人當這些志願兵，是去維護和平或抵抗侵略，將是光榮的歷史紀錄。但去當日本人的侵略共犯，去協助日本人屠殺他國人民及同血緣的中國人，甚至連老弱婦孺也不放過，例如涉入1944年至1945年的「馬尼拉大屠殺」，這是台籍日本兵和中國移民後裔的台灣人最抬不起頭的歷史紀錄。

1942年1月日本軍隊佔領馬尼拉，1944年10月美軍反攻菲律賓雷伊泰島（Leyte）。1944年底美軍進軍馬尼拉，日軍大將山下奉文（1885-1946）下令撤退，但少將岩淵三次（1895-1945）抗命，繼續領導14,300名日軍據守馬尼拉，其中就有不少台籍日本兵，包括李登輝的哥哥李登欽。1945年1月15日美軍登陸馬尼拉，馬尼拉攻防戰役期間，日軍實施恐怖主義，展開馬尼拉大屠殺，到2月23日有10萬名以上的菲律賓人慘死。山下奉文於1945年12月7日被同盟國馬尼拉軍事法庭以乙級戰犯罪名判處死刑，對於馬尼拉大屠殺事件，山下奉文說：「我不知情，但我有責任」，並留下遺言：「日軍殘酷行為是後天學來的，請祖國提高婦女教育，教育出下一代的好母親。」岩淵三次則於1945年2月26日遭美軍包圍時自殺。

日軍採行恐怖政策，為逼迫菲律賓人服從，且不得投靠美軍，尤其在1945年2月4日至10日，日軍展開姦淫燒殺，在聖保羅大學屠殺994名兒童，燒死躲在教堂避難的老弱婦孺3千名。日軍勒令菲律賓男女排

列在街上用機關槍射殺，年輕女性排列在地上任由日軍強姦後射殺，馬尼拉人口在短短幾天內死亡10分之1。戰後出任菲律賓總統的季里諾（Elpidio Rivera Quirino, 1890-1956）的妻子和3名兒女也遭日軍姦殺，史稱「馬尼拉大屠殺」。

馬尼拉大屠殺的情景，菲律賓報紙編輯羅慕洛（Carlos Pena Romulo, 1901-1985）在屠殺後返回馬尼拉時，看到下面情景：「在馬尼拉大街上，我看到一堆堆受盡酷刑折磨的當地人的屍體，他們以前都是我的鄰居或者朋友，每個人的雙手都被反綁在身後，屍體上佈滿了一個又一個刺刀戳過的窟窿。我看到一個小女孩，她曾經和我的兒子在同一所學校上學，此時她只是瞪著眼睛看著我，但是已經永遠不能再說話。她稚嫩的胸脯上橫七豎八地布滿了被刺刀劃過的傷痕。我看到了傳教士、婦女、兒童，甚至嬰兒的屍體，日軍把屠殺無辜群眾當成了一場娛樂競賽。」羅慕洛後來轉任麥克阿瑟的副官，「自由之聲」廣播電台台長，菲律賓駐聯合國大使，1949年至1951年任聯合國大會主席，1957年任安理會主席。

這些「馬尼拉大屠殺」的罹難者中有很多是中國血統的華僑，而屠殺這些罹難者的兇手有不少是台籍日本兵，美軍最後擊斃日軍12,000人，其中一位被美軍擊斃的兇手叫「岩里武則」，本名叫「李登欽」。雙手沾滿血腥的李登欽是經過皇民化後的台籍日本軍官，以當日本人為終生志向。李登欽有位弟弟叫李登輝，李登輝的皇民化日本名字叫「岩里政男」。李登欽17歲就擔任日本殖民政府的台籍警察，22歲當日本海軍志願兵，被美軍擊斃時只有24歲，死後被日本人供奉在靖國神社，李登輝還以此為榮。

全部至少有207,183名台灣人參與日本侵略戰爭，當侵略共犯。台灣人在替日本人侵略時的殘酷程度，並不亞於日本人。戰後被認定殘酷程度，已達丙級或乙級戰犯，被判徒刑的台灣人有173名，被判死刑的台灣人有26名。但是「韓籍日本兵」被判徒刑的朝鮮人有129名，被判死刑的朝鮮人有14名。韓籍日本兵有116,294人，比台籍日本兵

80,433人多35,861人，但惡劣的戰犯反而相對少。台籍日本兵有自認為是效忠日本天皇的光榮志願兵，也有是自覺悲慘被迫的義務兵，但都是日本侵略中國和東南亞的共犯，這是台灣人（本省人）在第二次世界大戰期間犯下的罪孽和不堪回首的記憶。

（十一）慰安婦

日本人發動對外侵略，會在被侵略地區設立「慰安所」，提供婦女性服務，解決日本軍隊官士兵的性慾問題。這些婦女被日本人稱為「慰安婦」，就是「軍妓」。慰安婦除了少數是原本從事妓女工作者招募來的，為應付日軍龐大人數的需要，日本政府用拐騙、欺詐、威逼的手法，從殖民地和被侵略地，徵調婦女到各個戰場的慰安所，從事慰安婦的工作。

東京大審判的《遠東審判案備用資料第103冊51章342頁》，記載當時日本情報部發給日本陸軍部的一份文件寫道：「用中國女人做慰安婦會撫慰那些因戰爭而產生沮喪情緒的士兵，他們在戰場上被中國軍隊打敗的心理在中國慰安婦的身上得到最有效的校正。佔有中國女人，便能滋長佔有中國的雄心。我們必須更多地徵用中國女人做慰安婦，從精神和肉體上安慰我們的軍人，樹立他們必勝的信心。」

1937年日本政府發布《有關為皇軍官兵徵調慰安婦委託文件》，指明「正在日本和韓國徵召慰安婦」，在台灣島則以「奉公」名義從民間徵調年輕女子，或偽稱招募「軍部食堂端菜服務生」拐騙，或以招訓「藝旦」名義詐騙。台灣的婦女救援基金會統計，台灣島被日本殖民政府徵召去當慰安婦的台籍婦女約有1,200人。竹中信子記載：「自台中州埔里公學校畢業、出身邵族的吳山玲子，在昭和十八年（1943年）時以特殊從軍護士的身份被派到新加坡，她完全不知道『特殊』身份的意思。……她被指定為將校專用的慰安婦。」

從倖存者裡調查59位慰安婦，其中有29位（佔49.15%）是被日本警察和皇民掮客詐騙，要介紹高薪就業，從事廚房食堂及病房看護工

作，結果被推入火坑。有11位（佔18.64%）是原住民婦女，被日本警察強迫的。有4位（佔6.77%）是養女被養父母或寄養親屬強迫去應徵的。有3位（佔5.08%）是被是區公所抽籤抽中強徵至海外服務，卻被迫當慰安婦的。有3位（佔5.08%）是被親人或人口販子轉賣給日本軍隊，被逼掉入火坑的。有9位（佔15.25%）是風化場所出身的婦女主動應徵，但原以爲是擔任女招待或女侍，只有1人事先知道要從事慰安婦的工作。

這些台籍慰安婦被迫每天要提供性服務給20至30位日本士兵，沒有行動自由，無法返鄉，積欠工資，甚至被士兵虐待。有許多慰安婦死於戰火，倖存者返鄉更遭到社會歧視。由這個調查可以確定，台籍慰安婦是被騙或被迫的，而不是自願的。但是台灣島瀰漫皇民心態，民進黨政權甚至編造台籍慰安婦是自願的說法，反映皇民台獨的低賤心態。這是台灣人踐踏自己出身尊嚴和民族自尊迎合日本殖民統治者的特殊現象，同樣被殖民的其他各國如韓國，卻無此現象。

日本政府從未對台籍慰安婦表示道歉，也從未賠償。有9位台籍慰安婦對日本政府提起道歉賠償訴訟，2005年日本最高法院以「超過法律追溯期，被害人沒有權利以國家賠償法得到賠償」爲理由，判決台籍慰安婦敗訴。2007年7月美國國務卿希拉蕊下令美國政府文件把「慰安婦」一詞改爲「被強迫的性奴隸」，但台灣島上許多「皇民」認定台籍慰安婦是「自願侍奉皇軍」，這些「皇民」並從台灣島的教科書中刪除「慰安婦」是「被強迫」的字眼，顯現台灣島的「日奴」病症很嚴重。

1996年1月4日聯合國人權委員會通過《庫瑪拉絲瓦蜜（Radhika Coomaraswamy）報告》，確認慰安婦是「軍事性奴隸」（Military Sex Slave），建議日本應就慰安婦問題負起法律責任，但日本政府拒絕接受這個決議。

馬英九宣布2015年10月25日要成立「慰安婦紀念館」，但除了私人的婦女救援基金會2016年租屋設立「阿嬤家」外，馬英九的承諾並

未經由政府的名義或財力獲得實踐。台灣島各級領導人花費不少公款紀念或補償二二八事件中的「本省人」，卻吝於花費任何一毛公款紀念或補償台籍慰安婦，就可以理解台灣人被日本人殖民後，所產生對待日本人的奴婢心態和斯德哥爾摩症候群。

（十二）台籍少年工

　　日本神奈川縣高座郡的「高座海軍工廠」負責生產戰鬥機，當時日本沒有空軍編制，戰鬥機隊屬於海軍。「高座海軍工廠」於1942年10月透過日本殖民政府在台灣島募集14歲至20歲小學、初中程度的台籍青少年，經過簡單訓練，到飛機製造生產線上，從事機械式的勞力工作。表面上可以半工半讀，完成高工或工專學業，事實上只是生產線上的廉價勞工。當時日本敗象已露，無法履行半工半讀的承諾。這批少年工先到高雄岡山日本海軍第六十一航空廠，接受很短暫的基本動作訓練，即開赴日本神奈川高座郡。

　　1943年4月30日第一梯次有1,800位少年工從高雄搭船赴日本橫濱，全部共有15梯次，總計8,419人。許多少年工從神奈川的工廠被轉派到橫須賀、茨城、廣島、長崎、群馬、名古屋、兵庫、千葉、相模等地，被稱為「海軍工員」。從1943年到1945年這些台籍少年工參與製造的戰鬥機有128架，佔總數558架的23%，對日本的侵略和最後掙扎，付出心血。

　　1945年2月後，美軍對日本密集轟炸，7月30日高座工廠遭到美軍飛機用機槍掃射，有6名台籍少年工死亡，戰爭結束前共有60名台籍少年工死亡。1946年1月這些少年工開始從日本遣返台灣島，1987年蔣經國解除台灣島戒嚴，這批已是中年人的少年工組成「台灣留日高座同學聯誼會」，視神奈川為第二故鄉，視被騙當廉價勞工為出國留學，視資助日本侵略為人生磨練，視神奈川縣大和市為第二故鄉，還捐款蓋「台灣亭」，形成很特殊的親日團體。

（十三）開羅會議

1941年8月14日美國總統羅斯福（1882-1945）及英國首相邱吉爾（1874-1965）在大西洋北部紐芬蘭阿金夏美國海軍基地 （US Naval Station Argentia, Placentia Bay, Newfoundland）的奧古斯塔號軍艦（USS Augusta）上舉行大西洋會議（Atlantic Conference），公布《大西洋憲章》（Atlantic Charter），聲明：

1. 英美兩國不尋求任何領土或其他方面的擴張。
2. 英美兩國不想看見不符合相關人民自由意志的領土變更。
3. 英美兩國尊重所有人民有權選擇他們願意生活於其下的政府形式；希望看見曾被武力剝奪主權權利及自治政府的人們能光復。

1941年12月7日（美國時間）日本海空軍突襲美國夏威夷珍珠港，被視爲是日本對美國發表《大西洋憲章》的回應。

1942年1月1日以美、英、蘇、中四國爲首的26個國家在華盛頓簽屬《聯合國宣言》（Declaration by United Nations），確認這26個國家同意《大西洋憲章》所載宗旨和原則的共同綱領，並首度出現「聯合國」（United Nations）的概念。在這份文件宋子文（1894-1971）是以「中國」（China）的代表身份簽字，文件上不是用當時的國號「中華民國」。

1942年6月4日日本海空軍偷襲中途島（Midway Atoll），被視爲是日本對《聯合國宣言》的回應，但中途島戰役日本戰敗，損失四艘航空母艦，從此日本喪失在太平洋發動大規模戰役的能力。

1943年11月23日至26日美英中三國領袖羅斯福、邱吉爾、蔣介石（1887-1975）在埃及開羅召開會議，商討反攻日本的軍事戰略及戰後國際秩序的安排，制定從緬甸反攻日軍的軍事計劃，及援助中國的方案，會後公布《開羅新聞公報》，後改稱《開羅宣言》，宣示聯合國

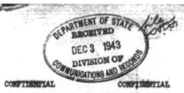

CONFIDENTIAL   CONFIDENTIAL   CONFIDENTIAL

HOLD FOR RELEASE   HOLD FOR RELEASE   HOLD FOR RELEASE

PLEASE SAFEGUARD AGAINST PREMATURE RELEASE OR PUBLICATION.

The following communique is for automatic release at
7:30 P.M., E.W.T., on Wednesday, December 1, 1943.

Extraordinary precautions must be taken to hold this com-
munication absolutely confidential and secret until the hour set
for automatic release.

No intimation can be given its contents nor shall its
contents be the subject of speculation or discussion on the part
of anybody receiving it, prior to the hour of release.

Radio commentators and news broadcasters are particularly
cautioned not to make the communication the subject of speculation
before the hour of release for publication.

STEPHEN EARLY
Secretary to the President

President Roosevelt, Generalissimo Chiang Kai-Shek and
Prime Minister Churchill, together with their respective military
and diplomatic advisers, have completed a conference in North
Africa.

The following general statement was issued:

"The several military missions have agreed upon
future military operations against Japan. The Three
Great Allies expressed their resolve to bring unrelenting
pressure against their brutal enemies by sea, land and
air. This pressure is already rising.

"The Three Great Allies are fighting this war to
restrain and punish the aggression of Japan. They covet
no gain for themselves and have no thought of territorial
expansion. It is their purpose that Japan shall be
stripped of all the islands in the Pacific which she has
seized or occupied since the beginning of the First World
War in 1914, and that all the territories Japan has stolen
from the Chinese, such as Manchuria, Formosa, and The
Pescadores, shall be restored to the Republic of China.
Japan will also be expelled from all other territories
which she has taken by violence and greed. The aforesaid
Three Great Powers, mindful of the enslavement of the
people of Korea, are determined that in due course Korea
shall become free and independent.

"With these objects in view the Three Allies, in
harmony with those of the United Nations at war with
Japan, will continue to persevere in the serious and
prolonged operations necessary to procure the unconditional
surrender of Japan."

- - - - - -

美國白宮的《開羅宣言》檔案

要作戰至日本無條件投降。「無條件投降」意指日本不能爲投降開具任何條件，只能依照聯合國或同盟國開立的條件投降。換言之，日本對《開羅宣言》規定的條件，只能照單全收，沒有討價還價的空間。

開羅會議（Cairo Conference）在埃及開羅市靠吉薩金字塔旁邊的米納之家大飯店（Mena House Hotel）舉行。米納之家原本是埃及國王（Khedive Ismail Pasha, 1830-1895）招待貴賓的別墅，1869年蘇伊士運河開通，擴大爲皇家招待所。1883年賣給英國人做私人住宅，以埃及第一位國王Meni美尼（美尼斯）的名字，取名爲米納之家（Mena House）。1885年再轉賣給另一個英國人，轉型爲大飯店，1886年正式開業。1913年至1914年一次大戰時，被徵用做醫院。最重要的歷史事件是1943年羅斯福、邱吉爾、蔣介石三人在米納之家，召集「開羅會議」。1979年卡特、沙達特、比金三人在米納之家，召集大衛營前端和談會議，史稱「米納之家會議」。

開羅會議期間，羅斯福的總統特助霍普金斯（Harry Lloyd Hopkins, 1890-1946）起草開羅會議新聞公報稿，經邱吉爾修改定稿。11月28日邱吉爾飛赴伊朗德黑蘭，參加「德黑蘭會議」時，當面徵得史達林同意《開羅宣言》的文字稿。12月1日由美國白宮公布這份說明開羅會議結論的《新聞公報》，即《開羅宣言》。1943年《開羅宣言》可說是繼1941年《大西洋憲章》、1942年《聯合國宣言》後，在第二次世界大戰期間最重要的國際法文件，也是對中國領土主權影響最重大的國際法文件。《開羅宣言》是具備國際法可創設主權權利的宣言文件，對美、英、中、蘇四國和其他同盟國，產生國際法上的拘束力。當日本接受《開羅宣言》作爲投降條件時，就已排除其他各國或政權取得台灣島領土主權的法理可能性。

（十四）《開羅宣言》全文

President Roosevelt, Generalissimo Chiang Kai-shek and Prime Minister Churchill, together with their respective military and

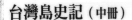

diplomatic advisers, have completed a conference in North Africa. The following general statement was issued:

羅斯福總統、蔣介石元帥、丘吉爾首相偕同各該國軍事與外交顧問，在北非舉行會議，業已完畢，茲發表概括之聲明如下：

The several military missions have agreed upon future military operations against Japan. The three great Allies expressed their resolve to bring unrelenting pressure against their brutal enemies by sea, land and air. This pressure is already rising.

數個軍事代表團關於未來對日作戰計劃，已獲得一致意見，我三大盟國決心以不鬆弛之壓力從海陸空加諸殘暴之敵人，此項壓力已經在增長之中。

The three great Allies are fighting this war to restrain and punish the aggression of Japan. They covet no gain for themselves and have no thought of territorial expansion. It is their purpose that Japan shall be stripped of all the islands in the Pacific which she has seized or occupied since the beginning of the first World War in 1914, and that all the territories Japan has stolen from the Chinese, such as Manchuria, Formosa, and the Pescadores, shall be restored to the Republic of China. Japan will also be expelled from all other territories which she has taken by violence and greed. The aforesaid three great powers, mindful of the enslavement of the people of Korea, are determined that in due course Korea shall become free and independent.

三大盟國進行此次戰爭在於制止及懲罰日本之侵略，三國絕不為己圖利，亦無擴張領土之意圖。三國之宗旨在剝奪日本自從1914年第一次世界大戰開始後在太平洋上所奪得或佔領之全部島嶼；在使日本從中國人竊取之全部領土，例如滿洲、台灣、和澎湖群

島，應復歸給中華民國；日本也將被驅離它以暴力和貪欲攫取之所有其他領土；我三大勢力深知朝鮮人民所受之奴隸待遇，決定在相當時期，使朝鮮自由與獨立。

With these object in view, the three Allies in harmony with those of the United Nations at war with Japan, will continue to persevere in the serious and prolonged operations necessary to procure the unconditional surrender of Japan.

從這些目標來看，三大盟國和聯合國對日作戰之目標相一致，必將繼續堅持重大且長期之戰爭，以獲得日本之無條件投降。

（十五）德黑蘭會議

1943年11月28日至12月1日羅斯福、邱吉爾、史達林在伊朗德黑蘭舉行會議，史稱「德黑蘭會議」（Tehran Conference）。德黑蘭會議後發表《德黑蘭宣言》（Tehran Declaration），並達成秘密協議內容是：支持南斯拉夫游擊隊，要土耳其加入同盟國參戰，同意支持伊朗，蘇聯同意攻擊保加利亞以及牽制東部德軍。

九、安藤利吉（1944年12月30日-1945年10月25日）

安藤利吉（1884-1946）是日本宮城縣人，陸軍大學畢業。歷任侵略中國華南地區及中南半島的日軍司令官，1941年任台灣軍司令官，曾於1944年4月約見台灣仕紳時表示不信任台灣人，認爲台灣總督施政未能收服台灣人心，說詞是「如今正是要把歷任總督之政治成績單公諸於世的時候。倘若統治甚得民心，萬一敵軍登陸而全島戰場化，台灣同胞應該會與皇軍合作，挺身與敵軍登陸部隊做殊死戰才對。眞正之皇民化必須如此。萬一與此相反……而以我個人的看法，我還不敢

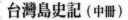

對台灣同胞寄予絕對的信賴。」此議論令當時許多台灣島皇民自認爲受到侮辱，也引發時任總督的長谷川清的不滿。

但安藤利吉卻於1944年12月出任第十九任台灣總督，並擴充「台灣軍」爲「第十方面軍」，自任司令官。任內大規模強徵台灣人當日本兵或軍伕，做日本的侵略共犯。強化防空民防訓練，管制燈火、民生用品。進行恐怖統治，審訊東港、鳳山、瑞芳、蘇澳冤獄事件，處死1,000多名台灣人。1945年8月15日，日本昭和宣詔無條件投降，10月25日安藤利吉代表台灣總督府和第十方面軍向代表中國政府和同盟國軍隊的陳儀投降。1946年4月13日安藤利吉遭美國逮捕，被指控虐待殺害被日軍俘虜的美國飛行員，以戰犯身份羈押在美國政府管轄的上海提籃橋監獄，4月19日服毒自殺身亡。

（一）雅爾達會議

1945年2月4日至11日羅斯福、邱吉爾、斯達林（1878-1953）在克里米亞半島（Crimea）的雅爾達（Yalta）的「利發底亞宮」（Livadia Palace）舉行會議，史稱「雅爾達會議」（Yalta Conference）或「克里米亞會議」（Crimea Conference）。會議達成協定，要德國無條件投降，要德國和柏林裂解爲四個佔領區，要蘇聯在德國投降後3個月內，出兵對日本作戰。同意蘇聯取回庫頁島（Sakhalin）南部，取得日本北方四島、千島群島（Kuril Islands）、部分阿留申群島（Aleutian Islands）的領土主權，還有中國遼東半島南部的大連、旅順，以及中東和南滿鐵路的主權權利。同意外蒙古維持現狀。會中發表《解放歐洲宣言》（Declaration of Liberated Europe），並簽署《雅爾達協議》（Yalta Agreement），原文稱爲《克里米亞會議議定書》（Protocol of Proceedings of Crimea Conference），但協議內容未公開，被稱爲《雅爾達密約》。這個協議劃定戰後日本與蘇聯的領土範圍，以及中國與外蒙古的關係。

（二）東京大轟炸

　　1945年2月19日至3月26日硫磺島戰役進行時，日本的海空軍力量已幾乎被美國摧毀。美國為配合硫磺島戰役及3月26日展開的琉球戰役，於1945年3月10日、4月13日、4月15日、5月24日、5月25日及26日，大規模轟炸東京，史稱「東京大轟炸」。美軍派出334架B-29轟炸機，從馬里亞納群島起飛，對東京投下2,000噸凝固式汽油彈，實施地毯式轟炸。轟炸區域81%是工商區域，有19%是住商混合區。美軍轟炸前事先拋撒傳單，告知下一波轟炸目標，但仍炸死7.5萬人，炸傷10萬人。美軍的做法在避免違反國際法禁止「無差別轟炸」的規定，但由於日本在1938年2月18日至1944年12月19日長達6年半，進行「重慶大轟炸」，全是以中國平民為對象的「無差別轟炸」，日本人自己無顏指控美國違法。史上最先進行屠殺平民的「無差別轟炸」是1937年4月德國在西班牙內戰時，對「格爾尼卡鎮」（Guernica）實施的空中轟炸。日本的軍心士氣在東京大轟炸後，已接近瓦解狀態。在此日本兵敗如山倒的期間，1945年4月1日昭和發布「朝鮮及台灣住民政治參與詔書」，說朝鮮及台灣住民在他的統治之下，參加戰爭貢獻很多，要打開門路讓這些住民可選「帝國議會議員」。此情此景，這份詔書的愚人節成份很濃，有些台獨份子卻認為這份詔書是朝鮮和台灣住民取得日本國籍的依據，實在是十分弱智的解釋。

（三）琉球戰役

　　1945年3月26日安藤利吉擔任「台灣軍」改編的第十方面軍司令官，轄下的第三十二軍由牛島滿（1887-1945）中將率領，守衛琉球群島，迎戰美軍的「冰山行動」（Operation Iceberg），又稱「鋼鐵颱風」（The Typhoon of Steel）的琉球登陸戰，史稱「琉球戰役」或「沖繩島戰役」（The Battle of Okinawa）。這場戰役是太平洋戰爭規模最大的登陸作戰。琉球戰役前，安藤利吉認為美軍可能登陸台灣島，把牛島滿

第三十二軍的第九師團調到台灣島，被認為是安藤利吉的一大失誤。

戰役從3月26日美軍第77步兵師登陸慶良間群島開始，英國、加拿大、澳洲、紐西蘭聯合海軍攻擊宮古群島、八重山群島、釣魚台列嶼，合稱先島群島。4月1日美國海軍陸戰隊第3兩棲軍和第24軍進攻沖繩島西部的「度具知海灘」。4月7日當時世界最大的戰艦「大和號」被美軍魚雷轟炸機擊沉，日本海軍癱瘓，退出琉球戰役。戰役持續到6月21日牛島滿自殺。

美軍1.4萬人死亡，7萬人受傷，是硫磺島戰役和瓜達爾卡納爾島戰役的兩倍多，美軍傷亡率高達48%，是美軍在太平洋戰役最血腥的畫面。日軍9.5萬人死亡，1.7萬人受傷，7,455人被俘。琉球居民15萬人死亡，許多琉球平民是被日軍逼迫當人肉盾牌而死亡，死亡人數佔總人口數3分之1。琉球島上的建築物幾乎全毀。

1944年美國當時在猶豫登陸台灣島、菲律賓群島或琉球群島，美國海軍軍令部長金恩（Ernest Joseph King, 1878-1956）主張登陸台灣島，再進攻中國東南沿海，認為「攻日必先攻台」，但是西南太平洋總司令麥克阿瑟（Douglas MacArthur, 1880-1964）卻認為應先進攻菲律賓群島，因為菲律賓是美國殖民地，美國有法律義務收復菲律賓。最後1944年9月美軍第三艦隊司令赫爾賽（Wulliam Frederick Halsey, jr, 1882-1959）進攻菲律賓外海，輕易摧毀478架日本戰機，擊沈59艘日艦。赫爾賽報告太平洋艦隊總司令尼米茲（Chester William Nimitz, Sr, 1885-1966）說，日軍已無戰力，直接攻佔菲律賓與琉球群島，既可壓制台灣島，又可直接進攻日本本島，不必浪費時間進攻台灣島。日軍的防衛力量已衰弱，且《開羅宣言》已承諾蔣介石要把台灣島復歸中國，進攻台灣島還要蔣介石同意。美國總統羅斯福最後決定進攻自己的殖民地菲律賓，跳過台灣島，再攻琉球群島，更接近日本本島，台灣島因此逃過一劫。但有台獨份子陳儀深幻想美軍當年如果進攻台灣島，今天台灣島說不定可以獨立，而無視於台灣島可能的生靈塗炭，台獨份子的心思素質如何可見一斑。

（四）《波茨坦公告》

　　1945年4月12日美國總統羅斯福去世，副總統杜魯門繼任，4月16日蘇聯對德國柏林發起總攻擊，4月28日軸心國頭子之一的墨索里尼被殺，4月30日希特勒自殺，5月2日德軍開始紛紛投降，5月8日德軍正式無條件投降。軸心國只剩下日本尚未投降，在6月21日琉球戰役結束，日本無條件投降已是必然的結局。7月17日至8月2日在距離德國柏林市中心26公里處的波茨坦（Potsdam）的賽其林霍夫宮（Schloss Cecilienhof），美國總統杜魯門、英國首相邱吉爾、蘇聯總理史達林舉行會議，中途邱吉爾因競選失敗，改由繼任的艾德禮首相（Clement Attlee, 1883-1967）出席，史稱「波茨坦會議」（Potsdam Conference）。

　　波茨坦會議達成兩項國際法文件，第一項文件是7月26日由杜魯門、艾德禮、蔣介石聯名發表的《波茨坦公告》（Potsdam Proclamation），又稱《波茨坦宣言》（Potsdam Declaration）。第二項文件是8月1日杜魯門、艾德禮、史達林簽署的《波茨坦協議》（Potsdam Agreements）。《波茨坦協議》主要是處理德國戰後的問題，用《議定書》（Protocol of the Proceedings）的形式發表。《波茨坦公告》（Potsdam Proclamation）則是處理日本無條件投降的問題，所以全名叫《日本投降條件的公告》（The Proclamation Defining Terms for Japanese Surrender）。

　　《波茨坦公告》共有13條，主要條款是：第1條，同意給日本投降的機會。第3條 日本若不投降，同盟國將使日本軍隊完全崩解（complete destrution），以及日本本土全然毀滅（utter devastation）。第5條，同盟國的條件不會偏離，沒有替代，不容許延宕。

　　同盟國開的日本投降條件是：第6條，推動日本侵略者必須永遠被剷除。第7條 日本領土必須被同盟國佔領，直到日本的戰爭機器被摧毀。第8條，《開羅宣言》的條件必須實現，日本領土僅限於本州、北

海道、九州、四國及同盟國決定的小島。第13條，日本政府要通告所有日本軍隊無條件投降，否則就是日本立即全然的毀滅。

《波茨坦公告》對台灣島最重大的影響是《開羅宣言》正式成為日本無條件投降的條件，只要日本一投降，《開羅宣言》的條件立即生效。《開羅宣言》的條件是：（1）剝奪日本自從1914年第一次世界大戰開始後在太平洋上所奪得或佔領之全部島嶼；（2）使日本從中國人竊取之全部領土，例如滿洲、台灣、和澎湖群島，應復歸給中華民國；（3）日本將被驅離它以暴力和貪欲攫取之所有其他領土；（4）在相當時期，使朝鮮自由與獨立。

（五）《波茨坦公告》全文

Potsdam Declaration

波茨坦宣言

Proclamation Defining Terms for Japanese Surrender

Issued, at Potsdam, July 26, 1945

日本投降條件之公告，1945年7月26日在波茨坦發佈

1. We-the President of the United States, the President of the National Government of the Republic of China, and the Prime Minister of Great Britain, representing the hundreds of millions of our countrymen, have conferred and agree that Japan shall be given an opportunity to end this war.

   我們是美國總統、中華民國國民政府主席及大不列顛首相，代表我們億萬國民，經過會商，並同意應給予日本一個機會以結束此戰爭。

2. The prodigious land, sea and air forces of the United States, the British Empire and of China, many times reinforced by their armies and air fleets from the west, are poised to strike the final blows

upon Japan. This military power is sustained and inspired by the determination of all the Allied Nations to prosecute the war against Japan until she ceases to resist.

美國、不列顛帝國及中國龐大的陸、海、空軍力，已因西方調來之部隊及航空機隊而增強數倍，準備給予日本最後一擊，這些武力受到所有同盟國家決心的支持及鼓勵，將對日本作戰至使其停止抵抗。

3. The result of the futile and senseless German resistance to the might of the aroused free peoples of the world stands forth in awful clarity as an example to the people of Japan. The might that now converges on Japan is immeasurably greater than that which, when applied to the resisting Nazis, necessarily laid waste to the lands, the industry and the method of life of the whole German people. The full application of our military power, backed by our resolve, will mean the inevitable and complete destruction of the Japanese armed forces and just as inevitably the utter devastation of the Japanese homeland.

德國對抗世界自由人被激起的力量的結果既無效果也無意義，已清晰得可怕地顯現給日本人民作為殷鑑。這力量現在集中對付日本是更加無法估量的大，當對付納粹的抵抗時，必然將全體德國人民的土地、產業及生活方法摧毀。全部動用我們的軍力，在我們的決心支持下，意味著不可避免地完全消滅日本軍隊以及徹底摧毀日本本土。

4. The time has come for Japan to decide whether she will continue to be controlled by those self-willed militaristic advisers whose unintelligent calculations have brought the Empire of Japan to the threshold of annihilation, or whether she will follow the path of

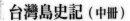
reason.

日本必須決定的時刻已到，看要繼續受那些自行其是的軍國主義參謀們所控制，他們不智的算計已將日本帝國帶入毀滅的門檻，或要追隨理性的途徑。

5. Following are our terms. We will not deviate from them. There are no alternatives. We shall brook no delay.

下列是我們的條件。我們不會更動，亦無其它方案。我們不容許拖延。

6. There must be eliminated for all time the authority and influence of those who have deceived and misled the people of Japan into embarking on world conquest, for we insist that a new order of peace, security and justice will be impossible until irresponsible militarism is driven from the world.

必須永遠劃除那些欺騙及誤導日本人民從事征服世界之人的威權及影響力，因為若不將不負責任的軍國主義驅離這個世界，我們堅持的和平、安全及正義的新秩序將是不可能的。

7. Until such a new order is established and until there is convincing proof that Japan's war-making power is destroyed, points in Japanese territory to be designated by the Allies shall be occupied to secure the achievement of the basic objectives we are here setting forth.

直至此新秩序確立，及直至有可相信的證據日本的戰爭製造力量被摧毀，同盟國指定日本領土的地點必須被佔領以確保我們在此所設定的基本目標的達成。

8. The terms of the Cairo Declaration shall be carried out and Japanese

sovereignty shall be limited to the islands of Honshu, Hokkaido, Kyushu, Shikoku and such minor islands as we determine.

《開羅宣言》的條件必須實踐，日本主權必須限於本州、北海道、九州、四國等島及我們決定的那些小島。

9. The Japanese military forces, after being completely disarmed, shall be permitted to return to their homes with the opportunity to lead peaceful and productive lives.

日本軍隊在完全解除武裝後，將獲准返鄉，得有機會過著和平及有生產力的生活。

10. We do not intend that the Japanese shall be enslaved as a race or destroyed as a nation, but stern justice shall be meted out to all war criminals, including those who have visited cruelties upon our prisoners. The Japanese Government shall remove all obstacles to the revival and strengthening of democratic tendencies among the Japanese people. Freedom of speech, of religion, and of thought, as well as respect for the fundamental human rights shall be established.

我們無意奴役日本人的種族或摧毀其國家，但嚴肅的正義必須適用於所有戰犯，包括那些虐待俘虜者。日本政府必須移除所有恢復及強化日本人民民主趨勢的障礙，言論、宗教及思想自由及對基本人權的尊重必須建立。

11. Japan shall be permitted to maintain such industries as will sustain her economy and permit the exaction of just reparations in kind, but not those which would enable her to re-arm for war. To this end, access to, as distinguished from control of, raw materials shall be permitted. Eventual Japanese participation in world trade relations

shall be permitted.

日本將被允許維持其經濟所需的產業及允許適度實物賠償的索求，但非使她能再武裝從事戰爭。為此目的，接近原物料，有別於控制，必須被允許。日本最終參與世界貿易關係必須被允許。

12. The occupying forces of the Allies shall be withdrawn from Japan as soon as these objectives have been accomplished and there has been established in accordance with the freely expressed will of the Japanese people a peacefully inclined and responsible government.

同盟國佔領軍必須從日本撤退只要這些目的已達成及依據日本人民自由表達的意志已建立一個傾向和平及負責任的政府。

13. We call upon the government of Japan to proclaim now the unconditional surrender of all Japanese armed forces, and to provide proper and adequate assurances of their good faith in such action. The alternative for Japan is prompt and utter destruction.

我們昭告日本政府現在宣布全體日本軍隊無條件投降，且提出適當及充分的保證此行動的誠信，日本的其他選擇是立即且徹底的毀滅。

（六）原子彈和日本無條件投降

1945年7月28日日本首相鈴木貫太郎召開內閣會議，決定暫不回應《波茨坦公告》，但在日本軍閥的壓力下，鈴木貫太郎發表聲明對《波茨坦公告》表示「不予置評」，但他的日語用詞是「默殺」，被翻譯成「忽視再殺」（Ignore to Kill），美國解釋成「拒絕」（Reject），開始部署原子彈轟炸。波茨坦會議在8月2日結束，8月2日美軍關島空軍司令部密令「8月6日執行第13號作戰命令」。8月6日上午8時15分17秒，美國空軍即在廣島投下史上第一顆原子彈，暱稱「小

男孩」（Little Boy），有20萬廣島居民死亡。廣島縣隸屬日本本州島的「中國地方」。

8月8日蘇聯宣布對日宣戰，同時史達林補簽署《波茨坦公告》。史達林命令175萬名蘇聯軍隊，發動「八月風暴」，又稱「滿洲國戰役」，進攻「關東州」、「滿洲國」和北朝鮮。99萬日本關東軍、17萬「滿洲國」軍隊、4.4萬「蒙疆聯合自治政府」（蒙古自治邦）軍隊全線潰敗。此時，日本政府仍然拒絕接受《波茨坦公告》。8月9日上午11時02分，美國空軍在日本長崎投下第二顆原子彈，暱稱「胖子」（Fat Man），有長崎居民15萬人死亡。長崎縣隸屬日本九州島的「九州地方」。

8月9日早上昭和召集御前會議，卻因長崎原子彈爆炸而停會，8月10日凌晨再度開會，決定接受《波茨坦公告》。8月10日下午一時，日皇昭和召見若槻禮次郎、岡田啓介、平沼騏一郎、近衛文麿、廣田弘毅、東條英機、小磯國昭，宣布決定接受無條件投降。8月10日下午三時，日本皇族會議支持昭和接受《波茨坦公告》。按昭和指示，日本政府外務省派日本駐瑞士公使加瀨俊一通知美國和中國，日本駐瑞典公使岡本季正通知蘇聯和英國。電文內容如下：「帝國政府基於1945年7月26日，美、英、中三國首腦所共同決定發表之爾後蘇聯政府參加對本邦共同宣言所列條件中，未包括要求變更天皇統治國家大權之情況下，接受上述宣言，帝國政府均盼貴國政府速示明確之意。」這則電文特別強調《波茨坦宣言》並未列入廢除天皇制度為條件，暗喻同盟國不可增列。

美國國務院和軍方在8月10日至11日緊急開會處理日本投降問題，並草擬《一般命令第一號》交給史達林，聽取意見。但蔣介石在日記上寫道，直到8月15日他都沒接到日本要投降的訊息，既沒從日本得到訊息，也沒從美國得到訊息。美國總統杜魯門在8月10日至15日間，都未與蔣介石聯繫，可見蔣介石夫婦與杜魯門的關係有多糟糕。蔣介石當時心情很不愉快，匆忙叫幕僚準備抗戰勝利的講話稿。不過日本方

面的紀錄顯示，8月10日下午三時，日本駐瑞士公使加瀨俊一的確通知了中國，蔣介石爲何不知，實在令人費解。

8月13日早上日本軍隊的戰爭指導會議也決定接受，但日本軍人荒尾興功、畑中建二、竹下正彥等人向陸軍大臣阿南惟幾提議發動政變，推翻接受《波茨坦公告》的決定。8月14日下午昭和開始錄音接受《波茨坦公告》的詔書，阿南惟幾拒絕竹下正彥的政變計劃，晚間11時50分昭和錄音完畢。但是晚間畑中建二在說服皇宮的近衛師團團長森赳參加發動政變不成，畑中建二突然刺殺森赳，發布僞造的森赳命令，發動政變，包圍皇宮。

8月15日凌晨3時30分東部軍司令田中靜壹識破僞造命令的政變，立即鎭壓政變，5時10分政變失敗，史稱「宮城事件」。8月15日中午12時昭和接受《波茨坦公告》的詔書，以錄音廣播向全日本統治地區播送。日本軍人的囂張跋扈，從日本明治維新，到第二次世界大戰結束時，都沒有改變，這與日本軍國主義的氣氛及日本天皇的縱容有關。

1945年8月15日早上台灣島日本殖民政府的《台灣新報》頭版報導：「因爲天皇陛下今日中午要親自廣播，所以全體國民必須敬候恭聽玉音，不得有人疏漏。」台北廣播電台也不斷重複播送同樣內容的報導。到中午「玉音放送」完畢，在台灣島上的日本人陷入茫然若失的心境，從原本是高高在上的殖民統治者，突然間掉入不知命運的戰敗戰俘。台灣島即將復歸中國，許多台灣島民擔心曾與日本人合作侵略中國和東南亞，可能因侵略罪行受到處分，但不久何應欽在南京發表談話，表示不追究台灣島民的戰爭責任和「漢奸罪行」，這些參戰的台灣人一夜之間由戰敗國屬民，搖身一變爲戰勝國國民，心態快速轉變。台北街道上，有人燃放鞭炮，有人穿起唐裝，但基本上對戰敗的日本人寄與同情，大多數台灣人則靜觀事態發展。

8月17日日軍投降代表河邊虎四郎（1890-1960）抵達馬尼拉，在馬拉坎南（Malacanan Palace）晤見麥克阿瑟，麥克阿瑟轉達同盟國

首腦的命令：「一、太平洋各島嶼、日本本土的日軍，向美國太平洋戰區最高統帥麥克阿瑟元帥投降。二、中國戰區，除滿洲以外的中國本土、台灣本島以及越南北緯十六度土地以北的日軍，向中國戰區最高統帥蔣介石元帥投降。三、印度支那半島、南洋群島的日軍，向英國東南亞戰區最高司令官蒙巴頓勳爵投降。四、中國滿州，包括庫頁島、北千島群島的日軍，向蘇聯遠東最高指揮官馬林諾夫斯基元帥投降。」這份指示即是《一般命令第一號》的部份內容。

（七）《日本天皇投降詔書》全文

1889年《大日本帝國憲法》（明治憲法）第四條規定，日本主權

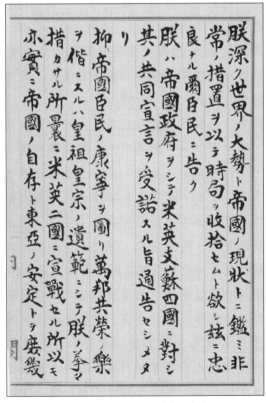

日本昭和《終戰詔書》原稿

歸屬天皇總攬，日本領土的移轉當然由天皇決定，稱「天皇大權」，因此1945年8月15日昭和發佈詔書宣佈對《波茨坦公告》及《開羅宣言》「通告受諾其共同宣言旨」，亦即表示無條件接受《共同宣言》，日本天皇與美、英、中、蘇四國領袖達致合意，《波茨坦公告》及《開羅宣言》所列條件立即生效，對美英中蘇日五國產生國際法的拘束力，所有戰爭、戰役、戰鬥立即終止，尤其涉及日本與簽署國直接相關的領土主權變動的項目，即刻生效。這份詔書對這五個國家而言，既是國際法文件，也是憲法文件。

詔書發佈時並未取名，就性質來說是《無條件投降詔書》，但日本人為了顏面，後來取名為《終戰詔書》，詔書全文如下：

「朕深鑒世界之大勢與帝國之現狀，欲以非常之措置收拾時局，茲告爾忠良臣民。

朕使帝國政府，對米、英、支、蘇四國，通告受諾其共同宣言旨。抑圖帝國臣民康寧，偕萬邦共榮之樂者，皇祖皇宗之遺範，而朕之所拳拳不措。

曩所以宣戰米英二國，亦實出於庶幾帝國自存與東亞安定；如排他國主權、侵他國領土，固非朕志。然交戰已閱四歲，朕陸海將兵之勇戰，朕百僚有司之勵精，朕一億眾庶之奉公，各不拘於盡最善；戰局不必好轉，世界大勢亦不利我。加之敵新使用殘虐爆彈，頻殺傷無辜，慘害之所及，真至不可測。而尚繼續交戰，終招來我民族之滅亡，延可破卻人類文明。如斯，朕何以保億兆赤子、謝皇祖皇宗之神靈？是朕所以使帝國政府應共同宣言也。

朕對與帝國共終始協力東亞之解放諸盟邦，得表遺憾之意。致想帝國臣民之死于戰陣、殉於職域、斃於非命者，及其遺族，五內為裂。且至於負戰傷、蒙災禍、失家業者之厚生者，朕之所深軫念。惟今後帝國之所受苦難，固非尋常；爾臣民之衷情，朕善知之。然時運之所趨，朕堪所難堪、忍所難忍，欲以為萬世開太

平。

朕茲得護持國體，信倚爾忠良臣民之赤誠，常與爾臣民共在。若夫情之所激、濫滋事端，或如為同胞排擠、互亂時局，誤大道、失信義於世界，朕最戒之。宜舉國一家，子孫相傳，確信神州之不滅，念任重而道遠，傾總力于將來之建設，篤道義，鞏志操，誓發揚國體精華，可期不後於世界之進運。爾臣民，其克體朕意哉！」

日本昭和這篇《詔書》的法律效果等同1912年大清帝國宣統皇帝的《退位詔書》，有領土主權立即轉移的憲法和國際法效力，重點在於這段話：「朕使帝國政府，對米、英、支、蘇四國，通告受諾其共同宣言旨。」「受諾其共同宣言」指日本接受美國、英國、中國、蘇聯等四個國家的《波茨坦公告》，當然包括《波茨坦公告》第八條所規定的《開羅宣言》，但這份詔書只有中國未寫出當時國家的「國號」。其英文原版是："We have ordered our government to communicate to the governments of the United States, Great Britain, China and the Soviet Union that our empire accepts the provisions of their joint declaration." 明確的用語指出日本的投降對象是「中國」，不是「中華民國」。昭和投降詔書宣布後，日本對韓國、台灣島、澎湖群島、滿洲地區的殖民統治主權自1945年8月15日起立刻失效。

（八）《日本降伏文書》

1945年9月2日日本昭和派外相重光葵（1887-1957）、日軍參謀總長梅津美治郎（1882-1949）赴停泊於東京灣的美軍密蘇里艦，與同盟國軍方代表簽署《日本降伏文書》（Japanese Instrument of Surrender），這是政府對政府、軍隊對軍隊的投降文件。所以簽署雙方，由重光葵則代表日本昭和及日本政府，由梅津美治郎代表日本軍隊。《降伏文書》是確認日本天皇、日本政府、日本軍隊都接受

《波茨坦公告》的國際法文件，不只是「單純的停戰協定」。內容要點是：第一，日本無條件投降的對象僅限於美、英、中、蘇等四國，這文件的投降對象寫「中國」（China），不是寫「中華民國」（The Republic of China），與「開羅宣言」寫明「中華民國」的用詞不同，當「中華民國」不是擁有「中國」主權代表權的國家組織，就會產生爭議。第二，日本接受且將誠實履行《波茨坦公告》。第三，日本主權將受制於盟軍「最高統帥」。

《日本降伏文書》內容如下：

「吾等奉日本天皇、日本政府及日本帝國大本營之命，並茲代表彼等接受合眾國（the United States）、中國（China）、和大不列顛（Great Britain）以及隨後加入之蘇維埃社會主義共和國聯邦（the Union of Soviet Socialist Republics）政府首長於一九四五年七月二十六日於波茨坦發表之宣言規定，此四大國以下簡稱同盟國。

吾等茲向同盟國宣布日本帝國大本營、所有日本國軍隊以及不論

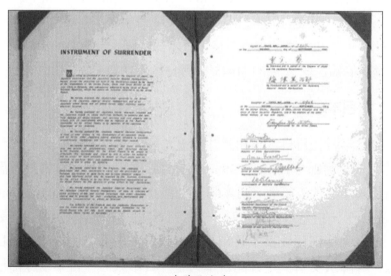

日本降伏文書

位於何處受日本國節制下之一切軍隊皆無條件投降於同盟國。

吾等茲命令所有不論位於何處之日本國軍隊及日本國臣民立即停止敵對行動，保護和拯救所有船舶、飛機、軍用及非軍用財產免受損害，並遵守同盟國最高統帥可能提出之一切要求或由其指揮日本各政府機關。

吾等茲命令日本帝國大本營立即通令所有日本國軍隊指揮官及不論位於何處受日本國節制下之一切軍隊指揮官，並命其所轄之所有部隊皆無條件投降於同盟國。

吾等茲命令一切政府官員、陸軍及海軍軍官，服從及執行盟軍最高統帥認為完成此次投降恰當之一切布告、命令及指示；吾等命令此等官員保留職務，並繼續執行各自非戰鬥性的任務，盟軍最高統帥或在其命令之下特別解除職務者例外。

吾等茲承諾天皇，日本國政府及其繼任者將誠實履行《波茨坦宣言》之規定，並發布盟軍最高統帥或任何同盟國指定之代表要求之一切命令及採取以上命令所需之一切行動。

吾等茲命令日本帝國政府及日本帝國大本營立即解放一切盟軍戰俘及在日本控制之下被拘留之同盟國平民，並為他們提供保護、照顧、供給，及直接運輸到所指示之地。

天皇及日本國政府統治國家之權力應受制於盟軍最高統帥，其將採取認為適當之步驟以實現上述之降伏條款。

一九四五年九月二日九時四分日本國東京灣簽署

重光葵：代表大日本帝國天皇陛下及日本國政府之命令
梅津美治郎：代表日本帝國大本營之命令

一九四五年九月二日九時八分東京灣上接受日本國投降之美利堅合眾國、中華民國、大不列顛聯合王國及蘇維埃社會主義共和國聯邦及其他與日本處於戰爭狀態的聯合各國。

盟軍最高統帥：道格拉斯·麥克阿瑟

美利堅合眾國代表：切斯特·威廉·尼米茲

中華民國代表：徐永昌

大不列顛聯合王國代表：布魯斯·弗雷澤

蘇維埃社會主義共和國聯邦代表：庫茲馬·傑列維揚科

澳大利亞聯邦代表：湯瑪斯·布列梅

加拿大自治領代表：勞倫斯·摩爾科斯格雷夫

法蘭西共和國臨時政府代表：菲利普·勒克萊爾

荷蘭王國代表：康拉德·埃米爾·蘭伯特·赫爾弗里希

紐西蘭自治領代表：倫納德·蒙克·伊希特」

（九）辜振甫的台灣自治獨立案

1945年8月15日日本昭和宣布無條件投降，有台灣島上的日軍不願接受戰敗投降的事實。8月16日中宮悟郎、牧澤義夫召集辜振甫、許丙、簡朗山、林熊徵、徐坤泉、杜聰明、林呈祿等人在草山（陽明山）秘密聚會，討論《台灣自治獨立方案》。8月22日辜振甫偕同杜聰明、林呈祿、簡朗山拜會日本殖民總督安藤利吉，討論《台灣自治獨立方案》。安藤利吉一口回絕：「本官非常了解你們的眞情，然而本官察看世界的大勢，勸告你們取消台灣獨立運動的念頭。假如一定要進行，本官不會阻止，這是你們的自由，但本官爲了職責，不會放縱此種運動，必定立即動員日本軍隊斷然討伐之。」

8月24日安藤利吉在《台灣新報》發表談話：「還有如『本島獨立運動者』，不管他們是內地人（日本人）或本島人（台灣人），不論採取怎樣的方法，絕對是禁止的；因爲它將加重本島的災難，而且陷帝國於危難中。」安藤利吉這段談話，阻止了辜振甫等人的計畫，也否定了「台灣地位未定論」的說法。「台灣地位未定論」的主張者常說，日本並沒有要把台灣島交給中國。安藤利吉身爲殖民地總督，當時是僅次於日本昭和及首相外，最有權力對台灣島的法律地位表示意

見的人。8月24日晚上辜振甫等30多人看到安藤利吉公開談話的報導，在許丙家中聚會，決定終止此項《台灣自治獨立方案》。

安藤利吉繼續管控台灣島的政治穩定，8月27日對在台灣島的日本人發布告示：「回顧既往唔十年來，台灣在一視同仁的聖旨之下，前人的經營有了顯著的成果，島民的安定與幸福與日俱增。透過此次大戰，表現出身為日本國民發揮充分的忠誠，令我與各位都無法忘懷。……此次根據《開羅宣言》，將來台灣的主權會有異動，歸屬會被安排在別的境遇裡……有關台灣獨立運動之類的活動，反而會加深本島的災難，也違背了聖旨的真義，不管要採取任何方式，一概禁止。」安藤利吉明白表示，台灣島的主權變動將根據《開羅宣言》的安排，禁止一切任何形式的台灣獨立的活動。

1945年10月25日南京民國政府派陳儀來台設立「台灣省行政長官公署」，辜振甫等人於1947年7月9日分別被輕判有期徒刑1年10個月到2年2個月，但都獲得緩刑。

辜振甫等人忽略幾個關鍵問題：

第一、台灣島上的中國移民和原住民在第二次世界大戰的角色是日本人侵略中國和東南亞的戰爭共犯，敗戰的戰爭共犯就是戰犯，戰犯是沒有權利主張任何領土主權的人。

第二、其他日軍佔領地區的人民紛紛組織抗日組織、軍隊或臨時政府，在抗日戰爭中立功，戰後以殖民地身份爭取領土權利，要求獨立建國，符合〈威爾斯原則〉的殖民地獨立條件。反觀台灣人積極響應日本殖民政府的參戰需求，出錢出力幫助日本人打侵略戰爭，沒有成立任何抗日組織，反而充斥皇民組織，在立基點上已喪失爭取獨立的政治與法律條件。

第三、《開羅宣言》、《波茨坦公告》、《昭和投降詔書》、《日本降伏文書》等四份國際法文件所設立的國際領土秩序，已確立台灣島主權復歸（restored to）中國，台灣島已非殖民地，無法依殖民地身份向聯合國請求獨立。

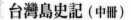

第四、台灣島主權於1945年復歸中國後，南京民國政府將台灣人身份由日本殖民地臣民轉換爲中國國民，且除了國際法庭外，中國法庭不懲罰台灣人任何戰爭相關罪行。台灣人再有叛離中國主權的行爲，自然觸犯中國的叛亂罪，但辜振甫等人幸運的獲得輕判。

（十）主權交接空窗期

從1945年8月15日到10月25日是台灣島主權交接的空窗期間，安藤利吉爲安定人心，8月16日解除空襲燈火管制，18日解除戰時物資管制，一時間黑市暗中囤積的稻米和物資湧入市場，一付市景繁榮的態樣。但戰爭時期被凍結的病兆，卻更迅速蔓延開來。各銀行門口滿滿是排隊提領存款的人潮，日本人無法匯款回國，搶購日本政府國債，台灣人怕日本人印的鈔票「台灣銀行券」失效，搶購黃金。台灣銀行爲應付提款人潮，18日緊急在東京趕印一千日圓面額的「台灣銀行券」紙鈔，20日再加印一百日圓面額的「台灣銀行券」紙鈔，安藤利吉更把這些新紙鈔用來支付薪水，包括所有日本殖民政府轄下的軍公教勞。日本人和台灣人更借貸這些突然大增的紙鈔，在市場上搶購稻米、蔗糖和各種物資，再偷運去日本和中國大陸，賺取厚利。台灣島一場惡性通貨膨脹的危機，蠢蠢欲動，安藤利吉管不了，也不想管，10月25日接手的陳儀也不懂得管，最後11月8日台灣島惡性通貨膨脹就開始爆發，反映出蔣介石及重慶或南京民國政府無能治理台灣島及其他日本佔領區的嚴重問題。但隨著日本殖民統治力量的瓦解，台灣島的治安也開始惡化，公共秩序也開始混亂，但大體上還沒有失控。

9月1日中國和美國軍官抵達台灣島，展開盟軍戰俘的釋放與接收作業。日本人把許多俘虜關押在台北的松山、大直、圓山、木柵，總數有13,000多人。日軍關押的俘虜包括：美軍菲律賓司令官韋恩賴德、英軍馬來西亞新加坡司令官派西巴爾、英國新加坡總督維多麥斯、英國香港總督楊格、荷蘭印尼總督波爾登、荷蘭蘇門答臘總督史匹茲。

（十一）鮑斯空難事件

印度獨立運動領導人鮑斯（Subhash Chandra Bose, 1897-1945）於1945年8月18日下午2時在台北松山機場搭日本九七式重型轟炸機飛往中國大連，起飛時螺旋槳脫落墜毀，鮑斯身受重傷，當晚11時在台大醫院不治死亡，鮑斯隨身攜帶一批由印度人捐獻的寶石被日本警察吞沒。鮑斯在1921年參與甘地（Mohandas Karamchand Gandhi, 1869-1948）的不合作運動，1937年至1939年擔任印度國民大會黨主席，1939年鮑斯主張激烈的獨立革命手段推翻英國殖民政權，與甘地決裂。甘地號召印度人支持英國打第二次世界大戰，相反的，1941年鮑斯接受第二次世界大戰軸心國的資助，德國協助鮑斯組訓2,000名印度國民軍。1943年在日本資助下成立「自由印度臨時政府」，鮑斯是左翼思想的政治家，為了反對英國殖民統治，與極右翼的納粹德國和軍國主義的日本聯手，令人嘖嘖稱奇。1945年德國和日本先後戰敗，鮑斯失去憑藉，卻旋即在台北空難去世。但鮑斯仍然與甘地、尼赫魯（Jawaharlal Nehru, 1889-1964）被印度視為建國三雄。

（十二）日本戰爭時期的財政與經濟

日本殖民台灣島的第六年（1901年）時，台灣島的人口有287.7萬人，到日本侵略中國的第二年（1938年）增加到555.2萬人，到日本無條件投降（1945年）時再增加到614.0萬人。台灣島於1904年每人的平均財稅負擔（包括間接稅、特別稅和專賣收入）就高達4,554日圓，比日本本土的3,343日圓，法國的越南殖民地218日圓，也遠比清代中國高很多。總督府官房參事官持地六三郎1912年在《台灣殖民政策》書中不得不承認：「目前台灣人民的負擔，絕不能算輕，這與其他殖民地一比較，就可以知道。」。

台灣島按GDP的計算，若以1990年的物價為基準，用「國際美元」推算，1901年每人GDP有614美元，到1938年增至1,306美元，可

說增加一倍，但到1945年又跌落到453美元，比清朝割讓台灣島時的每人GDP還要低26%。日本全面侵略中國及偷襲珍珠港前，殖民統治台灣島的經濟成長表現不錯，台灣島每人GDP年成長率2.10%（1901-1940），甚至比日本國內同期的成長率2.05%還要高。但侵略中國及偷襲珍珠港後，每人GDP年成長率掉到負的-15.47%（1940-1945）。日本人的侵略，台灣島民也跟著付出極大的代價。

第四章
日本統治台灣島的殖民本質

一、殖民統治的主權問題

　　日本是最早企圖對台灣島行使主權的國家，中國史書上似乎早有人以「夷洲」或其他名字稱呼台灣島，但這不具備任何政治意義。首先，沒有任何證據可以確定「夷洲」是指台灣島。第二，這些提到「夷洲」的作者也沒有證據顯示他們到過台灣島。第三，更沒有任何史實證明在鄭成功之前，歷代中國政府，不論中央或地方，曾企圖到台灣島行使主權。但是日本在豐臣秀吉時代就企圖對台灣島行使主權，只是延平王鄭成功的軍隊後來居上，把台灣島變成中國人的領土。日本人在第二次世界大戰後被趕離台灣島，但也在台灣島留下皇民化的台灣人，在國民黨力量弱化後，紛紛跳出來，爭奪政權，以台灣島本土化為名，進行日本式台獨運動，企圖使台灣島變成親日反中的獨立國。這些皇民大都是日治時期的台灣社會的地主和上層階級，雖只佔人口2%，但掌握超過20%的財富、土地及社會影響力。

　　日本對台灣島的主權要求，要地不要人，只想統治土地，不是要統治台灣人。福澤諭吉主張：「凡是有反抗形跡的人，應該盡予誅殺，使其一人無存，以殲滅醜類。」日本政府在《馬關條約》明白提出，台灣人在兩年內可以離開台灣島，回中國去當中國人，留下來的土地就賣掉或沒收為日本人的財產。不離開台灣島的島民就留下來當日本的殖民地屬民，但不是日本人。李登輝說他出生時是日本人，柯文哲說他的祖父出生時是日本人，這些都是臉上自我貼金的說詞，他們沒有資格當日本人，他們是法律身分低於日本人的殖民地屬民，叫「本島人」或「土人」。除非他們去登記當「皇民」，即是「假日本人」，否則日本人根本不把他們看成日本公民。台灣島從鄭成功以後，所有可耕地都是中國移民開墾出來的，要這些中國移民放棄心血離開台灣島，是很痛苦且很困難的，因此《馬關條約》後能離開台灣

島的人是絕對少數。

第二次世界大戰對台灣人而言是無比幸運的命運安排。日本若戰勝，台灣人是戰勝國的殖民地屬民；日本若戰敗，台灣人是戰勝國的中國國民。因為《開羅宣言》已公佈日本戰敗後台灣島要歸還中國，美國軍隊不宜對台灣島進行毀滅性戰役，台灣人的生命財產不受戰爭毀損太大。不論誰輸誰贏，台灣人註定是第二次世界大戰的獲勝者。

台獨人士經常提出兩個無厘頭的主張，他們認為只有日本統治台灣島時才真正對全島各地施行管轄權，其他歷代政權從荷蘭人、延平王、清代中國都只有管轄台灣島的一部分，尤其幅員遼闊的高山上的原住民始終是化外之民，因此只有日本才擁有完整的台灣島主權。部分原住民村社直到1933年4月才「歸順」日本人，如果依這些「台獨邏輯」，日本應該到1933年4月以後才擁有台灣島全部的領土主權。這些皇民後代的台獨人士常犯的錯誤就是對國際法的無知。自從十五世紀葡萄牙人四處佔領殖民地開始，任何一個島嶼不必實際上全部佔領就可以主張對其全部島嶼土地擁有主權，特別在沒有任何其他國家級政權也佔領的情形下更是如此。這個古老的國際法通則，在1933年國際法院針對格林蘭（Greenland）東部土地的主權歸屬的判決，更以判例具體化這項通則。

這些台獨人士更主張，台灣島歷來政權都是外來的，從無本地人自行建立本土政權。他們認為這些外來政權都是台灣人的悲哀，李登輝就是這些論調的宣導者。但他們故意掩蓋一個鐵的歷史事實：所有原住民以外的台灣人通通是外來政權的產物，更是外來政權保護下才存活下來的中國移民的子孫。十六世紀日本豐臣秀吉派兵來台灣島被原住民擊敗，日本人失去入主台灣島的先機。後來入住台灣島的中國人，不是靠荷蘭人的武力，就是靠延平王的軍隊，更多台灣人的祖先是靠清代中國政權的武力，才不受原住民的攻擊和驅逐，順利移民台灣島而代代繁衍下來。

外來政權的武力更是這些外來中國移民的幸運保障，而不是悲哀

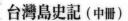

源頭。這些台獨人士沒說出口的論調是：已經在台灣島出生的在地人為什麼要接受不是在台灣島出生的外地人統治？但這是主權的內部政治問題，不是主權問題。人不會因為在那裡出生，就擁有那裡的領土主權。這個問題套在日本殖民統治時期，台灣島主權毫無疑義屬於日本天皇，為什麼是日本人當台灣總督，而不是在地的台灣人？套在第二次世界大戰後，台灣島主權毫無疑問的屬於中國的全體國民，不是僅屬於台灣島本地出生的居民，只能問為什麼是國民黨或共產黨的外地人當台灣島領導人，而不是台灣島在地人？這類型的問題只是主權的內部政治問題，而不是主權本身的問題。前者是政府更替的問題，後者是國家主權轉換的問題。

主權是在領土上國家組織對人、對物的最高統治權和管轄權，這就是憲法秩序。但在國際法層次，主權只屬於擁有領土的國家組織，不屬於非國家組織或地區性的人民。台灣島在日本殖民統治時期，是《明治憲法》下的憲法秩序，所有領土主權歸屬日本天皇。第二次世界大戰後，台灣島的領土主權返還中國，中國自1911年開始的共和體制，主權歸屬全體人民，不論那一部憲法皆如此，中國的主權由人民集體擁有，台灣島的領土主權自然歸屬中國的「國民全體」，在憲法和國際法的法理上，不是台灣島居民或台灣島人民可以單方面擁有，或可以排除其他中國人對台灣島的主權主張。

日本人殖民統治台灣島，對台灣島的「本島人」從來不放心，「台灣本島人」對日本天皇的忠誠，日本人始終保持高度懷疑。第二次世界大戰缺乏兵源的困頓時期，日本人在台灣島徵募「本島人」到日本軍隊服役，原則上只派去東南亞作戰，不敢放在台灣本島，更不敢派太多台灣人去中國大陸作戰，也不敢讓台灣人單獨組成作戰單位，但和中國移民沒有血緣關係的高山族原住民是個例外，高山族原住民可以單獨組成「高砂義勇隊」。

日本人不相信台灣人身上的中國血統，只為了效忠日本人的天皇，就會拿起槍砲攻擊中國大陸上同屬中國血統的親兄弟。當然更

重要的原因是，日本人不讓台灣人接觸槍砲，進而擁有武裝鬥爭的能力，因爲這可能會危及日本在台灣島的殖民統治。日本人則會半強迫、半欺騙台灣婦女去日本軍隊當軍妓，美其名叫「慰安婦」。這反映出日本殖民統治的本質，延平王國、清代中國、民國政府等政權統治台灣島，都沒有這種現象，正是殖民統治與非殖民統治的分野。但是1942年後台灣人熱烈支持日本侵略中國和東南亞，令日本人由訝異轉爲放心，於是開始派台灣人赴中國大陸作戰，擔任日本人的侵略共犯。這可以說是日本人殖民統治時期對台灣人洗腦成功的結果，台灣人當時已拋棄林獻堂和蔣渭水兩人顯現的出身尊嚴和民族自尊，就這一點來說，台灣人不如韓國人和菲律賓人。

二、日本殖民社會與經濟

日本殖民政府統治台灣島50年，始終沒有解決失業問題。1905年首度調查，台灣島有303.9萬人口，無業者有164.6萬人，廣義失業率高達54.2%。1920年人口365.5萬人，無業者有201.8萬人，廣義失業率高達55.3%。1930年人口459.2萬人，無業者有280.2萬人，廣義失業率高達61.0%。儘管日本殖民政府所用「無業者」的定義與現代「失業者」有所差異，但比例如此之高，且從未下跌，可以確定日本殖民政府無心或無法改善台灣島的失業問題。

日本殖民政府雖曾推動台灣島工業化，但只推動在台灣島的日本人工業化，台灣人仍然從事農漁業生產爲生，無法在工商行業取得發展的機會。台灣人的農漁業人口佔台灣人總人口的比例，在1905年佔73.7%，1920年佔71.2%，1930年佔69.4%，1940年佔69.5%。這些統計數字可以證明，台灣人在日本殖民統治下仍只能從事農漁業，少有從事工商業、服務業或軍公教的機會。

另方面，農漁業的產值佔台灣島生產總值的比例，在1905年佔

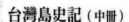
76.8%，1920年佔49.9%，1930年佔50.1%，1940年佔44.2%。這些數字顯示，台灣人可分配到的所得從76.8%下降到44.2%。更殘酷的事實是，日本人從未推動土地改革，農地從未重分配，因爲台灣島的大地主多是支持日本殖民政府的皇民，例如推動台獨運動的首腦彭明敏家族、廖文毅家族。農業產值增加也半數以上被地主取走，台灣島農民所剩只有勞碌與貧窮，還得承受嘉南大圳的經費負擔。

以日本人爲主體的工商業的產值，在1905年佔台灣島生產總值的比例是19.6%，1920年是44.8%，1930年是44.9%，1940年是48.0%。工商業產值從19.6%增加到48.0%，但台灣島民的工商業人口比例沒有顯著增加，因爲這部分的利得都屬於日本人。台灣人從事工商業的人口比例：1905年佔12.4%，1920年佔16.0%，1930年佔20.4%，1940年佔17.5%。

在公務員方面，日本殖民台灣島50年，只有4位台灣人當「郡守」，即官派鄉鎮長。日本殖民統治台灣島採「州、郡、街庄」三級制。1943年時台灣島有1,074所小學，只有6位台灣人當校長。中學以上的校長完全沒有台灣人，倒是有不少琉球人。

1945年日本無條件投降時，日本殖民政府所屬官署、州、廳、市、街庄的公務員及雇用人數，共有117,231人。其中，日本人42,015人，台灣人75,216人。但是按官階劃分，簡任官110人，台灣人只有1人，佔0.9%；薦任官2,070人，台灣人只有27人，佔1.3%；準薦任官156人，台灣人有24人，佔15.4%；委任官20,909人，台灣人只有3,673人，佔17.6%；準委任官10,886人，台灣人有5,177人，佔47.6%；職員6,183人，台灣人有5,218人，佔84.4%；囑託2,459人，台灣人有918人，佔37.3%；傭員39,329人，台灣人有27,441人，佔69.8%；事務傭2,457人，台灣人有2,279人，佔92.7%；其他傭32,672人，台灣人有30,458人，佔93.2%。這些統計數字顯示，在公務體系任職的台灣人只是日本人的「事務傭」。

以上數字可以得到結論，日本殖民統治台灣島有推動工業化，但

工業化利益都歸日本人取走，台灣人並未獲得工業化的利益。這是日本殖民統治下，台灣島社會與經濟的眞面目。

三、日本殖民政策

日本在台灣島的殖民經濟政策分成四個階段：

第一階段，1895年至1905年，扶植日本財團控制糖業、樟腦、海運，並驅逐英美外商和中國商人，使得台灣島在《天津條約》後，發展起來的國際貿易和兩岸貿易被切斷，全部轉爲只對日本貿易。

第二階段，1906年至1925年，推動製糖事業殖民化，台灣人只能當「種蔗奴工」，不能分得蔗糖利益。日本人借助第一次世界大戰的機會，積極爭取歐洲的砂糖訂單，同時擴大其他產品行銷歐美各地。但台灣島的貿易利潤全由日本人掌控，台灣人無法分享。1909年起台灣總督府把台灣島所收關稅全部解繳日本政府國庫，不再留用於台灣島。1914年起又把砂糖產銷稅收全部解繳日本國庫。

第三階段，1926年至1937年，積極鼓勵種植蓬萊米，增產稻米，使台灣島成爲日本的糧食供應基地，卻又以低於市價3分之1的價格徵收米糧，運去日本補貼日本軍民，供應日本侵略中國的軍糧，包括1931年九一八瀋陽事件、1937年七七盧溝橋事件所需軍糧。

第四階段，1938年至1945年，動員台灣島人力、物力，增加軍需工業，支援日本侵略中國、東南亞，及與美國進行太平洋戰爭。

另外還有其他剝削政策，包括壟斷貿易，必需品專賣，製造及販售鴉片，侵佔原住民林地，掠奪森林資源，重稅盤剝，禁止本島人單獨設立公司等等，分別發佈在各個階段內。

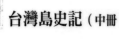

四、台灣人的平均壽命

　　十九世紀晚期，歐洲各帝國主義強權在海外爭奪殖民地，紛紛提出「殖民地先進論」，給征服殖民地作爲道德論述。在此論述下，先進的帝國主義者征服落後的殖民地人民，可以提昇殖民地人民的平均壽命、教育程度、文明水準。但是這套論述卻故意忽視殖民者的血腥屠殺，殘忍剝削，撈走龐大資源的基本事實。日本帝國也利用這套「殖民地先進論」，創造出思想環境，讓殘酷統治台灣島及朝鮮半島看起來理所當然。有些台灣島民也接受這套思想，並延續到日本戰敗之後，視日本殖民統治台灣島爲台灣島現代化啓蒙的歷史階段。這套思想強調日本殖民政府推動醫療、育嬰、公共衛生普及工作，頗有成果，台灣人的平均壽命在1906年時，男人27.7歲，女人29.0歲。1940年時，男人41.1歲，女人45.7歲。日本統治這34年間，男人的平均壽命增加13.4歲，平均每年增加0.39歲。女人增加16.7歲，平均每年增加0.49歲。日本在1941年後發動珍珠港事件，台灣人介入太平洋戰爭，上戰場或遭轟炸，台灣人繳納「血稅」，平均壽命大幅降低，日本殖民政府就不再公布眞實數字。這種「血稅」和1629年後荷蘭殖民統治台灣島時，逼迫原住民繳納的「血稅」並無不同。

　　相對於1950年蔣介石在台灣島「復行視事」開始統治時，台灣人的平均壽命，男人53.1歲，女人55.7歲。1975年蔣介石去世時，男人68.3歲，女人73.4歲。1988年蔣經國去世時，男人71.0歲，女人76.2歲。蔣氏父子統治台灣島38年間，台灣人的平均壽命，男人增加17.9歲，平均每年增加0.47歲；女人增加20.5歲，平均每年增加0.54歲。蔣氏父子的統治成績超過日本殖民統治，這些頌揚日本殖民統治的「現代化啓蒙論者」反而視而不見。